박종홍부터 아우토노미즘까지

한국 현대
실천 철학

김석수 지음

돌베개

한국 현대 실천철학
— 박종홍에서 아우토노미즘까지

김석수 지음

2008년 6월 16일 초판 1쇄 발행

펴낸이 한철희 | 펴낸곳 돌베개 | 등록 1979년 8월 25일 제406-2003-018호
주소 (413-756) 경기도 파주시 교하읍 문발리 파주출판도시 532-4
전화 (031) 955-5020 | 팩스 (031) 955-5050
홈페이지 www.dolbegae.com | 전자우편 book@dolbegae.co.kr

편집 김희진·한계영·이경아·조성웅·고경원·신귀영 | 교정 일일공삼
표지디자인 박정은 | 본문디자인 박정영·박정은·이은정
마케팅 심찬식·고운성 | 제작·관리 윤국중·이수민 | 인쇄·제본 상지사P&B

ⓒ 김석수, 2008

ISBN 978-89-7199-311-8 (93100)
책값은 뒤표지에 있습니다.
이 도서의 국립중앙도서관 출판시도서목록(CIP)은 e-CIP 홈페이지
(http://www.nl.go.kr/cip.php)에서 이용하실 수 있습니다.(CIP제어번호: CIP2008001712)

한국 현대 **실천철학**

책을 펴내며

내가 대학 시절에 처음 접한 철학 책은 플라톤의 대화편인 『소크라테스의 변명』이다. 이 책의 말미에 나오는 소크라테스의 말은 지금도 기억에 생생하게 남아 있다.

이제 떠날 때가 되었군요. 나는 죽기 위해서 여러분은 살기 위해서. 그러나 우리들 중의 어느 편이 더 좋은 일을 만나게 될지, 여기에 대해서는 신 이외에 그 어느 누구도 모릅니다.

나는 이 말을 끝없이 되새기면서 대학을 다녔다. 이 말이 언제나 내게 '어떻게 살아야 하는가'에 대한 고민을 안겨주었기 때문이다. 그런데 이런 고민의 와중에 또 하나의 의문이 나를 괴롭혔다. 소크라테스의 고민과 판단이 그가 살았던 시대의 현실에 대한 철저한 반성과 비판 속에서 이루어진 것이었다면, 나는 지금 무엇 때문에 철학을 하는가 하는 것이 바로 그 의

문이었다.

이때부터 나는 우리의 현실을 고민하며 이를 철학적으로 발전시킨 철학자가 과연 누가 있는지를 묻게 되었다. 사실 서양 신부님들이 설립한 학교에서 서양의 종교를 접하면서 그들 옆에서 생활한 나로서는 서양의 철학을 배우는 게 너무나 자연스러웠다. 그렇지만 소크라테스에 대한 나의 고민은 여기에 머물지 않도록 나를 채근했다. 나는 왜 이 조선 땅에서 태어났음에도 불구하고 우리의 철학을 배우지 못하고 서양의 철학을 배울 수밖에 없는가 하는 점을 묻지 않을 수 없었다. 대학 시절 내가 다닌 학교의 특수성에서 비롯된 것이기도 하겠지만, 나는 동양철학이나 한국철학에 관한 과목을 배울 기회가 거의 없었다. 철학 하면 당연히 서양철학으로 이해할 수밖에 없었다. 그래서 더더욱 20세기의 우리 현실 속에서 우리의 고민을 담은 철학자들이 과연 누구일까를 묻지 않을 수 없었다.

이와 같은 고민은 강단에 서면서 더욱 깊어졌다. 내가 배운 철학이 플라톤, 아리스토텔레스, 아우구스티누스, 토마스 아퀴나스, 데카르트, 칸트, 헤겔, 마르크스 등 서양의 철학이었기 때문에 내가 가르칠 수 있는 것도 이들의 이론이 아닐 수 없었다. 내가 이 땅의 현실을 담은 철학을 하지 못했듯이 내게 배운 학생들 역시 이 땅의 현실을 담은 철학을 하지 못했다. 이런 악순환이 서글펐다. 젊은 날의 이런 경험은 비단 나만의 특수한 것이 아니라, 정도의 차이는 있겠지만 나와 같은 시절에 대학에서 철학을 배운 사람들이라면 대부분 겪었을 경험이다. 물론 서양 신부님이 세운 학교에서 서양의 사상과 종교를 배움으로써, 나는 우리가 살고 있는 현실과 다른 또 하나의 세계를 경험할 수 있는 지평을 얻기도 하였다. 그러나 그 지평을 우리 것으로 만들고, 우리의 것을 그 지평에서 새롭게 창조하는 작업은 그 어느 누구로부터도 배울 수 없었다.

이런 답답함은 세월이 흘러도 쉽게 사라지지 않았다. 아니 철학을 공부하면 할수록 더더욱 강해졌다. 더군다나 이 땅의 철학이 국민윤리교육에 뒤덮여 제 역할을 하지 못했다는 사실을 목격했을 때, 나의 고민은 쉽사리 사라지지 않았다. 이런 와중에 강영안, 남경희, 엄정식, 정대현 교수님과 서양철학의 수용사와 한국 현대철학자들의 역할에 대해서 연구할 기회가 주어졌고, 이것은 오래도록 고민해온 문제들을 풀어가는 계기가 되었다. 이번에 내놓게 되는 이 책은 이런 고민을 때때로 담아 발표한 글들을 다시 한 번 더 다듬어 묶어놓은 것이다.

그러나 이 책은 나의 본래적 의도를 충실히 담지 못한 아쉬움이 남아 있다. 첫째로, 이 책은 일본의 식민지 아래서 전개된 일본학계의 동향과 그것이 독일철학과 어떤 연계성을 가지고 있었으며, 경성제국대학 철학과의 철학 활동에 구체적으로 어떻게 영향을 미쳤는지에 대한 세부적인 연구를 제공하지 못했다. 둘째로, 박종홍 못지않게 철학의 국민윤리화 작업에 참여한 김두헌을 비롯한 주변 인물들의 학문 작업에 대한 논의를 별도로 하지 못했다. 셋째로, 포스트구조주의 이후 다중 담론의 수용과 더불어 전개된 우리 철학계의 논쟁을 구체적으로 다루지 못했다. 넷째로, 지역에서 한국의 현실을 고민하면서 철학을 한 하기락을 비롯한 여러 철학자들의 학문 작업을 본격적으로 다루지 못했다. 마지막으로 이 책은 서양 실천철학의 수용 관점만이 아니라 동양철학이나 한국철학을 전문적으로 연구한 철학자들이 우리의 현실에 대해서 언급한 부분들은 논의하지 못했다.

이런 부분들은 앞으로 계속 조사하고 연구해야 할 후속 과제가 될 수밖에 없을 것 같다. 이렇게 부족한 부분이 많음에도 불구하고 이 책을 기꺼이 출판하도록 배려해준 돌베개 한철희 대표님과 김희진 선생님을 비롯한 관련자 모든 분들께 진심으로 감사를 드린다. 아울러 이 작업이 가능하도록 지난 2006년도 저술 장려 지원을 해준 경북대학교에도 진심으로 감사의 말씀을 전한다. 끝으로 너무나 고통스럽게 병고의 시련을 겪으시다 떠나신

그리운 나의 어머님과 언제나 변함없이 사랑과 인내로 함께 해온 아내에게 이 책을 바치고 싶다.

2008년 5월
서변동 서재에서
김석수

차례

책을 펴내며 005
들어가는 말 011

1부 민족주의와 한국 실천철학

1장 마르크스주의와 실존주의의 수용: 1920~1960년대 019
2장 민족주의와 국가주의: 해방 후~군사정권 시기 091
3장 '국민교육헌장'의 사상적 배경 114
4장 네오마르크스주의, 마르크스-레닌주의, 주체사상: 1970~1980년대의 사회철학 148
5장 박종홍과 황장엽의 마르크스주의 이해 188

2부 다원주의와 한국 실천철학

1장 포스트마르크스주의, 신합리주의, 포스트모더니즘: 1990년대 이후의 사회철학 241
2장 시민사회론의 형성과 전개 289
3장 포스트모더니즘의 수용과 전개 318
4장 포스트구조주의와 스피노자-마르크스주의 340
5장 다원주의와 지방자치 369
6장 자율, 인정, 연대, 자치: 21세기 새로운 시민자치의 가능성 395

맺는 말 425
참고 문헌 445
찾아보기 479
인명 찾아보기 486

들어가는 말

이 책은 외세의 침입으로 국가를 잃고 민족이 수난을 당한 식민지 시대 이후부터 지금에 이르기까지 우리의 현대사에서 중추적으로 활동한 우리 철학자들이 서양철학을 수용하면서 행한 역할들을 반성해봄으로써 우리의 실천철학의 현대적 흐름을 정리하는 데 일조하고자 한다. 그동안 우리 철학계는, 우리의 20세기 철학이 강대국의 학문을 수입하여 소개하거나 그것을 해석하고 따지는 수입학이나 시비학의 차원을 넘어 창조학으로 나아가지 못했음을 나무라곤 하였다. 사실 어떤 면에서 이런 지적은 정당하기도 하다. 그러나 우리 철학의 무주체성을 나무라기만 한다고 우리의 철학이 정립되는 것은 아니다. 우리 철학이 마련되기 위해서는 그 시대를 살다 간 우리 철학자들의 사상에 대해서 제대로 정리하고 공정하게 평가하는 담론의 장이 형성되어야 한다. 그러나 아직도 우리 철학계는 한국 현대사에서 활동한 선배 철학자들의 사상에 대해서 객관적으로 평가할 수 있는 공론의 장을 활성화하지 못하고 있다.

이제 서양철학 수용 100년을 넘어서 21세기에 살고 있는 우리로서는 이 작업을 더 이상 지연할 수 없다. 다행스럽게도 그동안 이런 작업이 간헐적으로 이루어져 왔다. 그러나 이들 대부분의 작업은, 당대의 현실 권력 구조와 가장 밀접하게 작동했던 우리 실천철학의 양상을 조명하는 데는 아쉬움을 남겼다. 필자는 바로 이와 같은 문제의식 아래서 서양철학을 도입하면서 우리의 실천철학이 어떻게 전개되었는지를 기초적 단계에서나마 고민해보고자 한다. 특히 필자는 이 문제를 식민지 시기부터 군정 시기에 이르기까지 강한 민족, 강한 국가를 만들기 위해 강한 보편주의를 표방한 당시의 철학적 경향과 견주어서, 그리고 1987년 6월 민주항쟁 이후 시민운동의 확산 및 다원주의의 출현과 더불어 '약한 보편주의나 차이에 대한 긍정'을 지향하는 철학적 경향과 연관을 지어 다루어보고자 한다.

이를 위해서 이 책을 크게 2부로 나누고, 제1부에서는 우선 식민지 시대에 활동한 신남철, 박치우, 박종홍, 백남운, 조가경 등을 중심으로 실존주의와 마르크스주의가 민족주의와 어떤 관계에 놓여 있었는지를 밝혀보고자 한다. 또 안호상, 박종홍, 이규호, 김형효 등을 중심으로, 이들이 펼친 국가주의와 이것이 한국 현실과 교육에 미친 영향에 대해서 고찰해보고자 한다. 나아가 이들과 대결 양상을 보인 일군의 철학자들이 네오마르크스주의, 마르크스-레닌주의, 주체사상에 참여하면서 주장한 내용들에 대해서도 분석해보고자 한다. 그리고 제2부에서는 내부적으로는 군정 시대가 종식되고 외부적으로는 공산주의가 몰락하면서 출현한 탈냉전 시대의 시민운동 및 다원주의와 관련하여 전개된 우리 사회의 포스트마르크스주의, 신합리주의, 포스트모더니즘 진영에 참여한 철학자들의 주장 내용을 분석해보고자 한다. 나아가 포스트구조주의의 확산과 더불어 위기에 처한 마르크스주의자들이 오늘날 새롭게 활로를 모색하기 위해서 수용한 스피노자-마르크스주의의 내용에 대해서도 살펴보고자 한다. 마지막으로 세계화의 확산 및 서울 중심주의의 확산으로 주변부가 위기에 처해 있는 오늘의 우리 현실과 관련하여 지금 우리 사회에서 펼쳐지고 있는 시민운동과 지방분권 운동, 지방자치 운동과 관련된 부분에 대해서도 분석해보고자 한다. 특히 1부와 2부의 1장까지는 서양 실천철학 수용사의 관점에서 논의를 전개하고, 2부 2장부터는 우리의 현실과 연관하여 서구의 현대 실천철학의 양상을 반성적으로 고찰할 것이다.

이와 같은 내용을 바탕으로 한국 현대 실천철학의 흐름을 온전하게 그려낼 수는 없겠지만, 향후 연구를 위한 초석을 놓는다는 의미에서 기초적인 윤곽만이라도 마련해볼 수는 있을 것이다. 나아가 이런 작업을 통해서 우리의 현대 실천철학사를 정리하고 우리의 실천철학을 활성화하는 데 단초라도 제공해보고자 한다. 사실 그동안 우리 철학계에는 학자들 사이의 열린 논의가 어려웠던 관계로 인하여 선배 철학자들의 학문적 활동에 대해서 엄정한 평가가 어려운 실정이었다. 더군다나 서구의 선진 철학자들의 저서나 주장에 관해서 연구하거나 이들에 의존하여 주장하지 않으면 권위를 인정받지 못하는 오랜 관행으로 인하여 우리 철학자들에 대한 연구를 좀더 적극적으로 진행하지 못했다.

그러나 이제 우리의 철학도 이런 무주체적이고 무비판적인 태도로부터 벗어나야 할 것이며, 이미 이런 관점에서 선행 연구가 조금씩 이루어지고 있다. 그 대표적인 사례가 바로 『우리 사상 100년』(윤사순·이광래, 2001), 『현대 한국의 사상흐름: 지식인과 그 사상 1980~90년대』(윤건차, 2000), 『한국 사회철학의 수용과 전개』(김재현, 2002), 『우리에게 철학은 무엇인가: 근대, 이성, 주체를 중심으로 살펴본 현대 한국 철학사』(강영안, 2002), 『한국의 서양 사상 수용사』(이광래, 2003), 『현대철학의 정체성과 한국철학의 정립』(철학연구회, 2002), 『철학 연구 50년』(이화여자대학교 한국문화연구원, 2003) 등이다. 이 연구서들은 모두 한국 현대철학자의 사상 및 활동 양상에 대해서 분석하고 있다. 그리고 각 저서들마다 우리의 현대철학에 대해서 나름대로 중요한 연구 결실들을 보여주고 있다.

그러나 김재현의 글을 제외한 이들 대부분의 연구서는 순수 학문 내적인 논의에 집중하고 있으며, 학문과 권력의 관계, 즉 철학자들의 학문 활동과 권력의 관계에 대해서는 분석하고 있지 못하다. 김재현의 글은 다른 누구의 연구서보다 이 문제의식을 충분히 잘 반영해주고 있다. 하지만 그의 책 역시 마르크스주의와 연관된 논의에 더 많은 비중을 두고 있지, 현대의 다양한 사조와 연관하여 논의를 전개하고 있지는 않다. 이 책은 선행 연구들의 이러한 측면을 다소나마 보완해보고자 한다. 이번 작업을 통해 필자는 한국의 현대철학자들이 서양철학의 이론을 수용하여 이를 한국 현실에 적용하면서 출현한 제반 양상들과 이들의 이념적 지형을 초보적 단계에서나마 그려내 보려고 한다. 아울러 이를 통해 한국 현대 실천철학의 흐름과 철학자들의 역할을 이해해보고자 하였다. 나아가 이를 계기로 우리도 서양의 철학자들처럼 우리의 현실 속에서 우리의 문제를 특수와 보편의 관점에서 서로 진지하게 논의함으로써 우리의 철학을 형성하고 우리의 철학사를 만들어갈 수 있기를 희망한다.

한마디로 이 책은 한국 현대 실천철학에 관한 입문서 성격을 지니고 있으며, 근자 100여 년 동안 우리 철학과 철학자들의 문제 지평을 이해하고 우리의 철학이 나아가야 할 방향을 고민하는 데 기초를 제공하는 자료이기도 하다. 또 이 책은 순수하게 철학 내적인 차원을 넘어서 우리의 교육 현장, 학문 현실을 근본적으로 반성해보는 계기를 제공하려고 한다. 마지막으로 이 책은 분단 시대 철학의 미래를 고민하는 단초를 제공하고, 다원주의와 지방분권을 모색하는 오늘의 상황과 관련하여, 또 네트워크 사회의 도래와 함께 전개되는 다중 민주주의와 관련하여 새로운 방향을 모색하는 데 미력하나마 기여하고자 한다.

그럼에도 불구하고 이 책은 많은 한계를 지니고 있다. 첫째로, 한국 현대사에 등장하는 개별 철학자들의 문헌과 이론을 일일이 세부적으로 고찰하지 못하고 큰 흐름 속에서만 고찰함으로써 미시적 전문성을 제시하고 있지 못한 한계를 지니고 있다. 둘째로, 우리의 동양철학 및 한국 전통 철학의 연구자들이 서양철학의 수용과 관련하여 주장한 내용들을 전혀 언급하지 못함으로써 우리의 전통 사상을 연구한 주체들과 서구의 것을 수용하여 연구한 주체들 사이에서 서로 시각을 달리할 수 있었던 문제점들에 대한 논의를 제공하지 못했다. 이 외에도 이 책은 각 시대별 사회과학적 현실 분석과 철학자들의 학문적 지향성 사이의 심층적 관계에 대한 심화된 연구를 온전히 수행하지 못했으며, 나아가 시대별로 부각되지는 못했지만 여러 중요한 발언을 했을 것으로 추측되는 주변부의 소수 철학자들의 목소리를 제대로 작업하여 정리하지 못한 한계를 지니고 있다. 특히 지역에서 활동한 철학자들의 목소리를 반영하지 못했다. 또 최근의 논의들, 가령 다중 담론이나 인정 이론과 관련된 여러 주장들에 담겨 있는 내용들을 검토하지 못했다. 이 모든 부족한 점들은 다음 후속 작업으로 미루어두고자 한다.

이와 같이 많은 한계점을 가지고 있음에도 불구하고, 이 책이 계기가 되어 앞으로 훨씬 더 전문화되고 심화된 연구가 이루어지고, 또 확장된 연구 활동이 이루어짐으로써 한국 현대철학사를 작업하고 동시에 우리의 철학적 고민이 살아 움직이는 논쟁사를 만드는 데 밑거름이 될 수 있기를 희망한다.

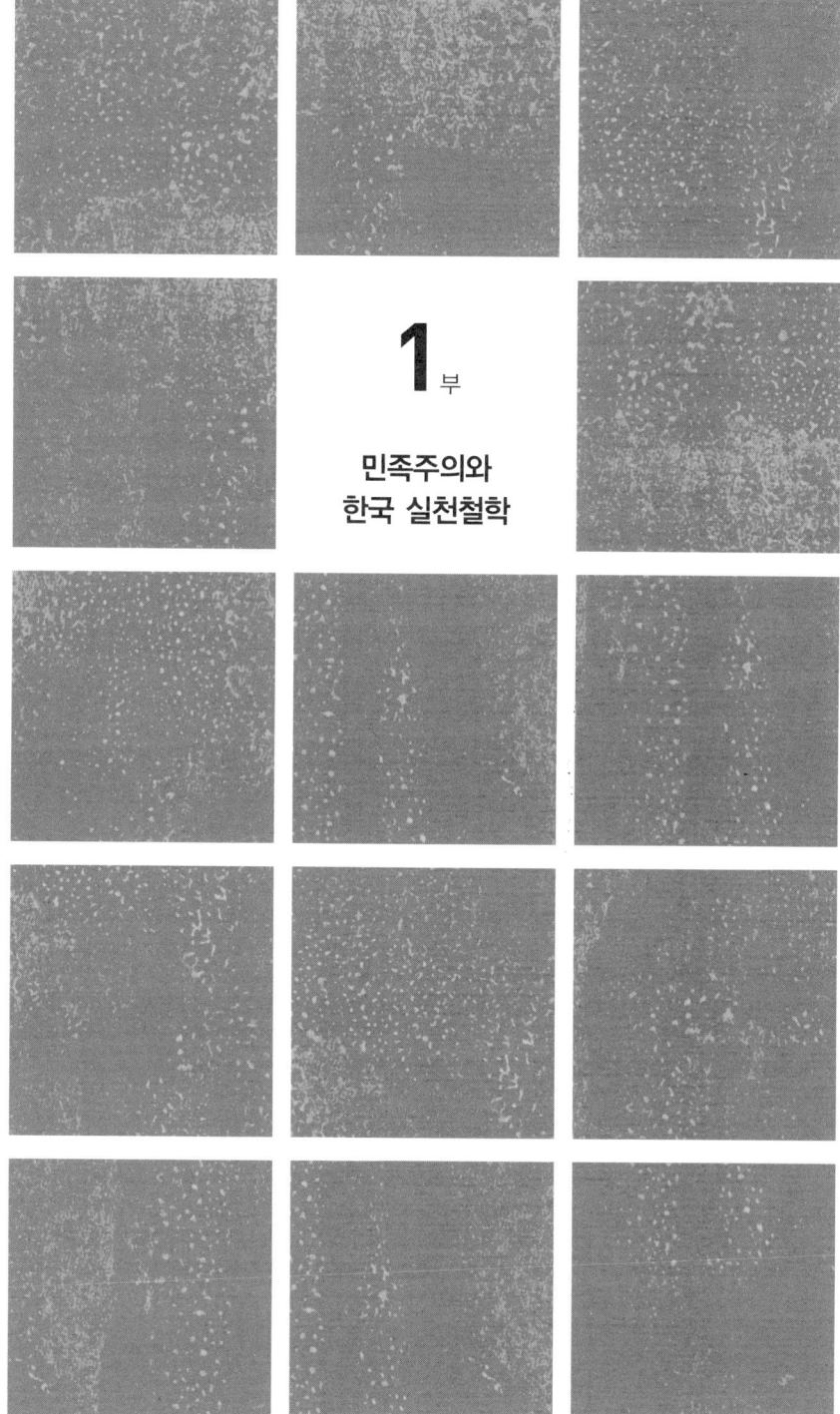

1부

민족주의와
한국 실천철학

1장

마르크스주의와 실존주의의 수용: 1920~1960년대•

1920년대에서 1960년대까지 한국에 수용된 서구 철학의 주된 두 조류는 마르크스주의와 실존주의라고 해도 무방할 것이다. 그러므로 이들 사조에 담겨 있는 의미를 분석해보면 우리는 당시 한국 철학의 일반적 상황을 파악할 수 있을 것이다. 즉 이 당시 이들 두 사조에 참여했던 우리 철학자들의 활동 상황을 분석해보면, 과연 우리의 철학이 얼마나 주체적 담론으로 이어졌는가를 판단해볼 수 있을 것이다. 학문의 주체성에 대한 논의는 우리 학문사에서 강약의 정도 차이는 있었겠지만 지속적으로 진행되어왔다. 학문이 우리 삶의 조건과 유리되어 논의된다면, 그것은 아마 죽은 학문일 것이다. 학문은 끊임없이 우리 삶의 조건에 대한 근거를 확립하고 우리의 삶이 나아가야 할 좌표를 제시해주어야 한다. 따라서 서구 학문의 무분별한

• 이 글은 서강대학교 동아연구소에서 펴낸 『東亞研究』 제37권(1999)에 실린 글을 일부 수정·보완하여 재수록한 것임. 또 필자의 졸저 『현실 속의 철학 철학 속의 현실』(2001, 책세상) 속에 수록된 내용 중 일부를 부분 수정·보완하여 재수록함.

유입으로 우리의 고유한 삶의 조건이 간과된다면 그것은 바람직하지 못한 일일 것이다.

그러나 유감스럽게도 우리의 과거 역사는 학문의 주체적 수용이라는 긍정적 계기만 지니고 있지는 못했다. 우리의 정치사가 사대주의적 요소를 지니고 있었듯이, 학문 역시 그와 같은 면을 지니고 있었다. 물론 이와 같은 상황은 지식과 권력의 유기적 관계에서 비롯되었을 것이다. 학문이 시대의 정의와 진리를 구현하는 선구자적 기능도 수행하지만, 때로는 권력과 힘의 하수인으로 전락하는 경우를 우리는 역사 속에서 많이 목격해왔다. 우리 한국 현대사에 있어서 격동의 시기였던 1920년대에서 1960년대까지의 상황을 되돌아볼 때, 우리의 학문의 위상 역시 이런 양면성을 지니고 있었다. 이와 같은 양상은 오늘날의 학문적 흐름에도 여전히 잔존하고 있다. 그래서 그런지 1990년대 이후 우리 학계는 그동안 수입해온 서구 학문에 대해서 반성하는 활동을 상당히 활발하게 전개하고 있다. 그 일환으로 한국 철학계도 서구 학문의 수용사를 분석하고 그로 인한 문제들의 대책을 마련하기 위해 고심하고 있다.

하지만 현재까지의 논의는 통계학적 자료 분석이나 인물들의 이론을 소개하는 차원을 완전히 넘어서지는 못했다. 여기서 다루고자 하는 마르크스주의와 실존주의에 국한해서 보더라도 그동안의 연구가 이들 사이의 표면적 비교가 아니라 내면적 비교로 충분히 나아가지 못하고 있는 것 같다.[1] 마르크스주의는 마르크스주의대로 실존주의는 실존주의대로 분리되어 논의되고 있거나, 아니면 통상적인 비교 수준에 머물고 있는 것 같다.

---

[1] 이 분야에 가장 먼저 연구 논문을 내놓은 사람은 조희영으로 보아야 할 것이다(趙熙榮, 「現代 韓國의 前期 哲學思想 硏究-日帝下의 哲學思想을 中心으로」, 전남대학교 인문과학연구소 엮음, 『용봉논총』 제4집, 1975, 1~49쪽; 趙熙榮, 「西歐思潮의 導入과 展開-哲學思潮를 中心으로」, 한국정신문화연구원, 『한국사상사 대계』 제6권, 1993, 117~198쪽).

따라서 여기서는 이와 같은 차원을 지양하여 기존의 소중한 기초 연구들을 바탕으로 하되, 이들 양자 사이의 상호 관계를 좀더 심도 깊게 논의해보고자 한다.

이와 같은 목적을 제대로 달성하기 위해서 일차적으로는 마르크스주의와 실존주의에 관한 당대 연구자들의 문헌을 직접적으로 분석해보아야 할 것이며, 다음으로는 이들 주장과 당대의 제반 상황과의 유기적인 관계도 검토해보아야 할 것이다. 이와 같은 전제 아래서 해방의 시기를 기점으로 1920년대에서 1960년대 사이의 상황에 대한 분석이 선행될 텐데, 특히 이들 마르크스주의와 실존주의 사이의 차이가 극명하게 나타나는 1950년대를 기점으로 양 조류의 상호 관계를 분석해볼 것이다. 이를 위해서 세부적으로는 마르크스주의 계열의 대표적 인물인 백남운, 신남철, 박치우의 이론과 실존주의 계열의 대표적 인물인 박종홍, 조가경의 이론을 분석하고, 나아가 이들 사이의 상호 관계를 구명해보고자 한다. 물론 이런 관계를 구명함에 있어서 당시 중도적 입장이나 새로운 시각을 가지고 있었던 한치진, 안호상 등에 대해서도 간략하게 살펴볼 것이다. 이렇게 함으로써 한국 현대 정신의 갈등 구조와 우리 철학의 위상에 대해서 반성해보고, 아울러 우리의 철학이 나아가야 할 방향에 대해서 모색해보고자 한다.

1 마르크스주의 수용 과정에 대한 고찰

우리에게 있어서 마르크스주의나 실존주의는 모두 해방 전에는 일본 제국에 대한 저항과 독립을 목표로 이론보다는 실천을 중시하는 입장을 간직하고 있었다. 그러니까 마르크스주의나 실존주의 모두 민족주의적 지향성을 지니고 있었다. 물론 1920년대 우리의 마르크스주의는 파시즘에 대항하는 매우 강한 외적 저항의 논리를 담고 있었다. 그렇지만 이 시기에 마르크스주의에 대한 학문적 연구는 미미하였다. 이에 반해서, 1930년대에 이르러서는 일제의 가혹한 사상 통제로 인하여 우리의 마르크스주의에 대한 연구는 아카데미즘으로 기울고 있었다.[2] 따라서 실천적인 운동사의 관점에서 볼 때, 이 시기는 마르크스주의가 매우 축소되는 시기였다. 하지만 학문적 관점에서 볼 때는, 이 시기야말로 집중적으로 마르크스주의가 연구되었던 시기이다.

따라서 당시 한국 사회의 마르크스주의를 제대로 연구하기 위해서는, 이 시기에 마르크스주의 연구와 실천에 중심적인 역할을 한 백남운, 신남철, 박치우를 중점적으로 다루어보아야 할 것이다. 백남운이 정치·경제적 관점에서 마르크스주의를 수용하였다면, 신남철과 박치우는 철학적 관점에서 마르크스주의를 수용하였다. 물론 마르크스주의 자체를 정치·경제학과 철학으로 분리하여 별도로 논의할 수 없듯이, 이들 역시 분리하여 별개로 논의할 수 있는 것은 아니다. 이들은 하나같이 마르크스주의를 민족 해방과 계급 모순의 타파를 위한 실천 수단으로 간주하고 있었다.[3] 그렇기 때문에 이들에게는 변증법적 방법과 사적 유물론은 대단히 중요한 요소였다.

백남운은 마르크스와 레닌의 원전에 대한 분석을 통하여 정치·경제의 체제를 변화시키는 것에 대단히 심혈을 기울였다. 또 신남철은 그의 가장

---

2 실제로 1930년대 후반기에 접어들면서 『철학』(哲學)이라는 연구서를 지속적으로 발간하였던 '철학연구회'의 활동도 3호를 끝으로 중단하고, 그 이후 36년간 폐간된다. 그리고 이 시기에 『신흥』(新興)이라는 잡지도 폐간되고 만다. 이후 경성제국대학의 '철학담화회'를 통해 독일관념론과 실존주의에 대해서 아카데미즘 차원에서 연구가 진행될 수밖에 없게 되었다(趙要翰, 「韓國에 있어서 西洋哲學의 研究의 어제와 오늘」, 『思索』 제3집, 숭전대학교 철학회, 1972, 23쪽). 심지어 일본 학자들의 인정을 받고자 일본이 요구하는 황도 철학 연구에 가담하기도 하였다. 이와 같은 상황은 『녹기연맹』(綠旗聯盟)에 남아 있기도 하다(趙要翰, 같은 글, 23~24쪽).
3 김재현은 3·1운동 실패 후 한국에 사회주의가 소련(중국)과 일본으로 소개되며, 이들 모두가 민족 해방과 연관되어 있음을 지적하고 있다(김재현, 「일제하, 해방 직후의 맑시즘의 수용—신남철을 중심으로」, 哲學研究會 엮음, 『哲學研究』, 1988, 16쪽).

중심이 되는 '신체적 인식론'을 통하여 서양사 전체를 실천적인 입장에서 바라보았으며, '수용Aufnehmen-가공Verarbeiten-표현Entäußerung'이라는 변증법적 3단계를 통하여 역사적 인식과 실천적 인식 사이에 연계를 짓고자 하였다. 아울러 그는 이런 관점에서 실존주의를 신랄하게 비판하였다. 박치우 역시 테오리아theoria와 이즘ism에 대한 분석을 통하여 이즘 없는 테오리아를 죽은 이즘으로 취급하였다. 또 그는 객관적 모순을 긍정적 계기로 포착하는 위기에 대한 논의를 통하여 이 이즘과 테오리아의 결합을 이루어내고자 하였다. 특히 박치우는 모순에 대한 주체의 파악과 실천력을 대단히 중요시하였다. 이처럼 이들 세 사람 모두 철학을 하나의 '실천학'으로 규정하였다.

마르크스주의의 수용 동기에 대한 분석

그러면 왜 이들이 철학을 하나의 '실천학'으로 규정하고자 했던가? 이들이 주로 활동한 1930~1940년대는 이미 나라를 잃고 제국주의의 식민지 정책에 고통과 시련을 겪고 있었던 시기이다. 그러므로 이들에게 민족의 독립은 매우 시급한 문제가 아닐 수 없었다. 따라서 이들은 민족의 독립이라는 지상 과제를 완수하기 위한 가장 효과적인 방법을 추구하지 않을 수 없었고, 그것을 마르크스주의에서 찾고자 하였다.[4] 당대의 파시즘의 뿌리가 되었던 독일관념론, 특히 헤겔의 관념철학에 대한 도전은 불가피하게 투쟁을

---

4 일례로 신남철을 들 수 있을 것이다. 그는 1932년에 민족주의를 세 가지로, 즉 부르주아 학자의 이론, 사회민주주의 이론, 마르크스주의의 이론으로 제시하고, 이 중에서 앞의 두 가지는 추상적이고 피상적인 논의에 머물러 있으며, 세 번째 이론이 가장 구체적으로 논의되고 있다는 것을 강조하면서 스탈린의 주장을 다음과 같이 언급하고 있다. "民族은 歷史的으로 形成된 人類의 鞏固한 一共同體이고 言語 領土 經濟生活의 共同及文化의 共同에 나타난 精神의 共同體이다. 그러나 資本主義의 體系의 XX과가 티 民族도 이때까지의 그 鞏固한 共同體를 解體하고 말 것이다."(申南澈, 「民族理論의 三形態」, 『新興』 第七號, 1932, 14쪽)

긍정적 계기로 포착할 수 있는 변증법적 사고와 유물론적 세계관을 수용하지 않을 수 없도록 만들었다.

당시의 공산주의 운동사를 보면 우리가 얼마나 제국주의의 식민정책으로부터 벗어나기 위해서 몸부림쳤는가를 쉽게 알 수 있다. 이동휘는 1917년에 러시아 연해 지방 출신인 박진순의 소개로 쿠레코르노프라고 하는 볼셰비키와 만난 것이 계기가 되어 1918년 6월 26일에 '한인사회당'을 조직하게 되었고, 이를 기점으로 민족 독립 운동에 활로를 찾고자 하였다. 그는 이르쿠츠크파(전로고려공산당)의 김철훈과 투쟁하면서[5] 모스크바로부터 자금을 지원받아 1920년에 고려공산당을 발족시켰다.[6] 그러나 모스크바로부터 자금을 지원받은 것이 결국 민족의 독립보다는 소련에 역이용당하는 꼴이 되고 말았다. 이동휘, 박헌영, 김일성으로 대별되는 당대의 사회주의 운동은 현실에 대한 이론적 고찰 없이 맹목적 실천으로 나아가는 면이 강했으며, 따라서 모스크바에 일방적으로 의존하고 있었다. 이런 의미에서 "한인 공산주의자들은 코민테른의 테제에만 집착할 줄 알았지 스스로의 테제를 생산할 줄은 몰랐다."[7]

물론 이와 같은 상황은 당시 국내 사정이 다급했던 것에도 그 원인이 있다. 당시 국내의 상황은 1919년 3·1운동이 실패로 돌아가고 모든 희망이 좌절된 상황이었다. 그러다 보니 민족 독립의 돌파구를 외부에서 찾을 수밖에 없었다. 앞서 언급된 '고려공산당'은 1925년 4월 17일에 '조선공산

---

5 김철훈을 중심으로 하는 이르쿠츠크파는 이동휘를 중심으로 하는 상해파를 민족주의만을 추구하는 반혁명 집단으로 몰아붙였고, 실제로 소련 역시 볼셰비키 혁명의 연장선상에서 이동휘에게 자금을 지원했지, 약소민족의 독립에는 관심이 없었다. 따라서 이동휘를 중심으로 하는 공산주의 활동 역시 사실은 볼셰비즘에 이용당하고 마는 결과를 초래하였다(李命英, 「공산주의 사상의 전파과정」, 세계평화교수협의회 엮음, 아카데미논총 제10집, 『東西思想의 만남과 韓國』, 一念出版社, 1983, 95~113쪽).
6 이동휘는 모스크바로부터 200만 루블의 지원 약속과 함께 우선 40만 루블의 지원을 받음으로써 고려공산당을 발족시켰다. 이 당시 이 조직에 참가한 사람은 김립, 이한영, 김만겸, 안병찬, 여운형, 조동우 등이다(李命英, 같은 글, 96쪽).
7 李命英, 같은 글, 113쪽.

당'이라는 지하조직으로 나타날 수밖에 없었고,[8] 이것이 발전되어 1927년에 '신간회'로 나타나게 되었다. 이 '신간회'는 1927년부터 1931년까지 5년간 사회주의사상 운동과 합작하여 민족의 독립을 꾀하였다. 이 당시 유명 사상지[9]에 등장하는 글들을 보면 모두가 민족의 주체성과 독립을 부르짖고 있다. 소춘은 니체를 통하여 일제강점기의 노예의 도덕을 극복해야 함을,[10] 창해거사는 서양 문화의 주체적 수용을,[11] 이동곡은 한국적인 것의 마련을 주장하였다.[12] 심지어 박달성은 강자가 되는 길만이 살아남는 길이라고 주장하였다.[13] 한편 안국선은 레닌주의와 니체주의가 내포하고 있는 계급주의나 엘리트주의를 거부하고 인격주의를 제창하였으며,[14] 이대위는 기독교와 사회주의를 결합시키는 입장을 주장하기도 하였다.[15]

1920년대 중반부로 접어들자, 사회주의는 더욱더 활기를 띠게 되었다. 물질과 정신을 이원화시키는 칸트의 철학이나 이를 관념적으로 종합하는 헤겔의 철학을 비판하고 변증법적 유물론의 입장에서 자연과 사회를 이해하고자 하는 입장이 매우 활성화되었다. 옥천생, 최화운, 박형병 등 다수의 지식인들은 마르크스주의를 기반으로 당대의 관념론적 부르주아 철학을

---

[8] 이 당시 조선의 상황은 일본의 산미증식계획으로 인하여 조선미를 수탈당하고, 한국 자본이 일본의 자본에 예속되어 있던 상황이다. 그러다 보니 이에 대한 저항으로서 1924년에 조선노동총동맹이 결성되고, 이를 통하여 물산장려운동을 주도하였던 민족개량주의를 비판하면서 마르크스주의와 관련하여 민족운동이 전개되었다.
[9] 1920년대 중반에 사회주의적 색채를 지닌 주요 잡지는 『개벽』(開闢), 『조선지광』(朝鮮之光), 『신천지』(新天地) 등이었다.
[10] 小春, 「力萬能主義의 急先鋒―푸리드리히, 니체先生을 紹介함」, 『開闢』 창간호, 1920년 6월, 32~37쪽.
[11] "서양의 문화를 먹어도 내 살이 되고 동양의 문화를 먹어도 내 살이 되어야 한다."(滄海居士, 「外來思想의 吸收와 消化力의 如何」, 『開闢』 제5호, 1920년 11월, 15쪽)(이 글의 12~14쪽까지에도 이런 내용이 주를 이루고 있음.)
[12] 李東谷, 「思想의 革命」, 『開闢』 통권 52호, 1924년 10월, 6~21쪽.
[13] 朴達成, 「東西文化思想에 現하는 古今의 思想을 一瞥하고」, 『開闢』 제9호, 1921년 3월, 25쪽.
[14] 安國善, 「레닌주의는 합리한가」, 『開闢』 제5호, 1920년 11월, 4쪽.
[15] 李大偉, 「니체의 哲學과 現代文明」, 『青年』 제2권 10호, 1922, 7~11쪽; 李大偉, 「社會主義와 基督教의 歸着點이 엇더한가?」, 『青年』 제3권 5호, 1923, 8~12쪽.

비판하고, 사회진화론과 접맥시켜 사회 변화에 활력을 불어넣고자 하였다.[16] 특히 백남운의 경우, 이런 사회주의적 입장을 민족의 운명과 연관 지어 정치·경제학적 관점에서 집중적으로 연구하였다. 또 사회주의적 노선을 취하지는 않았지만, 당시의 철학적 활동에 중요한 비중을 차지하고 있었던 박종홍과 한치진의 글에도 변증법적 유물론과 관련된 주장들이 나타나고 있다.[17]

이러한 흐름들이 1930~1940년대에 이르러서는 철학적으로 한층 더 심화된 형태로 논의되기 시작하였다. 바로 이 시기에 마르크스주의의 입장에서 가장 왕성한 활동을 한 사람은 백남운, 신남철, 박치우 등이었으며,[18] 독일관념론과 실존주의 입장에서 가장 왕성한 활동을 한 사람은 안호상, 박종홍, 한치진, 김계숙 등이었다.[19] 이들 양 입장은 철학이 실천에 참여해야 함을 강조한 점에서는 공통점이 있지만, 그 참여의 방식에 있어서는 달랐다.

16 玉川生,「近世社會思想史」,『開闢』제14권 9월호, 1924, 8~14쪽; J. 디장(J. Dietzjen) 原著,「푸로레타리아哲學—안톤 판에콕에 의한 序論」, 崔火雲 譯,『開闢』통권 65호, 1925년 11월; 梁明,「近世歐美文化의 根本態度」,『開闢』제6권 11호, 1925, 57쪽; 티 와이 생(T y 生),「社會運動團體의 現況」,『開闢』통권 67호, 1926년 3월, 44쪽; J. 디장(J. Dietzjen) 原著,「칸트哲學과 불조아思想—푸로레타리아哲學(其二)」, 崔火雲 譯,『開闢』통권 67호, 1926년 3월, 67쪽; J. 디장(J. Dietzjen) 原著,「헤-겔哲學과 데이켄—푸로레타리아哲學(其三)」, 崔火雲 譯,『開闢』통권 68호, 1926년 4월, 26~28쪽; 朴衡秉,「社會進化의 必然性을 論함」,『朝鮮之光』3월호, 1927, 40~48쪽; 朴衡秉,「社會進化의 必然性을 論함」,『朝鮮之光』3월호, 1927, 57쪽; 桂園生,「唯物論에 對하여」,『朝鮮之光』6월호, 1927, 36쪽; 桂園生,「唯物論에 대한 一考察」,『朝鮮之光』10월호, 1927, 41~42쪽; 安孝駒,「헤-겔 辨證法과 實在」,『朝鮮之光』5월호, 1927, 30~33쪽; 崔鳳則,「現下 朝鮮의 救濟策은 物質이냐? 精神이냐?」,『靑年』제7권 6집, 7~8월 합호, 1927, 28~30쪽; 李友狄,「所謂 永久의 眞理에 對하야」,『朝鮮之光』8월호, 1927, 18~29쪽; 韓秉道,「力不滅設과 機械學—韓稚振군의 「機械學과 生存競爭」을 읽고」,『朝鮮之光』9월호, 1927, 27쪽; 朴文高,「俗流의 唯物史觀의 克服」,『朝鮮之光』9월호, 1927, 28~36쪽; 朴英熙,「觀念形態의 現實的 土臺」,『朝鮮之光』11월호, 1929, 41~44쪽; 宋在洪,「唯物論과 觀念論에 對하야—金太秀氏에게」,『朝鮮之光』新年號, 1928, 58~62쪽.(여기에서 송재홍은 관념론자 한치진과 반유물론자 김태수를 비판하면서 후쿠모토 가즈오福本和夫와 이우적의 입장을 따라 유물론을 옹호함.)
17 朴鍾鴻,「〈哲學하는 것〉의 出發點에 관한 一問題」(1926. 3), 열암기념사업회 엮음,『朴鍾鴻全集』1권, 민음사, 1998; 韓稚振,「動的 生活主義로 본 道德問題」,『朝鮮之光』3월호, 1927, 28~33쪽; 韓稚振,「機械學과 生存競爭」,『朝鮮之光』8월호, 1927.

수용된 마르크스주의의 양상에 대한 분석

정치·경제 사상으로서의 마르크스주의

1920년대에 마르크스주의 수용과 관련하여 가장 왕성한 활동을 하고, 1930~1940년대에 걸쳐 한국 사회주의 운동에 가장 지대한 영향을 끼친 사상가는 백남운이다. 민족의 위기를 사회주의적 관점에서 바라본 그는, 일본 제국이 우리를 식민화하는 것을 자본가가 노동자를 억압한다고 비판한 계급주의적 관점에서 문제를 삼았다.[20] 그는 나중에 '신간회'의 바탕이

---

18 이들 외에도 1930년대와 1940년대 사이에 많은 활동을 한 사람들이 있다. 진오는 추상을 관념론적 시각에서 진행시키고 있는 칸트, 헤겔, 프루동의 입장을 비판하고 추상은 어디까지나 유물변증법의 입장에서 착수되어야 인식의 구체성을 확보할 수 있다고 주장하고 있다(陣伍,「抽象과 唯物辨證法」, 『新興』 第六號, 1932년 1월, 14~21쪽). 소철인은 당시의 시민계급의 부상을 유물론에서 유심론으로 넘어가는 과정으로 파악하면서, 포이어바흐가 헤겔이 철학을 신학화한 것을 비판하고 현실화한 것을 칭찬하면서도 그가 사회 생산관계에 이해의 결여로 인한 추상적 차원에 머물렀음을 비판하고 있다(蘇哲仁, 「〈포이엘빠흐〉哲學—헤겔을 紀念하는 意味에서」, 『新興』 第六號, 1932, 22~28쪽). 또 김달인도 헤겔 철학이 자연환경과 사회 환경을 변증법적으로 바라본 것에 대해서는 칭찬하면서도 그것이 유물론적으로 발전하지 못했음을 비판하고 있다(金達仁, 「헤-겔과 팟씨講」, 『批判』 제3권 1호, 1933년 1월, 58~61쪽). 그리고 고영환은 「자본론해설」을 집필했다(高英煥, 「資本論解說」, 『批判』 제3권 1호, 1933년 1월).
19 이들 외에도 마르크스주의에 대해서 비판적인 입장을 가진 많은 사람들이 있었다. 김준성은 유물론에 입각하면 인간의 자유의지가 불가능하게 된다고 비판하였으며(金俊星, 「唯物論의 根本的 缺陷」, 『청년』 12월호, 1930, 16쪽), 하경덕은 사회주의는 개인의 책임을 너무 무시하며, 모든 발달을 경제적 차원에서만 바라보는 편협함이 있다고 비판하고, 나아가 자본주의에서 자본가의 독재가 문제가 된다면, 사회주의에서는 프롤레타리아의 독재가 문제가 된다고 비판하였다(河敬德, 「現代思潮問題와 우리의 態度」, 『청년』 10월호, 1930, 18~19쪽). 한편 김영의는 서구의 힘 중심적 태도를 비판하며(金永義, 「思想的 懷疑와 混沌에서(一)」, 『청년』 12월호, 1935, 7~8쪽), 나아가 힘에 대한 맹목적 추구보다는 가치 평가 능력의 확보가 중요함을 역설하고 있다(金永義, 「思想的 懷疑와 混沌에서(二)」, 『청년』 1월호, 1936, 4~7쪽). 문동한도 유물론보다 유심론이 더 우월함을 주장하고 있다(文東漢, 「形而上學序說」, 『롬비니』 3월호 제4집, 1940, 63쪽). 안상호 역시 물질 없이 삶과 참이 이루어질 수는 없지만 삶과 참에 대한 고려 없이는 물질은 무의미함을 주장하고 있다(安浩相, 『哲學講論』, 동광당서점, 1942, 77쪽, 88쪽). 나아가 채용환은 마르크스는 이제 더 이상 위대한 과학자나 철학자가 아니라고 주장하면서 그의 이론에는 심각한 모순이 담겨 있다고 비판하고 있다(蔡龍煥, 「共産主義의 祖—칼맑스의 生涯와 그의 科學思想」, 『무궁화』 2월호, 제1권 2호, 33~34쪽).
20 白南雲, 「朝鮮社會力의 動的 考察」, 『조선일보』, 1926년 1월 3일자 부록.

된 '조선사정조사연구회'(1925. 9. 15)를 발족시켜, 레닌주의 사상에 입각하여 당시 일본 제국의 황국신민화 정책에 강하게 반발하였다. 특히 그는 '조선경제연구소'의 관변 학자들이 취하고 있었던 입장, 즉 자본주의 이론의 우월성에 입각하여 마르크스주의를 비판했던 친일파 관변 학자들을 강하게 비판하였다. 이러한 상황은 '신간회'를 기점으로 전개된 민족개량주의와 사회주의 사이의 격렬한 철학적 논쟁과도 함께 맞물려 있다.

백남운은 일본이 대공황에 직면하여 위기에 처하게 되자, 이를 옹호했던 당시의 관학아카데미즘을 마르크스주의 이론에 기초하여 비판하였으며, 이를 통해 조선의 민족의식을 정립하고자 하였다. 마르크스 유물론의 기본 원칙이기도 한, 이른바 "의식이 사회적 상황을 규정하는 것이 아니라 사회적 상황이 인간의 의식을 규정한다"라는 입장은 그에게 식민지 현실을 분석하는 기반이 되었다. 그 역시 마르크스와 마찬가지로 인간의 의식과 관념 형태 모두가 사회적 제 생산관계의 반영이라고 보았다.[21] 그는 이런 원칙 아래서 당시 풍미했던 부르주아 관념 학문과 사회진화론의 자유주의 사회관을 비판하였다.[22] 특히 '조선경제연구소'가 도모했던 민족개량주의의 실증주의적 사고에 근간이 된 사회진화론을 강하게 비판하였다. 실증적 방법에 입각하여 지배를 은폐하려고 하는 당시의 권력 구조에 저항하여 제국주의를 타파하는 것이 그의 사상의 주요 목적이기도 하였다.

백남운의 이런 생각은 해방 이후에도 지속적으로 이어졌다. 그는 '조선학술원'(1945. 8. 16) 위원장으로서, 그리고 경제법률학부장으로서, 당대의 대표적 철학자이던 신남철(서기국 위원), 김계숙(서기국 위원), 이병도(역사철학부장), 박치우(실무진), 박종홍(실무진)과 더불어 민족의 독립과 인민

21 白南雲, 「科學發展의 歷史的 必然性」, 『東方評論 2』, 1932년 5월, 36쪽.
22 白南雲, 같은 글, 37~41쪽; 白南雲, 「社會學의 成立 由來와 任務」 2, 『조선일보』, 1930년 8월 21일자.

본위의 국가를 건설하려고 하였다. 당시 백남운은 과격한 공산주의 노선보다는 휴머니즘에 입각한 인간적 사회주의를 통하여 민족통일전선을 구축하려고 하였다. 그는 이를 위하여 공산주의에 비판적이던 신민당과 연대하기도 하였다. 당시 마르크스주의 철학의 최고 권위자이던 신남철도 백남운의 핵심 참모로서 휴머니즘과 사회주의를 조화시켜 신민주주의를 추구하려고 하였다.[23] 따라서 백남운과 신남철은 휴머니즘을 결하고 있는 것으로 판단된 박헌영 계열의 공산주의에 대해서는 비판적 입장을 견지하였다.[24] 이후에도 백남운은 '경성특별위원회'의 외곽 단체인 '민족문화연구소'를 기반으로 삼아 철학계의 영향력 있는 인물들(신남철, 정진석, 박종홍 등)과 더불어 인문학 강좌를 진행하면서 민족통일전선을 계속 강화시켜나갔다.[25] 그는 죽을 때까지 인간성과 도덕성을 겸비한 사회주의, 이른바 휴머니즘적 사회주의로서의 신민주주의를 추구하였으며, 이를 통하여 민족의 독립을 위해 노력하였다. 그러므로 그의 사회주의는 민족주의와 밀접한 연관을 지니고 있었다.[26]

---

23 申南澈,「民主主義와 휴머니즘—朝鮮思想文化의 當面 政勢와 그것의 今後의 方向에 對하야」,『제1회 朝鮮文學者大會會議錄 建設期의 朝鮮文學』, 1946년 6월; 申南澈,「指導者論」,『新世代』 1권 2호, 1946년 5월. 신남철의 이와 같은 생각은 그가 1948년에 출판한『전환기 이론』에도 잘 나타나 있다. 신남철에 의하면 "일제 잔재와 봉건 잔재는 서로 결탁하여 반동 진영을 구성하여 민주 건국을 방해"하므로 이를 극복하기 위해서는 "민주주의적 통일 결성"을 위해서 휴머니즘적인 혁명을 동원해야 한다고 주장하고 있다(申南澈,『轉換期 理論』, 白楊堂, 1948, 206~213쪽). 이미 1930년대부터 신남철은 백남운의 입장을 따라 조선의 특수성과 사회의 계급적 관계라는 일반성을 종합하는 '과학적 조선연구론'을 표방하였으며(申南澈,「朝鮮研究의 方法論」,『青年朝鮮』 1권 1호, 1934년 10월), 후일 '민족 해방'과 '사회 해방'을 동시에 수행하는 '연합성 신민주주의'를 제시하게 되었다(申南澈,「民主主義와 휴머니즘—朝鮮思想文化의 當面 政勢와 그것의 今後의 方向에 對하야」, 같은 책, 199~220쪽). (＊여기에 대한 자세한 논의는 권용혁,「역사적 현실과 사회철학—신남철을 중심으로」, 연세대학교 국학연구원 엮음,『東方學志』, 2001, 331~369쪽 참조.)
24 바로 이것이 백남운과 박헌영이 끝까지 화합할 수 없는 요인으로 작용하였다. 박헌영은 백남운과 신남철이 표방하였던 인간적 사회주의를 중간파라고 비판하였고, 반대로 백남운은 박헌영을 작풍(作風)이라고 비판하였다.
25 신남철은 1946년 9월 30일~11월 30일까지 민족문화연구소 제1기 철학 강연을 맡았으며, 정진석은 1946년 12월 9일~2월 8일까지 민족문화연구소 제2기 동양철학 강연을 맡았다. 또 박종홍은 1946년 12월 9일~1947년 2월 8일까지, 1947년 8월 10일~10월 10일까지 서양철학 강연을 맡았다.

'신체적 인식론'으로서의 마르크스주의

당시(1920~1940년대) 정치·경제학에서 마르크스주의 사상을 대표한 한국의 사상가가 백남운이었다면, 철학계에서는 신남철이라고 할 수 있을 것이다. 그는 한국 사회주의사상의 핵심 이론가이자,[27] 실천가로서 한국 사회주의 이론사와 운동사에 지대한 영향을 미쳤다. 그는 당시 풍미했던 헤겔 부흥과 관련하여 이것이 관념론으로 전락하지 않고 마르크스주의 이론으로 발전해야 함을, 그래서 철학이 실천을 중시하는 학문으로 나아가야 함을 강조하였다.[28] 또 그는 헤겔 철학을 당시 지배자들이 파시즘에 악용하는 것에 대해서 강하게 비판하였다. 그의 이와 같은 경향은 당시에 주된 철학 잡지 중의 하나이던 『신흥』에 잘 나타나 있다. 여기에 실린 대부분의 글들은 헤겔 철학을 관념론이 아니라 유물론으로 독해할 것을 강조하였다.[29] 특히, 신남철은 신헤겔주의가 변증법적 유물론으로 발전하지 못하고 파시즘으로 전락하는 것을 강하게 비판하였다.[30] 그는 당시 신헤겔주의자들이 내용과 형식, 이념과 현실, 이론과 실천을 마르크스주의적 관점에서 종합하지 못하고, 되레 이를 왜곡하고 현실의 모순을 주관적이고 관념적으로 극복하려

---

26 白南雲,「朝鮮社會力의 動的 考察」; 白南雲,「부정원리에 대한 고찰」,『연희』5, 1925년 10월 참조.
27 1927년 경성제국대학 철학과에 입학하여 수학한 후 1931년 다시 대학원에 진학하여 조수(助手)를 하면서 '조선사회사정연구소'의 회원이 되어 미야케 시카노스케(三宅鹿之助) 교수로부터 마르크스 이론에 대해서 영향을 받았다(김재현, 앞의 글, 1988, 13~14쪽, 17쪽). 그는 이후 1930년대 전반에 걸쳐 『철학』과 『신흥』에 글을 발표하다가, 해방 이후 '조선학술원' 서기국 회원, '민족문화연구소' 연구원, '조선민주주의민족전선'의 중앙위원으로 활동하다가, 1948년 4월 '남북회담 지지 108인 서명' 후 월북한 것으로 추정된다(김재현, 같은 글, 14~15쪽).
28 申南澈,「헤-겔 百年祭와 헤-겔復興―獨逸哲學에 있어서 헤-겔情神의 復興과 그 行方에 對한 한 개의 詩論」,『新興』第五號, 1931년 7월, 28~40쪽.
29 이 당시 『신흥』에 실렸던 진오의 「抽象과 唯物辨證法」에서 주장되는 내용이나, 소철인의 「〈포이엘빠흐〉哲學―헤겔을 紀念하는 意味에서」의 주장 내용이나 모두 헤겔에 대한 유물론적 독해를 강조하고 있다.
30 申南澈,「新헤-겔주의와 其批判」,『新興』第六號, 1932년 1월, 30~31쪽.

고 한 점에 대해서 강한 불만을 표시하였다.[31]

　신남철은 1931~1932년에 발표한 자신의 글들을 일부 수정하여 『역사철학』의 5장과 6장에 다시 수록하였다.[32] 여기에서 그는, 철학은 부단히 현실 경험과 유기적 관계 속에서 작동해야 함을 강조하였다. 이런 맥락에서 그는 앞서 언급한 서구의 신헤겔주의 경향을 현실과 괴리된 철학으로 간주하였다.[33] 그가 보기에 헤겔 철학의 부흥이 의미가 있으려면 그것은 반드시 "혁명하는 심장과 개혁하는 두뇌"에 이바지해야 한다.[34] 그는 당시에 국제헤겔연맹이 주도하여 헤겔을 전 세계적으로 확장하려는 운동에는 마르크스의 이론을 말살하고 제국주의를 확장하려는 나쁜 저의가 들어 있다고 보았다.[35] 신남철의 눈에 신헤겔주의자들은 사실상 파시스트였다.[36] 그는 신헤겔주의자들의 사변적 경향과 회의주의적 양상을 매우 못마땅하게 생각하였다. 그는 당시 헤겔 부흥에 한 축을 이루고 있었던 빌헬름 딜타이Wilhelm Dilthey―에두아르트 슈프랑거Eduard Spranger로 이어지는 생철학자들의 헤겔 이해와 관련하여, 이들의 철학은 역사적인 구체적 현실에 대한 이해를 상실한 하이데거 철학에 연원을 두고 있으며, 따라서 이들 역시 또 하나의 우익 파시즘을 대변하고 있다고 비판하였다.[37] 그에게서 헤겔 철학의 발전

31　申南澈, 같은 글, 34~35쪽.
32　申南澈, 『歷史哲學』(서울출판사, 1948)의 제5장 「헤-겔 百年祭와 헤-겔復興」과 제6장 「新헤-겔주의와 其批判」 참조.
33　申南澈, 같은 책, 139~141쪽.
34　申南澈, 같은 책, 141쪽.
35　申南澈, 같은 책, 145쪽. 신남철은 당시 국제헤겔회의에서 하인리히 레비(Heinrich Leby)나 지크프리트 말크(Siegfried Malk)가 마르크스를 소박한 실재론자나 형이상학자로 몰아붙이는 것과 관련하여 이들을 비판하면서, 이들의 주장이 관념적 수준에 머물러 있다고 지적하였다(申南澈, 같은 책, 146쪽). 또 신헤겔주의는 자본주의의 병폐를 치유하기 위해 과격한 마르크스주의와 헤겔을 융합시킴으로써 마르크스주의를 왜곡하고 현실의 모순을 은폐하는 저의를 담고 있다고 비판하였다(申南澈, 같은 책, 177쪽).
36　申南澈, 같은 책, 151쪽. "〈칸트로 돌아가라〉는 資本主義 成熟期에 있어서의 反動的 口號이라고 할 것 같으면, 〈헤겔로 돌아가라〉는 資本主義 沒落期에 있어서의 反動的 口號이었다고 할 것이다."(申南澈, 같은 책, 176쪽)

적 독해는 곧 마르크스주의 입장에서 유물론적으로 독해하는 것이었다.

　1931년과 1932년에 헤겔 부흥과 관련하여 비판적 입장을 견지하던 신남철은 그 이듬해인 1933년의 번역 글에서도 이와 같은 입장을 계속 이어갔다. 그는 기본적으로 파르메니데스-피타고라스-플라톤 철학에 흐르고 있는 '존재'에 중심을 두기보다는 끊임없이 '생성'하는 세계에 집중하였다. 따라서 당연히 '존재'보다 '생성'에 우위를 두는 헤라클레이토스에 더 관심을 가졌으며, 바로 이 '생성'의 관점에서 당시 사회의 혁명적 변화를 기대하였다. 그는 헤라클레이토스의 철학 안에 이미 헤겔의 변증법적 사고의 단상이 담겨 있으며, 나아가 사회의 본질을 로고스적 관점에서 접근할 수 있는 길이 열려 있음을 주장하였다. 바로 이 관점에서 그는 니체보다 헤라이클레이토스가 더 훌륭한 철학자라고 평가하였다.[38]

　신남철은 이와 같은 입장을 계속 이어가면서 1934년에는 실존철학에 대해서도 마찬가지로 비판하였다. 그는 중세의 '은총의 광명'을 넘어 근대의 '자연의 광명'으로 이행하면서 근대인들이 갈구했던 '이성에로의 전향'이 오히려 개인의 존엄성을 말살하였기 때문에 실존철학이 출현하였다고 평가하였다. 그러나 그는 실존철학이 '이성에로의 전향'으로부터 '실존으로의 전향'을 꾀하면서 현실을 망각하고 당파성을 띠게 되었다고 강하게 비판하였다.[39] 그에 의하면 실존철학에는 현실을 괄호 안에 가두어버리고 이를 판단중지epoche 해버림으로써 현실도피적인 면이 존재한다.[40] 이 실

---

[37] "〔……〕〈헤-겔부흥〉에 있어서의 각인의 견해는 전혀 헤겔의 진정한 정신을 위한 〈헤-겔 부흥〉이 아니라 사회적으로는 맑스주의에 대항하기 위한 파시스트적 반동이론을 꺼내기 위한 것이었고, 소위 철학적이라는 것의 견지에서 볼 때에는 뿌르죠아적 인간이 멸망에 직면한 자기의 역사적 위상을 연장시키기 위하여 각자의 독선적 지위를 개척함으로써 최후의 꽃을 피어본 헤겔에의 귀의이었다고 하지 않을 수 없다."(申南澈, 같은 책, 167쪽)

[38] 申南澈, 같은 책, 62쪽, 91쪽; 申南澈, 「『헤라클레이토스』의 斷片語」, 『哲學』 第一卷 第一號, 1933, 96~97쪽.

[39] 申南澈, 「現代哲學의 Existenz에의 轉向과 그것에서 生하는 當面의 課題」, 『哲學』 第二卷 第二號, 1934, 63~64쪽; 申南澈, 같은 책, 183~184쪽.

존철학은 역사적 현실 속에 엄연히 존재하고 있는 모순, 계급 분열, 투쟁 등을 의식적으로 외면해버리고, 사회적 제 관계의 물질적 토대를 과학적으로 치밀하게 분석하지 못함으로써 '위기의 철학'Philosophie der Krisis이 되어버리고 말았다.[41] 그래서 그는 앞서 신헤겔주의자를 비판하듯이, 독일관념론자와 하이데거, 후설, 막스 셸러Max Scheler의 철학 모두를 감상적이고 주관적인 관념론 철학이라고 비판하였다.[42] 그에 의하면 모든 철학의 출발점은 현실이며 현실에 선행하는 그 어떤 가능성도 철학의 출발점이 될 수 없다.[43]

이처럼 그의 철학의 출발점은 추상적이고 초월적인 가능성의 세계가 아니라 구체적인 역사적, 사회적 현실에 있다. 당연히 역사의 무대에 출현하는 개인 역시 관념적이고 추상적인 개인이 아니라 몸을 가지고 실천하는 구체적인 개인이어야 한다. 그리고 이 개인은 역사적 현실의 모순을 깨어나가면서 희생을 감내하는 주체여야 한다.[44] 앞서 누차 강조하였듯이, 그는 정신철학에 몰입하여 구체적인 역사적 자연과 사회 속에 자리하고 있는 개

---

40 申南澈, 같은 글, 71~72쪽.
41 申南澈, 같은 글, 72쪽. "現實의 諸問題가 社會的 諸關係의 分化된 것으로서 明白하게 物質的 根據를 가지고 잇음에 불구하고 可能의 問題로써 代置하고 또 그 代置한 場面을 絶對化시키는 곳에 觀念的 哲學의 黨派性이 잇는 것이다. 소위〈實存〉에의 轉向이라고하는 그 實存 -自覺의 存在라는 것은 즉 그 可能의 問題의 絶對化된 場面에 不外한다."(申南澈, 같은 글, 72쪽) 여기에 대한 언급은 그의『역사철학』192쪽에도 나타나고 있다.
42 申南澈, 같은 글, 77쪽, 195~199쪽. "獨逸觀念論의 存在論이라고 하는 것은 神의 理性的 確立에 의하여 人間存在의 社會的 主體性을 拒否한 것이었고, 하이데겔(Martin Heidegger 1889~)과 야스펠스(Karl Jaspers 1883~)를 中心으로 한 이른바 實存哲學의 存在論은 人間存在를 平面的인 意味關聯에서 解釋만하여 歷史的 社會的 時間의 推移 속에서 나타나는 그것의 鬪爭變轉의 樣相을 文學化시키고 말았다."(申南澈,『歷史哲學』, 186쪽) 셸러와 후설의 철학을 부르주아 철학으로서 당파성을 지니고 있는 것으로 비판하고 있다(申南澈, 같은 책, 192쪽).
43 "永遠의 問題는 즉 現代의 問題 속에 있지 않으면 아니될 것이다. 現代의 問題의 解決 그것이 바로 哲學에 있어서의 永遠한 問題로서 古代에 있어 있는 世界-秩序의 속에 있었고 中世에 있어서는 神의 問題와 關聯하였고 現代에 있어서는 社會的 諸關係 속에 있는 人間을 特別히 問題삼게 되는 것이라고 하겠다."(申南澈, 같은 책, 191쪽)
44 申南澈,「歷史의 發展과 個人의 實踐―헤겔哲學에 대한 한 개의 試論」,『學術』第一輯, 1946.

인의 실천적 활동을 사상시켜버린 헤겔의 역사철학을 계속 비판하였다.[45] 진정한 역사철학은 구체적인 역사적인 시간과 사회적 공간에서 활동하는 개인의 발전에 관계해야 한다. 그가 보기에 헤겔의 역사철학에 등장하는 개인은 주관적이고 관념적인 개인에 머물게 됨으로써, 즉 객관적 현실에서 실천하는 개인이 되지 못함으로써, 세계이성의 찬미에 이바지하는 도구에 불과하게 되었다.[46]

그는 『역사철학』 2장에서도 계속해서 이 부분을 상론하고 있다. 누구나 대립을 극복하지 못하고 불안한 삶을 이어갈 때는 이를 극복하기 위하여 대립의 양극단으로 분열되어 있는 상황을 타개하려고 하듯이, 신남철 역시 이런 간절한 마음을 간직하고 있었다. 그래서 그 역시 현상과 물자체, 정신과 물질로 구분하는 칸트의 이원적 세계관을 비판하고 생生(Leben)을 중심으로 극복하려고 한 헤겔의 변증법 철학을 당연히 긍정적으로 바라보지 않을 수 없었다. 그렇지만 그 통일을 의식 내재적 차원에서 관념적으로 처리하고 마는 현실도피적 관점에 대해서는 계속해서 불만을 표시하였다. 그에 의하면 헤겔의 역사는 정신의 역사이지 구체적인 자연의 역사가 아니어서 완전한 구체성에 이르지 못하며,[47] 결국 게르만 민족의 우월성으로 이어져 파시즘으로 변질되어버렸다.

더욱이 헤겔의 철학에서 문제가 되는 것은, 그의 철학에는 능동적이고 주체적으로 싸워 전체로 향해 나아가는 개인이 제대로 자리할 수 없다. 신남철의 주장에 따르면 헤겔의 역사철학에 등장하는 개인은 신이 자신의 이념적 자유를 실현하는 데 도구로 사용하는 수단에 불과하게 된다. 따라서 거기에서는 생산 주체로서의 개인이 물질적 생산과 사회적 모순을 타파해

---

45 申南澈, 같은 글, 101~110쪽.
46 申南澈, 같은 글, 112~123쪽.
47 申南澈, 앞의 책, 34쪽.

나가는 실천적 주체로 발전할 수 없다.[48] 그 어떤 세계의 변혁도 내가 딛고 살고 있는 구체적 사회를 변혁시키지 않고 불가능하며, 이 변혁은 이성적으로 비판하고 몸으로 실천하는 개인 위에서만 가능하다. 신남철에게서 개인은 추상적인 절대자라는 이념에 바쳐지는 제물도 아니며, 자기 안으로 도피하는 나약한 주체도 아니다. 개인은 자신 앞에 밀어닥치는 현실의 모순을 지혜로운 이성으로 비판하고 강인한 투지로 싸워나가면서 행동하는 주체여야 한다. 그리고 이 주체는 개인으로 머무는 것이 아니라 집단과 부대에 참여하여 조직적으로 연대하고 결집된 힘을 통해 사회의 구체적 모순을 타개해가는 개인이이야 한다.

따라서 실존적 비애[49]를 겪는 개인은 현실의 모순을 절대자의 계시나 은총에 기대거나 아니면 자신의 주관 내에서 관념적으로 극복하고 마는 개인이 아니라, 죽음을 각오하고 모순 앞에 온몸으로 항거하는 주체여야 한다. 이러한 주체를 통해서만 비로소 우리는 우리를 억압하는 모순으로부터 벗어날 수 있다.[50] 그는 이런 주체의 단초를 헤겔의 『정신현상학』의 '주인과 노예의 변증법'에서 언급되는 '인정투쟁'Anerkennungskampf에서 발견하고 있다. 따라서 그가 보기에 헤겔 철학 안에는 이미 마르크스주의의 단초가 담겨 있다. 그런데 불행하게도 헤겔 부흥은 이를 외면해버렸다는 것이다. 그는 헤겔의 이런 단초를 충분히 발전시키기 위해서는 헤겔 철학을 유물론적으로 독해하는 것이 시급하다고 보았다. 그러므로 그에게서 철학은

---

48 申南澈, 같은 책, 40~47쪽.
49 "人間은 未來의 勢力에 參加하는 批判하는 個人의 集團으로서 歷史의 擔當者인 榮光을 가지는 同時에 未久에 犧牲에 提供되어 死를 覺悟하지 않으면 아니되는 悲哀의 所持者로서의 本質을 가지고 있는 것이다."(申南澈, 같은 책, 53쪽)
50 "精神의 誕生은 有限한 生의 死에서 犧牲에 있어서의 變化의 秘密로서 나타나는 것이다." "運命과 犧牲과 啓示와는 한 개의 意味構造속에 있는 것이며 서로 交互하고 自己를 開明하는 것이다. 그러므로 犧牲에 의한 精神의 誕生은 決定的인 生의 轉換을 意味하는 것이며 이 轉換에 의하여 個人의 實存的 自己主張은 共同體에 대한 自己獻身에 移行한다."(申南澈, 같은 책, 54쪽)

헤겔의 '인정투쟁'이라는 단초를 유물론적으로 발전시키는 것이자, 형이상학적 개념에 갇혀 있는 세계 이해를 구체적으로 우리에게 폭력을 가해 오는 자연과 사회의 제 요소에 대한 실천적 변혁으로 지양시키는 것이다.[51] 따라서 철학은 우리들 민중 위에 군림하는 모든 진리와 법칙을 투쟁하는 개인들과 이들의 연대를 통하여 타파해야 하며, 이렇게 하여 민중의 이성을 억압의 굴레로부터 구출해내야 한다.

따라서 그는 역사철학의 일차적 과제를 살아 있는 인간의 육체와 자연의 관계를 다루는 것으로 보았다.[52] 헤겔에게서 인식은 이미 역사성을 띠고 있듯이, 신남철에게서도 마찬가지이다. 그러나 그의 인식은 외부 대상으로부터 자극을 받아 수동적으로 활동하는 차원이나, 아니면 자신의 의식 내에서 주관적으로 활동하는 것에 머무는 것이 아니라, 신체를 가진 인간이 자연과 대면하여 실천적 활동을 하는 역사적 인식이다. 신체적 주체가 현실의 복잡 다양한 내용들과 대면하여 역사 속에서 갈등을 해결해가는 과정이 바로 인식이다. 그러므로 인식은 이미 신체적 인간의 자기 활동의 구체화 과정이다.[53]

따라서 신남철에게서 인식은 인식 주체의 능동적 활동을 담지하고 있는 신체성이 중요하다. 그가 보기에, 비록 칸트도 외부 대상으로부터 자극을 받아 수동적으로 임하기만 하는 감성의 차원을 넘어 감성이 수용한 내용을 능동적으로 구성하는 지성의 자발성을 허용하고 있지만, 칸트에게는 이론과 실천이 신체를 통해 매개되지 못한 한계가 존재한다. 신남철은 칸트가 관념 속에 머물러 있지 않고 관념 외부에 실재하는 물자체와 그것의

---

51 申南澈, 같은 책, 100쪽.
52 申南澈, 「認識·身體 및 歷史―文化의 論理學의 基礎論 1」, 『新興』 第九號, 1937, 2~26쪽; 申南澈, 같은 책, 1쪽.
53 신남철은 합리론과 경험론은 모두 신체의 구체성이 결여되어 있다고 비판하고 있다(申南澈, 같은 책, 4쪽).

객관적 내용에 대한 고민을 반영하고 있다는 점에서, 그리고 그것에 수동적으로 이끌리지 않고 그것을 능동적으로 재구성하려는 실천적 작업을 시도하고 있다는 점에서 높은 가치를 부여하였다. 그러나 신남철은 칸트의 이 실천이 신체를 가진 주체의 실천으로 이어지지 못함으로써 한계를 드러내고 있다고 보았다.[54] 한마디로 칸트에게 실천적 주체를 통해 극복하지 못하는 물자체가 남아 있는 것은 그의 이론이 마르크스의 변증법적 유물론으로 발전하지 못했기 때문이라는 것이다.

그래서 그는 마르크스의 변증법적 유물론의 입장에 기초하여 인간의 정신적 생산 활동이 단순히 외부의 물질적 현실을 기계적으로 구성하여 모사하는 차원을 넘어 실천적으로 모사하고 비판하는 방향으로 나아가고자 하였다.[55] 그는 이런 모사를 "변증법적 모사"라고 하였으며, 이러한 모사에 입각한 "물질적, 주체적 인식"에 의해서만 무한히 복잡하고 다양한 객관적 현상을 그 뿌리로부터 파악할 수 있다고 보았다. 그는 이렇게 함으로써 사유와 존재, 이론과 실천을 최고도로 통일시켜 완전히 구체적인 진리에 이르고자 하였다.

그는 이를 위하여 인간 주체의 신체와 육체의 관계에 대해서 더 심화된 분석을 시도하였다. 그가 보기에 인간의 육체는 외부 현실과 관계하는 방식이 감성적 모사에 머물러 있고, 신체는 이를 실천적으로 인식한다. 그러니까 육체는 칸트의 감성처럼 외부의 자극에 수동적으로 임하는 단계에 머물러 있고, 신체는 칸트의 지성 이상으로 적극적으로 구성하는 역할을 한다. 따라서 전자의 경우는 그야말로 모사적 인식의 단초를 제공하는 데 머물러 있고, 후자는 외부 현실과 대면하여 부단히 비판하고 투쟁하며 활동

---

[54] 申南澈, 같은 책, 21~22쪽. 여기서 신남철은 칸트가 주관을 대상에 마주해 있는 차원으로만 파악하고 있지 실천적 활동으로 파악하지 못했음을 비판하고 있다.

[55] 申南澈, 같은 책, 21쪽.

하는 역사적이고 인간적인 실천에 이른다. 그러나 전자 없이 후자가 제 역할을 할 수 없고, 후자 없이 전자가 제 역할을 할 수 없다. 만약에 전자를 무시하면 외부의 객관적 현실을 무시하게 되며, 후자를 무시하면 주체의 능동적 역할을 무시하게 된다. 이 둘은 사회 속에서 살아가는 인간의 활동 과정 속에서 통일되어야 한다.[56]

그렇지만 신남철은 육체보다 신체를 더 근원적인 것으로 보았다. 육체가 공간적인 한계에 매여 있다면, 신체는 이를 넘어 육체가 수용하는 것을 인식 주체와 매개시켜 이를 발전시켜 통일을 가능하게 해준다.[57] 따라서 그에게서 인식의 변증법은 이미 동시에 '신체의 변증법'이다. 육체가 외부 현실로부터 인식 주체 안으로 수용한 내용 전부를 신체가 실천적인 활동을 통해 주체적이고 능동적으로 파악하게 될 때 비로소 인식은 즉자대자적an und fuer sich인 상태가 된다. 그러므로 신체를 통한 자각이 아닌 경우는 즉자대자적인 인식이 될 수 없다. 육체와 신체를 가진 인간은 외부의 대상을 수용하여 가공하고 표현하며, 또 그것을 의식하면서 서로 인정투쟁을 벌이면서 모순적으로 발전해간다.[58]

따라서 인식의 변증법은 신체의 변증법일 수밖에 없으며, 또 동시에 이는 인정투쟁의 역사적 과정을 거치기 때문에 역사의 변증법일 수밖에 없다. 외부 대상을 수용하여 이를 가공하고 표현하는 것이 신체적 계열에 속하는 문제라면, 이것이 실현되는 것은 역사적 과정을 요하기 때문에 실천의 문제는 역사적 계열에 속하는 문제가 된다. 결국 인식의 완성을 위해서

---

56 "認識은 辨證法의 模寫에 의한 總體의인 自己 運動이다." "肉體의 辨證法의 活動은 同時에 認識의 辨證法의 活動과 分離할 수 없는 일이라고 생각한다." "身體는 感性的 肉體가 認識論的 活動을 完成(Ausarbeiten)함으로써 生하는 眞正한 主體로 看做하게 된다. 此點에서 나는 肉體와 身體와를 區別하려 한다. 그러나 〔……〕 兩者는 同一한 것이다. 오직 辨證法的 階段을 달리할 뿐이다." (申南澈, 같은 책, 22쪽)
57 申南澈, 같은 책, 23쪽.
58 申南澈, 같은 책, 24쪽.

는 이 양 계열이 서로 변증법적 발전의 단계가 될 수밖에 없다. 신남철에게서 중요한 것은 신체의 실천적 인식을 동반하지 않고서는 완성된 인식에 이를 수 없다는 점이다. 바로 이런 맥락에서 그는 기존의 실존철학자들이 인식이 역사적 과정 속에서 실천적으로 이루어짐을 망각하고 이를 관념 속에서 탈역사적으로 처리해버린 것에 대해서 비판하였다. 이들의 관점은 현실을 신학적으로 처리해버리고, 또 학문적 말장난, 즉 스콜라화해버림으로써 그 속에 내재되어 있는 모순을 제대로 극복할 수 없게 만들어버렸다는 것이다.[59] 인식의 문제를 사색으로, 현실의 역사를 신의 역사로 변질시켜버린 실존철학은 신체와 인식을 통일시켜 '몸소 아는'以身知之 단계에 이르지 못했으며, 인식론과 역사학을 변증법적으로 통일시키지 못했다는 것이다. 구체적인 역사적, 사회적 현실에서 살아가는 인간은 단순히 '호모사피엔스' Homo sapiens(사유하는 인간)에 머물러서는 안 되며 '호모파베르'homo faber(제작하는 인간)에까지 나아가야 한다.

"이상의 논의에서 보듯이 신남철은 관념에 희생당하는 헤겔적 개인도, 그렇다고 관념에 침잠하는 실존철학자들의 개인도 거부한다. 그는 구체적 현실의 모순을 타개하고자 몸으로 노동하며 실천하는 개인을 추구하고자 하였다. 이런 개인에 의해서 인식과 역사가 이루어지고 이런 개인들의 연대에 의해서 현실의 역사가 전개될 때에만, 그 개인의 희생이 의미 있는 희생이 될 수 있다. 개인의 희생이 불가피하다는 점에서 신남철은 헤겔과 같은 입장을 취하지만, 관념의 희생물로 전락하는 개인이 아니라 힘 있는 주체적 개인으로서 자기희생을 능동적으로 추진하고자 한 점에서 그는 헤겔과 다른 입장을 취하였다. 한편 참개인이 활동할 공간을 확보하고자 개인을 강조한 점에서 그의 입장은 실존철학과 상통하지만, 그 개인이 희생을

---

59 申南澈, 같은 책, 27쪽.

당할 수밖에 없다는 점에서 실존주의와 입장을 달리하였다."⁶⁰

'위기의 철학'으로서의 마르크스주의

일제의 수난 시절에 신남철과 더불어 마르크스주의 입장에서 사회주의 운동을 통해 민족의 해방을 추구했던 대표적인 철학자가 있다면, 박치우라고 볼 수 있을 것이다. 그 역시 자신이 살았던 시대를 '위기'⁶¹로 규정하였으며, 이 '위기'를 사회주의적 관점에서 풀어보고자 하였다. 당시 철학계의 주요 잡지 중 하나이던 『철학』에 게재한 글⁶²에서 그는 '위기'를 "모순矛盾으로 나타나는 특정特定의 시기時期"⁶³라고 규정하였다. 앞서 신남철도 현실이 모순을 본질로 하고 있음을 누차 강조하였듯이, 그 역시 일본 식민지 시대를 모순이 극단화된 시기로 규정하고, 바로 이 시기를 '위기의 시기'라고 규정하였다. 그는 조선 사람은 이 시기를 결코 피할 수 없으며, 이 위기와 맞서 죽음을 각오한 결투를 벌여야 함을 강조하였다. 헤겔의 인정투쟁을 강조한 신남철의 경우처럼, 신체로 투쟁하는 길만이 조선 사람이 이 모순된 현실로부터 벗어나는 길임을 그 역시 강조하였다.⁶⁴

나아가 박치우는 이 위기를 그저 이와 같은 모순이 첨예화된 특정한 시기만을 가리키는 것으로 보지 않고, 이것을 주체적으로 파악하는 인식 활동과도 연관을 지었다. 그래서 그는 현실의 객관적 모순을 수동적으로 받

---

60 김석수, 『현실 속의 철학 철학 속의 현실』, 책세상, 2001, 89쪽.
61 박치우의 이 '위기'는 미키 기요시(三木清)가 위기를 모순의 시기로 규정하고 이를 실천으로 극복하고자 한 것에 영향을 받은 것으로 평가되고 있다(趙熙榮, 「現代 韓·日 哲學思想의 比較研究―1930年代의 朴鍾鴻과 三木清의 哲學思想을 中心으로」, 전남대학교 인문과학연구소 엮음, 『용봉논총』 제12집, 1982, 21쪽; 이병수, 「1930년대 서양철학 수용에 나타난 철학1세대의 철학함의 특징과 이론적 영향」, 한국철학사상연구회 엮음, 『시대와 철학』 17권 2호, 2006, 97~98쪽).
62 朴致祐, 「〈危機〉의 哲學」, 『哲學』 第一卷 第二號, 1934년 4월 1일.
63 朴致祐, 같은 글, 2쪽.
64 朴致祐, 같은 글, 1쪽.

아들이거나, 아니면 이런 현실에 굴복하여 죽음을 허용하는 소극적인 태도가 아니라 이를 주체적이고 능동적으로 파악하여 대처하는 실천적 투지를 중시하였다.[65] 현실의 모순에 대해서 주체적이고 능동적으로 파악함은 거기에 "신명身命을 던져서 정열적으로 파악함"이다. 그것은 단순히 로고스적 차원에서 관념적으로만 사물을 파악하는 것이 아니라 파토스적 차원에서 정열적으로 파악함을 의미한다.[66] 이 정열적 파악은 우리를 위협하는 현실과 피투성이가 되도록 싸워 그것을 완전히 내 것으로 만드는 것이기도 하다.

나아가 그는 이런 파악 양식을 주체가 위기를 파악하는 정열과 성실성의 정도에 따라 세 단계로, 즉 '교섭적 파악'交涉의 把握, '모순적 파악'矛盾的 把握, '행동적, 실천적 파악'行動的, 實踐的 把握으로 구분하고, 이 3단계 사이의 유기적 관계를 중시하였다. 즉 그는 진리성을 목표로 하는 로고스적 파악과 성실성을 목표로 하는 파토스적 파악이 궁극적으로는 행동으로 구현되는 실천적 파악으로 이어져야 함을 주장하고 있다. 그는 그저 죽은 사물과의 만남에 머물러 있는 '로고스적 만남'을 넘어, 살아서 부단히 저항하고 위협하면서 우리와 맞서 있는 자의 현실적 힘을 직시하는 '교섭적交涉的 만남'으로 나아가야 하며, 따라서 단순한 전자의 '태도적 관계'態度的 關係를 넘어 '교섭적 관계'交涉的 關係로 이행해야 함을 강조하였다.[67] 사물을 주체적으로 파악함은 단순한 '태도적 관계'가 아니라 이미 '교섭적 관계'일 수밖에 없다. 나아가 그는 이 '교섭적 관계'만으로 모순된 현실을 해결할 수

---

65 朴致祐, 같은 글, 3쪽.
66 朴致祐, 같은 글, 3쪽.
67 "客體의 矛盾을 단지 죽은 對體로서가 아니라, 산 對者로서 生活的인 交涉을 通하야 把握함이 없이는 生命은 危機로써 나타날 수 없는 것이다."(朴致祐, 같은 글, 8쪽) "그럼으로 危機의 客體的인 定義는 危機란 客體的 矛盾이 激化된 時機를 말함이라고 할 것이며, 主體的인 定義는 - 危機란 社會的인 矛盾이 矛盾的으로 把握되는 時期를 말함이라고 할 것이다. 여기에 우리는 矛盾의 二重性을 볼 수 있는 것이다."(朴致祐, 같은 글, 11쪽)

있다고 보지 않았다. 나에 맞서 나를 위협하고 구속하는 타자에 순종하고 '화해하는 교섭'이 아니라 그 타자가 언젠가는 나를 죽음으로 몰고 갈 원수임을 자각하고, 그를 죽이지 않으면 내가 죽는다는 각오로 결투를 선언하는 '싸우는 교섭'으로 나아가야 한다. 타자는 이미 현실의 내 삶의 모순적 요소임을 철저하게 체험해야 한다.

게다가 우리는 이 체험을 행동과 실천으로 옮겨야 하며, 이렇게 될 경우에만 우리의 파악은 가장 힘 있는 '주체적 파악'이 된다. 바로 이 힘 있는 '주체적 파악'을 통해 당시의 사회적 위기를 돌파해야 한다고 박치우는 강조하고 있다. 특히 그는 이 부분에서도 파토스에 몰입되어 있는 단순한 '행동'과 '로고스적 활동을 동반한 행동'으로서의 '실천'을 구분하고,[68] 우리의 '주체적 파악'은 후자로 나아가야 함을 강조하고 있다. 따라서 '행동'을 넘어서 '실천'으로 이행하고자 하는 그의 입장 안에는 이미 이론과 실천의 분리가 아니라 이들의 변증법적 종합을 추구하고자 하는 태도가 담겨 있다.[69] 그는 파토스를 통해 발현된 '행동'을 로고스를 통해 '실천'으로 완성하고자 한다.

박치우의 이와 같은 생각은 1940년대에 이르러 더욱더 심화되었다. 그는 철학이 당대의 부당한 권력과 유착되는 것을 비판하고, 철학은 테오리아와 이즘의 변증법적 통일이어야 함을 강조하였다.[70] 그에 의하면 테오리아는 학설이나 이론으로서, 그리고 이즘은 '주의'主義나 '사상'으로서, 전자

---

[68] "모든 實踐은 行動이다. 그러나 반대로 모든 行動이 實踐인 것은 아니다."(朴致祐, 같은 글, 14쪽)
[69] 朴致祐, 같은 글, 15쪽.
[70] 박치우는 철학이 이데올로기화되는 것과 관련하여 다음과 같이 주장하고 있다. "哲學은 우선 하나의 〈이데오로기〉다. 哲學은 〔……〕 결국은 現實에 관한 社會學的 意識 즉 〈이데오로기〉의 하나다."(朴致祐, 같은 글, 11쪽) "가령 『푸라토-』와 『아리스토테레스』의 『調和와 中庸』의 哲學이 奴隸制度에 의하여 維持된 當時의 貴族의 『데모크라시-』를 爲하여 어떠한 任務를 擔當하였으며, 『토-마스』 등으로써 代表되는 『스코라』哲學이 封建體制의 存續 强化를 위하여 어떠한 役割을 敢行하였으며 乃至는 가장 嚴密하고 嚴肅한 體系라는 칸트의 哲學이 결국은 불란서大革命의 독일적 表現에 不過하였다는 事實을 우리는 알고 있다."(朴致祐, 『思想과 現實』, 白楊堂, 1946, 11쪽)

는 냉정한 학자의 태도가 요구된다면, 후자는 열정적인 사상가의 태도가 요구된다. 객관적 인식으로 향해 있는 테오리아는 주체적 행동으로 향해 있는 이즘으로 이어지므로, 진위에 관계하는 전자와 선악에 관계하는 후자가 변증법적으로 통일되어야 한다.[71] 만약에 테오리아가 이즘을 일방적으로 구속하거나, 아니면 역으로 이즘이 테오리아를 일방적으로 지배하면, 거기에는 무력無力한 사변의 논리나 무모한 힘의 논리가 지배할 수밖에 없다. 더군다나 이즘이 테오리아를 지배하게 되는 경우 더 강한 당파성을 지니게 되며, 철학이 이런 흐름에 편승해서는 안 된다. 따라서 박치우는 철학이 진정한 모습을 지니기 위해서는 테오리아와 이즘의 변증법적 종합으로 나아가지 않으면 안 된다고 보았다.

결국 그에 의하면 로고스와 파토스, 이론과 실천, 테오리아와 이즘을 변증법적으로 종합하는 길만이 진정한 철학의 길이며, 우리의 삶의 모순된 현실을 극복하는 길이다. 그는 이와 같은 시각에서 근대 자본주의와 자유주의 안에 내재되어 있는 문제점을 분석하였다. 그가 보기에 근대 시민이 추구한 자유는 주체의 자각에 바탕을 둔 자유로 나타났지만, 그리고 '~로부터의 해방'이라는 소극적 차원의 자유를 넘어 '~에로의 자유'라는 적극적 차원의 자유로 나아갔지만, 이 자유 역시 부르주아적 자유에 불과하며, 민중의 해방과는 요원한 자유였다.[72] 근대 부르주아적 자유는 자기보존과 자기 권리의 추구에만 급급해 있지, 공동체의 연대성을 상실하고 있다.[73] 그는 이와 같은 맥락에서 근대인이 발견한 인간에 대한 '자각적 발견'과 '복귀적 발견'을 분석하였다. 그는 순수한 자기 활동 안에서 참된 인간을 발견하고자 하는 전자가 고대로 복귀하여 참된 인간을 찾고자 한 후자보다

---

71 朴致祐, 같은 책, 13쪽.
72 朴致祐, 같은 책, 26쪽.
73 朴致祐, 같은 책, 29쪽.

진일보하였지만, 이들 모두에는 여전히 부르주아지의 당파성이 개입되어 있음을 비판하였다.[74] 이처럼 박치우는 사회적 상황이 의식을 규정한다는 마르크스주의적 입장에 기초하여 근대인의 자유가 모순에 직면해 있음을 지적하였다.[75]

이상에서 보듯이, 박치우는 근대인의 자유를 변증법적 유물론의 입장에서 재평가하였다. 그는 근대인의 출현 과정을 바라보면서, 역사가 단순히 반복하는 것이 아니라 변증법적으로 발전함을 알아차리게 되었다. 또 그로부터 한 시대의 인간형을 구성하고 그것을 가능하도록 해주는 관념의 힘 역시 당대의 사회적 구조와 밀접한 관계가 있음을 목도하였다. 뿐만 아니라 그는 시대의 전환기에는 반드시 인간에 대한 새로운 반성도 일어남을 목격하였다. 그러므로 그가 보기에 이러한 현실의 제반 조건을 고려하지 않고 순수한 인간형을 논한 실존철학이나 생철학은 추상적일 수밖에 없다.[76] 생성하는 구체적인 역사적 시간과 변화하는 사회적 공간을 떠나서 존재하는 현실이 존재할 수 없으며, 이런 현실을 외면한 인간 고찰도 공허할 수밖에 없다.[77]

---

74 "封建人은 封建人답게 살았든 것이요 市民人은 市民人답게 살았음에 불과하다."(朴致祐, 같은 책, 60쪽) "그들이 發見했다고 떠드는 人間은 實相인즉 希臘의 假面에 숨어있는 『市民的인』 인간, 아니 오히려 철투철미 『市民的인』 人間이었을 따름이라는 事實이 그것이다."(朴致祐, 같은 책, 62쪽) "따라서 實相인즉 『希臘에로』라는 當時의 標語는 반듯이 必要했던 것은 아닐지도 모른다."(朴致祐, 같은 책, 63쪽)
75 "즉 『르네상스』는 人間을 發見하였다고는하나 거기서 發見된 人間은 첫째로 『純粹人間』도 아니고 둘째로 古希臘의 人間도 아니고 철투철미 『市民的인』 人間이었다는 것이 그것이다."(朴致祐, 같은 책, 64~65쪽)
76 "〔……〕 實存哲學이라는 名稱으로 불리워지는 하이덱겔, 야스펠스 等等의 人間觀이라고 나는 생각하는 것이지만은 그러나 實存哲學이 發見한 人間은 또 그것이 本來 質의 止揚의 方法에 依하야 차저진 人間이 아니였던 以上 새時代의 人間은 못된다는 것을 나는 특히 강조하고 싶은 것이다. 實存哲學은 但只 낡은 純粹人間에 대한 새로운 옷을 입혔슴에 지나지 못한 것이기 때문이다. 그러나 나는 대체 웨 일부러 『새로운 옷』이라는 말을 쓰게되는 것일까?"(朴致祐, 같은 책, 70쪽) "實踐的 時間은 地球의 公轉을 規準삼아 分割配列된 그러한 『主體性』을 缺한 時計의 時間도 아니며 이와 동시에 體驗(意識) 內容의 持續樣式으로서의 時間 - 예컨대 現象學的 時間 또는 『베륵송』의 소위 純粹持續과 같은 그러한 『客觀性』을 缺한 時間일 수는 없다."(朴致祐, 같은 책, 71쪽)

그는 이와 같은 각도에서 제2차 세계대전 역시 언뜻 보기에는 전체주의와 민주주의의 대결 같지만, 궁극적으로는 파시즘과 민주주의의 대결이었다고 평가하였다. 당시 파시즘이 기대고 있는 전체주의는 플라톤의 이데아론이나 중세의 보편자 실재론처럼 이론적 전체주의가 아니고, 이것을 정치권력화한 실천적 전체주의였다.[78] 박치우는 당시 이런 실천적 전체주의에 에크하르트류의 독일신비주의와 니체의 초인론, 슈펭글러의 인종 사관, 키르케고르와 베르그송의 반주지주의가 동원되었음을 지적하고, 따라서 실존주의도 파시즘에 이바지했음을 비판하고 있다.[79] 사실 신비적이고 감성적인 이런 흐름들과 합류되어 있는 이 전체주의는 모든 구성원을 무매개적 결합체로 만들어 운명적으로 결속하게 만드는 '신비주의적 유기체설'에 바탕을 둔 것으로, 여기에서는 개체의 독자성을 강조하는 형식논리나 인정투쟁을 계기로 삼는 변증법 논리가 배제되어 있다.[80]

박치우는 변증법 논리를 배제하고 있는 전체주의만 비판한 것이 아니라, 이를 다른 형태로 배제하고 있는 민주주의도 비판하였다. 즉 '나'를 '나' 아닌 것과 절대적으로 구분하는 형식논리에 바탕을 두고 있는 민주주의 역시 자기만을 절대화하고, 나아가 특정 집단, 이른바 부르주아지들을 특권화한다는 점에서 비판하였다.[81] 그에 의하면 형식논리는 변증법 논리처럼 모순과 투쟁하는 과정을 허용하지 않음으로 현실 모순을 개혁하려는 의지

---

77 "우리에게 있어서는 역사적, 사회적 현실만이 참된 현실인 것이다."(朴致祐, 같은 책, 71쪽)
78 朴致祐, 같은 책, 99쪽.
79 朴致祐, 같은 책, 100쪽, 103쪽.
80 朴致祐, 같은 책, 104쪽.
81 "眞實로 市民的 自由主義의 背後에는 이같은 形式論理的인 個人의 存在가 不可缺의 것으로서 嚴存해 있는 것이다."(朴致祐, 같은 책, 109쪽) "간단히 몇마디 적는다면 첫째로 形式論理라는 것은 元來가 現實存在의 論理가 아니라 理念存在의 論理에 不過한 것임에도 불구하고 이것을 가장 現實的인 存在인 人間의 問題에다 移植한다는 것은 一時的인 方便은 될넌지는 몰나도 根本的으로 誤謬를 犯하고 있는 것이다. 〔……〕現實存在로서의 人間의 行動과 歷史를 옳게 취급할 수 있는 論理는 現實存在의 論理로서의 辨證法이 있을 뿐이다."(朴致祐, 같은 책, 111쪽)

를 차단한다. 이런 형식논리에 바탕을 두고 있는 근대적 민주주의는 노동소외를 확산 심화시키고, 자본가와 노동자계급 사회의 대립을 심화시키는 '금주주의'金主主義로 귀결되기 마련이다. 노동자가 노동을 통해서 자신의 자유를 실현하기 위해서는 이러한 '금주주의', '물주주의'物主主義, '지주주의'地主主義를 타파해야 하며, 그것은 근로 인민이 주체가 되는 '근로인민민주주의'가 되어야 한다.[82] 그런데 이런 민주주의는 형식논리를 통해서는 가능하지 않으며, 현실의 모순을 인정투쟁 속에서 변혁해가는 변증법 논리를 통해서만 가능하다.

따라서 변증법 논리에 바탕을 둘 때에만 우리는 유기체적 전체주의에 기초하고 있는 파시즘도 타파하고, 또 형식논리에 기초하고 있는 근대 부르주아계급의 부조리도 타파할 수 있다. 따라서 변증법 논리는 사람과 사람 사이에 계급을 없애고 모두가 함께 잘 살아갈 수 있는 구체적이고 현실적인 자유가 가능한 사회를 제공한다. 그는 근로인민민주주의에 바탕을 둔 자유만이 진정한 자유라고 보았다.[83] 이런 민주주의만이 경제적 상황을 결하고 있는 오토카르 로렌츠Ottokar Lorenz의 세대 사관도 극복할 수 있게 해주며,[84] 민족이기주의나 부르주아지의 이익을 대변하는 거짓된 전체주의나 거짓된 민주주의를 극복할 수 있도록 해준다.[85]

"이상에서 보듯이 박치우 역시 신남철처럼 마르크스주의적 입장에서 이론과 실천, 로고스와 파토스, 테오리아와 이즘, 개인과 전체를 종합해내

---

82 朴致祐, 같은 책, 113쪽.
83 朴致祐, 같은 책, 196~200쪽.
84 朴致祐, 「世代史觀批判(基一)」, 『新興』第九號, 1937, 36~38쪽. 박치우는 혈통과 세대에 입각하여 역사 연구를 추진한 로렌츠의 계보학(Ottokar Lorenz, *Die Geschichtswissenschaft in Hauptrichtungen und Aufgaben*, Teil I. Abschnitt 6, ueber ein natuerliches system geschichtlichen Peridon, 1986)과 관련하여 비과학적이 비변증법적임을 비판한다(朴致祐, 같은 책, 80~81쪽). 실제로 로렌츠는 계보학에 관한 전문적인 저서를 남겼다. Ottokar Lorenz, *Lehrbuch der Gesammtenwissenschaftlichen Genealogie*, Berlin: Verlag von Wihelm Hertz, 1898 참조.
85 朴致祐, 「民主主義의 哲學的 解明」, 『學術』 8월호(제1집), 1946 참조, 191~199쪽.

고자 하였다. 물론 그의 이런 의도는 다분히 파시즘과 부르주아 민주주의에 대한 도전을 담고 있다. 그 역시 사회와 역사를 관념적으로 이해하는 것에 담겨 있는 이해의 당파성을 비판하고 인간의 소외태를 구체적이고 현실적으로 지양해내고자 하였다. 그러나 그는 백남운 편에 서 있었던 온건파 신남철과는 달리 박헌영의 남로당 노선을 따라 과격파에 속해 있었다.[86] 그래서 그는 부르주아 인민민주주의를 과도기로 인정할 뿐 결국은 인민민주주의로 이행하고자 했다."[87]

그러나 1950년대에 접어들면서 1920년대에서 1940년대까지 활성화되었던 마르크스주의를 비판하는 관점이 주류를 이루게 되었다. 이와 같은 경향은 1960년대까지도 계속 이어졌다. 엄요섭, 김재준, 박해정, 양호민 등 당시에 많은 사람들이 마르크스주의가 사회를 지나치게 경제적이고 계급적인 관점에서, 그리고 폭력적인 관점에서 접근하는 데 문제가 있음을 지적하였다.[88] 특히 이 당시 한태수, 박종홍 등을 비롯한 다수의 비판가들은 마르크스주의를 기계론으로 규정하고, 이로부터는 인간의 자유도 도덕도 제대로 마련할 수 없다고 비판하였다. 또 이동욱, 선우학원 등은 경제적 후진성을 극복할 수 있기 위해서는 자유 시장경제의 도입이 불가피하다는 관점에서 마르크스주의를 비판하였다.[89]

---

86 박치우는 『현대일보』를 창간하여 박헌영의 측근으로 활동하였으며, 또 조선문학협회의 대표로 있으면서 조선민주주의민족전선의 중앙집행위원으로 활동하였다. 1946년 해주에 있던 남로당 임시 당본부에서 박헌영을 도왔으며 1949년 9월 인민유격대 정치위원으로 남한에 내려와 빨치산 활동을 하다가 전사한 것으로 알려지고 있다. 이병수는 박치우와 신남철을 비교하였다. "전자는 마르크스주의적 실천 개념에 주체의 파토스적 신념과 정열을 포함시킴으로써 볼셰비즘적 실천을 강조했다면" "후자는 인간 존재의 신체성에 기반하여 실천에 대한 이론적 정당화를 꾀하고 있다."(이병수, 앞의 글, 88쪽)
87 김석수, 앞의 책, 98~99쪽.
88 嚴堯燮, 「社會學的으로 본 唯物史觀」, 『思想界』 11월호, 1952; 嚴堯燮, 「階級과 社會」, 『思想界』 5월호, 1953 참조; 金在俊, 「共産主義論」, 『思想界』 8월호, 1953 참조; 朴海楨, 「社會主義의 새로운 理念과 낡은 理念」, 『自由世界』 10월호, 1956 참조; 梁好民, 「맑스와 맑스主義」, 『思想界』 11월호, 1956.

2 실존주의의 수용 과정에 대한 고찰

한편 실존주의 역시 마르크스주의와 마찬가지로 해방 이전에는 실천학으로서의 역할을 중시하였다. 물론 이들의 실천은 개인적인 내면적 저항에 중심을 두고 있다는 점에서 실천의 내용성이 마르크스주의와 다르다고 볼 수 있다. 어쨌든 1960년대 이전까지 실존주의는 저항의 논리를 담고 있었다고 볼 수 있을 것이다. 한국 실존주의의 효시를 이루고 있는 박종홍은 "어중간한 철학은 현실을 떠나버리지만 완전한 철학은 현실을 인도한다"[90] 라는 야스퍼스의 문구를 인용하면서 실존주의의 현실 참여성을 중시하였다. 그는 철학이 현실에 대한 부정을 통하여 다시 현실로 돌아와야 한다고 주장하였다. 또 그는 국가가 절망적인 상태에 놓이게 되면 내향적 태도를 취하는 실존주의가 융성하게 된다고 보았다. 특히, 그는 실존주의가 6·25라는 참혹한 전쟁을 경험한 절망적인 인간들에게 용기를 불어넣어 주는 기

---

[89] 梁好民,「社會主義理論의 世代的 考察—맑스主義, 修正主義, 英國社會主義, 民主社會主義」,『思想界』 2월호, 1960, 51쪽; 李東旭,「苦悶하는 資本主義—資本主義圈의 經濟動向」,『思想界』1월호, 1959, 33~41쪽; 韓太壽,「共産政治思想」,『思潮』 6월호, 1958, 255~265쪽; 鮮于學源,「辨證法的 唯物論과 그 批判」,『思想界』 11월호, 1961, 206~207쪽; 崔文煥,「맑스主義 民族理論批判」,『思想界』 10월호, 1961; 林元澤,「唯物史觀의 問題點—唯物史觀을 理解하는 것은 唯物史觀을 修正하고 補完하는 것이다」,『思想界』 4월호, 1961, 196~207쪽; 田元培,「맑스哲學 批判」,『現代思想講座 1—現代人의 世界觀』, 동양출판사, 1960; 田元培,「歷史的 世界의 構造」,『원광문화』 8호, 1971; 최동희,「쏘련哲學界의 動向」,『思想界』 8월호, 1961; 최동희,「쏘련哲學의 斷面, 그 神學的 性格」,『思想界』 3월호, 1963; 申一澈,「辨證法의 論理, 矛盾이라는 幻覺에 빠진 思考方式」,『思想界』 8월호, 1962; 申一澈,「社會的 實存과 루카치, 〈社會主義에의 길〉을 모색한 修正主義者」,『思想界』 1월호, 1963; 申一澈,「모택동의 辨證法的 唯物論 批判」,『思想界』 7~8월호, 1963; 申一澈,「맑스의 史眼을 벗어라, 唯物史觀 公式은 허물어졌다」,『思想界』 9월호, 1963; 申一澈,「맑스의 歷史觀」,『思想界』 4월호 부록, 1966; 申一澈,「마르크시즘과 韓國」, 동국대 60주년 기념논문집, 1967; 朴鍾鴻,「共産主義 哲學 批判(I)—辨證法的 唯物論 批判」,『공산주의 문제 연구』 제1권 제2호, 亞細亞反共聯盟 自由센터 硏究院, 1965년 11월 30일; 朴鍾鴻,「共産主義 哲學 批判(II)—史的 唯物論 批判」,『공산주의 문제 연구』 제3권, 亞細亞反共聯盟 自由센터 硏究院, 1966년 11월 1일; 李永春,「共産主義의 理論과 實際의 批判」, 哲學硏究會 엮음,『哲學硏究』 제7집, 1968년 12월.

[90] 朴鍾鴻,「現實把握」(1939. 12. 1), 열암기념사업회 엮음,『朴鍾鴻全集』I권, 민음사, 1998, 425쪽; Karl Jaspers, *Existenzphilosophie*, Berlin: de Gruyter, 1938, p. 85.

능을 한다고 보았다.

　하지만 박종홍의 이런 입장이 얼마나 설득력이 있을지는 의문이다. 비록 박종홍은 실존철학의 실천성을 강조하지만, 그래서 하이데거 철학이 인간의 사회적 실천을 소홀히 한다고 비판하지만, 신남철의 눈에는 실존철학자 모두가 현실의 모순을 외면하는 당파성을 지니고 있었다. 외적 모순이 해결되지 않은 채로 내면으로 달려가는 것은 그렇게 큰 설득력을 지닐 수 없다는 것이다. 마르크스주의자들이 흔히 실존철학 일반에 대해 비판하듯이, 박종홍 철학 역시 역사성과 사회성을 구체적으로 고려하고 있지 못해 인간 삶의 자유를 가능하게 해주는 객관적 조건을 제대로 확립할 수 없다는 것이다.

　한편 조가경도 박종홍과 마찬가지로 실존철학과 현실 실천과의 깊은 관련을 주장하였다. 그는 실존철학이 비록 서구의 것이지만 그것을 우리의 토양에 적합하게 활용해야 함을 강조하였다. 특히, 그는 학문 외적 관계에서가 아니라 학문 내적 관점에서 실존주의를 중시하고 있다. 그는 서구의 실존주의를 단순히 실천의 방편을 위한 도구로 삼는 것에 머무는 것을 원치 않았다. 또 우리 학문의 발전을 위해서도 실존주의를 수동적으로 섭취하거나 단순히 소개하는 차원을 넘어 좀더 능동적으로 수용해야 함을 주장하였다. 그는 기존과 달리 실존주의를 저항이나 자유에 대한 몸부림으로만 파악하는 데 머물지 않고 좀더 긍정적이고 적극적인 계기로 이끌어내어 학문적 작업을 추진하고자 하였다. 조가경의 이런 태도는 한국 철학계에서도 나타났다. 1958년 한국철학회가 카를 뢰비트Karl Löwith 교수를 초청하여 강의를 들었던 것도 이런 맥락을 담고 있었다. 당시 이 모임에서는 실존주의 극복이 중요한 문제였고, 그래서 기존의 반이성주의적 입장을 넘어 이성에 대한 긍정적 계기를 마련하고자 하였다.[91]

실존주의 수용 동기에 대한 분석

본래 서구의 실존주의가 전쟁이 산출한 인간의 참혹함과 근대화 과정에서 인간 개인의 존엄성이 붕괴됨에 대한 반성에서 출발하였듯이, 우리의 실존주의 역시 이와 같은 요인에서 발생하였다. 사실 우리나라의 실존주의에 대한 관심은 일제의 암울한 시대를 벗어나기 위한 몸부림의 일환으로서 1920년대에서 1940년대에 이르기까지도 있었지만, 이 당시의 실존주의는 사실상 미미하였으며, 본격적으로 대두하게 된 것은 1950년대로 보아야 할 것이다. 이것은 1950년에 발생한 한국전쟁(6·25)에 기인한다고 보아야 할 것이다. 전쟁으로 인해서 인간 개개인의 존엄성이 여지없이 무너지자 더 이상 전체주의적 사고나 본질주의적 사고에 염증을 느끼지 않을 수 없었다. 여기에 전체보다는 개인을, 본질보다는 실존을 앞세우는 새로운 철학적 세계관이 요구되지 않을 수 없었다. 또 1960년대 이후 전개된 반공이데올로기 아래서 자행된 반민주적인 독재와 박정희 정권 이후 추구되어온 개발과 성장 논리에 바탕을 둔 산업화는 개인의 소외와 무기력함을 창출하였으며, 또 한 번의 인간 실존을 절감하게 만들었다.[92] 그래서 1950년대에서 1960년대까지 학술지와 대중지에 실린 글들 중에서 실존주의가 압도적이었다.[93]

---

91 金基錫, 『동아일보』, 1958년 12월 24일자 기사 참조.
92 여기에 대한 논의는 김재현의 「남북한에서 서양철학의 수용의 역사」(大韓哲學會 엮음, 『哲學研究』 제60집, 1997) 81쪽, 김여수의 『언어와 문화』(철학과현실사, 1997) 419쪽, 백종현의 「독일철학의 유입과 그 평가」(서울대학교 철학사상연구소 엮음, 『철학사상』 제6호, 1996) 29~30쪽을 참조하였다.
93 1919년부터 1965년까지 한국에 유입된 서양철학자들 중에서 하이데거 48건, 니체 26건, 야스퍼스 13건, 키르케고르 13건으로 총 100건으로 상당히 많은 비중을 차지하고 있다(이훈, 「서구 철학사상의 유입과 그 평가(1) – 연구를 위한 자료의 통계적 분석」, 서울대학교 철학사상연구소 엮음, 『철학사상』 제4호, 1994, 122쪽).

수용된 실존주의의 양상에 대한 분석

우리나라 실존주의의 수용사를 분석해보면, 1960년대 이전까지는 대체로 현실 고발적이거나 아니면 고통을 체화할 수 있는 내면 지향적인 태도로 일관되었다. 1960년대에 이르러서야 비로소 실존주의에 대한 주체적이고 객관적인 연구가 이루어지게 되었다.[94] 그 전에 실존주의는 학문적인 연구보다는 다분히 현실에 대한 문제의식에 연루되어 논의되었었다.

    1920년대에서 1940년대까지의 실존주의에 대한 글은 몇 편을 제외하고는 대부분 전문적인 논의의 형식으로 충분히 개진되지 못했다. 1920년에 나타난 소춘의 글도 초인의 의지로 고난의 길을 헤쳐 나가는, 이른바 노예도덕의 극복 차원에서 호소문에 가까운 표현을 구사하고 있으며,[95] 1922년에 나타난 이대위의 글도 니체의 초인 사상이 제국주의를 정당화하는 데 이용되고 있음을 고발하고 있다.[96] 1929년에 발표된 니체에 관한 글은 이전의 글과는 달리 조금 더 학문적인 접근을 시도하고 있다.[97] 그러나 이 글 역시 현실의 위기에 대한 문제의식에서 출발하고 있다. 최초로 철학적인 전문성을 띠고 나타난 실존주의에 관한 논문은 1933년에 발표된 박종홍의 하이데거에 관한 논문일 것이다.[98] 그러나 이 글 역시 하이데거의 불안 개념에 담겨 있는 비현실성을 고발하는 데 주목적을 두고 있다. 즉 이 글은 당시

---

94 이기상은 현상학과 실존주의의 수용을 해방 이전까지의 수용으로서의 제1시기, 해방 이후부터 1960년까지의 수용으로서의 제2시기, 1960년 이후의 수용으로서의 제3시기로 구분하고, 현상학과 실존주의가 본격적으로 수용된 시기는 제3시기로 보고 있다(이기상, 「한국의 해석학적 상황과 초월적 자아―현상학·실존철학의 수용과 한국철학의 정립」, 哲學硏究會 엮음, 1997년 춘계발표회보, 『동서철학의 수용과 한국철학의 정립』, 61쪽).
95 小春, 앞의 글 참조.
96 李大偉, 「니체의 哲學과 現代文明」, 앞의 책 참조.
97 裵相河, 「차라투스트라(拔抄)」, 『新興』 第一號, 1929 참조.
98 朴鍾鴻, 「하이데거에 있어서의 Sorge에 關하여」, 경성제대 철학과 졸업논문(1933. 1. 7), 열암기념사업회 엮음, 『朴鍾鴻全集』 I권, 민음사, 1998 참조.

의 현실에 대한 철저한 반성을 담고 있었다.

이처럼 1920년대에서 1940년대까지는 실존철학자나 실존철학에 대한 본격적인 논의가 미흡하였다. 오히려 앞서 논의된 마르크스주의를 제외하고는 헤겔이나 유물론과 유심론의 관계에 대한 논의가 더 많다. 가령 한치진의 경우, 자신이 1930년대에 쓴 글들에서 소수인의 사색적 진리와 직각적 인식, 형이상학의 가능성 등을 주장하며, 정신적 가치와 물질적 가치의 관계를 다루고 둘 다 중요하지만 궁극적으로 정신적 가치가 더 중요함을 역설하고 있다.[99] 그리고 1946년에 쓴 글에서도 관존민비와 관민동등과 민존관비의 문제를 다루면서 물질적 관계와 인격적 관계 둘 다 중요함을 역설하고 있다.[100]

이처럼 1920년대는 무조건 마르크스주의로 흘러가거나 아니면 실존주의로 흘러가지는 않았다. 김계숙은 헤겔적 입장에서 자신의 철학을 개진하고 있다. 그는 헤겔의 입장에서 이론과 실천의 관계를 다루었으며, 데카르트로부터 칸트로 이어지는 이원론적 세계관은 헤겔에 의해서 통일되는 것으로 주장하고 있다.[101] 또 이종우도 변증법 논리에 입각하여 형식논리적 주체와 객체를 거부하고 주체와 객체의 교섭적 관계를 중시하였다.[102]

헤겔의 입장에서 자신의 입장을 본격적으로 전개한 사람은 아무래도

---

99 韓稚振,「小數人의 眞理」,『靑年』3월호, 1930, 20쪽; 韓稚振,「自我改革論」,『靑年』1월호, 1931; 韓稚振,「哲學的 直覺論」,『靑年』1월호, 1931, 17〜19쪽; 韓稚振,「人格的 唯物論—人格과 物質의 構造(一)」,『靑年』10월호(15권 7호), 1935, 6〜10쪽; 韓稚振,「人格的 唯物論—人格과 物質의 構造(二)」,『靑年』11월호(15권 8호), 1935, 7〜10쪽. 그러나 1927년에 쓴 글에서는 이와는 전혀 다른 양상을 보이고 있다. 그는 기계학을 근거로 삶, 자연, 사회, 도덕을 설명하고자 했으며(韓稚振,「機械學과 生存競爭」, 앞의 책), 그래서 한병도가 한치진의 이런 입장을 비판하고 변증법적 관점을 강조하였다(韓秉道, 앞의 글, 27쪽).
100 韓稚振,「民主社會의 構成과 自由」,『民聲』4월호, 제5권, 1949, 34쪽.
101 金桂淑,「思索方法에 對한 序論」,『新興』第二號, 1929, 54쪽; 金桂淑,「哲學과 自然性과의 關係」,『新興』第四號, 1931, 68쪽; 金桂淑,「헤-겔思想의 前史—헤겔 百年祭를 당하야」,『新興』第五號, 1931, 44〜47쪽.
102 李鐘雨,「生의 構造에 對하여」,『哲學』第一卷 第二號, 1934년 4월 1일, 81〜87쪽.

안호상이라고 보아야 할 것이다. 그는 헤겔의 주관적 논리학과 객관적 논리학의 문제를 다루면서, 개념과 사물, 개념과 실재의 밀접한 관계를 분석하고,[103] 나아가 "개념槪念의 선재성先在性과 실재성實在性의 후재성後在性은 시공적時空的이 아니라 논리적論理的이다"[104]라는 입장을 통하여 기존의 '객관적 논리학'과 '주관적 논리학'이라는 개념을 '객체적 논리학'과 '주체적 논리학'으로 바꿀 것을 주장하였다.[105] 한편 그는 지知와 행行의 관계에서도 이 둘은 상호 우열을 가릴 수 없이 대등하게 중요한 것으로 보았다. 그에 의하면 "행行은 지知이다 지知는 행行이다라는 판단判斷이 형식形式으로서는 두 판단判斷으로서 나타나지만 종극終極에 이르러선 두 판단判斷이 아니라 행行과 지知의 의존관계依存關係의 표현表現으로서 오직 한낱의 판단判斷이다."[106]

안호상의 이와 같은 관점은 유물론과 유심론에 대한 비판에서도 나타난다. 그는 우선 헤겔의 입장에서 '됨'을 '있음'과 '없음'의 근본 제약으로 파악하고 있으며, 모든 것은 모순을 내포하고 있는 것으로 보고 있다.[107] 그는 이와 같은 입장에서 "물질을 떠나서는 참을 참으로 인식할 수 없고", "물질이 없이는 생이 존재할 수 없으며 또 참이 타당할 수 없다는 것은 우

---

103 安浩相,「客觀的 論理學과 主觀的 論理學」,『哲學』第一卷 第一號, 1933년 7월 17일, 67쪽. 이 이후에도 그는 「헤겔의 哲學의 始初와 論理學의 始初」(『普專學會論集』 1, 1934)와 「헤겔에서 判斷의 문제」(『哲學硏究』, 1941)에서 이 문제를 다루었다.
104 安浩相, 같은 글, 68쪽.
105 安浩相, 같은 글, 79~80쪽. "客體(Objekt)를 硏究하는 objektive Logik와 또 主體(Subjekt)를 硏究하는 subjektive Logik를 客觀的 論理學과 主觀的 論理學이라 하는 것보담은 客體的 論理學과 主體的 論理學이라고 함이 語感의 區別로서나 論理的 本意로서나 그 얼마나 適當하며 正當한가는 누구든지 스스로 잘 判斷할 수 잇을 것이다."(安浩相, 같은 글, 80쪽)
106 安浩相,「理論哲學과 實踐哲學에 對하야(知와 行에 對한 一考察)」,『哲學』第一卷 第二號, 1934년 4월 1일, 72쪽. "이 理論的인 것과 實踐的인 것은 哲學體系의 두낱의 원기둥柱礎다. 兩者는 哲學의 體系에서 不可無의 兩契機로서 優劣을 다투지 않고 드듸어 永遠한 平和와 絶對의 平等만 享有할 뿐이다."(같은 곳)
107 安浩相,『哲學講論』, 大同出版社, 1942년 2월, 12쪽.

리의 정당한 상식으로서 곧 참된 철학적 인식이다"라고 주장하고 있다.[108] 이처럼 그는 물질과 생, 물질과 참을 상보적으로 보고 있다. 또 그는 유물론을 필요조건으로 인정하지 충분조건으로 인정하지 않는다. 이와 같은 기본적 시각 아래서 그는 우주론적 유물론, 인간학적 유물론, 경제학적 유물론 등 모두를 비판하고 있다.[109] 물질은 이미 비물질을 전제하고 있기 때문이다. 한편 그는 유심론에 대해서도 비판하였다. "(……) 물질이 없이는 정신이 물질을 생산할 수 없으며 또 정신이 없이는 물질이 정신을 생산할 수 없다"[110]라는 입장에서 그는 유물론 일변도의 주장이나 유심론 일변도의 주장 모두를 거부하였다.[111]

이상에서 보듯이 마르크스주의도 아니고 실존주의도 아닌 제3의 입장이 이 당시에 또 하나의 조류를 형성하고 있었다. 그러므로 본격적으로 실존주의가 대두하게 된 시기는 1950년대 이후로 보아야 할 것이다.[112] 1950년대에는 실존철학이 압도적인 분위기를 형성하고 있었다. 박상현은 실존을 세계사를 움직이는 근원적 힘으로 파악하고 있으며,[113] 고범서는 실존과 윤리와 종교의 관계를 모색하면서 헤겔 철학이 외면하고 있는 개인의 주체성을 비판하였다.[114] 그리고 이 시기에 이러한 비판을 담고 있는 실존철학

---

108 安浩相, 같은 책, 115~116쪽.
109 安浩相, 같은 책, 125~132쪽.
110 安浩相, 같은 책, 139쪽.
111 실제로 안호상은 박종홍과 달리 현실을 개념화 이전의 단계로서 객관성이 결여되어 있는 것으로 보았다(安浩相,「理論哲學이란 무엇인가」,『哲學』第一卷 第二號, 1934년 4월 1일, 126~129쪽). 여기에 대한 좀더 자세한 설명은 이병수의「1930년대 서양철학 수용에 나타난 철학1세대의 철학함의 특징과 이론적 영향」(앞의 책), 86~87쪽을 참조하였다.
112 박종홍은 우리나라에 실존주의가 도입된 시기와 관련하여 다음과 같이 주장하고 있다. "우리나라에서도 철학적으로 실존사상이 문제되어 온 것은 8·15해방 훨씬 이전에서부터 시작된 것이 사실이나, 일반으로 논의되기는 1·4후퇴 때 부산 피난을 계기로 한 것이다."(朴鍾鴻,「轉換하는 現代哲學」(1961. 3. 30), 열암기념사업회 엮음,『朴鍾鴻全集』II권, 민음사, 1998, 461쪽)
113 朴相鉉,「實存과 哲學」,『思想界』10월호, 1952, 94~98쪽.
114 高範瑞,「實存의 倫理」,『思想界』8월호, 1953, 135~139쪽.

에 관련된 몇 권의 번역서가 등장하였다.[115] 아울러 안병욱은 생철학자와 실존철학자 일반에 대한 이론을 소개하기 시작하였으며, 특히 현대철학의 세 조류로서 프래그머티즘, 마르크스주의, 실존주의를 들고, 이 중에서 실존주의가 병든 문명 속에서 자아를 구출하는 긍정적인 기능을 하고 있음을 지적하였다.[116] 또 황산덕은 사회과학을 실존철학과 연계시켜 논의하기 시작하였고,[117] 우리나라 실존철학을 본궤도에 올려놓은 조가경도 이 시기에 등장하였다.[118] 이종우도 이제는 실존주의와 과학철학을 접맥시키기 시작하며,[119] 조순승은 니체의 정치사상을 다루기 시작하였다.[120]

이처럼 실존주의가 풍미하게 되는 상황은 1960년대에도 지속된다. 하기락도 산업사회 이후 반인간화되어가는 사회를 고발하고 실존주의를 중요하게 다루었으며,[121] 이동식은 실존주의와 정신분석학의 관계를 다루었다.[122] 또 김붕구와 조가경은 마르크스주의와 실존주의의 관계를 장폴 사르트르Jean Paul Sartre를 중심으로 다루고 있다.[123] 한편 김종호는 신토마스주의 입장에서 실존주의에 대하여 이것이 구체적인 사회성을 결여하고 있음을 비판하고 있다.[124]

---

115 칼 야스퍼스, 「『니이체』와 現代―파아티잔 리뷰지에서」, 朴俊華 譯, 『思想界』 1월호, 1954; 쟝·뽈 사르트르, 「實存主義는 휴머니즘이다」, 林甲 譯, 『思想界』 8월호, 1954.
116 安秉煜, 「生의 哲學」, 『思想界』 12월호, 1955; 安秉煜, 「實存主義의 系譜」, 『思想界』 4월호, 1955; 安秉煜, 「實存主義」, 『思想界』 3~4월호, 1956; 安秉煜, 「實存主義의 思想的 系譜」, 『思想界』 8월호, 1958.
117 黃山德, 「實存主義와 正義의 問題」, 『思想界』 2월호, 1957; 黃山德, 「實存哲學과 社會科學」, 『思想界』 特輯 제7권, 1958.
118 曺街京, 「하이덱가의 人間과 思想」, 『思想界』 6월호, 1958.
119 李鐘雨, 「實存主義哲學과 科學哲學」, 『思潮』 6월호, 1958.
120 趙淳昇, 「니이체의 政治思想」, 『思潮』 6월호, 1958.
121 河岐洛, 「實存的 不安의 克服」, 『思想界』 5월호, 1960.
122 李東植, 「實存主義와 精神分析學」, 『思想界』 5월호, 1960.
123 金鵬九, 「맑스주의教理와 實存的 휴머니즘―싸르트르의 『唯物論과 革命』을 中心으로」, 『思想界』 10월호 제10권, 1960; 曺街京, 「맑시스트의 實存主義觀」, 『思想界』 6월호, 1961.
124 金淙鎬, 「實存主義以後의 西歐哲學(上)」, 『思想界』 8월호, 1961.

이상에서 보듯이 1950년대에서 1960년대까지는 실존주의에 관해서 참으로 많은 글이 나왔다. 그러나 이런 많은 글들은 대부분 전문적인 학적 연구라기보다는 시대적 상황을 표출하는 에세이적인 글이었다. 실존주의를 우리 한국 철학계에 위치 지은 가장 중추적인 인물은 아무래도 박종홍과 조가경으로 보아야 할 것이다. 따라서 이들의 사상을 분석해봄으로써 우리의 실존주의의 위상을 재정립해볼 수 있을 것이다.

현실 파악으로서의 실존주의

박종홍의 실존주의에 대한 이해를 파악하기 위해서는 우선 그의 전체 사상에 흐르고 있는 일반적 특징을 시대적으로 개관해볼 필요가 있다. 그는 초기에 철학을 현실과 밀접하게 연관 지어 다루고 있다. 철학 하는 사람은 철저하게 자기의 문제로부터 출발하고, 이 시대의, 이 사회의, 이 땅의, 이 현실적 존재로부터 출발해야 한다.[125] 그래서 그는 하이데거의 존재와 현존재를 분석하면서 '근심'Sorge의 문제를 다룰 때에도 하이데거가 갈등과 투쟁을 소홀히 다루고 서둘러 통일로 향하게 됨을 비판하였다.[126] 하이데거의 불안에 대한 분석에는 현존재의 구체적 갈등, 즉 실천적 인간의 갈등이 제대로 그려지고 있지 못하다는 것이다.[127] 그는 하이데거가 신학적 세계관에서 완전히 벗어나지 못해 구체적이고 실천적인 인간을 구현할 수 없었다는 사실을 지적하고 있다. 이처럼 그는 구체적이고 실천적인 인간을 강조하고

---

125 朴鍾鴻, 「〈哲學하는 것〉의 出發點에 관한 一問題」, 앞의 책, 317쪽, 331쪽; 朴鍾鴻, 「哲學하는 것의 實踐的 地盤」(1934. 4), 열암기념사업회 엮음, 『朴鍾鴻全集』 I권, 민음사, 1998, 332~347쪽.
126 朴鍾鴻, 「하이데거에 있어서의 Sorge에 關하여」, 앞의 책, 194쪽.
127 "신체 자체를 중요시하지 않는다는 것은, 이 대립의 격렬함을 놓치고, 다만 그것의 조화의 측면, 혹은 극복된 결과에만 주의를 돌리는 때문이 아닌가? 우리는 엄연한 대립과 모순에 있어서의 괴로운 갈등에 있어서, 오히려 구체적인 인간 자체를 볼 수가 있다."(朴鍾鴻, 같은 글, 200쪽)

있다. 바로 이 점에서 그의 인간에 대한 언급은 신남철이나 박치우가 마르크스주의적 시각에서 인간을 그려내는 내용과 일맥상통한다.

나아가 박종홍은 하이데거의 철학을 연구 분석함에 있어서 초지일관 구체적인 현실 사회를 중시하였으며, 이와 같은 기본 바탕 위에서 하이데거 철학에는 관념적 극복이 아닌 구체적인 실천적 극복 방안이 마련되어 있지 않음을 비판하였다.[128] 그는 현실의 모순에 대해서 관념적으로 극복하려는 것을 가장 강력하게 비판하였다. 그에 의하면 현대철학이 나아가야 할 바는 '힘 있는 철학'이 되어야 하고, 현실의 모순을 관념 속에서 화해시키거나 비겁하게 해소해버려서는 안 된다.[129] 그는 현대철학의 동향에 대한 분석에서도 현실에의 적극적인 참여를 강조하였다.[130] 또 그는 조선 문화의 계승과 관련해서도 로고스적 인식과 파토스적 긴장 양자가 모두 중요함을 언급하였으며, 바로 이와 같은 맥락에서, 당시 조선의 주체는 '근로적인 사회적 그룹'이어야 한다고 강조하였다. 그래서 그는 다음과 같이 언급하고 있다.

> 주관적 측면에만 경도할 때에 우리는 공허한 정열에 사로잡히게 되고 객관적 측면만을 존중할 때에는 기운이 빠진 이론의 형골만을 바라보게 되는 것이다.[131]

---

128 朴鍾鴻, 같은 글, 204쪽.
129 朴鍾鴻, 「矛盾과 實踐」(1933. 10. 26~28), 열암기념사업회 엮음, 『朴鍾鴻全集』 I권, 민음사, 1998, 349~355쪽.
130 박종홍은 현대철학의 네 가지 조류, 즉 헤겔 부흥, 존재론적 경향, 유물론의 발전, 초인적 사상을 들면서 이 네 가지 모두 관념 속에 침잠해버리거나 아니면 실천을 강조하지만 나치즘이나 전체주의 내지는 영웅주의에 빠져 든다는 점에서 비판한다(朴鍾鴻, 「現代哲學의 動向」(1933. 12. 24), 열암기념사업회 엮음, 『朴鍾鴻全集』 I권, 민음사, 1998, 356~365쪽).
131 朴鍾鴻, 「朝鮮의 文化遺産과 그 傳承의 方法」(1935. 1. 1), 열암기념사업회 엮음, 『朴鍾鴻全集』 I권, 민음사, 1998, 382쪽.

박종홍의 이런 측면은 신남철의 '신체적 인간'이나 박치우의 '위기에 대한 주체적 파악'으로서의 인간에 대한 강조와 흡사하다. 이들은 공통적으로 실존철학이 구체적 현실을 외면한 관념성과 당파성을 지니고 있다고 비판하고 있다.

"우리의 철학은 독일서 차를 타고 왕림枉臨하는 것도 아니요, 미국서 배를 타고 내항來降하는 것도 아니다."[132] 그러므로 우리의 철학은 우리의 현실에 대한 철저한 반성과 비판에 기초를 두어야 한다.[133] 이와 같은 관점 아래서 그는 실존철학이 현실의 문제에 시선을 돌린 점에 대해서 그 중요성을 인정하지만, 그 극복이 주관적인 데 대해서는 매우 비판적이었다. 그래서 그는 다음과 같이 언급하고 있다.

> 대체 〈파토스〉적 의식이 주관적 방향으로 깊어지면 깊어질수록 객관적이며 공간적인 외계에 대해서보다도 주관적인 시간문제에 대해서 더 일층 침잠하게 되며 급기야 객관적 대상을 주관적으로 초월하여 버린 무無의 문제에 스스로 봉착하고 만다는 것은 금일에 있어서 실존철학 또는 그와 유사한 경향을 띤 여러 사상에서 우리가 흔히 목격하고 있는 바 사실인 듯하다.[134]

그는 이와 같은 시각으로 하이데거, 딜타이, 야스퍼스 모두에 대해서도

---

132 朴鍾鴻, 「〈우리〉와 우리 哲學 建設의 길」(1935. 7. 9), 열암기념사업회 엮음, 『朴鍾鴻全集』 I권, 민음사, 1998, 384쪽.
133 "과연 우리의 현실이 우리의 철학을 낳지 못하는 동안 우리의 위기는 철저하게 극복될 수 없는 것이요, 우리의 철학이 우리의 현실을 잊어버리는 순간 그 본래의 의미에 있어서 참된 우리의 철학이 될 수 없읍니다."(朴鍾鴻, 「우리의 現實과 哲學—歷史的인 이때의 限界狀況」(1935. 8. 7), 열암기념사업회 엮음, 『朴鍾鴻全集』 I권, 민음사, 1998, 399쪽)
134 朴鍾鴻, 「現代哲學의 諸問題」(1938. 4. 15), 열암기념사업회 엮음, 『朴鍾鴻全集』 I권, 민음사, 1998, 412쪽.

현실에 닥친 문제들에 대한 극복을 구체적인 실천과 연관을 지어 객관적으로 작업을 하지 못하고 주관적이고 관념적으로 접근하는 것에 머물렀다고 비판하였다.[135] 또 그는 니콜라이 하르트만 Nicolai Hartmann이나 셸러에 대해서도 마찬가지로 비판하면서 "〈자연변증법〉이 더 일층 철학의 중심 문제 영역 안으로 들어와야 할 시기가 당도한 것이 아닐까"[136]라고까지 주장하였다. 그래서 그는 앞에서도 언급하였듯이 야스퍼스의 입장을 따라 "어중간한 철학은 현실을 떠나버리지만 완전한 철학은 현실을 인도한다"라는 문구를 강조하였다.

　박종홍은 신남철의 신체적 인식론이 주장하고 있는 것과 마찬가지로 현실의 모순을 "신체적 노작"身體의 勞作을 통하여 비로소 극복할 수 있다고 보았다.[137] 그리고 그는 신남철과 마찬가지로 이 '신체적 노작'을 수행하는 개인이 단순히 개인 차원에 머물지 않고, 공동 차원의 노작으로까지 발전해야 함을 주장하였다. 그래서 그가 보기에 야스퍼스가 현실의 모순에 대해서 저항한 것도, 사실은 머리로만 저항한 것이지 몸으로 저항한 것이 되지 못한다. 야스퍼스의 저항에는 의식 내적인 저항만 있지 박치우가 주장하는 것처럼 신명을 던지는 투지가 없다. 그는 야스퍼스와 하이데거를 비교하면서 전자는 후자보다 현실의 모순을 더 강렬하게 드러내지만, 그리고 후자는 전자에 비해 현실의 모순을 인간 주체의 차원에서 타개하려고 애쓰고 있지만, 이들 모두 '신체적 노작'이라는 계기를 결여하고 있다고 비판하였다. 박종홍 역시 신남철이나 박치우와 마찬가지로 현실 파악의 주체는 생명 자체를 내거는 죽음을 각오한 결투를 감행해야 하며, 또 그렇게 할 경우에만 현실의 모순을 온전히 타개할 수 있다고 보았다.[138]

135　朴鍾鴻, 같은 글, 412~415쪽.
136　朴鍾鴻, 같은 글, 412~413쪽.
137　朴鍾鴻, 「現實把握」, 앞의 책, 427쪽.

그래서 그는 1942년에 쓴 글에서 실존철학은 "깨우침의 논리이긴 하나, 구체적인 행위의 논리, 건설의 논리에 이르지 못하고 있다"[139]라고 비판하고 있다. 실존철학은 새로운 것을 만들어내는 힘이 없으며, 그러므로 역사적 현실의 논리가 되지도 못하는 일종의 "관상의 철학"에 머무르고 있다.[140] 그는 1945년 이전에 작업한 것으로 추정되는 「우리가 요구하는 〈이론과 실천〉」이라는 글에서도 하이데거, 키르케고르, 야스퍼스, 칸트, 헤겔의 철학 모두가 내면적 도덕이나 관념적 태도에 머물러 있음을 비판하고 있다.[141] 그는 이론과 실천의 변증법적 종합을 강조하며, 인간을 단순히 '호모사피엔스'적인 차원에서 파악하는 데 머물지 않고 '호모파베르'로까지 확장하여 파악하고 있다.[142] 이 점은 신남철이 주장한 것이기도 하다.

1950년대에 접어들면서 박종홍은 자신의 철학에 중심 개념인 '향내적 태도'와 '향외적 태도'라는 개념을 구체적으로 사용하고 있다. 그는 『철학개론강의』에서 인간이 자기의식의 내면세계로부터 나와 외부 세계로 향하려는 사람도 있고, 안으로 들어가 거기로부터 자기를 반성하려는 사람도 있다는 사실을 지적하면서, 전자의 향외적 태도와 후자의 향내적 태도는 서로 돕는 관계에 있어야 함을 강조하고 있다.[143] 그는 이 책에서 향외적 태도와 향내적 태도의 대표적인 경우를 각기 실용주의와 실존주의에서 찾고 있다. 전자의 경우는 현실에 구체적으로 접근하려고 한다는 점에서 긍정적인 면을 지니고 있지만, 다른 한편 이 경우는 향내적 차원에서 자기의 한계

---

138 朴鍾鴻, 같은 글, 432쪽.
139 朴鍾鴻, 「理解와 思惟」(1942. 9), 열암기념사업회 엮음, 『朴鍾鴻全集』 I권, 민음사, 1998, 450~451쪽.
140 朴鍾鴻, 같은 글, 451쪽.
141 朴鍾鴻, 「우리가 要求하는 〈理論과 實踐〉」(1945년 이전), 열암기념사업회 엮음, 『朴鍾鴻全集』 I권, 민음사, 1998, 402~408쪽.
142 朴鍾鴻, 같은 글, 409쪽.
143 朴鍾鴻, 『哲學槪論講義』(1953. 12. 8), 열암기념사업회 엮음, 『朴鍾鴻全集』 II권, 민음사, 1998, 46~52쪽.

를 반성하는 과정이 반드시 동반되어야 한다. 또 후자의 경우는 자기 자각을 통하여 선험적 결단을 하고 있다는 점에서 긍정적인 면을 지니고 있지만, 구체적인 현실에 실천적으로 접근하는 것이 미약하다. 물론 그는 사르트르에 대해서는 실존주의 일반에 대해서 비판하는 것과 동일하게 비판하지 않는다. 그가 보기에 적어도 사르트르는 단순히 고독한 내향적 상태에 머물지 않고 참여와 행동을 통하여 현실적인 인류로 돌아오려고 고심하고 있다.[144]

박종홍은 "주체의 향외, 향내의 자각을 통하여 결국은 개인의 향내적 자각이 세계성과 관련함을 보았으며, 그것이 다시금 나의 국가로 돌아옴을 보았다"라고 주장하면서, 3·1운동이야말로 그 대표적인 예라고 주장하고 있다.[145] 그는 이와 같은 운동이 성공하기 위해서는 "향내적인 자각을 통하여 무無에 부딪쳐 다시 향외적으로 돌아오는 창조의 길"[146]로 나아가지 않으면 안 된다고 보았다. 양심적인 정情에 관계하는 향내적 자각과 기술적인 지知에 관계하는 향외적인 자각은 서로 돕는 관계에 놓여 있다. 전자가 없는 기술은 흉기나 다름없으며, 후자가 없는 양심은 비현실적일 수밖에 없다. "다할 줄 모르는 현실적인 힘은 향내 향외가, 양심과 기술이, 정情과 지知가 하나의 절대적 행동에 있어서 지양되는 데서만 찾을 수 있다."[147] 창조와 건설은 이런 지양 속에서만 가능하다.

그의 이와 같은 태도는 1954년에 출판한 『철학개설』에서도 나타난다. 그는 여기에서도 "철학은 본래 현실과 유리될 수 없는 학문이다"[148]라고 주

---

144 朴鍾鴻, 같은 책, 108쪽.
145 朴鍾鴻, 같은 책, 128쪽.
146 朴鍾鴻, 같은 책, 131쪽.
147 朴鍾鴻, 같은 책, 131쪽.(*368쪽에도 동일한 주장이 나타남.)
148 朴鍾鴻, 『哲學槪說』(1954, 1961, 1964), 열암기념사업회 엮음, 『朴鍾鴻全集』 II권, 민음사, 1998, 151쪽.

장하면서 참眞과 성誠, 진리Veritas와 진실Veracitas의 상호 작용을 강조하였다. 그에 의하면 현실을 자각하는 것이 그저 자기 내면에서 반성에 머물 수 없듯이, 현실의 파악 역시 외적인 대상에만 관계하는 것에 머물 수 없다. 철학하는 데 있어서 자각은 이미 현실 파악의 과정이어야 하고, 현실 파악은 계제階梯여야 한다.[149] 그러므로 이 둘의 상호 작용을 통하여 진정한 철학이 탄생하는 것이다.

한편 그는 이와 같은 관점에서 변증법적 유물론도 향외적 태도에 경도되어 있다고 비판하였다. 즉 변증법적 유물론에서 주장하고 있는 반영론도 의식 주체의 자발성을 부정함으로써 결국 반영이 아니라 반응으로 전환되고 말았으며, 따라서 향외적 태도의 극치를 보여주고 있다는 것이다.[150] 그가 보기에 실천이 논의되려면 거기에는 주체의 능동성이 전제될 수밖에 없다. 실제로 변증법적 유물론도 이 점을 인정하였다. 그렇지만 이 유물론에서 주장하는 반영설의 관점에는 주체의 자발성과 능동성이 제대로 확보될 수 없으며,[151] 따라서 변증법적 유물론은 자체 모순을 안고 있을 수밖에 없다는 것이다. 변증법적 유물론이 주장하는 것처럼 환경이 사람을 만드는 차원을 넘어 사람이 환경을 만든다는 것도 사실이라면, 이것이 가능하기 위해서는 "주체의 향내적 태도가 동반되지 않으면 안 된다."[152]

나아가 박종홍은 변증법적 유물론은 '인격으로서의 생활'과 '노동으로서의 생활'을 구별하지 못하며, 후자를 통해서는 전자를 온전히 실현할 수 없다는 점을 제대로 파악하지 못하고 있다고 비판하였다.[153] 사실 그가 보기에 사적 유물론에서 주장하는 노동자들은 자유로운 인격체로 살아가

---

149 朴鍾鴻, 같은 책, 189쪽.
150 朴鍾鴻, 같은 책, 250~254쪽.
151 朴鍾鴻, 같은 책, 256쪽.
152 朴鍾鴻, 같은 책, 257쪽.

지 못한다. 그들은 기계처럼 행동하도록 강요당하고 있으며, 스스로부터 우러나온 주체성이 아니라 외부에서 주입된 주체성에 기초하고 있어 진정한 주체성을 확립하고 있지 못하다는 것이다. 따라서 변증법적 유물론에서 주장하는 실천의 주체는 자각적 결단으로 실천하는 주체가 아니라 "당 전위대의 지시에 따라 움직이게 되는 기계적 주체"에 불과하다.[154] 그래서 박종홍은 다음과 같이 주장하고 있다.

> 실로 자유로운 인격적인 공동사회라면 비판을 모름지기 진정한 주체성을 매개로 하여야만 할 것이다. 이러한 주체성의 매개가 결여되어 있는 한 인간을 드디어 기계화하는 수밖에 없고 비판의 기준도 객관적인 양에서 찾게 된 것이요, 따라서 그네들이 모처럼 인격 자체의 자유로운 활동을 위하여 희생을 무릅쓰고 새로이 전개시켰다는 사회가 그 말하는 바와는 반대로 인격적인 것과는 너무나 동떨어진 거리를 가지게 된 것이다. 〔……〕 그러나 인격의 활동이 향내를 겸비하는 것이 사실이라면, 자발적인 주체성을 무시한 향외적인 측정만 가지고 쉽사리 비판한다는 것은 너무나 무모한 짓이 아닐 수 없다.[155]

결국 박종홍은 변증법적 유물론을 대단히 조야한 것으로 평가하였다. 변증법적 유물론은 노동자가 결코 이론의 창안자나 구성자가 될 수 없음에도 불구하고 노동자를 가장 근본적인 토대로 삼고 있다는 점에서 자체 모

---

153 "여기서 우리는 사적 유물론에서 인격을 운운함은 이론 자체의 일관성을 모독하는 所以가 아닐까. 그야말로 물질의 일정한 발전 단계에서 질적 비약에 의하여 튀어나온 인격이란 말인가? 또는 물질이 본래 潛勢的으로 인격을 구비하고 있었다는 것인가. 〔……〕 하여간 향외적인 유물사상의 한계가 여기에 드러난 것이라 하겠다."(朴鍾鴻, 같은 책, 258쪽)
154 朴鍾鴻, 같은 책, 260쪽.
155 朴鍾鴻, 같은 책, 260~261쪽.

순을 안고 있다.[156]

한편 그는 앞서 언급한 실존주의와 관련하여 이를 향내적 현실 파악의 전형으로 간주하고 여기에 대해서 좀더 자세히 분석하고 있다. 그에 의하면 실존주의는 사람들이 전쟁을 겪으면서 현실에 무력해지고, 점차 불안해지면서 내면으로 침잠하는 과정에서 발생하게 되었다. 그는 실제로 실존주의자들의 주장이 현실과 관련하여 얼마나 향내적으로 이어져 있는가를 보여주고자 하였다. 그는 이를 위하여 한편에서는 유신론적 실존주의자로서의 키르케고르의 고독한 실존, 야스퍼스의 난파하는 실존, 가브리엘 마르셀Gabriel Marcel의 공동적 참여에 성실한 실존에 대해서, 다른 한편에서는 무신론적 실존주의자로서의 니체의 인간을 초극하는 실존, 하이데거의 본래적인 나로서의 실존, 사르트르의 행동적 실존에 대해서 다루고 있다. 특히 그는 "사람이 만일 전 세계를 잃어버리더라도 그의 혼을 상하지 않는다면 무엇을 염려할 바 있으리요"라는 키르케고르의 주장에 실존주의의 주된 특징인 향내적 태도가 강하게 담겨 있음을 지적하고 있다.

그러나 그 누구도 현실의 모순을 외면하고 내면으로 침잠해 들어간다고 자신의 문제를 제대로 해결할 수 없듯이, 실존주의 역시 향내적 태도만으로 자신들의 문제를 해결할 수 없었다. 그래서 키르케고르는 개체의 역사 참여성을, 야스퍼스는 자신의 실존과 타인의 실존을 보존하기 위한 사랑의 싸움을, 마르셀은 개인의 공동체의 참여를 주장했던 것이다. 특히 사르트르는 행동하는 실존을 강조하였다. 바로 이 점에서 박종홍은 그 어떤 실존철학자보다 사르트르를 높이 사고 있다. 그에 의하면 사르트르는 비엔나학파Wiener Kreis의 논리실증주의에 담겨 있는 극단적인 향외적 태도의 한계를 지적하면서 동시에 기존의 실존주의자가 향내적 태도에 치중한 점

---

156 朴鍾鴻, 같은 책, 251쪽.

에 대해서도 비판하였다. 그래서 그는 이와 같은 시각에 기초하여 사르트르야말로 고독한 예외자 속에 홀로 침잠하여 구체적인 사회 현실과 관계를 맺지 못한 실존철학의 문제점에서 빠져나와 관념적인 세계와 구체적인 현실 사회의 관계를 되살리는 단초를 제공해주었다고 주장하였다.[157]

나아가 박종홍은 자신의 철학의 중심 개념인 향내적 태도와 향외적 태도를 동양 사상과 관련하여 새롭게 접맥시키고 있다. 그는 자신의 이런 생각을 하이데거가 도道에 대해서 가진 관심이나 야스퍼스가 석가, 공자, 노자 그리고 용수에 대해 가지는 관심에서 착안하고 있는 것 같다.[158] 그는 동양 사상이 근대 과학적인 정밀한 이론에 비해서 뒤떨어지지만, 자연의 위치와 사람의 위치를 연결시키고 있다는 점에 큰 의의를 부여하고, 나아가 이런 관점에서 동양 사상에는 향외적 태도와 향내적 태도가 모두 들어 있음을 주장하였다. 그에 의하면 과학철학과 실존 사상을 본래 하나인 것의 두 면으로 파악하고, 이들을 새롭게 종합하는 것을 동양 사상에서 찾았다. 그는 동양의 성性과 관련하여 하늘이 명한 이 성이 사람의 성만도 아니고 사물의 성만도 아니며, 이 둘로 나타난 것이며, 이들은 실존의 길과 과학의 길, 향내의 길과 향외의 길을 통해 만나야 한다고 주장하였다. "향외적인 진(眞)과 향내적인 성(誠)은 본래가 하나의 참이었던 것이다."[159] 그는 이와 같은 관점 아래서 우리가 서양의 과학과 철학을 배워야 하지만, 동양의 것, 특히 우리의 것을 배우고 연구하는 것을 결코 게을리 해서는 안 된다는 점을 강조하였다. 이러한 그의 주장에는 학문의 주체성과 민족성이 깔려 있음을 알 수 있다.

이처럼 박종홍의 철학 저변에는 끊임없이 향내성과 향외성의 종합에

---

157 朴鍾鴻, 같은 책, 324쪽.
158 朴鍾鴻, 같은 책, 325~326쪽.
159 朴鍾鴻, 같은 책, 327쪽.

대한 노력이 흐르고 있었다. 그래서 그는 칸트에 관한 언급에서도 칸트의 철학에는 밤하늘에 반짝이는 별빛의 세계에 관계하는 향외적 태도와 내 마음의 양심의 신비를 밝히는 향내적 태도의 종합이 담겨 있고, 또 그의 상상력에도 향내와 향외를 구체적인 산 현실로 종합하려는 의도가 담겨 있다는 점에서 큰 의의를 부여하고 있다.[160] 그는 칸트의 이런 정신을 우리의 3·1운동에서 발견할 수 있다고 보며, 또 이런 정신을 우리가 계승하여 더욱 발전시켜야 한다고 보고 있다. 그는 "오늘날 우리의 새로운 사상적 움직임은 대체로 볼 때에 미국의 향외적인 사고방식과 유럽의 향내적인 사색 태도가, 우리가 처하여 있는 독특한 정세를 기반으로 하여 서로 얽히어 착잡한 혼선을 이루며, 하나의 도가니 속에 뒤끓고 있다"[161]라고 판단하고 이런 상황을 잘 활용하여 향내와 향외의 변증법적 지양을 이루어내야 한다고 강조하고 있다. 그는 우리의 힘으로 우리 스스로가 개척하여 걸어가야 함을 누차 반복해서 강조하고 있다.[162] 이 점에서 박종홍 역시 신남철이나 박치우 못지않게 민족주의자였음을 알 수 있다. 그 역시 고독이나 씹고 있는 허약한 개인이 아니라 파토스의 주관적 계기를 넘어 역사적 현실에 대한 구체적 파악과 실천을 통하여, 특히 과학적 인식을 성실히 수행하여 능동적이고 적극적으로 현실을 타개함으로써 미래를 펼쳐나가야 할 것을 강조하고 있다.[163]

박종홍은 철학이 시대정신과 분리되어 논의될 수 없다고 보았다. 따라서 그는 당시에 우리의 철학이 현대철학의 큰 두 조류인 향내적 태도로서

---

160 朴鍾鴻, 같은 책, 357쪽.
161 朴鍾鴻, 같은 책, 365쪽.
162 朴鍾鴻, 「現實의 構造」, 『思想界』 1월호, 8권 10호(1960. 1. 1), 열암기념사업회 엮음, 『朴鍾鴻全集』 II권, 민음사, 1998, 384~392쪽.
163 朴鍾鴻, 「實存主義와 現代哲學의 課題」(1952. 3), 열암기념사업회 엮음, 『朴鍾鴻全集』 II권, 민음사, 1998, 443~447쪽.

의 실존주의와 향외적 태도로서의 과학철학에 대한 반성 위에서 정립되어야만 한다고 주장하였다. 그에 의하면 서양의 실존철학은 사람의 본성을 파내었고, 그들의 과학철학은 사물의 성性을 분석해냈지만, 서양 사람들은 이 둘 사이에 다른 점만 보고 공통점을 보지 못했다.[164] 그들의 실존주의는 비합리적인 면을 띠어 현실에 허약해지고, 그들의 과학철학은 인간을 합리성의 노예로 전락시키고 있다.[165] 그러므로 이런 문제를 극복하려면 동양사상으로 눈을 돌려야 한다.[166] 동양에서는 자연에 있어서의 이치와 사람에 있어서의 이치를 떼어놓을 수 없으며, 하늘의 명命으로서의 성性이라는 차원에서 모든 것을 바라본다는 것이다. 그래서 그는 "실존적인 것과 과학적인 것, 향외적인 것과 향내적인 것의 일치, 뜨거운 것과 차가운 것의 일치"[167]를 이루어야 한다고 보았다. 그에 의하면 그 단초가 4월혁명 안에 자리하고 있었고, 우리는 이것을 철학적으로 정초해야 할 의무를 지고 있다.[168] 그는 서구인인 야스퍼스가 "아세아는 우리의 불가결한 보충이다"라고 주장한 점에 대해 대단히 신뢰를 보냈다.[169] 그는 동양 사상을 무조건 따르는 것도 문제이지만, 그렇다고 무조건 외면하는 것도 문제라고 지적하면서, 우리가 가야 할 길을 다음과 같이 주장하고 있다.

한국 사상은 하나의 〈참〉을 〈얼〉로 하고 있다. 이것이 또한 38선을 넘어

---

164 朴鍾鴻, 「轉換하는 現代哲學」, 앞의 책, 476쪽.
165 박종홍은 과학철학은 나를 주체로 파악하지 못하고 대상으로 파악하는 데 머물고 있기 때문에 주체의 사물화는 불가피하다는 것이다. 그것을 벗어나기 위해서는 자신을 주체로 파악하는 향내적인 실존적 태도가 요구된다는 것이다(朴鍾鴻, 「轉換의 摸索」(1961. 3. 30), 열암기념사업회 엮음, 『朴鍾鴻全集』 II권, 민음사, 1998, 482~485쪽).
166 朴鍾鴻, 같은 글, 479~480쪽.
167 朴鍾鴻, 같은 글, 479쪽.
168 朴鍾鴻, 같은 글, 480쪽.
169 朴鍾鴻, 「實存哲學과 東洋思想―특히 儒學思想과의 比較」(1958. 8. 1), 열암기념사업회 엮음, 『朴鍾鴻全集』 II권, 민음사, 1998, 506쪽.

생각되는 남북통일의 이념이다. 한반도의 남북은 하나의 〈참〉인 〈얼〉로 뭉쳐야 한다. 이것이 주체성을 살리는 길이고 동시에 소외되고 있는 인간성을 탈환하는 길이다.[170]

그는 이와 같은 관점 아래서 「공산주의철학비판」(I), (II)를 집필하였다.[171] 그는 여기에서도 변증법적 유물론이 감각에 주어지는 대상과 관련하여 그것이 비록 물질이라 하더라도 그것을 받아들이는 주체가 물질인지 아닌지에 대하여 논의를 하고 있지 못함을 비판하고 있다. 이것이야말로 "주체를 망각한 사고방식이다."[172] 변증법적 유물론에 의하면 물질은 감각으로부터 독립되어 있으며, 감각은 "물질의 모사요 사진이요 반영이다."[173] 심지어 의식도 고도로 조직된 물질의 성질, 기능, 산물에 불과하다.[174] 그러나 박종홍은 인간의 의식은 사물을 그대로 모사하는 것이 아니라 때로는 덜 모사하기도 하고 더 모사하기도 하며, 따라서 망막상의 모사와 의식의 모사가 같을 수 없다고 비판한다.[175] 그래서 그는 반영과 반사를 동일한 의미로 사용하고 있는 변증법적 유물론에 대해서 다음과 같이 비판하고 있다.

> 이것은 틀림없이 물리적인 반응 내지 반작용과 인간의 의식 작용을 같은 반영이라는 말로 혼동시키고 있는 과오를 범하고 있는 것이다. 산 사람의

---

170 朴鍾鴻, 「二十世紀의 東洋思想」(1963. 6. 24), 열암기념사업회 엮음, 『朴鍾鴻全集』 II권, 민음사, 1998, 540쪽.
171 그는 자신의 논문을 이렇게 둘로 나누게 된 것을 1938년에 간행된 『소련공산당사』(蘇聯共産黨史)에 스탈린이 집필한 「辨證法的 唯物論과 史的 唯物論에 관하여」라는 논문에 근거하고 있다(朴鍾鴻, 「共産主義 哲學 批判(I)—辨證法的 唯物論 批判」(1965. 11. 30), 『공산주의 문제 연구』 제1권 제2호, 亞細亞反共聯盟 自由센터 研究院 刊, 열암기념사업회 엮음, 『朴鍾鴻全集』 II권, 민음사, 1998, 556쪽).
172 朴鍾鴻, 같은 글, 561쪽.
173 朴鍾鴻, 같은 글, 563쪽.
174 朴鍾鴻, 같은 글, 564쪽.
175 朴鍾鴻, 같은 글, 565쪽.

인식 활동과 죽은 유해의 부패 작용이 같은 반영으로서 다루어지는 것이다. 물리적·화학적인 반응이나 반작용을 의식적인 감각과 유사성을 가졌다고 하여 같은 반영이라고 함은 엄청난 유추의 장난이요, 이 세상의 어떤 현상치고 반영 아닌 것은 하나도 없게 될 것이다.
설사 인간의 의식이 대상을 반영한다 치더라도 물질만을 반영하는 것도 아니다. 물질 아닌 의식 자체를 다시 대상화하며 의식할 수 있는 것이 의식의 특징이기도 하다. 〔……〕[176]

따라서 박종홍은 의식을 의식하는 자각의 단계는 물질의 반영이라고 볼 수 없다는 관점에서 유물론을 비판하였다. 나아가 그는 인간의 인식을 단순히 물질의 반영 차원에서 접근하고, 또 이것의 객관적 진리성을 실천의 성공 여부에 두는 것을 일종의 상대주의라고 규정하였다. 그에 의하면 인간은 단순히 물질의 모사·반영으로서의 상대적인 진리에 머무르며 사는 자가 아니라 절대적 진리를 향해 나아가고자 하며, 따라서 물질보다 존귀한 존재가 아닐 수 없다.[177] 이처럼 박종홍은 한편에서는 실존주의적 입장에서 유물론을 비판하며, 나아가 이와 같은 바탕 위에서 공산주의의 미래를 비관적으로 바라보았다.

이와 같은 그의 비판은 「공산주의철학비판」(II)에서도 마찬가지로 나타나고 있다.[178] 그는 사회생활이 물질적 생산에 근거하고 있다는 공산주의의 주장과 관련하여, "설사 정신적인 것을 물질적인 것의 반영이라고 가정하더라도 인간은 그 반영을 자각하는 것인 만큼 물질 상호 간의 반응 작용

---

176 朴鍾鴻, 같은 글, 566쪽.
177 朴鍾鴻, 같은 글, 569쪽.
178 朴鍾鴻, 「共産主義 哲學 批判(II)—史的 唯物論 批判」(1966. 11. 1), 『공산주의 문제 연구』 제3권, 亞細亞反共聯盟 自由센터 研究院 刊, 열암기념사업회 엮음, 『朴鍾鴻全集』 II권, 민음사, 1998 참조.

과는 근본적으로 다르다"¹⁷⁹라고 언급하였다. 또 그는 자본주의가 생산력과 생산관계의 모순으로 불가피하게 공산주의로 나아갈 수밖에 없을 것이라는 유물론에 대해서도 현실 세계가 그렇게 진행되지 않는다는 사실을 근거로 비판하였다.¹⁸⁰ 또 그는 유물론자들이 인간의 사회를 계급주의적 관점에서 이해하는 것은 인간 개인의 존엄성과 가치를 외면하고 있으며, 자유로운 사색과 비판적 의식을 생명으로 삼고 있는 철학적 태도를 완전히 배격하고 있다고 비판하였다.¹⁸¹ 그래서 그는 다음과 같이 주장하고 있다.

> 인간의 자기소외를 극복한다는 계급투쟁이 도리어 인간을 산 로봇으로 개조하고 있다. 거기에 자유로운 사유나 사색이 있을 리 없다. 그저 알뜰한 맹목적인 추종이 아니면 전전긍긍 굴종이 허용되어 있을 뿐이요, 진정으로 지혜를 사랑한다는 것은 예상조차 해볼 수 없을 것이다. 너무나 당연한 일이라 하겠다.¹⁸²

이상의 논의에서 볼 때 박종홍은 마르크스주의도 실존주의도 모두 향외적 태도와 향내적 태도를 변증법적으로 지양해내지 못했다는 점에서 비판하였다. 결국 이 두 가지 태도를 포용하는 철학이 될 때에만 진정한 철학이 될 수 있다. 그는 이런 철학이 가능하기 위해서는 동양 사상, 특히 우리 철학에 대한 애착이 시급함을 강조하였다. 그의 철학관에는 민족주의적 요소가 스며들어 있다. 그는 철학을 민족의 현실과 밀접하게 연관을 지어 다루고자 하였으며, 그래서 그는 철학을 단순히 문헌학적으로만 연구하는 차

---

179 朴鍾鴻, 같은 글, 579쪽.
180 朴鍾鴻, 같은 글, 590~593쪽.
181 朴鍾鴻, 같은 글, 604~609쪽.
182 朴鍾鴻, 같은 글, 611쪽.

원을 넘어 현실에서 재생산력을 갖는 형태로 발전시키고자 하였다. 박종홍의 이런 태도는 조가경을 통해 한층 더 학문적으로 정제되어 나타났다.

주체 의식으로서의 실존주의

조가경은 1957년에 뢰비트 교수 아래서 「자연과 정신의 통일」[183]이라는 논문으로 학위를 받았으며, 그 이후 자신의 실존철학에 대한 연구를 통하여 박종홍과 마찬가지로 철학과 현실, 동양과 서양의 종합을 위해 꾸준히 노력하였다.[184] 그의 이런 작업이 가장 깊이 있게 응집되어 있는 저서가 바로 1961년에 출판한 『실존철학』이다.

    그는 이 책에서 동양과 서양이 서로 대립하거나 분열할 것이 아니라 하나로 만나야 함을 강조하였다. 이와 같은 시각에서 그는 실존철학의 장단점도 비판적으로 분석하였다. 그에 의하면 그동안 실존철학은 향내적인 반성에만 경도되어 과학과 기술이 지배하는 이 현실을 객관적으로 분석해내지 못했다.[185] 철학이 사람이 살아가는 사회적 관계 속에 존재하고 있는 한 사회철학도 매우 중요하다. 그런데 실존철학은 바로 이 부분을 너무나 도외시하였다. 이 점에서 실존철학은 문제가 많다고 그는 지적하였다. 그렇지만 다른 한편에서는 이 실존철학이 여전히 유의미한 가치를 지니고 있음도 지적하였다. 사실 모든 존재를 사물로만 대면하는 과학적 사유가 이 세상을 지배하게 되면 우리 인간과 삶의 고유한 내면적 가치는 무시될 것이다. 바로 이 점에서 실존철학이 외부의 문제에 직면하여 다시 자기 안으로

---

183 Kah Kyung Cho, *Einheit von Natur und Geist*, Ph. D. Dissertation, Heidelberg, 1956.
184 조가경은 하이데거의 철학이 논리상의 문제가 아니라 매순간 신중한 결단의 문제라고 주장한다(曺街京, 「하이덱가의 人間과 思想」, 앞의 책, 1958).
185 曺街京, 『實存哲學』, 박영사, 1961(1985), i~ii쪽.

되돌아와 자기를 반성하는 것은 매우 중요한 의미를 지닌다.[186] 따라서 그가 보기에 "과학적 진리의 존재 양식이 어떤 것인가를 물으며 그 진리가 만들어지는 과정을 거슬러 올라가 그 뒤에 작용하는 인간의 동기, 관심, 정열 등을 함께 보여주려는"[187] 실존철학은 여전히 의의가 있다.

이처럼 자기 내면으로 들어가 스스로를 반성하는 것은 인간 주체가 사물로 전락하는 것을 막으며, 끊임없이 과학적 활동의 폭력을 견제하는 기능을 해준다. 실존철학은 과학적 진리가 발생하고 형성되는 과정뿐만 아니라 이들 과학이 사회와 관련하여 발생시키는 문제들의 저변에서 작동하고 있는 인간의 역할에 대해서도 부단히 문제를 삼는다.[188] 조가경 역시 박종홍의 경우와 마찬가지로 철학과 현실의 연관성을 매우 중요시하며, 서양의 실존철학 역시 그들의 현실과 연관되어 있다고 보았다. 그러나 그 역시 박종홍과 마찬가지로 이 땅의 현실이 서양의 현실과 다르기 때문에 그들의 실존철학이 우리의 현실에 그대로 적용될 수는 없다고 보았다. 하여 조가경은 서양의 실존철학에서 주체 의식을 빌려 올 것이 아니라 우리의 전통 사상 속에서 주체 의식을 되살려야 함을 주장하였다.[189]

그래서 그는 서구의 실존철학자 하이데거, 야스퍼스, 마르셀 등이 동양적 사고를 통하여 자신들의 시야를 넓히려고 하였듯이, 우리 역시 이런 태도로 우리의 동양적 사고 속에 자리하고 있는 직관을 서양적 사고 속에 담겨 있는 분석과 종합하여 새로운 사유를 재창조해야 함을 주장하였다. 그는 이와 같이 동서양을 융합하는 태도를 취하면서, 서양의 실존철학과 관련하여 그 문제점을 지적하고 있다. 그에 의하면 서양의 실존철학은 구체

---

186 曺街京, 같은 책, ii쪽.
187 曺街京, 같은 책, iii쪽.
188 曺街京, 같은 책, iii쪽.
189 曺街京, 같은 책, 15쪽.

적인 현실적 인간에 간여하지 못하고 추상적인 가능적 인간에 매여 있으며, 또 향내적 태도로 일관하여 제작과 행위를 통해 객관적으로 무언가를 창조하는 활동으로 나아가지 못했다.[190] 이는 한나 아렌트Hannah Arendt가 고대인이 '사색적 삶'vita contemplativa에 경도되어 '활동적 삶'vita activa으로 발전하지 못했다고 비판하는 것과 유사하다. 그렇지만 앞서도 언급하였듯이, 실존철학은 실증주의처럼 현실의 사실에 매몰되지 않고 현실과 거리를 두고 인간의 존재 이유와 가치를 고민한다는 점에서 분명 의의를 지니고 있다. 이 점에서 실존철학도 우리가 살아가는 데 중요한 역할을 한다. 그래서 조가경은 실존철학과 관련하여, 이 철학 역시 부당한 외부 현실이 우리를 기만하는 부조리에 대하여 끝없이 내면적으로 고뇌하고, 현실의 구조에 매몰되지 않고 이를 빠져나와 엄숙한 진실성의 길을 추구하려고 했다는 점에서 나름대로 중요한 의의를 지니고 있다고 보았다.[191]

이처럼 조가경도 박종홍과 마찬가지로 철학이 현실로부터 나와서도 안 되지만, 그렇다고 현실을 완전히 벗어나 버려도 안 된다고 보았다. 이는 마치 칸트가 인식은 "경험에서"aus Erfahrung 나와서는 안 되고 "경험과 더불어"mit Erfahrung 진행되어야 한다고 주장한 것과 일맥상통하는 점이기도 하다. 조가경에게서도 "철학은 현실의 근거를 묻고 설명하는 차원에 머물러서는 안 되며, 현실을 정초함과 동시에 이를 창조하는 역할을 수행해야 한다."[192] 바로 이와 같은 맥락에서 볼 때, 분석철학도 실존철학 못지않게 사회성과 역사성을 결여하고 있다. 실존철학이 개인의 결단과 선택 행위를 지나치게 과장하여 자유를 절대화하는 문제점을 안고 있다면, 분석철학은 분석하는 주체의 사회적 맥락이나 역사적 상황 인식을 완전히 배제하고 있

---

190 曺街京, 같은 책, 363쪽.
191 曺街京, 같은 책, 422쪽.
192 曺街京, 같은 책, 423쪽.

다. 한마디로 분석철학의 분석 주체는 고립된 추상적 주체일 뿐이다. 분석철학 역시 실존철학과 마찬가지로 인간 개인의 사회적 제약성과 역사적 한계성에 대한 고려를 제대로 하고 있지 못하다.[193]

조가경은 실존주의와 마르크스주의를 비교하면서, 실존주의는 마르크스주의자들의 비판을 피해가기가 쉽지 않음을 인정하였다. 분석철학 역시 이런 맥락에서 볼 때 마찬가지이다. 그의 해석에 따르면 실존주의자들은 마르크스주의자들의 비판처럼 현실로부터 자유를 구해내는 것이 아니라 오히려 현실의 모순을 피해버리는 추상적 자유에 머물러 있다. 실존철학은 현실의 모순을 타파하는 것이 아니라 피해버리는 것이다. 실존주의는 역사 형성의 주체가 단순히 개인의 결단이나 선택에 달려 있는 것이 아니라 사회적 힘 가운데 있음을 제대로 포착하지 못했다.[194] 이 점에서 실존주의는 분명 결함이 존재한다고 조가경은 평가하고 있다. 그는 이 문제의 연장선에서 실존주의자이면서 동시에 마르크스주의를 수용한 사르트르를 분석하고 있다. 그에 의하면 사르트르나 마르크스주의자나 모두 혁명을 긍정하고 있지만, 사르트르는 개인의 자유를 강조하는 데 반해서, 마르크스주의자들은 사회조직을 강조한다는 점에서 차이가 있다. "물론 마르크스주의자들은 사르트르의 이런 자유를 관념론적이라고 비판할 것이며, 사르트르는 마르크스주의자들의 자유에는 개인의 자유가 무시되고 있다고 비판할 것이다. 특히 하이데거와 사르트르를 비롯한 실존주의자는 마르크스주의자들처럼 인간의 자유를 위해 강제를 동원하는 것에 대해서 반대할 것이다."[195]

결국 조가경의 입장에서 볼 때, 실존주의는 개인의 주체성을 강조하지만 사회성이 없고, 마르크스주의는 사회성은 존재하지만 개인의 주체성이

---

193 曺街京, 같은 책, 448~449쪽.
194 曺街京, 「맑시스트의 實存主義觀」, 앞의 책, 256~257쪽.
195 曺街京, 같은 글, 259쪽.

없다. 그러므로 이들 모두는 진리의 일면성만을 지닐 뿐이다. 그래서 그는 이들 양자를 새롭게 융합해야 함을 주장하였다. 앞서 언급하였듯이, 조가경은 동양의 전통에 뿌리를 두고 향내적 태도와 향외적 태도를 종합하고자 한 박종홍의 정신을 계승하여 이들 양자를 새롭게 종합하고자 하였다.[196] 이렇게 할 때에만 학문의 주체성이 마련되며, 우리의 철학이 가능한 것이다. 그에게서 우리의 철학은 우리 안에 오래도록 전해오는 옛것을 고집하고 지키는 데 있는 것이 아니라 우리 바깥의 것과 부단히 호흡하면서 우리의 것을 새롭게 재창조하는 데 있다.[197]

이상에서 보듯이 박종홍과 조가경 모두 철학과 현실의 상호적 관계를 매우 중시하였으며, 주체의 자기반성 및 자각과 사회적이고 역사적인 현실에 대한 객관적 파악 모두를 중시하였다. 이른바 동양의 전통 사상을 기초로 하여 향내적 태도와 향외적 태도를 종합함으로써 우리의 철학을 정초하고자 하였다. 한국의 실존철학은 이들 두 사람의 중추적인 노력에 힘입어 1960년대 이후 본격적으로 학술적 연구가 이루어질 수 있었다. 당시 이들 두 사람 외에도 실존철학에 대한 다양한 연구들이 시도되었다. 이영춘은 하이데거 철학에서 신에 대한 이해를 집중적으로 분석했으며,[198] 전두하는 하이데거와 율곡 사상의 유사점과 차이점에 대해서 집중적으로 분석하였다.[199] 그리고 고형곤은 하이데거의 존재와 동양의 선의 세계를 비교 연구

---

196 "그러나 해가 갈수록 동양의 뿌리를 잊어서는 안 된다는 생각과 인간의 본성을 지탱하는 것이 역사의 세계를 넘어선 자연의 테두리 안에서 구해져야 한다는 견해가 나의 가슴 속에 굳어졌으며, 그것은 뢰비트를 위시한 나의 스승들 가운데 본보기가 있었기 때문에 가능했던 것이라고 하겠습니다." (조가경, 「나의 학문 편력기」, 한국현상학회 엮음, 『자연의 현상학』, 철학과현실사, 1998, 331~332쪽)
197 조가경, 같은 글, 349~350쪽.
198 "이러한데서 하이데거가 말하는 신은 기독교의 신도 아니며 희랍신도 아닌 어떠한 신이다. 그러면 그러한 신은 과연 어떠한 신이며 또 그러한 신을 종교적인 대상으로 볼 수 있을 것인지 또 그것을 유신론이라고 말할 수 있을 것인지 하이데거에 있어서는 여전히 애매하다."(李永春,「하이데거에 있어서의 存在와 詩와 神」, 哲學研究會 엮음, 『哲學研究』 제1집, 1966, 32~33쪽)

하는 데 집중했으며, 신오현은 절대라는 개념과 관련하여 하이데거 철학의 중요성에 대해서 집중적으로 연구하였다.

3 마르크스주의와 실존주의 수용사에 대한 반성적 고찰

이상의 논의에서 보았듯이 일제 식민지 공간에서 우리의 주류 철학을 형성한 것은 바로 독일철학이었다. 이것은 아마도 우리를 지배했던 일본 제국이 독일과 친화 관계에 놓여 있었고,[200] 따라서 일본이 수용한 독일철학이 우리의 경성제국대학 법학부 철학과에서 교육되었기 때문일 것이다. 아마도 우리가 당시 일본의 식민지에 있지 않았다면, 지금 우리의 철학과와 철학이 독일 중심으로 구성되지 않았을 수도 있을 것이다. 지금도 한국의 대부분의 철학과에는 오늘날 한참 주목을 받고 있는 프랑스 철학 전공 교수가 독일철학 전공 교수에 비해 턱없이 적은 형편이며, 특히 한국 전통 철학 전공 교수는 아주 빈약한 형편이다. 이것은 우리의 철학이 아직도 식민지 영향권에서 완전히 벗어나지 못했음을 보여주는 징후이기도 하다.

그러나 지금에 와서 이런 상황을 탓하기는 어려운 법이다. 독일철학이 우리의 철학과의 중심을 이룬다고 해서 우리의 철학과가 독일철학에 식민

---

199 "율곡과 하이데거의 이 이론의 차이를 기어히 끄집어내면, 율곡은 숨기는 것이 〈靜〉이며 밝히는 것이 〈動〉이라고 뚜렷이 말했으나 하이데거는 이것을 말하지 않았다는 것, 율곡은 사물을 대체로 음양으로 갈음으로써 숨기는 것과 밝히는 것의 투쟁에서 어느 편이 강한가를 분명히 제시했으나 하이데거는 이렇게 하지 않았다는 것, 율곡은 숨기는 것과 밝히는 것, 즉 운동과 그 바닥에 있는 이치를 하나이면서 둘이고 둘이면서 하나라 보았으나, 하이데거는 이법과 출현에의 충동 즉 나타나려는 힘을 같은 것, 등등이라고 하겠다." (全斗河, 「Heidegger의 後期의 存在와 栗谷의 宇宙論에 있어서의 理氣와의 比較」, 哲學硏究會 엮음, 『哲學硏究』 제2집, 1967, 46~47쪽)
200 실제로 당시 일본 철학계는 도쿄와 교토의 두 제국 대학에서 중심적으로 연구되고 교육된 독일 근대 철학이 주류를 형성하고 있었고, 이것이 국가주의를 지향하는 그들의 목적에 잘 부합하였다(미야카와 토루, 아라카와 이쿠오 엮음, 『일본근대철학사』, 이수정 옮김, 생각의 나무, 2001, 365~367쪽; 이병수, 앞의 글, 94~95쪽).

화되어 있는 것은 아니다. 마찬가지로 식민지 공간에서 우리의 철학자들이 마르크스주의나 실존주의를 수용하였다고 하여 우리 철학자들이 그들의 식민화에 동참했던 것은 아니다. 오히려 우리의 철학자들은 일본이 독일철학을 수입했던 것과는 달리 우리 민족의 저항과 독립의 발판으로 삼고자 하였다.[201] 사실 당시 서구의 마르크스주의와 실존주의가 우리에게 그렇게 많은 관심을 불러일으켰던 것은 민족의 수난사와 불가분의 관계가 있다. 이들은 일본 철학 안에 모순을 향해 싸워나가는 진정한 부정 의식이 자리하고 있지 않음을 비판했으며, 나아가 우리의 전통 철학의 정신을 계승하여 서구 철학을 새롭게 재창조하고자 하는 노력도 보여주었다.[202]

그러나 이와 같은 절실한 노력이 분단 시대 이후의 공간에서는 변질되기 시작하였다. 비록 1945년 한국이 해방되기까지는 이들 사조가 제국주의자들의 파시즘에 대한 도전의 관점에서 주요 관심사가 되었지만, 그 이후에는 민족 내부에서 남·북한 각기 헤게모니 확보의 일환에서 이들 사조가 이해되기 시작하였다. 특히 북한에서는 소련을 등에 업고 권력의 주도권을 확보하려는 목적에서 마르크스주의가 전술·전략적인 차원에서 적극적으로 활용되기 시작했고,[203] 남쪽에서는 미국을 등에 업고 헤게모니를 확보하려는 목적에서 반공주의적 입장을 바탕으로 하는 반마르크스주의적인

---

[201] 실제로 신남철은 마르크스주의적 입장에서 박치우의 '위기' 철학에 영향을 미친 미키 기요시의 위기론에 독일 근대 철학의 관념론적인 면과 하이데거의 인간학적인 부르주아 철학이 개입되어 있으며, 이것이 제국주의 지배 이론에 연관되어 있음을 비판하였다(申南澈, 『歷史哲學』, 142쪽; 이병수, 같은 글, 98쪽; 김재현, 『한국사회철학의 수용과 전개』, 동녘, 2002, 114쪽). 신남철은 이와 같은 관점 아래서 다나베 하지메(田邊元)에 대해서도 비판하였다. 박종홍 역시 니시다 기타로(西田幾多郎)의 철학에 자리하고 있는 '절대 무'와 '절대 변증법'의 개념을 유학의 중용사상에 근거하여 '중의 변증법'의 차원에서 비판하고 있다(朴鍾鴻, 「現實把握」, 앞의 책, 431쪽). (*여기에 대한 자세한 설명은 이병수, 같은 글, 99쪽 참조.)
[202] 이병수는 박치우가 주장한 '신명을 던져서 사물을 정열적으로 파악하는 주체적 파악'을 "성실성의 강약"이라고 본 점과 신남철이 '신체적 인식론'을 '몸소 안다'(以身知之)로 본 점이 모두 우리의 전통 유학에 기반하고 있다고 보고 있다(이병수, 같은 글, 101쪽).
[203] 김재현, 「남북한에서 서양철학의 수용의 역사」, 앞의 책, 87쪽.

입장 및 실용주의와, 이것들이 담고 있는 억압과 인간소외 현상에 대한 절규로서의 실존주의적 입장이 강화되어가갔다.[204]

1950년대를 기점으로 마르크스주의와 실존주의는 운명을 달리하게 되었다. 그 이전에는 이들 모두가 민족의 수난을 돌파하는 외적·내적 저항의 기능을 담당하였지만, 1950년 한국전쟁을 계기로 북쪽은 마르크스주의로 더 철저하게 무장하게 되었다. 반면에, 남쪽은 전쟁의 폐허 속에서 인간 개인의 실존과 고뇌에 대한 몰입이 심화되었고, 또 북한 공산주의 이념에 근간이 되는 마르크스주의에 대해서 비판을 강화시켜갔다. 아울러 이와 같은 흐름 속에서 남쪽은 실존주의에 더욱더 친근하게 다가가게 되었다. 특히 1950년 이후 전개된 남한 내의 실존주의는 그 이전의 실존주의와는 매우 다른 양상을 지니게 되었다. 그 이전에는 민족의 해방에 대한 내적 몸부림이 주요 목적이었다면, 그 이후에는 남한 내부의 정치적 억압과 근대화로부터 비롯되는 인간의 소외에 대한 저항의 몸짓을 담고 있었다. 그래서 앞서 고찰된 것처럼 박종홍과 조가경의 실존철학에 대한 분석에는 모두 실용주의, 분석철학 등 과학주의의 입장으로 대별되는 경향들에 대해서 향외적 태도에 치우친 점을 근거로 비판적인 태도를 취하였다.

이처럼 1950년대에서 1960년대까지 남한에서는 마르크스주의에 동의하거나 긍정하는 학술적인 글이나 에세이를 거의 발견할 수 없게 되었고, 온통 마르크스주의에 대해 비판하거나 실존주의를 추구하는 글이 주도적

---

[204] 사실 남한 사회는 1960년대부터는 실존주의보다는 실용주의가 자본주의와 함께 훨씬 더 강력한 힘으로 작용하였다. 오히려 실존주의는 이런 실용주의에서 비롯되고 있던 비인간주의에 대해서 고발적이었다고 볼 수 있을 것이다. 그럼에도 불구하고 실존주의는 더 이상 마르크스주의에 동조적이지 않았다. 당시 우리의 실존주의는 좀든 독특한 위치를 차지하고 있었다. 그것은 한편에서는 전쟁 이후 등장한 반공 이데올로기의 제창 아래 자행되던 이승만 독재 정권에 대한 자유의 몸부림이었고, 다른 한편에서는 산업화되어가는 현실 속에서의 개인의 소외와 무기력에 대한 절규를 담고 있었다 (김재현, 같은 글, 80쪽). 북한에서는 남한의 이런 철학을 부르주아 인간학이라고 비판하였다(김재현, 같은 글, 89~90쪽).

이었다. 상황이 이러하다 보니 당시 지식인들도 마르크스주의를 그 자체로 중립적으로 이해하거나 실존주의에 대해서 제대로 된 객관적 분석을 할 수가 없었다.

하나의 학문이 당파성이나 주관성으로부터 벗어나기 위해서는 현실로부터 일정한 거리를 유지해야 할 필요가 있다. 그러나 우리의 마르크스주의와 실존주의는 너무 현실과 밀착된 상태에 있었다. 그러다 보니 현실 구제 차원에서 이들 사조에 대한 연구가 몰입되고, 객관적이고 학문적인 연구는 미흡했다고 볼 수 있다. 물론 이 당시에 이들의 철학함의 태도는, 현실의 모순을 외면하고 권력에 편승하여 그저 학문을 위한 학문을 수행하는 학문적 사대주의자들의 사치스러운 태도에 비해서는, 훨씬 더 의의 있는 일이었음에 분명하다. 더군다나 학문의 사대주의적 요소가 아직도 우리 사회에서 완전히 극복되지 않은 점에서 볼 때 이 당시 이들의 노력은 자못 암시를 주는 바가 적지 않다. 특히 앞서 논의된 백남운, 신남철, 박치우, 박종홍, 조가경 등의 철학 하기는 우리에게 시사하는 바가 대단히 크다고 하지 않을 수 없다.

이들은 한결같이 철학이 현실과 유리될 수 없음을 매우 강하게 주장한 사람들이다. 백남운의 인간적 사회주의, 신남철의 신체적 인식론, 박치우의 테오리아와 이즘의 종합으로서의 철학, 박종홍의 향내적 태도와 향외적 태도의 종합으로서의 철학, 조가경의 주체 의식으로서의 철학, 이 모두는 철학과 현실의 밀접한 관계를 주장하고 있다. 따라서 당시에 마르크스주의와 실존주의를 수용한 이들의 입장은 '현실'이라는 공통분모를 지니고 있었다. 그리고 이 현실에 접근하는 태도와 관련해서, 또 실천성을 강조한 점에서도 일맥상통한 점을 지니고 있었다. 그리고 그 실천이 인간주의적인 면을 지니고 있어야 한다고 한 점에서도 공통점을 지니고 있었다.

그러나 이런 공통점에도 불구하고 마르크스주의와 실존주의에 대해서 이들이 취한 태도에는 일정한 차이를 보이고 있었다. 백남운, 신남철, 박치우로 대별되는 이들 사회주의자들은 마르크스주의 이론에 대해서 비판적 관점을 취하기보다는, 민족문제를 계급적 관점에서 바라보고 당대의 제일 과제였던 민족 해방을 위하여 이를 활용하는 데 일차적인 목적을 두고 있었다. 따라서 이들은 실존주의에 대해서는 집중적인 비판을 가한 반면에 자신들이 추종했던 마르크스주의에 대해서는 비판적인 관점을 취하기가 쉽지 않았다. 사실 이들은 마르크스주의에 대한 학문적 접근, 이른바 원전 분석에 입각한 전문적인 접근에 있어서는 미약하였다.[205] 이들의 글은 마르크스주의를 이론적 차원에서 비판적으로 논의하기보다는 이를 민족의 다급한 현실에 적용하여 실천적으로 극복하는 일이 훨씬 더 중요하게 다루어지고 있다.

하지만 박종홍과 조가경은 이들의 입장과는 매우 다른 양상을 보였다. 그들은 실존주의에 대해서 매우 많은 관심을 가지고 연구하였음에도 불구하고 자신들이 연구한 실존철학에 대해서 매우 비판적이었으며, 그것을 우리의 현실에 맞도록 개조하려고 애썼다. 또 그들은 마르크스주의에 대해서도 똑같이 비판적이었다. 그들은 하나같이 궁극적으로는 동양철학에 관심을 돌렸으며, 또 우리 철학의 가능성을 타진하고자 하였다. 이 점에서 실존주의 연구가인 박종홍과 조가경이 당시의 마르크스주의자들보다 더 중립적인 입장에서 서양철학을 바라보았다고 볼 수 있을 것이다. 백남운, 신남철, 박치우가 마르크스주의 이론 자체에 대한 비판보다는 그것을 현실적으로 활용하는 데 급급했다면, 박종홍과 조가경은 그것에 거리를 두고 비판

---

205 여기에 대한 자세한 논의는 김재현, 「일제하, 해방 직후의 맑시즘의 수용―신남철을 중심으로」를 참조.
206 이병수는 이런 맥락에서 신남철, 박치우의 실천과 박종홍의 실천을 비교하면서 전자가 정치적 실천이었다면, 후자는 철학함의 방법이자 본성이라고 언급하고 있다(이병수, 앞의 글, 88쪽).

적으로 바라보고자 하였다.[206] 물론 다른 관점에서 보면, 즉 백남운, 신남철, 박치우의 관점에서 보면 이들의 철학은 현실에 대한 피상적이고 이론적인 접근에 머문 일종의 부르주아 철학의 대변자들이라고 비판받을 수도 있을 것이다.

이들의 이와 같은 관점의 차이는 결국 현실에 대한 이해의 차이와 그것의 타개에 대한 방법론의 시각 차이에서 비롯되었을 것이다. 백남운, 신남철, 박치우로 대별되는 마르크스주의자들은 당시의 한국 수난을 모순이 극단에 이른 위기의 시대, 헤겔의 옷을 입은 파시즘의 시대로 단정하였고, 소련이나 일본을 통해 들어온 마르크스주의의 변혁의 논리가 아니고서는 이 위기를 타개할 수 없다고 판단하였을 것이다. 이들의 이런 입장에서 볼 때 당시의 한국 상황에 대한 실존주의적 접근은 전혀 현실 개혁의 실효성이 없는 내면으로 침잠해 들어가는 허약한 태도로 규정되지 않을 수 없었을 것이다. 이들에게 철학은 현실 변혁적인 역량을 지니고 있어야 했다. 따라서 이들이 수입한 마르크스주의로서의 철학은 현실 해석의 차원을 넘어 현실 변혁의 힘을 지니고 있어야 했다.

그러나 박종홍과 조가경은 아무리 현실이 위기라고 하더라도 철학이 그 위기를 타개하는 방식의 일환으로 단순히 힘을 결집하고 확립하기만 하는 정치술에 머물러서는 안 된다고 보았을 것이다. 또 이들은 철학이 현실의 힘을 정당화하거나 그 힘을 타파하는 전술이나 전략적 차원에 머물러서도 안 된다고 보았을 것이다. 이들은 현실에 거리를 두되 현실에 대해서 끊임없이 반성하는 작업을 동반하는 차원에서 현실을 인간다운 삶의 조건으로 고양시켜내야 한다고 보았을 것이다.

하지만 이들에 대한 이와 같은 포괄적 비교가 구체성을 띠기 위해서는 이들이 주장한 내용에 대해서 좀더 세부적인 비교 고찰을 해보아야 할 것이다.[207] 이미 앞서 언급하였듯이 백남운의 경우, 그는 일본이 우리를 지배하고 있는 것을 자본가가 노동자를 지배하는 것과 같은 도식으로 보았으며, 따라서 노동자가 자본가를 타도해야 하듯이, 일본은 우리에 의해서 타도되어야 하는 것으로 파악하였다. 다만 당시의 과격한 공산주의 노선을 피하고 휴머니즘을 동반한 인간적 사회주의를 제창하고 있다는 점에서 그 역시 인간의 도덕성과 인격성을 강조하는 실존주의적인 면을 완전히 외면한 것은 아니었다.[208] 그가 이런 입장을 취한 것은 마르크스주의 자체가 목적이 아니라 민족의 통일전선을 확립하는 것이 주요 목적이었기 때문이다.

한편 신남철도 극단적인 박헌영을 비판하면서 백남운의 인간적 사회주의를 이론적으로 정초하고자 하였다. 그는 신헤겔주의 부흥이 초래하고 있는 파시즘적 경향에 단호히 대처하면서 헤겔을 유물론적으로 독해하고자 하였다. 이러한 관점에서 그는 백남운과 마찬가지로 유물론적 입장에서 자신의 이론을 전개하였다. 현실을 괄호에 넣고 판단중지를 하는 실존철학을 강하게 비판한 신남철은 사회적 제 관계에 대한 물질적 토대를 분석함으로써 당시 사회의 위기를 극복하고자 하였다. 그리고 그는 이 위기의 극복에 불가피하게 직면하게 되는 개인의 희생을 수용하였다. 다만 이 개인의 희생을 헤겔 철학에서처럼 수동적으로 받아들이는 것이 아니라[209] 적극적이고 실천적으로 자기를 희생하여 연대적인 힘을 산출할 것을 주장하였다. 그는 또 신체의 실천적 인식을 통하여 현실의 모순을 적극적으로 타파할 것을 주장하였다. 이런 의미에서 그는 실존철학이 인식의 실천성과 역사성을 의식적으로 말살하여 현실에 대한 초보적인 관심마저도 신학화하

---

207 그러나 이와 같은 세부적인 논의는 다음 기회로 미루고, 다만 여기서는 양자의 갈등 못지않게 근접한 면도 존재함을 언급하는 데 의의를 두고자 한다.
208 김재현에 따르면, 신남철의 이런 변화는 일제 말기에 출현하며, 이것은 당시 국책 문학 운동과 관련이 있다(김재현, 「일제하, 해방 직후의 맑시즘의 수용—신남철을 중심으로」, 앞의 책, 32쪽).
209 물론 이런 인식은 헤겔 자신이 직접 그러했다기보다는 신남철이 보는 태도이다. 실제로 헤겔은 자신의 개인이 수동적으로 읽혀지지 않기를 강조하고 있다(Georg Wilhelm Friedrich Hegel, *Phänomenologie des Geistes*, Frankfurt a.M.: Suhrkamp, 1986, pp. 223~224).

고 스콜라화했다고 비판하였다.

박치우 역시 신체와 실천을 강조했다는 점에서 신남철과 마찬가지였다. 그래서 박치우는 현실을 모순으로 파악하고 그것을 로고스적 만남으로서의 '태도적 관계'가 아니라 '교섭적 만남'으로서의 실천적인 싸움을 통하여 타파할 것을 강조하였다. 그러나 그의 싸움은 감정적 싸움이 아니라 로고스를 동반하는 파토스적 행동이어야 했다. 그러므로 철학 역시 테오리아와 이즘의 변증법적 종합의 위상을 가져야 했다. 그는 이와 같은 관점 아래서 근대인이 주장하는 자유는 부르주아 이익을 대변하는 자유이며, 실존철학자들의 주장 역시 이 범주를 벗어나지 못하고 있다고 비판하였다. 심지어 실존주의는 파시즘에 도전하기보다는 이바지했다고 보았다. 따라서 그는 변증법적 유물론의 입장에서 근로인민민주주의를 제창하였다. 그리고 특정 집단이나 민족의 이익을 거부하고 인민 전체의 이익을 위하여 노력하였다. 이 세 사람은 모두 현실을 모순으로 가득 찬 위기로 파악하였고, 이 위기를 변증법적 유물론에 입각하여 사회주의적 입장에서 신체적인 실천적 투쟁을 통하여 극복해야 한다고 주장하였다. 또 이들 모두는 실존주의적 태도를 부르주아적 사고로서 현실을 외면하는 반동 철학으로 규정하였다.

한편 실존철학자인 박종홍과 조가경은 마르크스주의는 향외적 사고에 빠져 있는 입장으로 주체성이 결여되어 있는 것으로 파악하였다. 특히 박종홍은 마르크스주의에서 주장되고 있는 반영설은 사실상 반응설로 이어져 의식 주체의 능동적인 반성적 기능과 활동을 결여하고 있다고 비판하였다. 나아가 박종홍은 계급주의적 인간 이해는 개인의 존엄성과 가치를 외면하고 있다고 비판하였다. 그는 주체의 적극적이고 능동적인 참여를 통하여 현실의 문제를 실천적으로 극복할 것을 주장하였다. 그는 "신체적 노작"과 이것의 결집으로서의 공동의 노력을 통하여 현실의 모순을 타개해야 함을 강조하였다. 따라서 그는 현실의 모순에 대해서 몸으로 저항하지 못하는 실존주의의 향내적인 태도가 일면적이라고 비판하였다. 이처럼 그는 향외적인 마르크스주의와 향내적인 실존주의를 종합할 것을 주장하였으며, 나아가 동양 사상을 통하여 이 과제를 완수하고자 하였다.

조가경도 실존철학이 향내적인 태도로 경도되어 객관적 창조로 나아가지 못했음을 비판하였고, 마르크스주의는 사회적 조직만 강조하고 개인의 자유를 외면하는 문제점을 지니고 있다고 비판하였다. 그는 박종홍이 향내적 태도와 향외적 태도를 종합하고자 하였듯이, 사회성과 주체성의 상호 조화를 모색하고자 하였다. 그러나 조가경이 특별히 중요시하는 것은 철학은 완전히 현실 속으로 들어가 버리거나 아니면 현실로부터 완전히 이탈해버려서는 안 된다는 점이었다. 그는 철학은 현실에 거리를 두면서 끊임없이 현실을 창조해가는 작업을 수행해야 한다고 주장하였다.

이처럼 박종홍과 조가경은 마르크스주의에 대해서 다 같이 비판적이었다. 그러나 이들이 마르크스주의에 대해서 비판했다고 해서 이들의 주장이 곧 신남철, 박치우와 대립적이었다는 결론은 도출되지 않는다. 왜냐하면 이들도 개인을 관념적으로 희생시키는 헤겔주의를 비판하고 주체의 실천적 결단을 매우 중시하였기 때문이다. 특히 박종홍도 주체의 실천적 노력이 연대적 형태를 띨 것을 주장한 점에서 이들과 매우 유사하다.[210] 그렇기 때문에 박종홍과 조가경도 신남철, 박치우와 마찬가지로 실존주의의 향내적 태도를 비판한 것이다. 물론 마르크스주의에 대한 신남철, 박치우의 독해와 박종홍과 조가경의 독해 중 어느 쪽이 더 정확한 독해인가에 대해서는 더 많이 연구되어야 할 과제이다.

---

210 실제로 이 당시 개성적인 자율적 개인을 매우 강조한 이재훈의 경우도, 국가라는 큰 생명 속에 개인이 살아야 함을 피력하였다. 여기에 민족주의적 요소가 강하게 배어 있었다(李載薰,「具體的 存在의 構造」,『哲學』창간호, 1933년 4월 1일, 46~47쪽).

사실 마르크스의 이론은 인간사가 자연사의 일부이지만, 그냥 예속되어 있는 것이 아니라 실천을 통하여 자연사를 인간사의 부분으로 귀환시키려는 노력을 매우 중시하고 있다. 따라서 주체의 실천적 활동이 매우 중시되고 있다. 이런 점에서 박종홍과 조가경의 비판은 마르크스의 이론을 경제결정론적으로 바라보는 시각에 매여 있는 것 같다. 그러나 사실 마르크스의 이론을 경제결정론으로 해석하는 데는 많은 논란의 여지가 있다. 이들의 시각이 이렇게 한쪽으로 고정되어 있는 것은 아마도 1950년 이후의 공산주의와 자본주의의 이데올로기 냉전 시대의 산물이라고 보아야 할 것이다.[211]

그렇다고 신남철과 박치우의 마르크스주의에 대한 이해가 학적으로 전문성을 지니고 있다고 보는 데도 어려움이 있다. 왜냐하면 앞에서도 언급하였듯이 이들은 마르크스의 원전과 관련하여 이를 충분히 이론적으로 검토하고, 나아가 학문 내적 차원에서 이를 비판적으로 탐구하는 모습을 보여주고 있지 못하고 있기 때문이다. 결국 이 시대의 마르크스주의에 대한 이해와 연구는 현실의 한계를 넘어서지 못하는 단면을 보여주고 있다. 또 이들이 실존주의를 이해하는 것도 조가경을 제외하고는 상당히 현실 중심적이다. 실존주의가 현실의 모순을 실천적으로 극복하지 못하고 내면으로 침잠해 들어갔다는 점에서 문제가 있는 것은 사실이지만, 조가경이 강조하는 것처럼, 이 실존주의에는 과학적, 객관적 사유로 대치될 수 없는 인간의 역할에 대해서 끊임없이 묻게 되는 중요한 요소가 담겨 있다. 그럼에도 불구하고 당시 실존주의에 대해 비판적인 입장들은 이를 지나치게 평가

---

[211] 사실 박종홍은 1935년에 쓴 「우리의 現實과 哲學—歷史的인 이때의 限界狀況」에서 실존주의의 비현실적인 사태를 비판하면서 현실적 구체성을 확보하기 위해 '자연변증법'의 수용을 긍정적으로 바라보고 있다(열암기념사업회 엮음, 『朴鍾鴻全集』 I권, 민음사, 1998, 412~413쪽). 그러나 1950년대, 1960년대 글에서는 마르크스주의에 대해서 완전히 비판적이다.

절하 하는 면이 있다. 이 역시 그 당시의 철학자들이 실존주의를 현실 연관 속에서만 바라보지 현실과 거리를 두고 바라보지 못한 데서 비롯되었을 것이다.

이상의 논의에서 볼 때, 과연 한국적 마르크스주의와 한국적 실존주의가 얼마나 긍정적으로 발현되었는가는 의문의 여지가 있다고 판단된다. 왜냐하면 서구의 마르크스주의나 실존주의는 모두 시민사회를 거치면서 자본주의와 산업사회로부터 비롯된 문제의 반성 위에서 출발하고 있는 데 반해서, 우리의 마르크스주의와 실존주의는 그런 전 단계의 모순을 제대로 겪지 않은 상태에서 전혀 다른 양상으로 전개되었기 때문이다. 또 서구의 마르크스주의나 실존주의가 자본주의의 결함과 산업사회에서 발생한 인간의 기계화라는 결함에 대한 극복의 대안으로 출발한 데 반해서, 우리의 마르크스주의와 실존주의는 저항의 논리로서 민족주의와 결합해 있었다. 물론 전쟁이라는 참혹한 상태를 겪고 그로 인해 발생한 인간의 비참과 고통에 대한 고뇌를 공유했다는 점에서 실존주의적 사조는 그들과 우리가 공통된 점을 지니고 있기는 하지만, 그것만으로 그들의 실존주의와 우리의 실존주의를 동렬에 놓을 수는 없을 것이다. 따라서 이와 같은 입장에서 수용된 우리의 마르크스주의와 실존주의는 서구와는 다른 양상을 보이고 있다. 오히려 우리의 마르크스주의는 서구의 사회민주주의 형태로 발전하지 못하고 전체주의적 형태를 띠게 되며(북한), 우리의 실존주의는 서구의 휴머니즘으로 발전하지 못하고 비판의 표적이 되는 수준에 머물렀다.

1950년 한국전쟁 이후 분단된 사회에서 우리의 마르크스주의는 남북에서 각기 다른 운명을 지니게 되었다. 남북 모두에서 마르크스주의는 민족 통일이라는 관점에서 추구되었지만, 남한에서는 마르크스주의가 적색공포증과 연루되어 순기능을 할 수 없었으며, 북한에서는 지배 이데올로기로 고착화되어갔다. 이처럼 분단 이후 한국 사회에서 마르크스주의는 더 이상 제 기능을 수행하지 못하다가 1970년대와 1980년대에 이르러서야 비로소 사회적 역량으로 재결집하기에 이르렀다. 이 당시 마르크스주의는 한국 사회의 정치·경제적 모순을 개혁해내는 데 긍정적 기능을 수행하였다. 하지만 이 역시 네오마르크스주의와 함께 우리나라를 통일시키는 긍정적 계기보다는 분단을 고착화시키는 부정적 요소로 작용되기도 하였다. 더군다나 한국적 토양에 제대로 맞지 않았던 네오마르크스주의의 수용은 많은 문제점을 남겼다. 익히 알다시피 그들의 네오마르크스주의는 자본주의 발전 이후 사회, 즉 후기 자본주의사회의 모순과 사회주의사회의 모순을 해결하기 위해 출현하였다. 그러나 이런 네오마르크스주의를 수용한 당시의 우리 상황은 이들의 상황과 확연히 달랐다. 우리는 여전히 전근대적인 지배체제와 자본주의가 기형적으로 얽혀 있었다. 이런 현실에 그들의 네오마르크스주의를 그대로 적용하기에는 많은 무리가 있었다.[212]

따라서 우리가 서구의 학문을 수용할 때는 우리의 상황과 서구의 상황에 대한 냉철한 비교를 통하여 이루어져야 할 것이다. 학문이 그 시대 그 상황과 함께 호흡하는 것이라면, 우리는 이 시대 이 땅에서 호흡할 수 있는 학문을 정립해야 할 것이다. 서구 학문의 큰 두 조류를 형성하고 있었던 마르크스주의와 실존주의의 수용도 이런 관점에서 다시 한 번 반성해보아야 할 것이다.

우리의 철학에서 1920년대에서 1960년대까지 풍미했던 마르크스주의와 실존주의는 우리 민족의 몸부림의 단면을 보여주었다. 현실의 모순을 몸으로 부딪치며 절규하는 모습을 보여준 것이 우리의 마르크스주의라면, 그 모순을 내면으로 씹어 삼키는 처절함이 우리의 실존주의였다고 볼 수 있을 것이다. 우리는 이 두 사조를 통해서 긍정적인 점도 부정적인 점도 발

---

212 여기에 대한 자세한 논의는 1부 4장에서 다룰 것이다.

견한다. 이 당시의 철학이 현실 속에서 살아 움직이려고 몸부림친 점은 오늘날 우리의 철학이 서구 학문의 수입상이라는 비판의 소리와 또 현실에 대한 반성 없는 죽은 철학이라는 혹독한 질타로부터 우리가 어떻게 철학에 임해야 하는가에 대한 반성적 계기를 제공해준다는 점에서 대단히 의의가 크다고 볼 수 있을 것이다.

그러나 이런 몸부림도 단지 서구 철학을 통한 몸부림이었고, 그것도 일본 철학계의 영향 속에서 이루어진 몸부림이었지,[213] 우리식의 철학, 우리의 철학을 통한 몸부림이 아니었다는 점에서 대단히 유감스러운 일이 아닐 수 없다.[214] 당시 우리에게 수용된 서구 철학은 일본 철학자들의 해석과 이해를 매개로 이루어진 형태였다. 그러나 이들은 이런 한계를 돌파하고자 나름대로 노력을 하였다. 하지만 이들 역시 우리의 현실을 주체적이고 독자적으로 파악하는 데는 일정한 한계를 지니고 있었다. 또 이 당시의 철학이 너무나 현실에 민감하였고, 지나칠 정도로 철학적 진리의 담론 공간이 빈곤한 현실에 갇혀 있어 철학 본래의 비판적 기능을 제대로 수행할 여력이 없었다. 철학적 사유와 담론은 현실을 떠날 수는 없지만 현실에 거리를 두고 재평가하고 전망을 제시하는 일도 대단히 중요한 일이다. 현실의 한을 푸는 일에 철학이 동원되어버리게 되면, 철학은 그 본래의 고유한 비판적 기능을 상실하기가 십상이다. 실천으로서의 철학도 중요하지만 해석으로서의 철학도 중요하다. 실천과 해석은 서로 배척해야 할 관계가 아니다.

213 실제로 1930년대 신남철과 박종홍의 노력은 개성을 보전하면서 동시에 참된 전체성을 추구한 니시다 기타로의 영향 아래 있었다(이병수, 앞의 글, 92~93쪽 참조).
214 백남운, 신남철, 박치우와는 달리 박종홍과 그의 사상에 영향을 받은 조가경은 서구 철학 중심을 벗어나서 동양철학을 중심으로, 특히 우리 선조의 철학을 중심으로 우리식의 철학을 확립하고자 했다는 점에서 학문의 주체성 정립에 단초를 제공해주었다고 볼 수 있을 것이다. 물론 우리식의 철학, 우리의 철학이라고 해서 우리 선조의 철학만을 다루는 것은 아니다. 어느 나라의 철학이든 그 철학을 우리의 문제 상황 속에서 재생산할 수 있으면 그것은 우리의 철학이 될 수 있을 것이다. 하지만 당시 우리 선조들의 철학에 대한 연구에 집중한 박종홍의 작업이 1930년대 후반 대동아공영권의 주된 이념인 '동양 문화론'에서 자유롭지 못했다는 지적도 존재한다(이병수, 같은 글, 93~94쪽).

서로 긴장 관계를 유지하면서도 보완 관계를 유지해야 할 것이다.

이러한 관점에서 볼 때 이 당시의 철학은 원전 분석을 통한 문헌학적인 전문 연구가 대단히 미흡하였고, 따라서 그들 학문의 본질에 대한 비판적이고 반성적인 탐구를 통하여 우리 철학을 객관적으로 정립하는 일이 미흡하였다.[215] 또 이 시대의 우리의 철학은 인접 학문과의 유대가 매우 미흡한 것으로 발견된다. 철학의 전문성과 포용성을 확보하려면 인접 학문의 발전 과정을 주시하고 탐구하는 것은 너무나 당연한 일이 아닐 수 없다. 그러나 이 당시의 철학자들의 주장을 살펴보면 인접 학문의 상황에 대한 논의가 거의 발견되지 않는다. 철학이 현실과 관련되어야 한다는 총론적인 주장만 계속될 뿐이지 구체적으로 현실을 어떻게 극복하자는 것인지에 대한 각론적 논의나 학제 간의 연구를 통한 구체적이고 실천적인 대안이 중점적으로 언급되고 있지 않다. 그렇기 때문에 이 당시 철학의 강점이기도 한 ①철학의 현실 참여의 강조, ②문제 중심적 탐구, ③우리 철학의 가능성에 대한 모색 등이 제 역량을 발휘할 수 없었다. 그러나 이 모두 당시의 빈곤한 현실이 낳은 시대적 한계라고 보지 않을 수 없다.

한편 우리는 아직도 서양철학의 원전에 대한 분석이나 번역을 충분히 실현하고 있지 못하다. 이 부분에 대한 저변 확대가 제대로 이루어지지 않으면 서양철학을 우리화하는 데 많은 어려움이 따르지 않을 수 없다. 다행히도 오늘날 우리의 철학은 많은 해외 유학생들의 귀국과 또 그동안 축적된 학문적 역량으로 서양철학자나 그들의 문헌에 대한 전문적 연구가 많이 이루어지고 있다. 물론 이러한 추세가 우리 철학의 형성에 긍정적 기능만을 수행하고 있는 것은 아니다. 오히려 이러한 상황이 우리를 서구 학문의 수입상으로 전락하도록 부채질하는 면도 있다. 그러므로 문제 중심의 연구

---

215 물론 이것은 척박한 현실이 안겨다 준 시대의 한계라고 보아야 할 것이다.

와 인물 중심의 연구, 현실 반영적 연구와 문헌 중심적 연구 중 어느 한쪽이 일방적으로 압도해서는 안 될 것이다. 과거의 철학이 문제 중심의 연구와 현실 반영적 연구에 몰입함으로써 전문성을 결여하게 되는 위험이 있었듯이, 오늘의 철학은 인물 중심의 연구와 문헌 중심적 연구에 다소 몰입함으로 해서 우리의 철학을 죽은 철학으로 만들고 있기도 하다. 우리 철학의 진정한 가능성은 어느 한쪽이 우월해지는 데 있지 않고 이 양자가 상호 긴장을 유지하면서 조화되는 데 있다.

이상과 같은 관점에서 볼 때 우리의 삶과 사고에 가장 많이 영향을 끼친 서구의 마르크스주의와 실존주의, 특히 마르크스주의에 대한 재평가는 반드시 이루어져야 할 필요가 있다. 왜냐하면 이 사조에 대한 재평가는 곧 우리 철학의 정립과 직결되어 있는 부분이기 때문이다. 그러나 이들 사조, 특히 마르크스주의에 대한 완전한 평가는 이 글만으로 충분하지 못하다. 왜냐하면 우리 사회에서 마르크스주의가 한 역할을 제대로 평가하려면 1960년대에 와서 해체의 기로에 들어선 실존주의와는 달리, 1970년대와 1980년대까지도 지속적으로 그 영향력을 행사해왔던 1970년대 이후의 마르크스주의의 전개 과정에 대한 충분한 탐구가 동반되어야 하기 때문이다. 따라서 이 과제를 제대로 수행하기 위해서는 1970년대 이후의 마르크스주의 수용사를 연구하지 않으면 안 될 것이다. 이 부분에 대해서는 뒷부분에서 자세히 논의하겠다.

2장

민족주의와 국가주의: 해방 후~군사정권 시기*

앞 장에서 다루었던 우리의 마르크스주의자들이나 실존주의자들은 적어도 해방 이전 공간에서는 그 열정이 순수하였다고 볼 수 있을 것이다. 그러나 한국전쟁을 겪으면서 이들 양대 지식인들은 완전히 대결 양상을 보일 수밖에 없었다. 그것은 남북 분단의 대치 상태에서 정치권력과 맞물려 일어나는 현상이기도 하였다. 자본주의에 친화적이었던 친미적 양상의 남한이 마르크스주의에 적대적이었다면, 공산주의에 친화적이었던 친소·친중적인 양상의 북한은 마르크스주의에 우호적이었다. 남한의 철학계 중심인물들도 이런 권력 구도에서 자유로울 수 없었다. 이 장에서는 이와 같은 구도 아래서 남한 내부의 근대화 과정에서 활동한 주요 철학자들의 역할을 국가이미지 문제와 관련하여 분석해보고자 한다.

---

* 이 글은 「근대적 국가이미지의 형성과 참여철학자들의 역할—해방 후에서 군사정권 시기까지」라는 제목으로 한국영상문화학회의 『영상문화』 제8호(2003)에 실린 글을 일부 수정·보완하여 재수록한 것임.

칸트가 주장하듯이, 인간은 비사회적인 존재인 동시에 사회적인 존재이기도 하다. 즉 인간은 한편으로는 타인의 간섭으로부터 벗어나 자유로운 개인이 되고자 하면서도, 동시에 다른 한편으로는 타인과 더불어 살아가고자 하는 "비사회적 사회성"ungesellige Geselligkeit을 지닌 존재이다.[1] 우리는 이와 같은 현상을 인류가 거쳐 온 역사 속에서도 발견할 수 있다. 대체적으로 절대적인 타자로 다가가는 동화작용同化作用(mimesis)을 통해 살아온 고·중세 사회에서는 인간들이 독자적으로 자신의 존재를 유지할 수 없었기 때문에 항상 국가와 결합된 형태로 자신의 존재를 유지하고자 하였다.[2] 그래서 이 시대에는 가부장적 국가관이 중심을 이루었다.

그러나 타자에의 동화작용을 통해 자신의 존재 조건을 마련하고자 했던 바로 그 태도에 이미 자신을 예속시키는 불행이 자리하고 있었다. 그래서 근대 이후의 주체는 타자 속에서 자신의 존재를 마련하기보다는 오히려 타자에 대해서 의심하고 탐문하는 의식작용noēsis을 통하여 자기 자신 속에서 존재 조건을 마련하고자 하는 만듦작용poiēsis이 중심을 이루게 되었다. 이렇게 됨으로써 근대는 절대적 타자에 '기대는 삶'으로부터 나와서 '홀로 서는 삶'으로 전환하게 되었으며, 이로 인하여 국가는 개인의 자유와 재산을 보호해주는 수단적 가치로 격하되었다. 국가는 더 이상 고·중세 사회에서처럼 목적의 위상을 지닌 존재가 아니라 '자기보존'conatus essendi을 위한 수단적 존재로 전락하였다.[3]

바로 이와 같은 급격한 변화 상태를 목격한 헤겔은 '추상적 보편성'(가

---

1 Immanuel Kant, *Idee zu einer allgemeinen Geschichte in weltbürglicher Absicht*, in W. Weischedel (Hrsg.), Kant Werke Bd. 9, Darmstadt: Wissenschatliche Buchgesellschaft, 1983, pp. 37~39.
2 "전체는 부분보다 반드시 앞서야 하는 것이기 때문에 국가는 가족과 개인보다 우선하는 것이다."(Aristotle, *The Policitics*, S. Everson(ed.), Cambridge University Press, 1984, p. 4)
3 Thomas Hobbes, *Leviathan*, in Sir William Moleworth(ed.), Thomas Hobbes Vol. III, Scietia Verlag Allen, 1966, p. 153.

족)에 근거하고 있는 고대적 국가도, '추상적 개체성'(시민사회)에 근거하고 있는 근대적 국가도, 모두 보편성과 특수성이 참되게 변증법적으로 발전·지양되어 '구체적 보편성'의 형태를 지닌 인륜성Sittlichkeit의 단계로서의 국가에 이르지 못했다고 비판하였다.4 그러나 헤겔을 비판하는 마르크스는 이런 국가는 한 사회가 자기모순에 빠져 자기 힘으로 이 모순을 해결할 수 없어 마지못해 등장한 것으로 보며, 그래서 "국가의 목적은 그의 개인적 목적, 즉 승진 경쟁이나 출세주의 형태의 사적 목적으로 전락된다"라고 비판하였다.5

오늘날 세계는 더 이상 개인이 전체 속에 일방적으로 예속되는 유기체적 세계관도, 전체를 개인의 욕망의 합산물로 처리하는 원자적 세계관도 거부하며, 개인과 전체 사이에 상생相生적 관계를 절차적 보편주의나 다원주의를 통해서 모색하려는 경향이 강해지고 있다. 더군다나 신자유주의 물결과 더불어 세계화가 확산되면서 과거와 같은 국가주의는 더 이상 지탱되기 어려운 실정이다.

이상에서 보듯이 각 시대마다 국가의 위상이 달랐다. 그러나 한 나라를 구성하고 있는 개인들은 국가가 위기에 처했을 때 국가를 위해 희생하는 것이 일반적이다. 한국 20세기 현대사, 특히 1987년 6월 민주항쟁과 그 이후 전개된 시민운동이 활발하게 전개되기 이전인 군사정권 아래서는 이런 경향이 강하게 자리하고 있었다. 우리의 20세기 현대사는 제국주의의 침략 앞에 살아남기 위한 '저항의 시대'이자, 전쟁의 잿더미에서 다시 일어서야 했던 '건설의 시대'였다. 그러므로 우리의 현대사는 '저항민족주의'와 '건설민족주의'에 의해서 지탱되어왔으며, 이 속에서 개인의 권리와 자유는 제대로 마련되기 어려웠다. 강한 민족, 강한 국가를 만든답시고 개인의 인

---

4 Georg Wilhelm Friedrich Hegel, *Grundlinien der Philosophie des Rechts*, in Hegel Werke Bd. 7, Frankfurt a.M.: Suhrkamp, 1986, 261절 참조.
5 Karl Marx, *The Early Texts*, D. McLellan(ed.), Oxford, 1971, p. 69.

권은 사각지대로 몰리게 되었다.

해방 후 이승만 정권에서부터 박정희 군사정권을 거쳐 전두환-노태우 신군부 정권에 이르기까지 한국의 현대사는 '반공주의=안보주의=산업주의=군사주의'라는 등식 아래서 국민의 몸과 정신을 훈련시켰다. 그 대표적인 사례가 '국민교육헌장'과 '새마을운동'[6]이었다. 당시의 정권은 국민들로 하여금 정신적으로 국가를 숭배하도록 이념 무장을 시키고, 몸으로 국가를 위해 노동하도록 운동을 전개하였다. 강대국으로부터 극도의 억압을 받고 전쟁의 잿더미에서 가난에 시달리던 시대에 국가를 강건하고 부국하게 만드는 것은 당연한 일일 것이다. 그러나 이를 핑계로 부당한 권력을 유지하고 계속하여 국민을 억압하고 이용하였다면 그 민족주의는 반역의 민족주의이며, 그 국가주의는 파시즘의 국가주의이고, 그 역사는 빈곤의 역사이지 않을 수 없다.

불행하게도 우리의 현대사에는 이런 측면이 존재하였다. 그러나 더 불행한 것은 바로 이런 부조리를 가장 철저하게 분석하고 비판을 담당해야 할 철학자가 오히려 이 부조리의 중심부에 자리하고 있었다는 사실이다. 이 장에서는 해방 후에서부터 군사정권 말기까지 국가주의 이데올로기를 창출하는 데 기여한 철학자들의 활동 상황에 대한 분석을 통하여 우리의 국가 이미지를 되돌아보고자 한다. 아울러 이들이 '국민교육헌장'에 직·간접적으로 간여했다는 사실에 주목하여 이들의 사상과 '국민교육헌장'에 담겨 있는 국가주의와의 관계도 개괄적으로 분석해보고자 한다. 물론 여기에 대한 좀더 세부적인 것은 다음 장에서 다루게 될 것이다.

이를 위하여 1절에서는 이승만 정권 시절에 이념적 작업에 중심적으로

6　"이 새마을운동은 북한의 김일성이가 펼친 천리마운동과 유사하다. 북한의 천리마운동은 주체사상의 실천운동의 한 부분으로 자리하고 있었던 동원 이데올로기였다."(황장엽, 「북한 주체사상의 실체」, 『민주이념』 2호, 1998, 187쪽)

참여한 안호상의 일민주의─民主義를 중심으로 국가의 이미지를 분석할 것이며, 2절에서는 박정희 정권 시절에 '국민교육헌장' 작업에 참여하고, 유신 정권을 정당화한 박종홍의 창조 논리를 중심으로 국가의 이미지를 분석할 것이다. 그리고 3절에서는 박정희 시대에서부터 신군부 정권에 이르기까지 국민 정신교육과 정치교육의 강화를 주장한 이규호의 정치교육론, 김형효의 상응혁명론을 중심으로 당시의 국가 이미지를 분석해보고자 한다. 마지막으로 이런 작업을 바탕으로 하여 우리의 국가주의 비극에 대해서 반성해보고자 한다.

1 이승만 정권과 일민주의

이미 앞 장에서 언급하였듯이, 우리가 일제의 억압을 당할 무렵 우리의 대표적인 철학자 신남철과 박치우, 그리고 박종홍은 당시의 헤겔 부흥과 관련하여 이것이 제국주의의 기반이 되고 있음을 신랄하게 비판하면서 투쟁을 긍정적으로 포착하고 있는 변증법적 사고와 유물론적 입장에서 민족의 문제를 극복해보고자 하였다.[7] 즉 이들은 각기 정도의 차이는 있지만 마르

---

[7] 申南澈, 「헤-겔 百年祭와 헤-겔復興─獨逸哲學에 있어서 헤-겔情神의 復興과 그 行方에 對한 한 개의 詩論」, 『新興』 第五號, 1931년 7월, 28~40쪽. 신남철은 헤겔 부흥이 우익 파시즘으로 이용됨을 신랄하게 비판하였다(申南澈, 「新헤-겔주의와 其批判」, 『新興』 第六號, 1932년 1월, 30~31쪽). 박치우 역시 신비적인 유기체설에 바탕을 두고 있는 파시즘적 전체주의나 형식논리에 바탕을 두고 있는 추상화된 시민적 자아에 바탕을 둔 민주주의도 비판하였다(朴致祐, 『思想과 現實』, 白楊堂, 1946, 100~113쪽). 박종홍은 "〈자연변증법〉이 더 일층 철학의 중심문제 영역 안으로 들어와야 할 시기가 당도한 것이 아닐까"라고 주장한다(朴鍾鴻, 「現代哲學의 諸問題」(1938. 4. 15), 열암기념사업회 엮음, 『朴鍾鴻全集』 I권, 민음사, 1998, 412~413쪽). 나아가 그는 독일관념론, 실존주의 모두 내면적 도덕이나 관념적 태도에 머물러 있음을 비판하였다(朴鍾鴻, 「우리가 要求하는 〈理論과 實踐〉」(1945년 이전), 열암기념사업회 엮음, 『朴鍾鴻全集』 I권, 민음사, 1998, 402~408쪽). 이들은 모두 조선 문화를 계승할 주체를 '근로적인 사회적 그룹'에서 찾았다.

크스주의와 민족주의의 결합에 긍정적이었다.[8] 이와 같은 입장은 옥천생, 최화운, 박형병, 계원생, 안효구, 소철인, 김달인 등 다수에 의해서 주장되었다.[9] 사실 이런 입장을 가장 먼저 한국 땅에 학문적으로 정초한 사람은 백남운이다.[10] 그는 사회주의 정치경제학을 토대로 하여 제국주의에 항거하고 민족의 독자적 노선을 마련하고자 하였다.[11]

그러나 1945년 민족이 해방되고 그 이후 이승만 정권이 들어서면서 투쟁을 근거로 하는 마르크스주의는 집중적인 비판과 억압의 대상이 되었다. 미국의 힘을 배경으로 등장한 이승만 정권은 친일주의자들과 반동 지주들을 공격하던 당시 사회주의자들을 강한 반공주의적 입장에서 타도하고자 강력한 국가주의를 추구하였다.[12] 나아가 이승만 정권은 한민당 및 미군정과 합작하여 국가보안법을 제정함(1948. 12. 1)으로써 당시의 민족·민중 세력을 억압하면서 극우 보수 논리를 개진하였다.[13] 특히 이승만 정권은 1950년 한국전쟁을 계기로 파쇼주의적 형태를 띠면서 북진 통일론을 주장하게 되었으며, 급기야는 평화통일을 주장하던 조봉암마저 교수형에 처하게 되는 상태에 이르게 되었다. 그리고 그 이후 이승만 정권은 자유당 의원만 참석한 가운데 국가보안법과 지방자치법 개정안을 일방적으로 통과시키면서 극우 반공 독재의 길로 나아갔다(1958. 12. 24).

---

8 신남철은 1932년에 민족주의를 부르주아 학자 이론, 사회민주주의 이론, 마르크스주의 이론으로 나누고, 세 번째가 가장 구체적이라고 보았다(申南澈, 「民族理論의 三形態」, 『新興』 第七號, 1932, 14쪽).
9 김석수, 「맑시즘-실존주의 수용에서 본 한국 현대(1920~60년대)정신의 갈등 구조─한국 현대철학의 위상에 대한 반성적 고찰」, 서강대학교 동아연구소 엮음, 『東亞硏究』 제37집, 1999, 115~116쪽.
10 실제로 백남운은 민족문화연구소를 통하여 신남철, 정진석, 박종홍 등을 초청하여 인문과학 강좌를 열기도 하였다.
11 白南雲, 「朝鮮社會力의 動的 考察」, 『조선일보』, 1926년 1월 3일자 부록; 白南雲, 「부정원리에 대한 고찰」, 『연희』 5, 1925년 10월 참조.
12 白南薰, 「韓國民主黨 創黨秘話」, 『眞相』 4월호, 1960, 15쪽; 김용서, 『한국형 보수주의와 리더십』, 을지서적, 1992, 35쪽, 78~79쪽.
13 김재현, 『한국사회철학의 수용과 전개』, 동녘, 2002, 152쪽.

바로 이 시기에 주도적인 역할을 한 철학자가 안호상이다.[14] 그는 이승만 정권의 이념 노선을 이론적으로 마련해준 철학자이다. 안호상은 기본적으로 민족주의자로서[15] 상해 시절부터 공산주의에 대해서 부정적인 태도를 지니고 있었다. 그의 이와 같은 관점은 유학을 마치고 돌아와 보성전문학교에 교수로 있을 때나, 그 이후 이승만 정권에 참여하여 활동할 때에도 줄기차게 유지되었다.[16] 그는 이범석 장군과 더불어 화랑도 정신을 계승하여 '조선민족청년단'(족청)을 꾸렸으며, 나중에는 이승만의 지시로 이를 '대한청년단'에 합류시켜, 스스로가 이 청년단의 감찰위원장과 훈련위원장을 지내면서 이승만의 부당한 정권 유지를 돕는 상태에까지 이르게 되었다.[17]

안호상의 이와 같은 태도는 그의 국가관에 잘 반영되어 있다. 그는 "우리 노동의 가치 척도를 단지 노동하는 그 한 개인의 이해득실에서가 아니라 항상 국가 전체의 이해득실에다가 두지 않으면 안 된다"[18]라고 주장하면서, 국가 없이는 개인이 존재할 수 없음을 강조하였다.[19] 그의 이와 같은 입장은 이승만과 더불어 주장한 '일민주의'에 잘 반영되어 있다. 그가 주장하는 "일민一民은 한 핏줄 한 운명運命에 이루어지며 발전한다."[20] 그리고 "핏줄이 같고 운명運命이 같은 이 일민一民은 생각도 같고 행동行動도 같아야만

---

14 안호상은 이승만 정권 아래서 초대 문교부 장관, 초대 학도호국단장, 초대 국립청년훈련소장, 대한청년단총본부 단장, 공화당 창당 중앙감찰위원장 겸 훈련원장을 지냈으며, 박정희 정권 아래서 '국민교육헌장' 기초위원, 재건국민운동중앙회 회장, 사회정화대책위원회 위원장 등을 지냈다.
15 대한독립선언서에 서명한 39명 중 27명이 대종교와 인연을 맺고 있었는데, 이 중 백산과 안호상은 매우 깊은 인연을 맺고 있었다.
16 이승만 정권에 참여하게 된 동기에는 좌익 계열을 척결하고자 하는 뜻도 담겨 있었다(安浩相, 金鍾玉, 『國民倫理學』, 培英出版社, 1975, 228쪽).
17 물론 안호상은 나중에 이승만 정권으로부터 내란선동죄, 국가보안법 위반, 선거법 위반 등의 죄목으로 구속되는 비극을 맞이한다. 그의 강한 민족주의적 성향은 결국 반공주의자인 그가 북한의 김일성 주석과 더불어 단군성릉에 제를 지내게 하기도 하였다.
18 安浩相, 「勞動의 本質과 槪念」, 『매일신보』, 1942년 1월 26일~28일자; 安浩相, 『哲學論叢』, 乙酉文化史, 1948, 195쪽.
19 安浩相, 같은 책, 195쪽.
20 安浩相, 『일민주의의 본바탕』, 서울 일민주의연구원, 단기4283(1950), 30쪽.

한다."²¹ 이 일민주의는 "강력한 민족국가의 발전에 기여해야 하며, 아울러 영명하신 이 대통령 각하를 받들어 지대한 민족 과업을 성취하는"²² 것이어야 한다. 이런 그의 일민주의는 당시의 국민으로 하여금 무력 투쟁, 경제 전쟁, 정치 전쟁을 치르고, 나아가 사상 전쟁을 치러 대한민국을 이승만 영도 아래 다시 세워야 한다는 주장을 담고 있다.²³ "주먹은 주먹으로, 총칼은 총칼로, 사상은 사상으로 싸우지 않으면 아니 된다."²⁴ 그는 삼천만 겨레 모두가 기존의 다른 모든 주의를 "모조리 다 버리고, 오직 일민주의의 깃발 밑으로 모여야" 하며, "우리는 일민주의를 위하여 일하며 싸우며 또 죽을 각오를 해야 한다"²⁵라고 주장하고 있다. 이범석 장군 역시 이와 같은 태도에 입각하여 『일민주의의 본바탕』이라는 책의 서문에 다음과 같이 적고 있다.

> 나는 믿기를, 일민주의는 영명하신 우리의 지도자 이승만 박사께서 창조하신 것으로서 일생을 통해 빛나고 지공 지성한 혁명 투쟁과 독립운동의 경험을 집대성하신 것인데, 단군의 홍익인간의 정신과 또 신라 화랑도의 중의 경사重意輕死의 정신을 기본으로 하신 이상적 보민 구국의 이론 체계인 것이다.²⁶

그런데 이런 일민주의는 반공주의와 직결되어 있었다. 안호상은 이 일민주의를 기반으로 "인류의 적이며, 평화의 좀"인 공산주의와 목숨을 걸고 싸워야 함을 강조하였다.²⁷ 그는 자신의 일민주의를 우리식 민주주의로서

---

21 安浩相, 같은 책, 30쪽.
22 安浩相, 같은 책, 5쪽. "이 새 세상에 새 생명을 갖고 나온 이 일민주의는 영명하신 우리 맨 높은(지고) 지도자이신 이승만 대통령 각하께옵서 만드신 것이다." (安浩相, 같은 책, 7쪽)
23 安浩相, 같은 책, 19쪽, 22쪽.
24 安浩相, 같은 책, 18쪽.
25 安浩相, 같은 책, 23쪽.
26 安浩相, 같은 책, 4~5쪽.

"드러난 돈주의자"인 자본주의와 "숨은 돈주의자"인 공산주의 모두를 극복할 수 있는 이론이라고 보았다.[28] 이상과 같은 측면을 종합해볼 때 그의 일민주의는 '민족주의=반공주의=국가주의'라는 등식 속에 자리하고 있다. 특히 그의 일민주의는 우리식 사회주의를 제창한 북한의 김일성 주체사상처럼 우리식 민주주의를 제창한 남한의 사상이라고 볼 수도 있을 것이다. 북한의 김일성 주체사상이 김일성을 우상화하였듯이, 남한의 일민주의는 이승만을 우상화하는 일면이 존재한다.

이와 같은 강력한 국가주의는 박정희 정권에 이어서도 계속 나타났다. 다만 안호상은 이 시기에 이르러 경제적인 부분을 더욱더 강조하였다. 이것은 아마도 박정희의 조국근대화론과 맞물려 있었기 때문일 것이다. 그는 우리 민족의 운명 개척을 경제 건설과 무력 건설을 바탕으로 전개해야 하며, 5·16은 이런 정신을 바탕으로 하고 있는 혁명으로서 이 혁명을 민족 도약의 계기로 삼아야 한다고 보았다. 그는 이승만 정권 때부터 주장되어온 "뭉치면 살고 흩어지면 죽는다"[29]라는 단결주의를 기반으로 하여 민족의 운명을 개척하고자 하였다. 그는 이런 정신을 민족주의, 반공주의, 전통주의, 국가주의적 관점에서 구성하고자 하였으며, 이것을 국민윤리교육에 포함시켜 강화하고자 하였다. 그의 사상에는 "우리는 충성을 나라에 바침이, 우리의 신성한 의무요 최고의 목적이다"[30]라는 것이 항시 따라다녔다. 국

---

27 安浩相, 같은 책, 35쪽; 安浩相, 「民族主義의 종류와 본바탕」, 『亞細亞學報』 제1집, 1965, 323쪽.
28 安浩相, 『민족의 주체성과 화랑얼』, 서울 배달문화연구원, 1967, 39쪽; 安浩相, 『청년과 민족통일』, 培英出版社, 1975, 125~128쪽, 131~132쪽.
29 "뭉쳐지면 살고, 흩어지면 죽는다는 이 진리가, 여기서 또 한 번 타당하다. 이것은 누구보다 우리가 제일 잘 알고 있다."(安浩相, 金鍾玉, 앞의 책, 163쪽). "뭉쳐지면 이루어지고 흩어지면 사라짐은, 자연의 법칙이다."(安浩相, 金鍾玉, 같은 책, 164쪽). "뭉치면 살고 흩어지면 죽는다는 이 법칙은, 우리 한 백성의 생명이다."(安浩相, 金鍾玉, 같은 책, 181쪽). "단결하고 아니하는 데에 우리의 죽음과 삶이 매여 있으므로, 단결은 우리의 죽고 사는 문제이다."(安浩相, 『청년과 민족통일』, 39쪽) 그러나 안호상은 단결과 친일파의 결합이 허용되었던 이승만 정권 시대와는 달리 1970년대에 이르러서는 배일, 반공, 반탁의 입장을 제시하고 있다.

가 없는 나를 생각할 수 없을 만큼 국가는 나의 아버지였다. 이처럼 가부장적 국가관이 이 시기에 강하게 자리하고 있었다.³¹

2 박정희 정권과 건설·창조론

안호상의 이와 같은 정신은 박정희 시대 중요한 역할을 수행한 박종홍에게도 상당 부분 나타난다. 즉 그에게도 '민족주의=반공주의=산업주의=무력주의³²'라는 안호상의 등식이 자리하고 있었다. 5·16군사쿠데타를 통하여 등장한 군사정권은 전통 충효 사상을 가부장적 국가 구조를 마련하는 기반으로 삼았으며, 서구의 실용주의와 우리의 실학을 경제제일주의를 떠받치는 기초로 삼았다.³³ 익히 알다시피 박정희 정권은 강한 국가 없이는 경제 건설이 불가능하고, 경제 건설이 없이는 공산주의를 물리칠 수 없다는 입장에 근거하여 국가주의, 산업화주의, 반공주의를 유기적으로 결합시켜 독재를 정당화하고자 하였다.³⁴ 박정희는 심지어 이승만 대통령처럼 "공산주의와 싸워 이기기 위해서는 〔……〕 누구하고라도 손을 잡아야 합니

---

30 安浩相, 『청년과 민족통일』, 45쪽.
31 물론 당시의 이런 국가 이미지에 도전을 한 철학자도 있었다. 그는 서울이라는 중앙에 자리하고 있는 철학자가 아니라 변방에 위치한 학자였다. 그가 바로 하기락으로, 그는 1945년 9월 '자유사회건설자연맹'을 설립하여 자신의 고향 안의에서 아나키스트 대회를 개최하고, 민주적 통일 정부 마련을 위하여 운동하였으며, 1946년 부산에서 박영환과 함께 『자유민보』를 창간하고, 아나키스트 운동지인 『자유연합』을 발간하여 당시의 시대정신에 저항하였다. 그는 계속하여 민중 연대를 통하여 국가주의에 저항하였으며, 1952년 유림이 당수였던 독립노동당의 경북특위원장으로 활약하였다. 그는 신채호의 정신을 계승하여 4·19 교수 데모대를 주도하기도 하였다.
32 "그가 김좌진 장군의 아들이라는 것도 나를 끌었지만 솔직히 말해 나는 그의 주먹이 믿음직했다. 어느 때나 혼란기에는 주먹이 유효한 통치 방법으로 쓰이는 것이다." (안호상, 『한뫼 안호상 20세기 회고록』, 민족문화출판사, 1995, 227쪽)
33 "경제재건 없이는 공산당에 이길 수도 없고 자주독립도 기약할 수 없는 일이다." (朴正熙, 『國家와 革命과 나』, 向文社(지문각, 지구촌), 1963(1969, 1977), 265쪽)

다"35라는 강한 반공주의 입장을 취하고 있었다. 이런 입장을 취함으로써 그 역시 이승만 대통령처럼 친일파를 허용하였으며, 파시즘적인 형태를 보여주었다. 그는 '인간개조론'의 입장에 서서 '새마을운동'과 '국민교육헌장'을 10월유신 체제에 연관 지었으며,36 서구식 민주주의 안에 들어 있는 개인의 자유와 인권에 대한 강조 부분을 오히려 비능률적인 요소를 담고 있다고 비판하면서, 권위주의적 국가관에 입각한 한국식 민주주의를 제창하였다. 그러나 이 한국식 민주주의는 김일성 주체사상이나 이승만의 일민주의 못지않게 봉건적 형태를 지니고 있었다.37

철학자 박종홍은 바로 이런 정권에 철학적 이념을 제공해주었다. 그 역시 안호상처럼 민족주의자, 반공주의자, 산업화주의자로서 강한 국가주의를 표방하였다. 이미 앞에서 언급하였듯이 그는 민족의 억압 시대에는 마르크스주의에 친화적인 저항적 민족주의자로서 이론적 역할을 수행하였다.38 그러나 민족의 분단 시대에는 실학과 실용주의에 친화적 입장에서 건설적 민족주의자로서 이론적 역할을 수행하였다.39 그는 1968년에 '국민교육헌장' 초안 작업에 참여하였으며, 1970년에는 대통령 교육문화담당 특별

---

34 박정희, 「반공 학생의 날 기념사」(1962. 11. 13), 대통령비서실, 『박정희 대통령 연설문집 5(상): 제8대편』, 1976, 326쪽; 朴正熙, 같은 책, 265쪽. "우리 전 국민은 5천년 이어받은 조국애와 민족혼을 각자의 가슴속에 새겨서 당면한 모든 국내 문제를 해결하고 조국 중흥의 새 역사를 창조하는 저력으로서 다시금 반공의 정신무장을 새로이 하여야 하겠습니다."(박정희, 「반공학생의 날」(1962. 11. 23), 대통령비서실, 『박정희 대통령 연설문집 1: 군정편』, 1973, 326쪽)
35 박정희, 「한일회담 타결에 즈음한 특별담화문」(1965. 6. 23), 대통령비서실, 『박정희대통령연설문집 2~6』, 1966, 208~209쪽.
36 "새마을 운동은 한국적 민주주의의 토착화를 위한 실천의 도장이요, 참다운 애국심을 함양하기 위한 실천 도장인 동시에 시월 유신 이념을 구현하기 위한 실천 도장이다."(박정희, 「전국 새마을 지도자대회 치사」(1973. 11. 22), 대통령비서실, 『박정희 대통령 연설문집 5(상): 제8대편』, 1976, 177쪽) 헌장이 발표된 1968년을 기점으로 그 이전에는 경제개발 논리를 통하여, 그 이후로는 총력안보 체제론을 통하여 국가주의를 강화시켰다(전재호, 「박정희 체제의 민족주의 연구―담론과 정책을 중심으로」, 서강대학교 박사학위논문, 1997, 54~55쪽).
37 김태길은 당시의 이 정권을 '왕조'에 가까운 것으로 규정하였다(金泰吉, 『변혁시대의 사회철학』, 철학과현실사, 1990, 294쪽).
38 김석수, 『현실 속의 철학 철학 속의 현실』, 책세상, 2001, 53~54쪽, 100~122쪽.

보좌관을 맡으면서 유신 체제를 정당화하는 일에 기여하였다.

박종홍의 이런 과정은 일제강점기 억압을 당하고, 한국전쟁을 겪으면서 극도로 가난했던 민족의 현실을 처절하게 경험한 상황과 결코 무관하지 않을 것이다. 그는 우리 모두가 "눈물 바가지를 부숴버리고 열등감을 벗어나, 새날을 위해 싸워야 하며, 전진해야 한다"[40]라고 강조하였다. 이제 그에게 중요한 것은 일본과의 싸움이 아니라 공산주의와 싸우면서 강한 민족이 될 수 있는 길을 모색하는 것이었다. 그러기 위해서는 모두가 경제 건설에 집중해야 하며, 국가에 충성해야 한다.[41] 그는 "경제는 국가 형성의 독립 변수로서 뼈대가 되는 결정적 계기다"라고 주장하면서, 5·16군사쿠데타는 부패를 청산하고 민족이 새롭게 웅비하고 국가가 제대로 자리 잡을 수 있는 터전을 제공한 혁명이라고 규정하였다.[42] 이처럼 박종홍은 무력武力주의와 산업화의 결합을 발전으로 간주하였다. 그는 유신을 통하여 "적화로 민족 분열을 꾀하는 공산주의자와는 달리 총화 단결이라는 민족사적 정통성을 계승, 발양하여 평화통일을 지향"[43]하고자 하였다. 따라서 그에게 "유신은 이 국력을 조직화하고 우리의 현실에 맞도록 제도화함으로써 보다 능률화하여 의도하는 바 민족중흥을 실현하려는 과제"[44]라고 보았다.

---

39 "물론 박종홍은 성실의 실과 실용의 실, 실존주의의 향내성과 실용주의의 향외성을 종합하고자 하였다. 그러나 그는 조국 근대화 과정에서 버림받고 억압받은 자들에 대한 과학적 분석을 놓치고 있다." (김석수, 같은 책, 128~131쪽, 157~158쪽)
40 朴鍾鴻,「눈물바가지」(1961), 열암기념사업회 엮음,『朴鍾鴻全集』Ⅵ권, 민음사, 1998, 347쪽.
41 "공산주의를 물리치고 자유 민주 세계의 이상을 실현하기 위한 창의요, 협동심임을 명심하여야 한다. 모든 기업 정신은 애국 애족에 정초하는 것임을 확신하자. 나라의 고마움을 알고 그에 적극적으로 참여 공헌하려는 것이 기업 정신의 바탕이다."(朴鍾鴻,「企業精神의 바탕」(1972), 열암기념사업회 엮음,『朴鍾鴻全集』Ⅵ권, 민음사, 1998, 501쪽)
42 朴鍾鴻,「自由의 意義」(1962. 12. 1), 열암기념사업회 엮음,『朴鍾鴻全集』Ⅵ권, 민음사, 1998, 191쪽; 朴鍾鴻,「마음의 姿勢」(1963. 5. 31), 열암기념사업회 엮음,『朴鍾鴻全集』Ⅵ권, 민음사, 1998, 377쪽.
43 朴鍾鴻,「새 歷史의 創造—維新時代의 基調哲學」(1973. 9), 열암기념사업회 엮음,『朴鍾鴻全集』Ⅵ권, 민음사, 1998, 554~555쪽, 561쪽.
44 朴鍾鴻, 같은 글, 561쪽.

그래서 박종홍은 이 과제를 동양의 창조 논리에서 찾고 있다. 그는 '창조'에 대해서 다음과 같이 주장하고 있다.

> 창조는 엄연한 필연적 법칙의 제약 아래서 우리 사회, 국가, 민족 내지 전 인류의 요청으로서의 일정한 목적을 현실적으로 구현화 具現化하는 실천이다. 이미 주어진 소재를 일정한 목적적 견지에서 채택하여 하나의 구상적 형태 具象的 形態로서의 새로운 질質을 획득하는 과정이다.[45]

이런 그의 창조는 "새로운 인간 형성, 새로운 민족 창조"[46]에 목적을 두고 있었다. 따라서 지성 역시 '창조적 지성'이자 '민족적 지성'이어야 했다. 그리고 이 지성은 "그칠 줄 모르는 투쟁"에 참여하여 경제를 부흥시킬 수 있는 건설에 참여하는 지성이다. 그러므로 이 지성은 과학·기술적 역할을 담당하는 지성이기도 하다.[47] 그는 지식인도 시대를 한탄하지 말고 시대의 문제점을 부정[48]·극복하는 창조적 건설에 참여해야 한다고 주장하였다.[49] 이 창조적 건설에 참여하는 주체는 신체적 주체여야 하고, 나아가 '민족적 주체'[50]여야 한다. 바로 이 주체가 조국 근대화의 주체이다.[51] 그의 이 주체

---

45 朴鍾鴻,「一般論理學」(1948. 8), 열암기념사업회 엮음,『朴鍾鴻全集』III권, 민음사, 1998, 177쪽.
46 朴鍾鴻, 같은 글, 185쪽.
47 朴鍾鴻,「歐美에서 본 것 느낀 것」(1956. 12), 열암기념사업회 엮음,『朴鍾鴻全集』III권, 민음사, 1998, 104쪽.
48 "부정성이야말로 허무를 돌파 극복하는 힘"으로서 창조성의 바탕이 된다(朴鍾鴻,「否定에 관한 硏究」(1959. 6. 10), 열암기념사업회 엮음,『朴鍾鴻全集』VII권, 민음사, 1998, 677쪽).
49 朴鍾鴻,「知識人의 任務」(1957. 6), 열암기념사업회 엮음,『朴鍾鴻全集』VI권, 민음사, 1998, 68~70쪽. "역사는 건설의 역사요, 창조의 역사이다."(朴鍾鴻,「새날의 知性」(1961), 열암기념사업회 엮음,『朴鍾鴻全集』VII권, 민음사, 1998, 144쪽)
50 朴鍾鴻,「主體性의 問題」(1967), 열암기념사업회 엮음,『朴鍾鴻全集』VI권, 민음사, 1998, 153쪽; 朴鍾鴻,「民族의 主體性―그것은 살아서 움직이는 혼이요 힘이다」(1962. 10. 1), 열암기념사업회 엮음,『朴鍾鴻全集』VI권, 민음사, 1998, 160~161쪽; 朴鍾鴻,「創意와 誠意」(1972. 12), 열암기념사업회 엮음,『朴鍾鴻全集』VI권, 민음사, 1998, 484쪽.

는 박정희 정권의 선건설 후통일론에 기여하였다.

박종홍의 이 민족적 주체는 국민교육헌장, 새마을운동, 유신 운동에 참여하는 중요한 주체가 된다. 실제로 그는 이 세 가지를 철학의 현실 참여의 중요한 활동으로 간주하였다.[52] 그는 이와 같은 입장에서 철학이 국민을 계몽하고 경제를 발전시키는 일에 기여해야 하며, 나아가 강한 국가를 만들어 공산주의가 침략하지 못하도록 하는 사상 확립에도 참여해야 한다고 주장하였다. 그러므로 그의 철학은 "힘 있는 철학"[53]이 되어야만 했다. 이 힘 있는 철학은 기업 정신과 새마을운동으로 자주국방과 국력 배양을 확립하고, 정신의 발전을 확립해야 한다.[54]

박종홍의 '힘 있는 철학'으로서의 창조의 철학도 반공주의와 국가주의에 맞닿아 있다. 그는 "우리는 지금 초비약하여야만" 하며, "약진 아니면 패망이 있을 뿐이다"라고 주장하면서, 민족개조론과 새 역사 창조론을 제창하였다.[55] 따라서 그가 주장하는 창조의 철학에서의 창조의 주체는 민족주의, 반공주의, 조국 근대화의 개발 주체이다. 극도로 가난하고 불안에 처

---

51 "인간개조와 경제5개년 계획이 서로 뗄 수 없는 연관성을 가지고 상호 침투함으로써 하나의 민족적 주체성을 확립시켜 준다고 하겠다."(朴鍾鴻, 「民族的 主體性—그것은 살아서 움직이는 혼이요 힘이다」, 같은 책, 160쪽) 물론 박종홍은 이 주체를 논의함에 있어서 이 주체가 지도자에 예속되는 주체이기보다는 그 자체가 중심이 되어야 한다고 주장하고 있다(朴鍾鴻, 「指導者論」(1962), 열암기념사업회 엮음, 『朴鍾鴻全集』 Ⅵ권, 민음사, 1998, 77쪽). 그러나 그의 이런 주장은 당시의 정치 논리에 비판적 역할을 할 수 없었다.

52 朴鍾鴻, 「憲章의 참뜻은 實踐함에 있다—國民教育憲章의 實踐課題」(1969. 5. 1), 열암기념사업회 엮음, 『朴鍾鴻全集』 Ⅵ권, 민음사, 1998, 568쪽; 朴鍾鴻, 「새 歷史의 創造—維新時代의 基調哲學」, 앞의 책, 557~558쪽; 朴鍾鴻, 「『韓國教育理念의 探究』의 序文」(1973. 7), 열암기념사업회 엮음, 『朴鍾鴻全集』 Ⅵ권, 민음사, 1998, 213~216쪽.

53 朴鍾鴻, 「矛盾과 實踐」(1933. 10. 26~28), 열암기념사업회 엮음, 『朴鍾鴻全集』 Ⅰ권, 민음사, 1998, 349~355쪽.

54 朴鍾鴻, 「企業精神의 바탕」, 앞의 책, 501쪽; 朴鍾鴻, 「韓國思想, 오늘의 課題—民族精神, 〈敬虔의 思想〉을 통한 새 進路」(1975. 11. 1), 열암기념사업회 엮음, 『朴鍾鴻全集』 Ⅴ권, 민음사, 1998, 521~522쪽; 朴鍾鴻, 「哲學의 必要性」(1972. 12), 열암기념사업회 엮음, 『朴鍾鴻全集』 Ⅵ권, 민음사, 1998, 94쪽.

55 朴鍾鴻, 「民族改造論」(1972. 12), 열암기념사업회 엮음, 『朴鍾鴻全集』 Ⅵ권, 민음사, 1998, 517쪽; 朴鍾鴻, 「새 歷史의 創造」(1972. 12), 열암기념사업회 엮음, 『朴鍾鴻全集』 Ⅵ권, 민음사, 1998, 513~515쪽.

해 있는 나라일수록 이런 주장은 자연스럽게 나오기 마련이다. 그리고 이를 쉽게 나무랄 수도 없다. 그러나 문제는 이런 악조건에서 출현한 이론이 정치권력에 악용될 때이며, 거기에는 또 하나의 지배와 폭력을 일삼는 주체가 탄생할 수밖에 없다. 박종홍의 주체 이론은 불행하게도 당시 집권을 주도했던 정치권력과 더불어 유신과업을 수행하는 주체로 귀결되었다. 그는 다음과 같이 주장하고 있다.

> 조상祖上의 빛난 얼을 오늘에 되살린다는 것은, 그러므로 〈우리의 처지를 약진躍進의 발판으로 삼아〉 새 역사歷史를 창조創造해온 우리의 그 정신精神을 오늘의 현실現實에 되살리는 것이 아닐 수 없다. 이것이 바로 민족중흥民族中興을 꾀함이요, 유신과업維新課業의 수행遂行을 다짐하는 것이다.[56]

이처럼 그의 건설·창조의 논리는 국민교육헌장, 새마을운동, 유신헌법 등 박정희 정권의 국가주의 정책과 궤를 같이하면서 작동하였다.[57] 박종홍은 '현실'과 '부정성'을 강조했음에도 불구하고 그의 이론은 자신의 의도와 무관하게 정열적인 민족주의의 옷을 입은 유신 정권의 정신적 토양을 강화시키고 국가의 구속과 지배를 정당화하는 역설적인 상황을 초래하였다.[58] 그는 국가주의, 민족주의를 강조함으로써 "동서를 막론하고 근대화가 가지는 국가의 조직적 폭력성과 억압에 대한 문제를 유보함으로써 현실적 역사의 빈곤과 사상의 보편성의 빈곤을 초래하였다."[59]

---

56 朴鍾鴻, 「새 歷史의 創造—維新時代의 基調哲學」, 앞의 책, 554~555쪽.
57 朴鍾鴻, 같은 글, 563쪽; 朴鍾鴻, 「憲章의 참뜻은 實踐함에 있다—國民教育憲章의 實踐課題」, 앞의 책, 566~568쪽; 朴鍾鴻, 「民族文化와 主體의 教育」(1972. 12. 1), 열암기념사업회 엮음, 『朴鍾鴻全集』 VI권, 민음사, 1998, 573쪽; 朴鍾鴻, 「祖國의 젊은이여」(1972. 6. 4), 열암기념사업회 엮음, 『朴鍾鴻全集』 VI권, 민음사, 1998, 114~115쪽; 朴鍾鴻, 「『韓國教育理念의 探究』의 序文」, 앞의 책, 213~234쪽.
58 홍윤기, 「한국 도덕·윤리 교육의 이념적 혼돈과 정체성 위기—퇴행적 윤리 의식의 국민교육적 원천」, 전국철학교육자연대회의 펴냄, 『한국 도덕·윤리 교육백서』, 한울, 2001, 331쪽.

이 시대에 한국 철학계는 이런 국가주의의 문제점에 대해서 적극적으로 저항하고 비판하는 모습을 제대로 보여주지 못했다.[60] 오히려 일부 철학자들은 국민윤리교육에 대한 적극적 강조를 통하여 당시의 부당한 국가주의를 도와주기도 하였다.[61] 가령 김형효의 경우, 한편에서는 나치즘, 파시즘, 공산주의에 대해서 비판하면서, 다른 한편에서는 무우위론武優位論에 입각하여 홍익인간의 이념보다는 무신에 기초한 근대화의 중요성을 역설하였다.[62] 역사는 헤겔의 주장처럼 주인과 노예의 투쟁의 역사이고, 따라서 김형효는 우리의 근대화를 성공적으로 완수하기 위해서는 무인정신의 존재론적 가치를 정립해야 한다고 보았다.[63] 그래서 그는 "군사학적軍事學的 지식은 한국의 철학인에게 필요한 정보이기도 하다"라고 주장하였다.[64] 그는 철학자가 조국의 상처와 고통에 대해서 적극적으로 나서야 하며, 민족의 평화와 통일과 번영을 위해서 노력해야 한다고 강조하였다.

김형효는 이와 같은 태도에 입각하여 5·16군사쿠데타에 대해서 분석

---

59 이규성, 「열암의 사상과 생의 문제」, 열암기념사업회 엮음, 『현실과 창조』, 천지, 1998, 208쪽. 조동일도 그의 창조성이 현실에서 힘을 잃어버렸다고 비판한다(조동일, 「우리말로 철학하기의 역사적 과업」, 『21세기 문학』 창간호, 이수, 1997, 107쪽).
60 이보다는 리영희, 김지하, 백낙청, 고은 등 사상가나 문인들이 국가주의의 문제점을 지적하였다(리영희, 『전환시대의 논리』(1974); 리영희, 『8億人과의 對話』(1971); 김지하, 「오적」(1970); 백낙청, 「민족문화의 현단계」(1975); 고은, 「역사와 지식인」(1976)). 노동운동가인 전태일은 분신자살하였으며(1970), 서울대학교 농대 학생 김상진은 유신 정권의 독재에 항거하여 양심선언을 하고 할복자살하였다(1975. 4. 11). 물론 국가주의를 반대하는 하기락 같은 철학자도 존재하였다. 그는 계속하여 아나키스트로서의 민족주의를 제창하면서 당시의 국가주의에 대해서 비판하였다(하기락, 『탈환―백성의 자기해방의지』, 신명, 1993, 204쪽).
61 백종현은 당시의 상황에 대해서 다음과 같이 기술하고 있다. "당시에 철학계가 살아 있었다면, 이것이 담론의 주제였어야 했을 것이다. 그러나 많은 철학계 '인사'들은 그들의 신념 탓이었는지 아니면 인세(印稅)가 탐나서였는지 각급 학교의 전 교육과정과 모든 시민 교육 현장에서 필수 교재로 지정된 국민윤리 교과서의 저자가 기꺼이 되었고, 그들은 거기서 '한국적 민주주의'가 우리 한국 사람에게 알맞은 진짜 민주주의임을 역설하였다."(백종현, 「근대 독일철학 수용과 한국의 철학 전개」, 哲學研究會 엮음, 『현대철학의 정체성과 한국철학의 정립』, 2002, 237쪽)
62 金炯孝, 「韓國人의 不幸한 意識」, 아한학회 엮음, 『문화비평』 3권 1호, 1971년 봄, 34~36쪽.
63 金炯孝, 같은 글, 42쪽; 金炯孝, 「한국 哲學思想의 새로운 운동과 主體性의 探究」, 아한학회 엮음, 『문화비평』 4권 3호, 1972년 겨울, 406쪽.
64 金炯孝, 「한국 哲學思想의 새로운 운동과 主體性의 探究」, 같은 책, 406쪽.

하였다. 그에 의하면 5·16은 "4월혁명을 표현한 보편적 민주 의식을 다시금 특수적 민주 의식에 접목되도록 한" 혁명으로서, 능동적이고 적극적인 의미에서 "~을 창조"하기 위한 계기를 마련해주었다. 그는 항일적 저항 의식인 3·1운동이 독립국가의 창조 작업으로, 반공적인 저항 의식인 6·25항전이 통일국가로, 그리고 반독재 저항 의식인 4·19혁명이 자강 국가, 자조 국가의 창조적 슬기로 이어지지 못했다고 비판하였다.[65] 반면에 5·16에 대해서는 이와 다른 평가를 하였다. 그는 5·16이야말로 한국의 분단된 특수 상황에 적합한 혁명으로서, 바로 이 혁명은 민족의 중흥과 새로운 국가를 마련하는 데 기여할 것으로 보았다. 그는 도덕적 개조, 민족성의 개조를 주장한 피히테의 국가관을 수용하여, 새마을운동이 이런 역할을 잘할 수 있을 것으로 보았다.[66] 나아가 그는 이런 정신을 더욱 발전시켜 "북괴 김일성 도당들"의 "위장된 민족주의, 위장된 계급주의"를 와해시키는 '상응혁명' 전략을 개발해야 한다고 주장하였다.[67] 그래서 마침내 그는 "미친개를 잡기 위해서 몽둥이가 필요"[68]하듯이, 우리는 '새마을운동'[69]과 '10월유신'을 통하여 상응혁명을 이루어나가야 함을 강조하였다.[70]

이 당시 이규호도 반공교육을 강화시켜야 할 필요성과 관련하여 국민윤리교육의 중요성을 강조하였다. 그는 학생들의 현실 참여로 국가가 불안하게 되는 것을 걱정하면서 국가의 안보를 위하여 새마을교육 등과 연계하

---

65 金炯孝, 「韓國現代社會思想에 대한 反省—충효정신에 대한 사회철학적 정립」, 國民倫理敎育硏究會 엮음, 『國民倫理硏究』 6호, 1977년 10월, 161쪽.
66 金炯孝, 같은 글, 164~169쪽.
67 金炯孝, 「南北韓 統一理念과 目標 比較」, 社團法人平和統一硏究所 엮음, 『統一政策』 4권 2호, 1978년 7월, 112쪽, 123쪽.
68 金炯孝, 같은 글, 124쪽.
69 김형효는 새마을운동을 "한국 현대사의 한 세기 이래로 최초로 등장한 본격적 창조혁명"으로 파악하였다(金炯孝, 같은 글, 138쪽).
70 "이 유신과 새마을 운동이야말로 북괴의 남북적화를 혁명으로 우겨대는 것에 대한 하나의 상응혁명일 수 있다."(金炯孝, 같은 글, 137쪽)

여 국민윤리교육을 강화시켜야 함을 주장하였다.[71] 그는 이런 교육 과정에 반공교육, 승공勝共교육, 통일교육, 보안교육을 포함시켜 국가나 민족이 중요함을 인식하도록 해야 한다고 강조하였다.[72]

3 신군부 정권과 정치교육론

정치가 박정희와 철학자 박종홍의 결합을 통해 만들어진 국가주의 정치철학은 신군부 정권에도 변함없이 이어졌다. 이규호, 김형효 등의 철학자는 이 시기에도 계속 새마을교육과 국민윤리교육을 통하여 국가가 강건해야 함을 역설하였다. 이규호는 신군부 정권 아래서 신민족주의[73]를 제창하면서 이를 통하여 신제국주의의 신식민주의에 대항해야 함을 강조하였다. 그는 이를 위하여 정치교육을 통하여 반공 의식을 고취시키고, 국가를 중심으로 단결하고 충성하는 태도를 갖추어야 한다고 주장하였다.[74] 또 국민 정치교육에 대해서 다음과 같이 주장하고 있다.

> 따라서 우리가 여기에서 말하는 국민 정치교육은 한마디로 말해서 우리의 생활공동체로서의 국가 체제의 정당성에 대한 신념을 국민들 사이에 확산시키고, 그리고 우리나라가 여러 가지 난관들을 극복할 수 있기 위해서 국민들의 애국심과 충성심을 그들의 인간성 속에 심어주고, 그리고 국가의

---

71 이규호, 「정치교육의 과제와 이념」, 연세대학교 교육대학원 엮음, 『연세교육과학』 제11집, 1977, 3쪽.
72 이규호, 같은 글, 87쪽, 90쪽.
73 이규호, 「제3세계의 신민족주의의 의의(1)」, 국민윤리교육연구회 엮음, 『국민윤리연구』 제9호, 1980년 2월, 231~251쪽.
74 이규호(문교부 장관) 외 10명, 「반공교육의 개선을 위한 세미나(발표와 토론): 반공교육의 기본방향과 문제점」, 한국국민윤리학회 엮음, 『국민윤리연구』 제11호, 1981년 8월, 167쪽, 168쪽, 173쪽.

체제가 제대로의 기능을 발휘하는 데 필요한 국민의 지지 기반을 굳히기 위한 교육이다.[75]

이처럼 그도 국민 정치교육을 통하여 강한 민족주의와 국가주의를 확립하고자 하였다.[76] 이 당시 국민 정치교육을 강조한 대부분의 철학자들은 이규호와 마찬가지로 분단된 우리의 특수한 상황을 고려할 때 이념의 다양성이 허용되어서는 안 되며, 이념의 통일성을 위하여 국민윤리가 반드시 필요함을 역설하였다.[77]

이와 같은 강한 국가, 이념의 통일성은 결국 사회의 소외된 자, 자유를 갈망하는 자들을 적색분자로 규정하지 않을 수 없었으며, 따라서 당시 군사정권은 국가의 폭력에 대해서 저항하는 사회주의자든, 자유주의자든 모두 반체제주의자로 규정하였다.[78] 이른바 "반공주의적 회로판을 통하여 평상시에 작동하는 자기 감시와 처벌의 일상적 사고 체계는 한국 사회의 모든 영역에서"[79] 억압하는 역할을 담당하였다. 그러나 획일적 이념의 강요

---

75 李奎浩, 「國民政治敎育」, 社團法人 平和統一硏究所 엮음, 『統一政策』 6권 1호, 1980, 8쪽.
76 李奎浩, 같은 글, 11쪽.
77 물론 이 당시 국민윤리교육이 정치적으로 악용되는 위험에 대해서 지적한 학자들도 있다. 특히 1973년에 김태길 교수는 국민윤리가 대학의 비민주화라는 불행한 결과를 낳을 수 있음에 대해서 우려하였으며(金泰吉, 「大學國民倫理의 現況과 問題點」, 國民倫理敎育硏究會 엮음, 『國民倫理硏究』 제10호, 1980년 11월, 11쪽, 18쪽), 당시 하기락은 부국강병을 추구하기보다는 부민약병(富民弱兵)을 주장하면서 무정부주의를 초지일관 주장하였다(하기락, 「세계평화국제회의보고서」, 한국자유인연맹, 1988, 8~9쪽). 또 역사학자인 임지현은 5·16군사쿠데타 이후의 국민교육은 개성과 자율성을 마비시키는 국가주의의 경향을 강하게 보여주고 있다고 평가하였다(임지현, 「일상적 파시즘의 코드 읽기」, 『당대비평』 제8호, 삼인, 1999, 35~36쪽).
78 "반공이 최우선의 목표이고 과제라면, 그것을 위한 모든 시도와 수단은 긍정적으로 평가되지 않을 수 없다. 그러므로 그것은 공산주의에 반대하는 자본주의·자유민주주의의 세계관이면서 자유민주주의에 대한 일정한 제약을 암시하는 모순적 이념이다."(권혁범, 「반공주의 회로판 읽기—한국 반공주의의 의미 체계와 정치 사회적 기능」, 『당대비평』 제8호, 삼인, 1999, 50쪽) 홍세화 역시 모두가 빨갱이로 취급당하는 숨 막히는 우리 사회에 대해서 신랄한 비판을 가하였다(홍세화, 『나는 빠리의 택시운전사』, 창작과비평사, 1995, 151쪽).
79 홍세화, 같은 책, 74쪽.

와 국가의 억압 아래서 국민을 구속하는 닫힌 사회는 반드시 자유를 갈망하는 집단으로부터 저항을 받지 않을 수 없다. 결국 강한 국가주의에 바탕을 두고 장기 집권을 획책했던 군사정권은 1980년 5월 광주의 저항에 직면하지 않을 수 없었다.

그러나 자유를 향한 광주의 절규도 군홧발에 여지없이 짓밟혔으며, 1987년 6월 민주항쟁 이후 시민운동이 활성화되고 문민의 정부, 국민의 정부에 이르러서야 비로소 이들의 몸부림이 제 의미를 지니게 되었다. 참으로 한국의 현대사는 비극의 역사였다고 해도 과언이 아니다. 서구처럼 가족에서 국가로 넘어가기 위해서 시민사회라는 진통을 제대로 겪지 못하고, 오히려 가족적 기반이 국가적 형태로 전환되어 가부장적 국가 구조를 지니게 되었으며, 이로 인하여 근대화도 서구처럼 밑으로부터 이루어진 근대화가 아니라 위로부터 명령과 개조의 방식으로 이루어졌다. 그러므로 우리의 근대화는 봉건적 근대화였다.[80] 바로 이 봉건적 근대화 뒤에서 부당하게 권력을 소유한 자들은 분단을 역이용하였으며, 이데올로그들은 이런 정치가들의 욕망에 이념적 장치를 제공하는 불행한 역사를 산출하였다.

4 '국민교육헌장'을 되돌아보면서

이상에서 보았듯이 한국 현대사의 국가주의는 '민족주의=반공주의=산업주의'라는 등식과 더불어 지탱되어왔다. 해방 후 군사정권 말기까지 한국의 권력자와 이데올로그들은 이런 등식을 이용하여 지배를 일삼아왔다. 따

---

80 권력자들과 이데올로그들은 전통적인 충효를 통하여 권위주의를 확립하고, 근대화를 이용하여 경제주의를 확립하여 이 둘을 결합시켜 강한 지배 이데올로기를 양산하였다.

라서 이 시대 지배적인 세계관은 전체를 위해서 개인이 희생을 감내해야만 하는 유기체적 세계관이었다. 강인한 국가, 잘사는 국가를 위해서 개인은 충효의 정신으로 단결하여 희생적 태도로 국가에 임해야 했다.

이런 국가주의 시대에 권력자와 이데올로그들이 한결같이 중시했던 것이 바로 '국민교육헌장'에 담긴 내용이었다. 이 헌장은 "조국과 민족의 이름으로 민중을 억압하는 동원 이데올로기의 특징"[81]을 담고 있다. 이 헌장은 "나는 생각한다. 그러므로 나는 민족에 속해 있다"[82]라는 것을 어릴 적부터 주입받도록 강요하였다. 민족의 이름으로 개인을 억압하는 반역의 역사가 여기에 담겨 있다. 박완서의 주장처럼 국민교육헌장은 어린아이들의 무의식에까지 파고들어 우리들 모두를 갈등 없이 국가에 추종하도록 노예화시켰으며, 우리들 모두를 '쓸쓸한 당신'이 되게 만들었다.[83]

"1968년 선포되어 1994년 폐지될 때까지 25년간 우리 국민의 의식 속에 똬리를 틀고 있었"[84]던 국민교육헌장은 '우리'라는 말을 다섯 번이나 사용하면서 '나' 개인보다는 '나라'와 '민족'을 단위로 하고 있는 '우리'를 강조하고 있다. '우리'에 속해 있는 '나'는 나 개인의 권리보다는 '공익과 질서를 앞세우며', 나 개인의 인간다운 삶보다는 경제적 가치를 추구하는 '능률과 실질을 숭상하고', 전통 속에 자리하고 있는 부당한 권위에 대해서 합리적으로 비판하는 정신보다는 '경애와 신의에 바탕을 둔 상부상조의 전통을 이어받아, 명랑하고 따뜻한 협동 정신을 북돋운다.' 그리하여 '나라의 융성이 나의 발전의 근본임을 깨달아' '스스로 국가 건설에 참여하고 봉사

---

81 임지현, 앞의 글, 41쪽; 김은실, 「한국 근대화 프로젝트의 문화 논리와 가부장성」, 『당대비평』 제8호, 삼인, 1999, 85쪽.
82 임지현, 같은 글, 42쪽.
83 박완서, 「너무나 쓸쓸한 당신」(1997); 박거용, 「군사 파시즘의 잔재와 교육」, 『당대비평』 제8호, 삼인, 1999, 101쪽.
84 박거용, 같은 글, 102쪽.

하는 국민정신을 드높인다.' 그러므로 우리는 '반공 민주 정신에 투철한 애국 애족'을 추구해야 하며, 바로 이 길이 '자유세계의 이상을 실현하는 길'이며 '우리의 삶의 길'이다.[85]

이처럼 국민교육헌장은 "국가주의적 애국애족과 반공, 전체주의적 국민정신, 복고주의적 협동 정신을 국민 통합의 이데올로기로"[86] 설정하고 있다. 여기에는 "개개 국민이 국가 구성 요소이기 이전에, 국가 건설의 요원이나 도구이기 이전에 한 시민으로서, 한 인간으로서의 체신과 존엄성을 유지하기 위해 마땅히 지켜야 할 도덕적 법도에 대해서는 한마디 언급도 없다."[87] 한마디로 국민교육헌장은 '민족주의=반공주의=안보주의=산업주의=권위주의=국가주의' 등식을 잘 담아놓은 '개념의 박물관'이다.

안호상의 일민주의, 박종홍의 건설·창조의 논리, 이규호의 정치교육론, 김형효의 상응혁명론 등은 모두 이런 국민교육헌장의 정신을 뒷받침하고 있다. 한 시대를 대표했던 철학자들이 '도덕적 정치가'의 길을 걷지 못하고 '정치적 도덕가'의 길을 걸음으로써 국가주의라는 힘의 철학 안에 우리를 가두었다. 국가는 과다실재過多實在(hyperreality)로서 동일성의 테러[88]가 내장되어 있는 이데아이자 동시에 감옥이었다. 그리고 이런 국가주의를 그려낸 국민교육헌장은 거대 담론의 테러였다. 하기락은 이 테러의 질곡으로부터 벗어나기 위하여 다음과 같이 주장하고 있다.

---

85 앞에서 누차 강조되었듯이 우리에게 반공주의는 자유세계의 이상을 실현하는 길이 아니라 권력자들의 지배 논리가 되었다(백종현, 앞의 글, 241쪽).
86 박거용, 앞의 글, 103쪽.
87 백종현, 앞의 글, 238쪽.
88 "서구의 물질과 한국의 정신/전통을 강조하는 한국의 근대화 프로젝트에서는, 따라서 남성 경험에 관해서는 서구성을 취하되, 서구의 근대 체험에서 여성적이라고 간주되는 경험은 철저하게 억압하고 주변화시키고 일탈시켰다. 대신 그 자리에 '한국적' 인 '전통적' 인 여성성을 물질적 근대화와 결합시켰다. 그래서 1960~70년대 한국 사회에서는 공식적으로 대중 문화에 대한 검열, 개인성에 대한 억압, 소비 사회의 유혹적이고 퇴행적인 매력을 일탈화하는 사회적 권력이 행사되었다."(김은실, 앞의 글, 89쪽)

민족의 출혈을 강요하는 어리석고 무의미한 남북 군사력의 대결! 그 위에 세워진 두 개의 중앙집권적 권력! 이것들은 동서 냉전과 열전의 탯줄에서 태어난 쌍생아이기에 제3차 세계대전의 불씨를 안고 있는 것이다. 여명을 알리는 계명鷄鳴처럼, 또는 성난 파도의 울부짖음처럼 울려 퍼지는 저 함성을 들어보시오. 자율과 민주화와 평화를 요구하는 젊은이들의 함성을![89]

---

[89] 하기락, 『자기를 해방하려는 백성들의 의지』, 신명, 1993, 388쪽.

3장

'국민교육헌장'의 사상적 배경*

얼마 전 전국 철학자들이 모이는 한국철학자대회에 참가하여 학회의 발표 내용을 경청하다가 너무나 비애스럽고 답답하여 자리를 박차고 나온 적이 있었다. 몇몇 의식 있는 철학자들이 한국 교육 현실을 괴로워하면서 전국에서 온 여러 철학자들을 모아놓고 단상에서 왜 윤리학이 철학에 속하는가를 열심히 강변하고 있었다. 정말이지 철학자들을 대상으로 철학자가 '철학 개론'을 강의하고 있었던 것이다. 거기에도 '국민교육헌장'의 망령은 여전히 배회하고 있었다.

이처럼 '국민교육헌장'은 오늘의 우리 철학계와 교육 현장에 여전히 영향을 미치고 있다. 그런데 사실 이 헌장과 한국 현대철학자들의 역할 사이에는 밀접한 관계가 있다. 왜냐하면 이 헌장을 제정하고, 또 이 헌장을 교

* 이 글은 역사문제연구소에서 발행하는 『역사문제연구』 15권(2005)에 실린 글을 수정·보완하여 재수록한 것임.

육 현장에 적용하는 데 한국 현대철학자들의 일부가 관여하였기 때문이다. 그래서 필자는 '국민교육헌장'에 담겨 있는 사상적 배경을 분석하고, 나아가 이런 사상을 구축하는 데 참여한 철학자들의 역할과 그들의 철학적 이념에 대해서 비판적으로 분석해보고자 한다. 나아가 이를 통하여 한 시대의 지식인으로서의 철학자의 역할이 오늘의 우리 현실에 어떤 문제점을 야기하고 있는가를 비판적으로 분석해보고자 한다.

익히 알다시피 우리에게서 '국민교육헌장'은 그저 한번 기억하고 잊어버릴 수 있는 과거의 추억거리가 아니다. 이 헌장은 당시에 학창 시절을 보낸 학생들의 가슴속에 애국자와 비애국자를 가르는 중요한 기준으로 각인되어 오늘날까지도 우리들의 무의식을 지배하고 있다. 더군다나 이 헌장은 오늘날 우리 사회의 진보, 보수 갈등 저변에서 여전히 영향을 미치고 있다. '국가 정체성' 논란에서부터 교육의 민주화 문제에 이르기까지 다양한 곳에서 이 헌장의 흔적은 우리를 갈등하게 만들고 있다.

익히 알다시피 '국민교육헌장'은 분단의 현실이 낳은 산물이며, 이 분단이 극복되지 않는 한, 이 헌장이 우리에게 각인해준 민족의식, 국가 의식, 반공 의식은 쉽사리 극복되지 않을 것이다. 그러나 우리에게 각인된 이 쓸쓸한 추억을 어떤 식으로든 극복하지 않으면 안 된다. 그러기 위해서는 '국민교육헌장'의 제작 과정을 간략하게나마 살펴보지 않을 수 없으며, 또 이 헌장에 담겨 있는 이념적 지평을 시대적 현실과 견주어 당시 지식인(철학자)의 역할을 분석해보지 않을 수 없다.

이를 위해서 이 글은 우선 일차적으로 '국민교육헌장'에 담겨 있는 사상적 내용과 이 헌장 제정 작업에 참여한 철학자의 사상 사이의 연관 관계를 분석하고자 하며, 이차적으로는 이 헌장의 차원을 넘어서 이 헌장이 지향하고 있는 교육 지표가 교과과정으로 구체화되어 있는 '국민윤리교육'과 연계하여 이것에 참여한 철학자들의 주장 내용을 분석해보고자 한다.[1] 물론 앞 장에서 이와 관련된 내용의 일부는 이미 논의되었기 때문에, 여기에서는 가능하면 중복 논의를 피하고자 한다. 이 장에서 핵심적으로 드러내고자 하는 것은 한국 현대 사상사와 교육사의 질곡이 철학의 빈곤과 어떤 관계에 놓여 있는가이다. 아울러 이를 통하여 '도덕·윤리'라는 개념이 더 이상 권력자의 도구가 되어서는 안 된다는 점도 제시해보고자 한다.

1 '국민교육헌장'의 사상 구조 분석

국가를 빼앗기고 수난을 당하던 식민지 시대와 강대국들의 이익 논리 아래서 민족이 분단되는 것을 경험해야 했던 당시 한국의 상황으로서는 강한 국가, 강한 민족이 절실하게 요구되었을 것이다. 그러므로 이러한 상황에서는 제국주의에 맞서 싸우는 '저항민족주의'에서부터 나라를 강건하게 하고자 하는 '건설민족주의'에 이르기까지 '민족'이 최상위 개념으로 자리하는 것은 자연스러운 현상일 것이다. 더군다나 초토화된 빈곤과 무력함의 시대를 서둘러 벗어나야 했던 당시의 상황에 비추어 볼 때 점진적 발전보다는 비약적 발전이 훨씬 더 절실하였을 것이다. 또 이런 상황에서는 아래로부터의 합의를 통한 개혁보다는 위로부터의 명령을 통한 변혁이 더 매력적이었을 것이다. 따라서 당시의 부당한 권력자들과 관변 지식인들에게는 이런 시대적 상황이 자신들의 목적을 관철하는 데 매우 용이하였을 것이다.[2] 이들은 '민족중흥과 새 역사의 창조'라는 이름 아래서 엘리트주의에 입각하여 다수의 우매한 민중을 개조하는 프로그램을 착수하였다.[3]

---

1 물론 좀더 심화된 본격적 논의를 위해서는 '국민교육헌장'과 '국민윤리교육'을 별도로 분리하여 연구할 필요가 있겠지만, 이 글은 우리 현대사의 비극에 자리하고 있는 교육, 권력, 지식인의 관계를 분석하는 데 목적을 두고 있기 때문에 이들 사이의 연계성에 더 비중을 두고자 한다.

이처럼 위로부터의 명령과 개조를 통해 이루어지는 기형적 근대화 과정에서 바로 '국민교육헌장'이 탄생한 것이다. 당시 '국민교육헌장'을 제정하는 주체들은 여러 가지 여론 수렴을 통해 이루어진 것처럼 주장하지만, 실제로는 박정희의 지시로 소수 지식인 집단에 의해서 이루어진 것이다. 그러므로 이 헌장은 '아래로부터의 문서'가 아니라 '위로부터의 문서'이다.[4] 이와 같은 정황은 여러 곳에서 발견된다. 당시 박준희(이화여자대학교 교수)는 헌장이 국민이 이해할 수 없도록 어렵게 만들어졌다고 지적하고

---

2 물론 위로부터의 개혁을 주장하는 권력자나 지식인이 모두 부당하다는 주장은 아니다. 역사적, 사회적 상황에 따라 때로는 사회 전체의 발전을 위해 이와 같은 개혁이 필요할 수도 있을 것이다. 바로 이 점 때문에 오늘날 박정희 시대에 대한 재평가가 다시 이루어지고 있기도 하다. 그렇다고 전체의 이익이라는 이름하에 인권과 자유를 유린하는 것이 정당화되는 것은 아니다.

3 1950년대의 지배적이었던 창백한 인텔리겐치아, 이른바 도피적 지식인들과는 달리 1960년대에는 현실을 적극적으로 비판하는 비판적 지식인들과 현실적으로 긍정하고 참여하여 건설하고자 하는 근대화 인텔리겐치아론자들로 양분되었다. 가령 임방현, 김용서, 조갑제 등은 신생국에서는 군부 세력과 인텔리겐치아의 결합을 통하여 강한 민족, 강한 국가를 만드는 것이 불가피하다고 주장하였다. 반면에 비판적 지식인과 민중적 지식인들은, 가령 리영희, 김지하 등은 이들을 반동 세력으로 규정하였다. 오늘날 박정희 시대 재평가 역시 이들 양 입장에 대한 재반성이라고 할 수 있다. 하지만 아무리 전자의 입장을 취하는 사람들이 우리 현대사의 특징을 근거로 자신들의 주장을 정당화한다고 하더라도 약자에 대한 억압과 구속에 대한 비판으로부터 결코 자유로울 수 없다. 여기에 대한 자세한 논의는 김석수, 「한국현대철학사에 등장하는 기형적 보수주의 측면에 대한 반성적 고찰－1945년 해방 이후부터 1980년대 초반까지」(사회와 철학 연구회 엮음, 『진보와 보수』, 이학사, 2002), 121~131쪽을 참조하기 바란다. 박정희 체제 아래 전개된 한국식 민주주의와 근대화가 아무리 정당화된다고 하더라도 경제개발 논리와 안보 논리에 바탕을 둔 소외 계층의 산출과 장기 집권의 문제는 면제될 수 없는 부분이다. 여기에 대한 자세한 논의는 김석수, 『현실 속의 철학 철학 속의 현실』(책세상, 2001), 161~165쪽을 참조하기 바란다.

4 서울대학교 사범대학 부설 교육연구소 엮음, 『國民教育憲章에 관한 綜合研究』, 1994년 5월, 14쪽. 물론 한승조는 이와 같은 주장에 동의하지 않는다. " '국민교육헌장'이 권위주의 정권에 의해서 만들어졌다고 주장하는 것은 정확한 주장이 아니다. 그 문서를 기초한 사람들은 당시에 저명한 학자들이었고, 그들이 중지를 모아서 만들었는데 정부의 강압이나 강요에 의해서 본인들이 하고 싶은 말을 못했거나 소신에 반하여 하고 싶지 않은 말들까지 삽입해야만 했다는 말을 들은 일이 없고 또 그런 흔적도 찾아볼 수가 없다."(한승조, 「〈국민교육헌장〉의 국민교육적 의의」, 서울대학교 사범대학 부설 교육연구소 엮음, 같은 책, 82쪽) '국민교육헌장' 작업에 깊이 관여한 박성탁 장학관도 다음과 같이 주장하고 있다. "그리고 이 국민교육헌장은 정부 당국의 일방적인 교육정책으로 제정된 것이 아니라 국민 전체의 참여로 제정되었기 때문에, 그 제정 과정이나 방법 자체가 극히 민주주의적으로 이루어졌다는 점을 들 수 있다. 〔……〕 그러니 국민교육헌장은 우리나라 역사상 아직껏 없었던 국민전체의 최대 공약수로 제정되어 있는 것이다."(朴性卓, 『國民教育憲章의 思想的 背景과 그 實踐』(上권), 教育出版社, 1971, 1쪽) 그러나 박거용은 이 헌장이 군사정부가 1965년 한일협정을 계기로 위기에 봉착하자 새로운 국민 통합 이데올로기로 내놓은 것으로 평가한다.

있으며, 심지어 김팔봉(원로 작가)은 이것을 암송하고 낭독하게 해야 한다고 주장하고 있다.[5] 또 정보경(서울신학대학교 교수)은 이것이 정부의 필요에 의해서 만들어졌으며, 일본의 '황국신민의 선서'와 같은 인상을 준다고 언급하고 있다.[6] 그리고 성갑식(예장총회교육부 총무)은 우리나라의 헌법과 교육법에 민주교육에 대한 기본 이념이 명시되어 있음에도 불구하고 굳이 교육헌장을 만들 필요가 있겠는가라고 의구심을 표명하면서, 그래도 꼭 만들어야 한다면 국민의 여론에 의거해서 이루어져야 함을 강조하였다.[7] 현영학(이화여자대학교 교수) 역시 '국민교육헌장' 초안과 관련하여 소수 전문가에게 맡겨서 제정하는 것은 교육에 있어서 사상의 자유를 억압하는 위험한 발상임을 지적하고 있다.[8] 특히 이철범(『경향신문』 논설위원)은 교육은 어디까지나 민주적 인간상을 창조하는 자율적 교육이어야 하는데, 이 헌장 제정은 민주교육이라는 이념과 정면으로 배치된다고 지적하였다.[9]

이상의 정황에 비추어볼 때 '국민교육헌장'이 전적으로 민주적 절차를 통해 제정되었다고 보기는 어려울 것 같다. 최소한 여기에는 '인간개조론'의 차원에서 국민을 계몽하고자 하는 엘리트주의가 내장되어 있다. 또 이렇게 탄생된 '국민교육헌장'에는 강한 국가, 강한 민족을 만들기 위한 '국가주의', '민족주의', '반공주의'가 사상적 뒷받침을 하고 있다. '국민교육헌장'은 초절, 중절, 종절로 된 것으로, 초절에서는 민족중흥과 자주독립을 주장하는 '민족주의'가 담겨 있으며, 중절에서는 창조의 힘과 개척의 정신에 입각한 개인윤리와 협동의 정신에 입각한 사회윤리가 국가 건설의 참여

---

5 『동아일보』, 1968년 8월 1일자.
6 대한기독교서회 좌담, 「국민교육헌장 초안 시비」, 大韓基督敎書會, 『基督敎思想』 9월호, 1968, 92쪽, 95쪽.
7 대한기독교서회 좌담, 같은 글, 92쪽.
8 대한기독교서회 좌담, 같은 글, 92~93쪽.
9 대한기독교서회 좌담, 같은 글, 92~93쪽.

로 귀결되는 '국가주의'가 자리하고 있다. 그리고 종절에서는 반공 민주 정신에 입각하여 애국·애족하고 통일 조국을 지향하자는 '반공주의'가 자리하고 있다. 당시 헌장의 실무 작업에 깊이 관여했던 박성탁 장학관에 의하면 '국민교육헌장'에 담겨 있는 사상은 상당 부분 우리의 전통에서 가져왔으며, 특히 국민정신과 관련해서는 독일의 피히테 사상, 덴마크의 구룬트비 N. F. S. Grundtvig 사상, 프랑스 인권선언, 중국 쑨원孫文의 삼민주의, 인도의 간디 사상, 미국의 독립선언문, 프랭크 부크맨Frank Buchman의 도덕재무장 운동, 프리드리히 리스트Fredrich List의 국민경제학 체계, 아널드 토인비 Arnold Toynbee 사상, 세계인권선언 등으로부터도 도움을 받았다.[10]

그러나 '국민교육헌장'의 사상 구축에 있어서 그 자료를 전통 사상에서 가져왔든, 아니면 외래 사상에서 가져왔든 그것은 그다지 중요하지 않다. 이 헌장에 담겨 있는 사상 체계가 어떤 형태를 지니고 있으며, 이것이 당시의 권력자와 어떤 관계 속에서 작동하고 있었는가가 중요하다. 이를 좀더 구체적으로 분석하기 위해서는 이들 헌장 작업에 가장 깊이 관여한 박종홍 박사(철학), 이인기 박사(철학), 유형진 박사(교육학)가 '국민교육헌장'이 선포된 이후 이것에 대한 안내서로 발간한 『국민교육헌장독본』의 주장을 좀더 면밀하게 들여다볼 필요가 있다. 초절의 '민족중흥' 부분은 명백히 민족주의를 강하게 제시하고 있다. 이 책에 의하면 우리는 식민지와 분단을 겪으면서 서구처럼 민족국가를 제대로 마련하지 못했으며, 따라서 서구처럼 민주주의나 세계시민 사상으로 바로 넘어갈 수 없는 상황에 처해 있었다. 그러므로 우리는 먼저 민족주의적 입장에서 '북괴'의 침략을 막아내고, 부국강병을 마련하지 않고는 민주주의로 나아갈 수 없다는 것이다. "자주적인 민족국가의 토대를 굳건히 구축하면서, 동시에 또 민주주의를

---

[10] 朴性卓, 앞의 책, 35~87쪽.

이룩해나가야 할 형편에 있는 것이다."[11] 서구와 달리 우리에게는 "민족과 국가의 특수성과 주체성을 무시하는 세계정신은 있을 수 없다."[12] 개인은 국가와 운명을 같이하며,[13] 국민 생활 역시 "개인과 국가의 유기적 관계"에 의해서 영위되며, 개인의 목적은 국가의 목적과 일치한다.[14] 이처럼 민족중흥은 "정신적으로 '하나'"인 '우리'에 임하는 것이며, 따라서 "조국을 위해서 몸 바쳐 일"하는 데 있다.[15]

그러므로 '개인의 창조의 힘과 개척의 정신'은 자기 개인을 위해서가 아니라 국가나 인류를 위해서 공헌해야 한다. 개인윤리에 해당하는 이 덕목은 이미 국가 윤리에 예속되어 있다. 우리는 "창조하는 힘의 싸움과 개척하는 정신의 싸움"[16]을 통하여 국가의 건설에 이바지해야 한다. 창조를 통하여 질적인 비약이 이루어지고 개척을 통하여 양적인 확대 증가가 이루어져 근대화가 촉진되고 민족의 삶이 풍부하게 되어야 한다.[17] 따라서 바로 다음에는 이내 "스스로가 나라 건설에 몸을 바치자"[18]라는 슬로건이 뒤따라 나오게 된다. 개인윤리에 해당하는 '창조의 힘과 개척의 정신'은 사회윤리에 해당하는 '협동 정신'으로 자연스럽게 이어진다. 왜냐하면 각자의 창조하는 힘과 개척하는 정신은 '서로 공동의 목표 아래 협조하고 합하는' 차원이 되어야 하기 때문이다.[19] 여기에서는 자신의 권리를 합리적으로 모색하는 '정의'의 관점보다는 "경애와 신의에 뿌리박은 상부상조의 전통"이

11　박종홍, 이인기, 유형진, 『국민교육헌장독본』, 문교부, 1969년 1월 15일, 53~54쪽.
12　박종홍, 이인기, 유형진, 같은 책, 54쪽.
13　"국가를 떠난 개인으로서는 아무 가치 없는 존재가 되어 올바르게 생활할 수도 없게 되어 있다."(문교부 엮음, 『초등학교 국민 교육 헌장 풀이(5·6학년)』, 1970, 86쪽)
14　박종홍, 이인기, 유형진, 앞의 책, 57쪽.
15　문교부 엮음, 『중학교 국민 교육 헌장 풀이』, 1975, 13쪽, 38쪽.
16　박종홍, 이인기, 유형진, 앞의 책, 32쪽.
17　박종홍, 이인기, 유형진, 같은 책, 104~105쪽.
18　문교부 엮음, 『국민학교 국민 교육 헌장 풀이』(5·6), 1978, 104쪽.
19　朴性卓, 앞의 책, 55쪽.

중요하다. 이렇게 하여 협동 정신은 '나라의 융성이 나의 발전에 근본임을 깨닫'는 '국민정신'에 이르러야 한다.[20] '정의'의 모델에 입각한 민주주의 보다는 반공과 애국 애족에 입각한 민주주의의 길을 추구해야 한다.[21] "[……] 개인의 창조 정신이건 사회의 협동 정신이건 그것이 현실적으로 생명 있는 창조와 협동이 되기 위하여서는, 우리의 국가 발전에 직결되는 것이 아니면 안 된다."[22] 따라서 개인의 소질은 "강한 국가 의식과 국민정신에 입각하여 협력할 때"[23], 그것도 "스스로 국가 건설에 참여하고 봉사[24]할 때" 나라가 부강해지며, 또 철저한 반공정신[25]에 입각하여 나라에 임할 때 새 역사의 창조가 가능해진다. 그래서 『중학교 국민 교육 헌장 풀이』에는 다음과 같이 적혀 있다.

> 나는 지금 다시 이 말을 외어본다. 그리고 '내가 발전하기 위해서는 우리 나라가 융성하고 공산주의를 이겨야 한다. 나는 이 일을 위하여 내 모든 힘을 다 바치리라.' 하고 마음을 굳게 다짐한다.[26]

결국 개인윤리에서 사회윤리로, 사회윤리에서 국가 윤리로 귀일된다.

---

20 박성탁은 이 점과 관련하여 "협동봉사정신을 국가관 확립에 결부시켜야 한다"(朴性卓, 같은 책, 249쪽)라고 주장하고 있다.
21 김진균은 이 점과 관련하여 "자유와 평등이라는 민주주의의 가치는 실현될 길이 봉쇄되고 말았다"라고 비판하였다(김진균, 「현행 〈국민교육헌장〉의 정치적·교육적 문제」, 96~97쪽). 조성희, 「군사독재 잔재, 국민교육헌장은 이제 없어져야 한다」, 우리교육(중등), 『월간중등우리교육』, 1993년 8월, 140쪽 참조.
22 박종홍, 이인기, 유형진, 앞의 책, 130~131쪽.
23 박종홍, 이인기, 유형진, 같은 책, 131쪽.
24 이때의 '봉사'를 신하가 임금에게 충성하듯이, 국민이 나라와 민족에 충성하는 것을 의미하는 것으로 설명하고 있다(박종홍, 이인기, 유형진, 같은 책, 146쪽).
25 이때 '반공'이라는 것도 공산주의를 인정하고 그것을 넘어서는 '승공'이라는 개념보다는 아예 공산주의를 인정하지 않고 없애버리는 것으로 이해하고 있다(박종홍, 이인기, 유형진, 같은 책, 153쪽).
26 문교부 엮음, 『중학교 국민 교육 헌장 풀이』, 149쪽.

그러나 『국민교육헌장독본』에는 이런 주장과 상치되는 개인의 존엄성과 적극적 자유에 대한 언급이 나오며, 또 이것을 민주주의와 관련짓고 있기도 하다.[27] 그렇다면 개인의 존엄성과 자유를 강조하는 민주주의와 국가와 민족을 강조하는 민족주의, 반공주의, 국가주의는 어떻게 연결될 수 있는가? 국가와 개인의 권리가 상충되거나 국가의 이익이 개인의 권리를 침해하게 되는 경우는 어떻게 할 것인가? "국민의 공동 목표를 지향한 국민 협동체 의식과 거기에 따르는 국민의 국가 발전을 위한 적극적 태도와 정신"[28]인 국민정신이 개인의 자유와 권리를 귀중하게 여기는 민주주의 정신 내지는 시민 정신과 어떻게 연결될 수 있는가? 여기에 대한 논의는 일절 없다. 그저 잘 조화되도록 해야만 한다는 언급만 있다. 아니 개인이 "스스로" 그렇게 되도록 해야 한다고 강조하고 있다. 결국 반공정신이 민주 정신이고 민족정신이다. 국가주의나 민족주의 속에 내재될 수 있는 폭력성 문제에 대해서 전혀 반성적 고찰이 없다. 그냥 "국민교육헌장이라는 길이 뚫려" 있으니, "이 길로 걸어가면, 개인이나 민족이나 넘어지는 일이 없을 것"이라고 선언할 뿐이다.[29]

  이와 같은 문제는 '국민교육헌장' 제정 당시에 이미 논란이 되었던 부분이다. 박정희 정권 타도의 선봉에 섰던 김재준(전 한국신학대학교 학장)은 "자유의 의미가 좀더 강조되어야"[30] 함을 주장하였으며, 국회의 동의를 얻는 과정에서 정상구(국회의원)나 김옥선(국회의원)은 이 헌장이 전체주의적인 면이 강하며, 정의에 대한 논의가 부재함을 지적하였다.[31] 그러나 '국

---

27 박종홍, 이인기, 유형진, 앞의 책, 135~136쪽.
28 박종홍, 이인기, 유형진, 같은 책, 143쪽.
29 문교부 엮음, 『중학교 국민 교육 헌장 풀이』, 4쪽.
30 『동아일보』, 1968년 8월 1일자.
31 大韓民國國會事務處, 『第67回國會 文教公報委員會會議錄 第10號 第67回―文公제10次』, 회의록, 1968년 11월 13일, 11~18쪽.

민교육헌장' 기초위원으로서 답변을 한 박종홍 철학자는 정의를 개인적 성실의 차원에서 답하려고 함으로써 개인윤리와 사회윤리 내지는 국가 윤리 사이의 범주 차이를 무시하는, 이른바 홍윤기의 주장처럼 "범주 착각의 오류"를 범하고 있었다.[32] 각자에게 정당한 몫을 배분하는 정의의 문제가 갑자기 개인의 성실의 문제로 전환되는 것은 도저히 이해할 수 없는 부분이다. 지나친 민족주의와 반공주의의 열정으로 인해 국가주의가 낳는 폭력의 문제를 정의의 관점에서 재조명하는 여력을 그는 갖지 못했다. 홍윤기가 예리하게 잘 파악하고 있듯이,[33] 박성탁의 『국민교육헌장의 사상적 배경과 그 실천』(상권) 부록에 나와 있는 원안과 최종안 사이에는 아주 중요한 차이가 발생하고 있다. 즉 원안에 나와 있는 "민주 사회"나 "국민 복리를 골고루"라는 표현이 최종안에는 사라져 있으며, 또 '정의'라는 개념도 삭제되었다. 물론 이것이 포함되어 있는 원안 자체에도 여전히 앞에서 제기한 문제는 남는다. 왜냐하면 초안에 이런 개념들이 나옴에도 불구하고, 이들 개념들과 "나라와 나는 하나인 것, 언제나 나의 사랑을 내 몸같이 모든 일에 부지런하며 온갖 어려움을 이겨내는 굳센 의지와 튼튼한 몸으로, 새롭고 우렁찬 국가 건설에 즐거이 봉사한다"[34]라는 문구 사이에는 모순이 내재되어 있기 때문이다. 이 모순의 문제를 풀어내기 위하여 심한 몸살을 앓은 서구의 '시민사회'에 해당하는 개념을 도저히 찾아볼 수 없다. 결국 '국민교육헌장'을 통하여 표출되고 있는 근대화는 '여론을 통한 근대화'가 아니라 '명령을 통한 근대화'라는 기형적 현상으로 치닫고 있었다. 따라서 이와 같은 상황에서는 국가에 기생하는 기회주의적 개인만을 양산할 뿐이었다.[35]

---

32 홍윤기, 「한국 도덕·윤리 교육의 이념적 혼돈과 정체성 위기—퇴행적 윤리 의식의 국민교육적 원천」, 전국철학교육자연대회의 펴냄, 『한국 도덕·윤리 교육백서』, 한울, 2001, 336쪽.
33 홍윤기, 같은 글, 316쪽, 319쪽 참조.
34 朴性卓, 앞의 책, 324쪽.

2 참여철학자들의 이념 지형과 '국민교육헌장'의 관계

'국민교육헌장'에 자리하고 있는 '민족주의=국가주의=반공주의'는 하루아침에 탄생한 것이 아니다.[36] 적어도 한국의 현대사상의 전개 과정에서 볼 때 이와 같은 것은 일제의 식민지와 한국전쟁을 경험했던 안호상과 박종홍의 철학적 세계관에 이미 자리하고 있었다.[37]

박종홍은 1968년 6월 15일 교육장전의 제정을 박정희 대통령으로부터 지시받은 권오병의 부탁을 받고 교육헌장 초안 작업에 이인기, 유형진 등과 더불어 참석한 장본인이다. 앞에서 잠시 언급하였듯이, 특히 그는 대통령 교육문화담당 특별보좌관(1970. 10~1975. 12)을 지내면서 유신 체제를 이념적으로 정당화하는 작업에 기여하였다.[38] 그는 박정희 시대 남한의 사상적 이념을 창출하는 데 주도적인 역할을 한 철학자로서 '민족주의=반공주의=산업화주의=국가주의' 등식을 성립시켰다. 그리고 '인간개조론'의 입장에 서서 '새마을운동'과 '국민교육헌장'을 10월유신 체제에 연관을 지었으며, 서구식 민주주의 안에 들어 있는 개인의 자유와 인권에 대한 강조 부분을 오히려 비능률적 요소를 담고 있다고 비판하면서, 강한 권위주의적

---

35 홍윤기, 앞의 글, 380쪽. 홍윤기는 박정희와 박종홍을 통해 형성되고 정당화된 "민족주체성의 본질이 기회주의적 전체주의 논리에 다름 아니"라고 주장한다(홍윤기, 같은 글, 329쪽).
36 이 글은 민족주의나 국가주의가 시대와 상황을 초월하여 보편적으로 나쁘다는 주장을 하자는 것이 아니다. 적어도 이것들이 개인의 권리와 자유, 나아가 정의의 문제를 외면한 전체주의적 형태를 지니게 될 때는, 헤겔의 표현에 따르면 시민사회를 부정하고 가족적 모델이 국가로 격상되는 경우, 이른바 '추상적 보편'의 형태를 취하게 될 때는 문제가 되지 않을 수 없다. 이 글이 비판하고자 하는 지식인은 바로 이 경우에 해당하는 자들이다.
37 물론 이 글에서는 이들의 사상이 어떻게 형성되었는가에 대해서는 지면 관계상 자세히 논의하지 않을 것이다. 여기에 대한 자세한 논의는 필자의 졸고, 『현실 속의 철학 철학 속의 현실』과 「한국현대철학사에 등장하는 기형적 보수주의 측면에 대한 반성적 고찰—1945년 해방 이후부터 1980년대 초반까지」를 참조하라. 또 박종홍의 창조 논리와 박정희 유신 정권의 결합 관계에 대한 자세한 논의도 앞의 책 참조.
38 여기에 대한 자세한 논의는 김석수, 『현실 속의 철학 철학 속의 현실』, 161~174쪽 참조.

국가관에 입각한 한국식 민주주의를 제창하였다. 나아가 그의 '창조론'은 개발독재에 이바지하는 결과를 낳았다.[39] 그의 '새로운 인간 형성, 새로운 민족 창조'로서의 창조적 지성 내지는 민족적 지성은 '그칠 줄 모르는 투쟁'에 참여하여 경제를 부흥시킬 수 있는 건설에 참여하는 지성이었다. 그에 의하면 지식인 역시 이런 참여하는 지성에 동참해야 한다. 그의 이와 같은 태도는 '국민교육헌장', '새마을운동', '10월유신'에 이론적 체계를 마련해주었다.

그러면 이제 이와 같은 것들이 그의 철학 안에서 어떻게 형성되고 전개되는지를 간략하게 살펴보고, 나아가 이것들이 '국민교육헌장'에 나타나는 중심 개념들과 어떻게 관련되는지를 살펴보자. 그에게서 철학은 '현실'과 불가분의 관계에 놓여 있다. 즉 그는 철학이 "이 시대, 이 사회, 이 현실적 존재 자체"[40]를 물음의 대상으로 삼아야 하며, "우리의 현실적 생활에 새로운 애착을 가지고 육박하여 파고들어 다시 '피 끓는 힘의 철학'을 찾아"[41]내야 함을 강조하고 있다. 그래서 그의 울분의 철학, 힘의 철학은 '저항민족주의'와 '건설민족주의'를 지향하는 강한 국가로 나아갔다. 따라서 그는 민족과 국가가 도약하고 비약하는 '창조'의 철학이 너무나 절실하였다. 그의 철학 전반에는 '창조'라는 개념이 매우 중요한 요소로 자리하고 있다. 제국주의에 민족이 수난을 당하던 시기에도 '신체적 노작'을 통하여 '형극의 길'과 '사투의 길'을 걸어가면서 민족이 비약하는 '창조의 논리'를 요구하였으며,[42] 민족이 분단되던 시기에도 마르크스주의를 실용주의로 대

---

39 여기에 대한 자세한 논의는 김석수, 같은 책, 148~158쪽 참조.
40 朴鍾鴻, 「〈哲學하는 것〉의 出發點에 관한 一問題」(1926. 3), 열암기념사업회 엮음, 『朴鍾鴻全集』 I권, 민음사, 1998, 331쪽.
41 朴鍾鴻, 「矛盾과 實踐」(1933. 10. 26~28), 열암기념사업회 엮음, 『朴鍾鴻全集』 I권, 민음사, 1998, 350쪽.
42 朴鍾鴻, 「現實把握」(1939. 12. 1), 열암기념사업회 엮음, 『朴鍾鴻全集』 I권, 민음사, 1998, 425~432쪽; 朴鍾鴻, 「一般論理學」(1948. 8), 열암기념사업회 엮음, 『朴鍾鴻全集』 III권, 민음사, 1998, 176쪽.

치하면서 민족이 도약하는 '창조의 논리'를 전개하였다. 그의 '창조의 논리'는 '저항의 주체'와 '건설의 주체'를 마련하는 기반이었다.

그렇다면 이 중요한 '창조'의 개념을 박종홍은 어떻게 이해하고 있는가? 그는 단순히 있는 것을 논증하고 발견하는 논리의 차원을 넘어 없던 것을 새로이 만들어내는 발명의 논리, 창조의 논리를 제창한다.[43] 이 '창조'는 기존의 형식이나 제약으로부터 이탈해 나오는 혁신적 성격을 지니지만, 그것은 어디까지나 신비적인 방식이 아닌 현실의 객관적인 구조와 형식에 관계하여 "현실에 있어서의 구체적인 형성"을 마련하는 것이다. 즉 창조는 우리의 사회와 국가와 민족이, 그리고 세계 인류가 요청하는 목적을 구체적으로 현실화하는 것이며, 주어진 내용을 새로운 질로 도약시키는 것이다.[44]

따라서 "창조는 양적量的 발전發展이 아니요 질적質的 비약飛躍의 과정이요, 기존 형식形式의 전통적 질곡을 타파 지양하려는 혁신적 비약의 과정이다."[45] 그런데 이 창조는 하루아침에 이루어지는 마술적인 것이 아니라 풍부한 내용이 있는 곳에서 마련되는 것이므로, 전통에서 출발하지 않으면 안 된다. 그러므로 창조는 "조상의 빛난 얼"에 바탕을 두지 않으면 안 된다. 그리고 이 소재 중에서 없던 새로운 질을 획득하는 이 창조는 개인의 자의에 따라 좌우되는 목적이 아니라 사회, 국가, 인류가 총체적으로 계획하는 목적 아래서, 또 미래 역사가 요구하는 목적 실현과 관련하여 모든 소재를 하나로 통일시켜가는 과정이다.[46] 따라서 이 창조는 '국가 건설'이라는 목적에 이바지하는 것이어야 한다. 그가 자연과 사회를 대상으로 접근하는 '기술창조'와 '정책창조'의 경우도 "새로운 사회적 인간 형성, 새로운 민족

---

43 朴鍾鴻, 「一般論理學」, 같은 책, 173쪽.
44 朴鍾鴻, 같은 글, 177쪽.
45 朴鍾鴻, 같은 글, 178쪽.
46 朴鍾鴻, 같은 글, 179~181쪽.

의 창조"⁴⁷에 기여해야 한다. 이른바 그는 기술과 도의를 통하여 새로운 인간, 새로운 민족을 창조하고자 하였다.⁴⁸ 그의 이와 같은 입장은 반공주의로도 연결된다. 그는 주체의 창조적 역량이 거부되는 마르크스주의나 김일성 주체사상을 단호히 거부한다. 이 창조적 주체는 경제적으로 힘 있는 조국 근대화의 주체여야 하고, 민족에게 피해를 주는 공산주의를 격파하는 반공주의의 주체여야 하며, 전통을 계승하여 조상의 얼을 되살리는 민족중흥의 주체여야 한다.

박종홍은 이와 같은 맥락에서 '새마을운동'도 자연관계와 인간관계를 창조적으로 구현하는 기술창조와 정책창조의 근간이 된다고 보고 있다. '새마을운동'을 통하여 경제적 강국이 되고, 이를 통하여 자주국방을 마련하며 공산주의를 타도한다. '새마을운동'과 경제계획 및 근대화는 모두 민족중흥을 위한 길이다.⁴⁹ 학문과 지식 또한 이런 민족의 활로를 열어주는 것이어야 하며, 따라서 지식인도 "창조적 건설"에 임해야 한다.⁵⁰ 그러므로 철학자의 과제도 "역사歷史 형성形成의 이법理法, 곧 창조創造의 논리論理에 있다."⁵¹ 지금 초비약을 해야 하는⁵² 우리의 주체성은 "민족적民族的 주체성主體性"이어야 하고, 이 주체성은 "창의적創意的인 근대화近代化의 주축主軸이

---

47 朴鍾鴻, 같은 글, 185쪽.
48 朴鍾鴻, 「韓國에 있어서의 價値觀의 推移」(1964. 11. 6), 열암기념사업회 엮음, 『朴鍾鴻全集』 V권, 민음사, 1998, 499쪽; 朴鍾鴻, 「韓國思想의 方向」(1966. 9. 22), 열암기념사업회 엮음, 『朴鍾鴻全集』 VI권, 민음사, 1998, 505쪽.
49 朴鍾鴻, 「韓國思想, 오늘의 課題—民族精神, 〈敬虔의 思想〉을 통한 새 進路」(1975. 11. 1), 열암기념사업회 엮음, 『朴鍾鴻全集』 V권, 민음사, 1998, 521쪽; 朴鍾鴻, 「民族文化의 意義」(1970), 열암기념사업회 엮음, 『朴鍾鴻全集』 V권, 민음사, 1998, 551쪽; 朴鍾鴻, 「새 歷史의 創造—維新時代의 基調哲學」(1973. 9), 열암기념사업회 엮음, 『朴鍾鴻全集』 VI권, 민음사, 1998, 114쪽.
50 朴鍾鴻, 「學問과 人間形成」(1962. 8. 15), 열암기념사업회 엮음, 『朴鍾鴻全集』 VI권, 민음사, 1998, 34쪽; 朴鍾鴻, 「知識人의 任務」(1957. 6), 열암기념사업회 엮음, 『朴鍾鴻全集』 VI권, 민음사, 1998, 68~70쪽.
51 朴鍾鴻, 「哲學者의 課題」(1965. 3. 25), 열암기념사업회 엮음, 『朴鍾鴻全集』 VI권, 민음사, 1998, 92쪽.
52 朴鍾鴻, 「天道敎의 現代的 意義」(1958. 7. 1), 열암기념사업회 엮음, 『朴鍾鴻全集』 VI권, 민음사, 1998, 137쪽.

요 목표目標'이다.[53] 이 창조적 주체를 위한 '인간 개조'와 '경제개발5개년 계획'은 서로 밀접한 연관성을 지니고 있다.[54]

그리고 이 창조적 주체는 '민족적 주체'로 곧 '우리'가 된다. 이 '우리'는 국가와 따로 있을 수 없다.[55] 박종홍은 '우리'와 '민족'의 관계에 대해서 "우리, 우리 민족! 우리는 민족이다. 이때부터 나는 민족이라는 것을 생각 아니 할 수 없게 되었다. 민족, 우리 민족이 안타깝게 알고 싶어졌다"[56]라고 언급하고 있다. "우리는 우리를 떠날 수 없다. 이것이 바로 우리 민족이다."[57] "민족중흥의 새 역사를 창조하는 것"[58]은 이 땅의 모두가 이루어내야 할 사명이며, 기업 정신 역시 이 땅의 "공산주의共産主義를 물리치고 자유민주세계自由民主世界의 이상理想을 실현實現하기 위한 창의創意요 협동심協同心"이다.[59] 우리에게는 "약진 아니면 패망이 있을 뿐이다."[60] 이처럼 박종홍의 창조 논리 안에 내재되어 있는 다급함은 이내 당시 부당한 지배 체제의 권력 구조와 맞닿아 있었다. 그는 자신의 창조 논리를 '유신 시대의 기조 철학'으로 정립한다. 그에 의하면, "조상祖上의 빛난 얼을 오늘에 되살린다는 것은, 〔……〕〈우리의 처지를 약진躍進의 발판으로〉 삼아 새 역사歷史를 창조創造해 〔……〕 민족중흥民族中興을 꾀함이요, 유신과업維新課業의 수행遂行을 다짐하는 것이다."[61]

나아가 그는 이와 같은 방향에서 과학 기술과 경제 발전이 "국가國家 형

---

53 朴鍾鴻,「主體性의 問題」(1967), 열암기념사업회 엮음,『朴鍾鴻全集』VI권, 민음사, 1998, 156쪽.
54 朴鍾鴻,「民族的 主體性―그것은 살아서 움직이는 혼이요 힘이다」(1962. 10. 1), 열암기념사업회 엮음,『朴鍾鴻全集』VI권, 민음사, 1998, 161쪽.
55 朴鍾鴻,「〈나〉를 잊은 우리」(1962. 8. 29), 열암기념사업회 엮음,『朴鍾鴻全集』VI권, 민음사, 1998, 258쪽.
56 朴鍾鴻,「나와 우리」, 열암기념사업회 엮음,『朴鍾鴻全集』VI권, 민음사, 1998, 319쪽.
57 朴鍾鴻, 같은 글, 323쪽.
58 朴鍾鴻,「나에게 맡겨진 일」(1972. 12), 열암기념사업회 엮음,『朴鍾鴻全集』VI권, 민음사, 1998, 478쪽.
59 朴鍾鴻,「企業精神의 바탕」(1972), 열암기념사업회 엮음,『朴鍾鴻全集』VI권, 민음사, 1998, 501쪽.
60 朴鍾鴻,「民族改造論」(1972. 12), 열암기념사업회 엮음,『朴鍾鴻全集』VI권, 민음사, 1998, 517쪽.
61 朴鍾鴻,「새 歷史의 創造―維新時代의 基調哲學」, 앞의 책, 554~555쪽.

성形成의 독립변수獨立變數로서 뼈대가 되는 결정적決定的 계기契機다"⁶²라고 선포한다. "유신維新은 이 국력國力을 조직화組織化하고 우리의 현실정現實情에 맞도록 제도화制度化함으로써 보다 능률화能率化하여 의도意圖하는 바 민족중흥民族中興을 실현實現하려는 과제課題인 것이다."⁶³ 그는 이처럼 소수의 주도 아래 창조를 수행해야 할 불가피성을 강조하면서,⁶⁴ 이를 위해서 '국민교육헌장'이 매우 중요함을 강변하고 있다. 그는 "〈우리가 …… 하자〉가 '국민교육헌장'의 기본 중심이며, 우리 모두의 최대공약수를 담고 있다"라고 주장하였다.⁶⁵ 결국 그에게는 '새마을운동', '10월유신', '국민교육헌장'이 모두 창조의 논리에 근거를 두고 있다. 이제 그는 이것을 교육 현장에까지 구현하는 작업을 하고자 하였다.⁶⁶ 그것이 바로 '국민윤리교육'이다.

이처럼 '국민교육헌장' 작업에 참여한 박종홍의 기본적인 철학관에는 당시의 유신 독재 체제를 정당화하는 경향이 자리하고 있다. 그의 창조 논리에 중요한 축을 이루고 있는 향내성과 향외성, 성실의 실과 실용의 실이 마력적으로 결합됨으로써 당대의 권력자에게 국가절대주의, 경제절대주의, 반공절대주의, 민족절대주의를 통해서 권력을 지속하도록 그 정당성을 마련해주었다. 철학의 생명이자 근간인 비판 정신이 현실 속에서 제대로 작동하지 못함으로써 그의 철학은 이미 권력이 되어버렸다. 그리고 그의 철학이 반영되어 있는 '국민교육헌장'은 권력자의 지배 장치가 되었다. 실제로 박정희는 '국민교육헌장'을 유신 체제의 중요한 교육 이념으로 삼았

---

62 朴鍾鴻, 같은 글, 557~558쪽.
63 朴鍾鴻, 같은 글, 561쪽. 박정희 역시 "공산주의와 싸워 이기기 위해서는 〔……〕 누구하고라도 손을 잡아야 한다"(박정희, 「한일회담 타결에 즈음한 특별담화문」(1965. 6. 23), 대통령비서실, 『박정희대통령연설문집 2~6』, 1966, 208~209쪽)라는 입장을 견지하면서, 민족 분열을 꾀하는 공산주의를 척결할 수 있는 가장 효율적인 체제가 유신 체제라고 보았다(박정희, 「전국 새마을 지도자 대회 치사」, (1973. 11. 22), 대통령비서실, 『박정희 대통령 연설문집 5〔상〕: 제8대편』, 1976, 177쪽).
64 朴鍾鴻, 같은 글, 563쪽.
65 朴鍾鴻, 「새 歷史의 創造—維新時代의 基調哲學」, 앞의 책, 566쪽.
66 朴鍾鴻, 같은 글, 213~215쪽.

으며, '국민교육헌장'의 정신을 "유신과업을 수행함에 있어서 국민 모두가 가져야 할 기본 정신"이라고 규정하였다.[67] 실제로 이와 같은 현상이 『중학교 국민 교육 헌장 풀이』에서도 명백히 제시되고 있다.[68] 박종홍이 철학자로서 그 본분에 충실하였다면, 어찌하여 자신의 창조 논리가 야기하고 있는 권력의 부당성을 보지 못했겠는가?

박종홍(1903~1976)의 이와 같은 양상은 1년 앞서 태어나서 이승만 정권 시절에 초대 문교부 장관을 지낸 안호상(1902~1999)의 사상에도 강하게 배어 있다. 그 역시 '국민교육헌장' 기초위원으로 참여하였으며, 그의 사상 체계 역시 '국민교육헌장'의 내용과 상당히 유사한 측면을 보여준다. 박종홍보다 1년 먼저 들어가서 같은 서울대학교(안호상은 1945년부터, 박종홍 1946년부터)에서 근무했던 안호상[69] 역시 이미 이승만 정권 시절에 '민족주의=국가주의=반공주의'를 통하여 이승만 독재의 기반을 제공해주었다. 그가 '국민교육헌장'과 관련하여 얼마나 영향을 미쳤는지는 알 수 없지만, 그의 사상 체계와 '국민교육헌장'의 기본 사상 구조를 비교해볼 때 근접해 있는 측면이 많이 발견된다.

적어도 안호상의 '일민주의'에 담겨 있는 반공주의, 민족주의, 국가주의는 '국민교육헌장'의 이념과 매우 근접해 있다. 앞 장에서도 언급하였듯이, 그의 '일민주의'는 국민들이 모두 일치단결하여 무력 투쟁, 경제 전쟁, 정치 전쟁, 사상 전쟁을 치러 대한민국을 이승만 영도 아래 다시 세워야 함을 주장하고 있다.[70] 각 개인은 큰 '나'로서의 '우리'를 추구해야 하며, 개인

---

67 『조선일보』, 1972년 12월 6일자.
68 "지난 1972년 11월, 우리는 국민 총의로써 유신 헌법을 만들어 우리의 결의를 굳힌 바 있다. 그리고 우리를 지켜보는 세계의 눈은 이러한 우리의 결의에 대하여 큰 기대를 표시했다. 이제는 근면·자조·협동의 긍정적인 철학으로써 이 결의를 행동화하는 일만이 우리 앞에 있을 뿐이다." (문교부 엮음, 『중학교 국민 교육 헌장 풀이』, 181쪽)
69 안호상은 자신이 건국대학교에 있을 당시 박종홍 교수의 박사 학위논문 심사위원장을 맡아 그에게 학위를 주었다.

의 일시적인 이익이 아닌 국가 전체의 영원한 이익에 동참해야 한다.[71] "우리는 일민一民이다. 일민一民은 핏줄도 하나이요 운명運命도 하나이요 또 주의主義도 하나이다."[72] 그래서 "삼천만三千萬 겨레는 재래在來의 모든 주의主義들과 주장主張들을 모조리 다 버리고, 오직 이 일민주의一民主義의 깃발 밑으로 모여야 한다. 우리는 일민주의一民主義를 위하여 일하며 싸우며 또 죽을 각오覺悟를 해야 한다."[73] "우리의 최대最大의 적敵"인 "공산당파共産黨派를 박멸"하고, "민족民族의 평화平和와 국토國土의 통일統一"을 마련해야 한다.[74] 조국이 독립하고 통일되는 길은 '민족주의'밖에 없다.[75] 그는 당시 한국의 최고 지식인들이나 민주주의자들이 민족주의를 외면하고 비웃으려고 하는 데 대해 염려하였다.[76]

그러나 안호상은 왜 민주 인사들이 자신의 민족주의에 대해 불만을 갖는지는 객관적으로 반성할 수 없었던 것 같다. 즉 자신의 민족주의가 독재와 어떻게 맞물려 돌아가는지에 대해서 반성해볼 여지를 그는 갖지 못했던 것이다. 그의 민주주의는 사회주의와 자본주의를 넘어서는 우리식 민주주의였다. 그리고 그의 민주주의도 박종홍과 마찬가지로 반공민주주의, 이른바 배달식 민족주의였다.[77] 그의 배달식 민족주의에는 이미 앞 장에서 언급하였듯이, 화랑도 정신을 계승하여 설립한 '족청'과 '학도호국단'(1949)이 자리하고 있다.

70　安浩相, 『일민주의의 본바탕』, 서울 일민주의연구원, 단기4283(1950), 7쪽.
71　安浩相, 「勞動의 本質과 槪念」, 『매일신보』, 1942년 1월 26일~28일자.
72　安浩相, 앞의 책, 7쪽. 이와 같은 주장은 1970년대 유신 시절에도 계속된다. "한 핏줄을 받은 한겨레와 한백성은 운명조차 하나이다."(安浩相, 『청년과 민족통일』, 培英出版社, 1975, 165쪽)
73　安浩相, 『일민주의의 본바탕』, 23쪽.
74　安浩相, 같은 책, 51쪽.
75　安浩相, 『민족의 주체성과 화랑얼』, 서울 배달문화연구원, 1967, 33쪽.
76　安浩相, 같은 책, 74쪽.
77　安浩相, 같은 책, 35쪽.

그의 사상 체계 안에 자리하고 있는 민족주의와 반공주의는 박정희 정권 아래서도 지속되었다. 그는 이미 6·25 피란 시절에 대한청년단 단장직을 맡고 있으면서 동래구와 해운대구의 책임자로 있던 박정희를 대면한 경험이 있었다.[78] 유신 시절에 작업한 그의 글은 당시 정권에 매우 친화적이었다. 그는 『국민윤리학』이라는 책을 통하여 "하루빨리 올바른 국민윤리를 확립하여 사람의 존엄성과 민족의 긍지를 되찾아, 국적 있는 교육과 민족이 되기를 힘쓰지 않으면 아니된다"라고 강조하였다.[79] 그는 개인과 민족을 유기적 결합체, 운명적 결합체로 파악하며,[80] 민족을 부정하는 세계주의자와 국제주의자를 "교활한 이기주의자"나 "횡포한 세계 지배자"로 규정하였다.[81] 한 나라의 정치 방법인 민주와 민주주의는 한 나라의 정치 목적인 민족과 민족주의와 관련될 때에만 의미를 지닌다.[82] 그래서 그는 민족주의를 배격하고, 다시 외래식 민주주의만을 따라간 결과에, 우리의 정신은 완전히 팔리고 쪼개지고 말았다"[83]라고 주장하였다. 그는 초지일관 "뭉치면 살고 흩어지면 죽는다"를 강조하였다. 그에게서 "뭉치면 살고 흩어지면 죽는다는 이 법칙은, 우리 한백성의 생명이다."[84] 그의 한백성주의는 '자립 경제의 건설', '자주 정치의 건설', '자력 군사의 건설', '자성 문교의 건설', '자가 사상의 건설'을 기반으로 하고 있다.[85] 그는 이와 같은 기본 입장 아래서 경제 안정을 위해서 정치 안정을 주장하고 있으며, 정치 안정을 위해서 사상 안정을 주장하고 있다.[86] 그는 무력 투쟁을 위한 육체의 무장과 사

---

78 안호상, 『한뫼 안호상 20세기 회고록』, 민족문화출판사, 1995, 286~287쪽.
79 安浩相, 金鍾玉, 『國民倫理學』, 培英出版社, 1975, 4쪽.
80 安浩相, 金鍾玉, 같은 책, 40쪽.
81 安浩相, 金鍾玉, 같은 책, 39쪽.
82 安浩相, 金鍾玉, 같은 책, 88쪽.
83 安浩相, 金鍾玉, 같은 책, 92쪽.
84 安浩相, 金鍾玉, 같은 책, 181쪽.
85 安浩相, 金鍾玉, 같은 책, 182쪽.
86 安浩相, 『청년과 민족통일』, 103~104쪽.

상투쟁을 위한 정신의 무장을 강조하였다. 나아가 그는 사상 건설, 산업 건설, 무력 건설 사업을 충실히 수행하여 민족주의 내용과 민주정치 방법을 한백성주의 아래 통합해야 한다고 주장하였다.[87]

이처럼 안호상의 민족주의는 '국민교육헌장'의 기본 이념과 매우 친근한 관계에 놓여 있다.[88] 그는 자신의 민족주의가 기반으로 삼고 있는 이 일민주의가 '국민윤리교육'에 포함되어야 함을 강조하였다. 그 역시 박종홍과 마찬가지로 자신의 철학적 이념이 부당한 권력 지배에 기반이 되는 불운한 결과를 낳았다. 안호상과 박종홍의 우리식 민주주의는 북한의 우리식 사회주의를 제창한 황장엽의 김일성 주체사상이 김일성을 우상화하였듯이, 남한의 이승만과 박정희를 절대시하도록 만들었다.

5장에서 자세히 다루겠지만, 황장엽 역시 강한 민족주의자로서 북한식 사회주의를 확립하고자 하였다. 그는 당시의 주체사상이 민족의 이익을 우선시하고, 인민대중의 적극적인 참여를 유도해냈다는 점에서 의의가 있다고 보며, 이것이 '천리마운동'과 '청산리방법'을 통하여 실천적 운동으로 이어짐으로써 북한이 황금기를 맞이하게 되었다고 보았다.[89] 그는 적어도 1966년 노동자대표회의가 열리기 이전에는 김일성 주체사상에 매우 충실하였다. 그는 일본 제국주의에 맞서 싸운 김일성을 너무나 존경하고 추종하였으며,[90] 진정한 공산주의자들과 애국주의자들이 반일 해방 투쟁의 정신을 계승하여 노동계급의 해방 투쟁과 민족 해방 투쟁을 이어가야 함을

---

87 安浩相, 같은 책, 308쪽.
88 물론 안호상 시대는 1950년대 일반의 특징인 '도의'에 더 집중하였는데 반해서, 박종홍 시대는 1960년대의 일반적 특징인 '윤리'에 더 치중하였다. 이것은 단순한 용어상의 차이가 아니라 시대의 특징을 반영하고 있다. 여기에 대한 자세한 논의는 배석원, 「한국 도덕 윤리 교육의 형성과 구조」(한국철학교육연대회의 엮음, 『한국「도덕·윤리」교육 백서』, 2001)를 참조하라.
89 황장엽, 『개인의 생명보다 귀중한 민족의 생명』, 시대정신, 1999, 132쪽; 황장엽, 『나는 역사의 진리를 보았다』, 한울, 1999, 135쪽.
90 황장엽, 『나는 역사의 진리를 보았다』, 120쪽.

주장하였다.

황장엽이 1967년 이후 인간중심주의 철학으로 전환했을 때도 민족주의는 강하게 자리하고 있었다. 그 역시 박종홍이나 안호상처럼 우리의 현실에 적합한 철학을 마련하고자 하였으며, 그런 그의 문제의식에는 언제나 민족주의가 따라다녔다.[91] 그는 남한에 내려오기 전에는 민족 해방을 위하여 미제국주의를 타도하고자 하였으며, 내려올 때도 "민족적 양심의 부름에 순응하여" "민족을 불행으로부터 구원하기 위하여" 왔다고 하였다.[92] 그는 주체사상이 수령론으로 변질되고, 이를 기반으로 전개되는 북한의 민족통일론과 관련하여 그들의 민족주의는 사이비 민족주의라고 신랄하게 비판하였다. 이와 같은 이유로 남한으로 내려온 황장엽은 민주주의와 인권을 유린하면서 민족 통일을 모색하는 것에 반대하였으며, 따라서 "민족주의도 민주주의를 대신할 수 없다"[93]라고 주장하였다.

그럼에도 불구하고 그의 입장에는 너무나 현격한 차이가 드러난다. 적어도 남한에 내려오기 전에 그는 친소주의자로서 미국을 민족의 적으로 규정하였다. 하지만 내려온 이후에는 미국을 민족 해방의 중요한 우방으로 생각한다. 따라서 남한의 경제적 우월성과 미국의 도움으로 민족의 통일을 모색해야 한다는 입장을 취하고 있다.[94] 그러나 그의 이런 입장은 미국의 패권주의를 도와줄 위험이 있으며, 남한 사회를 오랫동안 옭아매었던 매카시즘의 질곡 속으로 다시 빠뜨릴 위험을 안고 있다. 여기에 대한 자세한 논

---

91 황장엽, 『개인의 생명보다 귀중한 민족의 생명』, 97쪽. 그 역시 박종홍, 안호상과 마찬가지로 자신의 인간중심주의 철학을 통하여 '개조론'의 입장에서 자연 개조, 인간 개조, 사회 개조를 함으로써 북한 민족의 자주성, 창조성, 의식성을 마련하고자 하였다(황장엽, 『인간중심철학의 몇 가지 문제』, 시대정신, 2000, 41~59쪽). (*여기에 대한 좀더 자세한 논의는 이 책 1부 5장을 참조.)
92 황장엽, 『나는 역사의 진리를 보았다』, 16~18쪽.
93 황장엽, 『어둠의 편이 된 햇볕은 어둠을 밝힐 수 없다』, 월간조선사, 2001, 10쪽.
94 황장엽, 같은 책, 227~228쪽.

의는 1부 5장에서 다룰 것이다.

3 '국민교육헌장'과 이데올로기 교육: '국민윤리교육'과 연계하여

'국민교육헌장'이 단순히 국가 행사에서 읽혀지는 차원을 넘어 국민의 정신을 개조해야 하는 목적을 담고 있었기 때문에, 당시의 '국민교육헌장'은 일선 교육 현장에서도 구체화된 교육의 형태로 전개하지 않으면 안 되었다.[95] 바로 이 과정에서 일선 학교에 '국민윤리교육'이 강화되었으며, 대학에도 '국민윤리학과'가 설립되고 '국민윤리' 과목이 필수가 되었다.[96] 이러한 작업에 매우 중요한 비중을 두고 국민에 대한 정치교육을 제창한 철학자가 바로 전두환 신군부 정권 시절에 문교부 장관을 지낸 이규호이다.

군사정권이 장기화되면서 '국민교육헌장'은 단순히 헌장으로 끝날 수 없었다. 신군부 정권은 이 교육헌장을 실천 강령으로서 교육 현장에 자리 잡게 해야만 했다. 따라서 '국민교육헌장'은 '국민윤리' 과목에 집중적으로

---

[95] 박정희 지시로 '국민교육헌장' 작업을 추진한 당시의 권오병 장관은 다음과 같이 주장하고 있다. "이 독본은 그 동안 헌장 제정 심의에 있어서, 기초의 노고를 아끼지 않은 박종홍 박사, 이인기 박사, 유형진 박사 세 분의 집필로 완성된 것이므로, 그 권위를 높이 평가하는 바이며, 아울러 이 헌장의 정신이 국민 교육의 온갖 분야에서 힘차게 실천 구현되기를 바라 마지않는다."(문교부 장관 법학박사 권오병, 1968년 12월 5일)(박종홍, 이인기, 유형진, 앞의 책, 머리말) 박종홍 역시 이와 같은 맥락에서 "국민교육헌장 정신에 입각하여 정화운동과 정신혁명을 일구어내야 하며, 대학에서 〈국민윤리〉라는 교과과목을 새로 두어 젊은 지식층의 정신적 자세 확립을 꾀해야 함"을 강조하고 있다(朴佳卓, 앞의 책, 서문).

[96] 제1차 교육과정기(1955. 8~1963. 2)에 '철학·교육'이 선택 교과로 2~3학년에 걸쳐 6단위로 개설되었던 것이 제2차 교육과정기(1963. 2~1974. 2)에 이르면서 없어지고 '도덕'(3단위)이 '국민윤리'(4단위)로 명칭이 바뀌게 되었다. 그리고 '국민교육헌장'이 선포되면서 문교부령 제251호(1969. 9. 4)에 의해 '국민윤리'(4단위)가 '반공 및 국민윤리'(6단위)로 변경되었다(전국철학교육자연대회의 펴냄, 『한국 도덕·윤리 교육백서』, 한울, 2001, 216~217쪽, 306쪽). 그리고 중학교용 『민주통일의 길』도 『승공통일의 길』로 변경되었다(전국철학교육자연대회의 펴냄, 같은 책, 299쪽).

반영되지 않을 수 없었다. 그러므로 '국민교육헌장'은 '국민윤리교육'과 밀접하게 연관되어 있다. 이미 '국민교육헌장' 작업에 초안 집필자[97]로 참여했던 이규호는 바로 이 '국민윤리학'과 '국민윤리교육' 작업에도 가장 깊이 관여하여 철학적으로 이론을 제공하였다. 그를 비롯한 일군의 철학자 및 정치학자, 그리고 여타 학문 분야의 학자들이 모여 '국민윤리학회'를 만들고, 이 학회를 통하여 '국민교육헌장'에 담겨 있는 국가관, 민족관, 반공관을 교육 현장에서 실천하는 작업을 이론적으로 정립하는 데 지대한 역할을 하였다.

이들은 국가의 안위를 위하여 새마을교육 등과 연계하여 '국민윤리교육'을 강화시켜야 한다고 강변하였다. 이들은 또 교육과정에 반공교육, 승공교육, 통일교육, 보안교육 등을 포함시켜 국가나 민족의 중요함을 인식하도록 해야 한다고 강조하였다. 이규호는 우리의 생활공동체로서의 국가 체제의 정당성을 국민들에게 확산시키고, 국민들로 하여금 국가에 대해서 애국심과 충성심을 갖도록 교육시켜야 하기 때문에 '국민정치교육'이 반드시 필요하다고 강조하였다.[98] 그는 이와 같은 기본 입장에 입각하여 당시 지식인들의 잘못된 저항을 극복하고, 자신이 펼치는 이런 국민정치교육에 대해서 너무 보수적이라고 주장하는 진보주의자나 공산주의자와, 또 너무 국수적이라고 비판하는 세계주의자 내지는 자유주의자들을 비판하고자 하였다. 그는 이들이 우리가 오늘날 처해 있는 역사적·사회적 현실을 제대로 인식하지 못한 것으로 보며, 이들은 결국 공산주의자와 연결될 것이라고 선언하면서 다음과 같이 주장하고 있다.

---

[97] 국민교육헌장 초안 집필자: 박준규(서울대학교 정치학과 교수), 이만갑(서울대학교 사회학과 교수), 김성근(서울대학교 역사학과 교수), 정범모(서울대학교 교육학과 교수), 이규호(연세대학교 철학과 교수), 박희범(충남대학교 총장, 경제학).
[98] 李奎浩, 「國民政治敎育」, 社團法人 平和統一硏究所 엮음, 『統一政策』 6권 1호, 1980, 8쪽.

그들은 흔히 과거의 체제가 정당하지 못하다고 비판하고 현재의 정부도 그 연장선상에 있기 때문에 협력할 수가 없다고 말하는데 그들은 틀림없이 앞으로 어떤 정부가 들어서더라도 '못 가진 자'들을 억누르는 '가진 자'들의 지배 체제라고 하면서 저항할 것이다. 따라서 그러한 사람들의 태도를 극단화하면 결국은 공산주의와 연결될 것이다.[99]

이규호는 진보주의적이고 사회주의적인 자들은 모두 공산주의자로 귀결되며, 세계주의적이고 자유주의적인 자들은 모두 무정부주의자로 귀결되어, 결국 국가의 기능을 강화해서 복지국가를 마련하는 데는 실질적인 도움이 되지 않는 것으로 판단하였다.[100] 따라서 그의 입장에서 볼 때 민족적 정체성을 상실하고, 이중국적에 침몰되어 정신분열증 현상을 보이고 있는 이들이 공동전선을 구축하여 국가에 저항하고 체제를 약화시키는 것에 대해서 철저하게 대응하지 않으면 안 되었다.[101] "우리는 국토의 분단과 남북 이데올로기 대립의 상황 아래서 우리나라의 체제의 정당성에 대한 신념을 국민정치교육을 통해서 확산시키지 않으면 안 된다."[102] 공산주의와 대립하고 있는 우리로서는 강한 통합의 원리가 필요하고, 그것은 자유주의와 민주주의를 민족주의를 통해서 결합시키는 형태가 되지 않으면 안 되며, 국민정치교육 역시 이런 바탕 위에서 출발해야 한다.[103] 그는 국민정치교육

---

99 李奎浩, 같은 글, 10쪽.
100 李奎浩, 같은 글, 11쪽. 그는 비판적인 지식인들이 비판주의 사회철학에 경도되어 국가 건설에 참여하지 않음을 못마땅하게 생각하였다(李奎浩, 『이데올로기 批判敎育原論』, 文佑社, 1984, 48쪽).
101 李奎浩, 같은 글, 11쪽.
102 李奎浩, 같은 글, 11쪽.
103 李奎浩, 같은 글, 13쪽. 그는 민족주의를 병리적 현상으로 바라보는 것을 비판하면서 이것은 인간의 생명이 유지되기 위한 보편적 현상이라고 규정하고 있다(이규호, 「제3세계의 신민족주의의 의의 (1)」, 국민윤리교육연구회 엮음, 『국민윤리연구』 제9호, 1980년 2월, 233~251쪽). 그는 "우리의 통일을 위해서는 군사적인 힘에 의한 안전의 보장 아래서의 대화가 필수적이다"라고 주장하였다(이규호, 『정치교육과 통일교육』, 문우사, 1997, 363쪽).

에 대해서 비웃는 지식인들을 제거하거나 설득함으로써만 우리 민족의 미래가 있다고 보았다.

이처럼 이규호는 당시의 진보적 지식인들이 정권의 부당성에 대해서 지적하는 부분을 전혀 비판적 거리를 두고 바라보지 못했다. 그의 이와 같은 마음가짐 안에 담겨 있는 반공주의와 민족주의는 교육 현장에서 계속적으로 전개되어나갔다. 그는 반공교육이 학교 현장에서 계속해서 이루어져야 함을 강조하면서, 이를 효율적으로 진행하기 위해서는 기존의 형식적인 반공교육의 차원을 넘어 이데올로기 교육 차원으로 승화시켜야 함을 강변하였다. 즉 반공교육이 독자적으로 교육되기보다는 전체적인 정치교육 속에 통합하여 교육되어야 효과가 있다는 것이다. 그래서 그는 다음과 같이 주장하고 있다.

> [……] 공산주의를 반대하는 인간을 교육하는 데 성공했다 할지라도, 공산주의에 대항해서 효과적으로 싸우고 우리 체제가 이기기 위해서는 우리 체제의 정당성을 믿고, 그리고 이 체계를 지키기 위해서 필요하면 단결하고 충성할 수 있는 그런 전체적인 정치교육 속에 반공교육이 결합되지 않으면 안 될 것이다.[104]

이처럼 그는 반공교육이 핵심이며, 국민정신교육, 정치교육, 새마을운동과 같은 것이 아주 중요한 일부분이므로, 이들을 성공적으로 수행하기 위해서는 교육과 조직과 운동을 유기적으로 연결해야 한다고 주장하였다.[105] 더군다나 이 반공교육에 대해서 부정적인 의식이 자리하고 있는 당

---

104 이규호(문교부 장관) 외 10명, 「반공교육의 개선을 위한 세미나(발표와 토론): 반공교육의 기본방향과 문제점」, 한국국민윤리학회 엮음, 『국민윤리연구』 제11호, 1981년 8월, 168쪽.
105 이규호(문교부 장관) 외 10명, 같은 글, 174쪽.

시의 현실을 감안하여, "국민윤리 과목 같은 것은 피할 수 없지만" 다른 교과목에는 이와 같은 교육 목적이 숨겨져 들어가 국민들 일반에게 간접적으로 교육되도록 하는 것이 효과적이라고 주장하였다.[106] 「반공교육의 기본 방향과 문제점」에 관한 토론에 참여한 학자들[107]은 반공교육이 별 효과도 없고 교육 자체가 부담이 된다는 불만을 표출하였다. 특히 공산주의 이론 비판과 관련하여 연구기관 양성 및 정부 지원을 강조한 이용필의 주장에 대해서 황필호는 천의 얼굴을 가진 마르크스를 학적인 관점에서 교육해야지 북한 공산당을 비판하는 방식으로 접근해서는 안 됨을 주장하였다.[108] 그러나 이들 모임의 일반적인 흐름은 반공교육이 필요함을 공감하였고, 다만 이 교육의 효과 측면을 고민하는 데 집중하였을 뿐이었다. 그래서 이 모임의 구성원들 중에는 반공교육의 주체와 관련하여 '이데올로기교육위원회'도 '국민윤리위원회'와 비슷한 인상을 주기 때문에 '국민정신문화연구원'에 맡기자는 의견도 제기되었다.

어쨌든 이규호는 이런 시대적 흐름의 중심에 서서 반공교육과 민족교육을 통하여 새로운 인간, 새로운 사회를 창출하려고 하였다. 그래서 그는 진보적 지식인들이 충효의 정신에 대해서 봉건적 사고라고 비판하는 데 대해서도, 이를 반박하고 그것을 오늘의 현실에 맞게 재정립할 필요가 있다고 주장하였다. 그에 의하면 "오늘날도 역시 나라에 충성하고 불의와 싸우는 것이 우리의 도덕 생활의 기본이 아닐 수 없다."[109] "우리에게는 저항해야 할 체제가 없고 다 함께 옹립해나가야 할 국가가 있을 뿐이다."[110] 이런

---

106 이규호(문교부 장관) 외 10명, 같은 글, 176쪽.
107 참석자: 강인덕, 김대환, 신도성, 양흥모, 염홍철, 이상민, 이용필, 이태영, 최용석, 황필호.
108 이용필 외 9명, 「제3부: 반공교육의 개선을 위한 세미나—과거의 반공교육의 결함 시정책」, 한국국민윤리학회 엮음, 『국민윤리연구』 제11호, 1981, 201쪽, 206쪽.
109 李奎浩, 앞의 책, 177쪽.
110 李奎浩, 같은 책, 388쪽.

그의 주장은 1970년대 초반에 주장된 내용과 어느 정도 차이를 보이고 있다. 그는 '국민윤리교육'과 관련하여 이것은 "'국민으로서의 생활 태도'를 가르치는 것"이며, 한편에서는 정치적 공동체에 적응하는 교육이며, 다른 한편에서는 인간의 해방을 위해서 체제를 비판하는 교육이라고 하였다.[111] 그리고 그는 '국민윤리교육'은 '적응의 교육'과 '해방의 교육' 둘 다를 조화시키는 '사회화 교육'이어야 한다고 주장하였다. 그러므로 '국민윤리교육'은 "결코 어떤 하나의 체제만을 위한 교육이 될 수 없고", "더욱 이상적인 사회와 인간의 해방을 지향해야 한다."[112]

이런 주장에 비추어 본다면, 즉 그의 주장이 일관성이 있으려면, 국민교육이 남한 자체 내부의 체제 문제에 대해서도 비판하는 교육이 되어야 제대로 된 교육이 될 텐데 여기에 대해서 그는 어떠한 언급도 일절 하지 않았다. 이것은 참으로 의아스러운 일이 아닐 수 없다. 자신의 주장 안에 스스로의 모순이 내포되어 있는 것이다. 이와 같은 문제점은 신군부 시절 국회의원과 정신문화연구원 부원장을 지낸 김형효에게서도 나타난다. 그 역시 강한 민족주의자이자 반공주의자로서 1970년대 초반에 힘 있는 민족, 힘 있는 국가를 강조하였다. 그에 의하면 우리 민족이 "백의민족으로서 홍익인간의 이념을 구현코자 한 평화 애호 민족"이라고 주장하는 것은 다소 거짓이 섞인 민족 예찬론일 수밖에 없다. 당시 그는 우리 민족의 서러움의 원인을 무인 정신武人情神의 결여에서 찾았다. 우리 민족이 그동안 당한 비극은 서양의 기사도 정신이나 일본의 무사도 정신처럼 무인 정신을 제대로 확립하지 못했기 때문이라는 것이다.[113] 그는 문무文武를 겸비할 때 강한 민

---

111 李奎浩, 「국민윤리교육의 내용: 무엇을 가르칠 것인가?」, 한국국민윤리학회 엮음, 『국민윤리연구』 제1호, 1973, 24~25쪽.
112 李奎浩, 같은 글, 31쪽.
113 金炯孝, 「韓國人의 不幸한 意識」, 아한학회 엮음, 『문화비평』 3권 1호, 1971년 봄, 34~35쪽.

족이 될 수 있다고 보았다. 그래서 그는 전문적인 강단의 철학자들이 민족의 현실을 직시하지 못하고 그저 기와집에 앉아서 변혁과 혁명을 노래하는 것에 대해 매우 불만을 표시하였다.[114] 그는 구체적인 현실보다 전체적인 이념에 몰입하고 있는 "열광된 미친 의식"la conscience fanatisée을 경계하면서 이념과 현실을 끊임없이 상승 하강하는 '구체철학'을 추구하고자 하였다.

그런데 김형효의 이 구체철학은 "전쟁사는 철학사를 조롱한다"라는 기본 원칙 아래서 철학자에게 군사학적 지식을 갖추어야 함을 요구하였다.[115] 나아가 그는 자신의 이 구체철학의 입장에서 보편적 민주 의식을 표명하는 데 머무른 4·19와는 달리 5·16은 바로 이 4·19에 특수적 민주 의식을 결합하여 구체화된 것으로, 바로 이 5·16을 민족의 발전으로 파악하였다. 이미 2장에서 언급하였듯이, 구체철학은 능동적이고 적극적으로 무엇을 "창조"하기 위한 철학이어야 하며, 따라서 이런 관점에서 그는 3·1운동도, 6·25도, 4·19도 모두 독립국가, 자강 국가, 자조 국가를 창조하지 못한 실패일 뿐이며, 5·16이야말로 진정한 의미에서 이런 가능성을 마련해 주었다고 보았다.[116]

김형효는 이 구체철학을 통하여 민족의 통일과 평화와 번영을 마련하고자 하였다. 그는 이와 같은 입장 아래서 5·16 군사정권 아래서 진행된 새마을운동을 기술과 윤리가, 정신적 힘과 경제적 힘이 잘 조화된 운동으로 간주하였다.[117] 그는 이와 같은 구체철학에 입각하고 있는 새마을운동을 통하여 강한 민족, 강한 국가를 만듦으로써 미쳐 있는 북한 체제를 와해시킬 수 있다고 보았다. 실제로 그는 미친개를 몽둥이로 때려잡아야 하듯이, '추

---

114 金炯孝, 「한국 哲學思想의 새로운 운동과 主體性의 探究」, 아한학회 엮음, 『문화비평』 4권 3호, 1972년 겨울, 380쪽.
115 金炯孝, 같은 글, 401쪽.
116 金炯孝, 같은 글, 161쪽.
117 金炯孝, 같은 글, 168~169쪽.

상의 정신'l'esprit d'abstraction에 찌들어 있는 북한 체제의 도발을 막기 위하여 몽둥이를 마련해야 한다고 강조하였다.[118]

따라서 미친개가 존재하는 이런 상황에서는 민주 시민과 반공을 주요 과제로 삼았던 과거의 정치교육으로는 부족하고, 민족교육이 함께 이루어져야 한다. 그는 시민교육과 민족교육의 관계를 다음과 같이 설명하고 있다.

> 이 민주시민교육이 합리주의 교육에 바탕을 두고 있다. 다시 말하자면 근대국가의 성립에 필요 요건인 개인의 합리적 사회화를 겨냥한다. 그래서 민주 사회의 공민을 궁극 목적으로 삼는다. 그런데 국민교육헌장이 제정되기 이전의 한국 국민교육은 애오라지 시민교육이었다. 그런데 한반도의 특수성에 있어서 이 시민교육만 강조되는 경우에 이 나라를 지키고 보위하는 정신이 영글지 못한다. 〔……〕 그러므로 우리의 정치교육은 시민교육과 민족교육이 균형을 이루게 해야 한다.[119]

반공교육도 단순히 '공산당이 싫어요!'라는 소극적인 차원이 아니라 "공산주의와 대결하여 길들이는 '상응혁명' 의식으로서의 반공을 정착화해야 한다."[120] 따라서 김형효의 주장에 따르면 우리의 정치교육은 민족정신을 계승할 수 있는 새마을운동과 깊이 연관되어야 한다. 김일성 적화 혁명에 상응하는 혁명이 바로 '새마을운동'이다. 그는 이 운동과 관련하여 다음과 같이 주장하고 있다.

---

118 金炯孝, 「南北韓 統一理念과 目標 比較」, 社團法人平和統一硏究所 엮음, 『統一政策』 4권 2호, 1978년 7월, 124쪽.
119 金炯孝, 같은 글, 131쪽.
120 金炯孝, 같은 글, 131쪽.

우리는 그 혁명이 곧 '새마을운동'이며, 그 운동을 뒷받침하는 이념이 '10월유신'이라고 믿는다. 또 유신 체제의 정당성도 여기서 발단된다. 박정희 대통령은 새마을운동과 유신의 이념을 정치제도와 결부시켜 말한 적이 있다. 이 유신과 새마을운동이야말로 북괴의 남북 적화를 혁명으로 우겨대는 것에 대한 하나의 상응혁명일 수 있다. 또 이 새마을운동과 유신 이념은 북괴의 광적 신바람과 달리, 신바람의 이성적 승진昇進과 이념적으로 결부되어 있다.[121]

바로 이 새마을운동이야말로 '저항의 이데올로기' 차원을 넘어서 '창조의 이데올로기'로 발전한 것이다. 김형효의 이와 같은 태도는 자연스럽게 '국민윤리교육'을 강화하는 방향으로 나아갔다. 그는 이념의 단일성이 강하게 확보되어 있는 북한을 대적하기 위해서는 남한 내부의 이념의 다양성이 허용되는 것은 위험하다고 보았다. 그래서 그는 이념의 통일성을 마련하기 위하여 '국민윤리교육'이 필요하다고 보았다. 그에 의하면 "국민윤리는 국가를 창업하는 대전략의 이념 구축에 있어서 사회를 건강한 정신으로 계획화하는 데 반드시 필요하다."[122] 국민윤리는 사회를 이성적으로 계획화하고 국민정신을 교양화하는 데 학문적으로 기여할 수 있다. 즉 이 국민윤리는 기존의 인문·사회과학을 한국화하는 데 도움을 주고, 또 인문·사회과학은 국민윤리를 보편화하는 데 도움을 준다.[123] "국민적인 예禮의 질서를 동서 문화의 돌쩌귀에서 정립하기 위하여 학문적으로 자유롭게 연구할 수 있는 과목은 국민윤리밖에 없다."[124] 심지어 그는 종교적인 갈등도 이 국

---

121 金炯孝, 같은 글, 137쪽.
122 金炯孝, 「國民倫理敎育의 强化 理由」, 國民倫理敎育硏究會 엮음, 『國民倫理硏究』 10호, 1980년 11월, 119쪽.
123 金炯孝, 같은 글, 121쪽.
124 金炯孝, 같은 글, 122쪽.

민윤리를 통해서 극복할 수 있다고 보았다. 북한의 계급 해방과 인민 해방에 맞서 남한의 민족 해방과 인간 해방을 위해서 학문적으로 접근할 수 있는 것은 국민윤리밖에 없다.[125] 국민윤리가 기존의 학문 내용들과 맞닿아 있더라도 이 학문은 기존의 학문들이 자체적으로 논의할 수 없는 학문이다.

이상에서 보듯이 김형효 역시 국가주의, 민족주의, 반공주의 관점 아래서 '국민교육헌장'과 새마을운동, 10월유신, 국민윤리교육을 서로 연관 짓고 있다. 그 역시 자신의 이런 입장이 당시의 권력자에게 어떤 형태로 정당화를 부여해주는지에 대해서 심각한 고민을 결여하고 있는 것 같다. 다소 완화된 형태이기는 하지만 당시에 일군의 철학자들도 반공교육을 부각시키지 않은 선에서 '국민윤리교육'의 길을 열어놓고자 하였으며, '국민윤리학'의 독자성을 마련하고자 하였다.[126]

4 오늘의 윤리교육 현실을 되돌아보며

그런데 이들은 왜 국민윤리학이 권력자의 의도가 개입되어 있는 '국민교육헌장'과 연계되어 있는 '권력의 텍스트'라는 것을 비판적으로 바라볼 수 없었던가? 실제로 윤리학자 김태길은 당시에 이 '국민윤리'가 대학의 비민주

---

125 金炯孝, 같은 글, 126쪽.
126 가령 박순영의 경우, 국민교육과 반공교육을 하는 국민윤리가 정치권력에 이용되는 것을 경계하면서도 이것이 독자적 영역이 되어야 한다는 데는 이의 제기를 하지 않았다(朴淳英, 「國民倫理敎育의 世界的인 趨勢와 課題—특히 동·서독을 중심으로」, 國民倫理敎育硏究會 엮음, 『國民倫理硏究』 10호, 1980년 11월, 157쪽; 朴淳英, 「國民倫理學의 綜合性과 獨自性—學의 對象의 確立을 위한 시론」, 韓國國民倫理學會 엮음, 『國民倫理硏究』 23호, 1986년 12월, 23~24쪽, 27~28쪽; 朴淳英, 「現代社會의 極端的 이데올로기와 그 克服」, 國土統一院 엮음, 『統一論叢』 4권 1호, 1984, 147쪽). 특히 그는 국민윤리학이 독자성을 확보하려면 '교육학'의 매개가 필수적이라고 주장한다(朴淳英, 「國民倫理學의 綜合性과 獨自性—學의 對象의 確立을 위한 시론」, 같은 책, 26쪽).

화를 초래할 수 있고, "정부에 의해서 타율적으로 강요된 것이라는 이미지가 남아 있어서, 이 과목을 담당하는 것은 마치 대학의 자유를 스스로 포기하는 데 가담하는 것 같은 자책감을 느낀다"[127]라고 피력하였다. 사실 유신독재가 한창 진행되던 1978년에도 전남 지역의 교수들은 '국민교육헌장'과 연계하여 이루어지고 있는 당시의 대학 교육이 일본의 교육 칙어와 같은 불행한 일을 야기하고 있음을 안타깝게 토로하였다. 그들이 선언한 「우리의 교육지표」에는 "부국강병과 권위주의 문화에서 조상의 얼을 찾고", "민주주의에 바탕을 두지 않고 민족중흥의 구호를 외치는 전체주의와 복고주의"에 대해 심각하게 반성하는 내용이 담겨 있었다.[128] 그들은 인간화와 민주화의 교육, 양심과 민주주의에 입각한 교육, 진실을 가르치고 외부의 간섭을 배제하는 자율적인 교육 등을 제창하였다.

그러나 당시에 '국민교육헌장'과 '국민윤리교육'에 참여한 철학자들은 이런 비판의 소리들로부터 멀어져 있었다. 이들은 "나는 생각한다, 고로 나는 민족에 속해 있다"라는 명제를 철저히 정립해냈다. 여기에는 외부와의 갈등을 해결한다는 이름 아래 내부의 모순이, 즉 조국과 민족의 이름으로 개인을 억압하는 논리가 작동하고 있었다.[129] 이렇게 정신을 속박하고 길들이는 사유의 현장이 이 '국민교육헌장'과 '국민윤리교육'에 담겨 있었다. 이미 앞 장에서 언급하였듯이, 25년 동안(1968~1994) 국민의 의식을 지배해온 이 '국민교육헌장'은 개인의 인권이나 자유보다는 집단으로서의 '우리'를 강조하고, 국가의 강제적 질서를 존중하도록 만들었다. 그러므로

---

127 金泰吉, 「大學國民倫理의 現況과 問題點」, 國民倫理教育研究會 엮음, 『國民倫理研究』 10호, 1980년 11월, 18쪽.
128 한국기독교협의회 인권위원회 엮음, 『1970년 민주화운동(II)』, 한국기독교협의회, 1987, 1689~1690쪽.
129 서구 근대 국민국가의 민족주의에도 이와 같은 현상이 나타난다. 즉 타민족과의 갈등을 해결할 목적으로 내부의 갈등을 외면하는 현상이 나타났다(김진균, 앞의 글, 94쪽).

여기에서는 서구의 근대 사회계약론에서 등장하는 시민들의 합리적 계약에 입각한 정의 모색의 과정이 배제되어 있었다. 거기에는 나와 민족, 나와 국가 사이의 운명적 공동체성을 강조하는 의리주의가 지배적인 현상으로 자리하고 있었다. 반공 후에 민주주의가 있고, 민족 후에 민주주의가 있었다. 절차적 합리성이나 공정성은 국가의 이익과 민족의 이익에 묻혀버렸다. 이런 면에서 '국민교육헌장'은 이미 우리에게 거대 담론에 구속되도록 만들었다. 이와 같은 기본적인 사상 체계는 교육 현장에서 바로 '국민윤리교육'이라는 이름으로 주입되었다.

1968년 '국민교육헌장'이 선포되고 1969년 문교부령 제251호(1969. 9. 4)가 시행되면서 4단위의 '국민윤리'는 6단위의 '반공 및 국민윤리'로까지 변경되었다. 바로 여기에 개입되어 있는 '반공'과 그에 뒤따르는 '통일'이라는 개념은 향후 철학과를 위기로 몰아넣었다.[130] 그리고 이 '국민윤리교육'은 시대의 부조리에 항거하고 비판하는 철학도들을 불순분자로 배척하고,[131] 1982년에 이르러 마침내 이들로 하여금 사람에게 사람다움을 교육할 수 있는 교사의 길조차 원천적으로 봉쇄해버렸다. 그러나 1993년 7월 7일 국회교육위원회에서 박석무 의원이 "국민교육헌장 선포 과정과 내용이 민주주의를 기반으로 한 참된 교육 이념을 왜곡시키고 있다"라고 주장하면서 시대 변화에 맞게 폐지 또는 개정되어야 한다는 주장이 제기되었다. 그 이후, 이 권력의 텍스트가 역사의 무대 뒤로 물러나 앉게 되었다. 그럼에도 불구하고, '국민윤리'라는 과목은 여전히 '윤리'라는 이름으로 지속되었다.[132]

---

130 제7차 교육과정에 반영되어 있는 도덕·윤리의 내용 중 3분의 1 정도만 철학의 윤리 분야에 속하며, 나머지 통일 분야는 다른 분야에 속한다는 것이다(이초식, 「도덕·윤리 교원 양성을 위한 교육부 정책의 난맥상에 대하여」, 전국철학교육자연대회의 펴냄, 앞의 책, 45쪽).
131 "군사정권 담당자들이 보기에는 자유니 뭐니 하는 정신 나간 소리나 하는 잘 봐줘야 하품 나는 이상주의적인 소리나 해대는 철학과 출신에게만 중·고교생의 도덕·윤리 교육을 맡길 수 없었던 것이다."(유승삼, 「철학이 신음하고 있다」, 전국철학교육자연대회의 펴냄, 같은 책, 180쪽)
132 '국민윤리'라는 명칭이 '윤리'로 바뀐 것은 제6차 교육과정기(1992. 10~1997. 12)에서였다.

그리고 '국민'이라는 말만 사라졌을 뿐, 여전히 그 내용은 과거의 '국민윤리'의 틀을 완전히 벗어나지 못하고 있다. 또 민족의 대학이라고 자부하는 유명 대학에서도 '민족' 때문인지 모르지만 '여전히' '국민윤리학과'에서 '국민'이라는 말을 도려내지 못하다가 최근에 이르러서야 이 말을 제거할 수 있었다.

이처럼 과거의 철학자들이 남겨놓은 '국민교육헌장'과 '국민윤리교육'의 문제는 오늘의 우리 철학도에게도 여전히 아픔으로 남아 있다. 과거 청산을 주도했던 노무현 정부조차도 파시즘의 질곡 속에 부조리하게 자라난 이 기형적 현상을 제대로 정리하지 못했다. 한국의 철학교육이 제도권 중등교육과정에서 일정하게 제한을 받고, 철학자가 자신에게 주어진 고유한 활동을 할 수 없게 되어 있는 이 현실을 누가 책임져야 하는가? 유감스럽게도 한국 철학계는 아직도 여기에 대해서 충분히 자성하고 비판하며 새롭게 시작하는 모습을 보여주지 못하고 있는 것 같다.[133] 철학 외부의 진영에서는 이런 우리 철학계의 현실과 우리의 선배 철학자들에 대해서 과연 어떻게 바라보고 평가할까? 우리 철학계가 스스로 치부를 드러내고 그 환부를 치유하는 과정이 없다면, 설혹 도덕·윤리 본연의 과목을 되돌려 받는다고 하더라도 과거의 선배들이 보여준 권력의 텍스트를 또 만들지 않는다는 보장을 어떻게 할 수 있겠는가? 이제 철학자들이 제대로 철학하는 모습을 보여주어야 하지 않겠는가?[134]

---

133 백종현은 한국적 민주주의가 진짜 민주주의인가를 되물으면서 당시 한국 철학계의 현실에 대해서 비판하고 있다. 1부 2장 각주 61번 인용문 참조.
134 진정한 철학자는 현실에 예속되어서도 안 되고, 그렇다고 현실을 떠나서도 안 된다. 그는 현실과 함께 철학하되, 현실로부터 일정한 거리를 두고 비판하면서 생산해내는 일을 담당해야 한다. 그러나 불행하게도 우리의 현대사에 중심적 역할을 수행한 철학자들은 현실의 빈곤과 철학의 빈곤이 악순환되는 굴레로부터 제대로 벗어나지 못했다. 여기에 대한 자세한 논의는 김석수, 『현실 속의 철학 철학 속의 현실』, 49~73쪽 참조.

4장

네오마르크스주의, 마르크스-레닌주의, 주체사상: 1970~1980년대의 사회철학•

이미 앞서 살펴보았듯이 서구의 마르크스주의와 실존주의의 수용은 민족의 수난사와 불가분의 관계가 있음을 알 수 있었다. 특히 1950년대를 기점으로 마르크스주의와 실존주의 사이에 매우 많은 변화가 일어났음을 목격할 수 있었다. 즉 1950년대 이전에는 마르크스주의나 실존주의 모두 민족주의적 입장에서 제국주의에 저항하는 입장을 취하고 있었다. 당시의 우리 철학자들은 구체적인 현실적 저항에 있어서 실존주의의 부족한 점을 마르크스주의를 통하여 보충함으로써 실존주의의 내적 저항의 힘을 현실화시키고자 하였다. 표면적으로는 당시의 마르크스주의자들(백남운, 신남철, 박치우 등)이 실존주의의 내면 몰입적인 사태에 대하여 반동성을 지닌 철학으로 규정하고 있었지만, 실제에 있어서는 실천과 관련하여 주체의 파토스적

• 이 글은 「네오마르크스주의, 마르크스-레닌주의, 주체사상을 통해서 본 한국의 사회철학」이라는 제목으로 서강대학교 동아연구소의 『東亞硏究』 제41집(2001)에 실린 글을 수정·보완하여 재수록한 것임.

열정을 강조하고 있었다는 점에서 실존주의적 태도의 일부를 수용했던 셈이다. 이처럼 마르크스주의와 실존주의는 현실 참여라는 중요한 과제에 함께 임하고 있었다.

그러나 1950년 이후에는 마르크스주의가 타도 대상이 된 데 반해서, 실존주의는 여전히 다른 측면에서 저항의 논리로 자리하고 있었다. 이것은 남북이 분단되어 대립하게 됨으로써, 더 이상 북한 국가철학의 이념인 마르크스주의에 대해 현실 참여의 기능을 남한 사회가 인정할 수 없었기 때문이다. 1960년대에 들어서 미국의 영향 아래 수립된 이승만 자유당 정권의 반공 정책과 5·16군사쿠데타를 시발점으로 수립된 박정희 군부 정권의 안보주의와 개발주의는 현실을 부정하는 저항의 힘보다는 긍정하는 건설의 힘을 강조하게 되었다. 이러한 단면은 이미 앞서 고찰하였듯이 박종홍과 안호상의 국가주의 철학에서 강하게 나타났다. 박종홍 철학자가 관여한 조국 창조론이나 유신 이론에는 이와 같은 내용이 잘 담겨 있다. 그의 반공주의적 관점은 전기에서 마르크스주의를 바라보는 입장과 후기에서 마르크스주의를 바라보는 입장 사이의 차이에서도 잘 나타나고 있다.

당시 우리 국민들은 한편으로는 강대국의 힘의 논리에 의해 민족이 분단됨으로써 고통과 불안을 안고 있었으며, 다른 한편으로는 기근에 시달려 보릿고개를 넘겨야 하는 다급한 상황에 처해 있었다. 그러다 보니 당시 남한은 안보 확립과 경제개발이라는 두 마리 토끼를 잡는 데 전력투구하지 않을 수 없었다. 따라서 평등한 분배 실현보다는 생산성 증대가 우선할 수밖에 없었고, 마르크스주의보다는 실용주의적 사고가 우선할 수밖에 없었다. 즉 현실 부정적인 마르크스주의적 사고보다는 현실 긍정적이고 건설적인 실용주의적 사고가 우선할 수밖에 없었다.

하지만 박종홍의 주장처럼 향내적 태도를 결하고 있는 실용주의적 사고 역시 문제를 안고 있었다. 이것이 다름 아닌 산업화, 근대화로 인한 인간

소외 현상이다. 따라서 1960년대 이후 실존주의는 영향력이 부각된 실용주의를 비판의 대상으로 삼게 되었다. 원래 실존주의가 전후戰後의 인간 부조리와 산업화 속에서 소외되어간 인간의 현상을 고발하고 비판하는 것을 주요 목적으로 삼고 있었듯이, 우리의 실존주의 역시 그러하였다. 그러나 서구의 실존주의가 사회성과 역사성을 결하고 있다고 비판받았듯이, 우리의 실존주의 역시 1970년대까지 진행되는 한국 사회의 부조리와 모순을 타개하는 데 현실력을 갖지 못한다는 비판을 받았다. 이로 인해 현실의 부조리와 모순을 부정하고 거부할 수 있는 새로운 철학이 절실하게 요구되었다.

특히, 한국 사회는 안정 경제보다는 성장 경제를 중시했고, 또 그럴 수밖에 없었던 절박한 상황으로 인해 노동자들의 열악한 노동조건에 대해서 외면하는 일이 다반사로 진행되었다.[1] 당시 우리 사회는 빈익빈 부익부의 현상이 심화되고 소수 재벌에게 자본이 집중되는 현상이 고착화됨에도 불구하고 이 문제를 제대로 의식하고 적극적으로 제기할 수 있는 주체를 마련하기는 어려운 실정이었다. 특히 고통을 당하고 있는 노동자 집단의 다수는 이런 현실의 모순을 제대로 의식하고, 이에 대해서 문제를 삼을 수 있을 만큼 비판력을 갖고 있지 못했다. 그러나 현실은 억압과 구속이라는 모순이 존재하고 있었고, 이런 상황이 존재하는 한 이를 타개할 수 있는 새로운 주체가 모색되는 것은 자연스러운 것이다. 이 와중에 고민된 서구의 사회철학 이론이 바로 학생을 변혁 주체로 설정하고 있었던 프랑크푸르트학파의 사회변혁 운동이었다.[2]

여기서는 바로 이 프랑크푸르트학파의 수용을 필두로 한국 사회에

---

1 "이 같은 경제성장 제일주의, 즉 생산력 제일주의는 '선성장, 후분배', '선성장, 후민주화'라는 논리하에 유신체제로 상징되는 '개발독재'로 물질화되어 모든 분배에 대한 요구와 민주화에 대한 요구를 철저히 억압하였다." 경제성장 제일주의는 성과만능론, 황금만능론을 초래하였다(손호철, 「한국의 국가목표: 반성적 회고」, 이한구 외 지음, 『사회변혁과 철학』, 철학과현실사, 1999, 73쪽).

1980년대까지 전개된 네오마르크스주의와 마르크스-레닌주의 및 북한 주체사상과의 관계에 대한 분석을 통하여 한국 사회철학의 상황을 고찰하고 그 문제점을 반성해보고자 한다.

1 네오마르크스주의 수용과 한국 사회철학

1970년대 한국 철학의 상황은 양면적인 모습을 보여주었다. "한편에서는 서양철학의 다양한 조류를 수입하여 훈고학적으로 해석하면서, 다른 한편에서는 서양철학을 비판적으로 이해하고 전통 사상을 새롭게 정립하려고 하였다."[3] 그러나 이러한 경향은 우기동의 주장처럼 강단 철학의 활성화와 전통 사상의 관변적 확립으로 나타났다. 특히 언어 분석철학의 활성화는 철학의 명증성과 논리성의 정도를 심화시켜주었지만, 다른 한편에서는 한국 사회의 실용주의 노선이 경제개발주의와 결합하여 파시즘 형태로 발전하고 있었던 문제점을 제대로 포착할 수 없게 만들었다.[4] 당시 진보적인 철학자들은 철학이 분석철학처럼 단순히 언어적 분석에만 머무는 것을 허용할 수 없었다. 이들은 철학이 사회가 안고 있는 정치·경제적 모순 관계를

---

2 사실 이 당시 미국 롤스의 정의론, 영국 포퍼의 비판적 합리주의가 함께 들어오지만, 현실의 모순에 대한 반감 의식은 혁명성을 강조하는 프랑크푸르트학파의 비판이론에 더 관심을 갖도록 만들었다. 그래서 1970년대에는 네오마르크스주의가 주된 관심사가 되었다. 오히려 롤스의 정의론이나 포퍼의 비판적 합리주의는 1980년대 후반과 1990년대에 들어와서 우리 사회의 현실에 적용되는 현상을 보였다.
3 우기동, 「한국에서 마르크스주의 사회철학의 수용과 반성」, 『사회철학』 2호, 사회철학사, 1994, 22쪽.
4 여기에 대해서는 이훈 역시 생각을 공유하고 있었다. 그 역시 당시 언어철학의 발전과 관련하여 다음과 같이 주장하였다. "따라서 철학자 개개인의 의도와는 상관없이 현대의 관념론적 언어철학은 (분석철학이든 해석학이든 구조주의이든 간에) 결국 대외적으로는 제국주의, 대내적으로는 국가 독점 자본주의의 이데올로기로서 역할했다고 말할 수밖에 없다. 현실에서 이탈할 때 철학은 총체적인 체계를 이룰 수 없고 전공별로 세분화되어 변쇄해지거나 철학사를 되씹고 있을 수밖에 없을 것이다." (이훈, 「소련 철학과 한국 철학」, 哲學研究會 엮음, 『哲學研究』 제24집, 천지, 1988년 겨울, 301쪽)

들추어내고 이를 비판하고 개혁하는 작업을 해야 한다고 보았다. 특히 이들은 전통을 강조하면서 권위주의적 정치 형태를 띠고 있었던 당시 현실에 대해서 철학이 강하게 저항해야 함을 주장하였다.

바로 이러한 시기였던 1970년대에 우리나라에는 비판이론이 본격적으로 활성화되기 시작하였다.[5] 원래 비판이론은 서구에서는 1920년대 형성되기 시작하였으며, 그 당시 독일 실존주의, 네오프로이트주의, 네오헤겔주의 및 카를 코르슈Karl Korsch, 게오르크 루카치Georg Lukács의 영향 아래서 이루어진 사조로서 정치와 문화가 경제에 예속되는 문제점을 더 이상 마르크스주의로는 해결할 수 없다는 인식에서 출발하였다.[6] 이런 의미에서 비판이론은 경제혁명보다는 문화혁명에 더 많이 비중을 두고 있었다. 경제적 빈부의 격차가 극심했던 우리 사회의 상황에 비추어 볼 때 이들 이론이 우리에게 도입되는 데는 많은 무리가 있어 보인다. 그럼에도 불구하고 남한 내 비판적 지식인들은 이와 같은 이론이 남한 자본주의의 문제점을 비판하는 데 일정 정도 기여하기를 바라면서 이를 적극적으로 수용하였다. 이훈의 표현에 따른다면 "남한의 경제적 모순은 이제 프롬에 따라 인간의 소외 현상으로 받아들여졌고 남한의 정치적·문화적 상황은 마르쿠제Herbert Marcuse에 따라 일차원적 현실로 이해되었다."[7]

사실 비판이론의 이와 같은 정신은 미미한 정도이기는 하지만 1960년대에 이미 어느 정도 수용되었다.[8] 따라서 이 당시에 비판이론에 관한 소

5　이훈, 「맑스주의 수용 50년사」, 한국철학회 엮음, 『해방의 철학』, 철학과현실사, 1996, 309쪽.
6　"그들(비판이론가들)의 이념은 지배와 억압 상태로부터 인간 해방 또는 자유를 지향하는 것이었다. 이 때 해방은 계급적 차원이라기보다는 '인간=개인' 차원에서의 해방을 의미하는 것으로 보인다. 또 물질적 토대에 의한 구속으로부터의 해방보다 정신적 자유를 겨냥하고 있는 것으로 보인다. 그들은 무산자 계급도 체제 순응적이거나 이데올로기에 순치되어 해방의 주체로서는 무기력하다고 보고 있기 때문이다."(문현병, 「비판이론」, 한국철학사상연구회 엮음, 『현대 사회와 마르크스주의 철학』, 동녘, 1992, 208쪽)
7　이훈, 앞의 글, 314~315쪽.

개들이 약간씩 나타나기 시작하였다. 그 대표적인 예가 허버트 마르쿠제의 『이성과 혁명』의 번역(1963년 김종호)과 신일철의 「전후 사상의 변모」(1963년, 『사상계』 3월호) 및 박상시의 「부정적 사유능력」(1966년, 『창작과 비평』 여름호) 등이다. 1960년대에는 이렇게 비판이론에 관한 작업이 미미하였지만, 1970년대에 이르러서는 좀더 활발하게 이루어지게 되었다.[9] 1970년 장일조가 번역한 위르겐 하버마스Jürgen Habermas의 『인식과 관심』을 시발점으로 테오도어 아도르노Theodor W. Adorno, 막스 호르크하이머Max Horkheimer, 마르쿠제, 하버마스, 에리히 프롬Erich Fromm에 관한 번역서와 연구 논문들이 나타나기 시작했다. 그 당시 이 분야에서 가장 활발한 활동을 보여준 사람은 신일철, 차인석, 김종호, 이규호, 백승균, 유준수, 임석진, 장일조, 정문길 등이었다. 이들은 비판이론 일반이 목적으로 하고 있는 것을 공유하고 있었다. 즉 비판이론이 전체주의와 권위주의를 비판하고 후기 자본주의사회의 도구적·기술적 이성과 문화의 왜곡 및 계몽의 부정성을 비판하면서, 실증주의와 형이상학으로부터 비롯된 인간소외 현상을 극복하고자 하였듯이, 이들 역시 우리 사회의 이와 같은 문제를 극복하고자 하였다.

하지만 이들의 이런 작업은 소개의 차원을 넘어서지 못했으며, 특히 한국 현실에 적용하여 실천할 수 있는 가능성에 대한 치열한 문제의식이 미약하였다. 그래서 우기동은 다음과 같이 주장하고 있다.

---

8 비판이론이 국내에 처음 소개된 것은 아마도 프롬의 소외론에 관한 민병태의 글에서 비롯되었다고 볼 수 있을 것이다(민병태, 「現代 社會科學 方法論에 끼친 影響(프로이드 20주년 기념기획 논문)」, 『思想界』 9월호, 1959).
9 1970년대 초에 「인식과 관심」(위르겐 하버마스 지음, 장일조 옮김, 『현존』 1월호, 1970), 『希望의 革命』(에리히 프롬 지음, 李克燦 譯, 現代思想史, 1972), 『에로스와 문명』(허버트 마르쿠제 지음, 金淙鎬 옮김, 博英社, 1975), 『일차원적 인간』(허버트 마르쿠제 지음, 차인석 옮김, 진영사, 1974), 『변증법적 상상력』(마틴제이 지음, 황지우 옮김, 돌베개, 1979) 등의 글들이 나타나기 시작하였다.

그러나 비판이론이 서구의 고도화된 자본주의사회에 대한 문제의식에서 출발했기 때문에, 한국 사회에서의 현실 적합성 문제와 실천적 적용 가능성의 문제가 치열하게 검토되지 않은 채 순전히 아카데미즘의 공간 내에서만 펼쳐졌다는 점에서 그 실천적 한계가 분명히 드러났다. 뿐만 아니라 비판이론은 자본주의적 착취와 소외를 과학 기술이 초래한 상부구조적 현상에 귀착시킴으로써 민중의 변혁적 역량을 희석화시키는 이론 내적 한계도 지니고 있었다.[10]

문현병은 훨씬 더 상세하게 비판이론의 수용과 관련하여 분석하고 있다. 그에 의하면 한국 철학계의 비판이론의 수용은 체계적이지 못했으며, 프롬의 소외론에 편중되는 상업적 성격도 강하였다. 더군다나 우기동의 분석처럼 우리의 비판이론의 수용은 당시 한국이 안고 있는 정치·경제적 모순에 과연 이 이론이 제대로 적용될 수 있는지에 대한 치열한 문제의식을 결여한 채로 이루어졌다. 오히려 비판이론의 수용은 한국 현실의 모순을 은폐하는 역할까지도 하였다.

한국 비판이론의 수용에 일정 정도 역할을 했던 이규호의 경우, 한국 사회의 과학 기술 발전으로부터 비롯되고 있었던 문제를 비판이론의 관점에서 극복해보고자 하였다. 그는 이 비판이론을 통하여 교육 혁명의 정당성을 마련하고자 하였다. 이와 같은 관점 아래서 그는 다음과 같이 주장하였다.

사회의 발전은 반드시 물질적 조건들의 변화를 통해서보다는 사유 과정을 통해서 이루어질 수 있다고 믿는다. 그러므로 만약 비판이론이 혁명을 원

---

10 우기동, 앞의 글, 24쪽.

한다면 그것은 근본적으로 교육을 통한 그리고 교육을 위한 혁명일 것이다.[11]

이규호는 이와 같은 관점 아래서 대학에 국민윤리교육과를 만들고 이를 통하여 새로운 교육 혁명을 시도하고자 하였다. 그러나 그의 이런 작업은 자신의 의도가 어디에 있든 당시 군사정부의 체제를 수호하는 데 이바지하였다. 그가 당시에 정치교육의 중요성을 강조하면서 이루어놓은 교육제도는 오늘날에도 여전히 골치 아픈 문제로 철학교육 현장에 영향을 주고 있다. 문현병은 이규호의 잘못된 비판이론의 적용에 대해서 다음과 같이 비판한다.

> 주지하는 바대로 대학에서의 이데올로기 비판 교육은 이데올로기에 대한 적응 능력을 키운다는 그럴듯한 취지와는 달리 학생들의 비판 능력을 오히려 둔화시키고 정권 안보 차원에서 '이데올로기화' 해버렸다. 아이러니는 비판이론으로부터 차용한 정치교육의 논리는 비판이론 자체를 바로 그 이데올로기 비판의 주요 대상으로 삼았다는 점이다. 묘한 일이었다.[12]

또 한국 비판이론의 소개에 많은 기여를 한 차인석의 경우도 비판이론의 한국에의 적용 가능성에 관한 물음에 진지하게 임하지 못했다.[13] 그 역시 비판이론의 내용을 단순히 소개하는 차원이었지[14] 그것을 통하여 한국 현실의 모순이 극복될 수 있는지, 또 그렇게 하기에 그 이론이 한국 상황에

---

11 李奎浩, 『現代哲學의 理解』, 진영사, 1977, 298쪽.
12 문현병, 「쁘띠 부르조아 이데올로기로서의 비판이론의 한국적 수용」, 哲學硏究會 엮음, 『哲學硏究』 제24집, 천지, 1988년 겨울, 60~61쪽.
13 물론 차인석은 자신이 번역한 『일차원적 인간』의 역자 서문에서 비판이론이 한국 사회의 문제점을 지적하고 발전시키는 데 기여하기를 희망하고 있다.

적합한지에 대한 좀더 근원적인 물음을 적극적으로 제기하지 못했다. 따라서 문현병의 주장처럼 차인석은 "비판이론의 한국 사회에 있어서의 적용 가능성"보다는 "순수 학문적 입장에서 비판이론을 다루"고자 하였다.[15]

심지어 당시 프롬의 소외론을 소개하면서 한국 사회에 소외론 연구자로 시선을 한몸에 받았던 정문길의 경우도 마르크스가 너무 경제적인 관점에서 소외를 바라보는 것에 대해서 비판하면서 우리 사회의 노동 소외를 서구적 관점에서 바라보는 면이 강하였다. 1970년대 한국 사회는 여전히 후진 개발국 상태의 노동 형태를 띠고 있었음에도 불구하고, 그는 선진국 노동 소외 개념, 즉 비판이론의 소외 개념을 충분히 비판적이고 반성적으로 고려함이 없이 한국 사회에 적용하는 일면이 있었다. 그래서 그는 마르크스의 소외론과 관련하여 "〈사회주의와 절대주의의 결합〉이라는 〈가장 불행한 형태〉의 통치 체제를 금세기, 아니 오늘날의 세계에다 제래齊來케 한 장본인으로서 궁극적인 책임을 결코 면할 수 없다"[16]라고 주장하기도 하였다.

이상에서 보듯이 당시 한국 사회에 수용된 비판이론은 지식인 중심의 이론이거나 운동이었지 정치·경제적 모순을 안고 있는 현실과 그 현실에서 고통을 당하고 있는 민중의 입장을 대변하기에는 역부족이었다.[17] 그렇

---

14 차인석의 『현대의 철학 1』(서울대학교 출판부, 1980)에서 다루어진 비판철학 1 부분과 2 부분은 프랑크푸르트학파 1세대와 2세대의 이론을 소개하고 있지 비판적인 안목으로 당시 사회와 관련하여 묻고 있지 않다.
15 문현병, 앞의 글, 61쪽. 물론 문현병의 주장에 따른다면 백승균의 경우는 상황이 어느 정도 진척된 면을 보여주고 있다. 백승균은 비판이론의 이데올로기적 성격도 규명하고 한국 사회의 적용 여부도 검토하면서, 아울러 비판이론의 한계도 제시한 것으로 보고 있다(문현병, 같은 글, 59쪽).
16 정문길, 『疏外論 硏究』, 문학과지성사, 1978, 111쪽.
17 설헌영은 이 점과 관련하여 비판이론에 대해서 다음과 같이 비판한다. "그러나 이와 같은 포스트마르크스주의적 관점이 지닌 근본적인 결함은 선진 자본주의 사회가 사회복지국가적 타협으로 거둔 성과에 지나치게 사로잡힌 나머지 이 타협이 기초하고 있는 조건들의 불안정함과 동요를 도외시하고 있다는 점과 아울러 노동운동이 여전히 사회운동의 중심을 차지하고 있는 제3세계적 현실을 도외시한 결과 현대 자본주의의 세계 체제적 성격을 간과하고 있다는 점이다."(설헌영, 「역사변증법과 비판이론」, 한국철학사상연구회 엮음, 『시대와 철학』 제6호, 동녘, 1993)

다고 이 이론이 당시 군사정권을 계속 유지하려고 했던 집권 세력의 정치 이념과 일치할 수 있는 것도 아니었다. 따라서 한국 사회에서 비판이론은 집권 세력으로부터는 불순한 이론으로 규정당하고, 1980년 5월의 고통을 겪은 민중으로부터는 무력한 이론으로 외면당하였다.

이처럼 1970년대 비판이론은 민중으로부터 버림받고 지배계급으로부터 외면당하는 수모를 겪어야만 했다. 특히, 이 당시 비판이론 수용사는 마르크스주의와의 연관 속에서 구체적으로 다루어지지 못했다. 따라서 마르크스주의의 프락시스praxis(실천)의 문제는 제외되고, 순수 이론의 형골만 남아 있는 경향이 강했다. 문현병의 주장에 따르면 비판이론은 기본적으로 프티부르주아적이다. 이 점에 대해서 문현병은 다음과 같이 주장하고 있다.

> 따라서 비판이론의 개념은 원리상 과학적 이데올로기의 가능성을 부정하게 된다. 맑스와 엥겔스의 이론이 노동계급의 이론이요 당파성 이론이라는 점을 비판이론은 간과하고 있다. 이점에서 비판이론은 본질상 부르주아 전통 이론과 차이가 없으며 비판이론가들의 계급적 본질은 쁘띠부르조아적인 것이다.[18]

이처럼 비판이론은 그 자체가 프티부르주아적인 것인데, 이것이 한국 사회에 수용될 때 여기에 대한 근본적인 반성이 제대로 이루어지지 않았으며, 더군다나 이것을 정치적 현실과 연관을 짓지 못하고 학문적 공간 안에 묶어두었다는 것이 1980년대의 상황에서는 더더욱 문제가 되었다. 1980년대 초반의 한국 상황은 민중이 분노하고 있었기 때문에 부르주아 계몽운동에 머물러 있는 비판이론으로는 한계가 있었다.

---

18 문현병, 앞의 글, 65쪽.

물론 비판이론을 이렇게 혹독하게 비판할 것만은 아니다. 우리가 1970년대 박정희 정권 아래 살았더라면 그 독재의 상황에서 적극적으로 저항하는 실천력을 확보하는 것이 쉽지는 않았을 것이다. 특히, 현실의 모순에 대한 의식이 아직 성숙하지 못한 우리 민중들의 상황에서는 학생, 지식인 중심의 몸부림이 불가피했을 수 있고, 따라서 그런 입장에서 진행된 비판이론 역시 한계를 지닐 수밖에 없었을 것이다.[19] 그나마 그런 열악한 상황에서도 민중들의 비판 의식을 활성화시키고, 대중의 정치에 대한 무감각화를 조장하는 지배계급에 대한 비판을 도모하고, 문화 산업의 허위 공식을 고발하면서 실증주의의 반사회성, 반인간성에 저항했다는 점에서 비판이론은 나름대로 긍정적인 의미를 지니고 있기도 하였다.[20]

그러나 1980년대 들어서서는 비판이론의 수용과 전개 과정이 1970년대와는 다른 양상을 띠기 시작했다. 1980년 광주의 5월은 한국 사회에 새로운 전환기를 맞이하게 만들었으며, 이로 인해 비판이론은 두 방향으로부터 공격을 받게 되었다. 앞서도 잠시 언급하였듯이, 신군부 정권의 등장과 더불어 비판이론은 그들로부터 급진 좌경 사상으로 낙인찍히게 되었으며, 민중으로부터는 현실 분석과 사회변혁의 이론으로서 부적합하다는 평가를 받으면서, 무용한 것으로 처리되기 시작하였다. 따라서 1980년대 비판이론에 대한 연구는 긍정적 관점에서 평가되기보다는 부정적 관점에서 평가되는 경향이 강했으며, 긍정적으로 평가되는 경우에도 마르크스-레닌주의의 발전 전망 아래서만 그러하였다.

---

19 이런 의미에서 문현병은 다음과 같이 주장한다. "프랑크푸르트 사회 비판이론의 한국적 수용은 맑시즘의 적극적 수용의 한 우회였다."(문현병, 같은 글, 50쪽)
20 박정하는 이러한 관점에서 비판이론을 좌파에 더 기울어진 입장에서 모순을 은폐하는 경향이 있는 것으로 규정하는 문현병의 주장에 대해서 비판적인 입장을 견지하고 있다(박정하, 「〈문현병 지음, 『프랑크푸르트학파의 사회비판이론』, 동녘, 1993년〉에 관한 서평」, 한국철학사상연구회 엮음, 『시대와 철학』 제6호, 동녘, 1993, 260쪽).

상황이 이러하다 보니 1980년대에 이르러서 우리의 진보 진영은 비판이론을 통해서 우회하기보다는 바로 마르크스주의로 향하는 직로를 구축하고자 하였다.[21] 물론 다른 한편에서는 비판이론을 사회 실천 운동과 상관없이 순수 학문적으로 논의하는 분위기도 있었다. 따라서 비판이론에 대한 감정적 접근보다는 좀더 학문적인 접근이 이루어지는 면도 있었다. 그러므로 1980년대 비판이론에 대한 연구는 순수 학문적인 관점에서 이루어진 면도 있었고, 현실적 관점에서 이루어진 면도 있었다. 이 시대 이런 연구 경향에 주축이 되었던 인물은 상당 부분 이미 1970년대에 출현하였던 인물이었다. 물론 이들 외에도 이정원, 문현병, 홍윤기 등이 있었다. 이들은 더 이상 비판이론을 한국 현실에 적합한 이론으로 보지 않았다. 문현병은 이 점에 대해서 다음과 같이 주장하고 있다.

> 비판이론의 상부구조 비판 일변도의 성격은 한국 사회의 기본 모순을 은폐하는 데 결정적 역할을 한다. 계급 모순은 해소되어가는 것이 아니라 날로 심화되어가고 첨예화되어가고 있다. 상부구조의 토대 의존성을 무시한 비판은 모순 해결에 전혀 도움이 되지 않는다.[22]

1970~1980년대 비판이론의 작업은 우리 사회의 정치·경제적 모순뿐만 아니라 문화적 왜곡을 직시하고 이것에 대한 비판을 보여줌으로써 비판의 시야를 넓혔다는 점에서 의의가 있는 것은 사실이다. 그러나 한국 사회

---

21 이런 경향을 가능케 한 것은 정부의 개방정책 때문이기도 하다. 1980년대 초에 이르러 대내외적인 정세의 변화와 남한의 경제적 상황에서의 우월성은 정부로 하여금 사회주의 연구를 공식적으로 허용하게 하였다. 1953년 10월 1일에 창립한 한국철학회가 창간한 『철학』에는 마르크스주의에 관한 글이 1981년까지는 한 편도 수록되어 있지 않다가 1982년 이후에 무려 19편이 수록되었다. 또 1963년 창립한 철학연구회도 1988년 『철학연구』 제24집과 1989년 『철학연구』 제25집에서 '한국에서 마르크스주의의 수용'과 '주체사상의 철학적 조명'에 대해서 집중적으로 다루었다.
22 문현병, 앞의 글, 72쪽.

에서 비판이론은 상부구조 비판 일변도의 성격을 지니고 있어서 한국 사회의 모순을 해소하기보다는 은폐하는 면이 많았다. 따라서 비판이론은 한국에서 낭만적 사회운동의 형태를 띠고 있었으며, 다분히 1930년대, 1940년대의 실존주의와 비슷한 양상을 띠었다. 그러다 보니 시민 의식이 고양되고, 아울러 정치와 경제의 정통성에 대해서 좀더 강렬하게 문제의식을 지니기 시작한 1980년대에는 1920~1940년대에 실존주의가 마르크스주의로부터 현실적인 사회성과 역사성이 결여되어 있다는 비판을 받았듯이, 비판이론이 그와 같은 비판을 받게 되었다. 1980년대의 모순의 증폭과 그에 비례하는 문제의식의 강렬함의 증대는 좀더 강력한 현실적 실천력을 지닌 이론을 요구하게 되었다. 1970년대 민중 지향적 담화의 형성을 알리는 신호가 전태일의 '인격적' 죽음이었다면, 1980년 5월 광주민주화운동에서의 '공동체적 죽음'은 마르크스-레닌주의 논리가 민중 지향적 학문에 중심이 되도록 만들었으며, 각종 사회 운동권에서 지배적인 담화로서 행사하도록 만들었다. 이 이후 한국 사회에서는 마르크스-레닌주의의 이론이 본격적으로 수용되기 시작했다.

그러나 이런 수용 과정은 갑작스럽게 이루어진 것이 아니고 사실 1980년대 초반에 헤겔의 변증법 철학에 관심을 가지게 된 데서 비롯되었다. 우기동이 주장하듯이, 이 시대의 변증법 수용은 1980년 5월의 뼈아픈 경험을 넘어서 새로운 변혁의 길을 모색하는 마르크스-레닌주의의 길을 열어놓는 예비 단계가 되었다. 1980년대 중반에 이르러서는 본격적으로 마르크스-레닌주의가 소련·동구권의 교과서적 틀 안에서 진행되었다. 특히 1980년대 후반에는 마르크스주의의 고전들에 관한 번역서들이 쏟아져 나오면서 마르크스-레닌주의에 관한 연구가 한결 더 확장되어나갔다.

2 마르크스-레닌주의 수용과 한국 사회철학

1980년대 초반에 현실을 변혁하고자 하는 진보 진영은 헤겔의 변증법을 통하여 마르크스-레닌주의를 활성화시키고자 하였다. 당시 남한 사회는 민중 주도의 민중민족혁명의 논리가 강하였고 이들은 1970년대의 비판이론에는 과학적 방법론이나 계급적 당파성이 결여되어 있기 때문에 자신들이 안고 있는 문제를 해결할 수 없다고 보았다. 그렇다고 1980년대 초반이 곧장 마르크스-레닌주의로 이어진 것은 아니었다. 1980년대 초반은 마르크스 철학에 대한 연구보다는 오히려 헤겔 연구에 더 집중되어 있었다. 상황이 이러할 수밖에 없었던 요인은 당시의 정치적 상황이 너무나 억압적이었던 부분도 있었고, 또 마르크스의 변증법 철학을 이해하기 위해서는 헤겔의 변증법 철학을 반드시 거쳐야 한다는 당시의 공유된 인식 때문이기도 하였다.[23]

그래서 1980년대 초반에는 루카치와 카렐 코지크Karel Kosík에 대한 연구가 활성화되었다. 루카치는 "진리는 전체다"라고 주장하는 헤겔의 입장을 따라 모든 지엽적 현상들을 총체성[24]이라는 관점에서 파악하고자 하였고, 아울러 현실의 문제를 계급적 당파성이라는 관점에서 접근하고자 하였다. 1980년대 초반 당시 루카치의 총체성과 계급적 당파성이라는 개념은 매우 매력적인 개념이었다.[25] 루카치에 의하면 사회주의는 순수 경제적인

---

23 김창호, 「한국사회철학의 쟁점에 대한 사적 개관」, 사회와 철학 연구회 대회보(1997. 2. 22), 『한국사회철학의 현황과 전망』, 7쪽.
24 루카치는 총체성을 ①개별적 사실들의 종합으로서의 총체성, ②유기적 전체라는 의미의 총체성, ③구체적 총체성으로 구별하고, ①은 방법론적 개체주의에 바탕을 둔 고전적 부르주아의 특징을 나타내며, ②는 부르주아적 파시스트의 특징을 보여준다고 보았다. 자신이 취하는 입장은 ③으로서 이것은 프롤레타리아의 입장으로서 역사적, 사회적 현실과 관계하면서 탈역사적인 엥겔스의 자연변증법을 거부하였다. 나중에 바로 이 점 때문에 수정주의자, 주관주의자로 비판을 받는다(설헌영, 「현실변혁과 변증법—루카치 수용의 의미에 대한 검토」, 哲學硏究會 엮음, 『哲學硏究』 제24집, 천지, 1988년 겨울, 92쪽 참조).

차원에서 도래하는 것이 아니라 민중의 계급적 의식으로 무장된 행동을 통해서만 가능하다.[26] 그는 민중의 계급의식만이 혁명을 완수할 수 있다고 보았다. 민중 혁명을 중시했던 노동자나 지식인 세력들은 이 총체성과 계급적 당파성에 근거하여 당시 사회의 모순을 극복하고자 하였다.

그러나 루카치나 코지크의 이런 주장에도 문제점이 있었다. 이들은 존재를 인간 활동의 산물로 바라봄으로써 유물론적 입장을 철저하게 견지하지 못했다. 사실 이들은 윤리적 유토피아주의를 비판했음에도 불구하고 매우 강한 윤리적 성향을 띠고 있었다. 이들은 경제적 구조에 바탕을 둔 유물론적 고찰로부터 점점 멀어져 감으로써, 그만큼 자신들의 철학이 주관성과 관념성을 지닐 수밖에 없었다. 이러한 면에서 볼 때, 이 당시 마르크스-레닌주의에 대한 관심 역시 여전히 비판이론의 한계를 벗어나지 못하고 있었다. 물론 루카치는 비판 이론이 지식인 계급에 바탕을 둔 점에 대해서 비판하고, 자신의 이론은 노동계급에 근거를 두고 있다는 점에서 분명히 차이를 두고자 하였다.[27] 그럼에도 불구하고 그는 존재의 사실적 상황, 즉 경제적 현상에 대한 유물론적 독해를 벗어나서 지나치게 프롤레타리아의 계급의식을 강조함으로써 주관성과 관념성에 몰입하게 되었고, 이로 인해 수정주의자, 주관주의자라는 비판을 받게 되었다.

따라서 이제는 헤겔을 통해서 마르크스로 향하는 것이 아니라 마르크스 원전 자체를 통하여 한국 사회의 변혁 운동을 모색해보고자 하는 움직임이 일어나게 되었다. 이로 인해 1980년대 중반 이후에는 마르크스 원전 자체가 번역되기 시작하였다. 즉 『자본론』 『독일 이데올로기』 『정치경제학

---

25 설헌영, 같은 글, 88~89쪽.
26 박정호, 「사물화와 계급의식」, 한국철학사상연구회 엮음, 『현대 사회와 마르크스주의 철학』, 동녘, 1992, 156쪽.
27 적어도 루카치는 기계적 반영론을 거부하였으며, 스탈린주의를 서구의 파시즘에 대항하는 데 아주 절실하게 필요한 것으로 강조하였다.

비판』 등이 번역되었다. 아울러 마르크스의 유물론과 정치·경제학 이론에 관한 연구도 활발하게 이루어졌다. 그 단적인 예가 스탈린주의적 형태를 띤 마르크스주의에 관한 대표적 교과서 역할을 했던 『세계철학사』(녹두, 1985)의 등장이었다. 이를 필두로 하여 마르크스주의에 관한 많은 교과서들이 번역되기 시작하였으며, 나아가 이를 근거로 레닌주의에 대한 연구에까지 이어지게 되었다. 이것은 당시 한국 사회의 모순에 대한 이론적 분석과 그것을 타개해가야 하는 실천적 행동의 요구 조건과 맞물려 있었다.

그러나 당시 한국 사회에 수용된 마르크스-레닌주의는, 그것 자체가 교조주의적 형태를 띠고 있었듯이, 우리 사회에서도 그런 면을 강하게 표출하고 있었다. 본래 마르크스-레닌주의는 노동자계급이 자연과 사회의 객관적 합법칙성을 과학적으로 접근하여 모순을 정치경제학적 차원에서 타파해가는 이론이다. 조르주 라비카Georges Labica는 마르크스-레닌주의에 대해서 다음과 같이 주장한다.

명제 1: 맑스-레닌주의적 체계는 연속적으로 철학에서 정치경제학으로, 과학적 공산주의로, 그리하여 마침내는 자연과 사회의 발전 법칙, 피압박·피착취 대중의 혁명, 모든 나라에서의 사회주의의 승리, 공산주의사회의 건설이라는 4가지 과학적 대상들로 나아가는 하나의 도식에 따라 제시된다.

명제 2: 맑스-레닌주의적 체계는 맑스, 엥겔스, 레닌과 스탈린의 저작들이라는 일련의 축 위에서 구성되고 있다. 역사적으로 신성화되고, 정정과 계승 발전을 포함하는 이 체계는 하나의 완결된 총체성을 띤다.

명제 3: 맑스-레닌주의적 체계가 과학이기 때문에, 이 체계의 법칙들을 존

중하고 따라야 하는 것이 된다. 따라서 이 체계는 학습되고 적용되어야 한다.[28]

이와 같은 마르크스-레닌주의는 "소련의 사회주의 정치권력의 정립 과정에서 벌어진 정치적 그리고 철학적 투쟁 속에서 생성된 국가 이데올로기적 담론 체계이다."[29] 왜냐하면 당시 소련 사회에서 심각하게 전개되었던 철학 논쟁은 아브람 데보린Abram M. Deborin 일파와 니콜라이 부하린 Nikolai Bucharin 일파 사이의 변증론과 기계론의 논쟁이었는데, 이 논쟁 과정에서 전개된 작업 저변에는 학문적 엄밀성이나 객관성 확보보다는 정치적 게임이 작동하고 있었기 때문이다. 사실 그 당시 데보린 일파는 부하린 일파의 입장을 실증주의로 타락한 수정주의자라고 규정하고 변증법적 통일성을 강조하였다. 그렇지만 이들 사이의 논쟁은 학문적 차원에서 지속되지 못했다. 스탈린은 이들의 논쟁에서 데보린 일파에 손을 들어주면서도, 정치적 이유로 이 일파를 숙청하였다. 그가 볼 때 데보린 일파가 우편향의 기계론을 격파한 점은 매우 잘한 것이었다. 하지만 이들이 좌편향의 트로츠키 세력과의 투쟁을 소홀히 한 점에 대해서는 매우 못마땅하게 생각하였다. 그래서 스탈린은 자신의 이론이 데보린 일파의 이론에 근거하고 있음에도 불구하고, 데보린 일파가 스탈린 자신의 편을 들지 않는다는 이유로 이들을 반동으로 규정하고 숙청하였다. 이런 와중에서 마르크스-레닌주의의 정통성은 스탈린주의의 정치적 논리로 편승되어야 했다.[30] 따라서 마르크스-레닌주의는 학문적 엄밀성을 상실하게 되고 정치적 권력자의 중심

---

28 Georges Labica, *Der Marxismus-Leninismus. Elemente einer Kritik*, Berlin: Argument-Verlag, 1986(불어 원본, 1984), p. 17. 윤형식, 「맑스-레닌주의, '정통주의' 시대」, 김수행 외 지음, 『1980년대 이후 한국의 연구』, 과학과사상, 1995, 20~21쪽에서 재인용.
29 윤형식, 같은 글, 22쪽.

이론으로 전락하였다. 그러므로 마르크스-레닌주의는 "철학-당-국가의 체계를 유지시키는 기능"[31]을 담당할 뿐이며, 모든 공산주의 국가들이 모델로 삼아야 하는 교설에 불과하였다.

1980년대 중반에 한국 사회를 휩쓸었던 마르크스-레닌주의도 이러한 정통주의 열정과 결코 무관하지 않았다.[32] 사실 이 당시 한국 사회에 수용된 마르크스주의의 이론과 철학은 스탈린주의의 정치경제학, 철학 이론들을 중심으로 수용된 것으로서 마르크스주의에 대한 교조주의적 이해를 벗어나지 못했다. 그래서 한국 사회에 구체적으로 적용될 수 있는 새로운 마르크스주의가 필요하게 되었다. 따라서 마르크스주의에서 주장하는 자본주의 운동법칙의 '보편성'과 신제국주의 아래서 식민성을 벗어나지 못한 한국 사회의 '특수성'이 어떻게 결합할 수 있는가라는 것은 당시의 마르크스주의의 적용과 매우 깊은 연관 관계를 가지고 있었다. 보편성과 특수성, 객관성과 당파성, 이론과 실천 사이의 통일을 모색하는 과정에서 발생한 논쟁이 이른바 '사회구성체 논쟁'이었다.[33]

이 논쟁의 시발점은 이진경의 『사회구성체론과 사회과학방법론: 한국 사회성격 논쟁에 부쳐』의 출판과 함께 비롯되었다.[34] 이진경은 자신의 책에서 기존의 사회구성체 논쟁이 잘못된 철학적 기반과 방법론적 원칙에 의존하고 있음을 비판하고, 한국 사회 성격에 대한 과학적 분석을 주장하였다. 김창호는 이진경의 작업에 대해 "이론주의" 내지는 "이론환원주의"라

---

30 데보린 일파의 제거에 관여했던 마르크 보리소비치 미틴(Mark Borisovich Mitin)은 다음과 같이 주장하였다. "철학까지도 포함한 맑스-레닌주의 이론의 모든 구성요소들의 계속적 발전은 스탈린 동지의 이름과 결부되어 있다. 스탈린 동지의 실천적 작업 전체와 모든 이론적 저작들에는 전 세계 프롤레타리아트의 투쟁경험 전체가 침전되어 있으며, 이것은 맑스-레닌주의 이론이 갖는 전체내용의 풍부함을 이루고 있는 것이다."(윤형식, 같은 글, 28쪽)
31 윤형식, 같은 글, 30쪽.
32 윤형식, 같은 글, 31쪽.
33 윤건차, 『현대 한국의 사상흐름—지식인과 그 사상 1980~90년대』, 당대, 2000, 43쪽.
34 이진경, 『사회구성체론과 사회과학방법론』, 아침, 1987.

고 비판하게 되었고,[35] 이내 이진경은 김창호의 이런 비판에 대해 "사상의 신봉자들", "실용주의자"라고 비판하였다. 그러자 이제 이기홍은 다시 이진경과 같은 부류들에 대해서 주객 동일성을 내세우는 관념론적 오류를 보이면서 과학이 결핍되어 있는 빈곤의 철학이라고 비판하였다.[36] 이와 같은 논쟁의 내용을 전체적으로 묶어서 정리한 책이 바로 김창호의 『한국사회변혁과 철학논쟁』[37]이다.

이들의 이런 논쟁은 마르크스-레닌주의의 한국적 토착화에 기여한 바 적지 않다. 다만 이들의 논쟁이 권위 의존적 태도에 바탕을 두고 있었다는 점에서 다소 문제점을 안고 있기도 하였다. 이들은 당파성과 과학적 객관성의 문제를 논함에 있어서, 마르크스주의의 반영론을 전혀 문제 삼지 않고 진리로 받아들였다.[38] 바로 이런 면이 우리의 마르크스-레닌주의가 교과서적이었음을 입증해주고 있다. 이들은 마르크스-레닌주의 이론 체계에 있어서 당파성이라는 범주가 지니고 있는 비과학적이고 이데올로기적인 역할에 대해서 근원적인 비판을 수행하고 있지 않았다. 서로 권위에 의존하여 교조주의적 태도로 일관하면서 당파성을 조장하고 있었다.[39] 이런 면은 마르크스-레닌주의와 주체사상의 대결에도 함께 존재하였다.[40]

이런 권위 의존적인 태도를 벗어날 것을 주장한 사람이 바로 유재건이다. 그는 역사적 유물론의 무비판적 수용을 비판하고, 실증적 분석을 중심

---

35 김창호, 「사회과학 이론의 방법론 비판」, 『산업사회연구』 2집, 한울, 1987. 김창호는 여기에서뿐만 아니라 다른 곳에서도 다음과 같이 주장하였다. "그러나 이에 대해 한국사회의 구체적 분석에 이르기보다는 세계사적 보편법칙을 일면적으로 강조하게 됨으로써 세계사적 보편법칙이 한국이라는 개별사회에도 예외 없이 관철된다는 사실만을 입증할 뿐이었다."(김창호, 「한국사회철학의 쟁점에 대한 사적 개관」, 앞의 책, 9쪽)
36 이기홍, 「철학의 빈곤, 과학의 빈곤」, 『경제와 사회』, 까치, 1988년 가을 참조.
37 김창호 엮음, 『한국사회변혁과 철학논쟁』, 사계절, 1989 참조.
38 윤형식, 앞의 글, 47쪽.
39 윤형식, 같은 글, 47~48쪽.
40 윤형식, 같은 글, 48쪽.

으로 한 과학적 수용 자세를 중시하였다. 또 스탈린주의적 역사 발전 5단계설을 거부하고, 즉 도식적인 역사발전론을 거부하고, 현실적이고 실증적인 과학 분석을 중시하였다.[41] 이런 유재건의 논지는 김광현의 교조주의적 접근[42]을 통해 비판하고자 하였다. 그러나 이청산, 강성호 등을 통하여 김광현의 교조주의는 바람직하지 못한 접근법으로 비판받았다.[43] 이 이후 유재건의 주장과 관련하여 구승회[44], 이기홍[45] 등의 논의가 활발하게 이루어지게 되었다. 구승회는 마르크스-레닌주의를 비법칙적으로 읽으려고 한다면, 이기홍은 마르크스-레닌주의 이론을 과학 이론으로 정립하려고 했다. 특히 유재건과 이기홍의 마르크스-레닌주의 접근법은 1980년대 말에서 1990년대 초에 세계를 휩쓸아친 사회주의의 붕괴와 함께 진보 이론이 겪게 될 위험을 돌파할 수 있는 전망을 제시해주었다. 유재건은 1990년대 일어난 탈법칙주의 경향과 관련하여 조응할 수 있는 새로운 길을 보여주고 있기도 하였다. 윤형식의 주장처럼, 그는 마르크스의 과학적 사회주의가 안고 있는 법칙주의를 비판적으로 검토하여 마르크스의 사회적 개인관을 바탕으로 역사적 유물론을 '열린 체계로서의 과학'으로 확립하려고 했다.[46]

이처럼 한국 사회는 마르크스-레닌주의를 수용함에 있어서 한국화를 시도하려는 모습을 보여주었다.[47] 이런 연구에 힘을 실어준 것이 바로 1980

---

41 유재건, 「역사법칙론과 역사학: 최근 소개된 역사적 유물론에 관한 논의」, 『창작과 비평』 16권 1호, 1988년 3월 참조; 유재건, 「역사법칙 재론: '역사법칙과 자유주의'에 대한 답변」, 『창작과 비평』 16권 2호, 1988년 6월 참조.
42 김광현, 「역사법칙과 자유주의, 유재건씨의 역사법칙론과 역사학을 읽고」, 『창작과 비평』 16권 2호, 1988년 6월 참조.
43 이청산, 「사회구성체논쟁과 사적 유물론: 도대체 사적 유물론은 무엇을 할 수 있는가」, 『현실과 과학』 1, 샛길, 1988 참조.
44 구승회, 「역사법칙논쟁 비판: 김광현, 이청산씨의 글을 중심으로」, 『창작과 비평』 17권 3호, 1989년 가을 참조.
45 이기홍, 앞의 글 참조; 이기홍, 「과학적인 역사인식을 위하여: 역사법칙논쟁의 반성」, 『창작과 비평』 17권 4호, 1989년 12월 참조.
46 윤형식, 앞의 글, 62~63쪽.

년대 후반의 '한국철학사상연구회'의 결성과 활동이다. 이들은 '헤겔학회'의 진보적 회원들과 '사회철학연구회'가 중심이 되어 "철학 연구를 통해 과학적 세계관을 확립하고 이를 확산·심화시킴으로써 한국 사회 발전에 이바지할" 것을 목적으로 1989년에 설립되었다. 그동안 이들은 『시대와 철학』이라는 연구지를 발간하면서 마르크스주의에 대한 연구를 중심 테마로 삼았다. 특히 이들은 1990년대 포스트마르크스주의와 분석마르크스주의에 대한 자세한 연구와 아울러 마르크스주의의 현실적 역할에 대해서 많은 고민의 흔적을 제시해주었다. 여기에 대한 자세한 논의는 2부 1장에서 다루게 될 것이다.

3 주체사상 수용과 남한의 사회철학

한편 마르크스-레닌주의를 한국적 상황에 맞도록 정립함에 있어서, 주체사상이라는 또 하나의 계기가 등장하였다. 1980년대 마르크스주의의 전반적 수용은 마르크스-레닌주의라는 교과서적 형태를 통해 수용되었다. 이로 인해 한국 현실에 대한 구체적 분석 없이 진행된 마르크스-레닌주의는 관념적 비현실성과 교조적 경직성으로 인하여 또 하나의 비판 집단을 불러들이게 되었다. 그것이 바로 주체사상을 옹호하는 입장이었다. 이 입장은

---

47 물론 최종욱은 이런 입장에 다소 비판적인 입장을 견지하고 있다. "먼저 우리의 연구 태도가 너무 교조주의적 도식주의에 사로잡히지 않았는지 반성할 필요가 있다. 마르크스의 비판적 과학적 정신과 자세가 아니라 마르크스의 저작을 인용하고 그 인용구를 훈고하는 데만 몰두함으로써, 이론의 거미줄에 걸려 구체적인 현실의 실증적인 분석에 소홀하지 않았는지에 대해서도 반성할 필요가 있다."(최종욱, 「그래, 아직도 마르크스냐?」, 한국철학사상연구회 엮음, 『시대와 철학』 제3호, 동녘, 1991, 340쪽) 이런 의미에서 최종욱은 서구 마르크스주의의 핵심이 '비판'에 있었다면, 소비에트 마르크스주의의 핵심은 '과학'에 있었다는 점에 근거하여 우리는 후자의 마르크스주의에 경도됨으로써 비판으로서의 마르크스주의를 제대로 마련하지 못했다(최종욱, 같은 글, 340~341쪽)고 지적하였다.

1980년 5월 광주민주화운동 이후 광범위하게 확산된 반미 운동과 함께 반외세, 민족 통일이라는 이름 아래 자연스럽게 확산될 수 있었다.

1980년대 초반의 한국 상황은 신제국주의라는 새로운 형태의 지배 구조에 식민화되는 특수한 상황에 놓여 있었으며, 더군다나 분단의 상황은 지속되고 있었다. 따라서 식민화를 극복하고 통일을 실현하여 민족을 해방시키는 것은 당시 진보 진영의 당연한 관심사였다. 그러나 이들의 이런 관심이 현실 속에 구체적으로 실현되기 위해서는 우리 한국의 특수성을 충분히 고려한 실천 이론의 개발이 절실하였다. 바로 이와 같은 상황이 기존의 마르크스-레닌주의와는 다른 새로운 사상을 요구하도록 만들었으며, 여기에서 새롭게 출현한 사상이 바로 주체사상이었다. 그러나 진보 진영 내에서는 바로 이로 인해 북한의 주체사상을 남한에 적용하고자 하는 입장과 그것을 남한 사회에 적용하는 것에 회의를 표명한 입장 사이에 치열한 논쟁이 발생하였다.[48] 이 논쟁의 과정에서 주체사상에 관한 글들이 쏟아지게 되며, 아울러 『주체사상 총서』 10권이 1989년을 중심으로 출판되기 시작하였다.

사실 한국의 '마르크스주의와 주사 논쟁'의 불을 지핀 당사자는 북한 사회과학원 박승덕 교수라고 할 수 있을 것이다. 그는 주체사상이 마르크스-레닌주의와 질적으로 다르다고 주장하였으며, 바로 이것이 한국 사회의 특수성에 적합한 이론이 주체사상이냐 아니냐는 논쟁으로 이어지도록 만들었다.[49] 그가 이런 주장을 하기 전에는 당연히 주체사상은 마르크스-레닌주의의 새로운 적용으로 여겨졌다. 그러나 마르크스-레닌주의자들은 주체사상을 "수령관의 정립을 위한 철학적 정립"으로서 비과학적이고 관

---

48 김창호, 「주체사상 논쟁」, 『80년대 한국사회 대논쟁집』(『월간중앙』, 1990년 신년호 별책부록), 한신대 제3세계 문화연구소, 『한국민중론과 주체사상과의 대화』, 풀빛, 1989.

념적이라고 비판하였다. 하지만 주체사상 쪽에서는 마르크스-레닌주의의 탐구 방법은 대상의 특성을 객관적으로 다룰 수 있게 해주며, 따라서 객관 세계의 법칙성을 파악할 수 있도록 해주지만, 여기에는 인간이 무언가를 지향하고 요구하는 것을 제대로 반영하지 못한다고 비판하였다. 따라서 주체사상 쪽에서 볼 때 마르크스-레닌주의에는 인식론은 있지만 가치론이 없다.[50] 이처럼 주체사상 신봉자들은 다분히 마르크스주의를 경제결정론으로 파악하고 있었다.

그러나 이런 해석은 당시 주체사상에 비판적인 사람들에게는 대단히 위험한 것으로 읽혀졌다. 사실 주체사상이 비교적 한국 현실을 고려한 몇몇 전술적 지침들을 제시해주기는 했다. 하지만, 이론적으로 볼 때 이 사상 역시 서구 근대의 부르주아 철학이 지니고 있었던 의식 철학의 관념성에 바탕을 두고 있었으며, 이를 그들과 마찬가지로 민족주의적으로 재생산하고 있었다. 또 이 주체사상은 봉건적 형태를 띤 공산주의 북한 체제를 정립하는 과정에서 나왔기 때문에 통치 이데올로기적 성격을 지닐 수밖에 없었다. 1980년대 학생 운동을 주도했던 주체들은 사실 초등학교 시절부터 '국민교육헌장'과 국민윤리교육 등을 통하여 반공주의 이념을 주입받았으며, 당시 집권자와 지식인 권력이 주도했던 우편향적인 민족주의적 통치 이데

---

49 "맑스·레닌주의를 노동계급 철학의 영원한 대명사로 보는 것은 시대의 발전에 상응한 철학의 진보를 부인하는 비역사주의적 관점이다. 〔……〕 초시대적이며 초역사적인 철학이나 사상은 있을 수 없다. 이북의 사회주의도 맑스·레닌주의에 기초했던 소련식 사회주의와는 질적으로 구별된다."(박승덕, 「주체적 견지에 본 민족통일의 철학」, 남북학술교류발표논문집, 통일원, 1994, 379쪽) (*이 논문은 1993년 8월 북경에서 열린 국제고려학회 학술회의에서 발표되었으며, 이후 國際高麗學會學術叢書 제3호, 『통일을 지향하는 언어와 철학』에 게재됨.) 박승덕의 이와 같은 입장에 대한 좀더 자세한 언급은 이삼열, 「政治的 統一의 原則과 政治的 談論」(大韓哲學會 엮음, 『哲學研究』 第60輯, 1997년 5월), 132~133쪽과 김재현, 『한국사회철학의 수용과 전개』(동녘, 2002), 201쪽, 208쪽 참조.
50 특히 박승덕은 "〔……〕 적대관계에 있는 다양한 계급들이 있어도 민족은 단일하고 동질적인 공동체로 존재하게 된다"라는 주장에서처럼 민족주의적 요소를 강하게 보여주고 있다(박승덕, 같은 글, 383~384쪽).

올로기를 계속해서 주입받았다. 역설적이게도 이들은 그로 인해 남한 내부의 모순을 해결하는 데도 집권 세력 못지않게 급진적이었다. 즉 이들은 마르크스-레닌주의적 사고를 넘어서 우리 것에 대한 강한 애착과 더불어 민족주의적 형태를 띠면서 서둘러 주체사상으로 옮겨 갔다.

그러나 주체사상에 대해 비판적 입장을 견지한 사람들은 주체사상을 주관적 관념론으로 규정하였다.[51] 이것은 남한에 수용된 주체사상과 관련된 차원에서만 지적된 것이 아니라 주체사상 자체가 마르크스주의에서 주장하는 물질 재화와 역사 운동의 객관적 법칙에 근거하지 않고, 오히려 인간의 '의식성, 자주성, 창조성'에 중심을 둠으로써 인간의 주체성이 물질의 객관세계를 지배한다는 의미에서 지적된 것이었다.[52]

그래서 김창호는 북한의 주체사상은 비록 그것이 북한의 특수 상황, 그리고 민족의 통일과 관련하여 민족주의적 관점에서 의의가 있다고 하더라도 물질적 토대에 대한 객관적이고 과학적인 고려를 놓친다는 점에서, 또 보편 사상이 될 수 없다는 점에서 합당한 이론이 될 수 없다고 보았다.[53] 윤형식 역시 북한의 주체사상 때문에 오히려 마르크스주의에 대한 연구가 더 심화되지 못하고, 따라서 한국 철학의 성숙이 차단되고 말았다고 평가하였다. 적어도 그의 평가에 따르면 "〔……〕 철학 연구에 있어서 주체사상의 과학적 기여는 '전무'하다."[54]

---

51 이진경 엮음, 『주체사상 비판 I, II』, 벼리, 1989 참조.
52 "주체사상은 김일성 동지가 창시하고 전일적인 사상이론 체계로 완성하였으며, 김정일 동지가 전면적으로 심화 발전시키고 있는 우리 시대의 가장 과학적인 혁명 사상이다. 〔……〕 주체사상은 사람이 모든 것의 주인이며 모든 것을 결정한다는 진리를 밝혀주고 모든 것을 사람을 중심으로 생각하고 사람을 위하여 복무하게 하는 사람중심의 세계관을 밝힘으로써, 근로 인민 대중의 자주성을 실현하기 위한 길을 밝힌 위대한 혁명학설이다." (사회과학출판사 엮음, 『주체사상의 철학적 원리』, 『위대한 주체사상 총서』 제1권, 백산서당, 1989, 15쪽)
53 김창호, 「주체사상 논쟁」, 앞의 책, 11쪽.
54 윤형식, 앞의 글, 34~35쪽.

물론 주체사상을 이렇게 일방적으로 매도할 것은 아니다. 김재기는 1980년 한국 사회철학의 진공상태를 지적하면서 변혁 운동을 위해서 주체사상의 합리적 핵심을 건져내는 노력을 해야 한다고 주장하였다. 이와 같은 일면을 볼 때 그동안 한국 사회철학은 너무 마르크스-레닌주의를 교조적으로 따름으로써 학문의 주체성을 결여한 면이 없지 않다. 여기에 대한 세부적인 논의는 신일철의 『북한 '주체철학'의 비판적 분석』, 『주체사상해설』에서도 언급되고 있으며, 무엇보다 특히 1989년 '철학연구회'를 중심으로 논의된 '주체사상의 철학적 조명'에 관한 글을 특집으로 게재한 『철학연구』 제25집에 실려 있는 최종욱, 유초하, 김재기 등의 글에서도 자세하게 언급되고 있다.[55]

우리는 마르크스주의를 받아들이면서 교조적인 면이 있었듯이, 주체사상을 받아들임에 있어서도 그런 면이 존재했다. 그러다 보니 이런 사상을 받아들임에 있어서 비판적으로 수용해야 한다는 자성의 목소리도 만만치 않았다. 이와 같은 문제의식의 연장선상에서 북한의 주체사상에 관한 연구 분석도 활발하게 진행되고 있다.

신일철은 이미 1987년에 북한의 주체 철학과 관련하여 매우 비판적인 입장을 제시하였다. 그에 의하면 북한의 주체 철학은 마르크스-레닌주의 직수입 30년 만에 독자적인 북한 철학으로 정립되었지만, 그것은 소련 철학의 차용·변조의 산물에 불과하며 철학이 권력의 시녀가 되었음에 대해서 다음과 같이 비판하였다.

---

55 최종욱, 「북한의 사회주의 건설과 주체사상의 이해(1): 주체사상의 형성 과정에 관한 시론」, 유초하, 「원리체계에서 본 주체사상의 철학적·정치적 문제」, 김재기, 「80년대 사회변혁운동과 주체사상」 외에도 북한에서 발간된 『위대한 주체사상 총서』도 『철학연구』(哲學硏究) 제25집(哲學硏究會 엮음, 1989)에 수록되어 있다.

특히 토대·상부구조 도식에 있어서 북한의 '철학 강좌'는 역사적 유물론 분야의 '상부구조의 상대적 독립성' 테제를 철학적 유물론 분야에까지 확대 적용하여 유물론을 '의식의 능동성'의 철학으로 통속화했으며 철학 이데올로기를 김일성 일인 우상화의 '사상 교육'과 강력한 집단적 의식 동원의 도구로 사용함으로써 '정치권력의 시녀'로 만들고 있음을 보여준다. 이와 같은 철학의 시녀화 현상은 북한 학계의 철학 연구와 이론의 볼모성과 진정한 철학의 부재 사실을 폭로한 것이 된다.[56]

이처럼 신일철은 북한의 주체철학(주체사상)은 공산권의 비非스탈린 운동과 북한 당내의 반김反金 운동에 직면하면서 1982년 김정일의 「주체사상에 대하여」에 이르러서부터는 사상 통제의 세습화 작업에 기반이 되었다고 규정하고 있다.[57] 북한 주체철학에 대한 이와 같은 작업이 좀더 본격적으로 논의된 것은 1994년 『시대와 철학』에서였다. 이 책의 머리말에서 편집부 일동은 남한의 철학은 지나치게 비정치적인데 반해서 북한의 철학은 지나치게 정치적임을 지적하고 있다. 나아가 이들은 이러한 남북 철학의 상황이 철학 본래의 정신, 즉 창조적 사고와 비판의 힘을 위축시키고 있다고 진단하였다.

이훈은 1955년부터 1962년까지의 북한 철학을 연구하면서 그들의 철학은 소련 철학을 직수입한 정도이지 '북한 철학'의 전개라고 할 만한 부분이 거의 없다고 주장하였다.[58] 그의 조사에 따르면, 북한에서 연구된 논문들 대부분이 주체사상과 마르크스주의에 관한 것이다.[59] 북한은 1957년에

---

56 신일철, 『북한 '주체철학'의 비판적 분석』, 사회발전연구소, 1987, 93~94쪽.
57 신일철, 같은 책, 96쪽.
58 신일철, 같은 책, 93~94쪽.
59 한국철학 62편, 서양철학 52편, 마르크스주의 148편, 주체사상 864편. 이훈, 「맑스주의 수용 50년사」, 앞의 책, 16쪽 참조.

'철학연구실'을 개설하고 이를 통하여 조국의 평화적 통일과 북반부의 사회주의를 건설하고자 하였다. 이를 위하여 우선 철학 연구 사업의 토대를 구축하고, 조선 철학사의 체계를 확립하며, 나아가 남반부의 미제 고용 철학을 척결하고자 하였다. 이런 과정에서 1962년 4월 김일성 탄생 50주년에 즈음하여 마르크스-레닌주의를 창조적으로 적용하고자 하였으며, 마침내 1965년에는 '주체사상'이라는 제목이 달린 논문이 등장하였다.[60] 『철학연구』가 창간되기 이전인 1955년부터 그 이후 1967년까지는 마르크스주의를 주체적으로 재해석하는 단계였다면, 1968년부터 1976년까지는 주체사상이 강화된 단계였고, 1977년부터 1985년까지는 마르크스주의를 대체하는 주체사상이 정비된 단계였다. 그리고 1986년 이후에는 주체사상이 완전히 전문화된 단계에 이르렀다.[61] 그래서 마침내 주체사상은 수령론의 형태를 지니게 되었다.[62]

북한의 주체철학은 이와 같은 과정을 겪으면서 1950~1960년대에는 남한의 실존철학에 대해서 비판하고,[63] 1970년대에는 남한의 실용주의,[64]

---

60 「우리 당의 주체사상에 대하여」, 『철학연구』 2호, 1965.
61 이훈, 앞의 글, 15쪽. 이병창은 북한 철학의 시기 구분과 관련하여 다음과 같이 주장하고 있다. 1950년대는 사회주의적 개조 시대이며, 1960년대는 사회주의 완전 승리로의 전진 시대이며, 1967년에서 1985년까지는 주체철학의 형성 시대이다(이병창, 「해방 이후 북한철학사」, 『시대와 철학』 제9호, 동녘, 1994, 96쪽). 이삼열은 북한의 정치와 이데올로기 변화에 근거하여 북한의 철학을 전기와 후기로 구분하고 있다. 전기는 마르크스-레닌주의 철학 위에서 사회주의혁명과 체제를 완성하는 시기이며, 후기는 소련과 중국의 대립 분쟁의 틀에서 벗어나 자주적인 사회주의 건설을 목표로 전진하려는 시기이다. 그리고 이 후기에 주체사상이 강하게 부각된다. 그리고 이삼열은 전기와 후기를 구분해주는 시점을 1966년 『노동신문』의 논설 「자주성을 옹호하자」의 시기나, 아니면 1967년 12월 16일 최고인민회의에서 '주체사상은 가장 정확한 마르크스-레닌주의적 지도 사상'이라고 주장하는 시기로 보고자 한다(이삼열, 「分斷時代 東獨과 北韓의 哲學」, 한민족철학자대회보(1999. 8. 17~19), 『한민족과 2000년대의 철학』, 17~19쪽, 141쪽). 선우현은 해방 후 1950년대 초반까지를 마르크스주의 철학이 학계에 도입되어 중심으로 옮겨 오는 시기로 보며, 황장엽이 유학을 마치고 귀국한 1953년부터 1960년대를 거쳐 1970년대 초까지를 스탈린주의 철학에 기초하여 설정된 주체사상이 북한의 지도 사상으로 기능하였던 시기로 본다. 그리고 그는 1972년부터 현재까지를 인간 중심의 철학적 원리에 기초한 주체사상이 북한 체계의 통치 이념으로 확고하게 자리 잡은 시기로 본다(선우현, 『우리 시대의 북한철학』, 책세상, 2000, 20~21쪽).

논리실증주의 및 신토마스주의를 비판하였으며,[65] 1980년대 이후에는 남한의 현실을 비판하는 데 머물지 않고[66] 독자적인 차원에서 주체철학의 원리를 부각시키고자 하였다. 그러나 이러한 주체사상의 확립 과정에서 모순들이 발생하고 있었다. 적어도 주체사상은 마르크스-레닌주의의 변증법적 유물론을 계승하면서 노동계급의 변혁적 실천을 강조하고자 하는데, 이 둘 사이에는 양립이 쉽지 않다. 주관적이고 관념적인 인간학을 비판하기 위해

62 "'아무리 특출한 재능을 가진 사람이라도 개인의 의사와 념원은 인민대중의 요구와 리익의 한 측면에 지나지 않고', '오직 수령만이 인민대중 전체의 리익을 대표한다'는 것이다."(전성국, 「수령에 의한 로동계급의 혁명 사상 창시의 합법칙성」, 『사회과학』 1호, 1985) "대중은 당과 수령에 의하여 사회 정치적 생명을 받아 안게 되며 당과 수령의 보살핌 속에서 자기의 사회 정치적 생명을 유지하고 빛내며 나가게 된다. 사람들이 자기 부모를 떠나서 육체적 생명을 지니고 성장할 수 없듯이, 대중이 당과 수령을 떠나서 사회 정치적 생명을 지니고 빛내며 나갈 수 없다."(김화종, 김덕유, 『사람중심의 철학』, 사회과학출판사, 평양, 1992, 271쪽) "수령은 근로 인민 대중의 이익과 의사를 대표하고 그것을 실현하기 위한 투쟁을 통일적으로 이끌어 나가는 최고 영도자로서의 지위를 차지한다."(북한 사회과학원 철학연구소, 『철학사전: 북한의 주체철학』, 도서출판 힘, 1988, 682쪽)
63 남한의 실존주의는 주관적이고 관념적인 상태에 빠져 현실의 모순을 객관적으로 정립하지 못하고 있다고 지적하고 있다(리지호, 「남조선에 류포되고 있는 실존철학의 반동적 본질」, 『철학연구』 1호, 1964 참조). "그런데 몰지각한 일부 작가들은 실존주의의 유행 풍조를 모방하여 이남 사회를 설명하려고 애썼고, 실존주의가 행동화되어 퇴폐주의로 흐른 결과 우리의 정신생활에 많은 피해를 입혔다." (고림, 『주체철학 원론』, 평양, 1989, 10쪽) 북한의 철학에 의하면 실존철학은 현실의 모순과 싸우지 않고 내면으로 도피하며, 세계에 대한 주관적 이해에 빠져 있는 부르주아 반동 철학이다(북한 사회과학원 철학연구소, 『철학사전』, 평양, 1985, 서울에서 재발간, 도서출판 힘, 1988, 432쪽).
64 실용주의에 대해서는 인간을 사회적 존재로 보지 않고 이해관계에 따라 움직이는 개별적 존재로 보았다는 점과 인간을 동물적 존재로 귀착시키고 있다는 점에서 비판적이었다. 특히 실용주의는 미제국주의의 이론이라는 점에서 매우 비판적이었다(철학연구소, 『남조선에 대한 미제의 사상적 침투의 반동적 본질』, 사회과학출판사, 1975, 126쪽). 김철희, 「남조선에 류포되고 있는 현대 부르조아 철학의 류파들과 그 반동적 본질」, 『철학론 문집』, 과학원 출판사, 1960 참조. "해방 후 미국문화의 막대한 류입과 함께, 무비판적으로 밀려들어온 실용주의는 전통적인 민족문화와 가치관을 급격히 파괴하고, 그 대신 향락문화, 황금문화를 이식시켰다."(고림, 같은 책, 11쪽) 이와 같은 면은 더 감정적으로 나타나 드디어 "실용주의는 미제국주의 공식철학이며 썩어빠진 미국식 생활양식을 변호하는 현대 부르조아 주관 관념론, 미제의 강도적인 사고방식과 생활신조의 철학적 표현이다"(『철학사전』, 1985, 같은 책, 430쪽)라고까지 주장하기에 이른다. 리인간 역시 이런 주장을 하고 있다(리인간, 「인간에 관한 브르죠아 철학 사상의 역사적 변천과 그 반동성」, 『철학연구』 35호, 사회과학원 출판사, 1988, 47쪽).
65 김형일, 「논리학을 왜곡한 실증주의 견해에 대한 비판」, 『철학연구』, 사회과학원 출판부, 1966, 26쪽.
66 물론 1980년대 북한의 주체철학에서도 여전히 남한의 비판이론은 엥겔스의 자연변증법을 소홀히 하고 인간학화했다고 비판하며, 또 구조주의적 마르크스주의에 대해서는 기계론적 경향이 강하다고 비판하였다. 특히 김창렬은 레비스트로스, 알튀세, 푸코, 라캉까지 이들의 철학이 인간을 구조에 묶어둠으로써 자주성을 무시하였다고 비판하였다(철학연구소, 앞의 책, 295~299쪽).

서 변증법적 유물론을 강조하다 보면 인간의 의식성, 자주성, 창조성을 강조하는 부분이 제대로 마련될 수 없고, 노동계급의 변혁적 실천을 강조하다 보면 전자의 객관적 과학성이 마련되기 어렵다. 그래서 이상훈은 이 점과 관련하여 다음과 같이 비판하고 있다.

> 김창렬에 의하면 마르크스주의는 변증법적 유물론에 기초해 사회 발전의 합법칙성을 과학적으로 논증하는 이론이기 때문에 '마르크스주의는 결코 인간학화될 수 없다'고 한다. 만약 그렇다면 사람 위주의 사상이라고 하는 주체철학은 마르크스주의를 인간학화하는 것이 아닌가? 또 주체사상이 철학의 근본 문제를 바꾸는 문제의식과 마르크스주의에서 인간을 회복시키고자 하는 프랑크푸르트학파의 이론적 노력은 무엇이 다른가?[67]

사실 앞서도 언급하였듯이 주체철학은 비판이론이나 루카치의 이론처럼 인간의 의식적 활동을 강조하는 점에서 주관적인 면을 지니고 있다.[68] 그러나 이런 면이 부각되면 주체철학은 비판이론과 별 차이가 없게 된다. 마르크스-레닌주의와 거리를 두기 위해서 인간의 의식성, 자주성, 창조성을 강조하게 되면, 그 강조의 정도만큼 마르크스-레닌주의에서 강조하는 객관성, 과학성으로부터 멀어지게 된다.[69]

북한의 주체철학에 대한 비판은 1990년대 후반에 와서도 지속적으로 이루어졌다. 1997년도 '대한철학회'의 『철학연구』 제60집에서도 「통일시

---

67 이상훈, 「북한에서의 서양철학」, 『시대와 철학』 제9호, 동녘, 1994, 90쪽.
68 그래서 이삼열은 주체사상과 관련하여 그것은 "맑스·레닌주의 철학의 보충이나 정정 정도이지 근본적인 비판이나 부정, 혹은 대체라고 볼 수 없다"라고 보았다. 나아가 그는 "동독의 철학이 분단시대 내내 맑스·레닌주의 철학과 변증법적 유물론으로서 일관되게 나아가는데 비해서, 북한의 철학은 초기의 유물사관중심의 철학에서 70년대 이후의 주체사상중심의 철학으로 전환된다"라고 보았다. 그러므로 그에게는 북한의 주체사상은 수정 이론일 뿐이었다(이삼열, 「分斷時代 東獨과 北韓의 哲學」, 앞의 책, 144쪽). 이러한 언급은 그의 논문 153쪽에도 등장하고 있다.

대의 철학」이라는 주제로 북한의 주체철학에 대한 논의가 광범위하게 이루어졌다. 그러나 여기에서 북한 철학에 대해서 비판하는 것은 유물론 그 자체 내부에서의 비판이라기보다는 유심론의 관점에서 이루어지는 경향이 강하였다. 이것은 마치 북한의 철학이 유물론과 관념론의 대비 구도 속에서 남한의 관념론 철학을 비판하는 것과 대동소이한 형태를 지니고 있었다. 남명진에 의하면 북한의 주체철학은 인간을 의식성, 창조성, 자주성을 가진 존재로 봄으로써 동물과 구별을 짓고 있지만, 사실 주체철학 안에 자리하고 있는 인간은 여전히 단군 사상에 입각한 도덕적 인간에까지 이르지 못하고 욕구적 존재에 머물러 있다.[70] 그리고 이러한 비판은 송재국에 의해서도 마찬가지로 이루어졌다. 그에 의하면 북한의 주체사상은 반인간적이며 물성物性만 있지 인격성이 없으며 나아가 자연 개조, 인간 개조, 사회 개조의 사상은 생태주의에 위배된다.[71] 심지어 그는 "실로 주체사상은 북한 인민의 이성을 잠재운 수면제이고, 학자들의 열정을 오도시킨 최면제이며,

---

69 실제로 주체사상에서는 이들 양자의 양립에 대해서 주장하였다. "〔……〕 지금까지 역사에는 수많은 철학이 있었지만 사람을 철학적 고찰의 중심에 놓는 철학은 없었으며, 주체사상만이 세계관을 세우기 위하여 새롭게 확립된 독창적인 철학적 방법이다. 사람을 철학적 고찰의 중심에 놓는 것은 주관주의를 배격하고 유물변증법적 방법을 고수하면서 모든 것을 세계의 지배자이며 개조자로서의 사람과의 관계에서 풀어나가는 방법이다."(사회과학출판사 엮음, 앞의 책, 56~63쪽) 이와 같은 주체철학의 경향에 대해서 이정규는 다음과 같이 주장하고 있다. "그러나 주체철학의 경우는 이와 다르다. 그의 '인간 중심의 세계관'은 따져보면 영수의 주관적 의지를 중심으로 하는 세계관으로서 그 철학적 경향은 주관적 관념론이다. 이런 철학은 이론과 실천의 이탈로 특징지어 지며 사람들에게 객관적 규준을 제공할 수 없으며 또 설사 규준이 있다고 해도 그것은 주관적인 것일 수밖에 없다."(이정규, 「주체철학의 사회역사관에 대한 유물사관적 고찰」, 한민족철학자대회보(1999. 8. 17~19), 『한민족과 2000년대의 철학』, 421쪽) 이런 면에서 태백 출판사의 편집부는 북한의 주체사상에 대해서 마르크스-레닌주의적 요소와 사람위주론이 모순적으로 섞여 있다고 지적하고 있다(편집부 엮음, 『북한의 사상』, 태백, 1988, 476쪽). 실제로 북한에서는 주체철학을 정립하는 과정에서 심각한 대립이 일어났다. 인간 중심의 철학을 정초한 황장엽에 대해서 북한 내부의 리성주와 김화종 등은 정통 마르크스주의의 계급적 관점에서 비판적인 관점을 취하였다. 역설적이게도 나중에 반대한 이들이 김정일을 중심으로 주체사상을 강조하게 된다(선우현, 앞의 책, 36~37쪽).
70 남명진, 「남과 북, 그 우리나라 철학사상사 인식의 차이에 관한 연구」, 大韓哲學會 엮음, 『哲學研究』 第60輯, 1997, 41~42쪽.
71 宋在國, 「主體思想의 哲學的 評價」, 大韓哲學會 엮음, 『哲學研究』 第60輯, 1997, 62~65쪽.

그리하여 북한 사회를 미치게 만든 광분제인 것이다"[72]라고까지 주장하였다. 이 연구지에서 등장하는 일반적인 특징 중의 하나는 북한의 철학이 너무 획일적인 데 문제가 있지만, 남한의 철학은 그에 반해 너무 다양성만을 추구해서 문제이며, 이 양자의 대립이 극복되어야 한다는 점이었다.[73]

　이와 같은 관점에서 근자 몇 년 사이에 북한 철학에 대한 좀더 객관적인 규정과, 나아가 통일로 나아가는 데 있어서 북한 철학과 관련하여 우리가 임해야 할 자세에 대해서, 특히 황장엽의 인간중심주의 철학과 주체철학의 차이에 대해서 많은 논의들이 전개되었다. 이삼열은 1999년 한민족철학자대회에서 '분단'의 철학을 넘어서 '통일'의 철학으로 나아갈 것을 주장하였다. 그에 의하면 북한의 주체철학은 모든 철학 사상을 관념론과 유물론으로 나누어놓고 진리와 비진리의 기준을 변증법적 유물론을 취했느냐, 취하지 않았느냐에 따라서 획일적으로 규정하고, 형이상학적 관념론은 보수·반동 세력의 철학이고, 유물 변증법의 철학은 진보적 개혁 세력의 철학이라고 단정하는 '폐쇄적인 철학'이다.[74] 북한 철학은 이와 같은 맥락에서 '리'理 중심의 철학을 반동 철학으로 '기'氣 중심의 철학을 진보적인 철학으로 규정하였으며,[75] 따라서 북한의 철학에서는 리규보, 김시습, 서경덕, 홍대용, 최한기 등의 철학이 중시되었다.[76] 이런 의미에서 주체철학은 남한의 관념론 철학을 반동 철학으로 규정하였다. 그러나 주체철학이 이런 과정을 모색하면서 주체를 단지 북한 인민에만 국한하게 되면 세계 어디의 인간도 그 주체에 속하지 못하게 되며, 결국 국수적이고 폐쇄적인 민족주

72　宋在國, 같은 글, 67쪽.
73　남명진, 앞의 글, 54쪽; 류병덕, 「남과 북의 철학관」, 大韓哲學會 엮음, 『哲學硏究』 제60輯, 1997, 112쪽; 김용환, 「통일로 가는 다섯 가지 길」, 大韓哲學會 엮음, 『哲學硏究』 제60輯, 1997, 359쪽.
74　이삼열, 「分斷時代 東獨과 北韓의 哲學」, 앞의 책, 145쪽.
75　최봉익, 『조선 철학사 개요』, 평양: 사회과학 출판사, 1986, 193쪽, 199쪽, 201쪽, 207쪽.
76　최봉익, 같은 책, 337~338쪽. 정성철 역시 실학의 진보적인 면을 부각시키려고 한다(정성철, 『조선철학사』(2), 평양: 과학백과사전 출판사, 1987, 227쪽).

의에 닿지 않을 수 없다. 그래서 이삼열은 북한 주체철학의 "주체는 너무나 분단적 요소를 많이 가지고 있다"라고 비판하였다.[77]

그래서 한동안 우리 남한에 와 있는 황장엽의 인간중심철학과 분단의 특징을 너무나 많이 드러내고 있는 주체철학을 대비시키면서, 북한 본래의 주체사상을 정립한 황장엽의 의도가 지니고 있었던 통일의 철학, 즉 인간중심철학을 활발하게 소개하는 작업이 이루어졌다. 그 대표적인 인물이 바로 선우현이다. 그는 황장엽의 인간중심철학은 주체사상과 명백히 다르다고 주장하며, 나아가 그의 이론은 민족 분단을 넘어 통일로 나아가는 철학으로서의 가능성을 지니고 있다는 점을 조심스럽게 타진하고 있다. 그에 의하면 북한의 주체철학은 북한 통치 이념의 철학적 토대로서의 철학이고, 반면에 인간중심철학은 인본주의 이념에 의거하여 인간 중심의 사회를 건립하려는 '실천적 정치철학'이다.[78] 선우현은 1949년에서 1953년까지 모스크바에서 유학을 마치고 돌아온 후 황장엽이 구성한 주체철학 중 북한의 권력자가 일인 지배 체제에 편리한 부분만 선별하여 강조함으로써 그가 본래 의도했던 인간중심철학은 가려졌다고 주장하였다.[79]

인간중심철학은 물질의 객관적 구조를 우선적으로 생각하는 마르크스주의나 주체의 자발성을 우선적으로 고려하는 주체철학이 빠질 수 있는 주체 무시 현상이나 객체 무시 현상을 모두 극복하고자 한다. 나아가 인간중심철학은 주체를 계급적으로 바라보는 마르크스주의 철학이나 주체철학과

---

77 이삼열, 「分斷時代 東獨과 北韓의 哲學」, 앞의 책, 155쪽.
78 선우현, 「주체철학과 인간중심철학: 차이성과 대립성」, 제13회 한국철학자연합대회보(2000. 11. 24~25), 『21세기를 향한 철학의 화두』, 189쪽.
79 황장엽은 북한의 주체사상에 대해서 다음과 같이 주장한다. "북한 통치자들이 주장하는 주체사상은 사회 전체의 이익을 옹호하여야 한다는 사회주의사상과 노동계급의 독재를 옹호하는 계급주의 사상, 통치자를 무조건 숭배하고 충성과 효성을 다해야 한다는 봉건사상이 서로 얽혀져 있으나 이것을 한마디로 집약하면 수령절대주의 사상이라고 할 수 있다."(황장엽, 『개인의 생명보다 귀중한 민족의 생명』, 시대정신, 1999, 101쪽)

는 달리 반反계급주의를 근거로 하고 있다. 따라서 인간중심철학은 "계급적 이해관계를 초월하여 사회 성원 전체의 관점에서 모든 사안을 공정하고 합리적인 방식으로 처리하는 인본주의[80]적 입장을 견지한다."[81] 그러므로 인간중심철학에서 주장되는 주체는 계급적 투쟁 속에 위치하고 있는 주체가 아니라 '자유와 평등의 원칙', '사랑과 협조의 원칙'에 입각하여 행위 하는 주체로서,[82] 생물학적 유기체론에 바탕을 두고 수령에 이바지하는 주체가 아니며, 인간-사회적 재부-사회적 관계로 이루어진 사회적 집단으로서의 사회적 생명체이다. 따라서 인간중심철학은 3대 개조 사업, 즉 자연 개조, 인간 개조, 사회적 관계 개조 사업에서도 인간의 의식적 활동을 지나치게 강조함으로써 주관주의에 빠지는 주체철학이나 물질적 구조를 지나치게 중시함으로써 경제적 결정론에 빠지게 되는 마르크스주의를 거부한다.[83] 그래서 선우현에 의하면 "인간중심철학이 건립하는 인간 중심 사회는, 개인주의(에 기초한 인본주의)와 집단주의(를 토대로 한 인본주의), 양자를 변증법적으로 통일·고양시킨 '고차원적 인본주의' 사회이다."[84] "이에 비해 주체철학에서는 집단을 과도하게 중시하여 개인의 희생을 일방적으

---

80 "새로운 인본주의 사상은 개인이기주의, 계급이기주의, 민족이기주의, 인종주의 등 온갖 이기주의를 철저히 배격하고 인류를 단결된 역사의 자주적인 주체로 전환시킬 것을 요구한다. 그것은 자본주의 사회가 발전시킨 자유와 평등, 개인의 인권을 존중히 여기고 자유로운 경쟁을 통하여 개인의 자주성과 창조성을 높이 발양시키는 좋은 면을 더 잘 살리는 동시에 인류공동의 요구와 이익에 맞게 동지적 사랑과 협조의 원리에 기초해 인류의 협력범위를 세계적 범위로 더욱 확대하고 인류 공동의 목적을 실현하기 위하여 인간의 자주성과 창조성을 전면적으로 발양시켜 나갈 것을 요구한다."(황장엽, 『인간중심철학의 몇 가지 문제』, 시대정신, 2000, 41~42쪽)
81 선우현, 앞의 글, 191쪽.
82 "사회적 존재인 인간에 있어서는 자기의 자주성을 존중히 여길 뿐 아니라 남의 자주성도 존중히 여기며, 고립적으로 고독하게 사는 것보다도 사람들이 서로 사랑하고 협조하면서 사는 것이 본성으로 되고 있다."(황장엽, 『인간중심철학의 몇 가지 문제』, 26쪽)
83 황장엽은 3대 개조 사업과 관련하여 다음과 같이 주장한다. "인간개조 사업은 자연개조 사업과 사회개조 사업에 의존되고, 자연개조 사업은 인간개조 사업과 사회개조 사업에 의존되며, 사회개조 사업은 인간개조 사업과 자연개조 사업에 의존되지만 이러한 의존관계는 절대적이 아니다."(황장엽, 같은 책, 76쪽)
84 선우현, 앞의 글, 195쪽.

로 강요하는 형태로 집단주의(적 인본주의)를 변질시켜나감으로써, 본래의 '인본주의 정신'마저 제거하는 결과를 낳고 있다."[85]

사실 황장엽의 이런 인간중심철학은 당시 북한에서 그를 배척하려는 세력에 의해서 수정주의로 몰렸던 이론이다. 당시 정통 마르크스주의를 표방하고 있었던 김영주, 양형섭은 황장엽의 글이 계급투쟁과 무산계급 독재를 약화시키는 반당적 수정주의라고 비판하였다.[86] 이 와중에 김일성은 황장엽과 김영주를 제압하고 자신을 절대시하도록 만들었다. 여기서 이미 주체사상은 수령사상으로 변질되고 있었다. 그러나 선우현에 의하면 당시 황장엽은 "계급을 초월하여 인간 전체, 인류 전체를 위하는 철학만이 진정한 인간 해방을 위한 인본주의 철학일 수 있다"[87]라고 보았다. 실제로 황장엽은 앞으로의 사회가 나아가야 할 방향과 관련하여 다음과 같이 주장하였다.

> 앞으로 인류 사회는 민주주의를 더욱 완성하고 세계 인민들 사이의 친선 협조 관계를 확대 강화하는 방향으로 발전해나갈 것이며 폭력적 방법이 배격되고 인간의 리성에 기초한 비폭력적 방법이 더욱 생활력을 발휘하게 될 것이다.[88]

그래서 황장엽은 심지어 종교에 대해서도 긍정적인 입장을 제시하고 있다. 그는 "인류가 수천 년 동안 대를 이어가며 발전시켜온 종교와 같은 위대한 정신적 재부를 인류의 새 시대를 열어나가는 데 살리지 못한다는 것은 참으로 아쉽기 그지없는 일이라고 하지 않을 수 없다"[89]라고 주장하였다.

---

85 선우현, 같은 글, 195쪽.
86 선우현, 앞의 책, 75쪽. 주체사상의 변질에 관해서는 황장엽, 『개인의 생명보다 귀중한 민족의 생명』, 137~147쪽 참조.
87 선우현, 같은 책, 78쪽.
88 황장엽, 『인간중심철학의 몇 가지 문제』, 104~105쪽.

황장엽은 이와 같은 관점 아래서 북한의 주체사상은 북한의 주민들을 노예화하는 정신적 무기가 되어버렸으며, 이 사상을 김정일 개인을 위한 철저한 개인이기주의 사상으로 전환시키면서 폭력을 정당화하고 있다고 비판하였다.[90] 결국 황장엽의 주장대로라면 북한의 주체철학은 원래 인간중심철학이 되어야 했는데, 권력자들의 부당한 지배 논리에 의하여 반反인본주의 철학이 되고 만 것이다. 그렇다면 그의 철학 역시 북한의 봉건적 권력 아래서 희생될 수밖에 없었던 것이며, 따라서 북한의 철학은 철학다운 철학이 될 수 있는 생명력 자체를 소실하고 만 것이다.

이상에서 보았듯이 1970년대, 1980년대 한국의 철학은 한마디로 사회철학이, 그것도 마르크스주의적 철학이 주종을 이루고 있었다고 해도 과언이 아니다. 이와 같은 상황은 1960년대 자유당 정권 이후 공화당 정권으로 이어지면서 제창되었던 반공이데올로기와 경제개발 논리 아래서 자라난 모순과 결코 무관하지 않다. 마르크스주의는 이런 상황 아래서는 우선적으로 척결되어야 할 대상이었다. 그러다 보니 우리 사회의 비판적 세력이 이론적 근거로 삼고자 했던 마르크스주의는 지하로 들어갈 수밖에 없었다. 그러나 역설적이게도 마르크스주의는 더 강한 힘으로 계속해서 버티고 있었다. 이것은 성장 경제로 일관했던 천민자본주의와 가부장적 정권에서 불가피하게 산출되는 현상이었다.

하지만 익히 알다시피 1970년대는 사회변동이 대단히 가속화되어 전체 사회의 양적 발전이 이루어졌다. 그러다 보니 철학에서도 이에 상응하는 다양한 양상들이 등장하게 되었다. 1970년대 한국 철학에 가장 두드러진 현상은 영미 분석철학과 대륙 현상학 및 사회철학적 관심의 증대였다고

---

89 황장엽, 같은 책, 192쪽.
90 황장엽, 『개인의 생명보다 귀중한 민족의 생명』, 148~158쪽 참조.

볼 수 있을 것이다. 정권 수립 이후 미국의 영향력이 강해지면서 미국 유학생의 증대가 한국 철학계에 영미 분석철학의 새로운 등장을 가능케 하였다. 이 분석철학은 철학을 하나의 과학적 엄밀성을 가진 학문으로 정립시키기 위해 세계에 대한 철학적 주장을 하기보다는 철학적 주장에 담겨 있는 언어의 의미를 명료화하는 것을 일차적인 목표로 삼고 있었다. 따라서 치밀한 논증과 명석하고도 판명한 언어를 사용함으로써 철학의 독단성을 거부하고 당파성을 지니는 이데올로기적 철학을 타파하고자 하였다. 한편 유럽에서 들어온 현상학은 사회과학에 있어서 실증주의나 행동주의를 거부하면서 새로운 학문 방법론을 정초하고자 하였다. 이들의 철학은 대체로 이론적 고찰에 주안점을 두고 있었다.

그러나 1970년대의 상황은 철학으로 하여금 실천적 관심을 외면케 할 수 없었다. 고도성장 논리가 낳은 부작용은 우리 사회 전체를 또 한 번 저항하도록 만들었다. 이로 인해 다양한 실천철학이 대두하게 되었다. 그중에서도 두드러진 것이 미국의 존 롤스John Rawls, 영국의 칼 포퍼Karl R. Popper를 중심으로 진행된 정의론 및 개방사회론[91]과 독일의 프랑크푸르트학파로부터 비롯된 네오마르크스주의였다. 경제성장으로 발생하는 부정의 상태는 정의에 관한 새로운 논의를 활성화시켰으며, 또 군사독재 정권은 변화에 대한 새로운 이론의 확립을 재촉하도록 만들었다.

이로 인해 1960년대 독일에 유학을 갔던 지식인들이 중심이 되어 1960년대 독일 학생운동의 중심이자 세계 대학의 학생운동으로 퍼져나갔던 프랑크푸르트학파의 비판이론을 한국에도 소개하기 시작하였다. 한국의 1970년대는 앞에서도 언급하였듯이 천민자본주의와 가부장제를 벗어나지

---

[91] 사실 당시 포퍼의 *Open Society and its Enemies*를 번역한 『열린사회와 그 적들』도 금서 목록에 들어 있었을 정도였다.

못하고 있었다. 따라서 여기에서 비롯되는 정치와 경제의 전체주의화와 권위주의화는 비판이론을 수용하도록 만들었다. 다시 말하면 한국의 1970년대 정치·경제의 상황은 비판이론이 비판하고자 했던 부정적인 모습을 현저히 나타내고 있었다. 특히 당시 한국 상황은 학생층과 지식인 계층이 사회 변화의 중심이 되어야 한다는 생각이 있었기 때문에 이들이 사회변혁의 주축임을 설파하는 비판이론은 시의 적절하게 먹혀들었다고 볼 수 있을 것이다. 더군다나 비판이론은 단순히 정치, 경제 현실만을 비판하는 것이 아니라 사회 문화의 메커니즘 모두를 비판하는 차원을 지니고 있었기 때문에 학생들과 지식인에게는 대단히 매력적인 이론이 아닐 수 없었다. 따라서 이들에 의해서 수행된 대학가의 사회변혁 운동은 1970~1980년대의 한국 현대사를 움직이는 큰 축을 형성하게 되었다.

그러나 당시에 수용된 서구의 비판이론이 여전히 전근대적인 모순을 안고 있었던 한국 현실에 적절하게 적용될 수 있는지에 대한 좀더 철저한 반성이 우리에게는 제대로 이루어지지 못했다. 적어도 비판이론은 고도로 발전된 서구의 자본주의사회에 대한 문제의식에서 출발하였기 때문에 한국 사회의 모순을 극복해가는 데 적절한 기능을 제대로 수행하지 못했다. 오히려 서구의 비판이론이 한국 사회에 들어왔을 때 그것은 아카데미즘 공간 안에서 지식인들 사이의 논쟁에 머물러 있었거나, 아니면 한국 사회의 모순을 은폐하는 부작용을 유발하였다. 그것은 이미 본문에서 다루어진 이규호, 차인석, 정문길의 글들에서 발견할 수 있다. 결국 비판이론은 당시의 군사정권으로부터는 좌경 사상으로 몰리고, 그 정권 아래서 억압당하던 민중으로부터는 무력한 부르주아 이론으로 배척당하였다.

마침내 1980년 5월의 울분은 프티부르주아적 형태를 지니고 있는 지식인 중심의 비판이론보다는 민중의 저항 논리를 마련할 수 있는 마르크스-레닌주의에 더 몰입하도록 만들었다. 안타깝게도 1980년대 서구는 이미 마르크스주의가 퇴조하고 있었는데도 불구하고 우리에게서는 매우 활발하게 전개되었다. 이것은 우리 사회의 모순을 합리적으로 처리하지 못한 권위주의로부터 불가피하게 초래될 수밖에 없었던 결과였다고 보아야 할 것이다. 비합리적으로 진행되고 있는 전체주의와 권위주의 아래 속박을 당하고 있었던 민중은 사회 변화에 목말라 할 수밖에 없었다. 따라서 이들은 종속이론, 해방신학, 헤겔 변증법 등 다양한 변혁이론을 찾아 나서게 되었다.

그래서 1960년대 1970년대를 거쳐 1980년대 전반기까지 진행되었던 휴머니즘적인 요소가 가미된 학생운동은 1980년대 중반기 이후를 거치면서 격렬한 전술과 전략을 겸비한 마르크스-레닌주의로 나타나게 되었다. 따라서 한국 사회의 마르크스-레닌주의의 수용은 사회과학적 운동의 차원에 집중되었지 철학적 연구의 차원에서 체계적으로 이루어지지 못했다. 한마디로 1980년대 한국 사회의 마르크스-레닌주의는 교조주의적 형태를 띠게 되었다.

그러다 보니 마르크스-레닌주의의 보편성이 한국적 특수성에 적용될 수 있는지에 대한 비판적 논쟁이 일어나게 되었다. 그것이 바로 '사회구성체 논쟁'이었으며, 이로 인해 마침내 한국의 특수적 상황에 적합한 모델을 북한의 주체사상에서 찾으려는 움직임이 일어났다. 그러나 그것 역시 북한의 특수한 상황에 적용될 수 있는 것이지 남한 사회에 적용되는 데는 한계가 있었다.

그래서 북한의 주체철학에 대한 많은 비판들이 가해지기 시작했다. 독창적이라고 주장되는 주체철학 또한 마르크스-레닌주의로부터 별로 벗어난 것이 아니라는 비판도 제기되었고, 비판이론처럼 주관성을 벗어나지 못하며, 더군다나 수령론은 대단히 조야한 것으로 지적되기도 하였다. 이들은 이구동성으로 북한의 주체철학은 폐쇄적이고 도식화되어 있다고 비판하였다. 그러면서도 다소 진보적인 사람들이나 남한 철학계의 문제점을 비판적으로 바라보는 사람들은 비록 북한의 주체철학이 엉성하기 짝이 없지만 나름대로 자생 철학을 모색하려고 했다는 점에서 우리가 눈여겨보아야 할 부분도 있다고 지적하였다.

그러나 사실 주체철학은 자생 철학의 모색이라기보다는 북한의 국내외적인 역학 구도 속에서 권력자들이 자신들의 권력을 정당화하는 하나의 이데올로기 이상일 수 없다. 그래서 북한을 벗어난 황장엽도 주체철학과 자신의 철학을 구별 짓기 위해 인간중심철학을 강력하게 주장하고 나서게 된 것이다. 그의 인간중심철학은 더 이상 계급주의나 혁명 논리에 근거하려고 하지 않았다. 그는 개인, 민족, 인류의 생명이 통일되는 새로운 생명철학을 제시하고자 하였다. 그리고 그의 이러한 작업이 오늘날 한국의 북한 철학 연구에 집중적인 논의의 대상이 되기도 한다.

이상의 논의에서 보듯이 1970년대, 1980년대 네오마르크스주의, 마르크스-레닌주의, 주체철학의 한국 수용에는 양면성이 존재하였다. 한편에서는 당시의 한국의 철학자들이 그들의 이론을 통하여 한국의 현실적 문제점을 타개해보려고 하는 비판적 몸부림을 보여주었다는 점에서 '철학의 현실화'에 기여한 면이 있었고, 다른 한편에서는 이들이 한국의 현실과 그들의 현실의 차이를 비판적으로 읽어내지 못하고 그들 이론을 추종함으로써 '현실의 철학화'를 제대로 이루어내지 못했다. 우리의 1970~1980년대는 마르크스주의 철학이 중심 무대를 형성하였다고 해도 과언이 아니다.[92] 그러다 보니 마르크스주의 철학이 아닌 것은 철학이 아니라는 형태로까지 이어지는 경향이 있었다. 그리고 마르크스주의 철학에 참여하는 자들도 '현

---

92 "1980년대 사회적 상황에 철학계 또 큰 영향을 받았으며, 특징적이었던 점은 '사회철학도'가 급증했다는 점이다. 1980년 한국철학은 '사회철학 시대'라고 할 만 했는데, 그 '사회철학'은 마르크스주의 내지는 좌파적 사회철학을 뜻했다." (김종명, 「한국 역사에 나타난 대표적인 논쟁 학설들의 철학적 분석」, 한민족철학자대회보(1999. 8. 17~19), 『한민족과 2000년대의 철학』, 210쪽)

실 읽기'에 너무 다급하여 '텍스트 읽기'를 진지하게 할 여력을 갖지 못하고 서둘러 교조화된 텍스트에 현실을 끼워 넣거나 아니면 고달픈 현실에 텍스트를 전략적 동원 기제로 사용하였다.[93] 이로 인해 1970년대, 1980년대 마르크스주의 일반은 학적으로 제대로 연구되지도 못하고 페레스트로이카의 등장과 더불어 버려져야만 했다. 따라서 1970년대, 1980년대 한국의 철학 역시 현실의 빈곤과 철학의 빈곤이 악순환 되는 상황을 겪어야 했다.

---

[93] "물질적 생산이나 경제발전만을 사회발전의 결정적 요소로 본 경제주의나 경제결정론은 자본주의 신봉자들과 마르크스주의들이 함께 범한 오류이다." (이삼열, 「민주화와 사회발전의 방향」, 이한구 외 지음, 『사회변혁과 철학』, 철학과현실사, 1999, 214쪽)

5장

박종홍과 황장엽의 마르크스주의 이해*

　이 장에서는 한국 현대사에서 남한 철학을 대표하는 박종홍의 사상과 북한 철학을 대표하는 황장엽의 사상을 중심으로 남북 철학의 대표적인 특징을 추출하고, 이들을 통하여 우리의 철학이 어떻게 모색되었는가를 비교 분석하며, 나아가 분단 시대가 낳은 철학의 비극을 민족주의와 연관하여 분석해보고자 한다.

　물론 이런 작업을 함에 있어서 박종홍의 사상과 황장엽의 사상 전체를 일일이 비교할 수는 없다. 우선 이 두 사람 사이의 자연적 연령 차이가 20년이나 된다. 박종홍이 1929년도에 경성제국대학 법문학부 철학과에 들어간 이후부터 일제강점기 시대를 겪으면서 꾸준히 많은 활동을 한 철학자라면, 황장엽(1923~)은 1949년 모스크바 종합대학에서 정통 마르크스-레닌주의 철학을 공부하고, 1953년에 귀국하여 김일성종합대학 교수가 되면

* 이 글은 『주체사상과 인간중심철학』(예문서원, 2003)에 실린 글을 일부 수정·보완하여 재수록한 것임.

서 본격적으로 철학적 작업을 한 철학자이다. 그러므로 이런 시차를 감안할 때 이들 사이를 획일적으로 모두 비교하여 연구한다는 것은 무리가 있다. 특히 박종홍은 마르크스주의 외에도 서구의 다양한 철학자들의 사상에 관한 연구를 수행하였으며, 또 동양철학에 관한 연구도 게을리 하지 않았다. 그런데 황장엽은 주로 마르크스주의에 대한 연구를 통하여 북한의 독자적인 철학을 구축하는 데 집중하였다. 그러므로 이 두 철학자를 전체적인 차원에서 단면적으로 비교한다는 것은 더더욱 어려운 일일뿐더러, 오히려 그러한 작업은 논의의 초점을 약화시킬 우려가 있다. 나아가 박종홍의 사상은 일일이 시대마다 자신의 이름으로 기록된 자료가 남아 있지만, 황장엽의 경우 남한에 내려와 작업하기 전의 자신의 철학 체계는 당의 이름이나 김일성과 김정일의 이름으로 표출되었기 때문에 자료적 차원에서 추적하기가 어려운 상황이다.

따라서 이 글은 이 두 철학자의 사상적 일대기를 비교하는 방법을 취하기보다는 이들이 현실과 부딪치면서 철학했던 태도와 목적을 중심으로 비교하는 방향을 취하고자 한다. 사실 이들은 시대적 차이를 안고 있음에도 불구하고 많은 점에서 비교 가능한 측면을 보여준다. 우선 분단 이후 남한의 조국 근대화에 본격적으로 참여한 박종홍의 경우, 단순히 한 학자로만 머물지 않고, 남한의 사상 훈련, 정신 훈련과 관련된 '국민교육헌장'의 작업 및 국민윤리교육 실시 등과 관련된 다양한 일을 하면서 정치권에 참여하여 박정희 군사정권의 대통령 교육문화담당 특별보좌관으로서 유신 정권에 기여하였다. 그리고 황장엽도 1958년 노동당 핵심 지위에 발탁되고, 1965년 김일성종합대학 총장을 거쳐, 1970년대 당중앙위원, 1980년대 조국평화통일위원회 부위원장 등 다양한 역할을 맡으면서 북한의 김일성 주체사상의 정립과 관련하여 중요한 역할을 수행하였다.

이처럼 이들의 철학 체계는 단순히 학문 내적 차원에 머물지 않고 학문

외적인 정치 현실에 깊이 연관되어 작동하였으며, 남북 분단 시대의 사상 이념에 가장 지대한 영향을 미쳤다고 볼 수 있을 것이다. 또 이들의 철학에는 단순히 서구 열강의 철학을 수입하여 그대로 이식시키는 것이 아니라 나름대로 그것을 우리의 철학으로 재창조하려는 몸부림이 담겨 있다. 박종홍이 우리 동양철학, 한국철학의 원류를 찾아내어 이것에서 서구 철학의 내용을 융해시킴으로써 우리 철학을 모색하고자 하였다면, 황장엽은 인간중심주의를 통하여 마르크스-레닌주의를 새롭게 재창조하고자 하였다. 바로 이런 점에서 이들 사이의 철학함의 태도와 목적의 유사성을 발견할 수 있다.

 이들의 이러한 철학하기는 당연히 열강들의 틈바구니에 끼여 살아가야 하는 한반도의 현실에 대한 강한 문제의식에서 출발하고 있다. 따라서 이들의 철학 하기는 민족의 운명에 대한 고민을 자신들의 철학 체계 안에 담지 않을 수 없었다. 이런 의미에서 이들의 철학은 자신들이 민족주의자라고 인정하든 그렇지 않든 간에 직·간접적으로 민족주의와 연관되어 있다. 그러므로 이들의 철학도 민족의 현실을 그대로 반영하고 있음을 부인할 수 없다. 박종홍은 해방 이후 마르크스-레닌주의에 대해서 신랄하게 비판하였지만, 황장엽은 비판적 수용을 유지하였다. 이들의 철학적 태도는 민족의 현실과 분리될 수 없는 측면을 보여준다. 이와 같은 측면은 남북통일과 관련된 부분에서도 잘 드러난다.

 따라서 여기서 집중적으로 분석해야 할 부분은 당연히 남한의 반공주의적 이념 체계와 북한의 사회주의적 이념 체계 사이에 가장 중요한 대립점이 되고 있는 마르크스주의가 아닐 수 없다. 그러므로 마르크스주의에 대한 이들의 이해를 분석해보면 이들의 철학적 차이가 분명하게 드러날 것이다.

 바로 이와 같은 측면에서 이 장에서는 남북을 사상적으로 갈라놓은 중요한 요소가 되는 마르크스주의를 기반으로 이들 두 철학자의 태도를 분석해나가는 데 집중하고자 한다. 그래서 여기서는 일차적으로 박종홍 철학자가 일제강점기 시대 마르크스주의에 입각하여 사회주의적 입장을 전개한 신남철, 박치우와 관계 속에서 펼친 마르크스주의에 대한 이해와, 해방 이후 동란을 겪으면서, 그리고 그 이후 박정희 군사정권 아래서 조국 근대화 논리를 뒷받침하면서 마르크스주의에 대해서 표명한 태도를 분석하고자 한다. 그리고 그다음으로 북한 철학에서 황장엽 철학자가 정통 마르크스-레닌주의 및 김일성 주체사상과 관계하여 정립한 인간중심철학에 담겨 있는 그의 태도를 분석해보고자 한다.

또 이를 통하여 이 두 철학자가 우리 철학을 모색하기 위해서 암중모색한 작업을 더듬어보고자 한다. 아울러 이들이 이런 과정을 통하여 추구한 우리 철학 모색이 민족주의적 요소와 어떤 연관 속에 작동하고 있었는가도 살펴보고자 한다. 나아가 이들의 철학을, 1980년대 이후 남한 사회에서 마르크스주의의 주체적 재창조와 재적용의 문제를 놓고 격전이 벌어졌던 '사회구성체 논쟁'과 그 이후의 주체사상과 주장과 연관해서도 다루어보고자 한다. 최종적으로는 이 두 철학자의 철학적 작업이 통일 이후의 한민족 철학의 비전을 모색하는 데 어떤 역할을 할 수 있는지에 대해서도 가늠해보고자 한다.

1 해방 이전 박종홍의 마르크스주의에 대한 이해 및 태도 분석

이미 1장에서 상론하였듯이, 일제강점기 시절 마르크스주의는 우리 민족의 해방을 위한 저항 논리로서 강하게 작용하였다. 1920~1940년대에는 사회주의와 민족주의가 밀접하게 결합되어 있었다. 한인사회당(1918), 고려공산당(1920), 조선공산당(1925), 신간회(1927) 등과 더불어 당시의 사회주의 이념을 추구한 사상가들은 민족의 독립 운동을 전개하였다. 1920년대에 옥천생, 최화운, 박형병, 계원생 등 다수의 사상가들은 마르크스주의의 입장에서 민족의 활로를 모색하려는 모습을 보여주었다.[1]

이러한 경향은 1930~1940년대에도 계속되었다. 이 시대에 마르크스주의의 입장에서 민족의 문제를 해결하고자 한 사람은 1장에서도 보았듯이 백남운, 신남철, 박치우 등이다. 백남운은 정치·경제학적 관점에서, 신남철과 박치우는 철학적 관점에서 마르크스주의를 추구하였다. 이들은 마르크스주의야말로 민족의 독립이라는 지상의 과제를 해결하는 데 가장 효과적인 수단이라고 보았다. 또 당시에 존재했던 독일관념론이나 실존주의는 파시즘이나 낭만적 부르주아 철학과 관련된 것으로 비판하였다.

백남운은 사회주의와 민족주의를 근원적으로는 같은 것으로 파악하고, 레닌주의를 적극적으로 수용하여 계급적 관점에서 일본의 조선 수탈 정책인 황국신민화 정책을 비판하고 조선의 식민지화를 비판하였다.[2] 하지만 그는 박헌영 계열의 과격한 공산주의 노선보다는 휴머니즘을 동반한 인간적 사회주의, 이른바 신민주주의를 추구하고자 하였다.[3] 백남운의 핵심 참모이기도 했던 신남철 역시 헤겔 부흥기의 관념론적 경향과, 실존철학과 생철학의 부르주아적 경향을 비판하고 인간적 사회주의를 추구하였다.[4] 그는 실존철학의 관념적 개인을 비판하고, 현실의 모순을 직시하고 이를 죽음을 각오한 결투로 임하여 실천하는 신체적 개인을 중시하였다.[5] 또 민족

---

1 玉川生, 「近世社會思想史」, 『開闢』 제14권 9월호, 1924, 8~14쪽; 朴衡秉, 「社會進化의 必然性을 論함」, 『朝鮮之光』 3월호, 1927, 40~48쪽; 桂園生, 「唯物論에 對하여」, 『朝鮮之光』 6월호, 1927, 36쪽.
2 白南雲, 「朝鮮社會力의 動的 考察」, 『조선일보』, 1926년 1월 3일자 부록.
3 앞서 언급하였듯이 당시 박헌영은 백남운과 그의 참모 신남철을 중간파라고 비판하였으며, 역으로 백남운은 박헌영을 작풍(作風)이라고 비판하였다.
4 申南澈, 「헤-겔 百年祭와 헤-겔復興—獨逸哲學에 있어서 헤-겔情神의 復興과 그 行方에 對한 한 개의 詩論」, 『新興』 第五號, 1931년 7월, 28~40쪽; 申南澈, 「新헤-겔주의와 其批判」, 『新興』 第六號, 1932년 1월, 30~31쪽, 34~35쪽; 申南澈, 『歷史哲學』, 서울출판사, 1948, 145쪽, 151쪽, 167쪽.

이 식민화되어 있는 당시의 상황을 모순이 극단화되어 있는 것으로 규정하고 이를 타파하기 위하여 '신체적 인식론'에 입각한 신민주주의를 제창하였다.[6] 박치우 역시 이런 식민지 시대를 '위기'의 시대로 진단하고, 이 위기를 마르크스주의적 입장에서 교습적 파악과 모순적 파악 및 실천적 파악을 통해, 그리고 파토스와 로고스, 이론과 실천의 변증법적 종합을 통해 극복하고자 하였다.[7] 특히 그는 신비적 유기체주의에 바탕을 두고 있는 전체주의의 파시즘이나 추상적이고 형식적인 개인에 매몰되어 있는 서구의 자본주의를 강하게 비판하면서, 이를 '근로인민민주주의'를 통해 극복하고자 하였다.[8] 그는 백남운 편에 서 있었던 온건파 신남철과는 달리 박헌영의 남로당 노선을 따라 좀더 과격한 사회주의적 입장을 취하였다.[9]

1930년대부터 본격적으로 활동하기 시작한 박종홍도 철학의 현실 참여를 매우 중시하였으며, 이 당시 마르크스주의에 대해서 비교적 긍정적인 입장을 취하고 있었다. 그는 당시의 사회주의자들이 실존주의를 비판하듯이, 그 역시 갈등과 투쟁을 서둘러 통일로 몰고 가는 하이데거를 비판하고,[10] 실천을 중시한 사르트르를 더 선호하였다. 신남철과 박치우처럼 그도 실존철학의 관념적이고 주관적인 인간이 아니라[11] 실천하는 구체적 인간을 강조하였다. 이런 의미에서 박종홍은 현실의 모순을 관념적 차원에서 피하

---

5 申南澈, 같은 책, 54쪽, 72쪽, 77쪽, 195~199쪽.
6 申南澈, 같은 책, 21~27쪽, 100쪽.
7 朴致祐, 「〈危機〉의 哲學」, 『哲學』 第一卷 第二號, 1934년 4월 1일, 1~3쪽, 15쪽; 朴致祐, 『思想과 現實』, 白楊堂, 1946, 13쪽, 71쪽.
8 朴致祐, 같은 책, 104쪽, 111쪽, 113쪽.
9 박치우는 『현대일보』를 창간하여 박헌영을 도왔으며, 해주에 있는 남로당 임시 당본부에서도 그를 도왔다. 그 이후 인민유격대 정치위원으로 활동하였다.
10 朴鍾鴻, 「하이데거에 있어서의 Sorge에 關하여」, 경성제대 철학과 졸업논문(1933. 1. 7), 열암기념사업회 엮음, 『朴鍾鴻全集』 1권, 민음사, 1998, 194쪽, 200쪽, 204쪽.
11 朴鍾鴻, 「現代哲學의 諸問題」(1938. 4. 15), 열암기념사업회 엮음, 『朴鍾鴻全集』 1권, 민음사, 1998, 412~415쪽.

거나 덮어버리지 않고 행동으로 싸우는 힘 있는 철학을 모색하였다고 할 수 있다.[12] 그는 신남철과 박치우처럼 조선의 문화를 계승할 주체를 '근로적인 사회적 그룹'에서 찾았으며, 이론과 실천, 테오리아와 이즘의 변증법적 통일을 중시하였다.[13] 또 그는 '신체적 노작'을 통하여 현실의 모순을 타개하고자 하였으며,[14] 이런 의미에서 '자연변증법'이 당시의 현실에 긍정적으로 기여할 것으로 보았다.[15] 그는 야스퍼스나 하이데거는 현실의 모순을 관념적으로만 파악하지 객관적으로 파악하지 못하며, 더군다나 이 모순을 죽음을 각오하는 결투를 통하여 몸으로 극복하는, 그것도 집단적 연대를 통하여 극복하는 모습이 결여되어 있다고 비판하였다.[16] 이와 같은 관점 아래서 독일관념론이나 실존주의가 호모사피엔스 차원에 머물러 있지 호모파베르 차원으로까지 나아가지 못했음을 비판하였으며, 진정한 철학은 '관상의 철학'에서 '실천의 철학'으로 나아가야 한다고 보았다.[17] 한마디로 실존철학은 사르트르를 제외하고 대부분 향내성에만 머물러 있지 향외성으로 나아가지 못했다는 것이다.[18]

이상에서 보듯이 박종홍은 해방 이전에는 마르크스주의에 매우 긍정적인 철학적 태도를 지니고 있었다. 그는 신남철, 박치우와 마찬가지로 민족의 문제를 사회주의적인 실천적 관점에서 극복하고자 하는 태도를 보여

---

12 朴鍾鴻, 「〈哲學하는 것〉의 出發點에 관한 一問題」(1926. 3), 열암기념사업회 엮음, 『朴鍾鴻全集』 I권, 민음사, 1998, 317쪽, 331쪽; 朴鍾鴻, 「哲學하는 것의 實踐的 地盤」(1934. 4), 열암기념사업회 엮음, 『朴鍾鴻全集』 I권, 민음사, 1998, 332~347쪽; 朴鍾鴻, 「矛盾과 實踐」(1933. 10. 26~28), 열암기념사업회 엮음, 『朴鍾鴻全集』 I권, 민음사, 1998, 349~355쪽.
13 朴鍾鴻, 「朝鮮의 文化遺産과 그 傳承의 方法」(1935. 1. 1), 열암기념사업회 엮음, 『朴鍾鴻全集』 I권, 민음사, 1998, 382쪽.
14 朴鍾鴻, 「現實把握」(1939. 12. 1), 열암기념사업회 엮음, 『朴鍾鴻全集』 I권, 민음사, 1998, 425쪽.
15 朴鍾鴻, 「現代哲學의 諸問題」, 앞의 책, 412~413쪽.
16 朴鍾鴻, 같은 글, 432쪽.
17 朴鍾鴻, 「現實把握」, 앞의 책, 425쪽.
18 朴鍾鴻, 『哲學槪論講義』(1953. 12. 8), 열암기념사업회 엮음, 『朴鍾鴻全集』 II권, 민음사, 1998, 46~52쪽, 108쪽.

주고 있다. 하이데거보다 사르트르에게 더 친근했던 그의 입장은 바로 이런 측면을 반영하고 있다.

2 해방 이후 박종홍의 마르크스주의에 대한 이해 및 태도 분석

해방 이후부터 1950년대, 1960년대를 거치면서 반공주의가 강하게 자리하게 되고, 따라서 마르크스주의는 남한 사회에서 강하게 비판을 받게 되었다. 해방 후 이승만 정권은 친일주의자들과 반동 지주들에 대하여 가차 없는 공격을 감행하고자 했던 당시의 사회주의자들[19]을 억압하는 강한 국가주의를 제창하였다. 대소對蘇 강경 정책을 취하고 있었던 미국의 트루먼 대통령은 한민당과의 협조 체제를 통하여 남한 내부의 반공주의를 강화시켜 나갔다. 이승만과 한민당 그리고 미군정 세력이 합작하여 형성한 자유민주주의 체제는 당시의 민족, 민중 세력을 억압하는 국가보안법을 제정(1948. 12. 1)하고, 마침내 매카시즘적인 형태로 이어짐으로써 마르크스주의는 발붙이기 어려운 상황이 되어갔다. 심지어 이승만은 북진 통일론을 주장하면서 당시 평화통일주의자인 조봉암을 교수형에 처하는 데까지 이르렀다.

바로 이 당시에 중심적인 역할을 했던 안호상 철학자는 이승만 정권 아래서 초대 문교부 장관, 초대 학도호국단장, 초대 국립청년훈련소장, 대한청년단총본부 단장, 공화당 창당 중앙감찰위원장 겸 훈련원장을 지냈으며,

---

[19] "박헌영은 이미 '8월테제'에서 일본 제국주의자와 협력한 변절자 일파와 과감히 투쟁하여 숙청할 것을 선언한다. 또 인민공화국이나 조선공산당은 '일본 제국주의자와 친일적 조선인 및 반동지주의 소유지는 전부 몰수하여 이를 국유로 하고, 농민에게 무상으로 분배한다'는 것을 그들의 정치 강령과 투쟁 목표에서 분명히 하고 있다." 1945년 9월 6일 건국준비위원회에서 인민공화국을 수립·선포하자, 한민당 측은 창당 과정 중인 9월 8일에 이들에 대해서 강하게 대응하였다(김성국, 「한국보수세력의 사회계층 배경 연구」, 경향신문사 엮음, 『계간 경향 사상과 정책』, 1986년 여름, 35쪽).

박정희 정권 아래서도 '국민교육헌장' 기초위원, 재건국민운동중앙회 회장, 사회정화대책위원회 위원장 등을 지냈다. 그는 민족주의자였지만, 철저한 반공주의자의 길을 걸었다. 상해 시절부터 공산주의에 부정적인 입장을 지녔던 안호상은 유학을 다녀온 후 보성전문학교 재직 시절에도 계속해서 좌파 진영의 지식인들인 최용달, 윤행중, 박극채 교수들과 싸웠다. 그는 좌익 계열을 격파할 수만 있다면 무력이라도 동원해야 함을 강조하였으며, 이와 같은 취지 아래서 학도호국단의 창설(1949. 4. 23)과 조선민족청년단을 결성하였다. 실제로 그가 이승만 정권에 참여하였을 때에도 좌익 계열을 척결하고자 하는 목적을 지니고 있었기도 하였다.[20]

'일민주의자'였던 그는 민족주의 입장에서 자본주의와 공산주의에 싸워야 하며,[21] 이승만 대통령 각하 아래 결집하여 무력 투쟁, 경제 전쟁, 정치 전쟁, 사상 전쟁을 전개해야 한다고 강조하였다.[22] 당시 일민주의는 북한의 주체사상 못지않은 위력을 지니고 있었다. 안호상은 모두가 일민주의 깃발 아래 모여 일민주의를 위해 살고 또 죽어야 함을 강조하였다.[23] 남한의 일민주의와 북한의 공산주의는 강한 적대적 관계에 놓여 있었다. 일민주의자였던 안호상에게는 공산주의는 "인류의 적이요, 평화의 좀"이었다. 그의 이런 생각은 1960년대, 1970년대의 대동단결론에 입각한 조국개발론에도 지속적으로 이어졌다.[24]

5·16군사쿠데타 이후 이와 같은 상황은 더욱더 심화되어갔다. 전통적 가치인 충효는 국가의 권력 집중화를, 실학의 정신은 경제제일주의를 떠받

---

20 안호상, 『한뫼 안호상 20세기 회고록』, 민족문화출판사, 1995, 234쪽.
21 安浩相, 『일민주의의 본바탕』, 서울 일민주의연구원, 단기4283(1950), 3쪽.
22 安浩相, 같은 책, 7쪽, 18쪽.
23 安浩相, 같은 책, 23쪽.
24 安浩相, 金鍾玉, 『國民倫理學』, 培英出版社, 1975, 163쪽, 164쪽, 181쪽; 安浩相, 『청년과 민족통일』, 培英出版社, 1975, 39쪽.

치는 이념으로 자리하게 되었다. 당시 박정희 정권은 강한 국가론, 경제개발론, 반공주의론을 연계시켜 일인 지배 체제를 가속화시켰으며, 인간개조론에 입각하여 국민들의 정신 무장 교육을 철저하게 실현시켜나갔다.[25] 이런 배경 아래서는 서양의 합리적 개인주의에 입각하고 있는 자유주의나 실용주의도 비능률적인 이념으로 평가되기 마련이다. 그러므로 당시에는 자유민주주의 신봉자들조차 반동으로 몰리는 상황이 될 수밖에 없었다. 그래서 김태길은 당시의 유신 체제야말로 거의 왕조에 가까운 수준이었다고 평가하였다.[26]

이처럼 이 시대는 반공주의와 국가주의가 밀착되어 있는 시대였다. 앞서도 누차 강조하였듯이, 1950~1960년대 접어들면서 마르크스주의 사상을 강하게 비판하는 흐름들이 주류를 형성하였으며, 박종홍은 이런 흐름의 중심에 자리하고 있었다. 그 역시 변증법적 유물론에 담겨 있는 반영론을 모사론 이상으로 보지 않으려고 하였다. 그래서 그는 이 유물론을 기계론적 유물론과 거의 동급으로 처리하였다. 박종홍은 변증법적 유물론은 의식의 자발성과 능동성을 배제하고 있으며, 향외적 태도에 경도되어 있다고 지적하였다.[27] 그가 보기에 인식 주체의 능동성과 자발성을 충분히 살려내지 못한, 즉 향내적 태도를 살려내지 못한 변증법적 유물론은 환경과 사람 사이의 상호 작용을 제대로 설명할 수 없다.[28] 즉 변증법적 유물론의 반영

---

25 박정희, 「한일회담 타결에 즈음한 특별담화문」(1965. 6. 23), 대통령비서실, 『박정희대통령연설문집 2~6』, 1966, 208~209쪽.
26 金泰吉, 『변혁시대의 사회철학』, 철학과현실사, 1990, 294쪽; 박정희, 「전국 새마을 지도자 대회 치사」(1973. 11. 22), 대통령비서실, 『박정희 대통령 연설문집 5〔상〕: 제8대편』, 1976, 177쪽; 朴鍾鴻, 「새 歷史의 創造―維新時代의 基調哲學」(1973. 9), 열암기념사업회 엮음, 『朴鍾鴻全集』 VI권, 민음사, 1998, 558쪽; 朴鍾鴻, 「民族의 主體性―그것은 살아서 움직이는 혼이요 힘이다」(1962. 10. 1), 열암기념사업회 엮음, 『朴鍾鴻全集』 VI권, 민음사, 1998, 160쪽.
27 朴鍾鴻, 『哲學槪說』(1954, 1961, 1964), 열암기념사업회 엮음, 『朴鍾鴻全集』 II권, 민음사, 1998, 151쪽, 256쪽.
28 朴鍾鴻, 같은 책, 257쪽.

주체는 사물을 수동적으로 모사하기만 하는 카메라 이상일 수 없으며, 감각 작용, 물질 작용이 인간의 의식 작용을 결코 대치할 수 없다.[29]

또 박종홍은 변증법적 유물론을 경제결정론으로 규정하고, 인간의 활동을 인격적인 관점에서 바라보지 못하고 지나치게 경제적인 관점에서만 바라보는 것을 비판하였다. 인간은 노동을 하면서 경제적인 활동을 하는 존재이기도 하지만, 윤리적 가치를 고민하면서 살아가는 인격적 존재이기도 하다. 더군다나 공산주의에서의 노동자들의 위치는 마르크스가 주장하는 것처럼 사회의 능동적 주체가 되지 못한다고 비판하였다. 변증법적 유물론이 인식론에 있어서도 진정한 주체를 마련하지 못했듯이, 실천 현실에서도 그런 주체를 마련하지 못했다는 것이다. 그가 보기에 당시 공산주의 국가에 살고 있는 노동자는 "당 전위대의 지시에 따라 움직이게 되는 기계적 주체"[30]에 불과하였다. 인간을 해방시킨다는 계급투쟁이 오히려 인간을 로봇으로 전락시키며,[31] 따라서 인간의 존엄성에 훼손을 안겨다 주었다.[32] 결국 박종홍은 노동자가 이론의 창안자나 구성자가 될 수 없음에도 불구하고 이들을 과도하게 사회변혁의 주체로 설정하는 비현실성이 마르크스주의 안에 내재되어 있다고 비판하였다.[33] 특히 그는 유물사관의 역사발전론과 관련하여 자본주의가 공산주의로 이행할 수밖에 없다는 주장은 비현실적이라고 강하게 비판하였다.

그는 실존주의자들처럼 향내적 태도로 침잠하는 것도 문제지만, 그렇

---

29 朴鍾鴻,「共産主義 哲學 批判(I)―辯證法的 唯物論 批判」(1965. 11. 30),『공산주의 문제 연구』제1권 제2호, 亞細亞反共聯盟 自由센터 硏究院 刊, 열암기념사업회 엮음,『朴鍾鴻全集』II권, 민음사, 1998, 556쪽, 565쪽, 566쪽, 569쪽; 朴鍾鴻,「共産主義 哲學 批判(II)―史的 唯物論 批判」(1966. 11. 1),『공산주의 문제 연구』제3권, 亞細亞反共聯盟 自由센터 硏究院 刊, 열암기념사업회 엮음,『朴鍾鴻全集』II권, 민음사, 1998, 579쪽.
30 朴鍾鴻, 앞의 책, 260쪽.
31 朴鍾鴻,「共産主義 哲學 批判(II)―史的 唯物論 批判」, 앞의 책, 611쪽.
32 朴鍾鴻, 같은 글, 604~609쪽.
33 朴鍾鴻, 앞의 책, 251쪽.

다고 마르크스주의자들처럼 향외적 태도로 경도되는 것도 문제라고 보았다. 나아가 조국근대화론에 몸담고 있는 그로서는 이제 마르크스주의와 실존주의의 결합보다는, 유럽의 실존주의가 담고 있는 향내적 태도와 미국의 실용주의가 지니고 있는 향외적 태도를 종합하는 것이 더 현실적이라고 보았다. 그래서 그는 동양의 전통을 근원에 두고 이 두 사조를 새롭게 변증법적으로 종합하고자 하였다.[34] 그는 미국 철학의 중심인 실용주의와 관련하여 이것은 미래에 대한 개방성과 미래를 만들어가려는 실천적 측면을 지니고 있는 것으로 평가하였다. 그리고 이 실용주의가 바로 "새로운 개척, 씩씩한 건설, 희망에 찬 명일을 가지고 살아온 미국 사람들의 기질을 여실히 반영하는 것임을 알 수 있다"[35]라고 주장하면서 이것이 유럽의 향내적 태도를 벗어나는 측면을 지니고 있음에 대해서 높이 샀다. 특히, 사유 속에 자리하고 있는 데카르트보다는 행동 속에 자리하고 있는 존 듀이John Dewey의 입장을 중시하면서, "사물의 진상을 얌전하게 바라볼 뿐, 목적을 위한 가공 변화를 단념한다면, 그 목적을 성취하지 못할 뿐만 아니라, 그 사물의 진상조차 알 수 없을 것"[36]이라고 주장하였다. 이처럼 그는 헤겔의 관념론보다는 실용주의적 입장에 들어 있는 '생산적 태도'를 훨씬 중시하였다.

그러나 박종홍은 자신의 실용주의에 대한 강조가 당시의 경제제일주의를 제창하면서 국가주의 지배 이데올로기를 양산하고 있었던 정치적 권력에 악용당하는 측면을 충분히 감지하지는 못했던 것 같다. 오히려 "박정희 정권 아래서 진행된 강력한 국가 중심의 개발 논리는 박종홍 철학 안에서 듀이와 헤겔이 신비적으로 결합되는 양상을 띠고 말았다."[37] 더 이상 박

---

34 朴鍾鴻, 「轉換의 摸索」(1961. 3. 30), 열암기념사업회 엮음, 『朴鍾鴻全集』 II권, 민음사, 1998, 479~485쪽.
35 朴鍾鴻, 『哲學槪論講義』, 앞의 책, 57쪽.
36 朴鍾鴻, 같은 책, 214쪽.
37 김석수, 『현실 속의 철학 철학 속의 현실』, 책세상, 2001, 120쪽.

종홍은 실용주의의 향외성에 경도됨으로써 발생할 수 있는 문제점을 실존주의의 향내적 태도나 도덕주의적 차원에서는 경계하여도 마르크스주의의 노동소외론의 관점이나 과학적 태도에 입각한 향외적 관점에서 비판적으로 바라보지는 못했다.[38] 바로 여기에 그의 이론이 당시의 한국 현실을 냉정하게 비판하는 객관적 잣대로서 기능을 할 수 없는 한계가 노출되어 있다. 그는 개발독재가 안고 있는 문제점을 마르크스주의의 시각에서 비판했던 당시의 비판 세력들에 대해서 안보주의나 반공주의 입장에서 비판하는 수준을 넘지 못했다.

3 황장엽의 마르크스주의에 대한 이해 및 태도 분석

마르크스-레닌주의와 주체사상

위에서 보았듯이 마르크스주의는 한국의 해방 이전과 이후에 각기 다른 위상을 지니게 되었다. 일제강점기 시절 우리의 철학은 마르크스주의를 민족의 억압에 대한 돌파구로서 긍정적으로 수용하였지만, 해방 이후 한국전쟁을 겪으면서 마르크스주의는 남한과 북한에서 각기 다른 위상을 지니게 되었다. 북한에서는 소련을 등에 업고 권력의 주도권을 확보하려는 목적에서 마르크스주의를 적극적으로 추구하였다면, 남한에서는 미국과 함께 반공주의적 입장에서 마르크스주의를 적극적으로 배척하고 오히려 실용주의적 관점을 적극적으로 수용하였다. 남한의 레드콤플렉스 감정과 북한의 반미 감정은 제각기 마르크스주의를 일정 거리를 두고 객관적으로 바라볼 여력

---

38 김석수, 같은 책, 121쪽.

을 제대로 갖지 못하게 하였다. 북한의 주류 철학이 마르크스주의 철학에 친화적이었다면, 남한의 주류 철학은 적대적이었다.

그러나 북한의 철학이 그저 마르크스-레닌주의를 수동적으로 따르기만 한 것은 아니었다. 북한 스스로도 마르크스-레닌주의를 수정·변경함으로써 체제의 존속을 위한 대책을 마련하고자 하였다. 앞서 언급하였듯이, 북한에서 마르크스-레닌주의는 해방 후 1950년대까지 수입의 단계를 거쳐, 그 이후 황장엽과 더불어 스탈린주의 철학으로 굳혀지면서, 1960년대에는 이것이 북한의 공식 국가철학이 되었다. 그리고 이후에는 이것이 점차 주체사상으로 발전하여 오늘날 인간중심주의와 더불어 북한 체제를 떠받치는 통치 이념이 되었다.[39]

북한의 주체사상은 국내외적인 여러 가지 어려움 속에서 북한 체제를 정당화하기 위한 노력에서 비롯되었다고 볼 수 있다. 1953년 스탈린이 사망하고 김일성을 지원해주던 소련의 세력이 약화되자 김일성은 스탈린 격하 운동을 벌인 흐루시초프 노선의 세력들에 의해 자신에게 가해질 공격에 대비하여 자신의 입지를 위한 자구책을 마련해야 했다.[40] 또 1950년 한국전쟁으로 인해 피폐화된 북한 사회의 경제를 일으켜 세울 수 있는 정치적 이념을 구축해야만 했다. 그래서 그는 마르크스-레닌주의에 대한 교조주의적 접근을 피하고 북한의 실정에 맞게 이 이론을 재창조해야 했으며,[41] 이와 같은 관점 아래서 경제적으로 자립적이며 정치적으로 자주적인 사상 체계를 마련하지 않을 수 없었다. 소련 등 사회주의국가들의 지원이 끊긴 상황에서 김일성은 '정치에서의 자주', '경제에서의 자립', '국방에서의 자

---

39 선우현, 『우리 시대의 북한철학』, 책세상, 2000, 20~21쪽.
40 김형찬, 「김일성 주체사상 교육비판」, 『통일문제연구』 제1권 3호, 국토통일원, 1989, 75쪽.
41 김일성, 「사상 사업에서 교조주의와 형식주의를 퇴치하고 주체를 확립할 데 대하여」, 『김일성 저작집 9』, 조선로동당출판사, 1980, 478~479쪽; 황장엽, 『개인의 생명보다 귀중한 민족의 생명』, 시대정신, 1999, 132쪽.

위', '사상에서의 주체'라는 입장으로 북한을 지켜내야만 했다.

그러므로 북한의 주체사상은 북한 주민들로 하여금 생산에 참여하고 민족적 단결을 요구하는 의식 혁명을 위한 이데올로기로 기능하였다. '천리마운동'이나 '청산리방법'은 바로 이 주체사상의 실천 운동의 한 부분으로 자리하고 있었던 동원 이데올로기였다. 이것은 남한의 조국 근대화와 관련하여 전개된 '새마을운동'과 유사한 형태를 지니고 있었다. 김일성은 이런 주체사상의 구축 작업을 통하여 자신의 일인 지배 체제를 확고히 다져나갔다.[42]

주체사상의 '주체'라는 개념이 좀더 체계화되는 것은 1961년 노동당 제4차 전당대회 이후이며, 특히 1965년 4월 반둥회의 10주년 행사에 참여하고자 방문한 인도네시아에서 김일성이 연설할 때였다. 그리하여 이 주체사상은 1970년 제5차 전당대회에서 북한 체제의 활동 지침이 되었다. 그 이후 1970년대 철학적 작업을 거쳐 1980년대 김정일의 「주체사상에 대하여」라는 논문을 통해 완전한 체계를 갖추게 되었다.

1950년대에 시작된 초기의 주체사상은 북한의 자주적인 발전에 일정 정도 기여를 한 긍정적인 면을 지니고 있다. 즉 이 주체사상은 북한식 사회주의를 정립해나가는 데 긍정적인 역할을 수행하였다.[43] 이런 의미에서 황장엽은 당시의 주체사상이 민족의 이익을 우선시하고, 인민대중의 적극적인 참여를 유도해내었다는 점에서 의의가 있다고 보았다.[44] 특히 그는 이 사상이 천리마운동을 통하여 대중적 혁신 운동으로 이어지고, 민중과 함께 혁명 운동을 수행하는 방향으로 이어졌기 때문에 이 시기가 북한의 황금기였다고 평가하였다.[45]

---

42 황장엽, 「북한 주체사상의 실체」, 『민주이념』 2호, 1998, 187쪽.
43 황장엽, 앞의 책, 134쪽.
44 황장엽, 같은 책, 134쪽.

그러나 황장엽의 표현에 의하면 1966년 제2차 노동당 대표자회의를 계기로 이 주체사상은 변질되기 시작하였다.[46] 1967년을 전후로 하여 1970년대에 이르면서 이 주체사상은 수령론으로 이어지면서 인민대중이 중심이 되지 못하고 왕조 체제에서나 가능한 봉건적 지배 체제를 정당화하는 데 기여하게 되었다.[47] 그의 주장에 의하면 1974년 김정일이 실권을 장악하면서 주체사상은 반인민적이며 봉건적인 형태로 왜곡이 더 심화되었다.[48]

원래 북한의 주체사상은 사람이 모든 것의 주인이 되어 결정한다는 입장에서 인간을 자주성, 창조성, 의식성을 가진 존재로 설정하고 있다.[49] 따라서 주체철학은 다음과 같이 정의되고 있다.

> 주체철학은 세계와 사람의 관계 문제, 세계에서 사람이 차지하는 지위와 역할 문제를 철학의 근본 문제로 새롭게 제기하고 사람이 모든 것의 주인이며 모든 것을 결정한다는 철학적 원리를 천명한 데 기초하여 사람의 운명 개척의 가장 정확한 길을 밝혔습니다.[50]

그러나 이 주체사상에는 인민대중이 그 스스로 온전히 운명 개척의 주인이 될 만큼 필요충분조건을 갖추지 못한 것으로 나타났다. 인민대중이 온전하게 운명 개척의 주인이 되기 위해서는 수령의 가르침과 인도를 받아야 한다. 결국 인민대중의 주체성의 온전한 확립은 수령을 통하지 않고는

---

45 황장엽, 같은 책, 136쪽.
46 황장엽, 같은 책, 137쪽.
47 최완규, 「사회주의 건설과 주체사상」, 『북한사회주의 건설의 정치경제』, 경남대학교 극동문제연구소, 1993, 169쪽.
48 황장엽, 앞의 책, 140~141쪽.
49 김정일, 「주체철학의 리해에서 제기되는 몇 가지 문제에 대하여」, 『친애하는 지도자 김정일 동지의 문헌집』, 조선로동당출판사, 1992, 2쪽.
50 김정일, 「주체철학은 독창적인 혁명철학이다」, 조선로동당 중앙위원회 리론잡지 『근로자』에 준 담화 (1996. 7. 26), 조선로동당출판사, 1996, 2쪽.

불가능하다.[51] 따라서 인민대중은 사회 역사의 주체이기는 하지만, 제대로 된 주체가 되기 위해서는 반드시 지도자와의 관계 속에 자리해야 한다.[52]

이처럼 북한의 주체사상은 인간을 중심에 놓는, 즉 사람을 주체로 설정하는 인간중심철학과 변증법적 유물론 및 계급투쟁을 근간으로 하고 있는 마르크스-레닌주의를 변조시켜 수령절대주의로 귀착시키는 통치 이데올로기가 되었다.[53] 주체사상이 이렇게 변질된 것은 아마도 소련과 중국을 비롯한 사회주의국가들이 몰락하고 개혁과 개방의 길로 나섬으로 인해 당시 자국에 밀어닥치는 위기를 돌파하고 권력의 정당성을 마련해야 했기 때문일 것이다. 그리고 또 이런 변질은 김일성으로부터 김정일에게로 이행하는 부자 권력 세습 체계를 굳히기 위한 자구책 때문이기도 하였을 것이다.[54] 따라서 이것은 남한의 이승만 독재 정권이나 박정희 군사정권이 추구해온 한국식 민주주의가 왜곡되어가는 과정과 유사한 길을 걷고 있다.

주체사상과 인간중심철학

황장엽은 북한의 주체사상을 정초한 이론가이기도 하지만, 바로 자신이 정

---

51 김정일, 「주체사상 교양에서 제기되는 몇 가지 문제에 대하여」, 『주체사상에 대하여』, 조선로동당출판사, 1991, 153쪽.
52 김정일, 같은 책, 26쪽.
53 황장엽, 앞의 책, 133쪽. 물론 김정일은 자신들의 주체사상이 유물변증법과 근본적으로 다른 독창적인 이론임을 주장하고 있다. "일부 사회과학자들은 아직도 주체철학의 기본원리들을 해설하는 데서 사회적 운동의 고유한 합법칙성을 해명하는 데로 지향시키지 못하고 그것을 물질세계발전의 일반적 합법칙성의 견지에서 해석하려고 합니다. 〔……〕 주체철학은 자기의 고유한 원리들로 전개되고 체계화된 독창적인 철학입니다."(김정일, 「주체철학은 독창적인 혁명철학이다」, 앞의 책, 1쪽) 주체철학은 물질의 법칙으로부터 인간의 사회적 운동의 법칙을 설명하는 것이 아니라 사람 그 자체의 특성과 운동의 법칙을 연구하는 것으로 유물변증법과는 다르다는 것이 김정일의 글에 나오는 주장이다(김정일, 같은 글, 2~3쪽). 물론 김정일은 세계의 이해에 있어서 유물변증법의 관점이 전제되어야 한다고 언급하고 있다(김정일, 같은 글, 3~4쪽). 그러나 이것만으로 인간이 어떻게 세계의 주인 역할을 할 수 있는지에 대해서 제대로 설명이 되지 못한다는 것이 이 글의 주장이다.
54 황장엽, 앞의 책, 143쪽, 147쪽.

초한 주체사상이 부당하게 정치적 권력에 악용되는 것에 저항하면서 자신의 이론의 객관성을 유지하기 위하여 인간중심철학을 정립한 철학자이기도 하다.

황장엽은 '과도기와 무산계급 독재' 문제를 다룬 내용이 담긴 자신의 논문인 「사회발전 동력」이 발표된 1966년 이전에는 대개 마르크스주의에 친화적이었다. 그는 이 논문에 이르러 마르크스주의의 오류를 지적하고 '인간중심철학'이라는 개념을 개진하기 시작하였다. 그가 이 논문을 쓸 당시는 중국에서 문화대혁명이 일어났던 시기이다. 당시 김일성은 소련의 '우경 수정주의'나 중국의 '좌경 모험주의' 모두를 피해서 주체사상을 마련하여 자기의 입지를 마련하고자 하였다.[55] 바로 이 시기에 황장엽은 김일성종합대학 총장으로서 김일성종합대학 개교 20주년 기념 논문집에 위에서 언급한 논문을 발표하게 되었다. 그는 이 논문에서 사회주의경제 제도가 수립되는 순간 자본주의에서 사회주의로 넘어가는 과도기는 끝나고 무산계급 독재가 약화되면서 국가도 점차 소멸하게 된다는 소련 공산당의 입장을 비판하였다. 또 사회주의 체제 아래서도 공산주의를 실현하기 위한 계급투쟁과 무산계급 독재가 계속된다는 당시 소련 공산당의 주장도 비판하였다. 그는 노동자를 혁명 주체로 삼는 것을 반대하고, 남북 계급투쟁이 완결될 때까지 인텔리가 사회 발전의 역할을 담당해야 한다고 주장하였다.[56]

그러나 당시 중국의 과격한 입장을 추종하고 있었던 김영주, 양형섭 등은 황장엽의 이런 주장을 수정주의라고 비판하였다. 그런데 여기에서 김정일과 김영주의 권력 승계 싸움이 시작되었다. 김일성은 당시 이를 평정하는 과정에서 인텔리에 긍정적이었던 황장엽의 입장을 비판하고 중국 측의

---

55 선우현, 앞의 책, 76쪽.
56 황장엽, 『나는 역사의 진리를 보았다』, 한울, 1999, 146~147쪽.

입장에 더 가까운 태도를 취하면서 김일성 지배 체제를 강화시켜나갔다. 바로 이 작업이 완결된 형태가 1967년 5·25교시이며, 이를 통하여 혁명의 바람이 북한 내부에서도 휘몰아쳤다.[57] 아울러 황장엽도 점차 입지가 불편한 상태에 이르게 되었다. 그러나 그는 이런 대세에 굴복하지 않고 오히려 마르크스주의에서 주장되는 계급투쟁론과 무산계급 독재는 완전히 틀린 이론이라는 입장을 강화해갔다. 후일 남한에 내려와서 자신이 쓴 글에 의거하면 그는 1968년 말에 자신의 사상적 입장이 바뀌게 되었음을 다음과 같이 술회하고 있다.

> 내가 마르크스주의의 계급적 입장을 버리고 새로운 생명관에 기초한 인본주의(인도주의) 입장으로 바뀌게 된 것은 1968년 말이었다. 그것은 1966년 10월에 내가 쓴 소논문이 계급투쟁과 무산계급 독재를 약화시키는 수정주의 글이라고 평가되어 심각한 당적 비판을 받게 된 것이 계기가 되었다.[58]

황장엽의 이런 입장은 모스크바 종합대학에서 정통 마르크스-레닌주의를 공부하고(1949. 10~1953. 11) 북한으로 돌아와 김일성종합대학 철학 강좌장을 맡아(1954. 1) 활동하던 시기와는 상당히 차이가 난다.[59] 당시에 그는 마르크스-레닌주의에 비교적 충실했었다. 물론 당시에 그가 작업한 논문이 현재 기록으로 남아 있는 것이 거의 드물기 때문에 몇 가지 논문을

---

57 "1966년 10월에 내가 쓴 '과도기와 무산계급 독재' 문제를 취급한 논문이 계급투쟁과 무산계급 독재를 약화시키는 반당 수정주의 글이라고 평가되어 전당적으로 강하게 비판되었다. 1967년 5월 25일에 발표된 김일성의 문헌은 노동당 내에서는 일반적으로 5·25교시라는 이름으로 유명하지만 그것은 주로 나의 글을 비판하고 계급투쟁과 프롤레타리아독재론을 옹호한 것이었다."(황장엽, 『개인의 생명보다 귀중한 민족의 생명』, 138쪽)

58 황장엽, 『인간중심철학의 몇 가지 문제』, 시대정신, 2000, 머리말 부분. 또 그는 다른 곳에서도 "1960년대 말에는 계급주의적 관점과 결별하고 인간중심의 철학적 원리를 개척하게 되었다"라고 주장하고 있다(황장엽, 『개인의 생명보다 귀중한 민족의 생명』, 139쪽).

통해 추정할 수 있을 뿐이다. 1956년, 1957년 무렵의 글에서 그는 비교적 마르크스-레닌주의에 충실한 모습을 보여주었다. 1956년의 글인 「부정의 부정의 법칙」에서는 마르크스주의 철학을 과거의 모든 철학을 부정하면서 동시에 모든 철학에서 합리적인 알갱이를 계승하고 있는 것으로 해석하였다.[60] 나아가 그는 이 논문에서 자본주의사회에서는 노동자와 자본가 사이의 계급 대립이 심화되며, 노동자계급이 자본가계급을 정복하게 됨을 주장하였다.[61] 노동자계급은 자본가계급을 전복하여 유산자가 되지만, 이 유산자는 더 이상 자본가처럼 사적으로 소유하여 지배하는 것이 아니라 "착취를 배제하는 사회적 소유로서 다수가 소수의 전복된 착취계급을 지배하는 지배계급이다."[62] 그래서 자본주의사회에서 사회주의사회로 이행하는 것을 그는 발전으로 보았다.[63]

나아가 그는 이 글에서 조선공산당에서 조선노동당으로 발전한 북한의 100만여 당원이 단합하여, 그리고 해방 전 일본의 지배에 반대하여 투쟁하였던 진정한 공산주의자들과 애국주의자들의 반일 해방 투쟁의 정신을 계승하여 노동자계급의 해방과 민족의 해방을 위한 투쟁으로 이어가야 함을 주장하였다.[64] 또 그는 미국과 관련해서도 8·15해방 후 조선의 북반부

---

59 황장엽이 1946년 11월 16일 조선노동당에 가입하게 된 당시만 하더라도 공산주의에 대해서 강하게 신뢰하지 않았다. 그는 당시 상황을 다음과 같이 기술하고 있다. "혼자서 새벽길을 걸어오면서 공산주의자들은 왜 사람들을 이렇게 못살게 구는가 하고 불평했지만, 그래도 공산당을 욕하고 싶지는 않았다. 왜냐하면 그들이 너무도 열성적으로 일하고 있었기 때문이다."(황장엽, 『나는 역사의 진리를 보았다』, 77쪽)
60 황장엽, 「부정의 부정의 법칙」, 김일성종합대학 개교 10주년 기념논문집, 1956년 9월 29일, 124쪽.
61 황장엽, 같은 글, 125쪽.
62 황장엽, 같은 글, 126쪽.
63 황장엽, 같은 글, 127쪽.
64 황장엽, 같은 글, 130쪽. "당시 나는 김일성이 일본 제국주의를 반대하는 무장투쟁을 벌인 것만 가지고도 그를 존경하며 따랐다. 내가 삼척에서 징용살이를 하면서 김일성 장군의 독립투쟁에 관한 얘기를 들었을 때, 그것이 비록 과도하게 포장된 풍설이라 할지라도 그가 이끄는 민족의 군대를 한번 보기만 해도 여한이 없겠다고 생각했을 정도다."(황장엽, 『나는 역사의 진리를 보았다』, 120쪽)

에서 전개된 "로동계급을 선두로 하는 광범한 인민대중이 국가의 주인공으로" 된 사회는 비록 "물질생활의 양적 발전에 있어서는 미국보다 뒤떨어지고 있지만 인간관계 즉 사회제도는 근본적으로 자본주의국가들보다 앞서고 있다"라고 주장하였다.[65] 그에 의하면 그동안 북반부는 약탈자 미제국주의와는 "판이하게 고상하며", 북반부 사람들은 "현실적으로 미국 사람들보다 발달된 사회제도에서 살고 있으며 따라서 발달된 사람들이다."[66] 그는 마르크스-레닌주의에 입각하여 대중을 중심에 두고 대중의 장단점을 발전적으로 지양하여 나가야 함을 강조하고 있다.[67] 결국 이 글의 말미에서 그는 "부정의 부정의 법칙은 우리들에게 새것의 승리에 대한 확신을 주며 낡은것을 극복하는 방법을 준다. 부정의 부정의 법칙은 인식의 무기인 동시에 혁명적 실천의 강력한 무기로 된다"[68]라고 선언하였다. 이처럼 그는 혁명을 통하여 끊임없이 모순을 타파해나가야 한다는 입장을 강하게 지니고 있었다.

한편 황장엽은 1957년에 발표한 「생산력과 생산 관계의 모순에 관한 몇 가지 문제」라는 글에서 다음과 같이 주장하고 있다.

〔……〕 제국주의 단계에서 특히 우리나라의 경우에서 자본주의 길로 나간다는 것은 미제국주의에 예속된다는 것을 의미하는 것이며 생산력의 발전에 적합한 길이 아니다. 이와 같은 사정은 현재 미제 강점하에 있는 남반부의 사정이 잘 말하여주고 있다. 남반부에서 민주 산업은 완전히 파괴되고 농촌에서는 소위 착취가 강화되고 있을 뿐이다. 이와는 달리 우리나라가 사회주의 길로 나간다는 것은 위대한 쏘련을 선두로 한 사회주의국가

---

65 황장엽, 같은 글, 131쪽.
66 황장엽, 같은 글, 132쪽.
67 황장엽, 같은 글, 145쪽.
68 황장엽, 같은 글, 149쪽.

인민들의 형제적 원조 밑에 생산력의 급속한 발전과 민족의 자유와 독립을 확보할 수 있는 유일하게 정당한 길이라는 것이 명백하다.[69]

황장엽은 이와 같은 입장 아래서 남북한 사이에 3년간의 전쟁에도 불구하고 마르크스-레닌주의에 입각한 사회주의를 추구함으로써 극도의 경제적 어려움을 잘 극복하고 북반부의 사회주의가 승리할 것을 확신하였다.[70] 이처럼 1966년 이전만 하더라도 그는 누구보다도 마르크스-레닌주의에 충실하였으며, 이를 통하여 민족의 문제를 해결할 수 있다고 확신하였다. 그러나 김일성의 5·25교시를 계기로 그는 노동자계급에 바탕을 둔 계급투쟁론에 회의적인 반응을 보이기 시작하였으며, 마르크스-레닌주의를 북한의 특수 상황에 맞게 재창조하고자 하였다. 즉 그는 마르크스-레닌주의를 주체사상으로 전환시키고자 하였다.

그러나 이미 앞에서 언급하였듯이 이런 방향 전환을 하는 과정에서 황장엽은 북한 내부의 권력 싸움과 연루되어 수정주의자로 몰리게 되었다. 이런 상황에서 그는 북한 내부의 주체사상이 당수령론으로 이어지면서 인민대중을 외면하고 우상화되는 과정을 목격하게 된다. 그래서 그는 북한 내부의 김일성-김정일 권력 세습과 관련하여 작동하는 주체사상과 자신의 철학을 구분하기 위하여 자신의 철학을 '인간중심철학'이라고 주장하게 되었다.[71]

그렇지만 그의 '인간중심철학'은 1997년 남한으로 망명하기 전까지는 본격적으로 전개되지 않았다. 1989년에 발간된 『인류사회는 어떻게 발생

---

69 황장엽, 「생산력과 생산 관계의 모순에 관한 몇 가지 문제」, 『력사과학』 제3호, 1957, 24쪽.
70 황장엽, 같은 글, 30쪽.
71 황장엽의 주장에 따르면 1960년대 말 북한 노동당 내부에는 마르크스-레닌주의의 계급투쟁론이나 무산계급 독재론을 거부하는 인간중심철학과 스탈린 개인 숭배와 독재를 더 철저하게 뒤따르는 입장이 대립하고 있었다(황장엽, 「북한을 알고 민족통일 이룩하자」, 미발표원고, 37쪽).

하였으며 발전해왔는가?』에는 아직 마르크스-레닌주의에 대한 희망과 미국에 대한 반감이 강하게 자리하고 있다. 그는 당시에 마르크스-레닌주의에 입각하여 북반부가 사회주의를 추구함으로써 많은 발전을 이루었다고 판단하였다.[72] 또 당시 소련이 이미 "사회주의사회 건설을 완성하고 공산주의사회를 건설하는 길에 들어섰으며 인민민주주의의 국가들에서는 사회주의사회를 성공적으로 건설하고 있다"라고 보았다.[73] 게다가 그는 북반부가 사회주의국가인 소련의 원조로 미제국주의의 도움을 받아 한국을 지배하게 된 일본 제국주의를 타도하고 북한 내부에 사회주의를 건설함으로써, "미제국주의자들과 그의 주구 이승만 역도들의 침략에서 비롯된 조국해방전쟁으로 인하여"[74] 지연된 한반도의 평화적 건설을 성공리에 완수할 수 있을 것이라고 확신하였다.[75] 특히 그는 당시의 남한이 "미제국주의자들에게 강점되고 있으며 지주들과 예속자본가들의 정권이 둥지를 틀고 있다"[76]라고 평가하였다. 그는 북반부 사회주의의 승리와 관련하여 다음과 같이 주장하고 있다.

> 제국주의자들이 아무리 낡은 자본주의 제도를 옹호 유지하려고 최후의 발악을 다하여도 그 멸망은 피할 수 없으며 사회주의 진영은 반드시 승리하고 착취 없고 행복스러운 근로자들의 사회 — 사회주의 및 공산주의 — 가 전 지구상에 건설될 것은 틀림없다.[77]

---

72 황장엽, 『인류사회는 어떻게 발생하였으며 발전해왔는가?』, 나라사랑, 1989, 18쪽.
73 황장엽, 같은 책, 86쪽. "위대한 소련 인민들은 오늘 공산주의 사회를 건설하고 있으며 소련의 모범을 따라 인민민주주의국가 인민들은 사회주의를 성공적으로 건설하고 있다."(황장엽, 같은 책, 124쪽)
74 황장엽, 같은 책, 120쪽.
75 황장엽은 형제 사회주의국가들의 도움과 당과 수령의 영도 아래 조국을 통일시킬 수 있을 것임을 확신하였다(황장엽, 같은 책, 122쪽).
76 황장엽, 같은 책, 121쪽.
77 황장엽, 같은 책, 124쪽.

그러나 1997년 그가 남한으로 온 이후 작업한 글들에서는 이와는 완전히 다른 입장을 보이고 있다. 물론 그렇다고 그가 자본주의가 지상의 낙원이라고 하는 입장을 취하는 것은 아니다. 그는 여전히 사회주의적 삶의 긍정적 요소를 기대하고 있다.[78] 다만 그런 사회를 건설하는 과정에서 기존에 취했던 계급투쟁이나 무산계급 독재와 같은 관점은 완전히 버리고, 더군다나 투쟁보다는 사랑과 화합을 훨씬 더 중요하게 여겼다.[79]

황장엽은 더 이상 북한의 성공 가능성을 받아들이지 않는다. 그는 북한의 실패를 분명히 인정하고 있다.[80] 인본주의적 입장으로 완전히 전환한 그는 계급주의적 관점을 버리게 되었다. 계급주의가 인류 공동의 이념과 양립할 수 없으며, 인류의 발전에 방해가 됨을 인정하였다.[81] 그는 사랑과 협조의 원칙에 중요성을 더 두면서, 종교도 더 이상 아편이 아니라 인류 공동의 번영에 기여할 수 있음을 인정하였다. 그는 이와 같은 태도 아래서 과거 김일성-김정일 체제 아래서 자신이 범한 잘못에 대해서 진심으로 사과하는 발언을 다음과 같이 하고 있다.

> 지난 시기에 나는 국가 지도자의 유일사상이 절대적으로 지배하는 사회에서 오랫동안 사상 이론 사업을 담당하다 보니 본의 아닌 많은 잘못을 범하였다. 이에 대하여 우리 국민과 해외동포들, 그리고 외국의 벗들에게 충심

---

78 "나는 온갖 형태의 불평등을 없애고 모든 사람들이 다같이 화목하게 잘 사는 사회를 건설하는 데 대해 사회주의 이상을 지지한다. 그러나 그것은 내가 사회주의자이기 때문이 아니라 이러한 사회주의 이상이 인본주의 사상에 맞기 때문이다. 나는 사회주의에 충실할 것을 맹세한 사회주의자인 것이 아니라 인간(인류)에게 충실할 것을 맹세한 인본주의자이다."(황장엽, 『인간중심철학의 몇 가지 문제』, 머리말 부분)
79 "우리의 좌우명은 인간이 서로 증오하고 배척하며 싸우는 것보다 서로 믿고 사랑하며 협조하는 것이 백배나 낫다는 것이다."(황장엽, 같은 책, 머리말 부분)
80 황장엽, 같은 책, 머리말 부분; 황장엽, 『개인의 생명보다 귀중한 민족의 생명』, 27쪽.
81 황장엽, 『인간중심철학의 몇 가지 문제』, 머리말 부분.

으로 사과의 뜻을 표하는 바이다.(1997년 4월 10일)[82]

황장엽의 이런 태도는 참으로 학자다운 태도이며, 한 시대의 지성인의 본보기를 보여주는 모습이다. 우리 남한의 철학사에서 한때 부당한 정권 아래서 바람직하지 못한 역할을 담당한 지식인들이 이렇게 참회하는 모습을 발견하기는 참으로 어렵다. 이런 우리 현실 역사의 답답함 속에서 그가 보여준 이와 같은 태도는 우리에게 다시 한 번 지식인이 과연 어떻게 살아야 하는가를 반성하도록 만든다.

그럼에도 불구하고 그는 기본적으로 유물론자이고 진화론자이다.[83] 왜냐하면 그는 생명이 물질에서 진화하여 나온 것으로 보고 있기 때문이다. 그러나 마르크스처럼 물질과 정신을 대립시키고, 정신을 물질의 반영에 지나지 않는 것으로 보는 것에 대해서는 반대한다. 그는 물질과 정신을 대립시키지 않고 정신을 가진 발전된 물질적 존재인 인간과 정신을 가지지 못한 저급한 물질적 존재를 대립시키고, 전자가 후자보다 우위성을 지닌 것으로 보고자 한다.[84] 특히 그는 인간이 사회적 존재의 성격을 지니고 있기 때문에 여타의 생명과 다른 사회적 생명을 지니고 있는 것으로 보고 있다.[85] 그에 의하면 인간만이 지니고 있는 사회적 생명으로서의 특징은 인간이 다른 생명체와 달리 사랑과 협력의 원칙에 따라 살아간다는 데 있다.[86] 그는 인간이 사랑과 협력의 원칙에 따라 살아가면 정치적으로 폭력이 완전

---

82 황장엽, 같은 책, 머리말 부분.
83 "이 세상에 초자연적이고 초인간적인 신비로운 정신적 존재란 있을 수 없다는 유물론의 주장은 정당하였다."(황장엽, 『세계관』, 시대정신, 2001, 269쪽)
84 황장엽, 『세계관』, 37쪽.
85 황장엽, 『인간중심철학의 몇 가지 문제』, 17~19쪽.
86 황장엽, 같은 책, 26쪽. 황장엽은 이 부분과 관련하여 다음과 같이 주장하고 있기도 하다. "인간이 서로 싸우는 것보다 서로 사랑하고 협조하는 것이 좋다는 것이 의심할 여지없는 진리라는 것이 밝혀졌으며, 이 진리에 따라 새 세계를 창조할 수 있는 모든 조건이 성숙되고 있다."(황장엽, 같은 책, 40쪽)

히 제거되고, 경제적으로 무한 경쟁이 종결되면서, 궁극적으로 인간이 이 세계의 주인으로서 자리하게 될 것이라고 보고 있다.[87] 그는 인간이 개인이기주의, 계급이기주의, 민족이기주의, 인종주의 등을 극복하고 인류애적 차원에서 살아갈 때 비로소 온전한 해방을 맞이할 수 있다고 보았다.[88] 그래서 그는 개인적 인본주의 시대로부터 인류적 인본주의 시대로 넘어가야 함을 주장하고 있다.[89]

황장엽은 이런 인본주의 시대를 맞이하기 위해서는 우리가 자주성, 창조성, 의식성을 기반으로 하여 인간 개조 사업, 자연 개조 사업, 사회 개조 사업을 균형 있게 전개시켜야 한다고 보고 있다.[90] "자연 개조 사업, 인간 개조 사업, 사회 개조 사업은 상호 의존하고 제약하는 관계에 있으며, 어느 하나도 없어서는 사회 자체의 생존과 발전이 불가능하다. 그러므로 어느 것이 어느 것의 파생물이라고 볼 수 없다."[91] 그는 이와 같은 관점 아래서 지난날 마르크스-레닌주의가 자연 개조 사업에 절대적 우위를 부여함으로써 균형 있는 사회 읽기와 역사 읽기를 이루어내지 못했다고 비판한다.[92]

한편 그는 개인의 유한한 생명과 사회적 집단의 무한한 생명이 상생 관계에 놓여야지 어느 한쪽이 다른 한쪽을 절대적으로 지배해서는 안 된다고 보았다.[93] 그러므로 그는 개인의 생명 발전에 더 치중되어 있는 "자본주의 역시 사회 발전의 일정한 단계를 대표할 뿐, 그것이 사회 발전의 마지막 단

---

87 황장엽, 같은 책, 27~38쪽.
88 황장엽, 같은 책, 41쪽.
89 황장엽, 같은 책, 41~42쪽. 황장엽은 이 부분과 관련하여 다른 책에서 다음과 같이 언급하고 있다. "우리의 좌우명은 '개인의 생명보다 가족의 생명이 더 귀중하고, 가족의 생명보다 민족의 생명이 더 귀중하며, 민족의 생명보다 전 인류의 생명이 더 귀중하다'는 것이다."(황장엽, 『개인의 생명보다 귀중한 민족의 생명』, '독자들에게' 부분)
90 황장엽, 『인간중심철학의 몇 가지 문제』, 52~56쪽.
91 황장엽, 같은 책, 59쪽.
92 황장엽, 같은 책, 61쪽.
93 황장엽, 같은 책, 58쪽, 74~75쪽, 116~117쪽.

계로서 영원할 수 없는 것이다"라고 주장하였다.[94] 이제 그는 공산주의자들이 비록 자본주의의 문제점을 지적할 수는 있지만 그렇다고 하여 이들이 계급적 이익을 옹호하는 입장에서 자본주의의 역사적 공적을 과소평가해서는 안 된다고 주장한다.[95] 자본주의가 더 이상 개인의 생명을 돌보는 일에 머물러서는 안 되듯이, 사회주의 역시 노동계급의 이익만 돌보는 형태가 되어서는 안 된다. 이들 모두 사회 전체의 생명을 돌보는 차원으로 고양되어야 한다.[96] 그리고 이런 이행 역시 계급투쟁이나 독재의 방법이 아니라 민주주의적 방법에 입각해야 한다.[97] 사회주의는 비폭력적인 사랑과 화해의 원칙에 따라 건설되어야 한다. 즉 인본주의적 관점에서 세워져야 한다.[98]

이와 같은 관점 아래서 황장엽은 현재 북한에서 전개되는 계급투쟁론을 사회주의와 자본주의의 대립이 아니라 봉건주의와 자본주의, 군국주의와 경제주의의 대립으로 규정하고 있다.[99] 그는 모든 생명 중에서 인간의 생명이 가장 존귀하며, 따라서 인권보다 우위에 있는 것은 존재할 수 없다는 입장에 서 있다. 그는 무신론자로서, 또 유물론자로서 신이나 인간의 정신이나 내세가 독자적으로 존재할 수 있는 가능성을 믿지 않았다. 그렇지만 인간이 자신의 위대한 창조력을 통하여 인류적 생명의 영원함을 마련할 수 있다고 믿고 있다.[100] 그는 우리가 정의의 원칙과 사랑의 원칙의 조화를 통하여 인류적 생명의 발전을 이루어내어야 한다고 보고 있다.[101] 그는

---

94 황장엽, 같은 책, 94쪽.
95 황장엽, 같은 책, 94쪽.
96 황장엽, 같은 책, 101쪽.
97 황장엽, 같은 책, 102쪽, 113쪽.
98 황장엽, 같은 책, 104쪽, 118쪽.
99 황장엽, 같은 책, 114쪽.
100 황장엽, 같은 책, 125~155쪽.
101 황장엽, 같은 책, 156쪽.

더 이상 전통적인 충효의 이론을 악용하여 봉건적 지배 이데올로기를 창출해서는 안 됨을 강조하고 있다.[102]

마침내 그는 마르크스의 계급투쟁론보다는 사랑을 추구하는 종교적 관점에 더 높은 가치를 부여한다.[103] 나아가 그는 개인의 생명을 우상화하는 것을 금기시하며, 종교가 민족과 인류를 사랑함으로써 이런 역할을 하고 있다면 거기에 중요한 가치가 있음을 인정해야 한다고 보고 있다. 그러나 그는 지금 분단의 현 단계에서 우리가 가장 사랑해야 할 대상은 민족임을 다음과 같이 주장하고 있다.

> 오늘 우리가 뜨겁게 사랑해야 할 대상은 무엇보다도 수천 년 동안 하나의 핏줄로 고락을 같이하여온 우리 민족의 생명이다. 우리 민족은 벌써 반세기 이상이나 남북으로 갈라져 모진 고통을 겪고 있을 뿐 아니라 한쪽이 썩고 병들어 가면서 민족의 존망과 관련된 종족 상잔의 전쟁 위험까지 커지고 있다. 이것은 참으로 가슴 아픈 일이며, 선과 악의 대결에서 우리 민족이 직면하고 있는 최대의 시련이라고 말할 수 있다. 이러한 민족적 불행에 대하여 외면하는 사람은 종교적 사랑에 대하여 논할 자격이 없을 것이다.[104]

이처럼 그에 의하면 종교인들도 모두 민족 사랑에 온 정성을 다해주어야 한다. 나아가 종교인들은 교파를 초월하여 인류의 평화와 사랑을 위해 최선을 다해야 한다.[105] 그의 이와 같은 태도는 마르크스주의로부터 상당히

---

102 황장엽, 같은 책, 181~182쪽.
103 황장엽, 같은 책, 190쪽. 황장엽은 이와 같은 내용을 다른 곳에서 다음과 같이 주장하기도 한다. '마르크스주의자들은 계급을 없애기 위해서 계급적 입장에 서야 한다고 주장하는데 이것은 자체 모순'이라는 것이 황장엽의 입장이다(황장엽, 『개인의 생명보다 귀중한 민족의 생명』, 83쪽).
104 황장엽, 『인간중심철학의 몇 가지 문제』, 192쪽.

거리를 두는 방향으로 나아가게 된다. 그는 더 이상 "사회적 의식이 사회적 존재를 반영한다"라는 마르크스의 입장을 따르지 않고, 의식을 사회적 존재의 속성으로 보려고 한다.[106] 그래서 그는 인간의 생명과 의식을 사회적 생산관계의 반영으로만 보려고 하는 마르크스주의의 입장을 수용하지 않으려고 한다. 사회적 의식은 객관세계를 반영하기도 하지만, 인간에게 고유한 자주적이며 창조적인 생명 활동이기도 하다.[107] "그러므로 사회적 의식의 본질은 인간의 자주적이며 창조적인 생명 활동을 지휘하는 생명의 중심적 지휘 기능이라는 데 있으며, 따라서 그것은 사회적 인간의 본질적 속성의 하나로 된다."[108]

이와 같은 관점 아래서 황장엽은 변증법과 관련해서도 헤겔이나 마르크스주의의 변증법에는 구체성이 배제되어 있으며, 인간의 창조적 역할이 고려되지 못하고 있다고 비판한다. 그는 세계에서 인간의 지위를 높여가는 '주체의 변증법'을 중시하였으며, 그래서 인간을 다음과 같이 규정하고 있다.

> 인간도 물질인 것은 사실이지만 가장 발전된 물질로서 물질세계에 종속된 존재인 것이 아니라 자주적인 의식과 창조적 능력을 가지고 물질세계를 자기 요구에 맞게 개조하면서 자기 운명을 자체의 힘으로 개척해나가는 유일한 자주적 존재이다.[109]

그는 이 자주적인 주체는 더 이상 폭력적인 방식에 의거하여 사회제도를 변화시키는 것이 아니라 이성에 의거하여 비폭력적인 방법으로 바꾸어

---

105 황장엽, 같은 책, 194쪽.
106 황장엽, 같은 책, 209쪽.
107 황장엽, 같은 책, 210쪽.
108 황장엽, 같은 책, 210~211쪽.
109 황장엽, 같은 책, 225쪽.

간다고 보았다.[110] 또 '마르크스의 중요한 한계가 사회의 구성 요소로서의 사회적 재부(생산력)만 중시하고 인간의 중요성을 과소평가하며, 사회적 제도를 창조하고 처리하는 경제 관계만 중시하고 인간과 인간을 결합시키고 관리하는 정치제도를 과소평가한 데 있다'고 지적하였다.[111] 나아가 그는 변증법과 관련해서 '통일'을 중시한 헤겔과 '대립'을 중시한 마르크스를 평가하면서 대립을 절대화하거나 통일을 절대화하는 이들 모두가 문제가 있다고 지적하였다.[112] 그는 더 이상 그 어떤 사상에 대해서도 진리성을 절대화하는 것을 허용하지 않으려고 한다.[113] 따라서 종래의 변증법이 분열과 투쟁을 절대화하는 것을 반대하며, 투쟁이 반드시 화합과 통일로 이어지는 주체의 변증법을 모색하고자 한다.[114] 나아가 이 주체의 변증법은 개인의 이익과 공동의 이익을 모순·대립으로 보는 것을 반대하며, 이것은 항시 통일되고 조화되어야 한다. 따라서 "무조건적인 자유를 요구하는 자유지상주의와 무조건적인 복종을 요구하는 전체주의적 중앙집권주의는 다 같이 유해로운 것으로서 허용하지 말아야 한다."[115] 그러므로 그는 자유민주주의도 사회주의도 결코 승리에 도취하거나 지나치게 이기려고 해서는 안 된다고 본다.[116]

황장엽은 이런 측면에서 현재 북한의 수령절대주의는 인권을 원천적으로 유린하는 집단이라고 보고 있다.[117] 북한의 수령절대주의는 개인이기

---

110 황장엽, 같은 책, 234쪽.
111 황장엽, 같은 책, 237쪽.
112 황장엽, 같은 책, 250쪽.
113 황장엽, 같은 책, 217쪽. 황장엽은 다른 곳에서도 이와 같이 언급하고 있다. "'진리는 이단으로 탄생하여 미신으로 죽는다'는 말이 있다. 이것은 진리를 절대화해서는 안 된다는 것을 가르쳐 주고 있다."(황장엽, 『세계관』, 174쪽) "성공과 실패도 절대화해서는 안 된다."(황장엽, 『세계관』, 175쪽)
114 황장엽, 『인간중심철학의 몇 가지 문제』, 254~255쪽.
115 황장엽, 같은 책, 262쪽.
116 황장엽, 같은 책, 285~287쪽.
117 황장엽, 『개인의 생명보다 귀중한 민족의 생명』, 13~20쪽.

주의의 극단적인 표현이다.[118] 그는 주체사상이 강대국에 편승하는 사대주의나 교조주의를 벗어나 민족의 주체성을 마련하려고 한 점에 대해서는 긍정적인 평가를 하면서도 이것이 개인의 독재로 이어지는 것에 대해서는 철저하게 반대한다.[119] 따라서 그는 주체사상에서 주장한 혁명과 건설의 주인은 더 이상 특정 계급이 아니라 인민대중이어야 함을 강하게 주장하고 있다.[120] 이와 같은 내용은 이미 1972년 9월 일본 『마이니치신문』에 실린 대담에 잘 제시되어 있다고 황장엽은 주장했다.[121]

> 주체를 세운다는 것은 혁명과 건설에 대하여 주인다운 태도를 가진다는 것입니다. 혁명과 건설의 주인은 인민대중이기 때문에 인민대중은 마땅히 혁명과 건설에 대하여 주인다운 태도를 가져야 합니다.[122]

> 혁명과 건설은 인민대중을 위한 사업이며 인민대중 자신이 수행하여야 할 사업입니다. 그러므로 자연과 사회를 개조하는 데서 자주적 립장과 창조적 활동이 요구됩니다.[123]

이처럼 황장엽은 계급적 입장을 벗어나기 위하여 '인민대중'이라는 주

---

118 황장엽, 같은 책, 52쪽. 황장엽은 이와 같은 주장을 다른 곳에서도 하고 있다. "북한 통치자들이 주장하는 주체사상은 사회 전체의 이익을 옹호하여야 한다는 사회주의사상과 노동계급의 독재를 옹호하는 계급주의 사상, 통치자를 무조건 숭배하고 충성과 효성을 다해야 한다는 봉건사상이 서로 얽혀져 있으나 이것을 한마디로 집약하면 수령절대주의 사상이라고 할 수 있다." (황장엽, 같은 책, 101쪽)
119 황장엽, 같은 책, 97쪽.
120 김일성, 「우리 당의 주체사상과 공화국 정부의 대내외 정책의 몇 가지 문제에 대하여」, 『김일성 저작집』 27권, 1984, 390쪽.
121 "대외적으로 김일성이 집필한 것으로 알려져 있는 1972년 〈마이니찌신문〉 세까이지와의 담화 등도 실제로 황장엽의 작품이었다." (신평길, 「黃長燁은 무엇을 고뇌했는가?」, 『北韓』 8월호, 1997, 66쪽)
122 김일성, 앞의 글, 394쪽.
123 김일성, 같은 글, 395쪽.

체를 자주 주장한다.[124] 유감스럽게도 북한의 통치자들은 바로 이 '인민대중'이라는 개념을 왜곡하여 노동계급, 당, 수령에 적용하여 조작하였다.[125] 황장엽은 바로 이런 조작 아래서 개같이 살고 싶지 않아서 남으로 내려왔음을 주장하고 있다.[126] 그에 의하면 주체사상은 세 가지 면, 즉 수령절대주의, 마르크스-레닌주의(계급투쟁과 무산계급 독재론), 그리고 인간 중심의 사상으로 이루어져 있지만, 이들이 체계적으로 통일되어 있지 못하다.[127] 주체사상은 주민들을 노예화하고, 김정일 자신의 개인이기주의와 폭력을 신성화하는 폭력주의에 바탕을 두고 있는 것으로, 이것을 무너뜨리기 위해서는 '인권'을 문제 삼는 관점에서 접근해야 한다는 것이 그의 입장이다.[128] 북한에 인권에 바탕을 둔 '자유민주주의 사상이 들어가서 붕괴하는 길만이 남북의 통일을 평화적으로 실현하는 가장 합리적인 길이다.'[129] 진정한 사회주의는 계급주의와 함께할 수 없으며, 철저한 민주주의 원칙, 평등의 원칙, 동지적 협조의 원칙에 입각해야 한다.[130] 황장엽에 의하면 "세상에서 가장 귀중한 존재는 인간이며 가장 지혜롭고 힘 있는 존재도 인간이다."[131] 그러므로 인간의 권리, 즉 인권을 유린하는 그 어떤 경우도 허용해서는 안 된다.

이상에서 보듯이 황장엽은 1960년대 중반까지는 계급투쟁론과 무산계급 독재론에 근거한 마르크스-레닌주의를 신봉하였고, 또 그로 인하여 스탈린주의를 본받고 있는 김일성주의를 추구하였다. 그러나 이것은 자신이

---

124 황장엽, 『개인의 생명보다 귀중한 민족의 생명』, 104쪽.
125 황장엽, 같은 책, 104~105쪽.
126 황장엽, 같은 책, 122쪽.
127 황장엽, 같은 책, 148쪽.
128 황장엽, 같은 책, 149쪽, 151쪽, 154쪽, 157쪽.
129 황장엽, 같은 책, 158쪽.
130 황장엽, 같은 책, 180쪽.
131 황장엽, 같은 책, 260쪽.

후회하고 반성하는 모습에서 보여주었듯이 철학자가 기본적으로 갖추어야 할 비판 정신을 근원적으로 결여한 상태였다. 자신도 인정하듯이 자신의 사상이 정치적 권력자와 결합되어 수많은 인민을 고난의 길로 이끌었다는 것은 명백한 잘못이다. 남한의 한국식 민주주의를 위하여 안호상과 박종홍이 정립한 이론이 권력자의 지배 논리에 편승되는 불행을 낳았듯이, 북한의 황장엽의 이론도 북한식 사회주의라는 미명 아래 인권을 유린하는 권력자의 지배 논리에 편승되는 불행을 낳았다.

그러나 황장엽은 이미 앞에서 언급하였듯이 자신의 사상 체계가 북한의 권력자에 의해서 악용되고 왜곡되고 있다는 사실을 목격하고 철학적인 비판적 정신의 자세로 되돌아와 참회하고 새로운 용기와 저항의 길을 선택하였다. 그는 자신의 이와 같은 선택으로 인하여 가족이 당할 고통을 괴로워하면서도 참된 지식인이고자 몸부림쳤다. 물론 그의 이러한 선택이 순수한 자발성에서 비롯된 것인지, 아니면 권력 싸움에서 밀려난 상태에서 비롯된 것인지 정확한 판단을 하기는 참으로 쉽지 않은 일이다. 아마 이 부분에 대해서는 더 많은 세월이 흐른 뒤 역사가 평가하리라 여겨진다. 그렇지만 지금 단계에서 그의 발언의 진실성에 신뢰를 보낸다면, 적어도 그는 지식인으로서 양심적으로 고뇌하고 있었다고 볼 수도 있을 것이다. 그는 자신이 북한 권력으로부터 탈출한 상황에 대해서 다음과 같이 언급하고 있다.

'결국 구해낼 수도 없으면서 미련을 갖고 주저하면 너는 끝내 떠나지 못하고 만다.' 그리되면 먼 훗날 역사는, '그때 북에서는 그렇게도 엄청난 폭력과 불합리 속에 인민들이 고통받고 있는데도 당당하게 나서서 비판하거나 저항한 지식인은 단 한 명도 없었다고 말할 것이다'라는 그런 소리 말이다.[132]

4 민족주의적 관점에서 본 박종홍과 황장엽

박종홍과 황장엽은 한국 현대철학을 대표하는 남북의 철학자들 중 한 사람이라고 할 수 있을 것이다. 이들은 모두 일제의 억압을 경험하고 같은 민족끼리 총칼을 겨눈 고통의 현장을 겪으면서 고난의 시대를 산 철학자이다. 또 이들은 남과 북 각각의 근대화의 중심에 서서 사상적 기반을 제공한 철학자이다. 남쪽의 조국 근대화에 박정희라는 정치인을 빼놓을 수 없듯이, 바로 그 시기에 사상적 이념을 제공한 철학자 박종홍 역시 빼놓을 수 없다. 마찬가지로 북쪽의 근대화에 김일성이라는 정치인을 빼놓을 수 없듯이, 바로 그 시기에 사상적 이념을 제공한 철학자 황장엽을 빼놓을 수 없다.

이들은 각기 민족의 미래를 고민하면서 철저하게 현실에 바탕을 두고 철학을 하였다. 박종홍은, 철학은 늘 우리의 현실, 즉 "이 시대, 이 사회, 이 현실적 존재 자체"[133]를 물음의 대상으로 삼아야 하며, 따라서 "우리의 철학은 독일서 차를 타고 왕림하는 것"[134]도 아니어야 하고, "미국서 배를 타고 내항하는 것"도 아니어야 한다고 주장하였다. 그에게서 우리의 철학은 우리의 민족 현실을 떠난 그 어떤 경우가 되어서도 안 되며, 그래서 우리의 현대철학이 나아가야 할 방향은 "우리의 현실적 생활에 새로운 애착을 가지고 육박하여 파고들어 다시 '피 끓는 힘의 철학'을 찾아내는 것"[135]이어야만 했다. 민족이 억압당하던 시절에는 저항하는 힘을 가진 철학이어야만 했고, 민족이 전쟁의 잿더미에서 가난에 시달릴 때는 건설하는 힘을 가진 철

---

132 황장엽, 『나는 역사의 진리를 보았다』, 15~16쪽.
133 朴鍾鴻, 「哲學하는 것의 出發點에 關한 一疑問」(1933. 6. 11), 열암기념사업회 엮음, 『朴鍾鴻全集』 I권, 민음사, 1998, 331쪽.
134 朴鍾鴻, 「〈우리〉와 우리 哲學 建設의 길」(1935. 7. 9), 열암기념사업회 엮음, 『朴鍾鴻全集』 I권, 민음사, 1998, 384쪽.
135 朴鍾鴻, 「矛盾과 實踐」, 앞의 책, 350쪽.

학이어야만 했다. 그러므로 전자의 경우에는 마르크스주의가, 후자의 경우에는 실용주의가 상대적으로 그의 철학 안에 더 절실하게 자리하고 있었다.

철학의 현실에 대한 참여라는 이와 같은 태도는 황장엽의 경우에도 강하게 나타나고 있다. 그는 철학의 사명을 "인간의 운명 개척의 길을 밝혀주는 가장 일반적인 진리를 해명하는 것"[136]이라고 규정하면서, 철학이 세계에서 차지하고 있는 인간의 위치를 규명하지 않고 순수하게 이론적인 차원만 논의하는 것을 허용할 수 없었다. 특히 그는 주체사상을 정립할 당시에 소련의 마르크스-레닌주의에 사대주의적이고 교조주의적으로 따라 움직이는 것을 거부하고, 우리 민족의 현실에 적합한 우리식 철학을 구축하기 위하여 몹시 몸부림쳤다.[137] 이것은 박종홍 철학자가 우리의 철학을 정립하고자 하는 측면과 유사성을 지니고 있다.

황장엽은 비록 박종홍처럼 일제강점기에 철학의 현장에서 활동한 철학자는 아니었지만, 그래서 민족의 수난 시대에 민족의 해방을 위한 활동에 직접 참여하지는 않았지만, 늘 민족의 독립을 위해 노력한 독립 운동가들을 존중하였다.[138] 그는 이런 독립 운동의 정신을 사회주의 운동에 이어받아 민족의 독립과 통일에 기여하고자 하였다. 바로 이 측면에서 그는 김일성이 해방 후 전개한 천리마운동과 같은 인민대중의 혁신 운동을 높이 샀다.[139]

이처럼 그들이 현실에 바탕을 두고 철학을 할 수밖에 없었던 것은 그만큼 그들이 살았던 현실이 유독 가슴 저렸기 때문이었을 것이다. 그들에게

---

136 황장엽, 『인간중심철학의 몇 가지 문제』, 197쪽.
137 황장엽은 남한에 내려와서도 주체사상의 긍정적인 면을 다음과 같이 여전히 주장하고 있다. "우리 나라가 큰 나라의 포위 속에 있는 것만큼 사대주의와 교조주의를 반대하고 민족적 주체성을 세워 나가는 것은 중요한 일이다. 그러므로 사대주의와 교조주의를 반대하고 주체를 세울 데 대한 사상은 긍정적으로 평가하여야 할 것이다." (황장엽, 『개인의 생명보다 귀중한 민족의 생명』, 98쪽)
138 황장엽은 김일성이 독립 운동에 참여한 부분은 인정하지만, 나중에 이 부분이 과도하게 왜곡되어 북한 내부의 우상화에 이용된 점에 대해서는 혹독하게 비판하였다.

가슴 아픈 현실은 민족의 수난과 질곡이었다. 그래서 그들의 일차적 관심은 어떻게 하면 우리 민족이 다시 하나로 결합하여 자주적이고 자립적이며 주체적인 나라로 우뚝 서느냐 하는 점이었다.

이러한 시대적 상황 속에서 남쪽의 박종홍 철학자는 해방 이전에는 민족의 저항과 독립을 위하여 마르크스주의에 비교적 긍정적으로 임하였으며, 당시의 사회주의자인 신남철, 박치우 못지않게 현실에 대한 투쟁을 강하게 주장하였다. 그래서 그는 이미 앞에서 밝혔듯이 현실의 모순을 몸으로 저항하는 '근로적인 그룹'을 주장하고, "생명 자체를 내거는 만큼 심신 전부"를 바치는 '신체적 노작'을 수행하는 주체로서 '형극의 길', '사투의 길'을 선두에 서서 추진해야 하는 주체를 주장하였다.140 그의 이와 같은 태도는 논리학과 관련해서도 언급되고 있다. 그는 대상을 이론적으로 고찰하는 차원을 넘어 "신체적 노작을 통해"141 실천적으로 변형시키는 '창조의 논리학'을 강조하였다. 사실 그의 이와 같은 입장은 세계를 해석하는 데 머물지 않고 세계를 변혁시키는 데까지 나아가는 것이 철학의 임무라고 한 마르크스주의의 철학관을 또 다른 형태로 전개하는 것이기도 하였다. 물론 그의 이런 투쟁과 창조는 당시의 사회주의자들처럼 마르크스주의를 충실히 따라 세계 프롤레타리아를 해방시키는 데 목적이 있었다기보다는 민족독립을 이루어내는 데 주목적이 있었다. 그러므로 박종홍 철학자가 당시 마르크스주의나 자연변증법에 긍정적인 태도를 취하였다고 하더라도 그것은 민족주의적 관점에서 추구된 것이라고 볼 수 있을 것이다. 한마디로 해

---

139 "나는 천리마운동에 이론적 의의를 부여하는 한편, 이 운동을 통해 인간교양사업과 경제발전을 다 같이 힘있게 밀고 나갈 수 있기 때문에 그것을 사회주의 건설의 총노선으로 내세우는 것이 옳다고 생각했으며, 나아가 군중노선에 관한 사상을 더욱 발전시켜야 할 것으로 보았다."(황장엽, 『나는 역사의 진리를 보았다』, 135쪽) "어쨌든 천리마운동은 나름대로 실속 있게 진행되었으며, 경제발전과 새로운 도덕적 기풍을 세우는 데도 성공을 거두었다."(황장엽, 같은 책, 135쪽)
140 朴鍾鴻, 「現實把握」, 앞의 책, 425~432쪽.
141 朴鍾鴻, 「一般論理學」(1948. 8), 열암기념사업회 엮음, 『朴鍾鴻全集』 III권, 민음사, 1998, 176쪽.

방 이전의 박종홍의 철학은 저항적 민족주의에 바탕을 두고 있었다고 보아야 할 것이다.

그러나 해방 후 남쪽은 미국이, 북쪽은 소련이 자리하게 되면서 남한의 사상가들은 자유주의 사상으로, 북쪽은 사회주의사상으로 기울게 되었다. 특히 1950년의 전쟁은 이와 같은 사상적 분리와 대립 현상을 확고하게 굳히도록 만들었다. 이러한 상황 속에서 박종홍 역시 그동안 저항적 민족주의의 발판으로 삼고 있었던 부분이기도 한 마르크스주의적인 측면을 척결 대상으로 규정하고 산업화와 안보 중시의 관점 아래서 반공주의적 입장을 견지하면서 건설적 민족주의로 나아갔다. 그의 이와 같은 입장은 이승만 정권에서부터 박정희 정권에까지 계속되었던 반공주의와 맥을 같이하고 있었다. 그는 가난하고 약한 국가를 부국하고 강한 국가로 만드는 것이 절실하였으며, 따라서 이제 그는 저항적 민족주의에서 건설적 민족주의로 이행하게 되고, 마르크스주의의 부정적 주체에서 실용주의의 건설적 주체로 나아갔다. 이제 그는 마르크스주의를 경제결정론으로 규정하고, 마르크스주의는 대상에 대한 주체의 자발성이 배제된 단순한 기계적 반응에 머물고 있으며, 따라서 의식 작용의 반영을 물리·화학작용의 반응·반사와 동일시하였다. 심지어 1970년대에 이르러서는 철학의 필요성을 마르크스주의로 무장되어 있는 공산주의를 방어하기 위한 정신 무장에서 찾기도 하였다.[142]

이처럼 박종홍에게 마르크스주의는 전기에는 인간주의적 유물론으로 읽혀졌고, 후기에는 기계론적 유물론으로 읽혀졌다. 그의 후기 철학에 이르러서는 박정희의 경제개발주의와 안보주의와 맞물려 현실을 부정하고 저항하는 초기의 주체는 현실을 건설하고 창조하는 주체로 전환되었다. 전자나 후자나 모두 힘의 주체를 추구하였지만, 후자의 경우에는 버려진 주

---

142 朴鍾鴻, 「哲學의 必要性」(1972. 12), 열암기념사업회 엮음, 『朴鍾鴻全集』 VI권, 민음사, 1998, 94쪽.

변부를 돌아볼 여력을 상실하였다. 그의 후기에 등장하는 주체는 또 다른 맥락에서 서구 근대적 주체의 양상을 지니고 있었다.

물론 박종홍은 '실용의 실'이 압도함으로써 인간의 삶의 조건을 왜곡하는 것을 경계하고자 '성실의 실'도 중시하고자 하였다.[143] 그의 이와 같은 태도는 진리성veritas과 진실성veracitas, 향외성과 향내성을 종합하고자 하는 태도와 연관되어 있다. 그러나 유감스럽게도 정치권에서는 그의 '실용의 실'이 경제제일주의로 악용되듯이, 이것에 제동을 걸고자 했던 '성실의 실'은 권위주의적 군사 문화와 결합되었다. 사실 조국 근대화를 위한 실용적 가치에 대한 그의 강조나 민족주의 확립을 위한 전통문화에 대한 그의 강조는 박정희 정권의 권력 유지와 권위를 확립하는 데 중요한 기반이 되었다. 박정희 정권이 추구한 국가 중심의 개발독재 아래에서 그의 철학은 왜곡된 길을 걷게 되었다. 그래서 그의 철학은 당시 정권 아래서 전개되고 있었던 실용주의의 신비화로 인해 비롯된 경제적 소외 계층에 대한 고뇌가 충분히 반영될 여력을 지니지 못했다.

결국 그의 울분의 철학은 현실의 아픔을 서둘러 강력한 국가의 힘에 편승시킴으로써 유신 정권을 정당화하는 데 기여하는 꼴이 되었다. 그래서 자립적인 국가를 만들기 위한 그의 창조의 논리는 다음과 같은 형태로 전개되었다.

> 공산주의를 물리치고 자유 민주 세계의 이상을 실현하기 위한 창의요, 협동심임을 명심하여야 한다. 모든 기업 정신은 애국 애족에 정초하는 것임을 확신하자. 나라의 고마움을 알고 그에 적극적으로 참여 공헌하려는 것

---

[143] 朴鍾鴻, 「韓國에 있어서의 價値觀의 推移」(1964. 11. 6), 열암기념사업회 엮음, 『朴鍾鴻全集』 V권, 민음사, 1998, 498~499쪽; 朴鍾鴻, 「平凡한 生活 속의 哲學을」(1976. 7), 열암기념사업회 엮음, 『朴鍾鴻全集』 VI권, 민음사, 1998, 291~292쪽.

이 기업 정신의 바탕이다.[144]

　　박종홍은 이처럼 "약진 아니면 패망이 있을 뿐이다"라는 입장에서 민족개조론과 새 역사 창조론을 계속해서 제창하였다.[145] 그는, 북한의 주체사상이 마르크스-레닌주의의 창조적 적용이 아니라 김일성 유일 정권을 정당화하기 위한 사상이라고 본 반면에,[146] 자신의 주체성은 창조적 수행을 하는 민족적 주체성이라고 보았다. 그러나 그의 이 민족적 주체성은 반공주의, 근대화, 개발주의와 궤를 같이하면서 결국에는 유신과업을 수행하는 주체성으로 자리 매김 되었다. 민족중흥의 주체와 유신과업 수행의 주체가 동일한 궤도를 달렸다.[147]

　　이처럼 그의 건설·창조의 논리는 국민교육헌장, 새마을운동, 유신헌법 등 박정희 정권의 정책과 맞물려 들어갔다. 이제 저항의 주체, 저항의 민족주의는 건설·창조의 주체, 개발의 민족주의, 반공의 민족주의가 되었다. 그의 철학은 이런 이행 과정을 겪으면서 자립을 넘어 지배로 이어졌으며, 철학의 생명인 비판력을 상실하고 이데올로기로 변질되고 있었다. 결국 박종홍의 후기 철학에서는 마르크스주의에 바탕을 둔 저항의 논리는 반공민족주의 테제 아래 금지되어야 했고, 실용주의에 바탕을 둔 민주주의적 사고도 조국 근대화 깃발 아래 고개 숙여야 했다.[148] 결국 그의 철학에서 저항

---

144 朴鍾鴻,「企業精神의 바탕」(1972), 열암기념사업회 엮음,『朴鍾鴻全集』VI권, 민음사, 1998, 501쪽.
145 朴鍾鴻,「民族改造論」(1972. 12), 열암기념사업회 엮음,『朴鍾鴻全集』VI권, 민음사, 1998, 517쪽; 朴鍾鴻,「새 歷史의 創造」(1972. 12), 열암기념사업회 엮음,『朴鍾鴻全集』VI권, 민음사, 1998, 513~515쪽.
146 "그러나 그 누구도 아닌 김일성이가 창조적으로 적용해야지, 다른 사람이 했다면 수정주의자라는 낙인이 찍혀 꼼짝 못하고 숙청감이 되고 만다. 김일성이가 고친 것은 창조요, 딴 사람의 창조는 수정인 것이다. 묘한 창조적 적용이 아닐 수 없다. 이것은 분명히 김일성 개인숭배 이외의 아무 것도 아니다."(朴鍾鴻,「統一과 民族史의 傳統性」(『國民倫理研究』창간호, 1973. 7. 15), 열암기념사업회 엮음,『朴鍾鴻全集』VI권, 민음사, 1998, 543쪽)
147 朴鍾鴻,「새 歷史의 創造―維新時代의 基調哲學」, 앞의 책, 554~555쪽.

의 주체와 건설의 주체는 화해하지 못하고 분단의 장벽처럼 적대적인 관계로 머물러야만 했다.

다른 한편 황장엽은 일차적으로 북쪽의 인민을 해방하고, 다음으로 남반부의 인민을 해방하고 미제국주의를 퇴치하고자 하는 입장에서 철학적 활동을 한 사람이다. 사실 남한에서는 소련과 중국을 적대 세력으로 규정하고 그 영향권 안에 있는 북한을 동일한 적대 세력으로 규정하였다. 실제로 박종홍도 자주적이고 평화적이며 민족적 대단결을 도모하는 차원에서 통일이 추진되어야 한다고 주장하면서, 북한을 '혁명'과 '투쟁'을 좌우명으로 삼는 집단이라고 비판하였다.[149] 그리고 그는 북한의 주체사상과 관련해서도 마르크스-레닌주의의 창조적 적용이 허용된 자는 김일성 자신뿐이고, 주체사상은 김일성 우상화 정책에 불과한 것으로 반통일주의, 반민족주의라고 규정하였다.[150]

이미 앞에서 언급하였듯이 황장엽은 1960년대 중반까지는 마르크스-레닌주의에 입각하여 계급투쟁론에 충실한 사회주의를 추구하고자 하였다. 따라서 그의 입장은 소련을 배경으로 하고 있었던 김일성의 정치적 노선을 사상적으로 충실히 따르는 것이었다. 마치 민족의 억압 시대에 독립을 위하여 저항 철학을 전개한 박종홍이 마르크스주의에 긍정적이었듯이, 황장엽 역시 북반부의 민족 현실을 사회주의적 관점에서 풀고자 하였다. 그는 모스크바에서 마르크스-레닌주의를 공부하였고, 이 마르크스-레닌주의를 통하여 북한의 인민을 해방시키고, 그리고 남한의 인민을 해방시켜 민족의 통일을 이루며, 나아가 세계 인민을 해방시키고자 하였다. 물론 초기의 그의 입장은 이런 목적을 계급투쟁과 무산계급 독재에 입각하여 수행

---

148 김석수, 앞의 책, 130~131쪽.
149 朴鍾鴻, 「統一과 民族史的 傳統性」, 앞의 책, 539~541쪽.
150 朴鍾鴻, 같은 글, 544쪽.

하고자 하였다. 유감스럽게도 황장엽은 이 당시 너무나 사회주의사상 체계에 매몰되어 있어서 자신의 이론이 김일성 정권 아래서 당 관료주의로 치닫게 될 위험을 좀더 깊이 고찰하지 못했다. 이것은 마치 남한의 박종홍이 자신의 이론이 박정희 유신 정권에 이바지하게 되는 측면을 제대로 간파하지 못한 점과 마찬가지이다.

그러나 황장엽은 박종홍과 달리 1960년대 말부터 서서히 북한에서 자신이 기초를 놓은 주체사상이 정치 논리에 의해서 왜곡되고 악용되는 사실을 목격하고 철학 본래의 생명력인 비판적 태도를 견지하고자 하였다. 특히 그는 1997년 한국으로 넘어와서 지식인으로서 자신의 과거의 잘못을 사죄하고 북한 사회에서 자신이 추구한 철학의 과정을 설명하면서 자신의 철학이 정치권력의 도구가 되어서는 안 됨을 분명히 주장하였다. 그의 이와 같은 태도는 생명 이론, 특히 사회적 생명 이론에서 잘 나타나고 있다. 그는 이 이론을 통하여 북한이 표방하고 있는 우리식 사회주의에 담겨 있는 왜곡된 민족주의[151] 이데올로기를 철저하게 비판하고 있다. 즉 그는 "김일성 주체사상은 스탈린주의에 민족주의를 첨가한 것이다"[152]라고 규정하고 있다.

황장엽은 우리식 사회주의라는 미명 아래 전개되는 북한의 주체사상 안에는 생명과 인권이 원초적으로 박탈되어 있음을 지적한다. 그는 특정

---

[151] 실제로 김일성은 민족주의를 배격하고 세계 인민을 해방한다는 사회주의적 관점을 강조하였다. 즉 김일성은 "사회주의적 애국주의는 민족주의나 민족 배타주의와는 하등의 공통점도 없다. 사회주의는 그 본질에 있어서 국제주의적인 것"(김일성, 『김일성 저작집 5』, 조선로동당출판사, 1980, 434쪽)이라고 주장한다. 그러나 그가 우리식 사회주의를 주장할 때, 이미 거기에는 민족주의적 요소를 불러들이고 있었다. 그래서 황장엽은 "그런데 지도자는 곧 조국이고 민족이라고 하면서 지도자에 대한 충성과 효성을 강요하는 것은 부당하기 그지없다"라고 주장하였다(황장엽, 『인간중심철학의 몇 가지 문제』, 183쪽). 또 그에 의하면 현 북한 체제가 "남한 사람들의 환심을 사기 위해 열렬한 민족주의자의 탈을 쓰는" 기만전술을 깨뜨려야 한다(황장엽, 『어둠의 편이 된 햇볕은 어둠을 밝힐 수 없다』, 월간조선사, 2001, 211쪽).
[152] 황장엽, 『개인의 생명보다 귀중한 민족의 생명』, 133쪽.

개인이 절대화된 생명이나 단순한 배타적 민족주의 생명에 머물지 않고 인류적 생명을 주장하고 있다.

> 우리의 좌우명은 '개인의 생명보다 가족의 생명이 더 귀중하고, 가족의 생명보다 민족의 생명이 더 귀중하며, 민족의 생명보다 전 인류의 생명이 더 귀중하다'는 것이다.[153]

이처럼 그는 인류를 하나의 운명 공동체로 보고자 한다. 그럼에도 불구하고 그는 우리에게 가장 시급한 것이 민족적 차별을 없애기 위하여 몸 바쳐 투쟁하여 민족을 통일하는 것이라고 주장한다.[154] 그가 가족을 희생시키면서까지 남한으로 내려온 일차적인 목적도 민족의 문제를 해결하는 데 있었다. 그는 이 점과 관련하여 다음과 같이 주장하고 있다.

> 나의 이 결단이 한낱 속된 욕망의 추구가 아니라 민족적 양심의 부름에 순응하는 것이며, 분단 상황을 고착시키는 데 기여했던 한 지식인이 조국 통일의 제전에 바치는 마지막 헌신이라는 것이 과연 아내에게 위로가 될는지.[155]

> 나는 고민하고 또 고민한 끝에 결국 우리 민족을 불행으로부터 구원하기 위한 문제를 좀더 넓은 범위에서 협의할 생각으로 북을 떠나 남쪽 동포들과 협의해보기로 결심했다.[156]

---

153 황장엽, 같은 책, '독자들에게' 부분.
154 황장엽, 같은 곳.
155 황장엽, 『나는 역사의 진리를 보았다』, 16쪽.
156 황장엽, 같은 책, 18쪽.

이처럼 그에게는 민족의 분단을 극복하는 것이 가장 중요한 과제였다. 그래서 그는 우리의 뜻과 무관하게 인위적으로 갈라진 남북의 형제들이 서로 적대 의식을 가지고 전쟁을 하는 차원을 넘어서야 한다고 강조하였다. 만약에 서로를 죽이는 적대 행위를 수행한다면 그것은 반민족적인 범죄가 아닐 수 없다. 그는 김일성, 김정일로 이어지는 주체사상에 이런 측면이 자리하고 있다는 점에 대해서 분개하였다.[157] 사실 그는 주체사상이 초기에 정립될 때 이 사상이 "민족의 이익을 우선시하고, 인민대중의 적극적인 참여를 유도해냈다는 점에서 의의가 있다"[158]라고 주장하였다. 그러나 이 주체사상이 주민들을 노예화하고 김정일 자신의 이익을 극대화하는 폭력주의로 둔갑하게 되자, 그는 이 사상을 신랄하게 비판하였다. 그는 이런 반민족적인 폭력적 주체를 해체하기 위해서는 '인권' 차원에서 남북문제를 접근해야 한다고 보았다.[159] 그는 생명의 평등성과 인권 이론에 바탕을 두고 남북의 통일도 어느 편이 어느 편을 흡수하는 차원이 아니라 대등한 차원에서 이루어져야 한다고 주장하였다.[160] 더군다나 그는 민주주의와 인권을 유린하면서까지 통일을 모색하는 것에 대해서는 반대하였다. 그에게는 "민족주의도 민주주의를 대신할 수 없다."[161] 그는 민주주의 원칙 아래서

---

157 황장엽은 김정일보다 김일성에 대해서 더 우호적인 평가를 하고 있다. 그는 김일성에 대해서는 장기집권을 시도하고 개인을 숭배하도록 만든 것 이외에는 정치적으로 나무랄 데가 없는 것으로 파악하였다. "김일성은 설복과 교양을 사업작풍의 기본으로 내세우지만 김정일은 공포와 이해타산을 사업 방법의 기본으로 인정하고 있다. 이 점에서 김일성이 계몽군주형의 독재자의 품성을 지녔다면 김정일은 히틀러형의 품성을 지닌 독재자라고 볼 수 있을 것이다."(황장엽, 『황장엽의 대전략－김정일과 전쟁하지 않고 이기는 방법』, 월간조선사, 2003, 28쪽) "김일성이 자기의 정치적 이익을 위하여 불가피하게 독재를 한다는 인상을 준다면 김정일은 독재 자체에서 기쁨을 느끼는 것 같은 인상을 준다." (황장엽, 『어둠의 편이 된 햇볕은 어둠을 밝힐 수 없다』, 93쪽)
158 황장엽, 『개인의 생명보다 귀중한 민족의 생명』, 134쪽.
159 황장엽, 같은 책, 149~157쪽. 그는 이와 같은 주장을 다른 책에서도 언급하고 있다. "인권 문제는 민주주의의 핵을 이룬다. 독재국가가 인권문제를 접수하는 것은 스스로 독재를 죽이는 독약을 먹는 것이나 다름없다."(황장엽, 『어둠의 편이 된 햇볕은 어둠을 밝힐 수 없다』, 182쪽)
160 황장엽, 『개인의 생명보다 귀중한 민족의 생명』, 344쪽.
161 황장엽, 『어둠의 편이 된 햇볕은 어둠을 밝힐 수 없다』, 10쪽.

민족의 통일을 모색하고자 한다.

이처럼 황장엽은 민족의 통일이 우리에게 가장 시급하고 중요한 과제임을 수없이 강조하고 있으며, 또 이와 같은 맥락에서 남한이 자기 민족의 고유한 전통을 버리고 발전된 나라를 모방하는 점에 대해서 매우 우려를 표명하고 있다. 그는 "과학 기술에는 민족적 특성을 고려할 필요가 없기 때문에 발전된 나라들의 것을 무조건 따라 배우는 것이 좋지만 사회제도와 생활양식 같은 것은 자기 나라 실정에 맞는 것을 창조해나가야 할 것이다"[162]라고 강조하고 있다. 따라서 조국 통일의 문제도 외국학자들에 의존할 것이 아니라 북한의 실정을 더 잘 알고 있는 한국학자들이 주도해야 한다는 입장을 표명하고 있다.[163]

그러면서도 그는 남한으로 내려와 친미적인 입장에서 우리 민족의 통일 문제를 접근하는 경향을 보여주고 있다. 그는 남한으로 내려오기 전, 적어도 인간중심철학을 정립하기 이전까지만 하더라도 미제국주의는 타도되어야 함을 강력하게 주장하였다. 그러나 남한에 내려와서는 미국을 '파시스트 독재를 격파하고 소련을 선두로 한 공산 독재 체제를 붕괴시키면서 인류의 민주주의 발전에 거대한 역사적 기여를 한 나라'[164]로 평가하고 있다. 그러므로 이런 미국과 관계를 잘 이루어가는 것이 중요하다고 주장한다. 그의 이와 같은 입장은 북한 독재 체제와의 공존을 주장하는 평화공존주의자들을 강력하게 비판하는 태도와 연관되어 있다. 그에 의하면 평화공존주의자들은 북한 독재 체제를 도와줌으로써 "주된 타격 대상인 북한 독재 체제와 타협하는 근본적인 전략적 과오를 범하고 있다."[165] 바로 이와

---

162 황장엽, 『개인의 생명보다 귀중한 민족의 생명』, 359쪽.
163 황장엽, 같은 책, 360쪽.
164 황장엽, 『황장엽의 대전략―김정일과 전쟁하지 않고 이기는 방법』, 15쪽.
165 황장엽, 같은 책, 71쪽.

같은 맥락에서 그는 남한의 햇볕정책에 대해서도 심각한 우려를 표명하고 있다.

그는 친미적인 입장에 서서 "미국의 반테러 전쟁은 참으로 소중한 작업이다"[166]라고 평가하고 있으며, 따라서 "한미 동맹을 더욱 공고하게 발전시킴으로써 우리나라의 통일 문제를 반드시 세계 민주화 전략의 일환으로 해결하도록"[167] 해야 한다고 주장하고 있다. 따라서 반미 시위는 자제되어야 하며,[168] 미국의 반테러 전쟁은 인류 공동의 위업이라고까지 주장한다.[169] 그는 이와 같은 관점 아래서 남한 사회의 반미 감정을 우려하면서, "미국은 한국의 자주성을 위협하는 외세인 것이 아니라 반대로 한국의 자주성을 옹호하는 동맹자이며 원조자이다"[170]라고 강조한다. 따라서 그는 "미국과의 동맹을 버리는 것은 자유민주주의를 버리는 것과 같다"[171]라고 주장하며, 동시에 주한 미군이 한반도의 평화에 결정적인 기여를 한다고 주장한다.[172] 결론적으로 그는 이와 같은 입장 아래서 한국과 미국의 관계를 다음과 같이 규정하고 있다.

> 현 시기 한국으로서는 중국보다 미국의 민주주의가 비할 바 없이 더욱 발전되어 있는 만큼 중국에 대한 환상을 버리고 미국에 의거하여 북한의 독재 체제를 붕괴시키고 민주주의에 기초한 민족의 통일을 이룩하도록 하는 것이 유일하게 옳은 길이다.[173]

166 황장엽, 같은 책, 198쪽.
167 황장엽, 같은 책, 199쪽.
168 황장엽, 같은 책, 232쪽.
169 황장엽, 같은 책, 239쪽.
170 황장엽, 『어둠의 편이 된 햇볕은 어둠을 밝힐 수 없다』, 227~228쪽.
171 황장엽, 같은 책, 232쪽.
172 황장엽, 같은 책, 236쪽.
173 황장엽, 같은 책, 385쪽.

황장엽에 의하면 북한은 남한이 미국과 분리되는 것을 원하며, 이런 북한의 전략에 남한이 동참하여 반미 감정을 고조시키는 것은 남한의 운명을 위태롭게 한다.[174] "모든 대결은 본질상 힘의 대결"이며, "힘이 강한 편이 약한 편을 이긴다는 것은 움직일 수 없는 진리"이므로, 군사적으로나 경제적으로나 도덕적으로 북한에 남한이 밀리는 상태가 되어서는 안 되며, 이를 위해서는 반드시 미국과의 동맹 관계를 잘 유지해야 한다는 것이 그의 입장이다.[175] 그래서 그는 남북 교류 협력에 대해서 다음과 같이 주장하고 있다.

> 그러므로 남북 간의 교류 협력은 반드시 북한의 봉건 군사독재 체제에 대한 남한의 자유민주주의 체제의 우월성을 더욱 강화하는 데 이바지하는 것으로 되어야 하며, 북한의 독재 체제를 강화하고 남한의 민주주의 체제를 약화시키는 데 작용하는 온갖 대북 원조는 허용하지 말아야 할 것이다.[176]

이처럼 그가 볼 때 북한 체제의 가장 큰 약점이자 남한 체제의 가장 큰 장점은 경제적인 데 있는데 이 부분을 도와주면 오히려 북한 체제의 약점을 없애고 남한 체제의 장점을 약화시키는 결과를 낳을 수 있다는 것이다.[177]

이상에서 보듯이 황장엽의 전기 사상과 후기 사상 사이에는 상당한 차이, 아니 거의 대립적일 정도의 차이가 있다. 그 역시 박종홍처럼 정도의 차이는 있지만 전기에는 마르크스-레닌주의에 친화적인 입장을 취하였지만,

---

174 황장엽, 『세계관』, 269쪽.
175 황장엽, 같은 책, 273쪽.
176 황장엽, 같은 책, 268쪽.
177 황장엽, 같은 책, 274쪽.

후기에 이르러서는 마르크스-레닌주의의 계급투쟁론과 무산계급 독재론을 강하게 비판하고, 나아가 이것을 봉건적 형태로 전환시켜 우상화로 이끈 주체사상에 대해서는 혹독하게 비판하였다. 후기에 마르크스-레닌주의나 김일성 주체사상에 대해서 비판하는 그의 태도는 박종홍이 이것들에 대해서 비판하는 것과 거의 흡사하다. 그는 미국의 실용주의를 긍정적으로 모색한 박종홍의 경우[178]와 비교가 안 될 정도로, 반미적인 태도에서 친미적인 태도로 급변하는 모습을 보여주고 있다.

그러나 황장엽의 이런 태도에는 박종홍의 태도 변화가 갖는 문제점 못지않게 위험성이 자라날 수 있는 소지를 안고 있다. 박종홍의 창조의 논리가 당시 유신 정권에 기여하였듯이, 황장엽의 통일 논리는 미국 패권주의에 악용될 여지를 안고 있다. 현대사회는 분명히 다원주의 사회이며, 체계가 생활세계의 식민화를 깨고 나와야 하는 세계이며, 주변부가 중심부를 감시하고 비판해야 하는 세계시민사회를 건설해야 하는 시대이다. 그러므로 테러를 때려잡는다는 미명하에 각 나라와 민족의 자율성과 고유성을 미국적 잣대로 평가하고 처리하는 것은 또 하나의 신제국주의로 가는 길일 수 있다. 황장엽의 친미적인 태도는 이런 시류에 편승될 위험을 안고 있다. 우리는 분명 사회주의 가면을 쓰고 있는 북한의 왕조 체제를 인정할 수 없지만, 그렇다고 하여 미국의 패권주의에 동승할 수는 없다. 투쟁과 대립의 원리보다는 사랑과 화합의 원리를 더 중시하고자 하는 최근의 그의 태도에 충실하고자 한다면 오히려 약자의 편에서 강자의 부당함을 지적하는 태도를 좀더 엄정하게 견지할 필요가 있을 것이다.

일제강점기에 민족의 무력함에서 비롯된 처절한 서러움과 한국전쟁으

---

[178] 그는 바로 이 실용주의가 "새로운 개척, 씩씩한 건설, 희망에 찬 명일을 가지고 살아온 미국 사람들의 기질을 여실히 반영하는 것임을 알 수 있다"(朴鍾鴻, 『哲學槪論講義』, 앞의 책, 57쪽)라고 주장하면서 이것이 유럽의 향내적 태도를 벗어나는 측면을 지니고 있음에 대해서 높이 샀다.

로 인하여 극도의 가난을 경험해야 했던 박종홍의 철학이 서둘러 힘 있는 민족으로 달려가려다 그 간절한 열정이 오히려 중심부 논리에 기여함으로써 불행을 낳았듯이, 황장엽의 철학이 파시즘의 형태를 지니고 있는 북한 사회에서 당한 분노와 서러움 때문에 서둘러 북한 정권을 무너뜨려야 한다는 다급함으로 이어지게 되면, 그동안 남한 사회를 오래도록 옭아매고 있었던 매카시즘의 망령이 되살아나 우리를 질곡 속으로 다시 빠뜨릴 수 있다. 황장엽 자신이 "미국의 민주주의 역시 세계인들의 미움을 잘 반영해야 한다"[179]라고 주장하였듯이, 반공주의와 미국주의가 결합되어 있는 오늘의 남한 현실을 좀더 거리를 두고 고찰해야 할 것이다. 그렇게 할 때에만 본인이 갈구하고 있는 인권 사상과 생명 사상이 제대로 실현될 수 있을 것이고, 남한을 넘어온 목적[180]이 제대로 성취될 수 있을 것이다.

어떤 면에서 보면 이들 남북의 철학을 대표하는 학자라고 할 수 있는 박종홍과 황장엽은 모두 민족주의의 희생자라고 볼 수도 있을 것이다. 열강들 사이에서 살아남기 위해 자구 노력을 마련했던 남한의 우리식 민주주의와 북한의 우리식 사회주의는 각기 민족주의적 이념 아래서 유신 이데올로기와 주체사상 이데올로기를 창출함으로써 독재 사회를 만들어냈으며,[181] 바로 그 틈바구니에서 이들은 본인들의 뜻이 어떠하였든 우리에게 어둠을 남겨주었다. 유감스럽게도 역사의 빈곤은 사상의 빈곤을 낳았고 사상의 빈곤은 다시 역사의 빈곤을 낳았다.

---

[179] 황장엽, 『개인의 생명보다 귀중한 민족의 생명』, 198쪽.
[180] "저는 봉건적 군사독재 하에 신음하고 있는 북한동포를 해방하기 위하여 생사고락을 같이하며 목숨 바쳐 싸우려는 동지들과 함께 와신상담하며 불굴의 투지를 가지고 남한형제들의 지지성원 밑에 전쟁을 막고 민주주의에 기초한 평화적 통일을 이룩하는데 몸과 마음을 다 바쳐 나갈 것을 국민여러분들 앞에 다시금 맹세하는 바입니다."(황장엽, 「국민에게 드리는 말씀」, 황장엽 비서 기자회견 기조 연설문, 1997년 7월 10일)

5 우리 철학 모색의 관점에서 본 박종홍과 황장엽

이미 앞에서 언급하였듯이 박종홍과 황장엽은 누구보다도 우리 철학을 모색하는 작업에 충실했던 철학자라고 볼 수 있을 것이다. 이들의 우리 철학에 대한 모색은 바로 우리의 현실에 대한 철저한 고민을 통해서 이루어지고 있다. 우리 철학은 우리의 현실이 아닌 다른 현실에서 가져온 철학으로부터 이루어질 수는 없다. 그렇기 때문에 이들이 우리의 현실로부터 철학을 출발하는 것은 어쩌면 당연한 일일 것이다. 이들은 암울했던 일제강점기에서부터 전쟁을 겪고 잿더미가 된 가난의 현대를 몸소 경험하면서 각기 자본주의와 사회주의 체제 아래서 민족의 활로를 모색하는 철학을 정립하고자 하였다.[182]

이들은 각기 서구 철학을 그대로 이 땅에 이식시키는 것이 아니라 이 땅의 현실에 맞게 재창조하고자 하였다. 한마디로 이들은 주체의 철학, 자립의 철학, 창조의 철학을 마련하고자 하였다. 박종홍은 서양의 독일관념론, 마르크스주의, 실존주의, 실용주의를 우리의 유학 사상의 역의 논리, 창조의 논리를 바탕으로 재정립하고자 하였으며, 황장엽은 마르크스-레닌주의를 동양 사상이 아니라 자신이 독창적으로 사유하였다고 하는 인간 중심

---

[181] "북한의 민족주의는 제국주의로부터 해방이라는 '밖으로부터의 자유'를 일관되게 강조하는 한편 '안에서의 자유'가 결핍된 사실은 은폐하고 있다."(서보혁, 『북한 정체성의 두 얼굴』, 책세상, 2003, 54쪽) "대한민국과 마찬가지로 조선민주주의인민공화국도 민족 통일이라는 목표 아래 탄생한 민족주의는 남북한 정권이 끊임없이 길어 올려야 할 정치적 우물이라고 할 수 있다. 그러나 북한은 민족주의 그 자체보다는 민족주의적 정서와 요소를 체제 및 정권의 정통성과 독립성을 유지하기 위한 수단으로 활용하기 때문에 이러한 태도를 민족주의적 정향이라고 말하는 것이다."(서보혁, 같은 책, 57쪽) 1980년대 중반에 이르러 김정일은 민족제일주의를 제창하면서 미국의 세계화 담론을 비판하였다(김정일, 「당 사업을 더욱 강화하여 사회주의 건설을 힘있게 다그치자」(1991. 1. 5), 『김정일 선집 11』, 평양조선로동당출판사, 1997, 18쪽).

[182] "먼저, 북한의 기존 정체성은 집단주의의 일종인 민족주의적 정향과 특수주의의 하나인 주체형 사회주의라고 말할 수 있다. 북한은 이를 민족 자주 의식, 민족 대단결, 우리 민족 제일주의, 인민 대중 중심의 우리식 사회주의 등으로 표현한다."(서보혁, 같은 책, 53쪽)

사상을 바탕으로 재정립하고자 하였다. 이들 둘 다 물질성과 정신성, 법칙성과 주체성, 진리성과 진실성, 향외성과 향내성을 나름대로 종합하고자 하였다. 특히 마르크스-레닌주의는 이들 각각의 대립 항들 중 전자의 부분, 즉 물질성, 법칙성, 진리성, 향외성에 너무 비중을 두어, 후자의 부분, 즉 정신성, 주체성, 진실성, 향내성을 소홀히 하고 있다는 것이 이들의 공통된 지적이다.

그러나 이들의 공통된 지적에도 불구하고 이미 앞에서 일부 언급하였듯이 이들은 제각기 나름대로 문제점을 안고 있다. 박종홍의 경우, 저항의 주체에서 건설·창조의 주체로 옮겨 갈 때 주변부에 밀려난 약자로서의 타자에 대한 고려와 그러한 타자를 양산하는 객관적 구조에 대한 과학적 분석이 미약하였다. 그리고 황장엽의 경우, 대립과 투쟁의 주체에서 사랑과 화합의 주체로 옮겨 갈 때 현실의 모순을 좀더 합리적으로 모색하는 작업이 미약하였다. 이로 인하여 박종홍의 경우 건설·창조의 주체가 유신 독재에 기여하게 되는 비극을 낳았으며, 황장엽의 경우 '로마의 평화'Pax Romana가 '미국의 평화'Pax Americana로 이어질 위험을 안고 있다.

그럼에도 불구하고 이들의 우리 철학 모색과 관련된 고민에 대해서는 심사숙고해볼 필요가 있다. 이들이 우리의 철학을 모색하면서 끈질기게 고민한 부분이 있다면, 그것은 다름 아니라 인간의 의식성, 자주성, 창조성과 우리의 현실 사이를 어떻게 매개할 것이며, 우리 바깥의 철학을 어떻게 우리의 특수한 현실에 맞게 생산적으로 재창조할 것인가 하는 점이었다. 우리는 그동안 때로는 전자를 강조함으로써, 때로는 후자를 강조함으로써 늘 갈등을 겪었다. 앞서 이미 정리를 하였듯이, 사실 1970~1980년대 마르크스주의 수용사에 있어서도 이 문제는 늘 따라다녔다. 즉 1970년대 비판이론, 1980년대 초 루카치, 코지크의 이론, 1980년대 중반 이후 정통 마르크스-레닌주의나 주체사상 수용에서 늘 이와 같은 문제가 우리를 괴롭혔다.

한편에서는 객관적 현실을 과학적으로 다루지 못하고 있다고 나무라는가 하면, 다른 한편에서는 우리의 특수한 현실과 그 속에 자리하고 있는 주체의 능동적 의식을 적극적으로 개진하지 못하고 있다고 나무랐다.

주관과 객관을 종합하고, 우리의 특수성과 세계의 보편성을 종합하는 것은 철학의 영원한 과제가 아닐 수 없다. 박종홍의 창조의 철학이나 황장엽의 인간중심철학은 모두 이런 과제에 대한 고민을 담고 있다. 박종홍의 철학이 향내성과 향외성, 진리성과 진실성을 종합하고자 하였듯이, 황장엽의 철학은 물질의 객관적 구조와 주체의 자발성을 종합하고자 하였다. 21세기 우리의 철학은 분명 이들이 종합하고자 하는 지평을 비판적으로 발전시켜나가야 할 것이다. 이들이 현실을 철학과 철저하게 관련을 지어 다룸으로써 우리의 특수성에 충실한 철학을 하고자 한 점에 대해서는 분명 우리는 이들의 노력을 긍정적으로 평가해야 할 것이다. 그러나 이들이 빈곤한 현실에 너무나 매몰되어 오히려 철학 본래의 기능인 비판적 활동을 말살해버린 점에 대해서는 철저하게 반성해야 할 것이다.

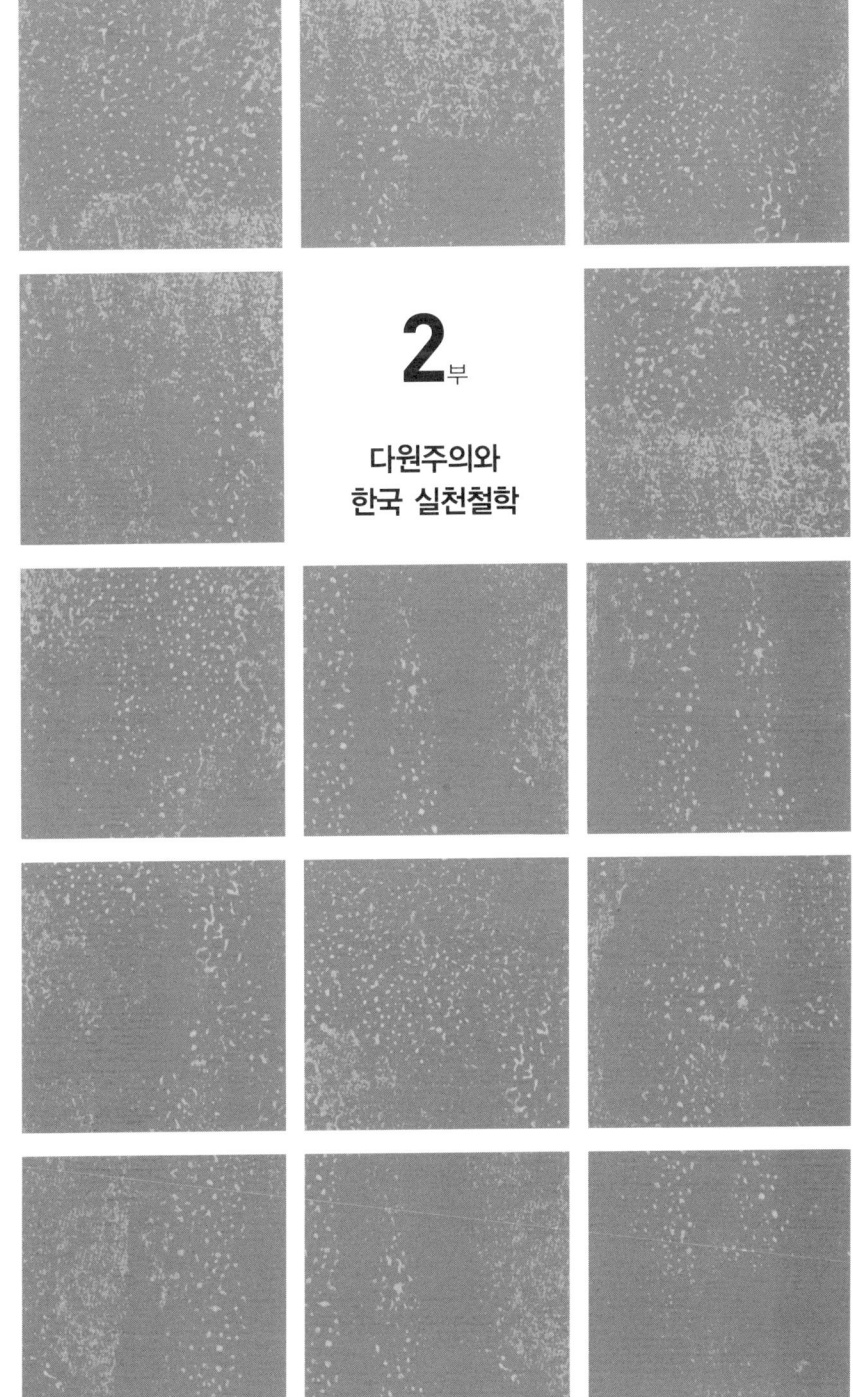

2부

다원주의와
한국 실천철학

1장

포스트마르크스주의, 신합리주의, 포스트모더니즘: 1990년대 이후의 사회철학•

이 장에서는 1990년대의 한국 실천철학의 현주소를 고찰하고, 나아가 이를 바탕으로 미래 한국 실천철학의 과제와 전망에 대해서 고찰해보고자 한다. 그동안 필자는 1920~1960년대까지의 마르크스주의와 실존주의를 중심으로 한국 정신사의 갈등 구조를 살펴보았고, 나아가 1970년대에서 1980년대까지의 네오마르크스주의, 마르크스-레닌주의, 주체사상을 중심으로 실천철학의 중심적인 문제들을 분석, 탐구하였다. 또 필자는 이 당시의 주요 철학자들이 우리의 근대화와 교육 현장에 미친 영향들에 대해서도 분석해보았다. 이제 여기서부터는 이들 연구를 바탕으로 1990년대의 주요 실천철학의 쟁점을 분석하고, 미래의 한국 실천철학이 나아가야 할 방향에 대해서 모색해보고자 한다.

• 이 글은 「통일시대 한국 사회철학의 과제와 전망 – 포스트마르크스주의, 신합리주의, 포스트모더니즘을 중심으로」라는 제목으로 서강대학교 인문과학연구원의 『인문연구논집』 31권(2002)에 실린 글과 『철학의 21세기』(소명출판, 2002)에 실린 글을 일부 수정·보완하여 재수록한 것임.

1990년대 실천철학은 1980년대 중반 이후부터 시작된 국내외적 사건에 많은 영향을 받았다. 국제적으로 1985년 소련공산당 서기장인 미하일 고르바초프가 '페레스트로이카'Perestroika 정책과 '글라스노스트' Glasnost 선언을 함으로써 세계 사회주의가 붕괴하기 시작하였고, 아울러 국내적으로는 1989년 헝가리를 시작으로 1992년까지 그동안 적성 국가였던 나라들과 외교 관계를 맺게 되고, 나아가 1987년 6월 민주항쟁이 승리를 함으로써 마르크스-레닌주의와 주체사상의 대립 속에서 진행된 변혁적 민중 담화는 쇠퇴하기 시작하였다. 사실 1987년을 기점으로 해서 변혁적 민중 담화가 일반 대중의 일상적 생활과 긴밀하게 연관된 영역을 자기의 활동 영역으로 활용하지 못했기 때문에, 1980년대의 변혁적 담화는 1990년대에 들어 그 사회적 영향력이 급격히 쇠퇴함과 동시에 시민사회론이 자신의 활동 이상으로 우리 사회에서 담화적 실천력을 지니게 되었다.[1] 시민들은 더 이상 정치적인 이데올로기 논쟁에 많은 관심을 기울이지 않게 되었다. 오히려 사회복지 문제와 관련하여 다양한 영역에서 다양한 주체가 사회적 담화의 중심부로 들어오게 되었다. 따라서 민중만을 중심으로 하는 변혁적 민중 담론 체제는 더 이상 호소력을 지니기가 어렵게 되었다.

그래서 1990년대 한국 실천철학의 담론은 도시 중산층의 이해관계와

---

[1] 1990년대 초 하버마스와 같은 서구의 철학적 이론들이 우리 사회의 마르크스 위기론과 관련하여 모색되기 시작하였다. 그것은 '정통' 마르크스-레닌주의의 외각에 있었던 사회민주주의라는 대안을 적극적으로 옹호하려는 시도에서 비롯되었다(김수길, 「사회민주주의의 재평가와 민주적 대안」, 『사상문예운동 4호』, 1990년 여름 참조). 그래서 우리 사회는 그람시의 헤게모니 이론을 넘어서 시민사회를 자립적 공간으로 마련하면서 마르크스-레닌주의의 토대·상부구조론을 비판하기 시작하였다(서규환, 「시민사회와 민주주의에 관한 최근 논쟁」, 『이론』, 1993년 여름 참조). 윤건차는 1987년 6월 민주항쟁과 관련하여 다음과 같이 주장하고 있다. "다만 여기서 1987년 '6월항쟁' 이후 한국에서는 제3세계와의 연대라는 발상이 점차 희박해지고 사상과 운동 차원에서도 그 중심이 민주화로, 나아가 통일문제로 바뀌어갔다는 점을 지적해 두어야 할 것이다."(윤건차, 『현대 한국의 사상흐름—지식인과 그 사상 1980~90년대』, 당대, 2000, 49쪽) "그러나 1987년의 노동자·학생의 대투쟁과 그에 이은 군부지배층의 '민주화선언' 이후, 점차 '민중'을 대신하여 '시민'이라는 용어가 사용되었으며 곧 이어 '시민사회'를 둘러싼 논의가 활발해졌다."(윤건차, 같은 책, 67쪽)

연관될 수 있는 하버마스의 의사소통적 합리성, 롤스의 절차적 합리성, 포퍼의 비판적 합리성을 중심으로, 이른바 신합리주의 계열의 실천철학을 중심으로 전개되는 양상을 보여주었다. 한편 이와 같은 신합리주의 계열의 철학에 반기를 들었던 탈합리주의, 반합리주의 계열의 철학, 이른바 리처드 로티Richard Rorty의 신실용주의나 포스트모더니즘의 해체주의적 실천철학이 확장되기도 하였다. 신합리주의 계열의 실천철학에서는 그래도 이성의 합리성과 정의의 연관성을 포기하려고 하지 않는 데 반해서, 포스트모던적 계열의 실천철학에서는 이 양자 사이의 관계를 끊으려고 하며 오히려 차이성, 충돌성이 살아 움직이는 영역을 마련하려고 하였다. 즉 전자는 정의와 진리의 연관성을 지속하려고 하는 데 반해서, 후자는 이들 사이의 분절성을 마련하려고 하였다.

이처럼 우리 철학계 역시 서구의 하버마스와 장프랑수아 리오타르Jean-François Lyotard에서 비롯되었던 모던과 포스트모던 논쟁이 1990년대에 활성화되었다. 그러나 우리는 이들의 이론 수용이 우리의 현실에 적합한 수용이었는지, 적어도 긴 전통을 가지고 오래도록 지속되어온 합리적 자본주의사회에서 치열하게 논의되었던 그들의 이론이 아직도 비합리성을 면치 못하고 있는, 즉 전근대성을 벗어나지 못하고 있는 한국 사회에 그대로 수용하여 적용한다는 것이 적절하였는지에 대해서 되묻지 않을 수 없다. 나아가 우리 사회가 여전히 내적으로 안고 있는 비합리주의적 요소, 즉 지역차별, 성 차별, 중앙과 지방의 차별 등이 이러한 담론을 통하여 극복될 수 있는지, 나아가 우리 사회가 외적으로 안고 있는 남북의 차별이 이러한 담론을 통하여 지양될 수 있는지 반성적으로 고찰해보지 않을 수 없다.

한편 이와 같은 문제를 우리 철학계는 자유주의와 공동체주의의 관점에서 분석하기도 하였다. 우리 사회가 자유주의적 모델을 따라야 할지, 아니면 공동체주의적 모델을 따라야 할지, 이것도 저것도 아니라면 제3의 대안이 요구되는지 등에 대해서 롤스, 알래스데어 매킨타이어Alasdair MacIntyre, 마이클 샌들Michael J. Sandel, 찰스 테일러Charles Taylor 등의 인물과 관련하여 다각도로 논의가 되었고 또 되고 있다.

여기서는 이와 같은 관점 아래서 우리의 미래 실천철학이 어디로 가야 할지, 또 분단의 시대를 넘어 통일 한국의 미래를 마련하기 위한 실천철학이 어떠해야 할지에 대해서 고찰해보고자 한다.

1 분석마르크스주의와 포스트마르크스주의를 통해 본 한국 실천철학

앞에서도 언급하였듯이, 소련의 몰락과 한국 내부의 1987년 6월 민주항쟁의 도래는 한국 실천철학의 담론 방향에도 격한 영향을 미치게 되었다. 우선 마르크스-레닌주의와 주체사상의 대결 속에서 한국 철학의 확립을 위해 "철학은 시대의 혼이자 시대의 모순에 대한 반역이다"[2]라는 정신으로 출발했던 '한국철학사상연구회'(이하 '한철연')도 이러한 사건의 도래와 더불어 소기의 목적을 달성하기 어려웠다.[3] 사실 한철연이 추구한 우리 철학 모색의 길도 성공적으로 진행되지 못했다.

한철연의 창간호 『시대와 철학』에 게재된 대부분의 논문은 러시아·동유럽의 현실 사회주의의 위기와 좌절[4] 속에서 돌파구를 찾기 위해 고뇌하

---

2 한국철학사상연구회 엮음, 『시대와 철학』 제1호, 동녘, 1990년 6월, 6쪽.
3 물론 사회주의의 붕괴와 마르크스주의의 이론 사이의 필연적 연관 관계를 부정하고 '사회주의 이념의 첨단화'를 부르짖는 입장도 여전히 존재하였다. "(……) 그 동안 소련 체제의 소위 '비민주성'은 그 후진성에 기인한지, 마르크스가 생각했던 무시장성에 원인이 있는 것이 아니었다."(이성백, 「스탈린주의의 기원—현존 사회주의의 붕괴는 공산주의의 몰락인가?」, 한국철학사상연구회 엮음, 『시대와 철학』 제3호, 동녘, 1991, 32쪽) "좌파 세력을 범민중적으로 다시 통일시키기 위해, '신세계'를 향한 비전을 제시해 줄 '사회주의 이념의 첨단화'가 절실하게 요청되고 있다."(이성백, 같은 글, 37쪽)

는 유럽 사회주의의 논의나 북한의 주체사상에 바탕을 둔 것들이었다.[5] 특히, 1992년에 한철연이 동녘에서 출판한 『현대 사회와 마르크스주의 철학』[6]에는 진보 사상의 위기에 대해서 고뇌하는 흔적이 역력하며,[7] 아울러 이런 위기를 극복하기 위한 일환으로서 "마르크스주의의 보편성과 우리 사회의 특수성을 올바로 결합시킬"[8] 방도를 찾고자 하였다. 나아가 이 책은 이를 위하여 다양한 마르크스주의의 스펙트럼을 반성하는 작업을 수행하였다. 그러나 이런 논의가 시민들의 시선을 얻지 못함으로써 1993년 전후를 시점으로 점차적으로 문화운동, 환경운동, 한국 전통 철학에 대한 관심으로 향하는 경향을 띠게 되었다.[9]

---

[4] "그리고 지금은 반동의 시대이다. 사상적으로 마르크스주의의 현재성이 의심받고 있고 현실의 사회주의 나라들이 붕괴와 혼란의 과정에 있으며 내부적으로는 우리 민중 운동이 여러 계층 사이에서 고립되어 있다."(윤철호, 「한 '마르크스-레닌주의자'의 수상」, 한국철학사상연구회 엮음, 『시대와 철학』 제3호, 동녘, 1991, 328쪽)

[5] 좌담: 「페레스트로이카에 대한 철학적 반성」. 특집: 「한국현실과 철학운동의 과제」·이병창, 「80년대 한국사회와 철학운동」; 이병수, 「마르크스주의와 인간론」; 문성원, 「당파성과 철학」; 우기동, 「변증법적 결정론과 역사법칙」. 철학 논점: 김재현, 「월북철학자들」; 이영철, 「북한의 주체철학」; 이주향, 「자연사적 과정으로서의 역사와 인간의 주체성」; 이규성, 「유기(劉基)의 세계관과 대중성」. 이 밖에 동구권 개혁과 관련된 번역물들이 수록되어 있다.

[6] 한국철학사상연구회 엮음, 『현대 사회와 마르크스주의 철학』, 동녘, 1992.

[7] "오늘날 우리는 사상적 '위기의 시대'에 살고 있음을 부정할 수 없다. 사상의 위기란 본질적으로 '진보적 사상'의 위기이며, 미래에 대한 전망의 위기, 전망의 부재를 의미한다."(한국철학사상연구회 엮음, 같은 책, 3쪽) 최종욱은 사회주의의 몰락을 선험적 결과주의로 몰고 가는 것에 대해서 매우 비판적이었으며, 이정호는 사회주의의 진보를 역설하고 있다(최종욱, 「그래, 아직도 마르크스냐?」, 한국철학사상연구회 엮음, 『시대와 철학』 제3호, 동녘, 1991, 337쪽; 이정호, 「흔들리지 말고 바닥부터 다시」, 한국철학사상연구회 엮음, 『시대와 철학』 제7호, 동녘, 1993, 248~249쪽). 그리고 이만근은 소련의 페레스트로이카로 인해 마르크스주의를 포기할 것이 아니라 더욱더 강화시켜야 한다고 주장한다(이만근, 「사회발전의 변증법―생산력과 생산관계를 중심으로」, 한국철학사상연구회 엮음, 『시대와 철학』 제7호, 동녘, 1993, 13쪽).

[8] 한국철학사상연구회 엮음, 같은 책, 5쪽.

[9] 『시대와 철학』 제7호, 「전통의 위기, 유학의 모색」, 1993년 10월; 제8호, 「마르크스의 눈으로 현실을 볼 수 있는가?」, 1994년 4월; 제11호, 「기술과 인간」, 1995년 10월. 소홍렬은 진보주의가 퇴조하고 보수주의가 급상승하는 상황과 관련하여 다음과 같이 주장하고 있다. "우리의 안방까지 외인부대의 사창굴로 만들어버린 것이나 다름없다. 문화적 긍지도 민족적 자존심도 상업주의의 홍수에 다 휩쓸려 가버린 것이다."(소홍렬, 「이런 시대, 이런 철학」, 한국철학사상연구회 엮음, 『시대와 철학』 제7호, 동녘, 1993, 12쪽)

물론 한철연의 이런 작업은 위기에 처해 있었던 한국의 현실을 철학화하는 데 적지 않은 기여를 하였다. 한철연은 소련, 동구권의 개혁 시도에 대해서 평가를 하고(『시대와 철학』 제1호), 현실 사회주의권의 몰락과 더불어 제기된 마르크스주의 및 철학을 재검토하고(『시대와 철학』 제3호, 제6호), 나아가 마르크스주의의 문제점을 지적하면서 서구의 몇 가지 대안적 발전 모델을 모색하였다(『시대와 철학』 제8호). 또 동양철학을 마르크스주의적 관점에서 진보적으로 읽어내고(『시대와 철학』 제4호, 제7호),[10] 인간과 자연의 관계를 새롭게 조명함으로써(『시대와 철학』 제5호) 한국 마르크스주의 연구자들의 문제의식과 시야를 넓혀준 면도 있었다.

특히 분석마르크스주의와 포스트마르크스주의에 대한 분석은 우리의 마르크스주의에 대한 새로운 이해의 단면을 보여주었다. 사실 1990년대에도 마르크스주의가 완전히 죽은 것은 아니었다. 분석마르크스주의와 포스트마르크스주의로 그 명맥을 이어가고 있었다. 기능적 설명 방식을 시도한 제럴드 코헨Gerald A. Cohen[11]과 합리적 선택이론을 제시한 욘 엘스터Jon Elster가 분석마르크스주의의 대표적인 인물이다.[12] 이들은 헤겔적인 변증법적 방법을 거부하고, 분석철학과 실증주의적 사회과학 방법론을 도입하였다. 따라서 이들은 이미 1990년대 시대적 상황에 조응하는 새로운 마르

---

10 여기서도 여전히 현대 신유학이 중화주의적 요소를 담고 있는 데 대해서 한결같이 비판하였다(이상호, 「현대신유학(現代新儒學)이란 무엇인가」, 한국철학사상연구회 엮음, 『시대와 철학』 제7호, 동녘, 1993, 36쪽; 황성만, 「전통, 계승과 창조의 두 길—현대신유학의 성립과정을 중심으로」, 한국철학사상연구회 엮음, 『시대와 철학』 제7호, 동녘, 1993, 49쪽; 홍원식, 「유교문화권과 자본주의의 발달—현대신유학의 현단계 전개」, 한국철학사상연구회 엮음, 『시대와 철학』 제7호, 동녘, 1993, 107쪽).
11 분석마르크스주의의 가장 유명한 저서는 *Karl Marx's Theory of History: a Defence*이다.
12 "코헨은 역사 유물론의 핵심적 설명이 기능적 설명이라고 보며, 따라서 사회 이론에 대한 설명에서 기능적 설명이 수용될 수 없다면 역사적 유물론은 기각되어야만 한다고 생각한다. 이에 반해 엘스터(J. Elster)는 마르크스주의에는 많은 점에서 기능적·목적론적인 설명들이 포함되어 있으며, 동시에 역사에 대한 방법론적 개인주의와 반목적론적 설명도 포함되어 있다고 본다."(한국철학사상연구회 엮음, 앞의 책, 330쪽)

크스주의의 길을 모색하기 위해 부르주아 사회과학의 방법을 수용하였다. 적어도 이들에 의하면 현실 사회주의의 위기는 마르크스 이론 자체에서 비롯되고 있다. 그러므로 이들은 마르크스의 정치경제학 이론과 역사적 유물론을 비판하고 새로운 방법론을 모색하고자 하였다.[13] 그래서 엘스터는 자본주의의 구조적 모순을 변증법적 발전 법칙에 내재하는 것으로 보지 않고 미시적 행위자의 합리성에 근거하는 것으로 보았다. 하지만 이런 분석마르크스주의자들에 대해서 한국의 마르크스주의자들은 탐탁하게 생각하지 않았다.[14] 대체적으로 한국의 마르크스주의자들은 이들의 설명 방식이 정치적 실천에서 유리된 채로 방법의 문제에만 관심을 가짐으로써 마르크스주의를 연구실 속에 가두어버렸다고 보았다.[15]

한편 포스트마르크스주의도 1990년대에 한몫을 하였다. 포스트마르크스주의는 사회주의의 위기에 직면하여 마르크스주의의 이론과 실천의 한계를 극복하고 후기 자본주의의 변화된 현실에서 마르크스주의를 새롭게 구성하려는 시도였다. 이런 시도에 가장 희망을 걸고 추구한 사람이 바로 이병천이라고 볼 수 있을 것이다.[16] 그에 의하면 포스트마르크스주의의

---

13 이병천, 「맑스 역사관의 재검토」, 한국사회경제학회 엮음, 『사회경제평론』, 4집, 한울, 1991 참조.
14 "마르크스주의의 이론적 위기와 관련하여 엘스터의 재구성 시도는 일정 부분 값진 것이다. 하지만 그는 미시구조에 대한 편협한 집착 때문에 사회라는 영역을 결국 원자적 요소들과 그들의 행위로 축소시킨 후, 그것들을 결합하는 방식에 있어서는 동요를 보이고 있다. 또 개인의 목적론적 행위와 물질적·사회적 인과 관계 사이의 관련성을 적절히 개념화하지 못했고 그가 상정하는 '단자적' 개인들의 상호작용조차 그의 합리적 선택 이론 내에서 적절히 소화하지 못했다."(서유석, 「개체론적 마르크스주의의 방법적 한계에 대하여」, 한국철학사상연구회 엮음, 『시대와 철학』 제7호, 동녘, 1993, 165쪽)
15 안규남, 「분석 마르크스주의」, 한국철학사상연구회 엮음, 『현대 사회와 마르크스주의 철학』, 330쪽; 박영욱, 「분석 마르크스주의―마르크스주의의 왜곡된 현재화」, 한국철학사상연구회 엮음, 『시대와 철학』 제5호, 동녘, 1993; 서유석, 같은 글; 김범춘, 「분석마르크스주의의 인간관 비판―개인의 합리성을 중심으로」, 한국철학사상연구회 엮음, 『시대와 철학』 제7호, 동녘, 1993; 김동춘, 「레닌주의와 80년대 한국의 변혁운동」, 『역사비평』 11호, 1990년 겨울.
16 이병천, 앞의 글; 이병천, 「현존사회주의와의 종언―정치적 실천의 새출발을 위하여」, 『전망』, 1991년 10월; 이병천, 「민주주의론의 새로운 발전을 위하여: 프롤레타리아 독재론을 비판한다」, 『창작과 비평』, 1992년 봄.

대표자들인 에르네스토 라클라우Ernesto Laclau와 샹탈 무페Chantal Mouffe는 페르디낭드 소쉬르Ferdinand de Saussure의 구조주의적 언어학과 자크 데리다Jacques Derrida의 해체의 방법에 따라 마르크스주의의 형이상학적 본질주의를 해체하고[17] 사회적 우연성과 개방성을 논리적 기초로 삼아 급진민주주의라는 대안을 제시하였다. 이들은 마르크스주의의 본질주의와 환원주의적 전제를 거부하고, 자본주의를 경제적 본질로 환원하는 것에는 한계가 있다고 비판하였다. 자본주의는 매우 복잡한 불확정성, 우연성, 개방성으로 이루어져 있으며, 사회적 주체도 다양하며 불특정적이라고 보았다.[18] 이들은 1990년대 다원화 사회에 조응하기 위하여 마르크스주의의 새로운 변형을 시도하였다. 그래서 이들은 보편적 해방보다는 작은 해방을 추구하였다. 오히려 이들은 정통 마르크스주의가 단일한 혁명적 행위를 통하여 전면적 해방을 시도했기 때문에 위기를 맞이했다고 보며, 따라서 이제는 여성운동, 환경운동, 평화운동, 노동운동 등 억압에 대항하는 다양한 운동들이 공존하도록 하는 길만이 마르크스주의가 나아갈 길이라고 보았다.

하지만 한국의 마르크스주의 연구자들 중에는 이런 포스트마르크스주의는 언어 이론을 통해 사회적 대상을 분석하고 있는데, 여기에는 일정한 한계가 있기 마련이며, 더군다나 이런 접근에는 경제 영역을 배제하는 결함이 담겨 있다고 지적하였다. 그래서 비판가들은 이 포스트마르크스주의가 미래를 그리는 그림이 불확정적이어서 하나의 독자적인 이론이 되기는 어렵다고 지적하였다.[19] 특히 이병천의 포스트마르크스주의 수용과 관련하

---

[17] 사실 라클라우와 무페는 합리적이고 인식 가능한 객체로서의 사회라는 것은 존재하지 않으며, 사회적 관계에 선행하는 주체로서의 사회적 행위자도 없다고 보았다. 이들의 이론은 비트겐슈타인의 후기 철학의 언어 게임 이론에 바탕을 두고 있다(이상화, 「네오마르크스주의와 포스트마르크스주의」, 철학문화연구소 엮음, 『철학과 현실』, 1992년 겨울, 157쪽). 따라서 포스트마르크스주의에서는 모든 것이 담화적 상황에 의존한다(김창호, 「한국사회철학의 쟁점에 대한 사적 개관」, 사회와 철학 연구회 대회보 (1997. 2. 22), 『한국사회철학의 현황과 전망』, 16쪽).

[18] 이상화, 같은 글, 161쪽.

여 조원희, 김호균, 강성호, 박성수 등은 이병천이 마르크스 원전에 대한 충실한 이해 없이 교조주의적 마르크스 이해에 바탕을 두고 있다고 비판하였다.[20] 이와 관련된 논의는 『시대와 철학』에서도 언급되었다.[21]

이처럼 1990년대 마르크스주의는 더 이상 보편주의나 본질주의, 환원주의의 관점을 취하는 것에 대단히 조심스러운 모습을 보여주고 있었다. 이런 면은 당시 진보 진영 철학자들이 루이 알튀세Louis Althusser와 하버마스의 역사 유물론을 재구성하는 것에도 잘 나타나 있다. 익히 알다시피 알튀세는 마르크스주의의 위기를 극복하기 위해서는 이 위기를 솔직히 인정하고, 나아가 복잡한 구체적 현실 속에서 진행되고 있는 대중운동을 경제주의적 시각을 떠나서 접근해야 한다고 보았다.[22] 그래서 그는 마르크스주의를 반경험주의, 반헤겔주의, 반역사주의, 반인간주의, 반경제주의로 몰고 가고자 하였다.[23] 알튀세의 이런 작업은 현대 다원주의 사회에 부합하기

---

19 우기동, 「과연 삶과 사회의 철학이었나」, 학술단체협의회 엮음, 『한국인문사회과학의 현재와 미래』, 푸른숲, 1998. 특히 김창호는 포스트마르크스주의와 관련하여 담화에 바탕을 두는 이들의 이론은 담화가 가능한 객관적 물질적 조건에 고려가 없기 때문에 상대주의에 빠지게 되며, 모든 것이 우연의 논리에 빠지게 됨을 지적한다. "노동을 배제하고 언어로만 역사진보를 설명한다는 것은 불가능한 일이다."(김창호, 앞의 글, 17쪽)
20 김호균, 「사적 유물론은 폐기되어야 하는가」, 『사회평론』, 1992년 1월; 조원희, 「맑스-레닌주의 철학 비판을 위하여」, 『사회경제평론』 제4집, 한울; 박성수, 「포스트 마르크스주의」, 한국철학사상연구회 엮음, 『현대 사회와 마르크스주의 철학』, 동녘, 1992; 박성수, 「마르크스의 역사철학은 폐기될 수 있는가―이병천의 포스트마르크스주의 입장을 비판한다」, 『사회평론』, 1992년 2월. 박성수는 포스트마르크스주의에 대하여 다음과 같이 비판하고 있다. "이는 교조적 마르크스주의에 대한 비판적 태도로서는 일정한 의미를 가질 수 있으나 그 자체가 하나의 독자적 이론으로 존립하기에는 매우 불충분한 주장이다."(박성수, 「포스트마르크스주의」, 같은 책, 315쪽)
21 양운덕, 「탈구조주의 사회이론의 기초」, 한국철학사상연구회 엮음, 『시대와 철학』 제3호, 동녘, 1991; 양운덕, 「포스트마르크스주의 사회논리: 마르크스주의 해체와 민주주의 전략」, 한국철학사상연구회 엮음, 『시대와 철학』 제5호, 동녘, 1993; 양운덕, 「총체적 역사이성에 대한 부정―카스토리아디스의 마르크스주의 비판」, 한국철학사상연구회 엮음, 『시대와 철학』 제8호, 동녘, 1994.
22 "즉 알튀세는 사회의 모든 문제를 경제로 환원해서 설명하려는 '경제주의'와, 인간의 자유 의지나 의도 따위를 강조함으로써 경제주의의 한계를 넘어서려는 '인간주의'를, 마르크스주의 내에 존재하는 상호 보완적인 한 쌍의 잘못된 경향으로 보고, 이 두 가지를 모두 극복하려 하였다."(문성원, 「주체도 목적도 없는 과정」, 한국철학사상연구회 엮음, 『현대 사회와 마르크스주의 철학』, 230쪽)
23 우기동, 「한국에서 마르크스주의 사회철학의 수용과 반성」, 『사회철학』 2호, 사회철학사, 1994, 26쪽.

위한 것일 수 있다.

이미 이런 작업은 프랑스의 포스트모더니즘과 분리될 수 없는 상황이기도 하였다. 리오타르, 데리다, 미셸 푸코Michel Foucault, 질 들뢰즈Gilles Deleuze 등으로 대표되는 오늘날 프랑스의 대표적인 철학자들은 모두 거대 담론이나 메타 담론을 거부하고 작은 담론을 표방하며, 따라서 중심부보다는 주변부 살리기를 중시하고 있다. 이들의 이런 입장은 더 이상 진리 담론이 정의 담론을 지배하는 것을 원치 않는다. 이들이 본 정의는 차이성, 충돌성이 살아 움직이는 상태여야 하며, 동일성을 지향하는 과학주의의 진리 담론에 구속되는 것을 거부한다. 이와 같은 경향은 마르크스주의 안에 내재되어 있는 과학주의를 거부하고 이를 새롭게 읽기 위한 방향으로 이어지는 부분과 관련되어 있다.[24]

2 신합리주의와 포스트모더니즘을 통해 본 한국 실천철학

1990년대 한국 실천철학에서의 마르크스주의는 포스트모더니즘과 일정 정도 관련성을 지닌 프랑스의 알튀세의 철학과 이를 비판하는 독일의 하버마스의 철학으로 발전되어 나타났다. 그러나 사회주의가 몰락하고, 1987년 6월 민주항쟁 이후 시민 의식이 발전하고 한국 사회의 합리성이 모색되면서, 한국 실천철학계 역시 하버마스의 이론에 더 집중적인 관심을 보이기 시작하였다. 과도한 혁신주의나 변혁주의는 더 이상 시민들에게 매력적으

---

24 "철학에서 포스트모더니즘을 주도한 것은 이진우(계명대), 강영안(서강대), 이정우(전 서강대) 등인데, 다만 이들은 포스트모더니즘을 전통적 진보이론에 대한 대항이론으로 주목하면서도 실제로는 일정한 거리를 두고 스스로 포스트모더니스트라고 불리는 것을 기피하는 자세를 취해 왔다."(윤건차, 앞의 책, 160쪽)

로 여겨지지 않았으며, 따라서 민중 친화적인 마르크스주의는 점차적으로 시민의 관심으로부터 멀어지게 되었다.[25]

대신에 체계의 보편성과 생활세계의 다양성을 조화시키고자 하는 하버마스의 입장이 부각되기 시작하였다. 당시 일군의 하버마스주의자들은 하버마스의 이론이야말로 1990년대 시민들이 지향하는 바를 잘 담아낼 수 있다고 생각하였다. 당시 이런 생각에 중심적으로 기여했던 철학자들은 주로 1990년대 초부터 귀국한 유학생들(권용혁, 윤평중, 이진우, 장춘익, 정호근, 홍윤기, 황태연 등)이었다.[26] 이들은 더 이상 국내외적으로 극좌파가 존립할 수 없는 상황 속에서 학문성과 실천적 함의를 동시에 지닐 수 있는 비판적 사회 이론으로서의 합리성을 추구하는 하버마스의 이론을 자신들의 대안으로 고려하였다. 이들에 의하면 당시 우리에게서 하버마스의 사상은 단순한 수용의 문제가 아니었다. 즉 이들은 당시에 하버마스의 사상을 단순히 수용하는 차원을 넘어 우리가 하버마스와 더불어 같이 고민해야 할 시점에 이르렀다고 생각하였다. 그러므로 우리 역시 그의 사상을 우리의 현실과 관련지어 비판적으로 검토해야 할 필요가 있다고 보았다. 이처럼 1990년대는 하버마스가 한국 실천철학의 중심부에 들어왔다 해도 과언이 아니다.

그러나 한국 실천철학계가 과거 마르크스주의 일변도이듯이 하버마스 일변도는 아니었다. 미국의 롤스 관련 실천철학도, 영국의 포퍼 관련 실천

---

25 물론 하버마스에 비판적인 입장도 여전히 존재하였다. 이국배의 경우 하버마스가 마르크스의 노동 개념을 좁혀 해석하는 데 대해 부당함을 표출하고 있다. "(……) 적어도 우리가 파악하기에 마르크스의 노동 범주는 단지 생산력에만 관계하는 도구적 행위이거나 그래서 인식 차원의 개념으로만 축소될 수 없는 성격을 가지고 있다. 오히려 노동 범주는 실천의 다양한 측면에 대한 기초적인 근거를 마련해 주고 있으며, 그것은 모든 것을 노동으로 환원하는 것과는 다른 문제이다."(이국배, 「하버마스에게 마르크스주의는 무엇인가?」, 한국철학사상연구회 엮음, 『시대와 철학』, 제3호, 동녘, 1991, 93쪽) 나아가 그는 하버마스의 '반성' 개념만으로는 여전히 부족하고 마르크스의 '노동' 개념이 더 필요하다고 주장하였다.
26 장춘익 외, 『하버마스사상―주요 주제와 쟁점들』, 나남출판, 1996.

철학도 존재하였다. 또 1990년대 중반부 이후는 포스트모더니즘에 입각한 실천철학도 상당히 활발하게 전개되었다. 독일에서 건너온 하버마스의 의사소통적 합리성, 미국에서 건너온 롤스의 절차적 합리성, 영국에서 건너온 포퍼의 비판적 합리성, 프랑스로부터 건너온 반反합리성 등이 한 용광로에 끓고 있었던 것이 당시의 현실이었으며, 지금도 이와 같은 여진은 계속되고 있다.

이처럼 한국의 실천철학계는 서양 사상이 각축전을 벌이고 있는 곳이기도 하다. 이들은 서로 대립하기도 하지만, 또 함께 공유하는 면도 있다. 그것은 다름 아니라 이들이 모두 더 이상 과거의 형이상학적 본질주의나 절대적 보편주의를 수용하지 않으려고 하는 점이다. 이들은 오늘날과 같은 다원주의 사회에서는 강한 보편주의보다는 절차적 보편성이나 차이와 충돌이 긍정적이라고 본다. 이들은 한결같이 과거의 초월적 절대자에 바탕을 둔 보편주의나 모던적 이성의 합리성에 바탕을 둔 보편주의를 모두 비판하고 있다. 또 이들은 궁극적 존재에 이바지하는 발견적 이성(추상설)의 허약함도, 자신이 마주하고 존재를 닦달하고 문초하는 근대의 구성적 이성(구성설)도 모두 거부하고 있다. 따라서 이들은 일종의 종교적 가치에 이바지했던 전통적 이성도 거부하고, 근대 이후 오늘날 과학적 가치에 몰입하는 모던적 이성에도 제동을 걸고 있다.

바로 이 문제가 본격적으로 논쟁의 형태로 등장한 것이 하버마스와 리오타르의 모던과 포스트모던 논쟁이다. 여기에서 하버마스는 모던의 미완의 기획을 완결하고자 과학적 진리성, 도덕적·법적 정당성, 예술적 진실성 사이의 소통을 강조했다. 그러나 리오타르는 모던적 기획에는 애초부터 지배와 구속의 논리가 내장되어 있기 때문에 모더니즘이 바탕으로 하고 있는 이성주의를 벗어나야 한다고 강조하였다. 하버마스와 리오타르의 이런 논쟁점은 1970년대 비판이론에서 주장된 논쟁점과도 연관이 된다. 익히 알다시피 아도르노와 호르크하이머는 근대적 이성이 도구적 이성으로 전락한 것에 대해서 비판하였으며, 마르쿠제 역시 『이성과 혁명』에서 모던적 인간이 일차원적 인간으로 전락한 것에 대해서 비판하였다. 특히 마르쿠제는 『이성과 혁명』에서 모더니즘 이후에 전개된 현대의 자본주의 문화가 우리의 생명력인 에로스를 과도하게 억압하는 과잉 억압의 문제를 지그문트 프로이트Sigmund Freud와 마르크스 이론의 결합을 통해 분석해냈다.

하버마스와 리오타르의 논쟁을 이들과 연관을 지어 언급해보면, 하버마스는 이들의 주장이 미학적 주관주의로 흘러갈 수 있음을 비판하고, 모더니즘의 문제점을 미학적 전망을 넘어서 과학적 진리성과 도덕적·법적 정당성의 관점에서 보완하고자 하였다.[27] 반면에 리오타르는 이들이 기존의 억압적 이성에 대해 비판한 미학적 부정성에서 더 강한 해방의 탈출구를 찾으려고 했다고 볼 수 있을 것이다. 이런 면에서 아도르노의 '부정의 미학'은 모던적 이성의 횡포를 단죄하고, 모던적 이성이 억압하는 것으로부터 탈출하는 관문이 된다. 리오타르의 차이 내지는 충돌로서의 정의는 바로 이런 전통 속에 있다고 볼 수 있으며, 더 거슬러 올라가면 니체의 '생성의 무죄'에 대한 강조나 '개념의 박물관'에 대한 비판과도 연관되어 있다고 볼 수 있을 것이다.

사실 모던과 포스트모던 논쟁은 이성의 합리성에 대한 신뢰와 이성의 폭력에 대한 부정이라는 구도로 이루어진 것이라고 볼 수 있다.[28] 그런데 이 논쟁을 탈사회적, 탈역사적 차원에서 논의한다는 것은 비생산적일 수

---

27 위르겐 하버마스, 「현대: 미완성의 기획」, 이진우 엮음, 『포스트모더니즘의 철학적 이해』, 서광사, 1993, 59~61쪽.
28 윤평중은 하버마스와 푸코를 대비시키면서 다음과 같이 주장하고 있다. "푸코는 합리성을 도구적 합리성과 의사소통적 합리성으로 나누어 서구의 근·현대화 과정을 틀에 맞추어 이해하는 하버마스식의 일반화를 거부한다. 푸코가 보기에 서양 문화란 수없이 많은 합리성들이 끊임없이 얽히고 뒤섞인 소용돌이에 지나지 않기 때문이다."(윤평중, 『푸코와 하버마스를 넘어서─합리성과 사회비판』, 교보문고, 1997, 289쪽)

있다. 왜냐하면 보편성에 대한 전망을 타진하는 전자의 입장과 그것을 거부하는 후자의 입장을 존재론적 차원에서 논구하게 될 때, 과연 어느 쪽이 진정 옳은지를 정당화하기는 쉽지 않기 때문이다. 이런 논쟁은 고대의 일과 다多의 논쟁, 중세의 보편자 실재론과 유명론의 논쟁, 근대 이후의 이성주의와 실존주의의 논쟁 등으로 이어지면서 현재에까지 지속적으로 이어지고 있는 문제이기도 하다. 우리는 이 문제의 옳고 그름을 따지기 전에 이런 논쟁이 과연 우리의 사회와 역사 속에 왜 존재해야 하는지를 묻는 것이 더 우선적인 과제가 될 것이고, 이런 과제야말로 진정한 의미에서 실천철학의 문제일 것이다.

적어도 이들이 전개한 논쟁을 되돌아볼 때, 하버마스는 인간은 사회적, 역사적 존재로서 규범을 완전히 배격하고 살 수 없는 존재라는 것을 전제하고 있다면, 리오타르는 이 규범이 구속으로 다가오기 때문에 법칙적 성격을 지닌 이 규범의 구속으로부터 벗어나고자 한다. 칸트의 용어를 빌린다면, 전자는 인간의 사회성을 강조하고 있다면, 후자는 인간의 비사회성을 강조하고자 한다. 즉 전자는 규범 속에서 인간의 삶의 조건을 확보하려고 한다면, 후자는 탈규범적인 해방 속에서 인간의 삶의 조건을 확보하려고 한다. 그러므로 전자는 윤리적, 법적 합리성에 더 비중을 둔다면, 후자는 미적 숭고성에 더 비중을 두기 마련이다.

그러나 전자나 후자 모두 부정적인 결과를 초래할 수 있다. 전자는 비이성적 주체들을, 그중에서도 특히 세련된 언어로 자신을 합리적으로 무장하지 못하는 약자들을 배제할 위험이 있으며, 후자는 과거의 실존주의처럼 비사회성과 비역사성으로 경도됨으로 인해 차이에 대한 강조가 오히려 차별을 증폭시키는 무정부 상태를 초래할 수 있다. 전자나 후자 모두 바로 이런 점을 의식하고 있었기 때문에, 전자는 의사소통 주체의 자발성을 살려주고자 하며, 후자는 타자에 대한 무관심이 아니라 타자에 대한 존중을 강조한다. 사실 모던과 포스트모던 논쟁에 있어서 양자가 주장하고자 하는 진정한 의도를 순수하게 받아들인다면, 우리는 이들 모두가 인간의 삶의 조건에 대한 바람직한 전망을 각기 다른 각도에서 열어보려고 애쓰고 있음을 이해할 수 있을 것이다. 하지만 방금도 언급하였듯이, 전자가 추구하는 의사소통적 합리성은 이성적 의사소통에 참여할 수 있는 역량 있는 주체만의 합리성이 되어버릴 위험이 있고, 후자의 차이에 대한 존중은 강자의 폭력을 조정하기 어려운 면이 있다. 따라서 합의에 더 비중을 두고 있는 전자의 주체나, 충돌에 더 비중을 두고 있는 후자의 주체의 성공 여부는 각기 합의와 충돌에 어떻게 임하느냐에 달려 있게 될 것이다.

이처럼 이들 사이의 논쟁이 안고 있는 문제는 이들만의 문제가 아니고 한국 사회 자체가 안고 있는 문제이기도 하다. 물론 근대성의 기반 위에서 논의하고 있는 그들의 논쟁과 아직도 전근대성을 벗어나지 못하고 있는 우리들의 논쟁은 분명히 동일할 수는 없다. 특히, 하버마스에 친화적인 일군의 학자들은 우리 사회의 전근대성을 부각시켜 포스트모더니즘은 우리 사회에 적합하지 않다고 비판을 가하였다. 장춘익은 이 점과 관련하여 다음과 같이 주장하고 있다.

> 우리에게 탈근대론은 이성 비판으로 수용되었다. 그런데 우리에게 이성 비판이 왜 그렇게 매력적인 것인가? 그것은 자기 정체성을 어떤 식으로든 전통에서 찾아야 한다는 예감을 가져왔던 사람들에게, 자신에게 익숙한 전통주의적 태도 때문에 합리주의와 계몽주의적 세계관이 실상은 부담스러웠던 이들에게, 그리고 지성인으로서 사회주의에 공감을 표명하였지만 자신의 실제 삶과의 괴리를 느껴왔던 사람에게 심리적 카타르시스를 체험하게 하는 씻김굿의 역할을 하기 때문이 아닐까? 이런 질문을 하는 것은 정말 우리에게 이성의 폭력이 그렇게 진지한 문제로 느껴져서 이성 비판

을 환영하는 것인지가 궁금해서이다.²⁹

그는 이와 같은 관점 아래서 서구적 이성의 한계를 지적하면서 동양 전통에서 대안을 찾고자 서둘러 서구 사상과 동양 사상을 결합시키려고 하는 것도, 나아가 우리 사회의 모든 문제를 이성이 다 저지른 것으로 일반화하는 것도 심각한 문제라고 지적한다. 그는 이성의 이름으로 잘못 행해진 부분과 이성을 위하여 진지하게 노력하는 것 사이에는 분명한 구별이 있어야 한다고 보았다.³⁰ 이런 의미에서 그는 우리 사회에 필요로 하는 사상은 포스트모더니즘이 아니라 하버마스의 이론이라고 보았다.³¹

장춘익의 이런 입장은 권용혁에게도 나타난다. 그에 의하면 서구의 근대화는 부르주아지에 의해 주도된 혁명을 통해서 자주적으로 이루어졌는데 반해서, 우리의 근대화는 자주적으로 이루어지지 못하고 식민지로 전락됨으로써 '예속적인 식민지 종속국형 근대화의 길'을 걸었다.³² 그래서 우리 사회는 시민의 권리와 시민적 민주주의조차 성립되지 못한 상태에서 시민운동이 이루어지고 있으며, 엄격한 의미에서 공론장이 제대로 확립되어 있지 못하다. 그래서 그는 하버마스의 이론을 빌려 다음과 같이 주장하고 있다.

> 즉 우리에게는 체계와 생활세계의 이분법을 전제하고 생활세계를 방어하는 형태의 구도가 아니라 오히려 강력한 체계가 생산 유포하는 이데올로

---

29 장춘익, 「하버마스의 근대문화론」, 이한구 외 지음, 『사회변혁과 철학』, 철학과현실사, 1999, 179쪽.
30 "권력의 횡포와 환경문제에 이르기까지 이성을 근현대사회의 모든 문제들의 배후에 있는 가장 근본적인 원인으로 보는 것은 곤란한 발상이다. 그것은 대부분 이성에 **반하여**, 드물게는 이성의 **이름으로** 폭력을 행사한 자들과 이성을 **위하여** 진지한 저항노력을 해온 사람들을 부당하게 공범자로 만드는 것이다." (장춘익, 같은 글, 180쪽)
31 장춘익, 같은 글, 181쪽.
32 권용혁, 『이성과 사회―실천철학』, 철학과현실사, 1998, 200~201쪽.

기의 영향력으로부터 벗어난 영역을 활성화하는 일이 우선적으로 다루어져야 할 것으로 보인다.[33]

1980년대 이후 우리 사회는 노동자, 시민계급의 증대로 서구적인 합리적 시민사회의 가능성을 어느 정도 보여주었지만, 그럼에도 불구하고 여전히 연고주의, 지역이기주의 등 전근대성이 상존하고 있다. 그래서 권용혁은 이런 전근대성을 탈피하기 위해서 공론장을 넓혀갈 수 있는 하버마스의 의사소통 철학이 우리 사회에 요구된다고 주장하였다.[34] 정호근 역시 "의사소통은 차이의 지속적 산출로 이해될 수 있다. 차이는 일반적인 믿음과는 달리 생산적인 것이다"라고 주장하면서 하버마스의 절차적 합리성이 우리에게 매우 소중한 자산이라고 주장하였다.[35] 그래서 홍윤기는 한국 사회의 시민운동과 관련하여 이들 시민운동의 주체들을 하버마스의 생활세계와 관련하여 다음과 같이 주장하고 있다.

> 다시 말해서 한국 정치 상황과 비교할 때 재야 운동권과 유사하게 규정된 시민사회는 국가기구만으로는 충분히 관철되지 않는 법이념의 규범적 정당성을 바로 생활세계의 사실 관계에서 보완하는 준헌법기관의 의미를 부여받은 것이다.[36]

이처럼 홍윤기는 한국의 시민사회를 체계에 저항하는 생활세계의 영역으로 읽어내려고 하였다. 송호근 역시 "하버마스는 생활세계에 내버려

---

33 권용혁, 같은 책, 212쪽.
34 권용혁, 같은 책, 216쪽.
35 정호근, 「의사소통과 합리성」, 철학문화연구소 엮음, 『철학과 현실』, 2000년 봄, 72~73쪽.
36 홍윤기, 「하버마스의 법철학」, 철학문화연구소 엮음, 『철학과 현실』, 2000년 봄, 100쪽.

진 도덕적·규범적 상호 이해의 행위들을 복원하여 찌그러진 현대성의 권력 기제들의 억압적 성격을 폭로하고 해방하는 가능성을 보여주었다"[37]라고 긍정적인 평가를 하고 있으며, 한상진 또 하버마스의 의사소통 이론은 가치다원주의와 보편주의를 종합하는 기능이 있다고 해석하고 있다.[38] 그래서 윤평중과 장춘익은 하버마스의 이러한 이론은 마르크스주의가 크게 타격을 입고 그로 인해 비롯된 우리의 혼란한 상태를 추스르는 데 도움이 된다고 주장하였다.[39] 장춘익은 이와 같은 맥락에서 다음과 같은 내용을 주장하고 있다.

> 서구처럼 민주화가 상당히 진행된 데보다는 오히려 아직 민주화 운동이 여전히 현실적인 중요성을 가지고 있는 데에서 하버마스는 단순히 서구 이론이 아니라 우리에게 필요한 이론이라고 생각이 듭니다.[40]

그러나 하버마스 철학의 수용과 그 적용의 가능성에 대해서 긍정적인 입장만 존재한 것은 아니었다. 앞서 보았듯이, 윤평중은 한편에서는 한국 사회에 하버마스의 이론이 긍정적인 역할을 할 수 있다고 평가하면서도, 다른 한편에서는 포스트모더니즘도 긍정적인 일면을 지니고 있다고 주장하였다. 그에 의하면 한국 사회는 그동안 마르크스 중심으로 진행된 변혁 논리가 주도하였고, 따라서 거대 담론의 테러가 존재하였다. 이 점은 이진우의 경우도 마찬가지였다. 그 역시 우리 사회의 마르크스주의가 낳은 문제점에 대해서 다음과 같이 지적하고 있다.

---

37 송호근, 「하버마스: 이성적 사회의 기획, 그 논리와 윤리」, 『사회비평』 제15호, 나남출판, 1996, 7쪽.
38 한상진, 「언술 검증과 비판이론」, 『사회비평』 제15호, 나남출판, 1996, 42쪽.
39 송호근, 김재현, 박영도, 윤평중, 장춘익, 「하버마스: 비판적 독해」, 『사회비평』 제15호, 나남출판, 1996, 290쪽.
40 송호근, 김재현, 박영도, 윤평중, 장춘익, 같은 글, 291쪽.

그러나 이러한 실천적 문제의식을 실천을 중시하는 이념, 즉 마르크스주의가 절대화됨으로써 오히려 경직되어 생명력을 잃게 된다. 〔……〕 반민주에 대한 투쟁의 수단으로서 도입된 마르크스주의는 마르크스의 사상을 절대적 텍스트로 만듦으로써 우리가 읽어내야 할 역사와 현실의 콘텍스트를 간과하거나 왜곡시킨 것이다.[41]

그래서 윤평중과 이진우는 이런 거대 담론의 테러를 종식시키는 데 포스트모더니즘이 일정 정도 기여를 할 수 있다고 보았다.[42] 특히 이진우는 오늘의 다원주의 사회에서 포스트모더니즘의 정치철학이 절실히 요구된다는 것을 다음과 같이 주장하고 있다.

포스트모더니즘의 정치철학은 인간 자신이 바로 문제의 근원이라는 점에서 출발한다. 인간은 유한한 존재이면서도 이 유한성을 초월하고자 하는 욕망에서 인간의 정치는 시작한다. 〔……〕 필자가 여기에서 포스트모더니즘의 정치철학을 발전시키고자 하는 까닭은 우리 인간의 이중적 본성을 제거하고자 하였던 근대적 계몽주의의 패러다임이 한계에 부딪혔다는 인식에 있다. 우리를 위협하고 있는 이기주의는 결코 이기주의의 논리로는 극복될 수 없다는 위기의식은 새로운 정치철학을 요구하는 것이다.[43]

윤평중 역시 이런 관점에서 포스트모더니즘에 대한 수용을 다소 긍정적으로 바라보고 있기도 하였다. 왜냐하면 그는 우리 사회를 구속하고 있었던 본질주의나 획일주의를 벗어나 생동적인 다양성의 힘을 분출시킬 수

---

41 이진우, 『한국 인문학의 서양 콤플렉스』, 민음사, 1999, 193쪽.
42 윤평중, 「왜 지금 여기서 포스트모던 논쟁인가?」, 哲學硏究會 엮음, 『哲學硏究』 제33집, 1993, 232쪽.
43 이진우, 『탈이데올로기 시대의 정치철학』, 문예출판사, 1994, 30쪽.

있는 요소가 포스트모더니즘에 들어 있다고 생각하였기 때문이다. 그는 이 점과 관련하여 다음과 같이 주장한다.

> 창조적 실험과 다양성을 존중하는 탈현대성은 스스로의 다른 모습을 상상해보려는 절실한 서양 문화의 온축에서 파생되어 나온 문제의식이기는 하지만, 우리의 상황을 조명하는 데도 비판적으로 응용될 수 있는 가능성을 암시한다. 왜냐하면 우리 자신과 우리가 놓여 있는 현재의 정황에 대한 끊임없는 비판만이 탈현대적 철학의 존재 이유이기 때문이다.[44]

특히 이진우는 서양의 차이에 대한 존중을 주장하는 포스트모더니즘을 우리의 동양 정신과 결합시킴으로써 한층 더 높은 수준으로 올려놓을 수 있다고 주장하였다. 그에 의하면 서양 자본주의와 합리주의의 내재적 모순을 지적하는 포스트모더니즘은 타자와 함께하는 동양 정신과 결합함으로써 현대 문화의 근본적인 문제들을 극복할 수 있다. 물론 이진우는 동양의 정신이 '서양의 자본주의에 대해 외면적인 관계에 있기 때문에' 그 자체만으로는 새로운 발전을 기약할 수 없다고 보며, 적어도 여기에 서양의 자본주의를 그 내부에서부터 비판하고 출발하는 포스트모더니즘이 결합해야만 '동양의 합리주의'가 가능하다고 보았다.[45] 오늘날 포스트모더니즘을 긍정적으로 수용하는 사람들은 이진우와 같은 생각을 전반적으로 공유하고 있다. 그리고 중앙 권력=남성 권력=전체주의라는 등식을 부정하는 페미니스트들 역시 타자의 고유성을 중시하는 포스트모더니즘에 매우 친화적인 형태를 지니고 있다. 이들은 모두 '주체의 철학'이 아니라 '타자의 철

---

44 윤평중, 앞의 책, 294~295쪽.
45 이진우 엮음, 『포스트모더니즘의 철학적 이해』, 서광사, 1993, 320쪽. 이와 같은 주장은 332쪽에서도 제기되고 있다.

학'이 우리의 21세기 사회가 나아가야 할 방향이라고 주장한다.

그러나 여전히 마르크스주의의 과학성을 옹호하려는 입장에 있는 사람들은 하버마스나 포스트모더니즘 계열의 철학자 일반에 대해서 매우 비판적이다. 왜냐하면 이들이 주장하는 의사소통적 합리성이나 차이의 열어줌도 사실은 토대의 물적 구조에 대한 분석 없이는 관념적이고 공허할 수밖에 없다고 보기 때문이다. 포스트마르크스주의[46]가 정통 마르크스-레닌주의에게 과학성과 객관성을 놓치고 주관성과 관념성으로 경도되어 있다고 비판을 받듯이, 이들 역시 마찬가지로 동일한 비판을 받는다. 사실 앞에서 언급하였듯이 하버마스나 푸코에 비교적 친화적이었던 윤평중조차도 포스트모더니즘의 상대주의적 경향이 우리 사회의 모순을 은폐시킬 것에 대해서 염려하며,[47] 또 하버마스의 "언어적 전회는 생사를 건 정치투쟁의 무대인 사회를 도덕적 발달의 장소로 축소시킴으로써 본의 아닌 보수주의로 귀결될 수 있다"라고 지적하고 있다.[48] 마르크스주의자들의 입장에서 볼 때, 생산 노동의 모순은 단순히 담론을 통해 차이를 열어주거나 좁혀준다고 해서 해결될 수 있는 성질이 아니다.[49] 그래서 이홍균도 자본주의사회에 파고드는 전체주의적 지배 구조의 확장 과정을 의사소통행위 이론에 의

---

[46] 포스트마르크스주의는 단일 주체, 단일 투쟁을 거부하고 다양한 주체, 다양한 저항을 주장한다(이상화, 앞의 글, 161쪽).
[47] 윤평중과 마찬가지로 윤건차 역시 실제로 한국의 포스트모더니즘의 수용이 지나치게 진보적이거나 보수적인 경향을 지님으로써 위험성이 내재되어 있다고 본다. "포스트모더니즘을 둘러싼 한국 지식인의 대응은 복잡하다. 소비·문화·정보가 키워드가 되고 또 사회주의권 붕괴로 마르크스주의뿐 아니라 사상 그 자체에 대한 신뢰성이 실추한 가운데 포스트모더니즘은 일방적으로 비판의 대상이 되는 경향과, 역으로 그러한 사회의 사상적 공백을 메우는 것으로 과대평가되는 경향 두 가지가 있었다. 하나는 정치적으로는 진보적 입장에 서면서도 문화의 측면에서는 보수적 입장을 취하는 지식인이 포스트모더니즘을 다국적 자본주의의 문화 이론에 불과하다고 거부반응을 나타내는 태도이다. 또 하나는 포스트모더니즘을 마치 구세주처럼 받아들여 '근대성'이라는 막다른 골목으로부터 빠져나오는 돌파구가 될 수 있다고 보는 태도이다."(윤건차, 앞의 책, 161쪽)
[48] 윤평중은 이현복의 「모던과 포스트모던 논쟁: 거인의 어깨 위에 앉아 있는 난쟁이?」에 대한 논평에서 포스트모더니즘과 하버마스 모두에 대해서 보수적 경향이 있음을 지적하고 있다(윤평중, 앞의 글, 232쪽).

해서 통제할 수 있다고 생각하는 하버마스가 현실적이지 못하다고 비판하였다.[50] 이기현 역시 하버마스의 의사소통적 합리성은 형식적 합리성을 벗어나지 못하며, 그가 비판한 칸트의 의식 철학의 문제로 되돌아가고 만다고 지적하였다.[51] 나아가 황태연은, 우리가 살고 있는 동서양 모두 국가와 시민사회가 현실적으로는 수직적 관계에 놓여 있는데, 하버마스는 마치 이들 사이의 관계가 수평적 관계에 놓여 있는 것처럼 바라보면서 균형 잡기를 시도하고 있다고 보며, 이런 접근은 현실의 모순을 극복하는 데 한계를 갖기 마련이라고 보았다.[52] 그래서 김창호는 담화에 바탕을 두는 하버마스의 이론이나 포스트모더니즘의 이론은 그것이 가능한 객관적인 물질적 조건에 대한 고려 없이는 주관주의에 빠질 뿐이라고 지적하였다. 그에 의하면 "노동을 배제하고 언어로만 역사 진보를 설명한다는 것은 불가능한 일이다."[53] 생산 현장의 모순을 담론 현장만으로 푸는 데는 한계가 있다는 것이다. 심지어 김창호는 포스트모더니즘이 우리 사회에 미칠 부정적 영향에 대해서 다음과 같이 지적하고 있다.

> 도식적인 모더니즘과 이성의 종말을 주장하는 탈근대론 모두로부터 일정한 거리를 두면서 근대의 성과도 제대로 실현되지 못한 상태에서 '이성'

---

49 장춘익은 마르크스의 생산 노동과 하버마스의 의사소통에 대해서 다음과 같이 주장하고 있다. "마르크스에서 생산노동이 사회의 물질적 관계의 변화의 배후에 있는 최종적인 인간학적 사실이라면, 이에 더하여 하버마스에게는 언어적 의사소통이 문화영역의 변화 뒤에 있는, 노동으로 환원될 수 없는, 최종적인 인간학적 사실이다." (장춘익, 「계몽의 옹호: 하버마스의 근대문화론」, 철학문화연구소 엮음, 『철학과 현실』, 2000년 봄, 78쪽)
50 이홍균, 「하버마스의 이론적 전략―의사소통이론으로의 패러다임 전환에 대하여」, 『사회비평』 제15호, 나남출판, 1996, 93쪽.
51 이기현, 「하버마스와 프랑스 후기 구조주의」, 『사회비평』 제15호, 나남출판, 1996, 110쪽.
52 황태연, 「하버마스의 소통적 주권론과 雙線的 토론 정치 이념」, 『사회비평』 제15호, 나남출판, 1996, 159쪽.
53 김창호, 앞의 글, 17쪽.

개념의 급진적 해체가 대항의 논리가 되기보다 지배의 재생산에 투항하는 또 다른 도그마를 산출하는 결과가 될 수 있기 때문이다.⁵⁴

그래서 김재현은 하버마스나 포스트모더니즘의 담론 철학을 수용하는 데 우리가 조심해야 함을 지적하고 있다. 우리가 그런 것을 수용하기 전에 우리의 사회학자, 역사학자 등을 통해서 우리 사회의 근대성에 대한 연구가 좀더 구체적으로 먼저 이루어져야 한다는 것이다.⁵⁵ 이처럼 당시에 민중노선을 고집했던 사람들은 하버마스의 이론은 관념적이고 비현실적이며, 여전히 마르크스주의가 유효하다고 보았다. 그러나 하버마스주의자들은 이미 앞서도 언급하였듯이, 이제 민중의 시대는 지나고 시민의 시대가 도래하였으니 더 이상 마르크스주의적 시각에서 현실의 모순을 극복하려는 것은 가능하지도 않고 무의미하다고 주장한다.

한편 우리 실천철학계에는 영미 실천철학과 관련해서도 많은 논의들이 있었다. 앞서도 언급하였듯이 사회주의국가들의 몰락과 1987년 6월 민주항쟁의 성공으로, 그동안 노동자 민중에 기반을 두고 있었던 급진적인 마르크스-레닌주의나 주체사상 등과 같은 사조들은 뒤로 물러나게 되었으며, 도시 중산층으로 구성되어 있는 시민들의 이익에 기반을 둔 신합리주의 계열의 철학이 활성화되었다.⁵⁶ 그 대표적인 인물이 바로 포퍼와 롤스이

---

54 김창호, 같은 글, 24쪽.
55 송호근, 김재현, 박영도, 윤평중, 장춘익, 앞의 글, 291~292쪽.
56 "해방 이후 사회철학 방면의 논저 약 600여건 중 75%가 넘는 450여편의 논저가 80년도 이후의 성과이고 보면 80년대의 실천철학적 관심이 어느 정도 이었는가를 짐작할 수 있다. 마르크스와 관련된 논저도 그 80% 정도가 80년대 이후로 분포되었다." "현실 사회주의가 패망한 이후 90년대부터는 맑스에 대한 연구가 급감하고 있으며 대신 하버마스에 대한 연구가 급증하고 있는 것도 주목할 만하다."(황경식, 「한국 윤리학계의 회고와 전망」, 哲學硏究會 춘계발표회보, 『동서철학의 수용과 한국철학의 정립』, 1997, 31쪽) 1987년 6월을 기점으로 한국 사회의 중간층이 부정적으로 읽혀지던 것을 긍정적으로 읽혀지도록 만들었다. 즉 6월 민주항쟁은 우리 사회의 중간층이 상대적 진보성을 지닌 것으로 이해되었다(윤건차, 앞의 책, 72쪽).

다. 포퍼는 우리 사회에 『열린사회와 그 적들』로, 롤스는 『정의론』으로 많은 영향을 미쳤다. 우리 실천철학계가 유럽의 하버마스나 프랑스의 푸코, 영미의 포퍼나 롤스를 수용하게 된 것은 제도권 내부의 국민윤리적 접근과 제도권 밖의 마르크스주의적 접근이 갖는 한계를 직시하면서 비롯되었다고 볼 수 있다.[57] 이미 앞에서 언급하였듯이 하버마스 역시 혁명론이나 계급론보다는 의사소통적 합리성을 도모하였으며, 또 여기서 언급하고 있는 포퍼나 롤스 역시 비판적 합리성이나 절차적 합리성을 주장하고 있다. 따라서 포퍼나 롤스도 혁명론이나 계급론보다는 점진적 변화나 합법적 저항을 주장하는 입장을 취한다고 볼 수 있다. 이들은 더 이상 자본주의와 사회주의를 대립적인 관계로 바라보지 않는다. 이들의 입장은 양자의 긍정적인 요소를 새롭게 종합하려는 형태로 나타났다.

우리 사회에 포퍼의 실천철학을 가장 많이 소개한 사람은 아마 이한구라고 보아야 할 것이다. 그는 포퍼의 『열린사회와 그 적들』이 우리 사회에 미친 영향력에 대해서 다음과 같이 주장하고 있다.

> 우리 시대에 끼친 열린사회의 영향력은 심대하다. 무엇보다 먼저 포퍼의 열린사회는 전체주의에 대한 가장 예리한 비판이며, 자유주의에 대한 가장 호소력 있는 정당화로 평가된다.[58]

나아가 이한구는 포퍼의 열린사회의 이념이 지향하는 것은 롤스가 『정의론』에서 제시하는 두 원칙과 유사하다고 지적하였다. 아울러 그는 포퍼의 열린사회는 유럽의 다수 진보 정당들이, 이른바 영국의 노동당이나 독

---

57 황경식, 같은 글, 32쪽.
58 이한구, 「열린 사회의 철학」, 철학문화연구소 엮음, 『철학과 현실』, 1995년 봄, 97쪽.

일의 사회민주당이 정강 정책으로 채택하듯이, 분단된 우리의 민족 현실에도 통일 한국의 바람직한 이념으로 삼을 수 있을 것으로 전망하였다.[59] 이한구의 이와 같은 주장은 한국 사회 내부에 자리하고 있는 지역주의, 혈연주의, 학연주의 등 비합리적 요소를 포퍼적인 합리적 요소로 바꾸어내는 것이 중요하다고 판단하기 때문일 것이며, 또 그 변화도 혁명적 방법이 아니라 '점진적 사회공학'漸進的 社會工學(piecemeal social-engineering)에 입각해야 한다고 판단하기 때문일 것이다. 사실상 포퍼는 행복의 극대화보다는 고통의 극소화 전략을 세우고 있으며, 혁명을 정당화하는 역사주의보다는 점진적 개혁을 주장하고 있다. 그동안 우리 사회는 민중 노선이 취하는 마르크스적인 역사법칙주의와 집권 세력이 취하는 파시즘적 경향이 첨예하게 대립하면서 투쟁과 갈등을 증폭시켜왔다. 그러나 외부적으로는 사회주의국가의 파시즘의 한 축인 소련의 붕괴와 내부적으로는 군사독재 정권의 민주화 약속이 이루어짐으로써 급진 좌우 대립의 논리는 시민들로부터 외면당할 수밖에 없었다. 이와 같은 경향은 포퍼의 비판적 합리주의에 자연스럽게 다가서도록 만들었다. 그래서 이한구는 포퍼야말로 우리의 미래 사회가 나아가야 할 모델로 삼아야 할 철학자라고 보았던 것이다.[60]

그러나 이한구의 이런 강력한 주장들에도 불구하고 한국 사회에서는 그다지 포퍼의 실천철학이 하버마스의 실천철학만큼 활발하게 개진되지는 못했다. 그것은 아마도 한국 실천철학의 전사前史가 마르크스주의에 바탕을 두고 있었기 때문일 것이다. 마르크스-레닌주의에 목숨을 걸었던 철학자들은 자신들의 이념이 무너질 때 그것을 본질주의, 역사주의로 규정하고 비판했던 포퍼로 가기보다는 오히려 마르크스와 다소 친화적이었던 하버

---

59 이한구, 같은 글, 98쪽.
60 이한구, 「열린 사회의 철학」, 이한구 외 지음, 『사회변혁과 철학』, 철학과현실사, 1999, 151~166쪽 참조.

마스로 더 가까이 다가갔을 것이다. 이들은 하버마스에게서는 좌파적 요소를 발견할 수 있다고 생각했겠지만, 포퍼에게서는 그러한 것을 발견할 수 없고, 오히려 하버마스주의자들이 포퍼를 실증주의자로 규정하듯이 우파적인 존재로 보았을 것이다.

한편 한국 실천철학에 또 하나의 지대한 영향을 끼친 사람이 바로 롤스다. 롤스는 영미권 철학, 특히 영미 윤리학을 공부한 사람들에 의해서 집중적으로 소개되었다. 그 대표적인 소개자가 김태길, 황경식, 박정순 등이다. 사실 롤스의 이론도 1990년대 한국 시민사회가 요구하는 적절한 매력을 지니고 있었다. 롤스의 『정의론』에 등장하는 "최소 수혜자에게 최대의 혜택이 돌아가게 하라" 하는 점은 자본주의적 요소를 거부하지 않으면서도 사회의 약자층을 돌보는 관점을 제시하고 있기 때문에 계급 논리에 바탕을 둔 민중 노선에 일정 정도 거리를 두었던 1990년대 한국 시민사회의 정서에 무리 없이 수용될 수 있었다. 성과와 능력에 따라 자신의 것을 마련할 수 있는 '자유의 원칙'과, 이로 인해 빈부의 격차가 심화되어 각자의 자유마저 위협을 받을 만큼 차별이 극단화될 경우, 이를 시정할 수 있는 '차등의 원칙'을 근간으로 하는 그의 정의론은 당시의 도시 중산층 시민에게는 부담 없이 접근될 수 있는 이론이기도 하였다. 우리 사회도 1987년 6월 민주항쟁을 기점으로 시민운동의 확산과 시민사회에 대한 긍정적 인식이 증가하였다. 바로 당시의 이러한 상황은 롤스의 정의론을 부담 없이 받아들일 수 있게 만들었다. 그래서 김태길은 다음과 같이 주장하고 있다.

> 사회정의의 원리가 실천되는 곳에 옳음의 실현이 있고 개인의 합리적 생활 설계가 실현되는 곳에 선의 실현이 있다고 본 롤스의 견해 속에 자유주의와 사회주의의 대립된 주장을 바르게 종합할 수 있는 하나의 시사가 들어 있다고 필자는 생각한다.[61]

김태길은 이와 같은 관점 아래서 좋음은 사적 생활에, 옳음은 공적 생활에, 그리고 전자는 자유주의에, 후자는 사회주의에 적합하다고 보았으며, 바로 이것을 종합한 것이 롤스라고 보았다. 이처럼 롤스는 기본적으로 '복지국가' 모델을 지향하고 있다. 김영삼 정권 시절에 실시한 금융실명제 역시 이런 이론에 일치한다.

황경식 역시 김태길의 이런 입장을 긍정적으로 바라보는 것 같다. 그에 의하면 한국의 시민사회는 근시안적 이기주의가 아니라 합리적 이기주의에 바탕을 두고 진행되어야 한다.[62] 그의 합리적 이기주의는 롤스의 이론에 근거를 두고 있었다. 롤스의 합리적 이기주의는 유용성과 도덕성의 상호보완적 결합에 바탕을 두고 있다. 1990년대 우리 사회는 유용성을 추구하는 경향이 강해지고 있었으며, 이로 인해 근시안적 이기주의로 흐르는 경향이 높아지고 있었다. 여기에 도덕성이 부과되어야 할 필요가 있었고, 따라서 자본주의의 유용성 논리를 사회주의의 도덕성 논리와 결합시켜 새로운 복지국가 모델을 확립해야 할 시점에 있었다. 더군다나 당시 '국민의 정부'가 주도한 '민주적 시장경제'는 민주성이라는 도덕성과 시장경제라는 유용성이 상보적으로 결합되어야 가능한 상황이었다. 이런 면에서 롤스의 정의론은 1990년대 우리에게는 호감이 가는 이론이 아닐 수 없었다.

그래서 심지어 신일철은 남북한의 통일 문제와 관련해서도 롤스의 정의론의 원칙을 적용하고자 하였다. 그에 의하면 남북은 롤스의 '원초적 입장' original position에 입각하여 '무지의 베일' ignorance of veil 상태에 있는 합리적 인간이 되어 합의를 해야 통일이 가능하다.[63] 그러나 현실의 북한은 롤스의 정의의 제1원칙을 지키기가 어려우며, 적어도 그의 정의론이 실현

---

61 金泰吉, 『변혁시대의 사회철학』, 철학과현실사, 1990, 26쪽.
62 황경식, 「사회개혁과 시민의식」, 이한구 외 지음, 『사회변혁과 철학』, 철학과현실사, 1999, 262~263쪽.

가능하기 위해서는 남북 집단이 서로 자체 내에서 다원적 가치를 인정하는 태도가 마련되어야 한다.[64] 그래서 김태길은 사실 롤스의 이론이 당시 한국 사회에 적용되는 데 회의적인 태도를 보였다. 그에 의하면 남북한 경제적 차원이나 도덕적 의식이 롤스의 정의론이 적용될 수준이 되지 못한다. 롤스의 정의론이 적용 가능하기 위해서는 합리적 개인이 확보되어야 하는데, 한국 사회는 그런 개인이 확보되어 있지 않아서 그의 이론이 관철되기 어렵다는 것이 김태길의 생각이었다.

그의 분석에 입각하면 한국의 전통 사회는 개인주의보다는 가족주의가 지배하는 사회였으며, 당시에도 비합리적인 개인이나 억압당하는 개인만 남아 있었다. 즉 "남한에서는 대가족으로부터의 개인의 독립을 고취하는 방향으로 파괴되었으며, 북한에서는 가족보다도 더 큰 국가 또는 민족 공동체를 자아의 단위로 강조하는 방향으로 파괴되었다."[65] 투철한 개인주의에 바탕을 두지 못한 우리 사회에서는 롤스의 이론이 적용되기 무척 어렵다는 것이다. 어쩌면 김태길의 이러한 분석은 상당히 설득력 있는 부분이기도 하다. 왜냐하면 김영삼 문민정부 시절 금융실명제를 실시함으로써 오히려 자금 시장이 마비되는 현상이 일어나면서 한국 경제가 위기에 처했기 때문이다. 정말 한국 사회가 롤스의 정의론이 적용될 수 있을 만큼 합리적 개인들로 형성되어 있었다면 롤스의 복지국가 모델의 정신과 함께할 수 있는 금융실명제는 순기능을 했어야 할 것이다. 그러나 우리는 이미 그것이 부정적인 결과를 낳았다는 것을 역사를 통해 알고 있다. 그래서 박정순

---

63 신일철은 이 점과 관련하여 다음과 같이 주장한다. "그들은 '무지의 베일'에서 사실상 남에 속하는지 북에 속하는지 모르지만 좌우간에 낭패를 보지 않도록 리스크 회피적 판단을 해야 한다."(신일철, 「한국통일문제에 대한 철학적 "探撥"」, 한민족철학자대회보(1999. 8. 17~19), 『한민족과 2000년대의 철학』, 384쪽)
64 신일철, 같은 글, 385쪽.
65 金泰吉, 앞의 책, 205쪽.

은 서구의 사회계약론의 중요한 핵심을 이루는 롤스 및 데이비드 고티에 David Gauthier를 고민하면서 다음과 같이 주장하였다.

> 사회계약의 사상은 우리에게 낯설다. 신과의 계약도 인간끼리의 계약의 전통도 없는 우리에게 현재 서구 윤리학계의 최대 관심사인 계약론적 윤리학의 사활 문제는 어떤 의미가 있는가? 그것은 단지 계약 결혼과 같은 우스꽝스러운 것만으로 인식될 것인가? 오늘날 많이 논의되고 있는 우리 사회의 도덕적 혼란을 치유하는 것은 마치 동물을 약속을 할 수 있는 권리를 갖게끔 키우는 것과 같을지도 모른다.[66]

참으로 씁쓰레한 고백이 아닐 수 없다. 그러나 유감스럽게도 그의 이런 고백이 독백의 차원을 넘어 사회의 실천 현장에 좀처럼 확장되지는 못했다. 사실 롤스의 경우도 포퍼의 경우와 마찬가지로 우리 사회의 철학자들 내부에서는 많이 논의되고 연구되는 현대 실천철학의 중심인물이다. 하지만 롤스의 철학 역시 한국의 사회구조 변화나 운동의 논리 속에 실천적으로 작동하는 면이 그다지 크지 않았다. 오히려 우리 사회는 하버마스의 의사소통 이론에 바탕을 두고 많은 실천 운동들을 전개한 편이다. 그러므로 이 이론의 우리 현실에의 적용 가능성 문제와 관련해서도 하버마스의 철학이나 포스트모더니즘 철학만큼 치열하게 전개되지 못했고, 단지 학문 내적 담론으로 머무르는 경향이 강하였다. 그리고 롤스 이론에 관한 많은 연구 논문들이 롤스의 이론을 소개하는 형식이 강하였다.[67]

---

66 박정순, 「현대 윤리학의 사회계약론적 전환」, 한국사회·윤리학회 엮음, 『사회계약론연구』, 철학과현실사, 1993, 207쪽.
67 한국 사회에서 롤스를 가장 많이 연구하고 소개하는 한국사회·윤리학회가 편집해서 출판한 『사회계약론연구』(철학과현실사, 1993)에 실려 있는 롤스에 관한 연구 논문들 대부분이 롤스 이론의 한국 현실에의 적용 가능성에 대해서는 거의 묻고 있지 않다.

그럼에도 불구하고 유럽의 실천철학에 대한 한국적 논의에 하버마스가 중심을 이루고 있었다면, 영미권에서는 포퍼와 롤스가 중심을 이루고 있었다. 이들은 이른바 신합리주의자들로서 이성의 절대화도, 이성의 주관화도 거부하면서 '되어가는 보편성'을 모색하는 현대 실천철학의 중심인물들이다. 이들은 각기 합리성을 추구하고 있으면서도, 그 합리성이 비판적 합리성(포퍼)이냐, 의사소통적 합리성(하버마스)이냐, 절차적 합리성(롤스)이냐에 따라 미묘한 대립을 보였다. 이 대립의 깊은 내면에는 과학성, 도덕성, 실용성이라는 세 개념이 자리하고 있다. 사실 어느 쪽도 이 세 개념 중 어느 하나를 극대화하지 않음에도 불구하고 서로가 비판을 할 때는 어느 하나를 중시하는 것으로 전제하고 공격을 시도한다. 따라서 이들의 작업도 이 세 개념에 어떻게 임하느냐에 따라 성공 여부가 달려 있다고 볼 수 있을 것이다.

그러나 합리성을 추구하는 포퍼, 하버마스, 롤스나 차이성을 강조하는 포스트모더니스트들이나 하나같이 고려의 대상에서 제외시키고 있는 것이 바로 좋음으로부터 독립되어 있는 옳음 그 자체이다. 이들은 더 이상 좋음이 배제된 옳음을 거부한다. 고·중세적 의미에서의 금욕주의나 칸트적 의미에서의 의무주의는 더 이상 고려의 대상이 되지 못했다. 당시 우리 실천철학계나 사회윤리학계의 담론에서는 옳음이 그 자체적으로 논의되는 것이 공허한 논리나 극단적 규범주의에 빠져 있는 복고적인 무용함으로 규정되었으며, 따라서 형이상학적 마력에 빠져 있는 것으로 간주되었다. 그러므로 이들은 하나같이 '형이상학 없는 정의'관을 세우고자 하였다. 이들에게는 의무를 위한 의무는 노예의 도덕으로 규정되었다. 선 자체나 형이상학 자체가 괄호 속에 처리되는 현대사회에서 최대 도덕론은 봉건시대의 유물로 처리되며, 최소 도덕론은 시민사회의 지혜로운 삶의 방안으로 정립되고 있다. 따라서 현대 실천철학은 큰 도덕보다는 작은 도덕을 선호하고 있으며, 의무나 책임 중심적 담론 체계보다는 권리 중심적 담론 체계가 중심을 이루고 있다.

그러나 전통의 가치를 중시하는 로베르트 슈패만Robert Spaemann, 한스 게오르크 가다머Hans-Georg Gadamer, 한스 요나스Hans Jonas 등은 이런 신합리주의 계열의 실천철학은 사실 인간끼리 추구되는 합리성으로서 존재 자체와의 근원적 관계를 지니지 못하며, 그로 인하여 한계를 지니고 있다고 본다. 즉 이들은 형이상학이 없는 합리성의 추구는 한계가 있기 마련이라고 규정한다. 그러므로 이들은 존재의 우위성에 바탕을 두고 주체의 자율성을 논하는 전통적 가치를 현대사회에 새롭게 활성화시키고자 한다.

따라서 이들은 오히려 모더니스트와 포스트모더니스트 모두가 잘못된 길을 가고 있다고 여긴다. 그러므로 오늘날 전개되고 있는 실천철학적 논쟁에 대한 좀더 포괄적이고 총체적인 평가가 이루어지기 위해서는 전통과의 대결 상황을 다시 반성하지 않으면 안 된다. 그러나 유감스럽게도 우리 학계에서 진행되고 있는 실천철학의 논쟁은 전통과의 대결을 철저하고도 충분하게 분석해내지 않거나 못하고 있다.

3 20세기 후반 이후 한국 실천철학의 과제와 전망

이상의 간략한 개요에서 보듯이, 1990년대 한국 실천철학은 사회를 계급적으로 이해하며 특정 변혁 주체를 상정하는 것을 거부하고, 시민들이 관심을 가지고 있는 복지 담론으로 옮겨 왔다. 중산층이 확대되고 계급적 적대감이 완화된 사회일수록 마르크스주의적 접근보다는 신합리주의자들(롤스, 포퍼, 하버마스)이나 포스트모더니스트들의 접근법이 주축을 이루게 되는 것은 자연스러운 일일 것이다. 그러나 이런 추세는 서구적 상황에서나

가능한 것이지 우리 사회에서도 동일하게 가능한 것은 아니었다. 비록 우리 사회에도 1987년 6월 민주항쟁 이후 도시 중산층을 중심으로 하는 새로운 변혁 주체가 출현하였지만, 여전히 노동자를 중심으로 하는 민중 집단의 불만이 강하게 내재되어 있었다. 더군다나 금융 대환란을 겪은 이후 구조 조정으로 인해 중산층이 약화되면서, 상부구조와 하부구조 사이의 대립은 더욱더 심화되었다. 그래서 또다시 사회를 계급적으로 바라보고 또 그 모순을 투쟁 논리 속에서 극복하려고 하는 노동운동, 민중운동이 잔존하고 있었다.

또 당시 우리 사회는 서구의 경우와는 달리 여전히 전근대적 요소를 안고 있었다. 즉 혈연, 지연, 학연 등 연고주의가 우리의 삶 속에 강하게 자리하고 있었다. 이로 인해 사적 영역과 공적 영역 사이의 경계가 여전히 불확실하였으며, 차별과 대립 역시 깊게 자리하고 있었다. 게다가 우리 사회는 서구와 달리 여전히 분단 체제 속에 놓여 있다. 북한은 주체사상이라는 이념 아래 봉건적 파시즘을 여전히 지속하고 있고, 남한은 자유민주주의적 이념 아래서 시장의 힘의 논리를 가속화시키고 있다. 북한은 여전히 억압받는 민중과 수령 체제 아래 독특한 민족주의로 무장하고 있으며, 남한은 근대화, 산업화 과정에서 정경 결탁을 통해 형성된 부당한 자본가들과 거기에 불만을 가지고 있는 노동자들의 갈등이 세계화라는 이념 아래서 지속하고 있다. 이렇게 두 집단은 너무나 다른 이념과 가치관으로 대치되어 있다.

이상의 관점에 비추어 볼 때, 오늘의 우리 실천철학이 고심해야 할 문제는 서구와는 달리 전근대적 요소와 근대적 요소를 동시에 고려하지 않을 수 없다. 그래서 여기서는 1990년대의 이런 상황을 감안하여, 당시 철학자들이 주장했던 근대성과 탈근대성의 논쟁, 자유주의와 공동체주의 논쟁 등을 기반으로 20세기 후반 이후 한국 실천철학이 해결해야 할 과제에 대해서 다음과 같은 것들을 제시하고자 하며, 아울러 이것들에 대해 나름대로 전망을 제시해보고자 한다.

합리성과 도덕성, 좋음과 옳음

우선 첫째로, 한국 실천철학은 우리 사회의 합리성과 도덕성의 역사, 그리고 이것들이 현재, 그리고 앞으로 지향해야 할 방향에 대해서 고민해보아야 할 것이다. 이것은 비단 우리 사회만의 문제는 아닐 것이다. 이미 앞선 논의에서도 드러났듯이, 더 이상 오늘의 실천철학은 좋음(유용성, 이익)만을 확보하려는 합리성에 근거할 수 없다. 우리는 저 서구의 근대적 합리성이 도덕성이나 옳음보다 좋음을 우선적으로 추구하는 합리주의로 무장함으로써 이성을 도구화시키고, 인간을 일차원적 존재로 전락시켰던 것을 목격하였으며, 또 그들 역시 이런 합리성의 거물로부터 벗어나기 위해 자신들의 이성을 비판하는 과정을 목격하였다.

그렇다고 과도한 도덕주의적 관점에서 좋음을 추구하는 합리성의 문화를 비인간적이라고 일방적으로 매도해서는 안 될 것이다. 사실 유가적 전통을 가지고 있는 우리 사회 역시 이런 일면이 없지 않았다. 자고로 유가에 군자의 덕목은 옳음이라는 도덕적 가치를 추구하는 데 있다. 우리의 전통 사회 역시 사농공상士農工商 체계 아래서, 나아가 동도서기東道西器라는 구도 아래서, 좋음을 추구하는 실리주의 내지는 합리주의보다는 도덕주의에 치중함으로써 자주적인 근대화를 놓치고, 결국에는 일본의 식민지가 되는 뼈아픈 결과를 낳기도 하였다. 그동안 우리 사회는 실용성, 합리성을 도덕성에 예속시킴으로써 정치·경제·사회·문화 전반에 걸쳐 지속되어온 부당한 권위주의 문화를 제대로 청산하지 못했었다.[68]

그러나 다른 한편 오늘의 우리 상황은 서구 정신의 잘못된 영향과 더불어 옳음 그 자체의 가치 추구보다는 좋음(유용성)을 비합리적으로 모색하는 천민적인 상황이 발생하고 있기도 하였다.[69] 어쩌면 우리 사회는 서구 사회보다 훨씬 더 강렬하게 옳음보다 좋음을 추구하는 경향을 보이고 있다고 해도 과언이 아닐 것이다.[70] 이 점과 관련하여 이승환은 다음과 같이 주장하고 있다.

> 자유주의·공동체주의 논의가 벌어지고 있는 서구의 과잉 자유주의 상황은 우리가 처한 상황과 거리가 멀다. 우리의 경우는 '소속되지 않은 자아'가 문제가 아니라 '함부로 엉겨 붙은 자아'가 문제이며, 좋음에 우선하는 '옳음'의 공소성이 문제가 아니라, '옳음'에 의한 절차적 합의도 없이 국민들을 '다 같이 좋음'이라는 구호 아래 일사불란한 전시 병영 체제로 몰아온 것이 문제다.[71]

우리는 그 추구 방식에 있어서도 공정한 합리성에 근거하기보다는 비합리적인 인맥주의에 바탕을 두고 은밀하게 이루어지는 경우가 많으며, 절차의 합리성이나 순수성보다 결과주의에 몰입하는 면도 여전히 강하게 나타나고 있다. 특히 박정희 정권 아래 추구된 좋음을 극대화시킨다는 근대화 논리[72]는 서구적 실용주의가 지니고 있는 자유주의적 합리성은 뒤로 한

---

68 이와 같은 권위주의 문화는 참여정부에 이르러서야 상당 부분 격파되기 시작하였다. 마침내 얼마 전에 출범한 이명박 정부는 실용정부를 제창하고 나왔다.
69 이정전, 「시장의 원리가 세상을 지배하는 시대」, 한민족철학자대회보(1999. 8. 17~19) 『한민족과 2000년대의 철학』, 297쪽.
70 이 점에 대해서 손호철은 다음과 같이 주장하고 있다. "이제 결과제일주의, 생산력 제일주의의 신화를 벗고 한국의 국가 목표를 새롭게 재조명해 보고 새롭게 설정해야 할 시간이다. '실질적 민주주의(결과)가 중요한 것이지 절차적인 것은 수단에 불과하다'는 논리에 기초한 스탈린주의라는 인간해방의 실험이 거대한 실패로 끝난 소련, 동구의 비극이 우리에게 가르쳐주는 것이 있다면 바로 그것이다."(손호철, 「한국의 국가목표: 반성적 회고」, 이한구 외 지음, 『사회변혁과 철학』, 철학과현실사, 1999, 77쪽)
71 이승환, 「한국에서 자유주의-공동체주의 논의는 적실한가?」, 哲學硏究會 99춘계학술대회보, 『자유주의와 공동체주의』, 1999, 149쪽.

채 개발독재로 이어졌고 그 잔재가 지속해서 우리 사회의 도덕성 발전에 발목을 잡고 있기도 하다.[73]

그러나 다행스럽게도 1990년대 접어들어 우리 사회도 시민운동의 전개와 더불어 이러한 모순 구조를 벗어나려는 맹아들이 자라났다. 1990년대 세계시민운동은 무언가를 정복해서 가지려는 근대적인 '소유적 시민운동'이 아니라 정치권력과 경제 권력의 정당성을 '감시하고 비판하는 시민운동'으로 이어졌다.[74] 이른바 정부를 갖는 운동이 아니라 정부를 감시하는 운동으로 발전되어갔다. 우리의 실천철학자들 역시 이런 운동의 일부에 참여하여 좋음만을 극대화시키려는 신자유주의 물결을 민주적 차원으로 전환시키려고 노력하였다. 이러한 맥락에서 우리 사회 역시 최소 도덕을 추구하는 서구의 신합리주의 모델을 많이 수용하여 창조적으로 적용하기 위한 작업을 모색하는 상황이었다.[75]

그러나 지난 참여정부에서 추진된 '옳음 지향주의'는 우리의 기득권자

---

72 김태길은 이 점과 관련하여 다음과 같이 주장한다. "그러나 '근대화'에 대한 종합적 청사진이 있었던 것은 아니고 오로지 경제성장의 측면에만 관심을 기울인 것이므로, '근대화'의 개념이 국가목표로서 제구실을 했다고 보기는 어렵다."(김태길, 「한국의 장래와 한국인의 선택」, 이한구 외 지음, 『사회변혁과 철학』, 철학과현실사, 1999, 188쪽)
73 손호철은 문민정부나 국민의 정부가 들어선 이후에도 "문민황제", "계몽군주독재"가 저변에서 지속적으로 흐르고 있다고 보며, 이것이 우리 사회의 도덕성 타락에 맞물려 있다고 지적했다(손호철, 앞의 글, 75~79쪽). 이진우는 우리 사회의 국가가 지향해야 할 이념을 경제적 가치에만 맞추지 말고 도덕적 목적이 있어야 한다는 점을 제시하면서 다음과 같이 주장하고 있다. "21세기의 토대가 될 수 있는 새로운 국가이념은 개인들의 자유로운 경쟁을 보장한다는 점에서 자본주의적이며, 자유로운 시장경제가 민주적 가치와 규칙에 의해 자율적으로 통제된다는 점에서 민주주의적이다. '민주적 자본주의'는 민족국가의 시대로부터 세계체제의 시대로 이행해 가는 세기전환기에 국가를 도덕적 질서로 정립할 수 있는 이념적 방향이다."(이진우, 「'민주적 자본주의'와 탈 현대적 국가이념」, 이한구 외 지음, 『사회변혁과 철학』, 철학과현실사, 1999, 87쪽)
74 김용민은 이 점과 관련하여 우리의 시민이 나아가야 할 방향은 개인의 존재감이 공동의 존재감으로 이어져야 함을 역설하고 있다(김용민, 「국가와 시민」, 이한구 외 지음, 『사회변혁과 철학』, 철학과현실사, 1999, 129쪽). 황경식 역시 이런 관점에서 시민운동의 활성화를 강조하고 있다(황경식, 「사회개혁과 시민의식」, 앞의 책, 288쪽 참조).
75 황경식은 이 점과 관련하여 합리적 이기주의의 바탕 위에서 연고주의의 긍정성을 산출해내는 공동체주의로 나아가야 할 것을 역설하고 있다(황경식, 같은 글, 263쪽).

의 현실 논리 앞에서 패배를 맛보아야만 했다. 즉 지난 참여정부는 이 나라 기득권자들이 소유하고 있었던 권력이 옳음의 원칙에 위배되었다는 이름 아래 대대적인 변혁을 가하려고 했다. 하지만 변혁의 대상이 되었던 기존 권력자들은 참여정부가 추진한 다방면의 청산 작업을 자신들에게 가해지는 이념의 폭력으로 단정하였다. 따라서 정계, 재계, 언론계 등 다양한 영역에서 기득권자들은 '옳음 순결주의'에 대한 지속된 반발과 비판을 가하였다. 이들 비판의 핵심은 '옳음 순결주의' 안에 또 하나의 권력과 욕망이 도사리고 있다는 점이었다. 이 양 세력 사이의 갈등과 대립으로 인해 기득권자뿐만 아니라 소외 계층들도 지난 참여정부를 외면하게 되었다. 기득권자와 참여정부의 갈등은 서민들의 삶을 더욱더 어렵게 만들었으며, 급기야 '옳음 지향주의'는 무력한 상태를 넘어 풍자와 환멸의 대상이 되고 말았다.

그래서 참여정부 이후 새롭게 등장한 정부는 이런 한국 현실의 정서를 철저하게 파고들어 '좋음 지향주의'를 표방하는 실용정부를 내세우게 되었다. 실용정부는 이념의 시대가 끝났음을 선포하고, 곳곳에 실용을 강조하고 있는 실정이다. 대통령 취임 연설문에서도 기업, 경제, 실용이라는 단어를 모두 30회나 사용할 만큼 현 정부는 '실용'에 최고의 가치를 부여하며, 이 실용에 근거하여 '선진화'를 추구하고자 한다. 그리고 국민들 역시 이념적 대결보다는 경제적 실용성에 최우선적 가치를 부여하고 있다. 과거 같으면 정치적 공론장에 진입하는 자에게 강한 도덕적 수준을 요구하였지만, 이번 대통령 선거에서는 도덕적 옳음보다는 경제적 좋음에 우선성을 부여하는 분위기가 강하게 표출되었다. 마치 중세의 강한 도덕주의 아래 부패한 권력을 비판했던 근대 자유주의자들처럼, 이후 유럽 복지국가의 관료주의와 무능함을 새롭게 돌파할 것을 요구한 신자유주의자들처럼, 지금 우리 사회는 옳음보다는 좋음에 더 경도되어 있는 현실이다.

그래서 우리 사회의 시민운동에 한동안 중요한 이론적 기반이 되기도 했던 하버마스의 의사소통적 합리성도 무력해질 지경이다. 그러나 우리는 과거 서구의 근대 시민혁명이 보여주었듯이, 과도한 좋음 지향주의는 그 자체가 또 하나의 지배 논리가 될 수 있음을 잘 목격하였다. 또 오늘날의 신자유주의가 지나치게 경쟁주의, 실용주의로 기울게 됨으로써 우리의 삶을 총체적으로 불안하게 만들고 있다. 분명 신자유주의가 기존의 고착화된 권력 구조를 깨는 강한 파괴력을 지니고 있기도 하지만, 또 하나의 새로운 권력을 만들고 있다는 점에 대해서 우리는 긴장을 놓쳐서는 안 될 것이다. 새롭게 출범한 실용정부 역시, 과거 참여정부가 과도한 이념주의, '옳음주의'로 위기를 초래하였다면, 과도한 실용주의, '좋음주의'로 인해 위기를 초래할 수도 있을 것이다.

이념과 실용, 옳음과 좋음이 같이 가야지 어느 한쪽이 다른 한쪽을 일방적으로 지배하는 형식이 되어서는 안 될 것이다. 앞으로 21세기 우리의 실천철학은 합리성과 도덕성, 옳음과 좋음의 관계를 우리 상황에 맞게 바르게 정립하여 군자의 도덕성과 시민의 유용성 논리가 조화되도록 해야 할 것이며,[76] 권리의 추구와 의무의 이행이 적합하게 이루어지도록 해야 할 것이다. 남북의 관계 역시 이런 관점에서 접근해야 할 것이다. 남북의 통일 역시 합리성이나 유용성으로만 접근하거나 도덕성으로만 접근해서는 안 될 것이다. 그렇게 되면 서로가 서로를 전략적으로 이용하는 상태가 되어버리거나, 아니면 과도한 명분주의에 빠져 대립만 일삼게 될 것이다.

---

[76] 황경식과 정인재가 공동으로 작업한 「군자와 시민」의 글에서 이들은 군자의 과도한 도덕보다 시민을 바탕으로 한 최소한의 도덕에서 출발할 것을 주장하고 있다(황경식, 정인재, 「군자와 시민」, 哲學硏究會 엮음, 『윤리질서의 융합』, 철학과현실사, 1996, 21~37쪽).

사적 영역과 공적 영역

우리 사회는 아직도 사적 관계와 공적 관계가 매우 불투명하게 전개되는 사회이다. 사실 우리 사회는 정서적 공감대가 지나칠 정도로 강하게 자리하고 있어 사적 관계와 공적 관계를 혼동하거나 심지어 악용하는 경우가 왕왕 있다.[77] 우리 사회의 정치, 경제, 사회, 문화 전반에 걸쳐서 파급되어 있는 연고주의는 공사의 구분을 참으로 어렵게 만든다. 특히 군사정권의 시대가 끝나고 문민의 정부, 국민의 정부가 된 이후에도 여전히 잔존하고 있었던 가신 정치, 보스정치, 그리고 정경 결탁은 그런 상황을 더욱더 악화시켰다.

사적 영역과 공적 영역의 관계를 제대로 정립하기 위해서는, 공적 영역에 관계하는 합리성 및 정의 부분과 사적 영역에 관계하는 정서적 유대 및 의리를 좀더 엄정하게 구별해야 할 것이다.[78] 물론 이 둘 사이가 분리되어야 한다는 주장은 아니다. 사실 우리 사회는 이런 조건을 갖추기가 매우 어려운 상황이다. 적어도 우리 사회는 1987년 6월 민주항쟁이 도래하기까지 서구처럼 시민사회를 자생적으로 확립하지 못했다. 식민지를 경험하고 권

---

[77] 이승환은 이런 맥락에서 우리 사회에 유사 공동체주의가 판을 치고 있다고 비판한다(이승환, 앞의 글, 149쪽 참조; 이승환, 「한국 사회의 규범 문화: 위기, 진단 그리고 처방 ─ '혁신 자유주의적 공동체주의'를 지향하며」, 우리사상연구소 엮음, 『이 땅에서 철학하기』, 솔, 1999, 418쪽 참조).

[78] 박정순은 이 점과 우리 사회의 자유주의 확장을 역설하고 있다. "〈자유주의 대 공동체주의 논쟁〉이 우리 한국 사회와 갖는 현실적 관련성은 자못 심대하다고 아니 할 수 없다. 우리에게는 어쩌면 자유주의적 폐해를 공동체주의적으로 보완해야 하기보다는 오히려 지연, 혈연, 학연이라는 전근대적인 폐쇄적 연고주의와 지역감정과 출세지향주의적 순종주의를 타파하기 위해서도 개개인의 재능과 창조성과 인권이 존중되는 자유주의가 확대되어야 할 것이다. 그리고 우리의 정치문화에는 아직도 사회적 갈등에 대해서 민족과 국가공동체라는 미명을 앞세우면서도 실상은 그것을 전체주의적 억압을 통해서 해결하려는 시도가 잔존하고 있다는 것을 자각하지 않으면 안 될 것이다. 〔……〕 국민들 사이의 의견 수렴과 합리적인 계약적 합의를 통한 해결 가능성을 추구하는 자유민주주의적 정치문화의 정착이 절실히 요청된다고 하겠다."(박정순, 「자유주의 대 공동체주의 논쟁의 방법론의 쟁점」, 哲學硏究會 엮음, 『哲學硏究』 제33집, 1993, 59쪽).

력자로부터 강제된 근대화를 수행하면서 가부장적 정치 형태를 얼마 전까지만 해도 겪어야 했다.[79] 가족의 논리가 사회, 국가에 그대로 적용되는 전근대성이 지속되었다.

진정한 의미에서 가신 정부의 시대를 종식시킨 것으로 생각되었던 지난 참여정부 역시 코드 인사라는 지적을 수없이 받았다. 물론 정부가 추진력을 갖고 일을 해나가기 위해서는 손발이 맞는 사람들과 일을 해야 할 것이다. 그러나 이념적 동지들이 굳게 결합하려고 하다 보면 현실의 복잡한 문제를 잘 해결할 수 있는 객관적 능력을 소유하고 있는 전문가에 대한 고려를 놓치기 십상이다. 이렇게 될 경우 이념이 아무리 고결하다 하더라도 현실 앞에 무력할 수밖에 없는 법이다. 실제로 지난 참여정부가 다양한 욕망을 지니고 있는 사회 구성원들로부터 외면을 당한 것도 이런 면과 결코 무관하지 않다. 다양한 목소리를 통해 비판이 활성화될 때에만 그 사회는 부패하지 않는 법이다.

실용정부가 출현한 지 얼마 되지 않았는데도 불구하고, 벌써 우리 사회를 걱정하는 사람들은 새롭게 출범한 정부의 인사 과정에도 역시 온통 사적인 관계가 공적인 관계로 전환되는 상황이 발생하고 있다고 지적한다. 실용의 정부라면 이념적 동지를 추구하지 않을 것임에도 불구하고 '실용'이라는 이념을 공유하는 새로운 이념적 동지를 구성한다면, 이 역시 위험한 일이 아닐 수 없다. 포퍼의 주장처럼, 우리 사회가 열린사회가 되기 위해서는 비판이 활성화될 수 있는 상황이 확보되어야 할 것이다.

무엇보다 특히, 사적 영역과 공적 영역이 구별되기 위해서는 공론장의 활성화가 매우 시급하다.[80] 모든 정책적 판단이나 결정이 공론장에서 검토

---

79 정운찬, 「경제적 자유의 신장을 위하여」, 이한구 외 지음, 『사회변혁과 철학』, 철학과현실사, 1999, 299쪽 참조.
80 권태준, 「국가목표와 지역환경운동」, 이한구 외 지음, 『사회변혁과 철학』, 철학과현실사, 1999 참조.

받는 시스템의 확보가 제대로 이루어지지 않으면 사적 친밀감이 여전히 공적인 정책을 주도하는 불합리한 상황이 발생하게 될 것이다. 하버마스의 주장처럼 생활세계가 체계에 의해서 식민화되는 것을 막기 위해서는 생활세계의 주체들이 체계의 권력 구조를 부단히 감시하는 기능이 발전되어야 할 것이다. 그러기 위해서는 일차적으로 생활세계 자체가 건전해야 할 것이다. 이것이 가능하지 않다면 체계에 대한 감시는커녕 오히려 그 세력에 말려들거나 야합하는 형태가 등장하게 될 것이기 때문이다.

따라서 우리 사회 역시 앞으로는 생활세계를 건전하게 발전시키고 이를 기반으로 체계를 감시할 수 있는 공론장의 활성화를 이루어내야 할 것이다. 특히 우리 사회는 사적인 의리가 공적인 정의보다 우선하는 정서적 경향이 강하기 때문에 우리 모두가 의리가 정의를 잠식하지 않도록 훈련받는 것이 중요하다.[81] 이것은 그냥 되는 것이 아니라 시민들이 스스로 시민 교육 프로그램을 개발하고 그것을 통하여 부단히 실천하는 운동을 수행함으로써만 가능할 수 있을 것이다.

차별과 정의

사실 우리 사회는 비판의 문화보다는 권위주의 문화가 더 강하게 자리하고

---

[81] 물론 정의가 절대적이고 의리가 완전히 배제되는 것도 바람직한 것은 아니다. 사적인 생활세계에서는 의리가 인간의 정을 길러내는 데 중요한 역할을 한다. 그래서 이승환과 김형철이 공동으로 작업한 「의리와 정의」라는 논문에는 이들 사이의 관계를 다음과 같이 제시하고 있다. "가장 바람직한 것은 사회 구성원 전체가 정의의 실현을 위하여 상호간의 의리를 지키는 것이고, 상호 의리를 지키는 것이 정의의 원칙에 의해서 규제되면서 상호 조화를 이루는 경우이다. 물론 양자가 불가피하게 충돌할 경우 정의가 의리보다 우선적 위치에 있다고 보는 것이 자유 민주주의 사회를 살고 있는 우리로서 취해야 할 태도겠지만, 그러한 경우는 발생하지 않도록 조정을 하는 것이 사회 전체의 활력을 위해서 대단히 중요하다."(이승환, 김형철, 「의리와 정의」, 哲學研究會 엮음, 『윤리질서의 융합』, 철학과현실사, 1996, 95~96쪽)

있어서, 차이가 차별로, 비판이 비난으로 이어지는 경향이 강하였다. 이것은 그만큼 우리 사회가 합리성이 모색되지 못한 사회임을 의미하는 것이기도 하다. 이로 인해 지역 차별, 성 차별, 학력 차별, 중앙과 지방의 차별 등 이루 말할 수 없이 많은 차별이 발생하였으며, 나아가 공동선도 개인선도 제자리를 잡지 못하고 있다. 이승환은 21세기를 앞둔 벽두에 이 점에 대해서 다음과 같이 주장하였다.

> 우리 사회에서 부조리하고 부정의한 또 다른 측면이 있다면 그것은 바로 지역 차별이다. 한민족이 남북으로 갈린 것도 서러운데, 또다시 그 반쪽이 동과 서로 나뉘어 서로 간에 불신과 반목이 조장되어왔다.[82]

앞서도 언급하였듯이 현대 실천철학은 헤겔의 '동일성과 비동일성의 동일성'이라는 개념을 축으로 한쪽은 동일성 프로그램을 지속시키되 과거처럼 비동일성을 배제하는 동일성이 아니라 비동일성이 담론 과정을 통하여 충분히 고려되는 동일성으로 나아가고자 하였으며(하버마스, 포퍼, 롤스), 반면에 다른 한쪽은 그렇게 하면 결국 동일성의 거물에 다시 포획되어 폭력을 겪게 될 것이라는 관점에서 비동일성을 열어주는 쪽으로 나아가고자 하였다(포스트모더니즘 계열의 철학자들). 그러나 전자의 입장을 따르는 실천철학자들은 후자처럼 차이의 정치학을 확립하게 되면, 즉 차이와 충돌과 분절을 허용하는 것이 진정한 정의라는 관점에서 진리와 정의를 분리시키게 되면 무정부주의의 혼란이 야기될 것이라고 지적하였다. 다시 말해 옳고 그름의 판단 기준을 상실하여 규제 불능의 사회가 되고 만

---

[82] 이승환, 「우리는 이런 지도자를 원한다」, 이한구 외 지음, 『사회변혁과 철학』, 철학과현실사, 1999, 145~146쪽.

다는 것이다.

사실 전자나 후자 모두 나름대로 일리는 있다. 그러나 더 중요한 문제는 차이를 열어주든, 차이를 좁혀 들어가든 그것을 좁히고 열어주는 주체가 그렇게 제대로 할 능력이 있는지, 나아가 그렇게 함에 있어서 정당하게 그렇게 할 수 있는지가 우선적으로 물어져야 할 것이다. 아무리 차이를 열어줘도 그것을 악용하는 자에게는 그것은 곧 자신만의 삶을 추구하는 무간섭주의가 되어버릴 것이며, 아무리 의사소통 과정을 통하여 좁혀줘도 그것을 악용하는 자에게는 곧 타자를 지배하는 간섭주의가 되어버릴 것이다.

우리 사회 역시 이런 고민 위에서 차이의 문제를 접근해가야 할 것이다. 사실 우리 사회는 앞에서도 언급하였듯이 자생적인 시민사회, 공론장의 활성화가 제대로 정립되어 있는 사회가 아니라 여전히 전근대성이 어느 정도 잔존하고 있는 사회이다. 그러므로 쉽게 차이를 여는 것도, 쉽게 차이를 없애는 것도 결국 무정부주의나 전체주의 중 어느 한쪽으로 급속히 쏠려버릴 위험이 내재되어 있다. 가뜩이나 차이가 차별 속에 귀속되어 전근대성이 심하게 자리하고 있는 한국 사회는 서구의 근대성 이후의 패러다임이 아니라 전근대성도 고려하는 패러다임이 필요할 것이다.

따라서 우리 사회는 모든 차이가 자유롭게 열려 있는 시장 논리보다는 변방에 밀려나 있는 주변부의 삶을 보호하는 제도적 장치를 마련해야 할 것이다.[83] 이런 의미에서 20세기 후반에 이르러, 당시 진보적 지식인들은 우리 사회에 할당제 도입, 이른바 지방의 중앙에의 종속화를 막기 위한 인재지역할당제, 여성의 남성에의 종속화를 막기 위한 여성할당제 등이 필요

---

[83] 손호철은 문민정부 시대의 개혁도 여전히 주변부 민중에 대한 고려가 이루어지지 못했음을 다음과 같이 지적하고 있다. "그러나 여기서 주목해야 하는 것은 개혁의 구체적인 성격이다. 개혁이 기본적으로 기득권 세력이라고 불리는 지배블럭의 내부 개혁과 이에 그치지 않고 지배블럭과 민중과의 관계를 정상화시키고 민주화시키는 보다 더 적극적인 의미의 개혁이라는 두 유형이 있다고 할 때 현정권의 개혁은 철저하게 전자에 초점이 맞추어져 있다."(손호철, 앞의 글, 74쪽)

함을 주장하기도 하였다. 그리고 실제로 그 이후 이런 방향에서 다양한 차별 극복의 노력이 이루어졌다. 바로 이와 같은 맥락에서 볼 때, 21세기 한국 실천철학의 중요한 과제는 차이는 열어주되 그것이 차별로 전환되지 않도록 정의의 패러다임을 만들어내는 데 있다고 해도 과언이 아니다.

그러나 불행하게도 지난 국민의 정부, 참여정부를 통해 줄기차게 경제성장과 민주화라는 두 마리 토끼를 함께 붙잡겠다는 꿈은 현실 속에서 성공적인 결실을 얻지 못했다. 특히 참여정부의 경우, 사회복지 시스템의 강화, 지방분권 정책의 강화 등 다양한 정책을 통해 우리 사회의 차별을 극복하고자 하였지만, 그 결과는 오히려 차별이 더 심화되는 양상으로 나타났다. 새롭게 출범한 현 정부도 실용과 자율을 통하여 차별을 좁히려고 하고 있지만, 벌써 지방에서는 차별이 더 심화된다는 우려를 표출하고 있다. 현 정부의 정책 노선에 비판적인 사람들은 수도권 규제 완화, 대학의 자율화, 시장의 기능 확대 등을 통하여 생산성을 증대시킴으로써 약자의 처우 개선을 하려는 전략이 오히려 기득권자를 더 강화시키는 것이 아닌가 하는 우려를 표명하고 있다. 정말이지 지금 우리에게는 차이가 차별로 전환되는 악순환을 극복하고 차이 속에서 정의가 구현되는 새로운 사회를 만드는 것이 너무나 시급한 상황이다.

나아가 21세기 한국 실천철학은 단순히 인간 내부의 차별 구조만 고민하는 것이 아니라 인간과 자연의 차별이 낳고 있는 환경문제도 실천철학의 범주 안에서 다루어야 할 것이다. 따라서 근자에 많은 실천철학자들이 고민하듯이 녹색 정치, 몸의 정치와 관련된 담론을 다루어야 할 것이다. 왜냐하면 사회 환경은 자연환경과 상호 유기적인 관계를 지니고 있기 때문이다. 이런 의미에서 21세기 한국의 실천철학은 이념 논쟁 못지않게 문화 논쟁에 참여하여 차이가 차별로 전환되는 허위 공식을 비판하고 개혁하는 모델들을 개발해내야 할 것이다. 그 모델은 연대성의 원리와 보조성의 원리를 지향하는 형식이 되어야 할 것이다. 지나치게 이기주의로 파편화되어가는 사회의 문제를 극복하기 위해서는 공동체 의식을 마련하는 연대성의 원리를 확립하는 것이 매우 중요하며, 나아가 중앙 권력이 주변부를 일방적으로 지배하는 관계가 아니라 주변이 중앙을 감시하고 견제하는, 그래서 중앙이 주변을 보조하는 보조성의 원리를 조속히 마련해야 할 것이다. 한국 사회의 지방자치제는 이런 기능을 제대로 수행하고 있지 못하다.

나아가 국제적으로 주변으로 밀려나 있는 약소국들이 연대하여 세계시민 연대를 형성함으로써 강대국이 신자유주의라는 이름 아래 전개하고 있는 신제국주의 논리를 견제해야 할 것이다. 그것은 내부의 모순을 감시하는 시민운동의 차원을 넘어 세계시민운동으로 이어져야 할 것이다.[84] 1990년대 후반에 주장된 이와 같은 내용은 지금 이 시점에서도 여전히 주시해야 할 가치를 담고 있다.

4 통일을 향한 21세기 한국 실천철학

나아가 21세기 한국 실천철학은 이런 관점에서 남북의 통일 문제를 접근해야 할 것이다. 분명히 앞선 논의 과정에서 드러났듯이, 북한은 남한과 차이를 가지고 있는 집단이다. 그러나 우리는 그 차이를 지나치게 극대화하여 우열 논쟁으로 전환시켜 차별을 확산시켜서는 안 될 것이다. 그리고 북을 단순히 남의 변방이나 주변인 것처럼 바라보아서도 안 될 것이다.[85]

---

[84] 한 발레리 씨르게이비치는 이 점과 관련하여 다음과 같이 주장한다. "민족, 종교, 지역 및 또 다른 역사 문화적 범위 내에서의 제한된 인종 중심주의적 인식들은 이제 '세계시민'이라는 인식으로 점차 변화되고 있고, 오늘날 우리가 살고 있는 이 지구는 '인간'의 집으로 변하고 있으며, 인류는 완전한 공동체이자 **다양성 속의 일치성**으로 변모되고 있다."(한 발레리 씨르게이비치, 「재외 한인 동포들의 다양성 및 일치성에 관한 문제」, 한민족철학자대회보(1999. 8. 17~19), 『한민족과 2000년대의 철학』, 239쪽)

한국 현대사 100년은 갈등과 대립의 소용돌이 속에서 진행되었다고 해도 과언이 아니다. 그동안 소련과 중국의 사회주의 지배 아래 있었던 북한의 사회주의와 미국과 일본의 자본주의 지배 아래 있었던 남한의 자본주의 사이에는 서로 접합 점을 찾을 수 없을 만큼 대립과 긴장의 연속이었다. 이런 상황 속에서 북한은 자주 노선을 확립하면서 내부적 모순을 해결하지 않은 채 권력을 지속하고자 주체사상으로 묶여 있으며, 남한은 신자유주의라는 세계화의 물결 속에 살아남기 위해서 자본주의의 경쟁 논리에 묶여 있다.[86] 서로가 세계의 힘의 논리 아래서 자존하기 위해 몸부림을 치고 있다.

　그동안 남한과 북한의 실천철학은 냉전 논리로 일관해왔으며, 지금도 그 틀을 완전히 벗어나지는 못하고 있다. 북쪽은 관념론과 유물론의 도식 아래 남쪽의 철학을 관념론 철학으로 규정하고, 나아가 이를 반동 철학으로 단정하고 있다. 반면에 우리는 북한의 주체철학을 김일성 수령론에 바탕을 두고 있는 봉건적 파시즘의 형태를 띤 이데올로기에 불과하다고 단정하고 있다. 즉 우리는 북한에는 철학이 없다고 단정하고 있는 것이다.

　이제 남북이 통일되는 새로운 실천철학이 가능하기 위해서는 서로의 철학을 자신들의 입장에서만 단정하지 말고 좀더 상대편의 상황을 고려하여 개방적인 태도로 임해야 할 것이다. 사실 그동안 북한의 실천철학이나 남한의 실천철학 모두 철학 본래의 사명인 보편성과 특수성의 종합을 제대로 이루어내지 못했다. 북한의 실천철학은 자신의 특수성 속에 자리하고

85　이 점과 관련하여 김용환은 다음과 같이 주장하고 있다. "반공 교육을 중심에 놓거나 남한 체제의 우월성을 강조하는 기존의 통일 교육은 수정되어야 한다. 〔……〕 관용 교육은 그 중심 내용이 되어야 한다." "관용 교육은 남과 북이 각각 상대방에 대해 가지고 있는 두려움과 미움의 감정을 완화하도록 만들어 준다."(김용환, 「통일로 가는 다섯 가지 길」, 大韓哲學會 엮음, 『哲學硏究』 第60輯, 1997, 359쪽)

86　정운찬은 우리의 세계화와 관련하여 다음과 같이 비판한다. "지금과 같은 도농간, 기업간, 계층간의 불균형 구조로는 개방의 파도에 맞설 수 없다. 우리 경제가 내실을 기한 연후에 외국과의 경쟁이 가능한 것인데 현재 정부는 대내문제는 접어둔 채 지나치게 우리의 시각을 세계로만 돌리고자 한다."(정운찬, 앞의 글, 301쪽)

있는 김일성 주체사상을 보편화시키려고 함으로써 철학 본래의 정신인 비판성을 놓치고 있었으며, 남한의 실천철학은 서구의 보편성 담론을 우리 상황에 자의적이든 타의적이든 적절하지 못하게 적용함으로써 실천철학적 이론과 현실이 부조화를 일으키는 경우가 많았다.

북한은 마르크스주의라는 서구의 이론을 자신의 땅에 새롭게 정초하려고 한 점에서 자생 담론의 길을 열어놓았지만, 그것이 철학 본래의 비판 정신에 입각해서 이루어지기보다는 내부 권력의 문제를 정당화하기 위한 이데올로기적 차원에 머물렀다는 점에서 실천철학의 바람직한 발전의 방향을 모색하지 못했다. 반면에 남한은 북한에 비해서 비교적 다양한 서구의 실천철학적 담론을 수용해서 이들 사이에 서로 경쟁을 벌일 수 있도록 개방하였지만, 여전히 수입학이나 시비학의 정도에 머물러 있었지 창조학의 길을 열어놓지 못했다. 물론 남한의 실천철학은 전통 철학에 대한 연구를 통하여 창조학을 마련해보려고 노력하였다. 그렇지만 우리의 실천철학은 우리의 전통 사상을 실천철학적 담론 안에 충분히 수용하여 재창조하는 차원에까지는 이르지 못했다.[87] 그러니까 우리의 실천철학은 서구의 실천철학을 통하여 우리의 현실을 진단하고 규정하는 경향이 강하여서 전통과의 단절이 여전히 심하게 자리하고 있다.[88]

따라서 앞으로의 실천철학은 비록 북한처럼 계급주의나 유물론적 관점에서 전통 철학을 고찰해서는 안 되겠지만, 적어도 전통을 현대 속에 부단히 연계시켜 서구의 실천철학적 담론을 재정립해야 할 것이다.[89] 왜냐하

---

[87] 그래서 소홍렬은 우리 철학의 활로의 모색과 서구적 보수주의에 대항하여 동양의 진보주의로 새로운 철학을 모색해야 한다고 주장하고 있다. "우리의 안방까지 외인부대의 사창굴로 만들어버린 것이나 다름없다. 문화적 긍지나 민족적 자존심도 상업주의의 홍수에 다 휩쓸려 가버린 것이다."(소홍렬, 앞의 글, 12쪽) "우리에게 필요한 것은 문화열 같은 논쟁이다. 이념적 방향을 모색하는 철학적 작업이다. 상업주의를 극복할 문화주의를, 이기주의를 극복할 집산주의를, 기회주의를 극복할 본질주의를, 그리고 기능주의를 극복할 인간주의를 이념적으로 정립하는 일이다. 〔……〕 서양의 현대를 계승하면서도 동양의 현대를 새롭게 형성해갈 진보주의적 이념으로 이끌어가야 한다."(소홍렬, 같은 글, 13쪽)

면 실천철학은 사회를 대상으로 사회 속에 존재하는 모든 갈등을 바람직하게 정립하여 정의를 확립하는 것이 주목적인데, 바로 그 대상으로 삼고 있는 사회는 죽어서 고정되어 있는 대상이 아니라 이미 과거의 전통 속에서 자라난 역사성을 지닌 존재이기 때문이다. 현존 우리 사회의 정의를 확립하기 위한 실천철학적 활동은 과거를 망각한 채 확립될 수 있는 것이 아니다. 바로 이 점을 소홀히 하고 서구 실천철학 이론을 수용한 점이 한국 실천철학의 문제점이라고 보아야 할 것이다.

이제 남북이 통일되는 21세기 미래의 과제가 우리 앞에 거부할 수 없는 사실로 다가와 있다. 우리가 남북 서로에게 고통을 주지 않는 통일이 가능하기 위해서는 서로의 내부 모순을 비판하는 과정을 반드시 거쳐야 할 것이다.[90] 자신의 치부를 도려내는 작업 없이 타자와 결합하려고 하는 것은 곧 타자를 무모하게 배척하거나 아니면 타자를 가혹하게 정복하려는 결과를 산출하고 말 것이다. 이제 남한과 북한의 실천철학은 각자 그들이 바라

---

[88] 최종덕은 이 점과 관련하여 다음과 같이 주장하고 있다. "일본 제국주의 시대 일본 취향의 학문을 배운 사람들과 1960년대 이후 서구에서 공부하고 돌아온 사람들의 반성 없는 학문은 결과적으로 우리의 문제보다는 그들의 정신적 고향에 기여했을 뿐이다. 서구의 학문이 동양의 학문을 연구하고 동양의 엑기스를 뽑아 가는 동안 우리는 전통을 버리고 오로지 서구의 학문을 여과 없이 설명하고 혹은 가위질 편집에 여념이 없었다."(최종덕,「조동일:『우리 학문의 길』, 지식산업사, 1993」, 한국철학사상연구회 엮음, 『시대와 철학』 제7호, 동녘, 1993, 272쪽)

[89] 이런 맥락에서 이승환은 우리 유교의 공동체주의와 서구의 자유주의의 장점을 결합시킨 '혁신 자유주의적 공동체주의'라는 개념을 정립해보려고 노력하고 있다(이승환,「한국 사회의 규범 문화: 위기, 진단 그리고 처방 – '혁신 자유주의적 공동체주의'를 지향하며」, 앞의 책, 423쪽). 김수중과 남경희가 공동으로 작업한「대동 사회와 유토피아」에서도 유교적 가족주의의 단점은 폐기시키고 장점은 수용해야 한다고 주장하고 있다. "유교적 가족주의에 의해 희생되는 개인의 권리에서 그것에 의해 살려지는 개인의 삶에로 우리의 시선을 돌릴 이유는 충분하다."(김수중, 남경희,「대동 사회와 유토피아」, 哲學硏究會 엮음, 『윤리질서의 융합』, 철학과현실사, 1996, 184쪽)

[90] 한승완은 사회철학의 비판정신과 관련하여 다음과 같이 주장하고 있다. "〔……〕 이러한 반성으로서의 사회철학은 기존 질서, 이 질서가 정치, 경제, 사회, 문화의 그 어떤 분야에서 작동하든 간에 인간의 자유와 자기실현을 저해한다면, 이에 대한 '비판'이자 '저항'이어야 한다. 동시에 사회철학은 보다 인본적인 사회에 대한 '유토피아'를 지녀야 할 것이다. 이 저항과 유토피아는 인류 전체가 인간답게 살 수 있어야 한다는 '인본주의'를 기반으로 서로 밀접히 연관되어 있다."(한승완,「나와 사회철학」, 사회와 철학 연구회 대회보(1997. 2. 22),『한국 사회철학의 현황과 전망』, 별지 2쪽)

본 사회에 대한 고찰과 이론 정립이 정말 비판적 정신 위에서 확립되었는지를 돌아다보아야 할 것이며, 나아가 우리들의 전통을 이어서 주체성을 마련하고 있는지를 반성해야 할 것이다. 우리의 실천철학은 세계의 각 나라들이 공유할 수 있는 이론을 정립해야 할 것이며, 나아가 우리만의 고유한 삶의 양식이 있다면 그것을 담아낼 수 있는 이론이 되도록 구성해가야 할 것이다.[91] 가장 어렵게 여겨지는 남북의 정치·경제적 통일이 아무리 쉽게 이루어진다고 하더라도, 정신의 이질감에서 발생하는 대립과 차별의 무서움은 쉽게 극복되는 것이 아니다. 20세기 끝자락까지 한국 실천철학의 흐름을 개략적으로나마 살펴본 결과에 비추어 본다면, 이제 남북의 철학자들도 철학 본래의 비판 정신으로 되돌아와 21세기 한국 철학의 방향을 고민하고 논의하는 공론장을 마련해야 할 것이다.

---

[91] 이 점과 관련하여 임혁백과 한승완은 '시민적 민족주의'를 제창하고 있다. "내부적으로는 동질적이고 대외적으로 배타적인 종족적 민족주의의 복원이 아니라 내부적으로 다양성 속의 통일이라는 다원주의와 대외적으로 민족 간의 공존을 지향하는 국제평화주의를 특징으로 하는 '시민적 민족주의'를 건설하여야 한다."(한승완, 「통일 민족국가 형성을 위한 시론」, 제13회 한국철학자연합대회보(2000. 11. 24~25), 『21세기를 향한 철학의 화두』, 186쪽) "물론 통일 민족국가는 그것의 민족국가적 형태를 결국 포기하지 않을 것이다. 그러나 그것은 폐쇄적 경계를 개방하고 국제사회에 적극 참여·협력함으로써 '내포적 주권'을 증대시키고 다중심의 복합적 정체성을 기반으로 한 민족이자 국가일 것이다." (한승완, 같은 글, 187~188쪽)

2장

시민사회론의 형성과 전개[*]

앞 장에서는 1990년대 이후 우리 사회의 서양 실천철학 수용 양상을 포스트마르크스주의, 신합리주의, 포스트모더니즘을 중심으로 다루어보았다. 이제까지는 주로 우리 철학자들이 서구의 실천철학을 수용하여 우리 현실에 이를 적용하려고 했던 상황과 이 상황이 산출한 문제점을 분석하는 데 집중하였다. 그러나 앞으로는 이러한 관점보다는 우리의 현실 문제를 서구의 이론과 관련지어 분석해보는 데 집중하고자 한다. 그래서 이 장에서는 우리 사회에 1987년 6월 민주항쟁 이후 활발하게 전개된 시민사회론과 관련하여 분석해보고자 한다. 사실 우리 사회가 서구의 시민사회처럼 성숙된 시민사회인가에 대해서 논란이 많으며, 우리의 근대화가 서구의 근대화와 달랐기 때문에 서구의 시민사회론을 그대로 수용해서는 안 된다는 문제 제

[*] 이 글은 「'사회'의 의미와 위상에 대한 반성적 고찰: 시민사회를 중심으로」라는 제목으로 한국철학회의 『현대문화와 철학의 새지평』(철학과현실사, 2005)에 실린 글을 일부 수정·보완하여 재수록한 것임.

기도 많았다. 이 장에서는 이런 점을 의식하면서 우리 사회의 시민사회론이 어디로 나아가야 하며, 나아가 세계 상황과 연관하여 우리의 시민사회가 어떠해야 하는가를 분석해보고자 한다.

흔히 우리는 인간을 '사회적 동물'이라고 한다. 사실 인간은 홀로 살아가는 존재가 아니라 타인과 더불어 일정한 집단을 이루고 살아가는 존재이다. 이렇게 인간이 집단을 이루고 살아가는 상황이 자신들의 자연적 본성에서 비롯된 것인지 아니면 자신들의 노력에 의해서 인위적으로 형성된 것인지, 여기에 대해서 분명한 답을 내리기는 쉽지 않은 것 같다. 다만 한 가지 분명한 사실은 인류가 그동안 일정한 집단을 이루고 살아왔으며, 이 집단 속에서 서로 함께 살아갈 수 있는 관습 체계나 도덕적·법적 규범 체계를 확립하고, 이를 통하여 다양한 가치를 추구해왔다는 사실이다.

그런데 인간이 이렇게 일정한 집단을 이루고 사는 것이 그저 살아남기 위한 생물학적 사실로만 이해된다면 우리는 인간의 이러한 사태에 대해서 굳이 철학적으로 반성해볼 필요가 없을 것이다. 적어도 우리 인간은 그동안 일정한 질서 체계를 기반으로 생존의 목적 외에도 다양한 가치와 의미를 추구해왔다. 그러므로 인간의 집단은 그저 짐승 떼나 가축 무리처럼 이해되고 분석될 수 있는 것이 아니다.[1] 따라서 인간이 집단을 이루고 살아가는 존재라는 것을 의미하기 위해 사용하는 '사회적 동물'이라는 개념도 결코 생물학적 탐구 방법으로만 이해될 수 있는 것이 아니다. 동물은 동물이되 '사회성'을 지닌 동물이라는 인간에 대한 논의와 관련하여 관형어로 동반되는 '사회적'이라는 말도 일정한 가치 체계와 연관하여 논의되어야 할 것이다.[2]

---

1 Angus Ross, "The Concept of Society", in Edward Craig(ed.), *Encyclopedia of Philosophy*, Vol. 8, New York: Routledge, 1998, pp. 886~887.

그렇지만 '사회'라는 말은 너무나 광범위하고 다양하게 사용된다. 원래 '사회'라는 말은 "일군一群의 사람들이 공통된 목적을 위하여 서로 자유로운 주체로 대등한 입장에서 모여 공동의 행동에 참가하는(단결, 결사) 사태를 나타낸다."[3] 그렇지만 이 주장도 매우 추상적이고 다의적인 의미를 지닌다. 왜냐하면 이 경우 '일군'一群이라는 것도 어느 정도 크기의 무리인지 애매하며, 공통된 '목적'이 어떤 목적을 구체적으로 의미하는지도 한정하기가 쉽지 않기 때문이다. 그래서 우리말 국어사전에도 '사회'라는 용어는 "①촌민이 사일社日[4]에 모이던 모임. ②같은 무리끼리 모여 이루는 집단. ③세상. ④서로 협력하여 공동생활을 하는 인류의 집단. 온갖 형태의 인간의 집단적 생활. ⑤어느 특정한 발전 단계를 이룬 집단" 등을 의미하는 것으로 매우 다양하게 기록되어 있다.[5] 이처럼 '사회'라는 말은 역사적으로 존재했던 모든 사회 구성체에 적용되는 매우 추상적이고 일반적인 사태를 가리키기도 하고, 가족이나 지역·직장의 집단과 같은 구체적인 집단이나 국가와 같은 전체 집단을 가리키기도 하며, 또 역사적으로 전개된 봉건사회, 자본주의사회처럼 사회발전단계의 관점에서 이해된 특정 집단을 가리키기도 한다.[6] 나아가 이 '사회'라는 말은 근대 이후 자유와 평등과 박애를 신봉한 시민 계층에 의하여 추진된 시민사회를 일컫기도 하며, 국가 및 일

---

2 "사실 가치체계와 사회는 같은 말이다."(Richard L. Means, *The Ethical Imperative*, Anchor Books, Garden City, New York: Doubleday & Co., 1970, p. 31)
3 『원색세계대백과사전』, 한국교육문화사, 1994, 247쪽. "이와 비슷한 용례는 중국의 고전 『근사록(近思錄)』(1176)의 '향민위사회위립과조(鄕民爲社會爲立科條)'라는 문구에서 볼 수 있다. 여기서 뜻하는 사회란 토지의 신을 제사지내기 위하여 모인 사람들, 곧 지역집단을 가리키는 말"이다(같은 책, 247쪽).
4 사일(社日)은 '입춘 후 다섯 번째 무일(戊日)과 입추 후 다섯 번째의 무일로, 사직신(社稷神), 즉 토지신(土地神)과 곡신(穀神)에게 제사를 지내는 날'을 의미한다(東亞出版社 編輯局 엮음, 『동아 새漢韓辭典』, 東亞出版社, 1991, 1357쪽).
5 이희승, 『民衆엣센스國語辭典』, 民衆書林, 1994, 1111~1112쪽. 사회라는 것은 '공동생활을 영위하는 인간의 집단'이라는 의미를 지니지만, 이 공동생활에도 "공간적 규모나 시간적인 지속성 그리고 공동생활을 영위하는 집단의 규모나 성질에 따라 사회의 형태는 다양하다."(정치학대사전 편찬위원회 엮음, 『21세기 정치학대사전』 상권, Academy-Research, 2002, 1180쪽)

정 지역의 한계를 넘어 세계적 규모로 확대된 세계시민사회를 가리키기도 한다.

그런데 여기서는 이렇게 폭 넓은 '사회'라는 개념을 총체적으로 다루는 데 목적을 두고 있지 않으며, 다만 오늘날 현대사회와 우리 한국 사회에 지대한 특징으로 등장하고 있는 '시민사회'라는 개념에 중점을 두고 '사회'의 의미를 다루어보고자 한다. 사실 좁은 의미의 '시민사회'라는 개념은 근대의 산물이기는 하지만, 사회의 구성 주체인 '시민'이라는 개념은 고대 시대부터 존재하였으며,[7] 이 '시민'이라는 개념의 변천사와 맞물려 사회도 변해왔다.[8] 그러므로 좀더 넓은 의미에서의 '시민사회'에 대한 분석은 동시에 사회의 변천 과정과 위상에 대한 분석을 가능하게 해주는 효율적인 접근법이 될 수 있을 것이다.

따라서 여기서는 '사회'의 의미와 위상을 '시민사회'의 변천사를 통해서 다루어보고자 하며, 나아가 이 과정을 좀더 구체적으로 다루기 위해서 시민사회를 국가와 연계하여 분석해보고자 한다. 또 여기서는 이런 분석이 단순히 개념적 논의에 머물지 않고 오늘의 현대사회와 우리 사회가 나아가야 할 방향에 일정 정도 기여할 수 있게 하고자 한다. 이를 위해서 필자는 이 부분을 한국 사회의 전개 과정 및 현대사회의 흐름과 연관을 지어 다루고자 하며, 나아가 우리의 사상가들이 이 부분과 관련하여 주장한 내용들에 비추어서 논의하려고 한다.

---

6 한편 '사회'라는 말은 좁게는 "인간의 문화생활에서 정치·경제적 영역을 제외한 영역에 대해서 쓰지만, 넓게는 인간의 공동생활에서 비롯하는 모든 관계들에 사용할 수 있는 말이 되었다."(백종현,「현대 한국에서 자유의 사회철학적 문제」, 대동철학회 엮음,『대동철학』제24집, 2004년 2월, 220쪽)

7 Otto Brunner, Werner Conze, Reinhart Koselleck, *Geschichtliche Grundbegriffe*, Bd. 1, Bd. 2, Bd. 5, Stuttgart: Klett-Cotta, 1992, pp. 672~673. 그리스어 '$\pi o \lambda \iota \tau \eta \varsigma$'(polites), 라틴어 'civis'는 고대 도시국가($\pi o \lambda \iota \varsigma$, civitas)의 모델에서 그 원형을 찾을 수 있다.

8 더군다나 오늘날 '사회'라는 개념이 중요한 의미를 지니게 된 것은 서유럽의 근대 경험에 등장하는 '시민사회'라는 개념과 깊은 연관을 지니고 있다(Brunner, Conze, Koselleck, *Ibid.*, p. 1180).

1 '사회'의 의미와 변천 과정

사실 '사회'社會라는 말은 서양 언어(societas, society, société, Gesellschaft)에 기원을 두고 있다. 이들 서양 언어는 모두 '결합한다'는 의미를 지니고 있는 것으로, 이것들이 송宋 대에는 '사회'社會로 번역되기도 하였으며, 청淸 대에는 '군'羣으로 옮겨지기도 하였다.[9] 그러나 오늘날 우리가 사용하고 있는 이 '사회'社會라는 말은 일본으로부터 수입된 것으로 추정된다.[10] 아무튼 한 가지 분명한 사실은 이 '사회'라는 용어가 서양에서 왔다는 사실이다. 그리고 서양 언어에서 '사회'를 의미하는 라틴어 '소시에타스'societas라는 용어도 원래 고대 그리스의 철학자 아리스토텔레스의 정치철학에서 사용되는 용어와 연관되어 있다.

익히 알다시피 아리스토텔레스는 "인간은 본성상 정치적 동물이다"[11]라고 규정하였는데, 이때 '정치적 동물'zoon politikon이라는 용어는 인간이 폴리스 안에서 살아가야 하는 존재임을 의미하는 것이며,[12] 이것은 동시에 인간이 언어를 통하여 선과 악, 정의와 불의를 고민하는 존재임을 의미하는 것이기도 하다.[13] 그러나 아리스토텔레스는 폴리스 안에 존재하는 모든 인간에게 선과 정의를 고민하는 정치적인 공적 논의에 참여할 수 있는 권한을 부여하지 않았다. 그는 의식주를 해결하는 활동, 즉 경제활동에 참여

---

9 정인흥 외 엮음, 『政治學大辭典』, 박영사, 1994, 760쪽.
10 강영안, 「한국철학과 언어의 문제」, 한국철학회 1999년 춘계학술대회보, 『한국 현대철학 100년의 쟁점과 과제』, 1999년 6월, 261쪽.
11 Aristoteles, Politica I, in J. A. Smith & W. D. Ross(eds.), The Works of Aristotle, Vol. X, Oxford: Clarendon Press, 1966.
12 "그러나 사회 안에서 살아갈 수 없는 존재나 사회를 전혀 필요로 하지 않는 존재는 혼자의 힘으로 충분히 살아가는 존재이기 때문에 그는 짐승이 아니면 신임에 틀림없다. 그런 존재는 폴리스의 구성원이 결코 아니다."(Aristoteles, Ibid., 1253ª 28~31)
13 Aristoteles, Ibid., 1253ª 8~10.

하는 자들을 '가정'oikos이라는 사적 영역에 머물게 했으며, 시민에게만 '정치적 공동체'koinonia politike인 '국가'polis에 참여할 수 있게 하였다.[14] 그러므로 그에게는 '정치적 공동체=시민사회=국가'라는 등식이 성립된다.[15] 자유롭고 평등한 시민이 주체가 되어 선과 정의를 실현하기 위해서 구성된 공동체인 시민사회만이 진정한 사회가 된다. 이처럼 고대사회에서는 정치적 활동과 경제적 활동, 공적 영역과 사적 영역이 완전히 분리되어 있었다.[16]

이와 같은 현상은 키케로를 거쳐 토마스 아퀴나스에게로 이어졌다. 아리스토텔레스의 '정치적 공동체'koinonia politike를 키케로는 '시민사회'societas civilis, '시민 공동체'communitas civilis로, 토마스 아퀴나스는 '정치적 공동체'societas politica, '공공 사회'societas publica, '시민사회'societas civilis로 옮겨놓았다.[17] 물론 고대 그리스 시대에서 로마 시대를 거쳐[18] 중세를 넘어오는 과정에 경제적 활동에 참여하는 자들이 정치적 영역에 점진적으로 참여하게 됨으로써 정치적 활동 공동체로서의 시민사회의 성격이 변화하는 측면이 존재하였다. 다시 말하면 고대의 폴리스와는 달리 중세에는 상인의 이주지인 성벽 바깥의 성곽도시burgus에 거주하는 주민burgensis이 새로운 정치권력으로 등장함으로써,[19] 이들은 신국civitas dei의 지상국civitas terrena

---

14 Aristoteles, Ibid., 1252ª 8~23, 1252ᵇ 13~14, 1253ª 1~4.
15 Brunner, Conze, Koselleck, op. cit., Bd. 2, p. 720; Manfred Riedel, "Gesellschaft bürgerliche", in J. Ritter(Hrsg.), Historisches Wörterbuch der Philosophie, Bd. 3, Basel/Stuttgart: Schwabe & Co., 1974, p. 456.
16 W. G. Runciman, Social Science and Political Theory, Cambridge: Cambridge University Press, 1965, p. 25. 그러나 김선욱 교수의 지적처럼 당시 사회가 실제로 이렇게 완전히 분리되어 있지 않았다는 지적도 있다. 일부 학자들은 아테네 시민들이 일하지 않았다는 것을 부인한다(George H. Sabine, A History of Political Theory, New York: Henry Holt, 1956 참조). 기원전 7세기경에 평민 가운데 부유한 상공업 계급이 대두하였고, 이들의 정치적 발언권이 강화되었다. 그리고 솔로몬 개혁 시절에 400인회에는 중산층의 참여가 허용되었다.
17 Brunner, Conze, Koselleck, op. cit., pp. 726~727.
18 로마가 왕정에서 공화정으로 넘어오면서 평민(Plebs) 세력의 힘이 증대되어 평민회(Concilium Plebis), 호민관(tribuns), 12표법 등을 거치면서 귀족(Partricus)과 대등하게 되는 과정으로 나아가면서 시민의 계층이 변동하게 되었다.

에 대한 지배를 벗어나 세속권을 확장하고자 하였으며, 근대 시민혁명 이후 부르주아 시민사회를 형성하는 주체가 되었다.[20] 시민사회의 주체들이 고대 그리스·로마 시대의 지주들로부터 중세의 상인들로 대체되어가는 현상이 점차적으로 확산되었다. 따라서 공적 담론의 활동과 관계되는 '정치적'politikon이라는 말도 특정한 목적을 달성하기 위해 형성된 '사회'societas라는 말에 점차 귀속되어갔다.[21]

그러나 그렇다고 해서 시민사회와 국가가 별개가 되는 것은 아니었다. 여전히 이 둘은 동일시되었다. 사회를 이루는 구성원들은 자신의 자유와 권리를 공동선에 우선하도록 설정하지 못했다. 하지만 근대사회, 즉 17세기, 18세기에 이르면서 개인의 자유와 권리가 우선적으로 고려되면서 공동선은 부차적인 것이 되어갔다. 시민사회나 국가라는 것도 이제는 개인의 '자기보존'conatus essendi의 논리로부터 파생적으로 정립되었다. 자신의 권리와 자유를 더 중시하는 근대의 시민은 자신들의 욕구를 좀더 합법적으로 확보하기 위해서 자발적인 승인 내지는 동의의 방법에 입각하여 계약을 하며, 나아가 이 계약이 실현되도록 스스로를 강제하는 질서 체계로서 법을 확립하였다. 바로 이 법적 상태로서의 시민사회가 곧 국가 성립의 근원이 되었다.[22] 시민사회 내부의 욕구 체계로부터 국가가 정립되는 근대적 상황

---

19 Görres-Gesellschaft(Hrsg.), *Staatslexikon*, Bd. 1, Freiburg: Herder, 1957~1963, p. 306.
20 Charles Taylor, *Philosophical Arguments*, Cambridge: Harvard University Press, 1995, pp. 210~211.
21 그래서 아퀴나스 역시 "인간은 본성적으로 정치적, 즉 사회적이다."(homo est naturaliter politicus, id est, socialis.)라고 주장하였다. 이미 이 무렵에 사적인 영역에 속하는 경제가 공적인 차원에 등장하기 시작하였다(Brunner, Conze, Kosellek, *op. cit.*, Bd. 1, pp. 676~678). 물론 토마스 아퀴나스는 공동선을 추구하는 '공적 사회'(societas publica)와 그렇지 못한 '사적 사회'(societas privata)를 구분하고 전자의 사회를 정치적 공동체로 보려고 하였다.
22 홉스에게는 법의 체계가 마련된 상태가 바로 시민사회(civil society)이자 국가(city)이다(Thomas Hobbes, *Philosophical Rudiments Concerning Government and Society*, in William Molesworth(ed.), The English Works of Thomas Hobbes, Vol. 2, Cambridge: Harvard University Press, 1995, p. 69). "입법을 위하여 통일된 시민사회(societas civilis)의 구성원들은, 즉 국가(Staat)의 구성원들은 **시민**(Staatsbürger, cives)이라고 불러진다."(Immanuel Kant, *Metaphysik der Sitten*, in W. Weischedel(Hrsg.), Kant Werke Bd. 7, Darmstadt: Wissenschatliche Buchgesellschaft, 1983, §46)

은 정치가 경제에 예속되는 상황으로 이어졌다. 근대의 정치는 노동과 사적 소유에 기반을 두고 있었다. 따라서 근대는 정치를 경제로부터 철저히 분리시킨 고대를 뒤집어놓았다.

근대 이전에는 정치가 사적 욕구의 장으로부터 독립하여 공동선과 정의 추구를 목적으로 삼았으며, 따라서 여기에서는 공적 영역과 사적 영역이 엄격히 구별되었다. 반면에 근대에 와서는 정치가 사적 욕구를 합리적으로 추구하는 것을 목적으로 삼았으며, 따라서 여기에서는 이들 두 영역 사이의 경계가 흐려지게 되었다. 전자에서는 도덕성이나 정당성이 사회를 움직이는 더 중요한 힘이었다면, 후자에서는 합리성이나 실용성이 사회를 움직이는 더 중요한 힘이 되었다. 정치의 도덕화로부터 정치의 합리화로 이어진 것이다.

이런 대립적 양상에는 각기 장단점이 내장되어 있다. 전자의 경우는 정치가 욕구의 장으로 빨려 들어가는 것을 차단하는 효과를 지니는 반면에, 인간의 생존 조건에 참여하는 노동을 경시하는 결과를 낳았다. 이렇게 됨으로써 '호모사피엔스'만이 인간으로서 정치적 활동을 누릴 수 있게 되고, '호모라보란스'homo laborans(노동하는 인간)나 '호모파베르'는 공적 무대에서 박탈된 사적privatus 공간에 갇히게 되었다. 사실 공동선을 주장했던 아리스토텔레스, 토마스 아퀴나스도 노예제를 인정하였다. 다른 한편 후자의 경우는 정치가 개인의 자기보존과 합리적 삶을 가능하도록 해주는 역할을 하는 반면에, 인간의 삶의 행위를 노동 행위나 작업 행위로 전락시키는 결과를 낳았다. 이렇게 됨으로써 과학 기술과 자본이 우리의 삶을 총체적으로 억압하는 결과를 낳았다. 사실 고대의 정치가 지주들이 농노들을 희생시킴으로써 이루어졌다면, 근대의 정치는 부르주아지들이 자본을 소유하지 못한 프롤레타리아트를 희생시킴으로써 이루어졌다.[23] 그 어느 쪽도 정치의 생명인 다원성을 제대로 살려내지 못했다.

이런 문제의식은 헤겔에게 잘 나타나 있다. 이미 헤겔 이전에 몽테스키외가 '시민사회'l'état civil와 '국가'l'état politique를 구분하고, 시민사회를 비정치의 영역으로 규정하였지만, 헤겔은 한 걸음 더 나아가 자기보존을 근거로 하고 있는 시민들의 계약에 의해서는 국가가 성립될 수 없음을 주장하였다. 그의 이런 주장은 근대적 사회관에 내장되어 있는 도구주의에 대한 비판이자, 동시에 고대적인 정치 공동체의 새로운 정립을 목적으로 하고 있었다. 그는 노동 분업과 시장을 매개로 하여 이루어진 근대의 독특한 현상인 시민사회와 관련하여 국가를 이것으로부터 분리시키고자 하였다. 그의 이와 같은 태도는 18세기까지 지속된 정치 공동체(시민사회)와 국가를 동일시하는 패러다임[24]으로부터 완전히 벗어나는 입장이었다. 그에 의하면 이 시민사회는 주관적인 자유와 권리를 통해서 서로 간에 사적 욕구를 쟁취하려는 투쟁의 장인 오성 국가Verstandsstaat에 불과하다.[25] 따라서 시민사회는 사실상 '자연 상태의 잔여'이다.[26]

헤겔은, 한편으로는 이런 시민사회를 개인의 존재 의미를 부각시키고, 자유의 기본적 요소인 사적 소유를 가능하게 했다는 점에서 긍정적으로 보기도 하였지만, 다른 한편으로는 그 안에서 발생하는 빈부의 격차와 사회적 갈등을 자체적으로 해결할 수 없다는 점에서 부정적으로 보았다. 그래

---

23 아렌트는 사적인 영역이 사회적인 영역으로 전환되는 것을 부동산이 동산으로 변형되는 것으로 보고 있다(Hannah Arendt, *The Human Condition*, Chicago & London: The University of Chicago Press, 1973, p. 69. 한나 아렌트, 『인간의 조건』, 이진우, 태정호 옮김, 한길사, 1996, 123쪽).
24 Jean L. Cohen, "Civil Society", in Edward Craig(ed.), *Encyclopedia of Philosophy*, Vol. 8, New York: Routledge, 1998, p. 369; Krishan Kumar, "Civil Soiciety: An Inquiry into the Usefulness of Hitorical Term", *British Journal of Sociology*, 44: 3, 1993, p. 376; John Keane, "Despotism and Democracy", in John Keane(ed.), *Civil Society and State: New European Perspectives*, London: Verso, 1988a, pp. 35~36.
25 Georg Wilhelm Friedrich Hegel, *Grundlinien der Philosophie des Rechts*, in Hegel Werke Bd. 7, Frankfurt a.M.: Suhrkamp, 1986, §188.
26 Hegel, *Ibid.*, §200.

서 그는 고대의 정치적 공동체와 관련되어 있는 폴리스 개념으로부터 경찰행정Polizei을, 중세의 조합guild으로부터 직업단체Korporation를 비판적으로 수용하여, 이를 바탕으로 고전적인 정치적 공동체를 새롭게 세우려고 하였다.[27] 이른바 그는 경찰행정을 통하여 사회의 외적 질서를 마련하고, 조합을 통하여 내적 질서를 정립함으로써 복지국가를 마련하려고 하였다. 이런 의미에서 그는 고대에서 배제된 제작 행위poiesis와 근대에서 배제된 폴리스를 변증법적으로 다시 종합하려고 하였다. 이런 그의 국가관에는 우리의 사회를 시장에만 맡길 수 없다는 입장이 담겨 있다.[28]

그러나 마르크스는 시민사회 내부의 문제를 헤겔처럼 극복하려고 하는 데 대해서 반대하였다. 그 역시 헤겔이 시민사회를 "욕구의 체계"System der Bedürfnisse[29]라고 하였듯이, 그것을 "생산력 발전의 특정 단계에서 전체적인 물질적 교섭 또는 개인들"[30]로 이루어진 조직이라고 주장하였다. 이 사회는 이기적인 개인들, 즉 부르주아지로 구성된 사회이다.[31] 그리고 이런 원자적 개인들로 이루어진 사회를 국가를 통해 극복한다는 것은 또 하나의 부르주아 지배 논리라고 보았다. 그는 욕구 투쟁의 장 내에서 사회의 모순이 해결되어야지, 더 높은 도덕적 이상을 지닌 국가를 통하여 이 모순을 해결하는 것을 반대하였다.[32] 그것은 또 하나의 기만이다. 시민사회 내부의

---

27 Andrew Arato, "A Reconstruction of Hegel's Theory of Civil Society", in Drucilla Cornell, Michel Rosenfeld & David Gray Carlson(eds.), *Hegel and Legal Theory*, New York·London: Routledge, 1991, p. 13.
28 나종석, 「헤겔 시민사회론의 현재적 의의에 대한 고찰」, 사회와 철학 연구회 엮음, 『한국사회와 모더니티』, 이학사, 2001, 250쪽.
29 Hegel, *op. cit.*, §188.
30 Karl Marx, Friedrich Engels, "Die Deutsche Ideologie", in Vladmir Adoradskij(ed.), *Karl Marx und Friedrich Engels-Historische-Kritische Gesammtausgabe*, Bd. 1, Berlin, 1932, p. 25.(*앞으로 MEGA로 표기.)
31 MEGA. Bd. 1, p. 3.
32 박구용은 헤겔이 사적 시민(bourgeois)이 어떤 자각을 통해서 공민(citoyen)이 될 수 있는지에 대한 철저한 분석을 하지 못함으로써 시민을 지양의 주체가 아니라 객체로 전락시켰음을 비판한다(박구용, 『우리 안의 타자』, 철학과현실사, 2003, 378쪽).

모순은 자본을 통하여 모순을 고착화시키는 자본가 집단을 노동자가 혁명적 작업을 통해 타도함으로써만 해결 가능하다.

이처럼 헤겔과 마르크스는 시민사회의 모순을 해결하는 방법은 다르지만, 시민사회를 더 이상 국가와 동일시하려고 하지 않았다. 적어도 헤겔에게 국가는 사적인 욕구 주체들의 계약적 결합체인 시민사회와는 달리 '개별적인 자의'와 '보편적이고 객관적인 자유'가 지양된 '인륜적 실체'였다. 그러므로 시민사회는 국가로 이양되어야 하는 과도기 상태였다. 따라서 시민사회는 사적 욕구의 장을 완전히 벗어나지 못한 단계였다. 이러한 시민사회는 부정적인 관점에서 볼 때 타자와의 적대 관계에서 교환 행위가 이루어지는 이익사회Gesellschaft이기도 하며, 공동체의 내적 분해에 의해 남겨진 찌꺼기 대중 집단이기도 하다.[33]

그렇지만 이미 앞에서 언급하였듯이 이 시민사회 안에는 인간의 삶의 부정적 조건만 내장되어 있는 것이 아니다. 이 시민사회 안에는 사적 영역에 갇혀 있었던 노동하는 인간이 자기의 자유를 마련할 수 있는 권리의 토대가 내장되어 있었다.[34] 즉 운명fortuna에 종속되어 있었던 제작 행위의 주체들이 바로 이 시민사회를 통해 자신들의 삶의 조건을 마련할 수 있게 되었다. 이른바 하버마스의 주장처럼 부르주아 공론장의 활성화가 이루어진 것이다.[35] 물론 여기에는 부정적인 점도 존재한다. 그것은 다름 아니라 전

---

33 Ferdinand Tönies, *Community and Association*, trans. C. P. Loomis, London: Routledge, 1955, p. 10; Max Scheler, *Ressentiment*, trans. W. W. Holdheim and ed. with introd. by L. A. Coser, New York: Free Press, 1961, p. 166.
34 아렌트는 이와 관련하여 "사회의 출현은 가계의 활동, 문제 및 조직형태가 가정의 어두운 내부로부터 공론영역의 밝은 곳으로 이전된 것"이라고 보고 있다(Arendt, *op. cit.*, p. 38. 한나 아렌트, 앞의 책, 90쪽).
35 Jürgen Habermas, *Strukturwandel der Öffentlichkeit*, Neuwied und Berlin: Hermann Lutherhand Verlag GmbH, 1971, p. 37, p. 42, pp. 94~95. 위르겐 하버마스, 『공론장의 구조변동』(1962), 한승완 옮김, 나남출판, 2001, 89쪽, 95쪽, 157쪽; Jürgen Habermas, *Faktizität und Geltung*, Frankfurt a.M.: Suhrkamp, 1992, p. 443. 위르겐 하버마스, 『사실성과 타당성』, 한상진, 박영도 옮김, 나남출판, 2000, 440쪽.

근대사회의 '가정경제학'이 이제 '정치경제학'으로 자리 매김 됨으로써,[36] 나아가 우리의 삶의 조건이 생물학적 차원이나 경제학적 차원으로 축소됨으로써 실증주의적 폭력이 확산된다는 데 있다.[37] 다시 말하면 부르주아지의 지배 구조가 확산됨으로써 또 하나의 전체주의가 발생한다는 데 있다. 바로 이 점에서 아렌트는 근대 시민혁명은 또 하나의 제국주의를 잉태시켰다고 보며, 이것을 연대성 없는 사회적 통합인 현대적 전체주의라고 규정하였다.[38] 고대인의 사적인 영역에 대한 지독한 경멸은 자유를 향한 혁명으로 이어졌지만, 그것은 이미 "젖과 꿀이 흐르는 약속의 땅"으로 변해버려 "잃어버린 보배"가 되고 만 것이다. 그러므로 아렌트가 보기에는 사업가가 정치꾼이 되는 근대사회에는 축복과 저주의 논리가 동시에 작동하고 있었다.[39]

이처럼 시민사회에는 인간 개인의 자유와 평등과 관련해서 볼 때 긍정성과 부정성이라는 이중적인 측면이 존재하고 있었다. 아마 칸트도 이와 같은 측면에서 인간을 '사교적인 존재인 동시에 비사교적인 존재'라고 했을 것이다.[40] 사회는 개인의 자유를 보장해주어야 하는 동시에 개인의 안전을 보장해주어야 한다. 전자를 통해서 사회는 혼란을 감당해야 하며, 후자를 통해서 사회는 강제를 감당해야 한다. "사회는 자유의 토대인 동시에 구속의 그물망인 셈이다."[41] 오늘날 시민사회론은 이런 사회의 이중성에 대

---

36 Habermas, *Strukturwandel der Öffentlichkeit*, p. 34. 위르겐 하버마스, 『공론장의 구조변동』, 86쪽.
37 "단지 살기 위해서 상호 의존한다는 사실이 공적인 의미를 획득하고 단순한 생존에 관련된 활동이 공적으로 등장하는 곳이 곧 '사회'이다." (Arendt, *op. cit.*, p. 46. 한나 아렌트, 앞의 책, 99쪽)
38 Hauke Brunkhorst, "Ist die Solidarität der Bürgergesellschaft globalisierbar?", in Hauke Brunkhorst und Matthias Kettner, *Globalisierung und Demokratie*, Frankfurt a.M.: Suhrkamp, 2000, pp. 274~280.
39 Hannah Arendt, *The Origins of Totalitarianism*, New York: Harcourt Brace Yovanowitch, 1951, pp. 138~139.
40 Immanuel Kant, *Idee zu einer allgemeinen Geschichte in weltbürglicher Absicht*, in W. Weischedel(Hrsg.), Kant Werke Bd. 9, Darmstadt: Wissenschatliche Buchgesellschaft, 1983, pp. 38~39.

한 고민으로부터 시민사회의 바람직한 길을 모색하고 있다.

현대 시민사회론은 시민사회를 가정과 국가, 시장과 국가 '사이에' 설정함으로써 우리들의 사회적 삶이 경제적 권력이나 정치적 권력에 일방적으로 종속되는 것을 감시하고 견제하며 비판하고자 한다.[42] 따라서 현대 시민사회론은 시민사회 자체를 근원적으로 부정적인 것으로만 바라보려는 태도를 거부하고 긍정성을 살려내는 관점을 모색하고 있다. 한편에서는 계급과 국가에 묻혀 제 역할을 온전히 다하지 못한 시민사회의 활성화를 주장하는 알렉시스 토크빌Alexis de Tocqueville의 입장이 중시되며, 다른 한편에서는 마르크스주의의 경제 환원론이나 자코뱅주의를 비판하고 극복하고자 하는 관점에서 시민사회를 활성화시키고자 하는 안토니오 그람시Antonio Gramsci나 하버마스의 입장이 중시된다. 특히 우리 사회의 진보적 지식인들은 후자의 입장에 근거하여 시민사회 운동을 활성화하고자 하였다.

토크빌은 마르크스와 마찬가지로 시민사회 내부의 갈등의 심화로, 국가의 간섭이 증대되고 이로 인해 시민사회가 붕괴될까 매우 걱정하였다. 그는 여기에서 새로운 전제 국가가 등장할 수 있기 때문에, 이를 막기 위하여 행정부의 권력을 약화시키기 위한 일환으로 입법부와 사법부의 독립을 강조하고, 다차원적이고 자율적인 시민 조직의 활성화를 강조하였다.[43] 토크빌의 이와 같은 태도는 근대 자유주의자들처럼 국가를 억압의 주체로 보고, 시민의 권리를 긍정적으로 보는 관점에 근거하고 있다. 그러나 이런 입장에는 시민사회 내부의 계급적 갈등을 지나치게 소홀히 하는 측면이 자리하고 있다. 이러한 경향은 시민사회를 지나치게 부정적으로 바라보는 마르

---

41 이진우, 「사회—자유의 토대인가 아니면 구속의 거물인가」, 우리사상연구소 엮음, 『우리말 철학사전 1』, 지식산업사, 2001, 66쪽.
42 페터 파울 뮐러-슈미트, 『정치윤리의 합리적 모색』, 박종대, 김석수 옮김, 민지사, 2000, 167쪽.
43 토크빌(Alexis de Tocqueville), 『미국의 민주주의』(Democracy in America), 박지동 옮김, 한길사, 1983, 263쪽, 510쪽.

크스주의와 대조를 이루는 부분이다.44 마르크스주의자들은 시민사회 내부에 자리하고 있는 갈등을 너무 극단적으로 처리함으로써 오히려 사회의 본래적 생명력인 다원성을 파괴하는 현상을 초래하였다.

그래서 시민사회의 긍정성과 부정성을 새롭게 조화시키려는 입장이 그람시와 하버마스를 통해 제기되었다. 토크빌이 시민사회의 내부적 힘을 활성화하여 부르주아 민주주의를 유지하려고 하였다면, 그람시는 이것을 개혁하고자 하였다. 그람시는 오늘날 우리가 살아가는 시민사회가 단순히 경제 체계나 정치 체계에 환원되지 않는 내용을 지니고 있음을 주장하고 있다. 그는 '국가—시민사회' 내지는 '정치—경제'의 2영역 모델로 우리의 현대사회를 분석하는 것을 반대하며, 오히려 정치와 경제의 잔여 부분에 시민사회가 자리하고 있음을 주장하고자 한다. 잔여 부분으로서의 이 시민사회는 사회의 재생산에 중요한 역할을 수행한다. 그는 '경제—국가(정치사회)—시민사회'의 3영역 구분법에 입각하여 경제는 하부구조에 속하는 것으로, 정치사회로서의 국가와 헤게모니 활동의 장으로서의 시민사회는 상부구조에 속하는 것으로 파악하였다.45 더 이상 그람시는 헤겔이나 마르크스처럼 시민사회를 경제 영역에 가두지 않았다.46 물론 그렇다고 폭력이 아니라 합리적 설득을 중시하는 헤게모니의 장인 시민사회가 경제적 영역을 배제하는 것은 아니다.47 그의 헤게모니론이 정신과 물질의 상호 작용에 바탕을 두고 있듯이, 그의 시민사회론도 상부구조와 하부구조의 상호 작용

---

44 엥겔스도 국가가 시민사회를 조건 짓고 규제하는 것이 아니라 시민사회가 국가를 그렇게 한다고 보았다(F. Engels, *The Origin of the Family, Private Property and the State*, New York: International Publishers, 1968, p. 430).

45 경우에 따라서 그람시는 국가를 '정치사회'뿐만 아니라 '시민사회'를 포함하여 가리키기도 한다 (Antonio Gramsci, *Selections from the Prison Notebooks*, New York: International Publishers, 1971, p. 56, p. 268).

46 그람시의 이와 같은 태도는 시민사회가 제대로 존재하지 못한 러시아보다 시민사회가 활성화되어 있는 서유럽이 국가의 위기를 훨씬 더 잘 지탱하고 있다는 현실 인식에 바탕을 두고 있다(Gramsci, *Ibid.*, p. 238).

에 기초하고 있다. 호모파베르는 호모사피엔스와 불가분의 관계에 놓여 있다.[48] 그렇지만 그의 시민사회는 물질적 생산과정인 경제 영역에 속하지 않으며, 또 국가의 통제나 영향을 받는 영역에도 속하지 않는다. 이 영역은 헤게모니를 둘러싸고 계급 지배 및 투쟁이 이루어는 정치적 영역이자, 시민들의 문화적 생활의 사적 공간이다.[49]

한편 하버마스에게도 이제는 더 이상 시민사회가 경제적 관점이나 정치적 관점에서 접근되지 않는다. 이미 앞에서 누차 밝혔듯이 고대사회가 정치적 집단과 시민사회가 함께했다면, 근대 이후의 사회는 경제적 집단과 시민사회가 함께하는 경향을 강하게 보여주고 있다. 그러나 인간의 삶의 공간인 사회는 사적 활동의 경제적 영역이나 공적 활동의 정치적 영역 어느 하나에 의해서 일방적으로 지배될 수 없다. 그래서 하버마스 역시 크게 공적 영역으로서의 국가와 사적 영역으로서의 시민사회 및 공공 영역을 구분하고, 공공 영역이 국가와 시민사회를 매개하는 것으로 규정하고 있다. 물론 이 공공 영역이 근대의 부르주아계급이 주도하여 이루어진 것으로 보지만, 그렇다고 이 공공 영역이 더 이상 부르주아 집단의 전유물이 될 수는 없다.[50] 이 영역은 국가와 부르주아계급의 갈등을 공개적 토의를 통하여 매개해주는 영역으로서 사회의 구성원 모두에게 열려져 있어야 한다.

---

47 "(……) 비록 헤게모니는 윤리적이고 정치적인 것이지만, 또 그것은 경제적인 것으로서 반드시 경제 활동의 핵심에 위치하는 지도집단의 결정 기능에 기초해야만 한다."(Gramsci, *Ibid.*, p. 161)
48 Gramsci, *Ibid.*, p. 9.
49 그람시는 마르크스처럼 혁명의 특정 계급을 상정하여 계급혁명론에 입각하여 부르주아계급을 타도하는 정도로 주장하지는 않지만, 지도 혹은 계몽의 위치에 있는 지식인들과 대중의 변증법적 통일을 통하여 자본주의적 질서를 유지하는 부르주아 중심의 헤게모니를 해체하고자 한다. 바로 이 점에서 하버마스와 차이가 난다. 하버마스는 기본적으로 시민사회 내부의 부르주아적 사적 소유를 근원적으로 해체하려고 하지 않는다. 하버마스는 헤게모니의 장이 자율적이고 공개적으로 이루어지길 바란다. 그래서 김호기도 그람시와 달리 하버마스 이론은 "시민사회의 계급적 성격을 탈각시키는 반면에 규범적 성격을 부각시킨다"라고 주장한다(김호기, 「그람시적 시민사회론과 비판이론의 시민사회론―한국적 수용을 위한 비판적 탐색」, 유팔무, 김호기 엮음, 『시민사회와 시민운동』, 한울, 1995, 133쪽).

그러나 사실 오늘날 사적 영역에 속해 있는 경제 영역이 점점 독자적인 권력 체계를 지니게 됨으로써 더 이상 기존의 사적 영역과 공적 영역이라고 하는 개념 체계로는 현대사회를 분석하기 어렵게 되었음을 그는 잘 알고 있었다. 즉 그는 현대사회에서 국가로부터 시민사회가 분화되어 나오는 수준을 넘어 시민사회의 내부 분화로 경제가 사회로부터 분화되는 현상을 잘 목격하고 있었다. 그래서 그는 『의사소통행위이론』(1981)에서 경제 체계와 행정 체계로 구성되는 '체계'와 사적 영역(시민사회) 및 공공 영역으로 구성되는 '생활세계'[51]를 구분하였으며, 따라서 시민사회를 경제 영역으로부터 분리시켰다. 그러므로 그의 이러한 구도는 '국가(행정)-경제 체계-시민사회'라는 3영역 모델에 매우 근접해 있다. 그는 시민사회의 역할에 대해서 다음과 같이 주장하고 있다.

오늘날 시민사회라고 불리는 것은 마르크스와 마르크스주의에서 생각하는, 사법적으로 구성되고 노동시장 및 자본시장과 상품시장에 의해서 조정되는 경제를 더 이상 포함하지 않는다. 그 제도적 핵심을 형성하는 것은 오히려 자유의지에 기초하는 비국가적이고 비경제적인 연결망과 자발적인 결사체들이다. 이들을 통하여 공론장의 의사소통 구조가 생활세계의

---

50 하버마스가 공공 영역을 사적 영역인 시민사회로부터 구별한 것은 18세기 이후 출현한 부르주아 공공 영역이 특정 부르주아에게만 허용되어 있었기 때문이다. 실제로 칸트조차도 수동 시민과 능동 시민을 가르고 경제적 자립이 가능한 능동 시민에게만 투표권을 허용하였다(Kant, *Metaphysik der Sitten*, p. 433).
51 이 생활세계는 문화, 사회 통합, 심성으로 이루어져 있으며, 국가와 경제에 매개 짓는 역할을 한다 (Andrew Arato & Jean Cohen, "Civil Society and Social Theory", in Peter Beiharz, Gilliam Robinson & John Rundell(eds.), *Between Totalitarianism and Postmodernity*, Cambridge, Mass: The MIT Press, 1992, p. 131). 생활세계의 사적 영역은 경제 체계에 노동력과 수요를 제공하여 그로부터 임금, 재화, 용역을 제공받으며, 생활세계의 공적 영역은 행정 체계에 세금을 내고 함께 지시를 따름으로써 그로부터 조직적 성과와 정치적 의사 결정을 제공받는다(Jürgen Habermas, *Theorie des kommunikativen Handelns*, Bd. 2, Zur Kritik der funktionalistischen Vernunft, Frankfurt a.M.: Suhrkamp, 1981, pp. 472~473).

구성 요소 중의 하나인 사회 속에 뿌리내리게 된다. 시민사회는 어느 정도 자생적으로 출현한 단체, 조직, 운동들로 이루어지며, 이들은 사회적 문제 상황이 사적 생활사에 불러일으킨 반향을 받아들여 응집시켜 정치적 공론장으로 확대한다.[52]

이처럼 하버마스에게는 시민사회가 공론장의 활성화를 통하여 의사소통적 합리성을 마련함으로써 인간의 경제적, 정치적, 문화적 삶을 형성하는 곳이 된다.[53] 시민사회는 우리들의 사적 생활 영역에서 일어나는 일들을 수렴하여 정치적 공론장에 전달하고, 이를 통하여 정치·경제 체계의 전문가들이 현대사회의 복잡성을 주도하는 부당함에 대해서 비판하고 견제하는 역할을 한다. 따라서 하버마스 역시 더 이상 우리들의 삶의 영역인 사회가 국가주의나 경제주의에 식민화되는 것을 거부한다. 그는 기존의 전통적인 형이상학적 가치나 근대의 목적합리성 내지는 기술적 합리성에 의해서 형성된 형이상학적 전체주의나 실증주의적 전체주의에 내재되어 있는 일방적 지배 구조를 깨뜨리고, 의사소통적 합리성에 입각하여 '과학적 진리성'과 '도덕적·법적 정당성' 및 '예술적 진실성'이 함께 조화를 이룰 수 있는 진정한 모던의 기획을 완수하려고 한다.

이처럼 현대 시민사회론은 사회를 경제적 가치만이 아니라 다양한 가치를 추구하는 집단으로 보고 있다.[54] 따라서 사회의 주체인 시민들의 운동도 노동운동에 국한되지 않고, 환경운동, 평화운동, 여성운동, 청년운동, 인종차별 철폐운동 등 다양한 새로운 운동, 이른바 신사회운동으로 확산되고 있다.[55] 운동의 주체도 특정화되어 있는 것이 아니라 다원화되어 있다. 이

---

52 Habermas, *Faktizität und Geltung*, p. 443. 위르겐 하버마스, 『사실성과 타당성』, 440쪽.
53 윤형식, 「토의민주주의와 시민사회─참여민주주의와 논의이론적 정초」, 사회와 철학 연구회 엮음, 『진보와 보수』, 이학사, 2002, 227~228쪽.

것은 어쩌면 당연한 현상인지도 모른다. 아렌트가 주장한 것처럼 복수성을 허용하지 않는 곳에서는 전체주의가 따르기 마련이다. 물론 이 복수성도 인간 개인들 자신의 존립 기반인 사회를 붕괴시킬 만큼 파괴적이어서는 안 될 것이다. 진정한 복수성은 함께할 수 있는 복수성이어야 할 것이다.[56] 이것이 바로 참여민주주의일 것이다. 오늘날 현대 시민운동은 대의민주주의의 결함을 극복하기 위한 일환으로 참여민주주의를 제창하고 있다. 이런 오늘날의 추세가 가능한 것은 바로 우리에게 네트워크 사회가 도래했기 때문일 것이다.

2 21세기 네트워크 사회와 시민사회

지금 우리가 살고 있는 사회에는 세계화와 더불어 신자유주의 물결이 강하게 밀려들고 있다. 국가 간의 블록이 무너지고, 이질적인 문화들이 급속하게 상호 침투하고 있다. 오늘날의 이 모든 현상은 전자정보 통신망의 발달로 네트워크 사회가 도래했기 때문이다. 사실 현대인은 현실 공간과 시간

---

[54] 물론 아렌트는 하버마스처럼 시민사회 내에서 긍정적인 결과를 얻어내는 데 회의적이다. 그녀는 근대 이후 대두된 사회적 영역은 경제(노동)의 사적인 영역이 정치의 공적인 영역으로 확대된 것으로 보며, 따라서 근대 이후의 시민사회를 헤겔과 마찬가지로 경제적 욕구의 투쟁 장으로 본다. 그렇기 때문에 그녀에게는 사회적 영역은 곧 '거대 가정'이 된다. 그녀는 인간의 삶의 기본 조건인 정치의 부재를 극복하기 위해서 하버마스와는 달리 사회적인 것과 정치적인 것의 통합보다는 구별을 강조한다(김선욱, 「한나 아렌트의 판단이론과 의사소통적 합리성」, 사회와 철학 연구회 엮음, 『한국사회와 모더니티』, 이학사, 2001, 273쪽).
[55] 이병천, 「현존사회주의와의 종언-정치적 실천의 새출발을 위하여」, 『전망』, 1991년 10월, 44~45쪽.
[56] "진정한 다원주의는 서로의 차이를 인정하면서 동시에 서로 함께 살 수 있다는 공동의 유대를 믿는다."(이명현, 「신문명(新文明)과 신문법(新文法)」, 이한구 외 지음, 『사회변혁과 철학』, 철학과현실사, 1999, 236쪽) 한편 이 복수성과 관련하여 아렌트는 사회 구성원들 각자가 개성을 표출하는 데 더 중시하고 있다면, 반면에 하버마스는 합의에 더 주안점을 두고 있다. 그리고 전자는 우리의 공통감에 바탕을 두고 유대를 모색한다면, 후자는 의사소통적 합리성에 바탕을 두고 유대를 모색한다(김선욱, 앞의 글, 273~275쪽).

에서 구체적인 개인을 직접 만나 서로의 세계를 교류하는 것이 아니라, 홀로 가상공간에서 간접적으로 만나 교류를 한다. 점차적으로 가상공간이 현실 공간보다 더 강한 영향력을 행사하고 있으며, 현실 공간의 삶의 내용이 가상공간으로 급속히 전이되고 있다. 가상공간의 사회가 현실 공간의 사회보다 더 현실적이게 된다. "오늘날 사회 구성원들은 매체를 통해 사회화된다."[57] 따라서 오늘날 인간과 사회의 관계를 고려할 때 매체를 통해 꾸려지고 있는 가상공간의 성격에 대해서 논의하지 않을 수 없다.

가상공간에서 형성된 이 네트워크 사회는 다원성이 가장 활성화되어 있는 곳이며, 개인의 자유가 가장 왕성하게 일어나는 곳이다. 그렇지만 이 네트워크 사회도 이중성이 자리하고 있다. 한편으로 이 사회는 기존 사회의 수직적 중앙 집중으로부터 수평적 주변 분산으로 나아가고 있으며, 따라서 기존의 집중화, 중앙집권화, 획일화, 대형화, 관료화로부터 탈집중화, 분권화, 다원화, 소규모화, 탈관료제화로 나아가고 있다. 또 한 개인이 사회에 영향을 줄 수 있을 만큼[58] 시민의 직접적 참여가 일정 시공간을 초월하여 이루어질 수 있게 됨으로써 참여민주주의와 세계시민사회Global Civil Society의 구축이 훨씬 용이하게 되었다. 그러나 다른 한편으로는 정보 편중으로 인한 빈부의 심화와 감시 및 경쟁의 심화로 또 하나의 지배와 분열이 확산될 수 있다. 사이버 공동체에서 살아가는 아바타avata들은 익명성을 바탕으로 복수의 자아를 형성하며, 서로 간에 불확실한 다원성을 잉태시키면서 기만과 혼란을 겪게 만든다.[59] 더군다나 네트워크에서 구성되는 가상 공동체는 자연 공동체가 아니라 이해와 손해의 관심에 근거하여 형성되는 공

---

57 정호근, 「현실과 매체현실: 대중매체의 사회구성」, 김영정 외 지음, 『사회철학대계 4—기술시대와 사회철학』, 민음사, 1998, 181쪽.
58 John Naisbiit & Patricia Aburden, *Megatrends 2000*, New York: William Morrow and Co., 1990, p. 309.
59 권용혁, 『이성과 사회—실천철학』, 철학과현실사, 1998, 290쪽.

동체로서 그 결속의 정도가 매우 느슨하며, 언제든지 사라져버릴 수 있다. 더 이상 울리히 벡Ulrich Beck의 주장처럼 사회 변화의 주체도 특정 계급이 될 수 없다.[60] 개인도 철저하게 자기 안으로 침잠해 들어가 타인을 고려하지 않는 나르시시스트가 될 수 있다.[61] 그래서 심지어 사이버공간은 요란한 소음을 배설하는 슬럼으로서 '현대성의 뒷골목'이 될 수도 있다.[62]

따라서 네트워크 사회는 내부의 발전 과정이 어디로 전개되느냐에 따라 한편으로는 목적합리성을 관철시키는 무서운 전체주의의 본산이 될 수도 있고, 다른 한편으로는 의사소통적 합리성을 이루어내는 공론장이 될 수도 있다. 그러므로 오늘날 네트워크 사회에는 유토피아와 디스토피아가 불확실하게 내장되어 있다.[63] 이처럼 현대사회에는 동질성과 이질성, 통합화와 차별화, 통일화와 조각화가 증대하고 있으며, 사적 영역과 공적 영역의 경계가 허물어지고 있다.[64] 또 국가와 시민사회의 분리가 더욱더 약화되고 있기도 하다.[65] 현대 시민사회의 구성원들은 국가로부터 더욱더 많이 감

---

60 Ahthony Giddens, *Beyond Left and Right*, Polity Press, 1994, p. 250.
61 그래서 그는 성찰적 모더니티를 통해서 더 이상 전통적 사회의 규범 체계에 예속되지도 않고 동시에 '단순 모더니티'의 획일적 체계 아래 종속되지 않으면서 개인적 자율화가 완전히 성취된 개인주의화를 기대한다(Ulrich Beck & Elizabeth Beck-Gernheim, "Individualization and Precarious Freedoms", Paul Heelas, S. Lash & P. Moris(eds.), *Detraditionalization*, Oxford: Blackwell, 1996, pp. 25~26). 물론 벡은 현대사회가 전통 사회를 산업사회로 대체하는 단순 모더니티를 넘어 지식 정보를 개인과 사회에 비판적으로 적용할 수 있는 개인의 내적 능력이 보편적으로 확산되는 '성찰적 모더니티'로 나아가고 있다고 보고 있다(Ulrich Beck, "The Reinvention of Politics: Towards a Theory of Reflexive Modernization", Anthony Giddens, Ulrich Beck & Scott Lash, *Reflexive Modernization: Politics, Tradition and Aesthetics in the Modern Social Order*, Cambridge: Polity, 1994, p. 52). 그러나 테일러는 현대사회는 자신의 삶을 선택하는 것이 허용되는 사회이면서도 동시에 자기중심적인 세대와 자기도취가 만연해 있는 사회라고 본다(Charles Taylor, *The Ethics of Authenticity*, Harvard, 1992, pp. 1~12).
62 한정수, 「96 가을, 비트(bit)로 문학하기」, 『버전업』, 1996년 가을, 22쪽.
63 전자의 입장을 취하는 사람들이 앨빈 토플러(Alvin Toffler), 하워드 라인골드(Howard Rheingold), 존 나이스비트(John Naisbitt), 니컬러스 네그로폰테(Nicholas Negroponte), 마크 포스터(Mark Poster)라면, 후자의 입장을 취하는 사람은 시어도어 로작(Theodore Roszak), 자크 엘룰(Jacques Ellul), 오스카 갠디(Oscar Gandy), 허베르투스 부크타인(Herbertus Buchtein) 등이다.
64 반다이크(Jan van Dijk), 『네트워크 사회』, 배현석 옮김, 커뮤니케이션북스, 2002, 238쪽.
65 김재현, 「정보사회론과 하버마스의 공론영역」, 김영정 외 지음, 『사회철학대계 4—기술시대와 사회철학』, 민음사, 1998, 219쪽.

시당할 수도 있으며, 역으로 국가를 훨씬 더 강력하게 견제할 수도 있다. 즉 현대 네트워크 사회에는 체계에 의한 생활세계의 식민화가 심화될 수도 있고 생활세계의 체계에 대한 비판이 활성화될 수도 있다.

그러나 인간이 사회적 동물로서 사회 속에 자리하게 될 때 인간은 스스로를 억압하고 파멸시키는 길을 원치 않을 것이다. 따라서 우리의 시민사회는 우리의 사회가 현실 사회로부터 네트워크 사회로 넘어간다고 하더라도 여전히 정치 체계와 경제 체계가 우리의 생활세계를 식민화하려는 현상에 대해서 저항 지대로 남아 있고, 또 남아 있어야 할 것이다. 즉 의사소통적 이성이 가상 공동체에서도 여전히 작동하며, 또 작동해야 할 것이다.[66] 하버마스가 주장하는 공론장이 체계와 생활세계를 상호 소통시키는 쌍방향의 역할을 해야 하듯이, 네트워크 사회에서도 역시 전체주의를 낳을 수 있는 기업의 일방적인 정보 증대나 국가의 일방적인 감시 체제의 강화에[67] 대해서 공론장이 쌍방향 소통 체계로 역할을 해야 할 것이다.[68] 이렇게 될 때에만 신자유주의 물결과 더불어 확산되고 있는 세계화가 곧 미국의 평화 Pax Americana를 위한 것이 되지 않을 것이다. 네트워크 사회의 특징은 현실 공간과 시간을 뛰어넘을 수 있는 장점을 지니고 있다는 점이며, 따라서 이런 장점은 국가 간의 장벽을 쉽게 무너뜨리게 해준다. 그러므로 네트워크 사회의 공론장 활성화는 바람직한 세계시민사회의 건설에 매우 중요한 기반이 된다. 사실 광장agora의 본산이어야 할 사이버공간이 화폐와 권력에 자리를 내주게 될 때 사이버파시즘(도둑자본주의, Räuberkapitalismus)[69]을 극복할 방법이 없다. 이제 미래 시민사회는 현실 공간의 공론장 활성화뿐만 아

---

66 김재현, 같은 글, 222쪽.
67 David Lyon, *The Information Society: Issues and Illusions*, Polity Press, 1988, p. 93.
68 권용혁, 앞의 책, 301쪽.
69 Brunkhorst, *op. cit.*, p. 285.

니라 사이버공간의 공론장 활성화에도 노력을 경주해야 할 것이다.

3 시민사회 담론과 한국 사회

이상에서 보았듯이 '사회'(시민사회)의 의미와 그 위상은 시대와 상황에 따라서 다양한 형태로 전개되어왔다. 서구의 역사에서 18세기까지는 대체로 시민사회가 정치 공동체 내지는 국가와 동일시되었다면, 그 이후에는, 특히 헤겔과 마르크스 시대에는 이 둘 사이가 분리되어 시민사회가 철저하게 사적 욕망의 장에 속하였다. 그리고 현대 그람시, 하버마스로 이어지면서 시민사회는 국가와 시장을 매개하고 감시하며, 공론장을 형성하는 영역으로 나아가고 있다. 이제 시민사회는 정치·경제 체계의 지배 구조로부터 비판적 거리를 두고 공론장을 활성화하는 생활세계에 근거를 두어야 한다. 그러므로 시민사회는 목적합리성이 아니라 의사소통적 합리성에 바탕을 둔 것이어야 한다.[70]

이와 같은 면에서 볼 때, 서구의 시민사회 역시 국가와 관계 속에서 그 자체가 국가가 되기도 하고, 또 그와 결별하여 저항 지대로 자리하기도 하였다. 그러나 서구의 근대 이후 본격적으로 형성된 시민사회, 오늘날 우리가 일반적으로 시민사회라고 하는 것에는 인간의 자유와 평등 및 박애의 정신이 강하게 자리하고 있었으며, 이와 같은 사회는 '위로부터 개혁'을 통해 형성된 것이 아니라 '밑으로부터의 혁명'을 통해 능동적으로 형성되었다. 이런 점에서 서구 시민사회의 발전사는 그들의 민주주의 발전사와 맥

---

[70] 그러나 하버마스는 20세기 후반에 와서 국가의 사회화나 사회의 국가화가 진행되면서 공론장이 약화되는 것을 비판하고 있다(Habermas, *Strukturwandel der Öffentlichkeit*, p. 235, p. 266. 위르겐 하버마스, 『공론장의 구조변동』, 313쪽, 346쪽).

을 같이한다. 그들의 시민사회는 국가주의와 맞서 싸웠으며, 자본주의를 추구하면서 동시에 여기에 대해서 견제하고자 하였다.

그러면 서구에서 근대 이후 본격적으로 등장한 시민사회와 비교할 때 우리의 시민사회는 어떠한가? 아시아 지역에 속해 있는 우리나라는 일본과 마찬가지로 권위주의적이고 중앙집권적인 국가 전통이 강한 상태 아래 자본주의가 전개된 사회로서 시민사회의 발달이 국가의 개입과 위계적인 사회질서로 인하여 많이 억제되었다.[71] 우리의 시민사회의 성장은 국가권력과의 투쟁을 통해 이루어졌다. 식민지를 겪고 5·16군사쿠데타와 한국전쟁을 겪으면서 우리는 '강한 국가―약한 자본주의―약한 사회'라는 구조 속에 놓여 있었으며, 따라서 국가의 억압에 저항하는 주체 역시 서구의 근대 시민사회에서처럼 부르주아지가 아니라 민주화 운동을 한 학생 집단이나 지식인 및 정치인들이었다. 우리의 부르주아지들은 자생적으로 만들어지지 못했으며, '바깥에서 안으로, 위에서 아래로 외세 의존적인 국가권력의 지도 아래서' 일방적으로 만들어졌다.[72] 특히 박정희 군사정권 이후 지속된 경제개발 위주의 압축 근대화는 개인의 욕망들이 인정투쟁을 벌이는 것이 열려져 있는 시민사회보다는 국가를 더 중시하였다. 이로 인하여 우리 사회의 자유를 갈망하는 자들은 헤겔의 국가보다는 마르크스의 반국가주의를 더 선호하였다. 그러니까 시민사회를 부르주아사회로 규정하는 마르크스주의 입장에서 국가와 부르주아사회 모두를 공격 대상으로 삼는 민중 담론이 1970~1980년대에 지배적인 담론이 되었다. 따라서 이 당시에는 국가와 민중 사이에 갈등이 심화되어 있었다.

그러나 1987년 6월 민주항쟁의 승리와 1980년대 말부터 사회주의권과

---

[71] 신광영, 「시민사회 개념과 시민사회 형성」, 유팔무, 김호기 엮음, 앞의 책, 112쪽.
[72] 유팔무, 「한국의 시민사회론과 시민사회 분석을 위한 개념틀의 모색」, 유팔무, 김호기 엮음, 앞의 책, 255쪽.

외교 관계를 맺기 시작하면서 우리 사회는 도시 중산층의 이익을 대변하는 시민운동의 활성화로 이어졌다.[73] 1989년 경제정의실천시민연합을 필두로 환경운동연합, 참여연대 등 다양한 시민운동 단체들이 등장하면서 계급혁명론의 관점에서 접근되었던 민중 담론은 약화되고, 도시 중산층을 기반으로 하는 시민 담론이 활성화되었다. 그러나 다른 한편에서는 이러한 일련의 흐름을 민중운동의 개량화라는 점에서 비판적으로 바라보면서, 마르크스주의 이론의 긍정성을 여전히 지속시키려는 입장이 있었다. 그리고 이와는 반대로 이제는 세상이 달라진 만큼 사회 구성원들의 다양한 욕구를 충족시킬 수 있는 새로운 사회 이론이 요구된다는 관점에서, 신합리주의, 포스트마르크스주의, 포스트모더니즘의 이론 체계를 통하여 새로운 사회운동으로 나아가야 한다는 입장도 강하게 대두되었다.[74]

하지만 한 가지 분명한 사실은 1990년대 이후 오늘의 사회에 이르기까지 우리 사회에서는 계급적 관점에서 접근하는 민중운동이 점차적으로 약화되고, 다양한 계층과 집단이 자신들의 이해관계에 따라 결집하여 합법적으로 부당한 억압과 지배에 저항하는 시민운동이 확산되고 있다는 점이다.[75] 그리고 이들의 운동이 한국 사회의 정치·경제·문화 영역에 엄청난 변화를 몰고 왔다는 점 또한 분명한 사실이다. 이런 시대적 흐름과 관련하

---

73 물론 시민운동이 이런 방향으로 나아가야 한다는 주장은 아니다. 사실 오늘날 시민운동은 환경운동, 생명운동, 여성운동 등 다양한 형태로 전개되면서 주변부를 돌보는 형태를 모색하고 있다.
74 여기에 대한 자세한 논의는 김석수, 「통일시대 한국 사회철학의 과제와 전망―포스트마르크스주의, 신합리주의, 포스트모더니즘을 중심으로」(철학아카데미 엮음, 『철학의 21세기』, 소명출판, 2002), 141~191쪽 참조. 또 김세균, 「시민사회론의 이데올로기적 함의 비판」(유팔무, 김호기 엮음, 『시민사회와 시민운동』, 한울, 1995), 179쪽 참조. 김세균은 1987년 6월 이후 우리 사회의 시민운동이 '자유주의적, 부르주아 민주주의 개혁론'과 '포스트적 개혁론'으로 전개되었다고 보고 있다. 한편 정태석·김호기·유팔무는 우리 사회의 시민사회론은 포스트 마르크스주의적-다원주의적 흐름, 그람시적 흐름, 자유주의적 흐름, 전통 마르크스주의적 흐름으로 전개되었다고 보고 있다(정태석, 김호기, 유팔무, 「한국의 시민사회와 민주주의의 전망」, 유팔무, 김호기 엮음, 같은 책, 268쪽).
75 권용혁, 「하버마스와 한국」, 이진우 엮음, 『하버마스의 비판적 사회이론』, 문예출판사, 1996, 287쪽.

여 1990년대 우리의 시민사회론 역시 지식인 집단에서는 그람시나 하버마스의 이론에 집중되었다. 이와 같은 현상은 어쩌면 당연한 것일 수도 있다. 왜냐하면 도시 중산층을 중심으로 형성된 우리의 1980년대 후반의 시민들은 더 이상 민중혁명론이나 계급투쟁론에 매력을 느끼지 못했기 때문이다. 사실 서구 사회에서도 서유럽의 복지사회가 안고 있는 복지관료주의화와 중동부 유럽의 사회주의가 몰락한 당시의 현실에서는 더 이상 기존의 마르크스주의가 실천력을 지니기 어려웠다. 익히 알다시피 서구 사회의 시민사회론은 1970년대 중반 서부 유럽에서 마르크스주의에 대한 위기가 고조되고, 1980년대 중반 이후 중부 및 동부 유럽의 현실 사회주의가 몰락하면서 새로운 대안을 찾으려는 절박성에서 활성화되었다. 마찬가지로 우리의 시민사회론 역시 1987년 6월 민주항쟁 이후 국내외의 변화 정세에서 더 이상 마르크스주의적 사회변혁론이 일반 시민들로부터 적극적으로 수용될 수 없다는 상황 인식에서 비롯되었다.

1990년대 이후 우리 사회는 개혁의 중요한 주체인 민중과 시민[76]을 어떻게 조화시켜내느냐 하는 데 관심이 집중되어 있다. 여전히 민중 사회의 건설을 중시하는 입장에서는, 1987년 이후 전개된 우리의 시민사회는 국가주의와 경제제일주의가 결합되어 형성된 압축 근대화의 모순을 근원적으로 해결하는 것이 아니라 봉합하는 개량주의적 모습을 띠고 있다는 관점에서, 특히 부르주아의 입지를 강화시킨다는 관점에서 시민사회를 비판하고 있다. 그래서 우리 사회에는 민중(노동)운동의 노선을 놓아서는 안 된다는

---

76 원래 '민중'이라는 개념은 정치적·경제적 피지배계층 일반을 지칭하는 광범위한 개념이었으나, 민주화가 확산되면서 '경제적인 피지배계급'이라는 의미를 강하게 지니게 되었다. 그래서 민중운동의 주체는 노동자, 농민, 빈민, 지역 주민을 일컫는다면, 시민운동의 주체는 중산층이나 지식인, 학생, 종교인, 주부 등을 일컫게 되었다. 그리고 민중운동은 계급적 관점에서 급진적 계획을 지향한다면, 시민운동은 탈계급적인 관점에서 합법적이고 점진적인 계획을 추구한다(정태석, 김호기, 유팔무, 앞의 글, 271쪽; 유팔무, 「시민사회의 성정과 시민운동」, 유팔무, 김호기 엮음, 앞의 책, 379~381쪽).

입장도 여전히 잔존하고 있다.[77] 그러나 다른 한편에서는, 우리 사회 역시 민주화가 이루어지고 탈냉전의 세계 속에 들어왔기 때문에 운동의 성격도 달라져야 한다는 관점에서, 시민운동에 중심을 두고 민중운동과 같이 가거나 민중운동을 흡수해야 한다는 입장도 제기되었다. 특히 더 이상 시민사회를 모순된 실체로만 보지 말고 여기에 긍정적 변혁성이 내재되어 있음을 인정하고 출발하자는 입장이 제기되었다.[78]

이와 같은 맥락은 한국의 시민사회가 이중적인 모습을 지니고 있는 데서 비롯되고 있다. 김성국은 이 점에 대해서 다음과 같이 주장하고 있다.

> 한국 사회에서 시민은 국가를 실질적으로 관리하는 특권층(혹은 지배계급) 과 대립적 관계에 있을 뿐 아니라 (……) 자본주의 및 시민사회의 기반 자체를 부정하는 계급주의 세력과도 대립적 관계에 있다.[79]

사실 시민사회는 일상적인 소비와 여가 및 문화생활이 이루어지는 '생활 영역'이자 정치 체계 및 행정 체계와 영향력을 주고받는 '세력의 영역'이기도 하다. 더 이상 시민사회는 관료주의에 예속되는 영역이 될 수도 없고, 그렇다고 계급투쟁의 현장이 될 수만도 없다. 따라서 시민사회는 계급적 타협 및 투쟁의 장이면서 동시에 비계급적인 생활의 장이기도 하다.[80] 우리의 시민사회 역시 이런 상황에 위치하고 있다. 더 이상 시민사회가 부

---

77 이런 맥락에서 우리는 그람시나 하버마스의 시민사회론을 넘어서야 한다는 주장도 제기되었다(김세균, 앞의 글, 184쪽; 김세균, 「그람시를 넘어서 나아가야 한다」, 유팔무·김호기 엮음, 앞의 책, 198~203쪽; 오세철, 「변혁주체의 구성과 그 실천」, 『문화과학』 6권, 1994년 여름, 194쪽).
78 강문구, 「민주적 변혁운동 지반의 심화, 확장을 위하여」, 유팔무·김호기 엮음, 같은 책, 196쪽, 205쪽; 백욱인, 「시민운동이냐, 민중운동(론)이냐—김세균, 강문구 토론에 대한 비평」, 유팔무·김호기 엮음, 같은 책, 211쪽.
79 김성국, 「한국자본주의 발전과 시민사회의 성격」, 한국사회학회·한국정치학회 공동학술대회(1999. 4. 23~24) 발표 논문.

르주아지나 국가주의자들의 전유물이 될 수도 없고, 그렇다고 계급적 혁명을 목적으로 하는 프롤레타리아트의 척결 대상이 될 수도 없다. 시민사회의 주체 역시 특정 집단이나 계급이 전유할 수 없다. 시민사회 자체 내에 존재하는 다양한 집단들이 억압과 구속의 다면성을 함께 감시하고 비판하며 또 견제해야 할 것이다. 나아가 우리의 시민사회는 이런 주체들이 연대를 모색하는 방향으로 나아가야 할 것이다. 이것은 시민사회 내부의 주체들이 의사소통적 합리성에 입각하여 공론장을 활성화하는 데서 가능할 것이다. 이런 맥락에서 우리의 시민운동도 민중운동과 '차이 속의 연대'를 모색하는 방향으로 나아가야 할 것이다.[81] 상호 주체로서 '차이에 민감하면서 보편성을 지향하는' 공론장의 활성화는 체계와 생활세계의 상생相生 조건을 만드는 데 매우 중요한 기반이다.

우리 사회는 어느 나라 사회보다 더 급속하게 네트워크 사회로 진입하고 있다. 지난 참여정부의 등장도 이 네트워크 사회에 많은 영향을 입었었다. 지금 우리 사회에는 현실 사회의 시민운동의 주체들이 가상공간에서 사회의 개혁에 대한 자신들의 요구를 확산시켜나가고 있다. 바로 이와 같은 흐름은 정치·경제 체계가 생활세계를 식민화하는 것을 견제하고 비판하는 실천적 운동을 활성화시켜내고 있으며, 우리 사회의 시민운동에 활력을 불어넣고 있다. 그러나 이미 앞에서 언급하였듯이 자아의 복수성과 익명성이 만들어낼 수 있는 부당한 여론 몰이, 정보의 독점으로 거대 자본과

---

80 유팔무,「한국의 시민사회론과 시민사회 분석을 위한 개념틀의 모색」, 앞의 책, 238쪽; 정태석, 김호기, 유팔무, 앞의 글, 271쪽; 김성국,「한국 시민사회의 구조적 불안정성과 시민권력 형성의 과제」, 김일철 외 지음,『한국사회의 구조론적 이해』, 아르케, 1999, 302쪽. 김선욱 교수는 시민운동이 탈계급적인 차원에서 보편적인 인간적 가치를 추구하는 운동으로 보아야 한다고 지적하고 있지만, 필자는 시민운동이 이상적으로는 그런 방향으로 나아가야 한다고 하더라도 당장 우리가 안고 있는 현실의 모순을 탈계급적인 운동으로 극복하기에는 역부족이라고 생각한다.
81 정태석, 김호기, 유팔무, 같은 글, 289쪽; 조희연,「민중운동과 '시민사회', '시민운동'」, 유팔무, 김호기 엮음, 앞의 책, 333쪽.

거대 권력이 행사할 수 있는 부당한 억압과 왜곡을 극복해야 하는 과제를 지금의 우리 네트워크 사회는 안고 있다. 그러므로 현실 공간에 내장되어 있는 시민사회의 모순이 가상공간에 그대로 전이되는 현상을 막기 위해서는 이제 네트워크 사회 내에 공론장을 더욱더 활성화시켜내야 할 것이다.

이러한 작업은 그동안 압축 근대화로 빚어진 민중운동과 시민운동의 갈등을 극복하고, 나아가 지역이 서울에 예속되어 있는 중심주의를 탈중심주의로 발전시키는 데도 기여할 것이며, 또 우리 사회의 전근대성의 표본이 되고 있는 지역주의를 극복하는 데도 기여할 것이다. 이렇게 함으로써 우리 사회는 대의민주주의의 결함을 보완하는 참여민주주의로 나아갈 수 있을 것이며, 이를 통하여 은폐된 영역에서 권력과 화폐가 결합하여 인간의 생활세계를 기만하는 왜곡된 식민화를 극복할 수 있을 것이다. 나아가 우리는 이러한 활동을 통하여 신자유주의와 더불어 확산되고 있는 세계화의 물결 속에 내장되어 있는 새로운 지배주의를 견제하고 비판하는 연대를 모색할 수 있을 것이며, 궁극적으로는 세계시민사회를 구축하는 데도 기여할 수 있을 것이다.[82]

인간이 극복해야 할 과제가 두 가지 있다면, 그것은 일차적으로는 자연으로부터의 해방이며, 이차적으로는 사회로부터의 해방이다. 그러나 이 해방은 인간이 자연을 떠나거나 사회를 떠남으로써 해결되는 것이 아니다. 이미 자연과 사회는 우리 인간이 살아가야 하는 제1의 고향이자 제2의 고향이다. 인간은 자연 속에서 자신의 기본 생존 조건에 해당하는 요소들을 획득하기만 하는 노동만으로는 자기 존재의 참된 가치와 의미를 실현할 수 없다. 인간은 단순히 자신의 생존을 위한 생물학적 활동만 하는 '노동하는

---

[82] 임현진, 공석기, 「지구시민사회와 초국적사회운동: 한국의 국제연대와 관련하여」, 대동철학회 엮음, 『대동철학』 제24집, 2004년 2월, 397쪽.

존재'이거나 '제작하는 존재'가 아니라 선과 악, 미와 추, 정의와 힘, 성聖과 속俗을 고민하면서 살아가는 '사유하는 존재'이거나 '말하는 존재'이다. 생각과 말을 못 하게 하는 사회, 먹고살지 못하게 하는 사회는 인간의 사회가 아니다. 광장agora(forum)과 시장mercatus(burgus)이 상생 관계에 놓여 있는 사회가 진정한 사회이다. 전근대사회도 근대사회도 어느 한쪽에 편중된 경향이 강하였다. 그러므로 거기에는 사회 구성원 모두를 자유롭고 평등하게, 그리고 존엄하게 살도록 해주는 조건이 제대로 갖추어지지 못했다.

21세기 시민사회는 권력과 화폐가 우리의 생활세계를 식민화하지 못하도록 공론장을 활성화시켜 의사소통적 합리성을 마련해내는 곳이어야 할 것이다. 그러나 이것은 그냥 이루어지는 것이 아니다. 이것은 시민들이 스스로 사유하고 행위하며 판단하는 과정에서 사회 개혁에 대한 주체성과 전문성과 비판성을 내부에서 길러내야만, 또 서로가 관용의 정신과 연대감에 입각하여 차이를 차별로, 경쟁을 배제로 몰고 가는 우리들 내부의 모순을 극복해낼 때에만 가능할 것이다. 결국 21세기 오늘의 우리 사회가 안고 있는 문제는 다원성과 보편성, 개인선과 공동선, 자유와 정의가 상생相生 관계에 놓일 수 있도록 제반 조건을 형성하는 것인데, 이것은 의사소통적 합리성과 공통감(공동체감)을 어떻게 발전적으로 종합하느냐에 달려 있을 것이다.[83]

---

[83] 이 문제는 사실 칸트의 『윤리형이상학』(1797)과 『판단력비판』(1790)을 어떻게 종합시키느냐는 문제만큼이나 어려운 문제이다. 다만 의사소통적 합리성에 입각한 공론장의 활성화와 공통감에 입각한 공론장의 활성화가 완전히 본질적으로 다른, 그래서 배타적인 것으로 보아야 하는지는 충분히 앞으로 검토해보아야 할 문제이다. 만약에 이 둘 사이를 강하게 배타적으로 처리하면 할수록 하버마스와 아렌트의 대립이 모던과 포스트모던의 대립으로 이어지고 말 것이다.

3장

포스트모더니즘의 수용과 전개•

1 21세기 문턱에서 고민하는 우리

앞 장에서는 우리 사회의 현실 및 세계적 흐름과 연관을 지어 오늘날 전개되고 있는 시민사회론에 대해서 분석해보았다. 이 장에서는 앞서 논의되었던 포스트모더니즘을 좀더 집중적으로 분석하여 이것이 오늘의 세계 현실과 우리 현실에서 지닐 수 있는 가치에 대해서 고민해보고자 한다. 특히 여기서는 기존의 모던과 포스트모던 논쟁이 편협한 형태로 진행되는 것을 재검토하고, 또 이러한 논쟁의 핵심 내용이 오늘의 현실에서 지닐 수 있는 의의에 대해서 고찰해보고자 한다.

    사람은 살아가면서 수없이 많은 무형적, 유형적 문턱을 지나다닌다. 이

• 이 글은 「우리 시대 포스트모더니즘과 철학의 길」이라는 제목으로 『문학과 경계』 7권(2002)에 실린 글을 일부 수정·보완하여 재수록한 것임.

문턱은 한편에서는 서로를 함부로 넘나들지 못하도록 도와주지만, 다른 한편에서는 서로를 고립되도록 만든다. 그러므로 문턱은 너무 높아도 문제이고, 너무 낮아도 문제이다. 우리는 이제 20세기 마지막 문턱을 넘어서 21세기라는 새로운 자리에 들어서게 되었다. 이러한 자리 이동은 단순한 이동이 아니라 엄청난 변화를 몰고 온 자리 이동이 아닐 수 없다. 이미 죽은 존재를 복제하는 알케미alchemy의 시대는 산 생명을 복제하는 알게니algeny의 시대에 자리를 내주어야 했으며, 아날로그의 위력도 디지털의 마력 앞에 무릎을 꿇어야만 했다. 그래서 원자atom는 비트bit를 통하여 새롭게 태어나야 하며, 실재는 이미지 속에서 자신의 생명력을 길러내야만 한다. 우리 인간을 가장 두렵게 만들었던 자기 존재의 상실이라는 사건, 즉 죽음이라는 사건도 자기 복제라는 상상치도 못한 사건 앞에 무력해질 시점에 서 있다.

이러한 엄청난 변화 속에서 이 시대의 지식인들은 우리 삶의 새로운 패러다임을 어떻게 구축하는 것이 바람직한 것인가에 관해서 많은 논쟁을 벌이고 있다. 한동안 세계 지성계를 뜨겁게 달구었던, 그리고 우리 사회의 지식인들 사이에 주된 관심거리가 되기도 했던 모던과 포스트모던의 관계에 대한 논쟁 역시 이런 시대적 상황과 결코 무관하지 않다. 사실 20세기 말, 21세기 문턱에서 가장 활발하게 논의되었던 철학 논쟁 역시 포스트모더니즘과 연관된 논쟁이 아닐 수 없다. 어쩌면 우리는 지금도 이 사조와 관련된 논의를 지속하고 있다고 보아야 할 것이다.

그러나 유감스럽게도 모던과 포스트모던 사이에 놓여 있는 문턱의 높낮이를 저울질하는 논쟁은 활발하게 전개되었어도, 거기에 전통도 함께 포함시켜 삼자 사이에 놓여 있는 문턱의 높낮이를 고뇌하는 균형 잡힌 철학적 담론은 활발하게 전개되지 못했다. 우리가 포스트모던에 대해서 논하려면 모던에 대해서 논해야 하고, 모던에 대해서 논하려면 전통에 대해서 논해야 하는 법이다. 왜냐하면 새로운 사조는 그 이전 사조와 긍정적이든 부정적이든, 간접적이든 직접적이든 서로 일정한 관계 속에서 자라나기 때문이다. 그러므로 우리가 포스트모더니즘의 바람직한 위상을 정립하기 위해서는 그것을 모던과의 관계에서만 논의할 것이 아니라 전통과 관련해서도 논의해야 할 것이다.

한편 포스트모더니즘과 관련하여 그 이론의 정당성과 부당성을 평가함에 있어서 우리는 그 이론이 현실과 갖는 관계 차원에서 다루기보다는 이론 자체에 갇힌 논의에 머물러 있는 경향이 없지 않았다.[1] 그러나 이런 차원에서의 논의는 결코 생산적이지 못하다. 동일성과 차이성, 일一과 다多, 보편과 개별, 존재와 주체, 이성과 감성, 영혼과 육체, 실재와 언어의 관계에 대한 문제는 이론 내부에서 추상적으로 다루어질 때 다람쥐 쳇바퀴 돌듯 뱅뱅 돌아가는 숨바꼭질이 될 위험을 안고 있다. 우리가 이들 문제에 대해서 좀더 생산적인 답을 얻기 위해서는 이들을 시대정신과 연관을 지어 논의해야 할 것이다.

따라서 우리가 포스트모더니즘을 제대로 평가하기 위해서는, 우선 일차적으로 전통, 모던, 포스트모던이라는 삼각 구도를 통해서 균형 있게 접근해야 할 것이며, 이차적으로는 이들 논의 속에 담겨 있는 이론적 갈등을 현실 속으로 끌어내어 다시 되묻는 작업을 해야 할 것이다. 이렇게 할 때에만 포스트모더니즘이 21세기에 어떤 역할을 할 수 있는지에 대해서 제대로 규정할 수 있을 것이며, 그것이 지니고 있는 한계점에 대한 대안들도 모색할 수 있을 것이다.

---

[1] 물론 앞 장에서도 언급하였듯이, 철학자들 중 일부는 포스트모더니즘과 현실의 관계에 대해서 고민하는 흔적을 보여주기도 하였다.

2 시대정신으로서의 포스트모더니즘

포스트모더니즘이라는 용어는 매우 다양한 영역에서 상이하게 사용되고 있지만, 그럼에도 불구하고 이 용어에 담겨 있는 기본적인 뜻은 존재한다. 그것은 다름 아니라 모더니즘이 산출한 주체의 폭력, 이성의 폭력을 비판하고 극복하고자 하는 점이다. 따라서 포스트모더니즘은 모더니즘과의 관계 속에서 의미를 해명할 수밖에 없다. 포스트모더니즘의 '포스트'post가 모더니즘의 '이후'를 의미하느냐, 아니면 모더니즘의 '해체'나 '벗어남'을 의미하느냐에 따라 '포스터모더니즘'에 내포된 의미가 달라질 수 있다. 전자의 경우라면, 모더니즘을 단순히 부정하는 것이 아니라 이것의 장점을 계승하고자 하는 뜻이 내포되어 있을 것이며, 후자의 경우라면 모더니즘을 부정적으로 처리하고자 하는 뜻이 내포되어 있을 것이다. 그러므로 포스트모더니즘을 제대로 고찰하기 위해서는 모더니즘을 먼저 분석해야 할 것이다.

익히 알다시피 모더니즘은 20세기 전환기에 나타난 예술 사조로서 사용되는 지역적인 개념이기도 하며, 중세 이후 르네상스나 계몽주의 이후 전개된 문화적 현상을 가리키기도 한다. 우리가 철학에서 포스트모더니즘과 관련하여 모더니즘을 다룰 때는 후자의 의미와 더 깊이 관련되어 있다. 이때의 모더니즘은 인간이 자신을 주체로 설정하고, 자신의 이성 능력으로 권리와 자유를 확립해가는 진보주의 내지는 낙관주의를 의미한다고 할 수 있다. 데카르트가 자신의 사유 능력으로 타자를 의심하면서 확실성을 도모하는 것 역시 이런 모더니즘의 근본이 된다고 할 수 있을 것이다.

그러면 왜 근대에 이런 현상이 등장하게 되었는가? 익히 알다시피 근대 이전의 인간의 삶은 대체로 자기 외부의 존재에 귀속되거나 의존되어 있었다. 마치 어린아이가 어머니에게 의존하고 있듯이, 유년기 상태에 놓여 있었던 인간은 자연으로서의 존재나, 신으로서의 존재를 어머니로 모시고 그를 통해 살아가는 삶의 방식을 취하고 있었다. 따라서 근대 이전의 인간은 존재에 귀를 기울이고 존재의 목소리를 듣는 관점에서 존재를 향해 미메시스mimesis적 태도로 임하였다. 그러므로 당연히 이 시대의 인간 이성은 존재의 빛의 도움을 받아 존재 속에 내재되어 있는 본질을 찾아 나서는 활동을 하였다. 한마디로 이 시대 이성의 역할은 발견하는 데 있지 발명하는 데 있지 않았다. 고향은 이미 자기 속에 있는 것이 아니라 타자 속에 있으며, 자기가 머물고 있는 이곳은 언제든지 떠나야 할 자리이다. 그러므로 이곳에 몸을 가지고 있는 나의 이성은, 나의 정신을 옭아매고 있는 육체의 감옥을 탈출하여 자신이 지향하는 정신의 나라로 향하고, 아울러 도구를 만들고 활동하는 몸과 관련된 실천praxis은 사색하는 정신에 관련된 이론theoria의 명령에 따라야 했다.

그러나 이런 삶의 조건이 우리를 결코 바람직한 삶의 방향으로 인도해주지는 못했다. 형이상학적 세계관을 바탕으로 우리를 초월적인 존재로 안내했던 당시의 권력자들이 그 존재를 이용하여 이 땅의 우리들을 부당하게 지배함으로써, 이미 그 존재는 지배 이데올로기의 화신이 되어버렸다. 그래서 근대인은 초월적 존재에 의존하여 거기로 향하는 외향적 태도를 그만두고 자신이 대면하고 있는 모든 존재를 자신의 지각 활동과 사유 활동에 불러들여 그들의 자격 조건을 심판하는 내향적 태도를 취하게 되었다. 그러므로 근대인은 존재에 대한 믿음을 거부하고 나의 의심 활동을 통하여 존재를 새롭게 정립하는 회의적 방법을 강조하게 되었다. 따라서 근대인은 '존재=고향'이라는 도식을 '주체=고향'이라는 도식으로 전환시켰다. 주체는 '자료에서 얻은 인식'cogito ex datis과 '원리에서 얻은 인식'cogito ex principis을 바탕으로 대상을 문초하고 심판하는 계몽적 주체로 자리하게 되었다. 이 주체는 영국경험론과 사회계약론으로 이어지는 지각하고 계산하는 주체이기도 하며, 대륙 이성론과 독일관념론으로 이어지는 사유하고 지양하는 주체이기도 하였다. 한마디로 인간은 근대의 문턱을 넘어서면서 존재의 절대화에서 빠져나와 주체의 자기 절대화로 이어지게 되었다.

아도르노가 주장하듯이 타자에 종속된 신화의 긴 터널을 빠져나온 주체는 계몽의 월계관을 쓰자마자 이내 자신을 다시 신화화하는 상태에 빠져들었다. 즉 타자의 절대화에서 주체 자기의 절대화로 이어져, 결국 계몽 자체가 신화화되는 악순환을 초래하게 되었다. 아렌트의 주장처럼 근대 프랑스혁명은 우리에게 젖과 꿀이 흐르는 약속의 땅을 마련해주기보다는 오히려 또 하나의 억압을 일삼는 전체주의를 잉태시키고 있었으며, 그 속에서 아우슈비츠가 새로운 옷을 입고 등장하였다.

이제 우리가 이런 악순환을 벗어나기 위해서는 존재의 절대화도 주체의 절대화도 벗어나지 않으면 안 된다. 우리는 초월적 존재 중심의 전체주의도, 주체 중심의 전체주의도 모두 극복해야 한다. 과거의 역사가 보여주었듯이, 전자에서는 형이상학적이고 종교적인 지배가, 후자에서는 도구적이고 과학·기술적인 지배가 발생하게 되었다. 그래서 이제 우리는 이러한 거대 체계가 우리의 일상적 삶을 억압하는 모든 굴레로부터 벗어날 수 있도록 새로운 삶의 질서를 마련해야 할 시점에 이르렀다.

바로 여기서 등장한 새로운 철학 이론이 이른바 언어적 지평 안에 자리하고 있는 철학이다. 즉 그것은 언어가 주체 외부의 존재에 귀속되어 있거나 주체 자신에게 귀속되어 있는 것이 아니라, 언어 속에 존재와 주체가 함께 노니는 철학이다. 오늘날의 철학이 이와 같은 방향으로 나아가고 있는 것은 어쩌면 당연한 일인지도 모른다. 언어의 지평은 대화의 지평을 의미하며, 대화의 지평은 상호 주체성을 전제한다. 그러므로 여기서는 어느 쪽이 일방적으로 지배하는 것을 허용하지 않는다. 언어가 외부 존재에 귀속되거나 주체 자신에게 귀속되면 나와 타자 사이에 일방적 지배의 관계가 설정될 수밖에 없다. 그러나 이 일방적 관계는 지배와 피지배의 관계를 낳을 수밖에 없었으므로, 우리가 참된 언어적 관계 속에서 살아갈 수 있으려면, 이 언어는 누구의 전유물이나 지배의 도구가 되어서는 안 될 것이다. 따라서 현대철학은 이와 같은 문제의식에서 그동안 모더니즘이라는 이름 아래 전개된 의식 철학, 주체 철학의 폭력을 극복하려고 한다.

이미 앞에서도 보았듯이, 이와 같은 상황은 하버마스와 리오타르 사이에 전개된 모던과 포스트모던 논쟁에 잘 나타나 있다. 하버마스는 1980년 아도르노상 수상 강연문인 「모던 미완의 기획」Die Moderne: ein unvollendetes Projekt에서 진정한 모던이 실현되려면 과학적 진리성Wahrheit, 도덕적·법적 정당성Richtigkeit, 예술적 진실성Authentizität이 분화된 자기 내부에서 자율적인 생명력을 지니고 발전하되, 이들이 서로 개방되어 생활세계적 이성으로 구현되어야 한다고 주장하였다.[2] 즉 그는 모던의 기획이 성공을 거두려면, 객관적 과학, 도덕과 법의 보편적 토대, 자율적 예술이 각각 고유한 생명력을 지니면서, 동시에 이들 사이에 서로 영향을 주고받으면서 생활세계의 의사소통적 이성으로 펼쳐져야 한다고 보았다. 그는 분화와 해방을 모색하는 모더니즘의 긍정성은 붙들되, 그로 인해 발생하는 주체의 폭력은 비판하고자 하였다. 그는 위에서 언급한 각각의 영역이 자신의 내부에 갇혀 추상화된 주체 중심적 이성으로 퇴락하는 것을 반대하였다.[3] 진정한 모던의 기획의 완성은 체계 속에 갇혀 있는 주체 중심적 이성을 생활세계에 뿌리내리는 의사소통적 이성으로 전환시키는 것이다.[4]

이와 같은 태도는 포스트모더니즘 진영에 속해 있는 일군의 철학자들

---

2 위르겐 하버마스, 「현대: 미완성의 기획」, 이진우 엮음, 『포스트모더니즘의 철학적 이해』, 서광사, 1993, 52쪽.
3 위르겐 하버마스, 『현대성의 철학적 담론』, 이진우 옮김, 문예출판사, 1996, 394쪽.
4 위르겐 하버마스, 같은 책, 395~396쪽, 402쪽.

에게도 나타나고 있다. 포스트모더니즘은 모더니즘에 도사리고 있는 거대 주체에 대해서는 비판적이지만, 분화와 해방을 추구하는 차이의 놀이에 대해서는 그것을 언어 놀이 속에서 발전적으로 계승하고자 한다. 포스트모더니즘 역시 언어 바깥의 초월적 실체나 주체를 허용하려고 하지 않는다. 그러므로 이들이 주장하는 언어는 언어와 실재의 대응 속에서 의미를 찾는 언어 지칭설referential theory에 근거하지 않으며, 오히려 언어의 쓰임새에서 의미를 찾는 언어 활용설use theory에 근거하고 있다.[5] 바로 이 측면에만 집중한다면, 비록 리오타르가 1982년에 「질문에 대한 답변: 포스트모던이란 무엇인가?」Réponse à la question: qu'est-ce que le postmoderne?에서 하버마스를 비판하였지만, 이들 사이에는 서로 함께할 수 있는 부분이 존재한다. 사실 리오타르도 포스트모더니즘을 모더니즘의 종말이 아니라 지속적인 탄생으로 보았다.[6] 그래서 만프레드 프랑크Manfred Frank는 『의사소통의 한계』(1988)라는 책에서 하버마스는 리오타르 못지않게 포스트모던적이고 리오타르는 하버마스 못지않게 모던적이라고 평가했던 것이다. 이처럼 포스트모더니즘은 모더니즘의 부정적인 측면과 대결하는 것이지 긍정적인 측면 모두에 대해서 대결하는 것은 아니다.[7]

이와 같은 면은 계몽주의와 관련해서도 나타난다. 우리가 근대 계몽주의를 논의할 때는 두 가지 측면이 존재한다. 그것은 한편에서는 근대 시기에 지배했던 부르주아 지배 이데올로기와 관련되어 있으며, 다른 한편에서는 인간이란 존재가 근원적으로 갈망하는 자유와 존엄성에 관련되어 있다. 전자의 경우, 계몽주의는 근대 시기의 권력과 관련된 부정적 개념이라면, 후자의 경우, 계몽주의는 인류가 보편적으로 추구하는 자유와 존엄성에 관

---

5 장-프랑수아 리오타르, 『지식인의 종언』, 이현복 엮고옮김, 문예출판사, 1993, 52쪽, 77쪽.
6 장-프랑수아 리오타르, 같은 책, 38쪽.
7 윤평중, 『푸코와 하버마스를 넘어서―합리성과 사회비판』, 교보문고, 1997, 247~248쪽.

련된 긍정적 개념이다. 통상, 계몽주의의 폭력성을 비판할 때는 전자와 관련되어 있다. 모던의 잘못된 기획을 시정하여 미완의 기획을 완성하고자 하는 하버마스도, 모던의 기형성을 거부하고 진정한 긍정성을 추구하고자 하는 포스트모더니즘도 전자에 대해서는 모두 비판적이지만, 후자에 대해서는 긍정적이다.[8] 칸트의 「계몽이란 무엇인가」라는 글에 대한 하버마스와 푸코의 분석에서도, 이들은 칸트의 계몽을 단순히 당대의 특정 권력에 연관된 이데올로기적 개념으로 이해하는 것에 반대하였다. 하버마스는 칸트의 계몽 정신을 의사소통적 합리성으로 발전시켜, 생활세계의 규범에 기초를 놓는 활동으로 생각하였으며, 푸코는 이 계몽 정신을 특정한 교조적 요소에 얽매이지 않고 구체적인 역사적·사회적 사회 현실에 대한 비판을 통하여 주체를 구성하는 방식으로 파악하였다.[9]

그러나 이러한 유사점들에도 불구하고 분화와 해방의 전개를 처리하는 부분에서는 서로 양보할 수 없는 입장 차이를 보이고 있다. 하버마스가 모더니즘을 점진적으로 개선하고자 하는 신합리주의적 입장에 서 있다면, 푸코는 모더니즘과의 단절을 선언하는 해체주의적 입장에 자리하고 있다. 하버마스는 차이와 충돌이 지니고 있는 긍정적인 점을 수용하되 부정적인 점을 폐기시키기 위해 의사소통적 공간 안에서 합의를 통해 보편성을 마련하고자 하는 데 반해서, 푸코는 단절과 우연을 활성화시키고 차이성과 개체성을 열어주는 해체의 길로 나아가고자 한다.[10]

우리는 이런 해체의 길을 추구한 철학적 사조를 포스트구조주의라고 한다. 이 사조는 1960년대 말에 시작되었으며, 여기에는 해체론으로 불리는 데리다의 철학, 이것을 문학 연구에 적용시킨 미국 예일학파의 문학 이

---

8 위르겐 하버마스, 앞의 책, 445~446쪽.
9 윤평중, 앞의 책, 176~179쪽.
10 윤평중, 같은 책, 251~255쪽.

론, 푸코의 사회 이론과 역사 이론, 노마드적 사유에 기반을 둔 들뢰즈의 차이의 존재론 등이 포함되어 있다. 이들은 모두 모더니즘의 전체주의적 특성에 대해서 비판한다. 그런데 이들에게 이와 같은 비판의 장치를 제공해준 사람은 소쉬르라고 볼 수 있을 것이다. 그는 언어의 기호는 반성적으로 작용하지 무언가를 지칭하는 형태로 작용하지 않음을 지적하였다. 그에 의하면 모든 언어의 의미는 언어가 가리키는 대상과의 지칭 관계에서 발생하는 것이 아니라 언어 자체 내에서 이루어진다. 따라서 그는 주체가 언어를 규정하기보다는 언어가 주체를 규정한다는 입장에 서 있으며, 그러므로 그의 언어관은 현대철학이 근대철학의 기본 토대인 주체 철학, 의식 철학을 비판하는 데 기초를 제공해주었다.

그에게 의미 구조로서의 언어langue는 외적인 실재로부터 정당성을 마련할 필요가 없다. 소쉬르는 "언어는 언어활동의 사회적 부분이며, 개인의 외부에 있으므로 개인 혼자서는 창조할 수도, 변화시킬 수도 없다"[11]라고 보았다. 언어는 이미 세계 의미의 토대이다. "언어가 세상에 존재하고 있는 실재를 묘사하는 것이 아니라, 마음의 활동으로서의 언어가 세상을 연다고 봐야 한다."[12] 이것은 "텍스트 바깥은 없다"Il n'y a pas de hors-texte[13]라는 데리다의 주장과도 연관되며, 상상계와 상징계의 구별로부터 주체를 의식 속에서 정립하지 않고 무의식과 언어의 지평에서 정립하고자 한 라캉과도 연관된다. 라캉은 "나는 내가 존재하지 않는 곳에서 생각하며, 따라서 나는 내가 생각하지 않는 곳에서 존재한다"[14]라고 함으로써 데카르트의 "나는

---

[11] 페르디낭 드 소쉬르, 『일반언어학강의』, 최승언 옮김, 민음사, 1990, 26쪽. 심지어 소쉬르는 "언어 기호가 결합시키는 것은 한 사물과 한 명칭이 아니라, 하나의 개념과 하나의 청각 영상이다"라고 규정하고 있다(페르디낭 드 소쉬르, 같은 책, 84쪽).
[12] 김형효, 「구조언어학이 철학사상에 끼친 영향」, 한국기호학회 엮음, 『기호학연구』, 2007, 99쪽.
[13] Jacques Derrida, *De la grammatologie*, Paris: Minuit, 1967, p. 227. 자크 데리다, 『그라마톨로지에 대하여』, 김웅권 옮김, 동문선, 2004, 282쪽.

생각한다, 고로 존재한다"라는 주장을 뒤집어놓는다. 나아가 그는 이런 무의식적 지평 속에서 바라본 나의 문제를 언어적 지평과 연관 짓는다.[15] 그에 의하면 무의식은 "언어처럼 짜여 있다"라고 보았다. 그리고 이 언어는 더 이상 독자적인 본질적 기의signifié를 갖고 있는 것이 아니라 기표signifiant를 통해서 살아간다. 언어와 세계 사이의 대응이나 지칭 관계를 통해서 의미가 논의되는 것이 아니라 언어의 구조 안에서 의미가 논의된다. 이처럼 언어가 사물의 주위를 도는 것이 아니라 사물이 언어의 주위를 돈다는 것은 기존의 서구 철학 전통에 대한 반란이 아닐 수 없으며, 또 한 번의 코페르니쿠스적 혁명을 감행한 것이라고 볼 수 있을 것이다.

포스트구조주의자들 역시 언어적 지평에서 의미를 이해하고자 하는 이런 경향을 공유하고 있다. 그렇지만 이들은 인간의 삶을 언어기호의 구조적 체계에서 설명하고자 하는 과학적 접근에 대해서 냉소적인 입장을 취한다. 그래서 데리다도 기표와 기의를 대응 관계에서 바라보는 소쉬르의 입장을 거부하고, 오히려 기표의 자유로움 속에서 기의를 정립하고자 하였다. 그는 기표와 기의 사이의 공시synchronie적 차이를 주장한 소쉬르의 입장을 비판하고 시간적 흐름 속에서 변하는 통시diachronie적 차이를 중시하였다. 이렇게 함으로써 차이를 지연과 연관을 지어 차연差延으로 대치하였다.[16]

푸코 역시 이런 관점에서 구조주의적 틀을 벗어나고자 한다. 해체주의자들 일반이 목적론을 해체하고자 하듯이, 그 역시 이런 관점에서 거대 서사시를 거부하고자 하였다. 그래서 그는 상부구조의 지배 논리로부터 성립

---

14 자크 라캉, 「무의식에 있어 문자가 갖는 권위(주장) 또는 프로이트 이후의 이성」, 권택영 엮음, 『자크 라캉 욕망 이론』, 문예출판사, 2003, 80쪽.
15 강영안, 『주체는 죽었는가』, 문예출판사, 1996, 183~184쪽, 189~190쪽.
16 자크 데리다, 『해체』, 김보현 엮고옮김, 문예출판사, 1996, 80~81쪽; 김형효, 『데리다의 해체철학』, 민음사, 1993, 68쪽; Jacques Derrida, *L'Ecriture de la différance*, Paris: Seuil, 1967, p. 98.

된 언어의 의미 체계를 마르크스주의와 구조주의를 결합시켜 분석해냄으로써 마르크스주의의 결함으로 지적되는 부분을 벗어나고자 한 알튀세의 이론에도 여전히 목적론이 잔존하고 있음을 비판하였다. 푸코는 역사 이해와 관련하여 역사의 주체나 목적을 설정하는 것을 근본적으로 반대하였다. 오히려 그는 이 주체와 목적이 어떻게 해서 생겨나는지를 계보학적으로 분석해내는 데 더 집중하였다.[17] 따라서 그는 미시사에 대한 계보학적 접근을 시도함으로써 칸트적인 선험적 규범주의의 폭력성을 벗어나고자 하였다. 해체주의자 일반이 그러하듯이, 푸코는 전체보다는 부분을, 연속보다는 불연속을, 중심보다는 주변을 활성화하려는 관점에서 전체·연속·중심에 집중했던 이성에 광기를 맞세웠다. 그는 광기의 역사, 의학의 역사, 인간 과학의 역사, 감옥의 역사, 성의 역사 등을 두루 분석하면서, 종교의 승리가 과학의 승리로 전환된 근대 부르주아사회에 자라난 인간을 죽이고자 하였다. 그리고 이 죽인 자리에서 진정한 광기가 새로운 인간으로 탄생하는 것을 기대한다.[18] 따라서 그 역시 모던이 추구해온 거대 담론의 테러를 고발하고, 차이의 경제, 차이의 정치를 구축하고자 한다.

이처럼 포스트구조주의자들은 소쉬르와 달리 언어를 기의보다는 끝없이 미끄러지는 기표들의 상황과 관련하여 바라보고자 하였으며, 실재를 지시(지칭)하는 것보다는 사회적 제도 안에서 사회를 구성하는 원칙으로서 이해하고자 하였다. 따라서 포스트구조주의자들은 구조주의보다 훨씬 더 강하게 저자의 죽음·주체의 죽음·인간의 죽음을 선포하며, 주변성·우연성·특이성을 중심으로 총체성·체계성·전체성과 전쟁을 선포한다. 그렇다고 포스트구조주의가 구조주의로부터 완전히 벗어난 것은 아니었다. 왜

---

[17] 미셸 푸코, 『지식의 고고학』, 이정우 옮김, 민음사, 2002, 245쪽.
[18] 미셸 푸코, 『광기의 역사』, 이규현 옮김, 나남출판, 2004, 797쪽.

냐하면 이들 역시 '기호의 임의성'이라는 소쉬르의 후기 입장을 수용하고 있고, 궁극적으로는 언어라는 지평에서 그와 같은 작업을 수행하고 있기 때문이다.

그렇지만 포스트구조주의는 구조주의에 잠재되어 있는 개체의 특이성, 사건의 우연성 등에 대한 소홀함을 결코 좌시할 수 없었다. 그래서 이들은 현상과 본질, 기표와 기의, 감성과 이성, 기호와 실재 등으로 이항 대립을 설정하거나, 아니면 이들을 하나의 보편적 체계 아래 귀속시키려는 전체주의적 테러에 대해서 더 철저하게 저항하였다. 이들은 차이가 살아나고, 충돌이 활기를 찾으며, 불가공약성이 살아 움직이는 삶을 표방하고자 하였다. 이것들이 살아 움직이지 못하도록 족쇄를 채우는 '동일자의 경제'는 아우슈비츠나 다름없다. 에마뉘엘 레비나스Emmanuel Levinas에 의하면 이러한 경제는 지금까지 윤리적 태도가 아니라 이론적 태도로 존재를 임했던 모든 철학에 자리하고 있다. 심지어 지난날 서구 철학이 존재 망각의 역사였음을 고발한 하이데거조차도 레비나스가 보기에는 존재자 위에 군림하는 존재를 통하여 '동일자의 경제'를 추구하고 있다.[19] 이 '동일자의 경제' 아래 죽어가는 타자를 구출하기 위해 그는 절대타자에 대한 윤리적 계시를 주장하였다. 또 리오타르 역시 레비나스의 윤리적 태도와는 다른 관점에서, 즉 칸트의 숭고와 루트비히 비트겐슈타인Ludwig Wittgenstein의 언어놀이를 중심으로 차이와 충돌의 길을 추구하였다. 이미 앞서 하버마스와의 논쟁에서도 제시하였듯이, 리오타르는 예술이 가지고 있는 창조적 힘을 통하여 동일성의 억압 구조를 격파하고자 하였다.

결국 포스트모더니즘은 고정된 의미의 세계보다 기표들의 장에서 전개되는 차이들이 서로 대립하고 충돌하는 역동적 현실에 집중한다. 그리고

---

19 에마누엘 레비나스, 『존재에서 존재자로』, 서동욱 옮김, 민음사, 2003, 145쪽, 169쪽.

이 사조는 이들 차이들이 서로 시뮬라시옹simulation을 통해서 끝없이 산출하는 이미지의 세계를 그 어떤 실재보다 우선하는 삶의 기반으로 설정하고 있다. 우리는 지금 가짜가 진짜보다 더 진짜처럼 여겨지는 시대, 원본과 복사본, 사실과 재현 사이의 간극이 사라진 시뮬라시옹의 시대에 살고 있다.[20] 제작자가 대중에게 일방적으로 소통시켰던 올드미디어 시대를 넘어 누가 제작자이고 누가 대중인지도 헷갈리는 뉴미디어 시대에 우리는 살고 있다. 이 뉴미디어 시대가 펼쳐놓는 사이버공간의 해체 놀이는 모든 경계를 허물어버린다. 여기에서는 결정된 영토도, 확정된 권위도, 불변하는 제도도 존립할 수 없다. 여기에서 벌어지는 네티즌들의 자유분방한 대화는 더 이상 지난날 우리를 괴롭혀온 차별의 공식을 허용하지 않는다. 즉 이들은 인종, 성, 계급, 사회적 지위, 학력과 같은 것들을 따지지 않는다. 현대의 레고lego적이고 디지털적인 인간은 더 이상 과거의 아날로그형 인간이 중시했던 고정된 영토나 집단 및 조직의 구조에서 벗어나 자기만의 고유한 공간에서 자기를 구속하는 모든 경계를 넘어 유목한다.

이처럼 오늘날 포스트모던적인 삶 속에서는 경계들이 허물어지고, 차이들이 반복되면서 충돌들이 끝없이 펼쳐지고 있다. 따라서 포스트구조주의자들 역시 언어와 언어 이전, 이성과 광기의 절대적 차이를 주장하든, 아니면 언어 내적인 기표들의 관계 속에서 생겨나는 차이를 주장하든, 하나같이 차이의 존재론을 확립하고자 한다. 이런 의미에서 포스트모더니즘은 같음보다는 다름 속에서, 같게 하기보다는 '낯설게 하기' 속에서, 닫힌 해석보다는 열린 해석 속에서, 진리를 확정하기보다는 진리를 불확정성 상태에 놓아둠 속에서, 하나가 되게 하기보다는 끝없이 미끄러져 퍼져나가는 산종散種(la dissémination)[21] 속에서 삶의 진정한 해방 공간을 마련하려는 입

---

20 장 보드리야르, 『시뮬라시옹』(Simulacres et Simulation), 하태완 옮김, 민음사, 2004, 12~19쪽, 25쪽.

장이라고 할 수 있다.

3 포스트모더니즘과 우리의 미래

사실 오늘날 우리는 우리가 살아가는 주변 세계에서 차이가 차별로 전환되는 현상을 쉽게 목격할 수 있다. 즉 우리는 남성과 여성, 자연과 인간, 대학과 대학, 지역과 지역, 국가와 국가, 민족과 민족, 문화와 문화, 종교와 종교 사이에서 차이가 차별로 전환되어 대립과 투쟁이 쉼 없이 전개되고 있음을 얼마든지 목격할 수 있다. 도대체 이런 차별의 폭력이 어디서부터 시작된 것일까?

실제로 차이가 차별로 전환되는 허위의 공식에는 자기와 다름을 허용하지 않으려는 동일성의 폭력이 자리하고 있다. 한쪽이 자기동일성을 정립하기 위하여 도모하는 활동에는 반드시 상대를 자기에게 귀속시키거나 이를 거부하는 자를 부정하려고 하는 폭력이 자리하고 있다는 말이다. 이러한 폭력은 결코 우발적으로 일어나는 것이 아니라 모든 존재가 자신의 존재를 유지하려는 과정에서 불가피하게 발생하는 것이다. 이 세상의 그 어떤 존재도 자신의 상실과 분열을 고통 없이 수용할 수는 없을 것이다. 고통을 동반하는 이런 존재 상실을 피하거나 극복하고자 하는 것은 모든 생명체가 지니고 있는 당연한 이치일 것이다. 그래서 누구나 자기를 자기가 아니게 하려는 타자에 대해서 경계하며, 나아가 이를 부정하는 운동을 전개하게 된다. 칸트의 '자연의 의도'Absicht der Natur나, 헤겔의 '이성의 간지' List der Vernunft는 이를 잘 보여주고 있다.[22] 이들의 주장에 의하면 우리의

---

21 Jacques Derrida, *La Dissémination*, Paris: Seuil, 1972, pp. 337~338.

삶은 인정투쟁의 상태를 피할 수 없다. 동일성과 비동일성의 대립 구도는 우리의 삶이 거부할 수 없는 현실이라는 것이다.

그래서 그런지 인류의 역사에는 이런 대립 구도를 극복하려는 몸부림이 지속적으로 존재해왔다. 자신의 힘으로 자기동일성을 확보할 수 없었던 근대 이전에는 자기 아닌 타자에게 자기를 내맡김으로써 이를 실현하고자 하였다면, 근대 이후에는 자기 아닌 타자를 자기 속에 귀속시킴으로써 이를 실현하고자 하였다. 그러니까 전자는 신화적 태도를 통해, 후자는 계몽적 태도를 통해 그렇게 하려고 하였다. 그러나 전자의 경우에는 주체가 자기 외부의 존재에 예속되는 결과를 낳았다면, 후자의 경우에는 이 존재가 주체에게 예속되는 결과를 낳았다. 이처럼 인간은 자기 외부의 존재가 주인이 된 시대에서 스스로를 주인으로 만든 시대로 역전시키면서 주인과 노예의 투쟁을 지속해왔다. 이 모든 투쟁은 자기를 부정하도록 만드는 상황들을 배제하기 위함이었다.

그러나 신화의 폭력에서 계몽의 폭력으로 악순환 되는 이런 불행한 구조를 우리는 역사 속에서 계속 되풀이할 수 없다. 그래서 인간의 역사 속에는 유有와 무無를 형식논리적으로 대립시켜 한쪽을 선, 다른 한쪽을 악으로 규정하는 추상적 파괴 작업을 종식시키고자 하는 새로운 움직임들이 일어나게 된 것이다. 유와 무를 이렇게 형식적으로 규정하는 이상, 무는 그 부족함으로 인하여 온전히 채워져 있는 유를 목적으로 줄기차게 달려갈 수밖에 없고, 유는 자기의 동일성 확보를 부정하는 무의 세력이 끼어드는 그 어떤 여지도 막아내야만 하는 쉼 없는 투쟁을 전개해야 할 것이다. 그래서 근대 이전에는 형이상학적이고 종교적인 태도로 무와의 투쟁을 벌여왔고, 근대

---

22 김석수, 「이성, 자연 그리고 역사—칸트의 자연의 계획과 헤겔의 이성의 교지를 중심으로」, 김형석 외 지음, 『역사와 이성』, 철학과현실사, 2000, 74~112쪽 참조.

이후에는 과학적이고 기술적인 태도로 무와의 투쟁을 벌여왔다. 전자를 통한 완전함의 추구이든, 후자를 통한 완전함의 추구이든 그 추구에는 필히 지배받아야 할 자를 요구하기 마련이다. 그러므로 '구성의 철학'은 목적에 모두를 구속하는 불행을 산출할 수밖에 없는 운명이 도사리고 있다.[23] 헤겔은 이와 같은 악순환을 종식시키기 위하여 변증법적 방법에 입각하여 '동일성과 비동일성의 동일성'이라는 주장을 내놓게 되었다. 그의 이런 주장은 동일성과 비동일성이 공생하는 동일성, 개념의 박물관이 아니라 개념 속에서 함께 살아가는 동일성으로서의 절대정신, '죽은 실체'가 '살아 있는 주체'가 되는 생명의 세계를 확립하고자 함이다.

그러나 헤겔의 이런 주장 역시 후대의 철학자들에 의해서 강하게 비판을 받게 되었다. 즉 그의 변증법은 동일성과 비동일성의 상호 견제를 유지하지 못하고 결국에는 동일성으로 향함으로써 전체주의적 형태를 띠게 된다고 비판을 받고 있다. 마르크스의 변증법적 유물론도 내용은 다르지만 헤겔과 변증법의 운동을 공유하고 있다는 점에서 동일하게 비판을 받고 있다. 오늘날의 현대철학은 아직 도래하지 않은 미래를 미리 설정하고 그것에 이르도록 만드는 강한 목적론적 세계관을 거부한다. 현대철학은 열린 역사관과 사회관에 입각하여 동일성과 비동일성이 언어적 지평 안에서 함께 자라나는 형태를 취하려고 한다. 그래서 한편에서는 되어가는 보편성, 열린 보편성이라는 관점에서 동일성과 비동일성의 작동 공간을 마련하고자 하는 하버마스류의 신합리주의 계열의 철학이 전개되고 있는가 하면,

---

[23] 김형효는 동서고금의 철학사를 무의식적 구조의 법칙에 입각하여 구성철학(constructive philosophy)과 해체철학(deconstructive philosophy)으로 대별하고, 전자를 "인간이 지성과 의지의 노력으로 세상 위에 진리를 구성해 세상을 구제해 나가려는 철학"으로, 후자를 "인간이 세상에 진리를 쌓아 나가려는 생각을 해체하고 자연처럼 존재하면 이미 세상은 구제되어 있다는 철학"으로 정의하고 있다(김형효, 「21세기의 철학적 세상보기―동서사상의 理通事局論」, 경북대학교 동서사상연구소 엮음, 『동서사상』 1집, 2006, 141쪽). 여기에 대한 자세한 논의는 김석수의 「칸트 철학에 대한 해체주의적 비판에 대한 반비판」(한국칸트학회 엮음, 『칸트연구』 19집, 2007, 127~152쪽) 참조.

다른 한편에서는 이들 사이의 차이성을 마음껏 열어주고자 하는 포스트모던적인 철학이 전개되고 있다. 이들 모두가 확정된 동일성의 테러를 비껴가고자 하는 점에서 공통된 입장을 띠고 있다. 그렇지만 한쪽에서는 차이를 줄여가려고 하는 반면, 다른 한쪽에서는 차이를 열어주려고 한다. 전자는 후자에 대해서 상대주의적이고 무정부적인 형태가 초래됨을 비판하며, 후자는 전자에 대해 결국 동일성의 테러가 다시 스며들게 됨을 비판한다. 이른바 한쪽은 차이성의 폭력이, 다른 쪽은 동일성의 폭력이 잠재되어 있음을 서로에게 공격하고 있다.

따라서 포스트모더니즘이 21세기 우리가 살아가는 데 진정한 대안이 될 수 있는가에 대한 궁극적인 답변은 동일성과 비동일성(차이성)의 관계를 어떻게 설정하느냐에 달려 있을 것이며, 나아가 존재-무-생성의 관계를 어떻게 바라보느냐에 달려 있을 것이다. 나아가 이런 물음들이 충분히 의미가 있기 위해서는 포스트모더니즘이 과연 오늘의 우리 현실에 얼마나 생산적인 기능을 할 수 있는가에 관해서도 논의해야 한다. 과연 포스트모더니즘이 주장하는 것처럼 동일성의 추구는 폭력이고 차이성의 추구는 해방인가? 동일성과 차이성은 서로 모순 관계일 수밖에 없는가? 정말이지 차이성에 손을 들어주어야 할 필연적인 이유가 있는가? 이들 모든 물음에 긍정적으로 대답해주어야 할 충분한 근거가 우리에게는 없는 것 같다.

동일성의 추구가 반드시 폭력만을 가져다준 것은 아니다. 저 신화시대에 추구된 동일성도, 계몽 시대에 추구된 동일성도 각기 인간의 정신과 육체의 행복에 기여하였다. 다만 그것이 과도해져 부당한 권력에 편승함으로써, 한편에서는 종교가, 다른 한편에서는 과학·기술이 권력자가 되어 그것들이 우리를 억압하는 부조리를 탄생시켰을 뿐이다. 그러므로 우리가 기형적으로 전개된 모던의 미완의 기획을 폐기하지 않고 바로잡으려고 하는 하버마스의 주장에 충실히 임한다면, 전통을 거의 배제한 입장과는 달리, 비록 전통이 기형화된 형태로 전개되었다고 하더라도, 이 역시 미완의 기획이라는 관점에서 모던과 마찬가지로 접근할 수 있어야 할 것이다.

따라서 우리의 삶의 조건에 대한 균형 잡힌 논의가 가능하기 위해서는 우리의 논쟁이 모던과 포스트모던의 양자 관계로 축소될 것이 아니라 전통·모던·포스트모던의 삼자 관계로 확대되어야 할 것이다. 왜 모던의 미완의 기획은 있고 전통의 미완의 기획은 존재할 수 없는가? 전통과의 관계에 대한 논의를 제외한다면 인간중심주의를 근거로 하고 있는 모더니즘의 굴레를 벗어나지 못할 것이다. 적어도 우리가 살고 있는 오늘날의 세계가 현실적으로 모더니즘의 힘을 배격할 수 없어 그것의 부정적 요소를 시정하여 이어가고자 한다면 전통주의에 대한 고려도 함께해야 할 것이다.

나아가 이와 같은 문제의식은 모더니즘과 전통주의 모두에 동일성의 테러가 내재되어 있다고 비판하고 차이의 철학만을 주장하는 포스트모더니즘에도 그대로 적용된다. 왜냐하면 차이의 철학이 소기의 목적을 달성하기 위해서는 적어도 차이가 수없이 전개되는 '생성의 세계가 무죄'라는 니체의 주장이 우리에게 설득력 있는 주장으로 인정될 수 있어야 할 것이다. 유도 무도, 존재도 주체도 모두 생성 속에서만 의미를 지니게 된다고 한다면, 서로가 이항 대립 속에서 부정적으로 배척되어야 할 필요가 없을 것이다.

그러나 인류의 역사를 되돌아보면, 우리가 눈으로 볼 수 없는 영원한 생성에는 모든 것이 선하게 돌아가고 있는지 모르지만, 우리가 눈으로 목격하는 생성에는 끝없는 고통과 악의 투쟁이 흐르고 있다. 전자의 생성이든 후자의 생성이든 우리가 그 생성을 아무런 이의 제기 없이 수용한다면, 현실의 모든 부당한 차이가 그 자체로 긍정되는, 그래서 마침내 차별로 전환되는 부조리 앞에서 무력할 수밖에 없는 상황이 발생할 것이다. 이런 의미에서 포스트모더니즘은 그 자체가 차이를 열어주고자 하는 진보성을 담고 있으면서도 이내 차이가 차별로 전환되는 것을 인정하게 되는 보수성을 띠는 상태가 되어버릴 것이다. '해체의 철학'은 '체념의 철학' '묵인의 철학'이 되어버릴 위험을 안고 있다. 그렇게 되면 '저항적 포스트모더니즘'은 '즉물적 포스트모더니즘'으로 역전될 것이다.[24] 과거와 미래에 구속되는 것을 지나치게 부정하면서 현재를 과도하게 긍정하면 결국 건강한 현재가 마련될 수 없게 된다. 장 보드리야르Jean Baudrillard의 주장처럼 포스트모더니즘은 현재의 노예, 이미지의 노예가 되어버려 결국 속물적 반역사주의나 허무주의에 귀착되어버릴 수 있다.[25] 오늘날 우리 사회에 만연하고 있는 몸짱, 얼짱 등 '짱'의 문화와 웰빙 산업 속에 자라나고 있는 소비사회의 상징 계급 문제는 바로 그와 같은 현상을 잘 보여주고 있다.

과연 우리가 살고 있는 생성의 세계가 온통 순수하고, 모든 차이가 어린아이들의 눈망울처럼 순수한 차이라면 누가 이 차이를 사랑하지 않겠는가? 그러나 우리의 현실 역사적·사회적 공간 안에 존재하는 차이는 이런 순수한 차이만 존재하는 것이 아니다.[26] 마찬가지로 현실 역사적·사회적 공간 안에는 나쁜 동일성만 존재하는 것도 아니다. 사실 순수한 종교심으로, 인류를 사랑하는 애정 어린 과학의 정신으로 동일성을 쌓아온 자들이 존재하기도 하였다.

그러므로 이제 차이의 철학을 제창하는 포스트모더니스트들은 차이를 사랑하는 만큼 동일성도 사랑하는 새로운 철학을 마련하는 작업으로 나아가야 할 것이다. 동일성의 폭력이라는 강박관념에 시달려 현실의 대립과 투쟁을 조정하는 보편성의 논리를 처음부터 시도조차 못 하는 무력함에 빠

---

[24] 이진우는 포스트모더니즘을 과거의 "신 중심주의"를 대체하는 "인간 절대주의"라고 규정한다(이진우 엮음, 『포스트모더니즘의 철학적 이해』, 서광사, 1993, 18~19쪽).
[25] 장 보드리야르, 『소비의 사회』(La societe de consommation ses mythes ses structures), 이상률 옮김, 문예출판사, 2002, 268쪽; 장 보드리야르, 앞의 책, 58쪽, 249쪽.
[26] 지금도 우리 사회는 계급 모순, 분단 모순, 민족 모순이 자리하고 있으며, 이 모순은 단순히 차이를 열어주는 것만으로 해결될 수 없다.

져 들거나, 아니면 현실의 대립과 투쟁을 그 자체로 미화하는 어처구니없는 역설적 상황을 만들어내어서는 안 될 것이다. 차이가 마음껏 열려져 있는 무정부 상태는 모두에게 낙원이기도 하지만 모두에게 불안이기도 하다. 이것은 모두가 가진 것은 아무도 가지지 않은 상태라는 비극을 초래할 수 있다. 그래서 차이를 긍정하는 포스트모더니즘은 역설적이게도 오늘날 우리의 삶을 죄어들어 오는 신자유주의를 조장하게 될 것이며, 서구의 모더니즘을 훈련받지 못한 우리 사회의 비합리성을 가중시킬 우려가 있다.

따라서 21세기 철학이 나아가야 할 방향은 동일성과 차이성의 형식적 대립을 통하여 어느 한쪽의 깃발을 일방적으로 들어 올리는 데 의의를 둘 것이 아니라 동일성과 차이성의 부정성을 지양하고 긍정성을 고양해내는 철학이어야 할 것이다. 그것은 오늘날 신자유주의 시대가 산출하고 있는 부정성을 극복하고자 하는 생태주의, 공동체주의라는 전통의 요소를 수용하는 길이며, 개인의 존엄성과 자유를 극도로 간섭하는 전체주의에 합리적으로 저항하고 비합리적인 사회의 갈등을 절차적으로 처리해내는 신합리주의의 모던적 요소를 수용하는 것이며, 또 개성과 다양성을 인정하는 포스트모던적 요소를 수용하는 길이다.

전근대사회에 자리하고 있었던 타자에 대한 무조건적 맹신으로서의 무주체성은 거부하되, 타자에 대한 존경심을 살려내어야 할 것이며, 근대 이후 사회에 자리하고 있는 타자에 대한 무조건적 정복으로서의 주체의 폭력성은 거부하되, 주체의 자립성에 대한 확신은 살려내어야 할 것이다. 그리고 모든 차이가 마음대로 확산되는 심미주의의 무모함은 거부하되, 모두의 개성이 살아 돌아가는 다양성의 아름다움은 계속적으로 발전되도록 해야 할 것이다. 포스트모던적 사회운동은 철저히 현실을 바탕으로 하며 실천적 투쟁이 없이는 관념의 유희로 그칠 것이다. 궁극적으로 우리는 우리가 살아가는 문화가 과학적 진리, 도덕적 선, 예술적 미, 종교적 성이 4권 분립 속에서 조화되는 형태가 되도록 해야 할 것이다. 이것은 곧 차이를 무시하는 계급 운동이 아니라 차이를 인정하면서 연대를 모색하는 인정의 운동 위에서만 가능할 것이다. 차이에 민감한 보편성에 대한 추구만이 우리가 나아가야 할 길이다. 이성을 저버린 감성이나 감성을 저버린 이성이 아니라 감성에 민감한 이성을 추구해야 할 것이다.

4장

포스트구조주의와 스피노자-마르크스주의[*]

앞 장에서 포스트모더니즘의 다양한 양상을 우리의 현실에 비추어 고민해보았다면, 이 장에서는 마르크스주의를 새롭게 재창조하려는 오늘날의 사조, 이른바 바루흐 드 스피노자Baruch de Spinoza 세계관을 계승한 마르크스주의를 조명해보고자 한다. 앞서 살펴본 포스트구조주의가 니체의 세계관에 기대고 있다면, 스피노자-마르크스주의는 스피노자의 세계관에 더 기대고 있다. 이 장에서는 왜 스피노자를 계승하는 새로운 마르크스주의가 출현하였는지에 대해서 고민해보고자 한다. 물론 여기서는 개별 학자들의 세부적인 전문적 논의보다는 오늘날의 담론 흐름에서 왜 이런 사조가 우리의 관심사가 되고 있는가 하는 관점에서 접근해보고자 한다. 특히, 오늘날 『진보평론』을 중심으로 펼쳐지고 있는 진보적 지식인들이 전개하는 다중

---

[*] 이 글은 「'포스트' 시대 바깥과 가난의 길」이라는 제목으로 『사회와 철학』 12권(2006)에 실린 글을 일부 수정·보완하여 재수록한 것임.

담론이나, 이와 근접해 있는 다양한 현상들을 직접적으로 다루지는 못하지만, 이런 현상의 등장 과정을 고민하면서 이 부분을 논의해보고자 한다.

현대사회는 몸psyche, 이미지, 무의식이 강조된다고 해도 과언이 아니다. 몸이 이미지의 물결 속에서 무의식과 표류하며 더불어 노니는 자유로움에 대한 갈망이 오늘의 현대 문화에 강하게 파급되고 있다. 이런 시대적 상황은 갑자기 도래한 것이 아니라 나름대로 이전사의 영향 속에서 비롯된 것이다. 사실 오늘의 관점에서 바라볼 때 기존의 사회는 정신nous과 육체hyle, 실재와 이미지, 의식과 무의식을 갈라놓고 어느 한쪽에 절대적 우월성을 부여하여 다른 한쪽을 억압하고 구속하는 배제의 담론, 이른바 거대 담론의 테러가 지배해왔다. 전근대사회에서 몸이 종교적이고 도덕적인 권력 구조 아래서 육체와 동일시되면서 악의 씨앗으로 규정되거나 아니면 더 높은 단계로 올라가는 디딤돌에 불과하였다면, 근대 이후 사회에서 몸은 과학 기술적인 권력 구조 아래서 상품으로 전락되어 자본의 종속물이 되고 있다.

이와 같은 양상은 이미지의 경우도 마찬가지이다. 전통 사회에서는 껍데기로 규정되고 거짓과 악이 존재하는 불결함의 자리였던 이미지가 근대 이후에는 인간 자신의 자본과 욕망을 창출하는 창고가 되었다. 그동안 나타난 현상으로서의 이미지는 실재에 버림을 받거나 아니면 주체의 욕망 놀이에 도구가 되어버린 것이다. 오늘날 이미지는 생산의 시대가 소비의 시대가 되는 중요한 징후를 보여주는 근원 터이기도 하다. 무의식 역시 마찬가지로 수난의 역사를 겪었다. 전통 사회에서 무의식의 영역은 제대로 탐구되지도 않았지만, 이 영역은 본능의 영역, 짐승의 영역으로 규정되어 사유의 버림을 당해야 했으며, 근대 이후에는 사유의 욕망 놀이에 무한한 자원을 제공하는 공급처가 되고 있다.

이처럼 인간의 역사는 이성과 의식이 연합하여 끝없이 지배하는 구조를 창출해왔다. 한편에서 이들은 정신의 놀이를 감행하면서 의식을 끝없이 천상의 무한자로 향하게 만들었으며, 다른 한편에서 이들은 육체의 놀이를 감행하면서 의식을 지상의 무한자로 우뚝 서도록 만들었다. 그 어느 쪽이든 중심축이 달랐을 뿐 주체의 거대 놀이이기는 마찬가지였다. 더 큰 주체가 되지 않으면 불안해서 견디지 못하는 주체의 질병은 스스로의 생명을 단축하는 나르시시스트의 비애를 감당하지 않을 수 없었다. 마치 아도르노의 주장처럼 이성 스스로 홀로 서고자 했던 계몽은 그토록 벗어나고자 했던 타자에 대한 순종의 역사를 다시 불러들이고 있다. 즉 계몽의 주체는 자기 안의 타자에 다시 예속되는 신화의 굴레에 빠져 들고 있다. 이것이야말로 의식의 자기 노예화 과정이 아닐 수 없다.

현대철학의 다양한 흐름들은 이러한 절망의 늪에서 탈출하려고 한다. 그것은 다름 아니라 자신을 스스로 가두게 된 의식의 그물망을 찢고 거기로부터 탈출하여 새로운 삶의 조건을 마련하는 것이다. 자기 독백의 고독을 벗어나는 길은 더 이상 의식에 있는 것이 아니라 타자와 늘 소통하는 언어에 있지 않을 수 없으며, 따라서 현대철학은 언어라는 지반 위에 성립되지 않을 수 없다. 바로 여기에 해석학, 구조주의, 포스트구조주의가 자리하고 있다. 이들이 주장하는 언어는 더 이상 주체의 의식 작용의 산물도 아니고 절대타자의 창조물도 아니다. 언어는 이미 나와 타자가 함께 노니는 장이며, 어느 누구도 일방적으로 소유하지 못하도록 저항 지대에서 버티고 있다.[1] 이미 언어는 주체와 타자의 공통의 장이며, 공생의 터전이다.

이런 시대적 흐름은 인간을 '호모사피엔스'로만 바라보는 주체 철학을 해체하듯이, 인간을 '호모라보란스'로만 바라보는 주체 철학도 해체해버린

---

[1] 가다머는 이와 같은 맥락에서 언어를 단순한 도구나 기호로 파악하는 것을 거부한다(Hans-Georg Gadamer, *Wahrheit und Methode*, Tübingen, 1972, p. 394).

다. 이들 주체 철학은 거대 주체를 탄생시킴으로써 중심과 주변을 가르는 폭력을 일삼아 왔다는 것이 현대철학의 입장이다. 따라서 현대철학은 '의식학'意識學으로부터도 벗어나고자 하지만, 그와 동시에 '노동경제학'으로부터도 벗어나고자 한다. 바로 이 지점에서 인간이 사유에도 노예가 되지 않고, 노동에도 노예가 되지 않을 수 있는 제3의 철학, 이른바 몸의 철학이 탄생하는 것이다.

이 몸의 철학은 이원론 안에 담겨 있는 모든 억압과 구속의 공식을 거부한다. 몸은 천상과 지상, 정신과 육체, 실재와 이미지, 의식과 무의식을 가르는 그 어떤 공식도 허용하지 않으려고 한다. 몸은 이미 가난한 자로서 바깥으로부터 끝없이 생명력을 선물받는, 그러면서도 거기에 얽매이지 않는 바깥을 통해서, 바깥에 의해서 살아가는 자이다. 여기에는 안과 바깥, 위와 아래에 우열이 존재할 수 없다. 따라서 이런 흐름은 당연히 자연을 초자연과 가르는 초월적(외재적) 원인(자유의지, 신)을 거부하며, 자연 안에서 살아가는 내재적이고 구조적인 원인성에 집중한다. 바로 이런 시대적 흐름 속에서 자연성을 조작하는 '구성'을 '해체'로, '해체'를 '혁명'으로 이어가는 철학이 형성된 것이다. 그것이 이른바 포스트구조주의이며, 또 스피노자-마르크스주의다.

그러나 여기서는 포스트구조주의나 스피노자-마르크스주의 모두를 다루지는 않겠다. 필자의 역량이 그곳에 완전히 이르지도 못했으며, 더군다나 지면의 한계 및 시간의 제약으로 인해 마르크스주의에 한정해서 다루고자 한다. 그러므로 포스트구조주의 역시 마르크스주의와 관련해서만 언급하고자 한다. 이렇게 함으로써 현대인의 삶과 관련하여 오늘날 새롭게 전개되고 있는 마르크스주의의 지평이 지니는 의의를 고찰해보고자 한다.

1 왜 포스트post인가?

사실 '포스트'는 우리말로 번역하기가 무척 어려운 말이다. 우리가 통상 '포스트모더니즘'이라고 할 때, 접두사 '포스트'는 모더니즘을 연장해서 '이어간다'는 의미도 있고, 모더니즘을 '해체한다'는 의미도 있으며, 또 모더니즘을 '넘어선다'는 의미도 있다. 그러나 이들 각각의 의미는 별도로 분리되어 주장될 수 있는 것이 아니다. '모더니즘'을 어떻게 규정하느냐에 따라 의미 새김이 달라지기 때문이다. '포스트'는 모더니즘이 전통 사회의 거대 구속 체계를 해체시키고 새로운 세계를 열어놓는 것으로 규정될 때에는 연장해서 이어간다는 의미로 이해될 것이고, 그것 역시 또 하나의 거대 지배 체계를 형성하는 것으로 규정될 때에는 해체나 초월의 의미로 이해될 것이다.

이런 '포스트'라는 접두사가 붙어 있는 구조주의, 이른바 포스트구조주의는 마르크스주의에 대해서 어떻게 이해하고 있는가? 이미 앞에서 언급하였듯이, 포스트구조주의는 통일성을 모색하는 목적론적 거대 이야기를 거부하며, 니체의 '생성의 무죄'에 바탕을 두고 차이와 충돌을 긍정하는 작은 이야기를 추구한다. 또 이들은 실재와 현상, 참과 거짓, 선과 악, 미와 추, 이성과 감성, 정신과 육체, 인간과 동물, 도덕과 욕망, 천상과 지상을 가르는 제반 이원론의 철학을 차별의 철학, 폭력의 철학으로 거부하고, 이들을 해체하여 이들이 상호 침투하고 혼재하는 생성의 철학, 차이의 철학을 추구한다. 그래서 이들은 데카르트로부터 시작하여 칸트, 헤겔에 이르는 의식 철학, 주체 철학 일반을 비판하며, 나아가 마르크스의 변증법에 담겨 있는 실증주의적 요소, 동일성 지향의 철학을 비판한다.

그래서 포스트구조주의의 마르크스주의에 대한 비판 역시 변증법과 노동 패러다임에 집중되어 있다. 포스트구조주의 진영 철학자들 모두는 몸, 욕망, 무의식을 바탕으로 인간의 몸이 의식과 노동의 체계에 갇히는 허위의 공식들을 거부하며, 또 변증법적 체계에 자리하고 있는 정립과 반정립의 통일체로서의 '합'合에 구속되는 것 역시 거부한다. 실제로 소련공산당의 전개 과정에서 표출된 당 관료주의를 목격한 프랑스의 좌파 지식인들은 한결같이 변증법 운동에 담겨 있는 전체주의적 억압 체계의 부조리에 강한 거부감을 느꼈다. 그것은 동시에 '포스트'라는 이름으로 전개되었으며, 그 포스트 안에는 리오타르의 '표류'dérive나 푸코의 '광기', 그리고 들뢰즈의 '노마드' 등이 자리하고 있었다. 이들은 모두 초기에 마르크스주의에 친화적이었지만, 뒤로 갈수록 점차 전통 마르크스주의 안에 들어 있는 변증법의 억압성에 대해서는 강한 거부감을 표시하였다.

1968년 5월혁명에 참여했던 리오타르의 경우 『언설, 형상』 *Discours, figure*(1971), 『마르크스와 프로이트로부터의 표류』 *Dérive à partir de Marx et Freud*(1973), 『욕망장치』 *Des dispositifs pulsionels*(1973), 『리비도적 경제학』 *Economie libidinale*(1974) 등을 통해서 변증법에 중요한 근간이 되는 '지양' Aufheben 운동으로서의 '부정' 작용 안에는 모두를 하나로 통일시키고, 중심을 만드는 닫힌 체계가 자리하고 있음을 지적하고 이를 탈출할 수 있는 '표류'의 사상을 전개하였다. 그가 보기에 변증법 운동 안에는 이미 정립과 반정립을 합에 귀결시키는 중심주의가 자리하고 있으며, 따라서 헤겔과 마르크스로 대변되는 변증법에 자리하고 있는 부정과 비판은 기존의 주체의 철학이나 형이상학적 사유가 범한 중심주의를 다른 형태로 답습하고 있다.[2] 그는 변증법의 '비판'과 '부정' 운동은 중심 권력에 기여할 뿐이며, 바

---

2 "헤겔이 절대자유라는 표제 아래 개진했던 개별자와 보편자 사이의 변증법이 결국 귀착하는 것은 공포정치(la Terreur)이다." (장-프랑수아 리오타르, 『지식인의 종언』, 이현복 엮고옮김, 문예출판사, 1993, 137쪽) Jean-François Lyotard, *The Differene: Phrases in Dispute*, trans. G. Van den Abbleele, Minneapolis: University of Minnesota Press, 1st edn. 1983, p. 97.

로 이 권력 바깥으로 나가 차이와 충돌을 활성화시키는 '바깥으로부터의 표류'만이 우리를 진정 해방시킬 수 있다고 보았다.[3] 이 표류는 높은 단계가 낮은 단계를 구속하는 포섭이 아니라 끊임없이 이 자리에서 저 자리로 옮겨 가는 '이동'déplacement으로서, 어떤 목적에도 갇히는 것을 거부하는 우연성을 간직한 사건événement에 참여한다.[4] 따라서 우리의 삶에 중요한 것은 낮은 단계에서 높은 단계를 향해 부정하고 지양하고 비판하는 활동이 아니라 갇히지 않고 끝없이 다른 자리로 이동하며 표류하는 사건이다.

이처럼 이동과 표류와 사건을 기반으로 하는 그의 철학은 기술 관료 지배사회나 당 관료 지배사회에 자리하고 있는 억압적 요소를 탈출하고자 하는 강한 의도를 담고 있다.[5] 즉 그의 철학은 더 이상 자본주의든 사회주의든 이들 제도에 우리의 욕망하는 몸이 구속되는 것을 거부하는 강한 몸부림이 자리하고 있다.[6] 그는 몸에서 일어나는 욕망에 무한한 긍정성을 부여함으로써 기존의 억압 체계를 끊임없이 절단하고 혁명하고자 한다. 그의 이와 같은 욕망 혁명은 변증법을 표류로 전환시키고, 기존의 노동경제학을 "리비도적 경제학"économie libidinale으로 전환시킨다. 자본주의나 사회주의 모두 욕망 장치의 다른 시스템에 불과하다.[7] 결국 마르크스의 사회주의도 부르주아적 악한 욕망에 대한 프롤레타리아의 선한 욕망의 승리를 마련하기 위함이다. 그러나 이 작업은 더 이상 부정과 비판을 바탕으로 하는 변증법으로는 가능하지 않으며, 끝없이 기존 구속의 틀을 찢고 깨뜨려나가는

---

[3] Jean-François Lyotard, *Dérive à partir de Marx et Freud*, Paris: Union Générale d'Editions, 1973, p. 17, p. 20. 표류는 "비판으로부터 멀리 나가지 않으면 안 된다. 아니 오히려 표류란 그것 자체가 비판의 끝이다."

[4] Lyotard, *op. cit.*, p. 79.

[5] 리오타르는 "자본주의에 대한 모든 '비판'은 자본주의를 짓누르기는커녕 오히려 그것을 공공하게 한다"(Lyotard, *Dérive à partir de Marx et Freud*, p. 16)라고 주장한다.

[6] Lyotard, *Ibid.*, p. 19.

[7] Jean-François Lyotard, *Libidinal Economy*, trans. Iain Hamilton Grant, London: Anthlone, 1993, p. 244.

이동과 표류를 통해서만 가능하다. 따라서 그의 욕망의 표류는 욕망이 권력화함으로써 권력에 갇히게 되는 불행을 차단함이자, 기존의 비판과 부정이 욕망에 대해 취한 부정적 인식을 긍정적 인식으로 전환함이다. 이처럼 리오타르는 제도 속에 갇힌 욕망을 차이와 충돌이 끝없이 살아 움직이는 분쟁들의 '사건' 세계로 탈출시킴으로써 마르크스에 대한 기존의 '노동경제학적' 읽기를 '리비도경제학적' 읽기로, 한마디로 '리비도적 마르크스'로 재구성하고자 한다.[8]

푸코 역시 마르크스주의와 관련해서는 리오타르와 유사한 주장을 펼치고 있다. 그는 이성과 광기를 가르고, 이성이 주인의 자리에 앉아서 몸에서 일어나는 욕망의 광기를 악의 존재로 규정하고 이를 감금하는 기존의 휴머니즘적 인간에 대해 종말을 고한다. 나아가 그는 바로 이 휴머니즘적 인간을 기반으로 하고 있는 자본주의적 인간 유형, 특히 자본주의에 충성하도록 우리를 합법적으로 길들이고 감금하는 정신병원의 부조리에 대해서 강하게 비판하고 있다. 근대의 휴머니즘적 사유 안에는 즉자적 타자를 반성적 의식을 통해 모두 주체의 자기 법칙에 가두는 감금 장치가 작동하고 있다.[9] 데카르트적인 이성의 명증성과 판명성에 반하는 모든 것은 가차없이 사형선고를 받는다.

이처럼 푸코는 몸으로서의 인간이 죽어버린 인간의 시대를 개탄하면서 '인간의 죽음'la mort de l'homme을 외친다. 이성의 이름으로 신을 죽인 그 자리에 터를 잡고 진지를 구축하고 있는 그 이성적 인간마저 이제 죽어야 한다. 이른바 자본주의의 마지막 인간마저 죽고 새로운 인간이 탄생해야 한다. 그것은 니체가 추구한 초인이기도 하다. 들뢰즈는 푸코가 추구한

---

8 Lyotard, Ibid., p. 104.
9 Michel Foucault, Les mots et les choses: une archéologie des sciences humanies, Paris: Gallimard, 1966, p. 338. 미셸 푸코, 『말과 사물—인문과학의 고고학』, 이광래 옮김, 민음사, 1987, 374쪽.

새로운 인간을 시인 랭보가 추구한 동물성과 무기물을 담지하고 있는 인간으로 이해하고 있다.[10] 푸코는 니체의 전통을 계승하여, 이성과 몰이성, 로고스와 히브리스hybris, 쾌락의 의미와 성과학을 갈라놓는 기존의 모든 시도에 반기를 든다. 바로 이와 같은 맥락에서 형이상학적 세계를 추구하거나 의식의 왕국을 추구하는 기존의 '호모사피엔스'보다는 마르크스의 '호모라보란스'에 더 친화감을 가진다. 그렇지만 그 역시 리오타르처럼 거기에는 여전히 주체에 바탕을 둔 거대 담론이 다른 형태로 자리하고 있음을 비판한다. 푸코와 마르크스 모두 기존의 철학이 의식주의에 빠져 있다는 점에 대해서 서로 비판을 공유한다. 그러나 푸코는 마르크스의 철학 역시 여전히 근대적 휴머니즘과 주체주의 패러다임을 벗어나지 못하고 있다고 본다. 그는 마르크스가 노동을 인간의 본체론적 정수로 이해하고, 헤겔의 변증법적 사유 체계로부터 벗어나지 못한 점에 대해서는 강하게 비판한다.[11]

그는 헤겔의 변증법과 공모 관계에 있는 마르크스를 비판하고, 그 자리에 우연과 불연속이 마음껏 활성화될 수 있는 '사건의 철학', 이른바 기존의 목적론적 사고[12]와 더불어 역사를 불변적이고 보편적이며 필연적인 흐름의 법칙 안으로 귀속시킨 거대 담론을 격파하고자 '몸의 역사'를 '사건화'하고자 한다. 그는 이와 같은 맥락에서 "역사적 실체로서의 마르크스주의는 몸의 문제를 의식과 이데올로기로 틀어막는 끔직한 경향을 갖고 있다"[13]라고 지적한다. 그는 "사건들이 각인된 표면이자 분열된 자아의 소재지"인, 그러면서 동시에 "숱한 정치권력 제체諸體들의 표적"이 된 몸을 사건

---

10 Gilles Deleuze, *Foucault*, Paris: Minuit, 1980, pp. 140~141. 질 들뢰즈, 『푸코』, 허경 옮김, 동문선, 2003, 198쪽.
11 콜린 고든 엮음, 『권력과 지식—미셸 푸코와의 대담』, 홍성민 옮김, 나남출판, 1995, 88~89쪽, 147쪽.
12 김석수, 「목적」, 우리사상연구소 엮음, 『우리말 철학사전』 3권, 지식산업사, 2003, 185~210쪽 참조.
13 Foucault, *op. cit.*, pp. 58~59.

들의 영역으로 되돌림으로써 마르크스를 오래도록 구속해온 마르크스주의적 도그마로부터 해방시키고자 한다.[14] 따라서 푸코의 몸의 철학은 변증법과 노동의 틀 속에 갇힌 인간 욕망의 샘터인 몸을 구출하려고 한다.

들뢰즈 역시 리오타르나 푸코와 마찬가지로 예상할 수 없는 단절들이 끝없는 흐름 속에 있는 '사건의 존재론'의 입장에서, 하위 단계의 그림자로부터 상위 단계의 이데아로 올라가는 플라톤의 위계의 원리도, 감각과 욕망의 세계에서 벌어지는 갈등을 지양하여 절대정신이나 통일된 목적지로 향해 있는 변증법의 원리도 모두 거부하고, 시뮬라크르들이 끝없이 반복되면서 차이 자체를 생산하는 몸의 철학을 추구한다. 그는 몸에서 자유로이 전개되는 욕망의 철학을 추구한다. 몸을 억압하는 의식, 이성, 자본주의, 실체, 토대, 근원 등에 대해서 반란을 선포한다. 그래서 그는 반토대주의자, 반이성주의자로서 유목민적 사유를 감행하며, 스피노자-라이프니츠-니체의 철학을 비판적으로 계승하여 세계를 접힘과 펼침의 관계로 보려고 하지, 더 이상 두 세계로 보지 않으려고 한다.[15] 그는 기존의 두 세계 이론(이원론)이 지니고 있는 지배와 구속의 관계를 청산하고 몸, 자연성 안에 함께 머물고 그 속에서 각자가 자유롭게 자신의 욕망을 펼치는 '기관 없는 몸'을 추구한다. 프랜시스 베이컨이 아리스토텔레스의 유기체주의에 담겨 있는 목적론적 '기관'의 거물을 찢고 새로운 기계를 통해 혁신을 감행하듯이, 들뢰즈 역시 탈주를 선언한다. 그러나 그의 기계는 베이컨의 기계처럼 기계주의에 갇히는 기계가 아니다.[16] 그의 기계는 욕망기계[17]로서의 몸이며, 이

---

14 "내가 원하는 것은 거짓 마르크스로부터 진짜 마르크스를 되살려 내거나 복원시키는 것이 아니라, 너무나 오랫동안 마르크스를 구속하고 강요하고 휘둘러온 [마르크스주의적] 도그마로부터 마르크스를 [······] 해방시키려는 것이다." (Michel Foucault, *Politics, Philosophy, Culture: Interviews and Other Writings, 1977~1984*, L. D. Kritzman(ed.), New York: Routledge, 1988, p. 45.)
15 Gilles Deleuze, *Spinoza et le problème de l'expression*, Paris: Minuit, 1968, p. 12. 질 들뢰즈, 『스피노자와 표현의 문제』, 이진경, 권순모 옮김, 인간사랑, 2004, 26~27쪽.

몸은 늘 자기를 억압하는 것들과 결투를 벌이며 이들을 절단하는 '전쟁 기계'machine de guerre이다. 이 기계는 궁극적으로는 '국가 장치'appareil d'État '바깥에' 진지를 구축하고,[18] 다양한 독특성들을 하나의 전체로 통일하거나 보편화하려는 그 어떤 거대 기구도 허용하지 않는다. 이른바 이 기계는 '독특성'singularité[19]과 '개체성(이것임)'heccéité[20]을 추구한다. 그래서 그는 거대 '국가 장치'를 옹호하는 '국가 과학'보다는 독특성으로 국가 장치를 구멍 내는 '전쟁 기계'에 참여하는 '유목과학'의 학자이고자 한다.[21] 그러므로 그는 플라톤의 이데아를 거부하고 시뮬라크르들 사이의 '공명'共鳴(résonance)을 추구하듯이, 국가 장치를 절단하는 기계들의 공명을 통하여 서로 통일을 이룰 수 없는 '유목 부족'tribu으로 조각낸다.[22] 그에게 모든 사유는 이미 유목민적 사유로서 동일성으로 회귀하는 것을 거부하고 끝없이 차이를 반복하듯이,[23] "모든 사유는 이미 하나의 유목 부족으로서 국가에 대립한다."[24]

한마디로 들뢰즈의 욕망기계는 자본주의 이후의 '마지막 인간'인 부르주아적 인간, 이들의 기반인 부르주아적 국가 모두에 반기를 든다. 욕망의 공리계에 갇혀서 자본의 욕망 체계에 따라 뱅뱅 돌고 있는 자본주의라는

---

16 "기관 없는 신체는 기관에 반대된다기보다는 우리가 유기체라고 부르는 기관들의 유기체화organisation에 더 반대된다. 〔……〕 유기체란 생명이 아니라 생명을 가두고 있는 것이다."(Gilles Deleuze, *Francis Bacon: Logique de la sensation*, Tome I, Paris: Éd, de la differance, 1981, p. 33)
17 Gilles Deleuze, C. Parnet, *Dialogues*, Paris: Flammarion, 1997, p. 125. "유기체에 특유한 개체적 통일을 의문시하여 생기론의 주장을 폭파하고, 또 기계의 구조적 통일을 의문시하여 기계론의 주장을 폭파해야 한다."(질 들뢰즈, 펠릭스 가타리, 『앙띠 오이디푸스』, 최명관 옮김, 민음사, 2002, 420쪽)
18 질 들뢰즈, 펠릭스 가타리, 『천개의 고원』, 김재인 옮김, 새물결, 2001, 672~673쪽, 678쪽.
19 질 들뢰즈, 『차이와 반복』, 김상환 옮김, 민음사, 2004, 26쪽, 416쪽, 436쪽; 질 들뢰즈, 『의미의 논리』, 한길사, 이정우 옮김, 2003, 121~122쪽.
20 질 들뢰즈, 펠릭스 가타리, 『천개의 고원』, 493~502쪽. "〈이것임〉은 시작도 끝도, 기원도 목적도 없다. 그것은 언제나 중간에 있다."(질 들뢰즈, 『차이와 반복』, 499쪽)
21 질 들뢰즈, 펠릭스 가타리, 『천개의 고원』, 690~718쪽.
22 Gilles Deleuze, *Proust et les signes*, Paris: P. U. F., 1964, pp. 237~238.
23 Gilles Deleuze, *Nietzsche et la philosophie*, Paris: P. U. F., 1962, p. 55.
24 질 들뢰즈, 펠릭스 가타리, 『천개의 고원』, 723쪽.

사회기계에는 더 이상 자본 바깥에서 저항하는 프롤레타리아트는 존재하지 않으며, 오직 부르주아지들만 존재할 뿐이다. 마르크스주의자들의 노동자계급마저 부르주아지로 변해버렸다. 절단이 아니라 지양을 생명으로 삼고 있는 변증법 안에는 '국가적 혁명'이 자리하고 있으므로 또다시 부르주아 국가 안으로 휩감겨 들어가 버렸다. 마르크스주의의 변증법적 유물론 안에는 이미 거대한 욕망 체계에 포섭된 거대 국가기구가 다시 자라날 뿐이다. 그래서 들뢰즈는 거대 체계를 구멍 내는 비국가적 혁명을 통해 기존의 사회기계에 대해서 반란을 선포한다. 그는 마르크스주의의 변증법적 유물론 안에도 "독특성"을 박멸시키는 '적대의 정치'가 도사리고 있음을 지적한다. 그는 우연이 필연에 예속되고, 몸이 노동의 함수 안에 속박된다고 비판하고 있다. 그래서 그는 자본에 귀속되고 국가에 의해 규정되는 노동자계급보다는 끝없이 이것을 탈주하려는 '다중'multitudo[25]에게서 인간의 미래를 찾고 있다.[26] 그는 근대의 의식 철학이 몸의 차이를 소멸시키듯이, 마르크스의 노동 모델 역시 몸의 차이를 마찬가지로 소멸시킨다고 보고 있다. 이것은 근본적으로 양자 모두 몸에서 일어나는 욕망으로서의 무의식의 지평을 고려하지 않는 데서 비롯된 것이다. 들뢰즈는 여기서 '적대의 정치학'을 '차이의 정치학'으로 전환하고자 한다. 바로 이 점에서 그 역시 니체와 스피노자의 반反변증법적 철학을 특권화하고자 한다.

이상에서 보듯이 포스트구조주의의 '포스트'는 의식의 체계와 노동의 체계 안에 담겨 있는 억압적 체제를 전복하고 몸을 해방시키는 욕망의 경제학, 사건의 존재론을 확립하고자 하는 기획을 담고 있다. 이것이 가능하기 위해서는, 종교적인 율법의 체계도, 도덕적인 규범의 체계도, 과학 기술

---

25 자세한 내용은 각주 43번 참조.
26 질 들뢰즈, 펠릭스 가타리, 『천개의 고원』, 901~902쪽.

적이고 경제적인 법칙의 체계도 모두 절단할 수 있는 무의식의 지평, 상상력이 자유롭게 노닐 수 있는 이미지의 출렁임이 가능해야 한다. 즉 우연성, 개체성, 특정성이 끝없이 살아 돌아갈 수 있는 '반복'의 원리가 마련되어야 한다. 이 원리에는 이성을 통해 사유하는 주체가 자기 마음대로 예단하여 처리할 수 없는 빈곤에 대한 인정을 요구하고 있다. 이 빈곤에 대한 인정만이 전체주의라는 거대 담론의 횡포로부터 우리를 탈출시킬 수 있다. 따라서 이런 철학의 기획은 이미 의식, 주체, 이성의 바깥을 통해서, 바깥에 의해서 사유하는 유물론이지 않으면 안 된다.[27]

2 왜 스피노자를 찾는가?

현대철학에서 마르크스주의에 친화적이면서도 마르크스주의에 제동을 거는 또 하나의 철학이 스피노자-마르크스주의이다. 현대철학이 왜 스피노자에, 특히 마르크스주의자들이 왜 스피노자에 애착을 갖는가? 그것은 아마도 그의 철학이 자연을 벗어나 있는 초자연적인 외재적 타자를 끌어들이는 형이상학을 거부하고, 아울러 인간의 의식을 자연으로부터 분리시키는 의식학을 거부하기 때문일 것이다. 스피노자는 이성을 자연으로부터 분리시키거나, 정신을 몸으로부터 분리시키는 종래의 이원론에 담겨 있는 기만을 더 이상 수용하지 않으려고 한다. 자연을 넘어서는 초자연적인 것에 대한 열망이 낳은 전통적 삶에서도 우리는 허망함을 맛보았고, 그 허망을 벗어나기 위해 주체의 의식 안으로 끝없이 파고들었던 근대적 삶에서도 허망함을 맛본 현대인들이 나아갈 길은 당연히 자연 안에 의식이 머무는 길일

---

[27] 이진경, 『미-래의 맑스주의』, 그린비, 2006, 20~21쪽.

것이다. 이런 점에서 정신과 물질, 실재와 이미지, 의식과 무의식을 가르는 곳에 자리하고 있는 억압을 벗어나려고 하는 사람은 실체의 나타남으로 파악하는, 그렇지만 이들 사이를 두 세계로 가르지 않는, 그러면서 정신과 물질을 한 실체의 두 면으로 보는, 나아가 이성을 자연 안에 자리 매기는 스피노자의 철학에 매료되지 않을 수 없을 것이다.[28]

따라서 자연과 의식의 분리를 거부하고, 더군다나 의식을 자연성, 몸과의 관계에서, 특히 후자에 일차성을 두고 바라본 마르크스주의자들은 이런 스피노자에게 매력을 갖지 않을 수 없다. 게다가 변증법의 본질주의, 목적론을 피해 가려고 하는, 이른바 거대 담론의 테러를 피해 가려고 하는 입장에서는 스피노자의 이론에 더 관심을 갖지 않을 수 없다. 바로 그 대표적인 인물이 들뢰즈, 알튀세, 에티엔 발리바르Étienne Balibar, 안토니오 네그리 Antonio Negri 등이라고 할 수 있을 것이다.

들뢰즈는 이미 앞서 논의가 되었기 때문에 여기에서는 알튀세, 발리바르, 네그리의 경우만 간략하게 살펴보고자 한다. 우선 알튀세의 경우부터 살펴보면, 그는 스피노자와 마르크스의 관계와 관련하여 스피노자의 철학은 철학사에서 전례가 없는 혁명을 안겨주었으며, 그의 혁명은 마르크스의 유일한 직계 조상으로 간주할 수 있다고 보면서, 헤겔로부터 잘못 이해된 마르크스를 제대로 이해하고 발전시키기 위해서는 스피노자를 거쳐 우회해야 함을 주장한다.[29]

알튀세는 스피노자를 기존의 목적론의 구속을 거부한 자로, 그리고 원인을 결과로부터 분리시켜 원인에 우월성을, 결과에 열등성을 귀속시킴으로써 이들 사이에 우열을 가르는 종래의 형이상학에 부당한 기만이 담겨

---

28 Baruch de Spinoza, *Die Ethik*, in Günter Gawlick(Hrsg.), Baruch de Spinoza · Sämtliche Werke Bd. 2, Hamburg: Felix Meiner Verlag, 1984, 3부 정리2 주해, 2부 정리7 주해, 1부 정리29 주해.
29 루이 알튀세르, 『마키아벨리의 고독』, 김석민 옮김, 새길, 1992, 210쪽.

있음을 폭로한 공헌자로 규정하고 있다.³⁰ 그는 발리바르와 더불어 마르크스주의를 헤겔주의적 본질주의나 루트비히 포이어바흐Ludwig Feuerbach의 인간주의로 해석하려고 하는 기존의 입장을 거부하였다.³¹ 즉 그는 스피노자처럼 실재의 대상과 지식의 대상을 구분하며,³² 따라서 '모순의 단수성單數性과 보편성'으로 향해 있는 헤겔의 변증법에 입각하여 마르크스를 본질주의나 경제주의로 읽는 것을 거부하고, '모순의 복합성과 특수성'을 강조하였다. 현실 속에서는 언제나 '구조화된 복합적 통일체 이전의 미리 주어진 것'만 존재할 뿐이다.³³ 따라서 단 하나의 시원적 통일성에 기초하여 모든 것을 지양적 관점에서 표현하고자 하는 헤겔의 '전체성'이라는 개념에는 모순의 다양성과 복합성이 제대로 자리할 여지가 없으며, 결국 모든 특정한 개체들이 하나의 중심 또는 본질에 모조리 포섭되고 만다.³⁴ 그는 모순의 복수성과 중층 결정에 입각하여 마르크스를 더 이상 헤겔적인 목적론적 관점에서가 아니라 다원론적으로 해석하고자 한다. 또 이데올로기도 복합적인 사회 구성에서 하나의 심급으로 자리 매김 하고자 한다.

이처럼 알튀세의 헤겔의 목적론에 대한 거부는 바로 스피노자 이론의 수용에 근거를 두고 있다. 그는 스피노자의 반목적론의 관점을 수용하여 마르크스 안에 담겨 있는 경제주의의 한 유형인 생산력주의에 특권적 위치

---

30 실제로 스피노자는 원인인 신과 결과인 자연 사이를 다음과 같이 규정하고 있다. "신은 존재하는 모든 것의 내재적 원인이며 초월적 원인이 아니다."(Spinoza, op. cit., 1부 정리18)
31 루이 알뛰세르, 『맑스를 위하여』, 이종영 옮김, 백의, 1997, 51쪽, 104쪽, 119쪽, 121쪽, 244쪽.
32 Spinoza, op. cit., 2부 정리49.
33 루이 알뛰세르, 앞의 책, 198~199쪽.
34 헤겔은 스피노자에 대해서 그가 개체들을 모순을 통해 변증법적으로 발전하지 못하도록 함으로써 실체가 주체로까지 나아가지 못하게 했다고 비판하지만(Georg Wilhelm Friedrich Hegel, *Wissenschaft der Logik*, in Hegel Werke, Bd. 6, Frankfurt a.M.: Suhrkamp, 1970, p. 291. G. W. F. 헤겔, 『대논리학』 III권, 임석진 옮김, 지학사, 1983, 289쪽), 마슈레는 알뛰세를 따라 스피노자는 헤겔처럼 유한과 무한, 실체와 양태, 보편과 개별의 관계를 관념론적이고 목적론적인 변증법적 관계로 설정하는 것을 거부하고 있다고 지적한다(피에르 마슈레, 『헤겔 또는 스피노자』, 진태원 옮김, 이제이북스, 2004, 335~339쪽).

를 부여하는 스탈린주의를 강하게 비판한다.[35] 그에 의하면 생산력주의의 철학적 근거는 본질주의로서, 이는 관념론에 빠지지 않을 수 없다. 이런 어려움을 벗어나려면 마르크스의 입장을 생산관계의 역사와 이를 포함하는 사회구성체 전체 역사의 관점에서 재조명하지 않으면 안 된다. 그는 생산관계에 기반을 두고 생산력과 생산관계의 통일을 모색함으로써 경제결정론에 반격을 가한다. 그는 '구조화된 복합적 전체'라는 개념에 집중하면서, 현실적으로 존재하는 역사를 생산양식의 역사가 아니라 사회구성체의 역사로 바라보려고 한다. 따라서 그에게 생산양식의 역사는 사회구성체의 역사에 기초하여 설명되어야 하며, 상부구조 역시 역사의 외부가 아니라 내부에 자리 매김 되어야 한다. 그 어떤 역사의 필연성과 목적도 계급투쟁의 현실에 앞설 수 없으며, 역사의 자동적 발전을 주장하는 진화주의 역시 이데올로기적이지 않을 수 없다.[36]

사회가 구성되고 권력이 구조화되는 과정에는 경제적 투쟁과 정치적 투쟁이 늘 함께 동반되지, 어느 하나만으로 이루어지는 것이 아니다. 그러므로 알튀세가 보기에 마르크스주의의 정치경제학, 노동경제학은 사회 구성의 복합적 작용을 제대로 파악하지 못함으로써 인간의 억압과 착취에 대한 온전한 이해를 마련해주지 못했다.[37] 그는 마르크스가 헤겔의 변증법에 담겨 있는 본질주의, 목적론의 틀을 벗어나지 못하고 있으며,[38] 이데올로기도 '의식' 내지 '관념' 체계로만 파악함으로써 그 속에 담겨 있는 물질성을 제대로 간파하지 못했음을 지적한다. 또 그는 마르크스를 이어가는 후계자

---

35 Louis Althusser, *Essays in Self-Criticism*, NLB, 1976 참조.
36 알튀세는 카우츠키와 플레하노프가 진화론적 역사철학에 매몰되었음을 지적한다(Louis Althusser, "The Crisis of Marxism", *Power and Opposition in Post-revolutionary Societies*, Ink Links, 1979, p. 277).
37 Althusser, *Ibid*., pp. 233~234.
38 Louis Althusser, "Marxism today", *Philosophy and the Spontaneous Philosophy of the Scientist and Other Essays*, Verso, 1990, p. 272.

들도 마르크스의 잘못을 반복하면서, 공산주의에 어두운 그림자를 덧씌웠다고 비판한다.[39] 이미 마르크스가 마르크스주의가 되어버린 것이다. 그는 헤겔주의 정식에 포섭되어버린 마르크스주의 안에서 당 관료주의가 독버섯처럼 자라면서 대중이 구속되어버린 점과 관련하여 "바깥을 허용하지 않는 절대자를 〔……〕 고착시켰다"[40]라고 언급하고 있다. 그는 스탈린주의 안에 깊이 뿌리박혀 있는 경제주의를 근대 휴머니즘과 연관 지어 부르주아 이데올로기가 다른 형태로 똑같이 탄생했음을 개탄해한다.[41] 알튀세의 마르크스주의에 대한 이와 같은 비판은 사회복지국가를 통해 비교적 안정적으로 발전하고 있었던 서구 자본주의에 당시의 사회주의권이 밀리면서 위기에 처하게 된 상황을 반영하는 것이자, 더 근원적으로는 당시 마르크스주의에 이미 부르주아적 요소가 스며들고 있음에 대한 안타까움을 표출하는 것이기도 하다.

이상에서 보듯이 알튀세는 실체가 양태에 절대적이고 외재적인 원인으로 상정되어 양태에 대해서 자율성을 무시하는 기존의 형이상학을 비판하고, 정신과 물질을 두 실체로 보지 않은 스피노자의 입장을 수용하여 생산력과 이데올로기의 관계를 새롭게 정립하고자 하였다.[42] 스피노자가 실체와 양태 사이의 우열 관계를 거부하였듯이, 알튀세도 상부구조의 상대적 자율성과 그것이 지닌 특별한 효과를 소홀히 다루지 않았다. 상부구조는 부수 현상으로 결코 취급될 수 없으며, 구조화된 복합적 전체로서의 사회를 구성하는 데 중요한 요소가 된다. 그는 상부구조의 객관적 실재와 그 중

---

39 Althusser, Ibid., p. 276.
40 Althusser, Ibid., p. 277.
41 Louis Althusser, "Reply to John Lewis", Essays in Self-Criticism, NLB, 1976, p. 89.
42 물론 들뢰즈는 알튀세의 이런 해석에 동의하지 않는다. 그는 "스피노자에 있어서 표현 이론 전체는 일의성에 봉사한다"라고 언급하면서, 바로 이 점에서 "스피노자의 일의적(一義的) 표현 이론은 라이프니츠의 다의적(多義的) 표현 이론과 대립된다"라고 주장한다(질 들뢰즈, 『스피노자의 표현의 문제』, 447쪽).

요성을 설명하기 위하여 '재생산의 관점'을 도입하여 사회구성체론을 재구성한다. 생산양식과 이데올로기는 상호 밀접한 관계를 지니고 있으며, 모든 이데올로기는 '생산관계의 재생산'이라는 기본 바탕 위에서 작동하며, 따라서 부르주아 정치 영역에 맞서는 프롤레타리아트(대중)들의 정치적 실천 속에서 생명력을 갖는다.

발리바르 역시 이런 알튀세의 입장에 공감하여 스피노자 안에 담겨 있는 '다중'[43] 개념에 매우 비중을 둔다. 그는 이것이 경제주의나 목적론에서 빠져 드는 노동계급이나 부르주아계급이 되어서는 안 되며, 프롤레타리아가 되어야 함을 강조한다. 즉 대중이 되어야 함을 주장한다. 이것은 스피노자가 개별자로서의 양태가 어떤 보편자에 귀속되는 것을 거부하고, 아울러 어떤 것도 재현하는 것에 얽매이지 않는 정동affectus[44]이 되어야 함을 강조하는 것과 일맥상통한다. 몸으로서의 주체는 의식 주체가 될 수도 없고 노동 주체가 될 수도 없다. 왜냐하면 이들 모두는 보편 주체로 향하고 있기 때문이다. 그는 이런 상황과 관련하여 다음과 같이 언급하고 있다.

> 스피노자는 분명히 반보편주의자로 간주될 수는 없다. 하지만 그는 또 인간주의와 계몽주의에서 유래하는 고전적 형태의 보편주의의 옹호자도 아니다. 관개체성transindividualité[45]에 대한, 또는 개체들 사이의 현실적 관계들 전체의 무한한 연관 망으로서의 자연에 대한 그의 사상이 궁극적으로

---

43 스피노자는 『신학-정치론』에서와는 달리 『정치론』에서는 우중(vulgus), 평민(plebs)과 '대중'이라는 용어를 69회나 사용하고 있다(진태원, 「대중들의 역량이란 무엇인가?—스피노자 정치학에서 사회계약론의 해체 2」, 『트랜스토리아』 제5호, 2005 참조). 『정치론』에서 대중들의 이중성, 즉 '대중들에 대한 공포와 대중들의 공포'를 언급하면서 현실 정치를 사회계약의 이성적 원리에 일방적으로 구속하여 인간의 안전과 행복을 기대하는 기존의 계약론을 비판하고 있다(Baruch de Spinoza, *Tathandlung vom Staat*, in Günter Gawlick(Hrsg.), Baruch de Spinoza·*Sämtliche Werke* Bd. 5, Hamburg: Felix Meiner Verlag, 1984, p. 89).(*앞으로 TS로 표기.)
44 에티엔 발리바르, 「정동이란 무엇인가?」, 서창현 외 옮김, 『비물질노동과 다중』, 갈무리, 2005, 24쪽, 35쪽.

준거하고 있는 개념은 보편성 개념이 아니라 독특성 개념이다. 일체의 목적론과 달리 그에게 보편자는 하나의 본질이 아니라 독특한 본질들 사이의 갈등이나 구성적인 합치들에 대한 이성적이거나 정념적인, 얼마간 부적합한 표상으로 나타난다.[46]

스피노자 철학의 이러한 비판적 기능은 경제와 정치, 정보의 '세계화'라고 불리는 것 때문에 보편성이 '현실적'인 것으로 되고 있는 오늘날 분명히 결정적 중요성을 가진다.[47]

발리바르 역시 이런 입장에서 알튀세처럼 마르크스주의의 경제주의, 목적론과 결별하면서 계급투쟁을 강조한다. 발리바르는 본질론(경제결정론, 변증법론), 목적론(역사관), 노동과 육체(경제결정론-프롤레타리아독재-부르주아 독재의 재발-또 하나의 중심주의)를 근간으로 하고 있는 토대주의를 비판하고 스피노자 입장에서 반목적론, 반토대주의를 표방한다. 그래서 발리바르는 알튀세의 역사유물론을 계승하여 '생산관계 우위론'과 재해석된 '경향' 개념에 집중한다. 역사는 기본적으로 계급투쟁의 역사이며, 계급투쟁은 사회적 관계(기본적으로 생산관계) 속에서 형성, 변형, 발전하는 것이다. 그리고 생산력은 이러한 관계 속에서 그 자신의 형태를 드러내는 것이다. 이것이 바로 발리바르가 '생산관계의 우위'를 강조하는 이유이다.

---

45 '관개체성'은 개체에 앞서 어느 정도 안정 상태를 유지하고 있는 가능적 잠재력이 성립된 개체들을 관통하여 존립하면서, 이 능력이 개체들의 형태를 변화시키는 동력으로도 작동한다(에티엔 발리바르, 『스피노자와 정치』, 진태원 옮김, 이제이북스, 2005, 290쪽). 그의 이런 생각은 『정치론』에서 도시들 사이의 연대에 대한 논의나 국가의 법이 이성에 의해서만 아니라 공동의 감정에 기초해야 한다는 주장으로 이어지고 있다(TS, p. 161, p. 176).
46 에티엔 발리바르, 「스피노자, 루소, 마르크스: 정치적인 것의 자율성에서 정치의 타율성으로」(La Politique: De Rousseau à Marx, de Marx à Spinoza), 『스피노자와 정치』, 진태원 옮김, 이제이북스, 2005, 241쪽.
47 같은 곳.

'따라서 역사의 변증법은 진화라는 사이비 변증법이어서는 안 되며 계급투쟁의 현실적 변증법으로서, 사회적 모든 관계 속에서 전개되는 것으로 이해되어야 한다. 그러므로 경제적 계급투쟁 역시 혁명의 효과를 낳는 모든 요소들 중의 하나일 뿐이다.'[48] 따라서 계급투쟁은 미리 예견할 수 없는 역사적 과정에 참여하여 다양한 차이와 복합성 속에서 구체화된다. 발리바르는 이 다양한 차이와 복합성에 대한 긍정을 뤼스 이리가라이Luce Irigaray를 통해 더욱더 강화시키며, 국가를 중심으로 위로부터 진행되는 헤겔의 보편적이고 목적적이며 남성적인 시빌리테civilité(예절) 정치를 대중을 중심으로 아래로부터 출발하면서 성적 차이를 존중하는 개인들 사이의 '승화된 에로스적 공동체'로서의 시빌리테 정치로 변혁시키고자 한다.[49] 이것 역시 스피노자의 정동의 치료remedium affectum에 기반을 둔 사랑의 차원과 연관되어 있다.[50]

이제 마지막으로 네그리의 경우를 살펴보자. 그 역시 다중 개념에 집중한다. 그것은 네트워크 사회에서 신자유주의와 매체 혁명을 통해 자라나는 제국에 대한 저항의 주체를 스피노자의 이 개념에서 찾고자 하기 때문이다. 그는 오늘날 네트워크 사회에 핵심적인 권력이 바로 '제국'과 '다중'이라고 보고 있으며, 이것은 마르크스가 '자본'과 '노동'의 관계의 관점에서 이해했던 자본주의 문제를 새롭게 전복하려는 뜻을 담고 있다.[51] 죽은 노동

---

48 에티엔 발리바르, 「역사변증법에 대하여」, 『역사유물론 연구』, 이해민 옮김, 푸른산, 1989, 224쪽.
49 Étienne Balibar, "Ambiguous University", *differences: A Journal of Feminist Cultural Studies*, No. 1, 1995; 윤소영, 「스피노자-마르크스주의와 포스트구조주의 비판」, 한신대학교 출판부, 『한신논문집』 특별호, 1997, 708쪽. 이 시빌리테 정치는 부르주아지들의 욕망 충족을 기존의 시민 윤리적 정치가 아니라 여성적 가치, 프롤레타리아적 가치를 구현하는 새로운 시민 윤리적 정치이다.
50 물론 스피노자에게 인식의 완전성의 실현은 정동의 치료, 즉 이성과 정동의 만남을 통해 이루어지며, 이것은 다름 아니라 신에 대한 지적 사랑으로서 들뢰즈식의 에로스는 아니다(Spinoza, *op. cit.*, 4부 정리27~28, 5부 정리7, 정리10, 정리20). 바로 이러한 맥락에서 발리바르와 알튀세는 '스피노자-마르크스적'이라면 들뢰즈는 '스피노자-니체적'이라고 할 수 있다. 여기에 대한 자세한 논의는 윤소영의 「스피노자-마르크스주의와 포스트구조주의 비판」, 같은 책, 720~722쪽 참조.

으로서의 자본이 세계를 지배함으로써 산 노동을 근원적으로 박멸시키는 제국에 그것을 지켜내려는 다중을 마주 세운다. 따라서 다중은 자신들의 역능potentia을 통해 스스로를 인식하고 실현하면서 자신들이 지니고 있는 독특성을 단 하나의 절대성에 예속시키지 않고 버텨내려는 스피노자적 개체(양태)에 바탕을 두고 있다. 그러므로 네그리의 다중은 이미 독특성을 단 하나의 절대성에 귀속시키는 헤겔 변증법의 계기이기보다는 대항의 자리에 서 있고자 한다.[52] 이런 그의 다중은 '독특성들로 구성되는 파악될 수 없는 집합'으로서, 총체성과 관계하되 끝없이 이를 벗어나면서 이행하는 저항적 주체이다.[53] 그러므로 이 다중은 지배 세력의 초월적인 자의적 의지에 바탕을 둔 '권력'potestas(pouvoir)에 기생하는 자가 아니라 피지배자의 자리에서 필연적으로 실제적인 힘을 생산하는 '역능'potentia(puissiance)이지 않으면 안 된다.[54] 이 역능으로서의 다중 프로그램은 '포스트' 시대의 새로운 전복 모델로서 신자유주의의 심장부를 가로지르려고 한다.

사실 포스트 시대의 마르크스주의자들 일반이 그러하듯이, 네그리 역시 헤겔의 옷을 걸친 마르크스주의는 패배하였으며, 기존 사회주의 역시 자본주의의 죽은 노동에 휘말려 들어가고 말았다고 진단한다. 따라서 그는 데카르트를 필두로 전개되어 헤겔에서 만개한 의식 철학과 변증법과의 단절을 선포하고,[55] 언어적 지평 위에서 '거대 주체'를 상호 소통하는 '서로주체'로 전환시키고자 한다.[56] 그래서 그는 대상을 개념 운동에 포섭시키는 헤

---

51 알튀세와 발리바르가 마르크스를 스피노자를 통해 새롭게 하고자 하였듯이, 네그리 역시 스피노자로 돌아가 마르크스주의의 위기를 극복하고자 한다(안토니오 네그리, 『전복적 스피노자』, 이기웅 옮김, 그린비, 2005, 182쪽).
52 안토니오 네그리, 같은 책, 80쪽. 헤겔이 복구하는 내재성은 다중의 잠재성을 부인하는 결과를 낳는다고 네그리는 비판한다(Michael Hardt & Antonio Negri, Empire, Harvard University Press, 2000, p. 82).
53 안토니오 네그리, 같은 책, 85~86쪽.
54 Spinoza, op. cit., 1부 정리35, 5부 정리39; 질 들뢰즈, 『스피노자와 표현의 문제』, 130~131쪽.

겔의 '절대정신'의 철학보다는 끝없이 독특성을 펼쳐가는 '사건의 철학'을 개진하고자 한다. 이 '사건'에서는 '이름 붙여지는 사물'이 지배하거나 '이름 붙이는 행위'가 지배하는 것을 허용하지 않는다.[57] 사건은 이 양자가 만나 함께 머무는 자리이며, '우리의 시간'(카이로스)과 '사물의 시간'이 만나는 '특이한 순간'이다.[58] 그러므로 이 사건은 니체의 '생성의 무죄'Unschuld des Werdens를 소중히 하며, 보편성의 거물 바깥에서 독특성을 견지하며 저항 지대를 구축한다. 따라서 이 사건은 체제의 동반자인 이성보다는 차이성을 사랑하는 상상력을 통해 이름들이 서로 함께하는 자리이다. 이렇게 함으로써 그는 시간성과 시간 속에 존재하는 것들에 대해 긍정하고,[59] 그리고 이것들이 자신의 역능을 펼쳐나가는 생성의 주체화로서의 프락시스의 유물론을 전개하고자 한다.[60]

　　이처럼 네그리는 몸, 시간, 독특성을 중심으로 헤겔에 구속된 마르크스를 다시 재창조하고자 한다. 시간 속에 독특성을 생명으로 간직한 채 자신의 역능을 펼쳐나가는 다중은 시원의 원본에 붙잡힌 과거의 노예도, 종말의 유토피아적 목적에 빨려 들어가는 미래의 노예도 아닌, 지금 이 순간을 긍정하고 자라나는 창조적 시간으로서의 카이로스에 동참하고자 한다. 따라서 다중은 카이로스라는 생명줄을 타고 매 순간 대상 세계를 주체적으로

---

[55] Antonio Negri, *Marx beyond Marx*, Massachusetts: Bergin & Garvey Publishers, 1984, p. 188. "나쁜 변증법과 구별되는 좋은 변증법이란 존재하지 않는다. 모든 변증법은 위험하다. 그것들은 모두 역사적 편의성 및 그것의 주문(마력)에서 스스로를 해방시킬 수 없다. 변증법은 그것이 설령 '아래로부터'의 변증법이라 할지라도, 우리에게 역사적 과정의 급진적인 혁신을 제공해 줄 수 없다."(안또니오 네그리, 「가치와 정동」, 서창현 외 옮김, 『비물질노동과 다중』, 갈무리, 2005, 172쪽)
[56] Hardt & Negri, *op. cit*., p. 404.
[57] 안또니오 네그리, 『혁명의 시간: 나 자신에게 주는 아홉 개의 교훈』, 정남영 옮김, 갈무리, 2004, 35쪽.
[58] 안또니오 네그리, 같은 책, 36쪽.
[59] 네그리는 "다중의 활동은 척도를 넘어서 시간을 구성하며, 따라서 시간은 이전과 이후 사이의 운동의 측정 불가능성으로, 즉 내재적 구성 과정으로 정의될 것이다"라고 주장한다(Hardt & Negri, *op. cit*., p. 402).
[60] 안또니오 네그리, 앞의 책, 51쪽.

창조하면서 자기를 넘어 나아간다.[61] 다중은 언어를 통해 타자를 만나는 그 어떤 출입문도 걸어 잠근 채 자신 안에서 거대 주체를 잉태하는 의식의 왕국을 격파하고, "이름 붙이는 행위와 이름 붙여진 사물이 '동시에' 실존을 얻는"[62] 언어적 지평을 통해 카이로스를 찾아 나서는 몸을 사랑한다. 바로 여기에 생명 정치, 산 노동을 추구하는 새로운 유물론의 다중정치론이 자리하고 있다.[63]

네그리의 이와 같은 유물론은 정신과 육체가 갈라져 있는 이원론이나 어느 한쪽을 다른 한쪽에 포섭해버리는 유물론이나 관념론을 넘어 몸속에 이성이 거하는 니체의 철학을 수용하는 것이자, 심신을 한 실체의 양면으로 보는 스피노자의 '정동' 이론을 수용한 것이기도 하다. 따라서 그 역시 생각이 몸을 지배하는 것이 아니라 몸에서 생각이 발생하는 유물론을 추구하며,[64] 이성과 정서가 결합하는 열정의 관점에서 몸들을 생산하는 프락시스의 철학을 개진하고자 한다.[65] 이것은 다름 아니라 이미 앞에서 언급한 산 노동으로 이어진다. 그의 산 노동은 자신을 죽여 들어오는 자본에 반란하며,[66] 가난한 자들이 함께하는 다중의 생명이다. 가난한 몸들에서 일어나는 상상력의 자유로운 연대를 통해 압제에 저항하는 것 속에는 더 이상 과거의 노동자계급처럼 거대한 국가적 혁명에 대한 시도가 자리하고 있지 않다. 이 혁명은 시간의 가장자리에서 카이로스를 통해 순간을 긍정하는 '사건'의 길을 택한다. 그러므로 네그리의 정치론은 이성에 갇힌 상상력을 풀

---

61 "스피노자는 세계를 절대적 필연성으로, 절대성의 현전으로 기술하고 있다. 그러나 바로 이 현전이야말로 모순적이다. 그것은 그 즉시 우리에게 필연성을 우연으로서 되돌려주며, 절대적 필연성을 절대적 우연으로 되돌려준다. 〔……〕 안정의 필연성은 혁명과 동일한 외연을 갖게 된다." (안토니오 네그리, 『전복적 스피노자』, 21쪽)
62 안또니오 네그리, 앞의 책, 40쪽.
63 Hardt & Negri, op. cit., p. 400, pp. 405~406.
64 안또니오 네그리, 앞의 책, 88~90쪽.
65 안또니오 네그리, 같은 책, 90쪽.
66 안또니오 네그리, 같은 책, 90쪽; Hardt & Negri, op. cit., pp. 405~406.

어주고, 자본에 구속된 가난한 몸을 해방시키며, 남성적이고 정신적인 지적 사랑보다는 몸을 통해 투쟁하고 사랑하는 에로스의 정치론이다.[67]

우리의 몸이 겪는 이 가난의 경험은 서로를 이성이 구축한 조직에 안착시킴으로써 생명을 얻는 것이 아니라 그 조직을 변혁하려는 열정이 그리워하는 사랑을 통해서 참생명을 얻는다. 이처럼 그는 '사랑'과 '가난'의 조우를 통해 '영원'[68]에 이르고자 한다.[69] 산 노동을 구현해내는 생명 정치는 몸의 가난에 대한 경험과 사랑을 통해 마련된다.

> 사랑의 모든 시간적·공간적 힘은, 존재의 가장자리를 향해 달려가고, 또 그 가장자리를 넘어서는 가운데, 공통적인 것을, 다중의 저항과 힘을 (마치 자연스러운 맥락에서 그리는 것처럼) 한데 모으는 중요한 장력으로 만든다.[70]

따라서 이제 정치는 다중이 명령이 아니라 사랑을 통해 '공통적인 것'을 만들어가되, 획일적인 통일성이나 보편성으로 측정하여 미래를 단정 짓는 모든 것에 열려져 있어야 한다. 그러므로 다중정치는 다중 그 스스로가 보편성에 함몰되지 않는 독특성을 존귀하게 여기듯이[71] 자신들의 미래의

---

67 안또니오 네그리, 같은 책, 15쪽.
68 이때의 영원성은 스피노자적 영원성으로서 이 세계의 시간성을 초월한 영원성이 아니라 생성하는 내재성으로서의 영원성이다.
69 "바로 사랑에 의해서 육체를 하나로 만들고 증식시키는 행위, 육체를 탄생시키고 그것의 특이한 실존을 집단적으로 재생하는 행위가 공고해진다. 〔……〕 반대로 고립시키는 것은 생성이며, 변증법이다. 그러나 존재와 사랑은 결코 고립시키지 않는다. 〔……〕 그리고 사랑은 유출적인 힘이다. 그것은 욕망의 내용과 힘, 수준을 모든 척도 너머로 상승시킨 혁명을 이미 완수한, 평온한 존재의 증식이며 번창이다. 욕망은 이렇게 사랑과 존재를 굳게 결합시킨다." (안또니오 네그리, 『전복적 스피노자』, 27쪽)
70 안또니오 네그리, 앞의 책, 168쪽.
71 "다중이란 독특성과 공통성의 동학으로부터 생겨난 주체성이다." (Michael Hardt & Antonio Negri, *Multitude: War and Demcracy in the age of Empire*, New York: The Penguin Press, 2004, p. 198)

목적에도 '아직 도래하지 않은'(미-래) 측정 불가능성이 열려져 있기를 요구한다. 그러므로 그의 목적론은 아리스토텔레스의 유기체적 목적론도 아니고 헤겔적인 변증법적 목적론도 아니다. 그의 다중정치는 이런 목적론에 갇히지 않으면서도 동시에 상대주의로 귀결되지 않는 공통의 길, 마치 복수의 인간들men이 공통감sensus communis을 통해 다원주의를 마련하고자 하는 아렌트의 길처럼,[72] 열려 있는 '공통적인 것'으로 향해 있다.[73] 그의 이와 같은 관점은 지구적 차원의 연대로 이어진다. 이 연대는 "들뢰즈와 가타리의 리좀rhizome(뿌리줄기), 즉 위계적이지 않고 중심이 없는 네트워크 구조"[74]로서의 민주주의적 모델에 입각해야 하며, "다중이 여기저기로 이동하고 자기의 장소를 자기 자신의 것으로 만드는", "그래서 유목주의와 '이종 혼합miscegenation'의 공통 장소"를 만드는 것이어야 한다.[75]

이처럼 네그리는 니체와 스피노자라는 우회로를 통하여 기존의 마르크스주의를 전복하면서 새로운 유물론을 만들어내고 있다. 이런 그의 입장은 전체주의에 도전하는 아렌트의 기획을 비판적으로 수용하고 있다. 최소한 그의 입장은 이성의 소통에 입각하는 하버마스의 합리적 논의윤리학보다는[76] "사람들 사이에 존재하면서" inter homines esse[77] "과거와 미래의 틈새

---

72 Hannah Arendt, *Lectures on Kant's Political Philosophy*, edited with an interpretative essay by Ronald Beiner, Chicago: Chicago University Press, 1982, p. 72.
73 Hardt & Negri, *Multitude: War and Democracy in the age of Empire*, pp. 198~208. 물론 네그리는, 리오타르가 차이를 극명하게 살려주는 숭고의 입장에서 칸트의 취미판단이 추구하고 조화미에 바탕이 되는 공통감을 비판하듯이, 위기에 대항하는 욕망의 능력을 좀더 적극적으로 펼쳐내지 못하는 아렌트의 향수적 정치철학에 대해서 비판적이다(Hardt & Negri, *Ibid.*, p. 387).
74 Hardt & Negri, *Empire*, p. 299.
75 물론 이것은 헤겔의 구체적 보편에 입각한 인류태나 칸트적인 사해동포주의가 될 수 없다(안토니오 네그리, 마이클 하트, 『제국』, 윤수종 옮김, 이학사, 2002, 463쪽).
76 네그리는 하버마스의 이론은 현대 네트워크 사회를 충분히 극복할 수 있는 대안이 되지 못함을 주장한다(Hardt & Negri, *Empire*, pp. 33~34, p. 404).
77 Hannah Arendt, *The Life of the Mind*, Vol. 1, Thinking, New York: Harcourt Brace Yovanovich, 1978, p. 74.

에 자리하여"[78] 개성을 가진 다양한 인간들이 서로의 상상력을 통해 마음을 넓혀나가는 '행위'의 정치학을 구축하고자 하는[79] 아렌트의 입장에 더 가까이 다가가 있다. 네그리의 다중정치론은 차이성들의 공명과 개인들 사이의 공동체감을 중시하는 들뢰즈와 아렌트의 미학적 관점을 새롭게 종합하여, 차이와 상상력을 압박하는 기존의 변증법에 반기를 든다.

이상에서 보듯이 현대철학의 '포스트적' 경향과 '스피노자적' 경향은 그동안의 의식 중심의 철학이나 노동 중심의 철학이 인간의 몸에서 일어나는 긍정적 욕망을 산출하는 생명 철학을 구현하지 못했다는 문제의식에서 비롯되고 있다. 자본의 욕망 궤도 바깥에서 자본주의를 공격했던 사회주의도 다시 자본의 욕망 궤도 안으로 휩쓸려 들어가 자본주의에 승리를 안겨줌으로써 이제 더 이상 부르주아지가 아닌 존재는 없다. 덜 부르주아적이고 더 부르주아적인 정도의 차이는 있지만, 탈부르주아적인 존재는 더 이상 존재하지 않는다. 근대 인문주의가 추구해온 '최후의 인간'이 자본주의와 더불어 승승장구하고 있다. 프랜시스 후쿠야마Francis Fukuyama의 역사의 종언이 이 시대의 심장부를 가로지르고 있다.

그러나 과연 우리 인간이 이런 인간으로 끝나야 하는가? 푸코가 주장하는 '새로운 인간', 페터 슬로터다이크Peter Sloterdijk가 주장하는 역사 이후post-history의 '포스트 인간'post-human은 불가능한가?[80] 아니 이것은 불가능한 것이 아니라 포기할 수 없는 과제가 아닌가? 그렇다면 우리는 이런 인간을 어떻게 기대하고 실현할 수 있는가? 바로 여기에 '포스트구조주의'가 자리하고 있고, '스피노자'가 자리하고 있다. 더 이상 인간 전체로서의 몸을

---

78 Arendt, Ibid., pp. 208~209.
79 Arendt, op. cit., p. 53; Hannah Arendt, The Human Condition, Chicago & London: The University of Chicago Press, 1973, p. 195.
80 김석수, 「휴머니즘과 냉소주의, 그리고 새로운 인간의 탄생―슬로트다이크(Peter Sloterdijk)의 이론을 중심으로」, 새한철학회 엮음, 『철학논총』 제46집, 2006 참조.

정신과 육체로 가르지 않고, 이성과 욕망으로 가르지 않는, 이른바 몸 안에 이성이 거하는 새로운 인간의 길은 이들 사이에 우열을 설정하는 기존의 모든 거대 담론을 종식시키는 길이어야만 한다. 이 길은 니체의 '몸으로서의 이성'이나 스피노자의 '역능'과 '정동'에 바탕을 둔 '표현'의 길이어야 한다. 그러므로 '포스트구조주의'나 '스피노자-마르크스주의'는 변증법과 목적론에 결합되어 있는 기존의 폐쇄적 목적, 폐쇄적 보편을 거부한다.

따라서 이들은 더 이상 다수자 되기, 중심 되기, 보편자 되기, 목적 되기 모두를 거부하고, 언제나 소수자로서 중심으로부터 나와 바깥에 의해서 바깥을 통해서 사유하며, 바깥을 언제나 환대하는 철학을 전개하고자 한다. 그렇기 때문에 현대의 마르크스주의 철학은 헤겔의 변증법에 연루되어 중심을 치고 들어가 또 하나의 다른 중심을 만드는 기존의 역사적 유물론이 아니라 늘 바깥을 기다리는 역사적 유물론의 길을 추구한다. 이런 의미에서 '포스트' 시대의 마르크스주의자들은 다수자로서의 노동자가 아니라 소수자로서의 프롤레타리아트가,[81] 또 하나의 부르주아지가 되는 노동자의 사회주의가 아니라 가난한 프롤레타리아트의 코뮌주의를 제창한다.[82] 따라서 이들은 '적대의 정치학'이 아니라 '차이의 정치학'을, 계급의 철학이 아니라 비계급의 철학을 제창한다. 이들은 기존의 국경을 가로지르면서 만들어지는 비非서구적, 비非근대적 삶의 방식을 구성하는 비非국가적 전략을 통하여, 당 대신에 연대의 장을, 유목민의 정체성을 마련하고자 한다. 이들은 화폐가 아니라 선물이 주어지는 배려의 사회를 꿈꾼다. 그렇다고 고요하고 평온한 동산에서 이들은 마냥 머물기를 원치 않는다. 이들은 언제나 외부로부터 억압과 구속이 덮치면 즉시 박차고 일어나는 몸적 주체들로서

---

81 Hardt & Negri, *Empire*, p. 508.
82 Hardt & Negri, *Ibid.*, p. 413.

가난한 자, 낯선 이방인들이 언제든지 머물 수 있는 세상을 원한다.

그러나 이들이 이런 희망을 가지고 있음에도 불구하고, 이를 실현하는 세부적인 방법론에서는 입장의 차이를 보여주며, 심지어 니체와 스피노자를 수용하는 방식에서도 차이가 난다.[83] 그러나 여기서 가장 중요한 문제는 '포스트' 시대를 살아가야 하는 우리가 과연 어느 정도로 니체적인 것과 스피노자적인 것을 받아들여야 하는가 하는 점이다. 사실 포스트 시대의 가장 중요한 개념은 '다중'이라고 해도 과언이 아니다. 이 다중은 의식과 노동, 이성과 감정, 보편과 개체, 목적론과 기계론의 대립을 가로질러 차이와 연대를 길러내는 자들이다. 그러나 다중이 이와 같은 소기의 목적을 달성하기 위해서는 니체적인 에로스와 스피노자적인 에로스 중 어디에 더 기대야 하는가? 사실 네그리의 경우는 전자에 더 치중하여 이것에 훨씬 더 긍정적인 기능을 부여하지만, 발리바르의 경우는 후자의 경우에 더 치중하여 긍정적 기능과 부정적 기능을 동시에 부여한다. 어느 쪽에 더 비중을 두느냐에 따라 제국에 저항하는 주체의 위상과 역할이 달라질 것이며, 그 결실 또한 달라질 것이다.

지금 우리 사회에는 마르크스의 민중 담론 이후, 시민 담론의 한계를 직시하고 새로운 운동의 방향으로서 다중 담론이 확산되고 있다. 너무나 거대한 자본에 힘없이 포섭되고 있는 오늘의 현실을 더 이상 도시 중산층의 시민에게만 내맡길 수도 없고, 그렇다고 과거와 같은 노동자 연대를 통한 혁명적 작업을 수행하는 거대 담론에 내맡길 수도 없는 실정이다. 신자유주의를 중심으로 펼쳐지는 제국의 시대에, 이 거대한 지배의 논리를 벗어날 수 있는 자본 외각의 새로운 주체가 과연 누가 되어야 할 것인가? 우리의 현실에서 구체적으로 다중은 누구이며, 과연 다중에 의한 새로운 변

---

83 이 부분에 대한 자세한 논의는 또 하나의 논문이 되어야 하기 때문에 다음 기회로 미루고자 한다.

혁 운동이 가능할 것인가? 여기에 대해서 심도 깊은 논의가 이루어지기 위해서는 다중 담론 내부의 논의들을 좀더 깊이 있게 분석해보아야 할 것이다. 들뢰즈의 이론에 기반을 두고 있는 이진경, 조정환, 네그리에 바탕을 두고 있는 윤수종 등 다중 담론 내부의 다양한 스펙트럼에 대한 조명이 우선 이루어져야 할 것이며, 나아가 이들의 이론을 기존의 민중 담론, 시민 담론과 대비시켜 견주어보아야 할 것이다. 특히 이들의 이론을 오늘의 우리 현실과 견주어 분석해보는 것이 필요하다. 여기에 대한 약간의 조망은 6장에서 부분적으로 이루어질 것이다. 그러나 여기에 대한 본격적인 작업은 필자의 현실적 시간 부족과 역량 부족으로 인해 후속 작업으로 미루어두고자 한다.

5장

다원주의와 지방자치•

앞서 논의한 '다중'은 분명 소수자 운동을 지향한다. 권력을 소유하거나 자본을 소유하는 운동이 아니라 이들을 관장하고 있는 제국에 맞서 자율적인 코뮌을 형성하는 것이 다중의 목적이다. 이들은 더 이상 중앙으로 집중해 있는 과거의 민족국가를 상대로 하는 것이 아니라 국가의 장벽을 넘어 자본이 무한히 활주하면서 경계를 모르고 뻗어나가는 세계 전선으로서의 제국과 상대한다. 사실 앞서도 보았듯이, 오늘의 사회는 네트워크 사회이며, 따라서 공간적으로 집중화되어 있었던 기존의 구도를 탈피하여 국가와 민족의 경계를 넘나들고 있다. 또 특정인이 권력을 소유하는 것에 대해서 곳곳에서 감시와 저항의 목소리를 표출하고 있다. 오늘날 신자유주의는 이런 네트워크 사회의 회로를 타고 모든 거주자들로 하여금 자본을 따라 유동하도록 만든다. 그래서 신자유주의의 일차적인 적敵은 정착민이 되었다.

• 이 글은 『사회와 철학』 6권(2003)에 실린 글을 일부 수정·보완하여 재수록한 것임.

그러나 이런 신자유주의와 네트워크 사회에서 작동하는 유동성은 결코 모두를 해방시키는 자율의 공간이 아니라 모두를 거대한 제국 아래 포섭하는 소용돌이로 변질하고 있다. 그래서 지금 우리가 살고 있는 21세기 사회는 국내외적으로 매우 거대한 힘에 의해서 주변부가 압살을 당하고 있는 사회이다. 국제적으로는 세계화의 물결이 거세게 밀려들면서 대다수의 국가들이 온통 미국의 신자유주의 노선에 예속되고 있으며, 국내적으로는 지방이 서울공화국에 종속되고 있다. 이러한 현상은 경제적 차원에서만 전개되는 것이 아니라 문화적 차원에서도 심하게 발생하고 있다. 이제 세계인들은 영어를 쓰지 않고, 영어라는 문화권에 고유한 습성들을 익히지 않으면 오늘의 삶으로부터 배제될 위기에 처해 있다. 피에르 부르디외Pierre Bourdieu의 주장에 의하면 경제적 폭력을 넘어 상징 폭력, 문화계급의 폭력이 확산되고 있는 것이다. 오늘의 세계가 자유로운 경쟁과 차이를 마음껏 열어주는 개방된 모습을 띠고 있는 것 같지만, 사실은 자유와 차이에 대한 존중으로 위장된 지배와 차별이 그 이면에서 심화되고 있다.

이와 같은 현상은 봉건적인 억압의 구조를 깨고 나오던 근대 시민혁명기의 고전적 자유주의가 보여준 모습과도 유사한 측면이다. 당시 자유주의 노선은 개인의 자유와 권리를 마음껏 열어주는 것 같았지만, 사실 그 이면에는 부르주아 지배 구조가 심화되고 있었고, 제국주의적 지배 구조도 확장되고 있었다.[1] 이후에 이를 타개하기 위하여 등장한 동구의 사회주의와 서구의 사회민주주의도 이 고전적 자유주의를 새롭게 강화시킨 신자유주의 앞에 여지없이 무너졌고 또 무너지고 있다. 이른바 신자유주의가 펼치는 신제국주의의 힘 아래 세계는 또다시 획일적으로 지배당하는 상태에 처

---

1 이상화는 근대적 가치와 이념이 '보편성'에 기초해서 실질적 차이를 도외시함으로써 획일적 억압과 지배가 심화되었다고 본다(이상화, 「세계화와 다원주의—실천을 통한 타자의 인정과 공통가치 모색」, 한국철학회 엮음, 『다원주의, 축복인가 재앙인가』, 철학과현실사, 2003, 20쪽).

해 있다.

따라서 세계의 지식인들은 이를 타개하기 위하여 차이성과 동일성, 주변부와 중심부의 관계에 대한 다각도의 이론들을 모색하기 시작하였다. 바로 이 과정에서 지식인들 사이에 자유주의와 공동체주의, 모더니즘과 포스트모더니즘, 다원주의와 보편주의에 대한 논쟁도 활발하게 진행되었다. 그동안 우리 국내 학회에서도 이들 주제와 관련하여 다양한 논의들이 전개되었다.

그러나 우리 사회에서 전개된 이들에 관한 논의들은 우리의 구체적 현실과 관계 속에서 실천적 관점에서 전개되기보다는 이론 중심의 논쟁으로 이어지는 경향이 강하였다. 물론 그 와중에 서구 학회에서 논의되는 이와 같은 주제들을 우리의 현실과 연관을 지어 새롭게 재조명하고 그 적실성을 진단하려는 노력도 간간이 진행되었다. 사실 우리 사회는 서구의 자유주의가 확장되고 근대화가 진행되는 과정과는 상당히 다른 측면을 지니고 있다. 이미 1부에서 자세히 검토하였듯이, 우리 사회의 근대화는 서구처럼 아래로부터 이루어진 것이 아니라 위로부터 명령을 통해 이루어졌으며, 따라서 봉건적 방식으로 이루어졌다. 그러므로 서구의 논의를 그대로 우리 현실에 이식시켜놓기에는 많은 어려움이 존재하지 않을 수 없다.

여기서는 이와 같은 문제의식 아래서 차이가 차별로 전환되는 우리 사회의 문제점을 극복하기 위한 방안을 고민해보고자 한다. 특히 이 장에서는 오늘날 주된 쟁점이 되고 있는 다원주의와 관련하여 이것이 우리 사회의 문제를 풀어가는 데 적실한 역할을 할 수 있는지에 대해서 평가해보고자 한다. 이를 통해 필자는 주변부가 중심부에 휩쓸려 들어가 버리는 세계화 및 서울공화국 현상에 대한 극복 방안으로서 지방분권과 지역 혁신의 불가피성을 제시해보고자 하며, 아울러 이런 관점과 다원주의의 상호 관계를 분석해보고자 한다.

1 압축 근대화와 국가주의

이미 앞에서 잠시 언급하였듯이 우리 사회는 세계에서 유례를 찾기 힘들 정도로 고도로 압축된 근대화를 추진하였다. 사실 우리의 현대사는 열강들에 의해서 부단히 침입을 당한 수난의 역사였다. 1876년 개화기 이후 열강들의 끊임없는 간섭과 침해를 받으면서, 마침내 1910년 일본의 식민지가 되어 자그마치 35년이라는 긴 세월 동안 주권을 상실한 민족이 되어야만 했다. 이 와중에 민족의 해방과 관련하여 많은 지식인들이 민족의 일대 단결을 강조하였으며, 따라서 민족 구성원 개개인의 자유와 권리보다는 민족의 해방 차원에서 개인을 희생하는 관점이 중시되었다. 그러므로 이와 같은 시대에는 다원주의적 요소가 스며들기 어려웠다.

이와 같은 상황은 해방 이후 이승만 정권과 그 이후의 군사정권에서도 계속되었다. 특히 1950년 한국전쟁을 겪고 난 이후 이승만 정권은 극우 반공적 형태인 '매카시즘'을 추구함으로써 파시즘적인 경향을 보여주었다.[2] 그리고 학생들이 중심이 되어 전개한 자유와 인간 존엄성을 부르짖은 4·19 혁명도 곧이어 발생한 5·16군사쿠데타로 인해 제대로 빛을 보지 못했다. 이후의 박정희 군사정권은 반공주의와 경제주의를 결합시켜 국가제일주의를 더욱 강화시켜나갔다. 어쩌면 이와 같은 국가제일주의는 짓밟히고 굶주린 민족의 수난 시대에는 당연한 현상이었는지도 모른다.

이런 현상은, 1부에서 안호상, 박종홍, 이규호 등을 통해서 밝혔듯이, 민족의 생존과 번영을 위해서 국가를 재건하는 일에 희생적으로 참여해야 한다는 근대화 인텔리겐치아론에 근거를 두고 있다. 조국 근대화 시절에 임방현은 민족의 번영과 생존을 위해서 지식인은 국가에 건설적으로 참여

---

2 윤건차, 『현대 한국의 사상흐름―지식인과 그 사상 1980~90년대』, 당대, 2000, 29~30쪽.

해야 하며, 이를 위해 발생한 쿠데타와 군사정권 역시 긍정해야 한다고 보았다. 그는 박종홍과 더불어 박정희 정권의 유신 이념에 이바지하였다.[3] 이들 인텔리겐치아론자들은 국가가 개인을 초월하여 우월한 위치에 있는 것은 당연한 것으로 여겼다. 개인은 서구 근대화의 개인, 즉 자기보존을 우선적으로 고려하는 개인이 아니라 언제나 국가 전체의 이익을 위해서 활동해야 하는 개인이어야 했다.[4] 따라서 개인이 기업에서 노동하거나 기업이 이윤을 위해서 노력하는 것도 국가를 위한 것이어야 한다.[5] 그러므로 국가의 존재를 의심하고 권위에 도전하는 자가 있다면 이들을 국가가 주도하여 교육을 시켜야 한다.[6] 조국 근대화 과정에 동원된 인간개조론은 이런 단면을 잘 보여주었다. 한마디로 한국의 근대화는 절대주의 국가관에 입각하고 있었다. 그러나 서구는 절대주의가 지니고 있는 독재성에서 벗어나기 위해 국가의 권력을 분산시키고 최소정부론을 정립하면서 자유주의의 토대를 마련하였지만, 우리는 이러한 면을 제대로 마련할 수 없었다. 이것은 우리가 열강들로부터 나라를 지켜내고, 극도로 가난했던 민족의 현실을 조속히 극복하고, 분단의 위협을 막아내야만 했던 당시의 현실적 상황과도 깊은 연관 관계가 있었다.

그래서 우리의 보수주의자들은 이런 국가주의에 당연히 정당성을 부여하고자 하였다. 그러나 진보주의자들은 한국 현대사에 자리하고 있는 이런 국가주의가 반민주적인 역사의 빈곤을 초래했다고 비판하였다. 과연 어느 쪽 평가가 한국 현대사를 제대로 바라보는 것인지에 대해서는 쉽게 결론이 나지는 않을 것 같다. 그렇지만 한 가지 분명한 사실은 한국 현대사가

---

3 임방현, 『근대화와 지식인』, 지식산업사, 1973; 임방현, 「혁명과 지식인」, 『정경연구』, 1968; 임방현, 「발전국가에 있어서 지식인」, 『정경연구』, 1969 참조.
4 安浩相, 『哲學論叢』, 乙酉文化史, 1948, 195쪽.
5 朴鍾鴻, 「企業精神의 바탕」(1972), 열암기념사업회 엮음, 『朴鍾鴻全集』 VI권, 민음사, 1998, 501쪽.
6 李奎浩, 「國民政治教育」, 社團法人 平和統一研究所 엮음, 『統一政策』 6권 1호, 1980, 8쪽.

국가주의로 일관되어왔고, 또 그로 인해 주변부가 중심부에 일방적으로 지배를 당하는 부작용이 초래되었다는 점이다.

우리는 이와 같은 사실을 그동안 주변부에서 억압받았던 계층이 저항하고 투쟁해왔던 흔적을 통해서도 충분히 목격할 수 있다. 우리 사회의 소외된 주변부는 고독하고도 허무한 자아를 실존적 차원에서 달래거나, 아니면 마르크스주의적 투쟁으로 극복하고자 하였다. 특히 한국 사회의 민주화 운동과 관련된 실천 분야에서는 후자 부분이 압도적이었다. 이미 앞 장들에서 언급하였듯이, 이와 같은 경향은 1970년대 프랑크푸르트학파의 사회 비판 운동을 거쳐 1980년대에 마르크스-레닌주의로 이어졌으며, 이후 '사회구성체 논쟁'과 더불어 다양한 형태로 전개되었다.

이처럼 한국 현대사는 좌우의 대립 논리 아래서 다원적 가치가 허용되기 무척 어려운 사회였다. 그러나 우리나라도 국외적으로는 1985년 소련 공산당 서기장인 고르바초프가 '페레스트로이카' 정책을 제시하고 '글라스노스트' 선언을 한 이후 1989년 헝가리를 필두로 하여 적성 국가들과도 외교 관계를 맺기 시작하였다. 그리고 국내적으로는 1987년 6월 민주항쟁을 기점으로 대통령직선제 및 지방자치제를 관철시키면서 민주화를 확대시켜나갔다. 이로 인하여 시민사회가 국가의 억압으로부터 점차 벗어나기 시작하였으며, 이와 더불어 경제정의실천시민연합, 참여연대, 환경운동연합 등 다양한 시민운동 단체들이 활성화되기 시작하였다. 아울러 그동안 민중운동의 중심 기반이었던 마르크스주의도 분석마르크스주의(코헨, 엘스터)나 포스트마르크스주의(라클라우, 무페)로 이행하게 되었다. 그래서 우리 사회는 더 이상 정통 마르크스주의에서처럼 보편주의, 본질주의, 환원주의를 강하게 추구하지 않게 되었으며, 아울러 지식인들도 1990년대 다원화 사회에 적합한 형태로 이론과 실천의 방향을 재정립하려고 하였다.

이와 같은 경향은 1990년대 우리의 지식인들이 우리 사회에 알튀세,

푸코, 리오타르, 데리다 등의 이론을 수용하면서 더 강화되었다. 이들의 포스트모던적 입장은 우리 사회의 획일성을 깨뜨리고 다원성과 차이성을 마음껏 열어주는 방향으로 나아가고자 하였다. 이진우, 윤평중 등 다수의 철학자들은 우리 사회의 획일적 억압 구조를 타파하고 창조와 해방이 가능한 열린사회를 마련하기 위해서는 포스트모더니즘이 생산적으로 수용되어야 한다고 주장하였다.[7] 이성주의=남성주의=전체주의=중앙주의라는 등식을 공감하는 대다수의 지식인들은 타자에 대한 책임과 주변부의 중요성을 부각시키는 입장에서 포스트모던적 전략을 중시하였다. 이들은 하나같이 다원주의적 인식관이나 가치관이 우리 사회에 절실히 요구된다는 입장을 공유했으며, 오늘날 우리 사회의 페미니스트들 역시 대체로 이러한 입장에 합류하고 있다.

그러나 다른 한편에서는 이런 차이와 불가공약성을 강조하는 포스트모더니즘이 오히려 차이를 차별로 전환시키고, 모순을 은폐시키는 상대주의의 문제점을 안고 있다고 지적하면서 모던의 합리주의적 기획을 완전히 포기할 것이 아니라 수정 보완하여 추진하고자 하였다. 바로 이들이 하버마스, 포퍼, 롤스의 입장을 수용한 자들이었다. 이들 신합리주의자들은 모더니즘 안에 내재되어 있는 또 하나의 중심주의, 지배주의, 획일주의의 부정적인 점은 거부하고, 다양성과 충돌을 중시한 근대적 정신을 계승하여 왜곡된 모더니즘을 새롭게 기획하고자 하였다. 이들은 차이에 민감하면서도 보편주의를 포기하지 않으려고 한다.[8] 즉 이들은 다원주의를 수용하면서도 보편주의를 포기하지 않으려고 한다. 이들에 의하면 우리 사회에는 한편에서는 그동안 위로부터 가해진 강한 통제와 지배로 인해 차이가 비합

---

7 윤평중, 「왜 지금 여기서 포스트모던 논쟁인가?」, 哲學硏究會 엮음, 『哲學硏究』 제33집, 1993, 232쪽; 윤평중, 『푸코와 하버마스를 넘어서―합리성과 사회비판』, 교보문고, 1997, 294~295쪽; 이진우, 『탈이데올로기 시대의 정치철학』, 문예출판사, 1994, 30쪽.

리적으로 폭발하고 있으며, 다른 한편에서는 혈연·지연·학연 등 다양한 연고주의에 의하여 여전히 배타성과 차별성이 심화되고 있다. 그러므로 신합리주의의 수용자들은 이런 비합리성과 배타성과 차별성을 제대로 극복하기 위해서는 차이를 열어주기보다는 차이를 정당한 절차에 따라 합리적으로 좁혀가는 것이 더 우선적이라고 보았다.

지금 우리는 차이를 더 자유롭게 열어주는 방향으로 나아가야 할 것인가, 아니면 차이를 좀더 합리적으로 좁히는 방향으로 나아가야 할 것인가에 대해서 선택을 해야 하는 시점에 놓여 있다. 여기에 대한 좀더 근본적인 판단을 하기 위해서는 차이를 열어주고자 하는 다원주의와 차이를 좁히고자 하는 보편주의의 입장을 비교 분석해보아야 할 것이다.

2 다원주의와 보편주의

우리는 그동안 세계와 관련하여 인식론적으로, 존재론적으로, 가치론적으로 논의를 할 때 대체로 일원론과 다원론의 관점에서 주장을 해왔다. 전자의 경우는 이 세계에 하나의 보편적 기준이 있다고 보는 것이며, 후자의 경우는 그렇지 못하다고 보는 것이다. 특히 후자의 경우는 다양성, 복수성을 사실적으로 인정하는 차원만이 아니라 이들 사이에 우열이 있을 수 없음을 주장한다.[9] 그러므로 다원주의는 더 상위의 인식이나 존재나 가치가 존재

---

8 하버마스는 이 점과 관련하여 다음과 같이 주장하고 있다. "일반적으로 차별은 민족독립을 통해서가 아니라 개인적이면서 동시에 집단에 특유한 차이들의 문화적 배경을 충분히 민감하게 인정하는 포용을 통해서만 철폐될 수 있다." (위르겐 하버마스, 『이질성의 포용』, 황태연 옮김, 나남출판, 2000, 177쪽) 이와 같은 주장은 하버마스의 다른 책에도 언급되고 있다(Jürgen Habermas, *Nachmetaphysisches Denken*, Frankfurt a.M.: Suhrkamp, 1989, p. 182 이하 참조). 롤스 역시 포괄적 이론을 거부하고 '합당한 다원주의'(reasonable pluralism)를 주장한다(John Rawls, *Political Liberalism*, New York: Columbia University Press, 1996, pp. 91~93, p. 116).

함을 거부한다.[10]

그동안의 철학사를 되돌아볼 때 우리는 시대마다 이와 같은 갈등이, 즉 일―과 다多의 논쟁이 지속되어왔음을 목격할 수 있다. 그러나 어느 쪽 입장이 절대적으로 우위에 있는지에 관해서 우리는 쉽게 결정을 내릴 수 없다. 칸트에 의하면 이와 같은 논쟁은 인간의 인식 능력을 벗어나는 주장으로서, 우리가 이런 주장을 단언적으로 하게 되면 결국 이율배반에 봉착할 수밖에 없다.[11]

사실 국가와 개인의 관계에 있어서도 우리는 단 하나의 국가를 궁극적 존재로 볼 것이냐, 아니면 국가를 구성하고 있는 개인을 궁극적 존재로 볼 것이냐에 대해서 탈역사적이고 탈사회적인 추상적 공간 안에서 단언적으로 결정을 내릴 수 없다. 우리가 지나온 역사에서 목격하였듯이 지나친 보편주의는 획일주의, 전체주의로 귀결되었으며, 지나친 다원주의는 상대주의, 무정부주의로 귀결되었다. 그러므로 차이가 지나치게 심화되어 사회가 기준을 상실하거나 아니면 차별이 증폭될 때 우리는 이것을 극복하기 위하여 보편적 가치로서의 공동선을 요구하였으며,[12] 차이가 지나치게 무시되어 획일적이거나 억압적이게 될 때 이것을 극복하기 위하여 각자의 존엄성

---

9 Michael Walzer, *Sphers of Justice: A Defence of Pluralism and Equality*, New York: Basic Books, 1983, p. 29, p. 63; Michael Walzer, *Thick and Thin: Moral Argument at Home and Abroad*, Notre Dame: University of Notre Dame Press, 1994, p. 32; Hannah Arendt, *Lectures on Kant's Political Philosophy*, edited with an interpretative essay by Ronald Beiner, Chicago: Chicago University Press, 1982, p. 26.
10 Edward Craig(ed.), *Encyclopedia of Philosophy*, Vol. 7, New York: Routledge, 1998, p. 463; 길희성, 「종교다원주의: 역사적 배경, 이론, 실천」, 韓國哲學會 2002년 춘계학술대회보(2002. 6. 15), 『다원주의, 축복인가 재앙인가』, 188쪽.
11 Immanuel Kant, *Kritik der reinen Vernunft*, in W. Weischedel(Hrsg.), Kant Werke Bd. 3~4, Darmstadt: Wissenschatliche Buchgesellschaft, 1983, B433~B518.
12 사실 차이를 존중하는 다원주의는 이 차이가 차별로 극명화되어 있는 상황 속에서는 상대주의가 만연하게 되며 제 기능을 발휘할 수 없다(장은주, 「문화다원주의와 보편주의」, 한국철학회 엮음, 앞의 책, 76~77쪽; 선우현, 「다원주의는 사회적 진보의 징표인가?―오늘의 다원주의적 한국현실과 관련하여」, 사회와 철학 연구회 2003년도 하계 심포지엄 발표집(2003. 7. 26), 『한국사회와 다원주의』, 3쪽, 7~8쪽; 김종민 엮고지음, 『다원주의와 정치이론』, 분도출판사, 1986, 23쪽).

과 개인선을 요구하였다. 그러므로 이 양자 사이에서 어느 하나에 대해 절대적 우위를 추상적으로 정립하는 것은 우리의 삶의 조건을 부정적으로 규정하고 말 것이다.

일一과 다多는 상멸적相滅的인 관계가 아니라 상생적相生的인 관계에 놓여 있어야 할 것이다. 그러나 이들 사이의 상생적 관계는 탈역사적이고 탈사회적인 추상적 공간에서 마련되는 것이 아니라 실천지實踐知(phronesis)를 통하여 현실적인 공간에서 이루어져야 할 것이다. 사회가 중심주의, 획일주의, 보편주의로 치단게 되어 전체주의적 억압이 심화되고 있다면 다원주의적 관점에서 복수성, 주변성, 차이성을 열어놓도록 해야 할 것이며, 사회가 지역주의, 차별주의, 상대주의로 치단게 되어 무정부 상태가 초래되고 있다면 보편주의적 관점에서 규범성, 중심성, 동일성을 마련해야 할 것이다.

사실 다원주의도 인간의 삶을 바람직한 상태로 이끌고자 한다면 차별이 극대화되어 혼란과 억압이 가중되는 것을 원치 않을 것이며,[13] 보편주의 역시 무차별적 억압을 용인하지 않을 것이다.[14] 다원주의가 이상적으로 실현되기 위해서는 이미 타자의 의견이 자기와 다름을 용인하는 관용의 정신, 포용의 정신에 바탕을 두지 않으면 안 된다.[15] 그러나 이 관용의 정신이 강자가 약자에게 베푸는 것이 아니라 상호 대등한 관계에서 서로의 역사와

---

[13] 다원주의는 불일치를 해결하거나 제거해야 할 갈등으로 보는 것이 아니라 서로 다름을 인정하는 차이로 보고자 한다. 그러므로 이 불일치를 없애기 위해서 통일된 체계를 세우는 것에 반대한다. 그래서 각자의 진정성을 최선의 가치로 인정하고자 한다(허라금, 「다원주의 윤리와 윤리 다원주의의 경계에서」, 한국철학회 엮음, 같은 책, 60~61쪽). 그러나 이 경우는 차이가 차별로 전환되는 현실에 대한 적극적 대안을 지니고 있지 못하다.

[14] 사실 보편주의가 추구하는 평등성이나 존엄성이 결코 획일주의는 아니다. 오히려 차별을 철폐하고 주변부를 돌보아야 한다는 입장을 취하고 있다.

[15] 서로를 관용한다는 것은 이미 서로가 살아온 역사의 다름을 인정하고 존중하는 데 근거하고 있다. 그러나 이런 다름이 서로에게 투쟁을 일으키지 않을 만큼 심각한 갈등의 요소가 되지 않는다면 몰라도, 그 반대의 경우라면 그의 역사와 전통을 인정하는 차원에 머물러 있을 수 없다. 이 경우 진정성의 문제는 보편성의 문제를 외면할 수 없다.

전통의 차이를 인정하는 것이라면, 이미 이 관용의 정신에는 우리가 모두 더불어 살아야 한다는 공동선이라는 보편적 가치가 자리하고 있어야 한다.[16] 그렇지 않을 경우 다원주의는 근본주의나 허무적인 에고이즘[17]으로 흐를 수 있다. 또 다른 한편 보편주의가 이상적으로 실현되기 위해서는 이미 타자의 자유를 무시하지 않는 인정의 정신에 바탕을 두지 않으면 안 된다.[18] 그러나 이 인정의 정신은 이미 개인선이라는 궁극적 가치에 근거를 두고 있다. 문제는 자신의 존재를 유지하는 데 있어서 양보할 수 없는 투쟁이 요구되고, 따라서 관용의 정신도 제 기능을 수행하지 못할 때는 어떤 형태로든 보편적 기준을 마련하지 않을 수 없으며,[19] 역으로 보편적 의무를 이행하게 됨으로써 개인의 존엄성과 자유가 일방적으로 희생되는 상태가 될 수밖에 없을 때는 어떤 형태로든 다원적 기준을 마련하지 않을 수 없다는 점이다.[20] 이처럼 우리가 어떤 선택을 할 것이냐는 역사적이고 사회적인

---

16 회페는 관용을 "함께 살아가는 사람들에 대한 인격적 태도"로서 "종교적으로나, 세계관, 윤리, 정치의 문제들에서 무관심을 의미하는 것이 아니라 확고한 신념을 가지면서도 다른 사람의 신념을 존중하는 것을 전제로 한다"라고 보았다(Ottfried Höffe, *Sittliche-politische Diskurse*, Frankfurt a.M.: Suhrkamp, 1981, p. 90). 그에게 있어서 관용은 "모든 형식에 있어서 의사소통을 가능하게 만드는" 근본규범이다(Ottfried Höffe, *Ethik und Politik*, Frankfurt a.M.: Suhrkamp, 1979, pp. 447~474). "관용은 단순한 방치가 아니며, 다원적 경쟁관계에 자신의 입장을 투입하는 개인과 집단의 정당성을 인정하는 규범적 동의를 수반하는 것이다." (김종민 엮고지음, 앞의 책, 26쪽)
17 칸트는 에고이즘과 다원주의를 대립시킨다. "에고이즘에 대립될 수 있는 것은 다원주의뿐이다. 즉 그것은 전 세계를 자기 안에 포괄하는 방식으로 자기를 생각하는 것이 아니라 단순한 세계시민으로서 생각하고 행동하는 사고방식이다." (임마누엘 칸트, 『실용적 관점에서 본 인간학』, 이남원 옮김, UUP, 1998, 23쪽) 한편 야스퍼스도 맹목적인 진리환상주의와 관용성이 거부되는 권력이 팽배하게 되면 다원주의가 무력하게 됨을 주장하였다(Alexander Schwan, *Warheit-Pluralität-Freiheit*, Hamburg, 1974, pp. 45~46).
18 Charles Taylor, *Philosophical Arguments*, Cambridge: Harvard University Press, 1995, pp. 225~256; T. McCathy, "Legitmacy and Diversity: Dialectical Reflections on Analytical Distinctions", *Proto Soziallogie*, Heft 6, 1994, p. 227.
19 하버마스는 상대주의를 피하기 위해 '수행적 자기모순'이라는 개념을 동원하고 있다(Jürgen Habermas, "Vom pragmatischen, ethischen und moralischen Gebrauch der praktischen Vernunft", *Erläuterungen zur Diskursethik*, Frankfurt a.M.: Suhrkamp, 1991, p. 194). 그래서 하버마스는 합리적 중첩 지대를 인정하지 않는 매킨타이어의 맥락주의가 상대주의로 귀착됨을 비판하였다. 매킨타이어 자신도 이런 문제점을 인식하고 있었다(알래스데어 매킨타이어 지음, 『덕의 상실』, 문예출판사, 1997, 404쪽).

구체적 현실 속에서 이루어져야 한다.

따라서 오늘날 우리 사회에 다원주의와 보편주의 중 어느 것을 선택할 것이냐의 문제도 보편주의적 전망을 고민하는 다원주의, 다원주의적 전망을 고민하는 보편주의적 관점에서 접근되어야 할 것이다. 다원주의와 보편주의를 형식논리적으로 모순 대립 관계로 설정하고 어느 하나를 택일하는 것이 아니라, 양자의 장단점을 고민하면서 다원주의적 관점에서 보편주의를 지향할 것이냐, 아니면 보편주의적 관점에서 다원주의를 지향할 것이냐를 결정해야 할 것이다. 즉 우리는 극단적 상대주의를 지양하고자 하는 다원주의와 극단적 보편주의를 지양하고자 하는 절차주의 중 어느 쪽을 우선적으로 취할 것이냐를 결정해야 한다.[21]

그렇다면 지금 우리 사회가 다원주의적 관점이 우선적으로 요구되느냐, 아니면 보편주의적 관점이 우선적으로 요구되느냐를 결정해야 한다. 이를 위해서는 지금 우리 사회가 국내외적으로 어떤 상황에 처해 있느냐에 일차적으로 관심을 돌리지 않으면 안 된다. 그래서 이 글의 1부 2장에서 한국 현대사의 국가주의 양상을 간략하게 분석해보았던 것이다.

그동안 우리 사회는 압축 근대화를 실현하기 위해서 국가주의에 지배됨으로써 지나치게 서울 중심주의가 만연하고, 다양성이 부재한 사회가 되

---

[20] 사실 차이성을 주장하는 다원주의자들의 주장이 긍정적인 기능을 제대로 하려면 각자가 순수한 열린 태도를 지니고 있어야 한다. 그러나 현실의 인간은 이런 상태로만 존재하지 않는다. 이미 차이를 차별로 전환시키려는 욕망이 도사리고 있다. 다른 한편 보편성을 주장하는 보편주의자들의 주장이 긍정적인 기능을 제대로 하려면 각자가 똑같이 존귀하며 함께해야 한다는 태도를 지니고 있어야 한다. 그러나 현실의 인간은 이런 상태로 존재하지 않는다. 이미 보편성을 일방적 지배력으로 전환시키려는 욕망이 도사리고 있다. 그러므로 다원주의, 보편주의 그 자체가 절대적 가치를 지니는 것이 아니라 그것을 임하는 인간의 태도가 문제이다.

[21] 박구용은 다원주의와 절차주의에 대해서 다음과 같이 주장하고 있다. "우리는 다원주의와 절차주의를 모두 절대적 보편주의와 극단적 상대주의를 극복하기 위한 철학적 시도로 간주할 수 있을 것이다. 다원주의가 절대주의라는 암초와 상대주의라는 소용돌이 사이를 가로지르기 위하여 상대주의자들이 사용하는 항해도라면, 절차주의는 보편주의자들이 올린 돛대인 것이다."(박구용,「다원주의와 담론 윤리학」, 사회와 철학 연구회 제1회 정기학술발표회 발표문, 2003년 6월 21일, 2쪽)

었다. 이것이 안고 있는 문제점을 극복하기 위해서는, 즉 버려진 주변부의 자율성을 마련할 수 있는 지방분권을 실현하기 위해서는 다원주의가 절실하게 요구된다.[22] 그러나 다른 한편에서는 지역 자체 안에 비민주성이 내재되어 있고, 지역들 사이에 지역감정이 여전히 잔존하고 있다. 지역 자체의 민주화와 지역들 사이의 갈등들을 풀어가기 위해서는 절차적 합리성을 마련하고 공동선을 실현하는 방향으로 나아가야 할 것이다. 바로 이 점에서 우리 사회 역시 보편주의가 절실하게 요구된다. 특히, 신자유주의가 세계화의 물결을 타고 국가의 위기를 가중시키는 현 시점에서는 국가의 안전을 마련하기 위해서도 보편주의가 더더욱 요구된다. 물론 그렇다고 이런 어려움이 국가적 차원에서만 풀릴 수 있는 것만은 아니다. 오히려 이런 어려움은 지역의 국제화를 활성화시킴으로써 극복될 수도 있을 것이다. 바로 이 점에서는 보편주의보다는 다원주의가 더 효과적인 대안일 수도 있다.

　이처럼 한국 사회는 어느 한 관점에서만 접근할 수 없는 복잡한 현실 구조를 지니고 있다. 그동안 동일성의 억압 속에서 너무 오래도록 짓눌려 왔던 우리들은 서둘러 차이로 달아나고자 하는 강한 경향성을 지니고 있기도 하며, 이로 인해 비롯되는 혼란스러움도 어느 사회 못지않게 강하게 일어나고 있다. 그래서 다른 한편에서는 이 혼란과 갈등을 잠재우기 위해 동일성이 가져다준 안정성을 몹시 그리워하기도 한다. 상황이 이러하다 보니 한국 사회는 동일성과 비동일성(차이성)이 발전적 관계로 작동하지 못하고 매우 소모적인 관계로 이어지고 있다. 보수와 진보도 발전적 관계로 작동하지 못하고 여전히 비생산적인 관계로 이어지고 있다.

　그러나 이런 갈등과 대립 속에서도 우리 한국 사회가 결코 멈춰서는 안

---

[22] 이진우는 다원성을 실천적 해방 역량으로 승화시키기 위하여 니체주의적인 관점이 요구된다고 주장한다(이진우, 『이성정의와 문화민주주의』, 한길사, 2000, 228~229쪽).

되는 한 가지 과제가 있다면, 바로 그것은 비대해진 서울 중심주의를 극복하는 것이다. 지나친 서울 중심주의로 인하여 지방은 이미 버려진 주변부가 되어 소외가 극치에 다다르고 있으며, 서울과 지방은 차이의 관계를 넘어서 차별로 이어지고 있다. 서울이 한국의 전부가 아닌 이상 한국의 능력을 극대화하기 위해서는 한국을 구성하고 있는 다양한 지역들이 주체적으로 참여하는 새로운 시대를 열어가지 않으면 안 될 것이다. 지방분권과 지역 혁신을 통하여 국토의 균형 발전을 이룩하고, 우리 사회를 진정한 민주주의로 발전시켜야 하는 것은 21세기 한국 사회에 부과된 제1과제라고 해도 과언이 아닐 것이다. 더군다나 세계화의 물결이 확장 심화되면서 국가들 사이의 경계가 무너지는 이런 현실적 상황에서는 우리 역시 국가적 차원에서 이런 세계적 흐름을 극복하는 데는 한계가 있기 마련일 것이다. 그러므로 우리도 국가를 구성하고 있는 지역들의 국제화를 활성화시켜 이런 세계적 흐름에 대응할 수 있도록 해야 할 것이다. 이렇게 하기 위해서 우리는 지역의 자율성과 고유성 및 전통성을 인정하고 존중하는 다원주의적 관점을 생산적으로 수용해야 할 것이다. 동시에 지금 우리 사회에 자리하고 있는 지역적 갈등들을 극복하고 국가적 차원에서 지역 간의 연대성을 확보하여 공동선을 실현하기 위해서는 보편주의적 관점을 또한 수용해야 할 것이다.

3 세계화와 민주주의, 그리고 지방자치

이미 앞에서 언급하였듯이, 지금 우리가 살고 있는 세계에는 신자유주의의 물결 아래 세계화라는 거대한 흐름이 계속적으로 심화되고 있다. 이러한 흐름은 자유와 차이를 더욱더 열어줄 것을 우리에게 요구하고 있으며, 따라서 열린 경쟁을 강조하고 있다. 한편에서는 이런 흐름이 전체주의적인 지배 구조를 깨뜨리는 데 기여를 할 수도 있지만, 다른 한편에서는 기존의 차이가 차별로 악화되도록 만들기도 한다.[23] 그러므로 오늘날 미국 중심의 신자유주의 아래 펼쳐지는 세계화는 사실 미국이 세계를 지배하는 새로운 제국주의를 구축하도록 해준다.[24] 특히 미국이 세계에 대해 요구하고 있는 경제주의는 우리의 삶의 다원적 가치를 총체적으로 억압하는 형태로 전개되고 있다. 오늘날의 세계화 현상은 "인간의 복수성複數性을 해치는 대표적인 움직임"[25]으로 21세기를 살아가는 우리가 극복해가야 할 과제가 아닐 수 없다.

사실 오늘날 신자유주의와 더불어 전개되고 있는 세계화는 1930년대 대공황 이전의 고전적 자유주의와 공황 이후의 케인스식 근대적 자유주의를 거쳐 1970~1980년대 장기 불황 속에서 출현한 것이다. 지금의 세계화는 초국가적인 차원에서 자본의 세계화를 통하여 경제적 위기를 돌파하려는 목적을 담고 있다.[26] 물론 이런 신자유주의를 통한 세계화는 자본이 국경을 넘어 이동할 수 있도록 해주기 때문에 기업은 자신들에게 유리한 투자 조건 지역으로 이동할 수 있다. 이로 인하여 소비자들도 좀더 저렴하게 제품을 구입할 수 있다. 그렇지만 자본의 자유로운 이동에 비해 노동은 그

---

23 이상화, 앞의 글, 13~15쪽. 사실 차이와 열린 경쟁을 강조하는 다원주의는 사회에 실재하는 계급 간의 적대 관계를 은폐하고 지배를 효율적으로 전개할 수 있는 기만적 작업에 악용될 수 있다(Winfried Steffani & Franz Nuscheler(Hrsg.), *Pluralismus, Konzeptionen und Kontroversen*, München, 1972, p. 36).
24 이런 의미에서 선우현은 테일러의 차이성의 정치에 입각하고 있는 다원주의는 제국주의를 강화시키는 빌미를 제공해줄 수 있다고 비판한다(선우현, 앞의 글, 11쪽).
25 김선욱, 「다원주의의 논점들과 정치-윤리적 관점」, 사회와 철학 연구회 엮음, 『한국사회와 다원주의』, 이학사, 2002, 8쪽.
26 D. Mressner, "Gesellschaftliche Determinanten wirtschaftlicher Entwicklung in der Weltmarktwirtschaft", in H. Brunkhorst, M. Kettner(Hrsg.), *Globalisierung und Demokratie*, Frankfurt a.M.: Suhrkamp, 2000, pp. 84~85.

런 이동성을 지니지 못하기 때문에 자본에 노동자가 예속되는 형태를 벗어날 수 없으며, 노동자와 후진국은 계속 열악한 상태를 벗어날 수 없다. 따라서 시장의 경쟁 논리와 민주주의가 조화될 수 있는 길은 더더욱 어려워지고 있다. 그러므로 신자유주의를 통하여 추진되는 세계화는 오히려 민주주의를 지향하는 세계 자체를 위협하는 역현상을 초래하고 있다. "자본의 세계화는 [……] 자본주의의 세계적 불균등 발전을 더욱 가속화시켜 계급, 계층, 지역, 민족국가, 종족, 도시/농촌 등 여러 측면에서 갈등과 분쟁을 낳고 있다."[27]

그러나 이런 세계화의 흐름은 거부할 수 없는 현실로 우리 앞에 자리하고 있다. 이런 세계화의 비인간성에 대해서 비판하고 저항하는 많은 유럽의 좌파 집단들도 이런 흐름에 매우 어려움을 겪고 있다. 물론 그렇다고 우리가 이런 시장만능주의, 경쟁지상주의, 경제제일주의의 폭력성에 우리의 삶을 내맡길 수는 없다. 그러므로 우리의 세계화는 경제적 자유주의와 사회적 보호주의, 자본주의적 시장경제와 정치적 민주주의를 동시에 발전시키는 방향으로 나아가야 할 것이다.

이와 같은 목적을 성공적으로 달성하기 위해서 그동안 우리의 국민의 정부는 '민주적 시장경제'를 추구해왔으며, 지난 참여정부도 이런 노선을 좀더 적극적으로 추진하였다. 사실 이와 같은 흐름은 1987년 6월 민주항쟁 이후 (정치·경제) 체계가 생활세계를 식민화하는 억압 구조를 깨고 나온 시민단체들의 적극적인 운동에 많은 영향을 받았다. 오늘날 시민단체들은 대통령직선제와 지방자치제를 관철시킨 이후 중앙 권력의 분산과 지역 주민들의 적극적인 참여를 통한 풀뿌리민주주의, 이른바 시민 자치, 지역 자치를 정착시키는 데 노력을 경주하고 있다. 지난 참여정부 역시 수도의 이전

---

[27] 김석진 외 엮음, 『세계화와 신자유주의 비판을 위하여』, 도서출판 공감, 1997, 19쪽.

과 지방분권을 실현시켜 국가 구성원들의 능력을 최대화시키고, 아울러 자율적인 민주주의를 정착시키고자 정부혁신·지방분권위원회, 국가균형발전위원회를 본격적으로 가동시켰다. 그리고 지난 2003년 7월 4일에는 참여정부의 지방분권 로드맵을 발표하기도 하였다.[28]

21세기의 이런 무시무시한 세계화의 흐름에서 살아남고, 또 살 만한 세상을 만들기 위해서는 경쟁의 효율성과 보호의 정당성을 잘 조화시키지 않으면 안 된다. 전자를 위해서는 더 이상 과거식으로 중앙 권력이 명령하는 형태로는 한계가 있기 마련이며, 또 후자를 위해서도 더 이상 국가에 모든 것을 의탁할 수는 없다. 이 양자의 조화를 통하여 소기의 목적을 달성하기 위해서는, 다양한 자율적 주체들이 자유롭게 활동할 수 있는 길이 열려야 할 것이며, 아울러 이들이 공동선을 지향하는 형태가 되도록 해야 할 것이다. 이명박 실용정부 역시 이런 관점에서 여러 정책을 입안하고 있을 것이다.[29]

사실 그동안 우리 사회는 '부분은 없고 전체만 있는 국가'만을 위하여 민족 대단결을 진행해왔다. 이 과정에서 다양성은 혼란으로 매도되었고, 민주적 절차나 경비는 비능률과 낭비로 규정되었다.[30] 오로지 중앙 권력을 서로 획득하려는 싸움만이 지속되었으며, 이 과정에 지역감정은 더욱더 심화되어갔다.[31] 급기야는 정치·경제·사회·문화 전반에 걸쳐서 일극一極 집

---

[28] 발표 내용: (1)중앙정부와 지방정부 간 권한 재배분을 통한 지방정부의 권한 확대. (2)열악한 지방재정의 대규모 확충. (3)자치단체의 역량 강화. (4)지방 의정 활성화와 지방 선거 제도 개선. (5)지방정부의 책임성 강화. (6)시민사회 활성화. (7)합리적 정부 간 관계 정립 (7대 과제 20개 분야). (「'분권 로드맵' 내용·의미/지방에 권한·재정 대폭 이양」, 『경향신문』, 2003년 7월 5일자).
[29] 그러나 이번 실용정부에 우려를 표명하는 여론도 강하게 일어나고 있다. 자율과 실용을 과다하게 강조하다 보니 약자가 계속 약자로 남을 우려가 생겨난다. 더군다나 수도권 규제 완화로 이런 분위기는 더욱더 심화되고 있다.
[30] 강형기, 「21세기, 왜 지방분권이며 향부론인가」, 참여사회연구소 엮음, 『시민과 세계』 24호, 당대출판사, 2003, 136~137쪽. 따라서 중앙집권적 권위주의에 도전하는 지방자치 옹호론자는 반체제 인사로 규정되었다(박호성, 양기호, 이동선, 『한국정치와 지방자치』, 인간사랑, 2002, 13쪽).
[31] 김만흠, 「지방자치와 참여민주주의」, 참여사회연구소 엮음, 『참여민주주의와 한국사회』, 창작과 비평사, 1997, 202~203쪽.

중 현상이 심화됨으로써 국내적으로는 민주적 역량을 결집해내지 못했고, 국제적으로는 세계화에 능동적으로 대응하지 못했다. "부국강병을 지상 목표로 삼았던 20세기가 '국가의 시대'였다면, 개인의 행복과 삶의 질을 우선하는 21세기는 '지방의 시대'이다."[32] 이제 국부론이 아니라 향부론의 차원에서,[33] 지방이 버려진 주변부가 아니라 주체로서 자리하는 새로운 시대를 열어가야만 세계화와 민주화라는 두 가지 과제를 우리는 바람직하게 실현할 수 있을 것이다. 1991년 노르웨이 수도 오슬로에서 제시된 국제지방자치단체연맹 I.U.L.A.의 총회 슬로건은 이런 특징을 잘 보여주고 있다. 거기에 참여한 주체들은 "생각은 세계적으로, 행동은 지방적으로"think globally, act locally라는 슬로건을 내걸게 되었다. 이처럼 세계화와 지방화는 서로 밀접한 연관 관계를 지니고 있다. 그러므로 우리는 지방분권과 지역 혁신을 제대로 실현하여 국가 경쟁력도 강화하고 지역 균형 발전도 제대로 실현해야 이 슬로건을 현실화시킬 수 있을 것이다.

그러나 참여정부의 국가균형발전위원회도 고백하였듯이 이것은 결코 쉬운 일이 아니다. 세계화 속에 살아남기 위해서 경쟁력을 강화하다 보면 지역들 사이의 차이가 심화될 것이고, 반면에 균형과 복지를 중시하다 보면 지역 간의 자유로운 경쟁력이 약화될 것이다. 이것은 마치 다원주의를 극단으로 밀고 가다 보면 상대주의에 직면하게 되고, 보편주의를 추구하다 보면 개체의 자율성이 무시되는 경우와 같다. 그래서 국가균형발전위원회도 '전국 최소 기준'national minimum의 충족을 통한 '통합적 균형'을 모색하는 것과 지역의 잠재력과 비교 우위를 극대화하는 '역동적 균형'을 모색하는 것을 함께 추진하고자 하였다.[34] 지금의 우리 역시 한편으로는 '균형과

32 강형기, 앞의 글, 156쪽.
33 강형기, 같은 글, 161쪽.
34 국가균형발전위원회, 『국가균형발전의 비전과 과제』, 2003, 11~12쪽.

복지의 원리'를 추구해야 할 것이고, 다른 한편으로는 '선택과 집중의 원리'를 추구해야 할 것이다. 이렇게 함으로써 세계화의 지배 구조를 극복함과 동시에 민주적 삶의 가치도 함께 실현할 수 있을 것이다.[35]

그러나 유감스럽게도 지난 참여정부는 자신들이 추구하고자 했던 신념과는 달리 빈부의 격차를 더 심화시키는 결과를 초래하고 말았으며, 중앙과 지방의 차별 역시 더욱더 심화되도록 만들고 말았다. 주변부 소수자를 살리기 위해서 중심부 기득권자의 희생을 요구했던 정부가 오히려 중심부를 살찌우는 결과를 낳고 말았다. 이 점에서 우리는 지금 계층 간의 양극화, 지역 간의 양극화를 극심하게 느끼고 있다. 이런 문제를 안고 출범한 이명박 실용정부는 지난 참여정부가 북유럽의 복지국가 모델에 입각하여 빈부의 격차를 적극적으로 줄이고 중앙과 지방의 차별을 해소하고자 함으로써 오히려 복지 관료제의 병폐를 낳았다고 진단한다. 그래서 새 정부는 작은 정부론에 입각하여 기업의 적극성을 유도하고, 각 단위체가 자율적으로, 그리고 실용적으로 임함으로써 이 문제를 풀어보고자 한다. 그러나 여기에는 과도한 정부의 개입 못지않게 과도한 정부의 미개입으로 참여정부의 역설적 현상이 똑같이 야기될 수 있다. 과도한 이념이 문제라고 나무라는 현 정부 역시 과도한 실용으로 위기를 초래할 수 있다.

이런 면에서 볼 때 우리 사회는 여전히 성장 못지않게 내부의 차별을 극복해야 하는 민주화 과정이 절실하게 요구된다. 우리는 짧게는 국내적 민주화를 실현해야 할 것이고, 멀리는 세계적 민주화를 실현해가야 할 것이다. 따라서 국내적으로는 지방의 자율성이, 국제적으로는 국가의 자율성이 확보되도록 해야 할 것이다. 이를 위해서는 복수성과 차이성을 강조하

---

35 조형제,「참여정부 지역균형발전 정책의 방향과 과제」, 참여사회연구소 엮음,『시민과 세계』24호, 당대출판사, 2003, 166쪽.

는 다원주의적 관점이 요구된다. 흔히 지방자치는 '민주주의의 학교', '민주주의 꽃'이라고 불린다.[36] 민주주의가 국가를 구성하고 있는 국민이 그 스스로가 주인이 되어 자율적으로 통치하는 것이라면, 당연히 지방자치 없이 민주주의가 있을 수 없고, 민주주의 없이 지방자치가 있을 수 없다.[37] 국가권력을 수평적으로 분산시키는 것이 삼권분립이라면, 수직적으로 분산시키는 것은 바로 지방자치라고 볼 수 있을 것이다.[38] 이런 분산은 민주주의의 기본 토대이다. 더군다나 지방자치는 중앙 권력을 분산시키는 차원을 넘어 참여 주체와 참여 활동의 확대라는 측면에서 지난 참여정부가 추구한 참여민주주의, 풀뿌리민주주의의 정신에 기본 토대가 되었다.[39]

토크빌은 "지방자치제도는 자유로운 국민의 힘을 축적한다"라고 보았으며, 따라서 이 지방자치제가 제대로 실현되지 않고는 민주주의 역시 제대로 실현될 수 없다고 보았다.[40] 물론 다원주의가 잘못되면 상대주의나 극단적 에고이즘으로 흐르게 되듯이, 지방자치가 잘못되면 중앙과 지방의 갈등을 더 심화시키고, 지역 간의 갈등으로 국가를 혼란에 빠뜨릴 수도 있다. 그래서 한스 켈젠Hans Kelsen을 비롯한 몇몇 학자들은 오늘날 복잡한 현대 사회에서 일어나는 갈등들을 효율적으로 해결하기 위해서는 지방자치제보다 중앙집권적 방식이 낫다고 보았다.[41] 그러나 다른 한편에서는 중앙집권적 방식에는 항시 독재가 도사리고 있으며, 따라서 이를 벗어나 민주주의

---

36 James Bryce, *Modern Democracy*, New York: The Macmillian Co., 1921, pp. 131~133; 하승수, 「시민자치 역량강화를 위한 과제」, 참여사회연구소 엮음, 『시민과 세계』 24호, 당대출판사, 2003, 180쪽.
37 박호성, 양기호, 이동선, 앞의 책, 19쪽. 우리 사회는 그동안 지방자치가 배제된 중앙집권 방식이 일반화됨으로써 지역사회의 삶 전반을 피폐화시키고, 아울러 지역사회의 전통적 지배 구조를 폐쇄적으로 온존시켰다(김만흠, 앞의 글, 212쪽). 따라서 풀뿌리민주주의가 아니라 풀뿌리보수주의가 지배하고 있다(김형기 엮음, 『지방분권과 정책대안』, 한울아카데미, 2002, 12쪽).
38 정수복, 「현실 정치와 시민운동: 지방화 시대의 민주주의」, 크리스챤 아카데미 엮음, 『주민자치, 삶의 정치』, 대화출판사, 1995, 127쪽.
39 김만흠, 앞의 글, 177쪽.
40 Alexis de Tocqueville, *Democracy in America*, New York: Freedom Watch, 1981, p. 61.

를 실현하기 위해서는 다원주의에 입각한 지방자치제가 불가피하다고 주장한다.[42]

이처럼 보편주의와 다원주의 사이에 갈등이 존재하듯이, 중앙집권과 지방분권 사이에도 갈등이 상존하고 있다. 그러나 한 가지 분명한 사실은 보편주의와 다원주의가 형식적으로 대립하여 소모적인 상태가 되지 않아야 하듯이, 중앙과 지방의 관계도 그런 상태가 되어서는 안 될 것이다. 이미 언급하였듯이, 다원성으로부터 보편성으로 나아갈 것이냐, 아니면 보편성으로부터 다원성으로 나아갈 것이냐를 역사와 사회를 떠난 추상적 공간에서 결정할 수 없듯이, 중앙집권과 지방분권의 관계 역시 마찬가지이다. 우리는 지금 세계화 시대의 경쟁에서도 살아남아야 하고, 또 국가주의가 낳은 반민주성도 극복해야 한다. 이를 위해서는 우선 지역들의 고유성과 자율성을 인정하는, 즉 차이를 열어주는 다원주의적 접근이 일차적으로 이루어져야 한다.[43] 지금 서울은 과밀의 피해를 보고 있으며, 지방은 과소의 피해를 보고 있다. 지금 우리가 살고 있는 시대는 문화의 시대이며 다원성의 시대이다. 따라서 세계 속에 경쟁력 있는 나라가 되기 위해서는 우리 것을 세계에 내놓을 수 있는 역량을 갖추어야 한다. 그렇게 하기 위해서는 우리 것의 뿌리인 지방의 것을 활성화시키고 발전시켜야 한다.[44] 이것이 가능하려면 중앙에 지방이 종속되어 있는 구조가 빨리 시정되어야 한다.

따라서 다원주의적 관점에서 지방분권[45]은 우선적으로 이루어져야 한

---

41 Hans Kelsen, *Vom Wesen und Wert der Demokratie*, Tübingen: J. C. B. Mohr, 1929 참조; G. C. S. Benson, *The New Centralization*, New York: Reinhart & Co., 1941 참조; G. Langrod, "Local Goverment and Democracy", *Public Administration*, Vol. 31, Spring 1953 참조.
42 K. Panter-Brick, "Local Goverment and Democracy", *Public Administration*, Vol. 31, Winter 1953 참조; David Widdicombe, "Report of the Committee of Inquiry into the Conduct of Local Authority Business", *Buiness Research*, Vol. 3, The Local Government, London: HMSO, 1986 참조.
43 김종민 엮고지음, 앞의 책, 134~136쪽.
44 강형기, 앞의 글, 144쪽, 161쪽.

다.[46] 그러나 아무리 지방분권이 이루어져도 지방 자체가 비민주적이고 비참여적이면, 오히려 지방 관료들과 토호들의 권력만 강화시켜 결국 지방패권주의로 이어져 국가가 위기에 처하게 될 것이다. 그러므로 지방분권에는 반드시 주민 참여가 전제되어야 한다.[47] 그리고 이 참여는 지역 혁신으로 이어지도록 해야 한다. 그리고 이 지역 혁신은 소수 엘리트만을 위한 혁신이 아니라 지역 주민들의 참여와 연대에 의하여 이루어져야 한다. 지방분권이 이루어지지 않으면 지역 혁신을 수행할 수 없듯이, 지역 혁신이 이루어지지 않으면 지방분권을 획득하고 유지할 수 없다.[48] 또 지역 혁신도 지역 주민들의 참여와 연대에 의하여 이루어질 때 비로소 지방정부의 민주화도 제대로 실현될 수 있으며, 아울러 지역 간의 민주화, 나아가 국가의 민주화도 실현될 수 있다.

그러나 이와 같은 상황이 결코 쉽게 이루어질 수 있는 것은 아니다. 왜냐하면 한 문화권에 살고 있는 지역 내의 갈등은 쉽게 해결될 수 있다고 하더라도, 다른 문화권을 가진 지역들이나 국가들 사이의 갈등은 단순히 다양성과 복수성을 열어주는 다원주의적 접근만으로 해결하기 어렵기 때문이다. 이제 지방분권도 과거 자유방임주의 시대처럼 절대적 분권이 아니라 상대적 분권이 되어야 할 것이며, 항쟁하는 분권이 아니라 협조하는 분권이 되어야 할 것이다. 또 이 분권은 국가에 대하여 방어만 하는 분권이 아니라 참여하는 분권이 되도록 해야 할 것이다. 그러므로 중앙 권력 역시 지방

---

45 "지방분권(deceteralization)은 중앙정부에서 자치단체로의 권한 이양(devolution)과 서울(수도권)에서 지방(비수도권)으로의 자원분산(deconcentration)이라는 두 측면을 포함한다. 따라서 지방분권은 경제력의 지방분산, 행정과 재정의 분권, 교육과 문화의 분권을 의미한다." (성경륭, 박양호 외, 『지방분권형 국가만들기』, 나남출판, 2003, 133쪽)
46 박종민, 이종원 엮음, 『한국지방민주주의의 위기』, 나남출판, 2002, 118~121쪽.
47 박호성, 양기호, 이동선, 앞의 책, 26쪽; 김형기 엮음, 앞의 책, 18쪽; 조형제, 앞의 글, 174쪽; 하승수, 앞의 글, 193쪽.
48 김형기 엮음, 같은 책, 13쪽.

에 대해서 명령하는 지배권이 아니라 협조하는 지배권이 되도록 해야 할 것이다.

4 지방 살리기의 새로운 모색

이상에서 보았듯이 우리가 안고 있는 세계화와 민주화의 과제를 제대로 풀어가기 위해서는 지방분권이 반드시 실현되어야 한다. 그리고 이것이 바람직하게 이루어지기 위해서는 일차적으로 다원주의적 관점이 설정되어야 한다. 그렇지만 이것이 지역이기주의나 패권주의로 흘러 지역 간의 갈등과 국가의 경쟁력 약화 및 비민주화로 이어지지 않도록 하기 위해서는 '관용의 원리'가 전제되어야 한다.

그러나 이 '관용의 원리'가 차이가 극명화되어 차별로 치닫고 있는 지역들 사이에서 발생하는 갈등을 온전히 해결할 수는 없으므로, 이 원리는 개인선과 공동선[49]의 조화를 모색하는 '연대성[50]의 원리'와 '보조성[51]의 원리'로 향해 있지 않으면 안 된다. 익히 알다시피 '연대성의 원리'는 인간의 인격성과 사회성에 바탕을 두고 관계자 상호 간에 존재론적으로나 윤리적으로 결합의 의무와 책임이 있음을 요구한다.[52] 이 '연대성의 원리'에 입각

---

49 이때 "공동선은 모든 구성원들이 협력의 효과에 참여함으로써 자신의 진실한 자아실현의 가능성을 향유하는 사회의 질서이다."(요하네스 메쓰너 지음, 『사회윤리의 기초』, 강두호 옮김, 인간사랑, 1997, 183쪽).
50 '연대성'(Solidarität)이라는 개념은 원래 '전체를 위한 책임'(solidus)에 해당하는 것으로 서로 간에 책임을 느끼고 상호 결속함을 의미한다(박종대, 김석수, 「생명과 사회정의―차별, 관용, 정의를 중심으로」, 서강대학교 생명문화연구원 엮음, 생명문화연구총서 제1권, 『생명의 길을 찾아서』, 민지사, 2001, 243쪽).
51 '보조성'(Subsidarität)이라는 개념은 원래 라틴어 'subsidium'(보조)에서 유래한 말로서 '예비된 것들로부터 도움을 받음'이라는 의미를 지니고 있다(요셉 헤프너 추기경, 『가톨릭 사회론』, 윤여덕 옮김, 서강대학교출판부, 2000, 44쪽).

하면 인간은 홀로 독자적으로 존재하는 자이면서 동시에 사회적으로 존재하는 자이다. 그러므로 이 '연대성의 원리'는 개인선과 공동선의 조화를 모색하지 어느 한쪽이 다른 한쪽에 일방적으로 희생되는 개인주의나 집산주의를 거부한다. 따라서 이 원리는 개인들이나 지역들이 서로 이기주의가 되거나 국가가 이 개인들과 지역들을 희생하도록 강요하지 않는다. 그리고 이 '연대성의 원리'는 단순히 감정적 결합에 호소하는 차원이 아니라 이성적 합리성도 동시에 요구한다.

한편 '보조성의 원리'는 큰 사회 구성체가 보다 작은 단체들을 위해서 보충적으로 도와주는 경우를 말하는 것으로, 이것은 중앙과 주변, 서울과 지방의 관계를 제대로 설정하는 데 매우 중요한 요소가 된다.[53] 이 원리는 공동선을 추구하기 위해 '연대성의 원리'를 충실히 따르기도 하지만, 다른 한편 개인이나 개별 집단을 국가나 더 큰 집단에 종속시키는 것을 차단하는 기능도 수행함으로써 연대성 원리가 낳을 수 있는 위험성을 제한하기도 한다. 보조성의 원리는 상위 집단(중앙)이 하위 집단(지방)을 존중하여 도와주는 기능을 해야지 지배하는 기능을 해서는 안 됨을 주장하는 것이다. 따라서 "보조성의 원리는 개인과 작은 사회단체들의 삶을 포괄적인 사회 공동체의 간섭으로부터 보호해준다는 점에서 자치의 규정을 강조한다."[54] 그러므로 이 '보조성의 원리'는 개인과 소집단의 자율권과 자치권을 중시하며, 상위 집단의 원조의 의무를 강조한다.

이처럼 '연대성의 원리'와 '보조성의 원리'는 한국의 세계화와 민주화에 주춧돌이 되는 지방자치를 다원주의적 관점에서 모색하게 될 때 발생할 수 있는 문제점을 수정·보완해주는 역할을 할 수 있다. 이것은 다원주의가

52 요셉 헤프너 추기경, 같은 책, 40쪽.
53 요셉 헤프너 추기경, 같은 책, 44쪽.
54 요셉 헤프너 추기경, 같은 책, 49~50쪽.

차별주의나 상대주의로 흐르는 것을 막기 위해 애써 붙들고 있는 '관용의 원리'를 도와주는 기능을 수행한다. 지방을 중앙의 독재로부터 벗어나게 해야 한다는 점에서는 차이와 불가공약성을 강조하는 다원주의가 우선적으로 요구되지만, 주변부로 밀려나 있는 약자를 돌보아야 한다는 점에서는 연대성과 보조성의 원리에 입각하고 있는 보편주의가 요구된다.

이와 같은 관점은, 한편으로는 다원주의가 에고이즘으로 흐르지 않도록 염려하면서, 다른 한편으로는 보편주의가 '논리적 보편주의'[55]로 흐르지 않도록 염려하는 칸트의 공통감senus communis의 정신에도 잘 반영되어 있다. 칸트에 의하면 인간은 사회적인 존재인 동시에 비사회적인 존재로서 바로 이 공통감을 통하여 사회적 존재로 고양되어간다. 이 공통감은 "인간이라는 호칭을 요구하는 자에게 언제나 기대를 할 수 있는 최소한의 것"으로서 사람들 사이의 의사소통을 가능하게 하는 근거이다.[56] 이 공통감은 자기 판단의 사적 조건을 반성하여 "다른 사람의 표현 방식을 사유 가운데서 선험적으로 고려하는 하나의 판정 능력의 이념"이다.[57] 그래서 그는 공통감의 준칙을 '스스로 사유하고, 다른 모든 사람의 입장에서 사유하고, 편견에 사로잡히지 않게 사유하는 것'으로 설정하였다. 따라서 그의 공통감은 각자의 자율성을 인정하면서 동시에 함께 살아가고자 하는 공동체감으로 자리하고 있다. 이것은 중심부와 주변부로 가르는 엘리트주의를 거부하며, 항상 중심부ergon가 주변부parergon에 도움을 받고 있고, 따라서 주변부의 존재 의미를 무시할 수 없음을 일깨워준다.[58]

---

55 칸트는 객관적인 전달 가능성으로서의 '논리적 보편성'과 달리 주관적인 상호 일치를 의미하는 '미감적 보편성'을 대립시켰다(Immanuel Kant, *Kritik der Urteilskraft*, in W. Weischedel(Hrsg.), Kant Werke Bd. 8, Darmstadt: Wissenschatliche Buchgesellschaft, 1983, 8~9절).
56 Kant, *Ibid.*, p. 389.
57 같은 곳. 칸트는 이 공통감을 특수한 것을 보편적인 것 아래 포섭하는 규정적 판단력이 아니라 특수적인 것들 속에서 이것들을 위하여 보편적인 것을 발견하고자 하는 반성적 판단력에 관계되어 있다고 주장했다(Kant, *Ibid.*, p. 251).

결론적으로 다원주의적 전략으로 지방자치를 정립해내고, 이를 통하여 우리 앞에 닥쳐 있는 세계화와 민주화의 과제를 제대로 실현하기 위해서는 차이에 민감하면서도 보편성을 추구할 수 있어야 한다.[59] 이것이 가능하기 위해서는 차이에 대한 존중을 담고 있는 진정성의 원리나 관용성의 원리는 공통감을 바탕으로 '연대성의 원리'와 '보조성의 원리'로 이어져야 할 것이다. 이렇게 될 때에만 지난 참여정부의 '국가균형발전위원회'가 희망했던 '통합적 균형'과 '역동적 균형', '균형·복지'의 원리와 '선택·집중'의 원리가 조화를 이룰 수 있을 것이다. 그리고 새롭게 출발하는 실용정부 역시 이와 같은 대원칙 아래서 서울과 지방, 수도권과 비수도권의 관계를 정립해야만 지난 참여정부의 불행을 반복하지 않을 것이다.

---

58 이러한 태도를 계승하여 전체주의에 저항하는 정치철학을 마련한 철학자가 바로 아렌트다.
59 한승완은 하버마스의 논의적 이성은 차이에 민감하면서도 보편성을 추구하지만 두셀(E. Dussel)의 주장처럼 의사소통 공동체에서 배제되는 자가 생기기 때문에 논의 합리성의 강한 합의 지향성을 완화시킬 필요가 있다고 생각한다(한승완, 「다원주의와 '논의합리성'의 보편주의」, 한국철학회 엮음, 앞의 책, 201~206쪽).

6장

자율, 인정, 연대, 자치: 21세기 새로운 시민 자치의 가능성•

개인이든, 가족이든, 지역이든, 국가이든, 이들 일정한 단위체는 동일 차원의 단위체들 사이에서든, 아니면 규모를 달리하는 다른 단위체들 사이에서든, 서로 간섭이나 통제를 받지 않고 스스로 다스리면서, 즉 자치를 통해서 자유롭게 살기를 희망한다. 인간은 지금까지 이런 세상을 꿈꾸면서 살아왔다고 해도 과언이 아니다. 그러나 이런 꿈은 쉽게 실현되지 않았으며, 이것을 실현하기 위한 시도 역시 시대마다 다른 양상으로 나타났다. 각각의 단위체는 자력으로 자족적인 상태를 마련할 수 없을 때에는 불가피하게 다른 단위체들에 의존함으로써 자신의 존재를 유지하려고 하지만, 이로 인해 비롯되는 구속과 억압이 자신의 존재를 위협하게 될 때는, 이를 벗어나기 위해서 자신이 의존했던 단위체에 도전을 하게 된다. 이 과정에서 각각의 단위체들 사이에는 끝없는 갈등과 투쟁이 발생하게 된다.

• 이 글은 『사회와 철학』 14권(2007)에 실린 글을 일부 수정·보완하여 재수록한 것임.

더군다나 정보화 시대의 물결을 타고 신자유주의가 국가들의 장벽을 허물고 세계화를 가속화시키고 있는 오늘날, 개인·가족·지역·국가·문명 영역에서 정체성의 혼란과 갈등이 심화되고 있으며, 그 어느 시대보다 충돌과 갈등이 잦아지고 있다. 국내적으로는 서울이라는 중심이 지방이라는 주변을 흡수하는 이런 식민화 현상을 어떻게 극복할 것인가가 중요한 과제가 되고 있다면, 국제적으로는 아메리카니즘이 세계를 잠식하는 이런 거대 제국을 어떻게 극복할 것인가가 중요한 과제가 되고 있다. 지역성, 주변성, 특수성을 어떻게 구해낼 것인가 하는 문제는 이 시대의 화두가 아닐 수 없다. 더군다나 작은 단위체를 그저 흡수 융합시켜버리는 제국주의 시대와는 달리, 오늘의 '제국의 시대'는 작은 단위체들을 끝없이 살려주면서 동시에 그를 통해 거대한 지배 체계를 형성하고 있어, 작은 단위체들 스스로가 억압을 받는다는 느낌조차 갖지 못한다. 이른바 보이지 않는 감시가 더욱더 섬세하게 이루어지는 '관리 사회'에 우리는 살고 있다.

그래서 오늘날 신좌파 세력들은 어떻게 하면 작은 단위체들이 큰 단위체들에 식민화되는 이런 상태로부터 벗어나 자율 공동체를 구축할 수 있을 것인가를 고민하고 있다. 이 시대를 고민하는 진보적 지식인들은 우리들 각 지역의 삶, 이른바 생활세계가 거대한 정치·경제 체계에 식민화되는 것으로부터 벗어나 어떻게 하면 해방된 삶이 가능할 것인가를 고민하고 있다. 각각의 단위체들이 마냥 자신들의 권리만 주장하고 통제를 거부하는 무정부주의가 아니라 권리를 주장할 수 있되 함께 연대할 수 있는 진정한 자치가 어떻게 가능할 것인가? 이 물음은 21세기 오늘의 사회를 살아가는 우리가 더 이상 외면할 수 없는 과제가 되었다.

이처럼 예전이나 지금이나 여전히 우리는 우리의 삶 속에 자리하고 있는 이런 갈등과 인정투쟁의 과정을 어떻게 극복할 것인가를 놓고 계속해서 고민하고 있다. 그러나 이 문제에 대한 해결 방식은 인간이 처해 있는 시대적 상황에 따라 제각기 달랐다. 대체적으로 전근대사회에서는 공동체를 개인보다 우선시하는 관점에서 이 문제들을 처리하고자 하였다면, 근대 이후에는 그 반대의 관점에서 이 문제들을 해결하고자 하였다. 개인들의 욕구 투쟁의 장인 근대의 부르주아적 시민사회가 출현하기 이전과 그 이후는 이들 문제들을 해결하는 방법이 달랐다. 따라서 각각의 단위체들이 갈등과 투쟁을 넘어 자유를 누리면서도 서로 조화를 이루는 진정한 자치가 어떤 형태일까의 문제는 이런 전사前史에 대한 반성이 없이는 불가능하다.

이 장에서는 21세기 오늘의 사회에서 진정한 자치가 어떤 형태로 구축되어야 하는가를 논의하기 위해서, 우선 첫째로, 자치 개념의 출현 배경을 시민사회의 변천 과정과 연관을 지어 다루고자 하며, 둘째로, 근대성과 자치 개념이 어떤 연관을 지니고 있으며, 이 속에 자라난 자율성이라는 개념이 자치를 위해서 얼마나 필요한 개념인가를 분석해보고자 한다. 그리고 셋째로, 근대성의 한계가 자율성과 어떤 관계를 지니고 있는가를 분석함으로써 현대 시민사회의 자치의 방향이 어디로 가야 하는가를 논의하고자 한다. 이를 위해서 이 부분에서는 자율과 인정, 그리고 연대의 문제를 다루어보고자 한다. 또 여기에서는 오늘날 네트워크 사회의 도래와 이 속에 자리하고 있는 '제국'과 '다중'의 관계를 중심으로 전개되고 있는 새로운 자율 공동체와 관련하여 미래의 자치 형태를 분석해보고자 한다. 이렇게 함으로써 필자는 21세기 오늘의 사회에서, 더군다나 한국의 현대사회에서 '자치'가 왜 중요하며, 또 이 중요한 자치가 어느 방향으로 나아가야 하는가를 모색해보고자 한다.

1 근대성과 자율

우리가 서양철학에서 '자치'自治라는 말에 해당하는 어원을 어떻게 찾아낼 것인가는 결코 쉬운 일이 아니다. 왜냐하면 이 문제는 오늘날 우리가 이해하고 있는 '자치'라는 개념을 어떻게 이해하느냐와 직결되어 있기 때문이다. 사실 '자치'는, 이 말이 담고 있는 자구적 해석에 따른다면, 다른 자로부터 다스림을 당하지 않고 '스스로 다스림'을 뜻한다. 그것도 남을 고려하지 않고 자기가 하고 싶은 대로 자기를 다스리는 것이 아니라, 모두가 동의할 수 있는 보편적 법칙에 입각하여 자기를 다스리는 것이다. 그러므로 자치는 다스림의 법칙을 스스로가 존경하여 지키는 것이다.

그러나 법칙 수행자가 스스로 지키게 되는 그 법칙이 과연 어떻게 해서 성립되는가? 모든 인간이 공통으로 따르게 될 보편적 법칙이 있기나 한 것인가, 있다면 그것은 어디에서 비롯되는 것인가? 사실 이 문제는 지금까지 철학자들이 끝없이 고민해왔던 문제이며, 어쩌면 인류가 계속해서 고민해야 하는 과제일지도 모른다. 대체로 근대 이전에는 이 법칙이 주체 자신의 외부로부터 우리에게 부과된 것으로 여겨졌고,[1] 근대 이후에는 이성 자신의 내부로부터 비롯된 것으로 여겨졌다.[2] 그리고 오늘에 이르러서는 이 법칙이, 이성 자체의 외부에서 비롯되거나 내부에서 비롯되기보다는, 주체와 주체의 상호 소통을 통해서 성립되는 것으로 여겨지고 있다. 따라서 이 경우 법칙은 이미 의식 초월적인 것도 아니고 의식 내재적인 것도 아니며, '서로주체'가 되는 상호 인정의 체계 내에 자리하고 있다.

'자치'라는 것을 우리가 어느 뿌리에서 이해하느냐에 따라 이 개념의

---

[1] Fritz Loos, Hans-Ludwig Schreiber, "Recht, Gerechtigkeit", in Otto Brunner, Werner Conze und Reinhart Koselleck(Hrsg.), *Geschichtliche Grundbegriffe*, Bd. 5, Stuttgart: Klett-Cotta, 1992, p. 243.
[2] Loos, Schreiber, *Ibid.*, p. 255.

기원 역시 달라진다. 대개 법칙이 외부에서 부과되는 것으로 여겨졌던 근대 이전의 삶의 양식에서는, 이 법칙에 참여하는 자는 전적으로 능동적인 주체가 되지 못했다.[3] 우리가 법칙에 '참여'하는 주체에게 아무리 많은 능동성을 부여한다고 하더라도, 그 능동성은 이미 존재하는 법칙에 '참여'하는 측면에서 평가되는 것이지,[4] 그 법칙의 창시자[5]라는 측면에서 평가되는 것은 아니다. 따라서 선재하는 법칙을 부정하고 주체 자신의 의식적 활동을 통해 법칙을 설립하는 관점으로 전환된 것은, 즉 법칙의 수행자가 그 법칙을 설립하는 입법자가 된 것은 근대 이후라고 보아야 할 것이다.

물론 법칙의 수행자가 입법자가 되는 데 있어서, 주체가 이익의 관점에서 출발했느냐, 아니면 이성이 명하는 양심적 관점에서 출발했느냐에 따라 근대 이후 성립된 법칙 일반의 양상도 달라졌다. 전자의 경우는 법칙이 자기보존의 논리에 근거하고 있다면, 후자의 경우는 법칙이 인간의 인격성을 중시하는 도덕성에 기초하고 있다.[6] 그래서 후자의 입장에 서 있는 칸트는, 전자의 경우에는 법칙이 주체의 수단으로 전락하여, 참된 법칙으로서의 자격을 잃는다고 지적하고 있다. 게다가 그는 법칙에 대한 존경이 아니라 법

---

3 슈니와인드는 전근대적인 도덕을 '복종으로서의 도덕'이라고 규정한다면, 근대 이후, 특히 18세기 이후의 도덕을 '자기통제로서의 도덕'으로 규정한다(Jerome B. Schneewind, *The Invention of Autonomy*, Cambridge University Press, 1998, pp. 4~9).
4 Fred D. Miller, "Aristotelian Autonomy", in Aristide Tessitore(ed.), *Aristotle and Modern Politics: The Persistence of Political Philosophy*, Noter Dame/London: University of Notre Dame Press, 2002 참조; A. T. Flood, *Self-Governance in Aquinas and Pre-Modern Moral Philosophy*, University of Oklahoma Graduate College, 2003, pp. 88~89, p. 101; 김석수, 「법철학에서 칸트의 위치—토미즘, 헤겔, 법실증주의와의 비교를 통하여」, 한국헤겔학회 엮음, 『헤겔연구』 8, 한길사, 1999, 395~399쪽 참조.
5 칸트는 이 점과 관련하여 다음과 같은 주장을 하고 있다. "[……] 이성적 존재자의 의지는 항상 동시에 입법자로 간주되어야 한다."(Immanuel Kant, *Grundlegung zur Metaphysik der Sitten*, Kant's gesammelte Schriften herausgeben von der Königlich Preußischen Akademie der Wissenscfaften, Bd. IV, Berlin, 1911, p. 434) "이성은 외부의 영향을 받지 않고 바로 자기 자신을 원리의 창시자로 여겨야 하며, 따라서 이성은 실천적 이성 내지는 이성적 존재자의 의지로서 바로 그 자체로 자유로운 것으로 여겨져야 한다."(Kant, *Ibid.*, p. 448)
6 박찬구, 「칸트 윤리학에서의 자율성 개념 형성 고정—루소 사상과의 관련성을 중심으로」, 한국국민윤리학회 엮음, 『국민윤리연구』 34호, 1995, 213쪽.

칙에 대한 도구적 접근을 통해서 스스로를 다스리는 것은 이미 부자유스러운 것임을 지적하고 있다. 적어도 칸트는 이들의 법칙 추구는 정언명령에 입각하고 있는 자율적인 것이 아니라 가언명령에 입각하고 있는 타율적인 것이라고 보고 있다. 그는 법칙에 대한 존경으로 말미암아 법칙을 따르는 이 자율성이야말로 주체의 진정한 자유를 마련해줄 수 있다고 주장한다.

칸트적이든 칸트적이지 않든 근대적 삶을 지배하고 있는 일반적 형태는 법칙의 수행자와 설립자를 분리시키지 않으려고 하는 데 있다. 이와 같은 맥락에서 볼 때, 법칙 성립의 연원이 외부에 있는 전근대적 삶의 양식에는 진정으로 자기를 다스리는 '자치'라는 것이 없었다고 주장될 수도 있을 것이다.[7] 실제로 제롬 슈니와인드Jerome B. Schneewind는 이와 같은 맥락에서 칸트의 자율을 자치 개념에 가장 충실한 것으로 파악하고 있다.[8] 고대 시대 자율에 해당하는 그리스어 '아우토노미아'αὐτονομία라는 단어는 '자기'를 의미하는 '아우토'αὐτο와 '법'을 의미하는 '노미아'νομία가 결합된 것으로, 이것은 영토적 차원에서 독립과 주권을 의미하는 것으로만 사용되었지, 칸

---

7 그리스 시대의 자율은 도시국가와 관련하여 정치적 범위에서 사용되다가 근대의 칸트에 와서 철학적 개념으로 정착되었다(R. Pohlmann, "Autonomie", in J. Ritter(Hrsg.), *Historisches Wörtebuch der Philosophie*, Bd. 1, Basel/Stuttgart, Schwabe & Co. AG·Verlag, 1971, p. 701; Andrews Reath, "Ethical Autonomy", in Edward Craig(ed.), *Encyclopedia of Philosophy*, New York: Routledge, 1998, pp. 586~587). 그리스 정치철학에서 사용된 'autarkeia'라는 개념은 자기 통치, 내지는 자족을 의미하는 것으로, 이것은 하나의 도시국가가 다른 도시국가로부터 통치를 받지 않고 스스로 통치하는 것에 사용되었으며, 칸트적 의미의 자율 개념에 이르지는 못했다(Søren Holm, "Autonomy", in Ruth Chadwick(ed.), *Encyclopedia of applied Ethics*, Vol. 1, San Diego: Academic Press, 1998, p. 268; Aristoteles, *Politica I*, in J. A. Smith & W. D. Ross(eds.), *The Works of Aristotle*, Vol. X, Oxford: Clarendon Press, 1966, 1253ª). 그러나 플러드(A. T. Flood)는 이런 입장에 동조하지 않으며, 아퀴나스에게서도 자치의 개념은 발견될 수 있다고 주장한다(Flood, *op. cit.*, pp. 2~3, p. 7).
8 Onora O'Neill, "Autonomy, Plurality and Public Reason", in Natalie Brender & Larry Krasnoff(eds.), *New Essays on the History of Autonomy—A Collection Honoring J. B. Schneewind*, Cambridge: Cambridge University Press, 2004, p. 181. 하인체도 개인들이 모여 있는 집단이나 지역이 중앙 국가나 정부의 영향으로부터 벗어나 내적으로 자기 결정을 할 수 있는 자율을 곧 자치라고 규정하고 있다(Hans-Joachim Heinze, "On the Regal Understanding of Autonomy", in Markku Suksi(ed.), *Autonomy: Applications and Implications*, Hague: Kluer Law International, 1998, pp. 7~8).

트적인 의미로 사용되지는 않았다.[9] 이와 같은 특징을 좀더 철저하게 분석해보기 위해서는 '시민사회'에 대한 고려가 반드시 이루어져야 한다. 왜냐하면 법칙의 수행자와 설립자를 분리시키지 않으려고 하는 입장에서 새롭게 탄생한 집단이 바로 이 근대 시민사회이기 때문이다.

    2부 2장에서 자세히 논의하였듯이, 전근대적인 삶에서는 개인의 사적 욕구나 권리보다는 공동체 자체의 권리나 선이 우선시되었다. 반면에 근대 이후의 삶에서는 전자가 후자에 비해 우선적이었다. 바로 이와 같은 상황은 근대 이전에는 '정치적 공동체'koinonia politike, '국가'polis, '시민사회'societas civilis가 동일한 의미로 사용되고, 의식주 해결에 참여하는 활동, 이른바 경제활동에 참여하는 자들을 '가정'oikos이라는 사적 영역에 머물게 하는 것에서 잘 나타난다. 선과 정의를 논하는 정치적 활동으로서의 공적 영역과 의식주를 해결하는 경제적 활동으로서의 사적 영역이 구분됨으로써, 여기에는 정의가 사사로운 이익에 좌우되지 않게 하는 장점이 자리하고 있는 것 같지만, 바로 거기에 이미 경제적 활동을 하는 자들이 억압당하는 결과가 초래되고 있었다. 그래서 이런 분리 속에 자리하고 있는 차별의 부조리를 깨고 나가려는 새로운 주체들이 등장하였으며, 그들이 바로 중세 후반기에 출현한 성벽 바깥의 성곽도시burgus에 거주하는 주민burgensis, 이른바 상인이었다. 이들은 '사색적 삶'vita contemplativa을 시민의 삶으로 규정하는 기존의 억압적 등식을 거부하고, 공적인 활동에 관련된 '정치적'politikon이라는 것을 사적인 목적을 달성하는 것에 관계하는 '사회적'societas라는 것에 예속되게 하였다. 바로 이와 같은 과정을 거쳐서 근대 '시민사회'가 본격적으로 출현한 것이다.

---

9 Emilio Santoro, *Autonomy, Freedom and Rights—A Critical of Liberal Subjectivity*, Dordrecht: Kluwer Academic Publishers, 2003, p. 13, p. 16.

근대의 시민사회는 '자기보존'conatus essendi을 극대화하고, 따라서 사적 소유와 자신의 권리를 우선적으로 고려하는 사회를 만들었다. 이러한 사회의 출현은, 한편에서는 '공론장'을 활성화하는 계기를 제공해주었지만, 다른 한편에서는 부르주아 지배 체제를 구축하고 강화시키는 결과를 낳았다. 이로 인해 작은 단위체들이 큰 단위체들에 점차 포섭되고 마는 제국주의 시대가 초래되었다. 이미 근대에 이와 같은 문제점을 벗어나기 위한 노력이 나름대로 존재하였다. 그 대표적인 경우가 칸트와 헤겔에서 언급되고 있다. 칸트는 이성을 사적으로 사용하는 것을 반대하고 공적으로 사용할 것을 주장하였다. 진정한 공민은 이성을 공적으로 사용하는 자로서, 세계를 자기 안에 포섭하려는 이기주의자가 아니라, 세계를 이미 근원적인 공동의 소유로 이해하고 세계시민으로 살아가는 다원주의자이다.[10] 그는 이성이 이기주의로 타락하는 것을 막기 위해서 이성의 이론적 활동, 실천적 활동 일반에 '비판'이라는 칼을 들이대고 이성이 할 수 있는 것은 당당히 행하고 할 수 없는 것에 대해서는 한계를 긋고자 하였다. 그래서 그는 인간이 머물고 있는 세계와 관련하여 이것을 자신의 개념 틀 안에 모두 담으려고 함으로써 발생하는 지적 오만함을 경계하였으며, 또 의지가 바라는 것을 모두 행하려고 함으로써 발생하게 될 짐승의 삶을 경계하고자 하였다. 또 그는 판단력이 쾌락에 탐닉하여 이 세상의 조화를 함부로 깨뜨리는 것에 대해서도 경계하였다.

한마디로 칸트는 법칙을 스스로 세우되, 그 법칙이 자신이 정당하게 관여할 수 있는 영역에 적용되기를 기대하지, 그것이 자신의 사적 목적에 주관적으로 이용되는 것을 허용하지 않았다. 이와 같은 상황은 그의 철학 전반에 작동하고 있다.[11] 즉 자연의 법칙, 도덕의 법칙, 미의 법칙 모두에 이와

---

10 임마누엘 칸트, 『실용적 관점에서 본 인간학』, 이남원 옮김, UUP, 1998, 23쪽.

같은 상황이 작동하고 있다. 그에게서 법칙은 인간의 능력 범위 안에 있는 것에 대해서는 정당하게 사용할 수 있는 권한을 주는 것이지만, 동시에 능력 범위 바깥에 있는 것에 대해서는 함부로 하지 못하도록 제어를 하는 역할을 하고 있다. 따라서 법칙은 자신의 자유의 자리이자 의무의 자리이다.

이와 같은 면을 가장 잘 보여주는 것이 그의 '자율'이라는 개념이다. 그에 의하면 세계 안에서나 세계 바깥에서는 무조건적으로 선한 것은 '선의지'ein guter Wille밖에 없으며,[12] 이 선의지는 도덕법칙에 대한 존경으로 말미암아 행위를 하려고 하는 의지이다.[13] 이것은 곧 의지가 자신이 세운 주관적 원칙, 이른바 준칙이 보편적 법칙이 되어야 함을 의미하는 것이다.[14] 선의지가 법칙에 대해서 존경의 감정을 갖는 것은 곧 인간이 숭고해지기 위해서이다. 인간이 도덕법칙에 복종하기만 한다면, 그는 아무런 숭고함이 없으며, 그 법칙을 '입법하면서' 존경해야 숭고한 자가 될 수 있다.[15] 그러므로 인간의 존엄성은 단순히 법칙에 복종하는 데 있는 것이 아니라, 그 법칙을 스스로 입법하고, 존경하여 지키는 가운데 있다.[16] 이런 의미에서 자율[17]은 인간 존엄성의 근본 원리이다.

칸트는 이와 같은 자율의 원리에 입각하여 절대자에 대한 종교적 감정으로부터 인간의 자유를 마련하고자 했던 기존의 시도 속에 담겨 있는 타

---

11 Pohlmann, op. cit., pp. 707~708.
12 Kant, op. cit., p. 394.
13 Kant, Ibid., p. 400.
14 Kant, Ibid., p. 402.
15 Kant, Ibid., p. 440.
16 Kant, Ibid., p. 440.
17 "의지의 자율은 모든 도덕법칙과 그것을 따르는 의무들의 유일한 원리이다." (Immanuel Kant, Kritik der praktischen Vernunft, Kant's gesammelte Schriften herausgeben von der Königlich Preußischen Akademie der Wissenscfaten, Bd. V, Berlin, 1911, p. 33) 그리고 이 의지가 모든 욕망으로부터 독립하여 이성 자신이 순수하게 "법칙을 수립"하는 것이 바로 "적극적 의미의 자유"로서, 이른바 자율이다(Kant, Ibid., p. 33).

율주의를 비판하고 인간의 자유를 제대로 정립하고자 한다.[18] 그에게서 더 이상 형이상학적 존재는 인간이 일방적으로 의존해야 할 대상이 아니라 자신의 자유를 정립하기 위해 요청하는 대상이 된다. 그래서 칸트는 은총으로부터 출발하여 덕으로 나아가기보다는 덕으로부터 출발하여 은총으로 나아가고자 한다.[19] 그는 최고선과 관련해서도 이것은 영혼의 불멸이나 신의 존재를 요청하기 위해서 존재하는 것이지, 인간의 자유를 위해서 존재하는 것이 아님을 주장한다. 인간의 자유는 인간이 입법한 법칙 그 자체로부터 마련되는 것이다.[20] 따라서 최고선이 아니라 도덕법칙이 자유의 인식근거가 된다. 이런 자율성에 기반을 둔 이론은 개인의 양심을 전통이나 권위보다 우선적으로 고려한다.[21]

칸트의 이런 자율 개념은 루터가 설정한 방향을 역전시키는 것이다.[22] 그는 루터와는 달리 종교적 자율을 도덕적 자율로 변형시킴으로써 중세를 비판하고 나온 루터의 자유 개념을 다시 한 번 근대 계몽주의 정신으로 발전시켜나갔다.[23] 칸트는 자신의 자율 개념을 자신에게만 적용하는 것이 아니라 사회적 정의의 문제나 세계시민 공동체 구성과도 연관을 짓고 있다.[24] 그는 사회를 규제하는 정의 내지는 법의 원리를 사회 구성원들이 지니고

---

18 Kant, Ibid., p. 106. 매킨타이어는 이 점과 관련하여 칸트의 자율에서는 "신의 명령들이 군더더기에 불과하게 된다"라고 언급하고 있다(Alasdair MacIntyre, *After Virtue—A Study of Moral Theory*, Notre Dame: University of Notre Dame Press, 1981, p. 45).
19 Immanuel Kant, *Die Religion innerhalb der Grenzen der bloßen Vernunft*, in W. Weischedel(Hrsg.), Kant Werke Bd. 7, Darmstadt: Wissenschatliche Buchgesellschaft, 1983, p. 879.
20 이 법칙은 자연에서 주어지는 것도 아니고, 신에 의해서 발명된 것도 아니다(Santoro, *op. cit.*, p. 18).
21 Gerald Dworkin, *The Theory and Practice of Autonomy*, Cambridge: Cambridge University Press, 1988, pp. 15~17.
22 Pohlmann, *op. cit.*, p. 702. 물론 이런 측면은 플러드의 주장처럼 아퀴나스에게 적용하기 어려운 측면이 있다. 적어도 아퀴나스는 스코투스, 오캄, 루터, 캘빈과는 달리 법칙에의 맹목적인 복종이 아니라 능동적 참여에 입각하고 있다(Flood, *op. cit.*, p. 134).
23 Howard Caygill, *A Kant Dictionary*, Oxford: Blackwell, 1995, p. 88.
24 Pohlmann, *op. cit.*, p. 709; O'Neill, *op. cit.*, p. 184, p. 192.

있는 자의를 자유롭게 사용하되, 이것이 모든 사람의 자유와 함께하는 보편적 법칙이 되도록 할 것을 요구하고 있다.[25] 따라서 그의 자율 형식은 한편으로는 자신에게로 향하고, 다른 한편으로는 타인과의 관계로 향한다. 그러므로 자율은 인간의 내적 자유와 외적 자유를 주체적으로 마련하는 기반이 된다.[26]

칸트는 이와 같은 관점에 입각하여 근대 시민사회가 일반적으로 지향하는 것을 공유하고 있다. 칸트 역시 근대인이 자유를 마련하는 데 가장 중요한 요소로 삼고 있는 사적 소유의 정당화를 시도하는데, 다만 기본적으로 사적 소유를 인정하되 '근원적 공유'communio possessionis originaria라는 이념에 위배되지 않도록 해야 함을 강조한다.[27] 이렇게 함으로써 그는 근대의 사적 소유의 길도 열어주고, 동시에 이로부터 비롯되는 근대 부르주아 지배 체제의 문제점도 보완하고자 한다. 따라서 그는 사적 권리를 정당하게 보존받을 수 있는 공적 정의가 마련된 국가에 자율적으로 참여할 것을 주장한다.[28] 그리고 여기에 참여하는 시민은 자유와 평등 및 자립의 권리를 지닌다.[29] 나아가 그는 국가들 사이의 자발적인 연합에 입각한 자율적인 세계시민사회를 구성하고자 하며, 국가들 사이의 자율권 역시 이 지구가 '근원적 공유'라는 관점에서 확보됨을 주장한다.[30]

이상에서 보듯이 칸트의 자율은 근대 이전의 봉건적 삶에서 자라난 억압적 상황의 부당함을 극복하고자 하는 과정일 뿐만 아니라, 근대의 사회

---

25 Immanuel Kant, *Metaphysik der Sitten*, in W. Weischedel(Hrsg.), Kant Werke Bd. 7, Darmstadt: Wissenschatliche Buchgesellschaft, 1983, p. 230.
26 Susan Meld Shell, *The Right of Reason: A Study of Kant's Political Philosophy and Politics*, University of Toronto Press, 1980, p. 152.
27 Kant, *Metaphysik der Sitten*, p. 262.
28 Kant, *Ibid.*, p. 316.
29 Kant, *Ibid.*, p. 314.
30 Kant, *Ibid.*, p. 352.

계약론 일반에서 비롯된 부르주아 지배 체제의 부당함을 극복하고자 하는 과정도 담고 있다. 그러므로 그의 자율은 권위를 무조건 부정하는 무정부주의를 추구하는 것이 아니라, 국가의 권위와 개인의 자율성을 조화시키려고 하며, 국가 안에서 권위와 자율성이 공존할 수 있는 길, 법칙이 개인에 규제적으로 기능하는 길로 나아가고자 한다.[31] 그에게서 진정한 자치는 곧 자율적 삶을 의미한다. 스스로 법칙을 세워 그 법칙을 스스로 수행하는 자율의 세계야말로 인간의 자유와 평등 및 자립이 확보되는 사회이다.[32] 슈니와인드의 주장에 따르면, 칸트의 이와 같은 입장에는 자치가 갖추어야 할 조건, 이른바 인간의 행위 통제 능력과 관련하여 도덕적 기준들을 알아차릴 수 있는 인식적 능력과 외부의 요인이 아니라 내부로부터 법칙을 준수하는 자발적 동기 마련의 능력, 그리고 이것을 입법하고 외적으로 발휘할 수 있는 권리 능력이 담겨 있다.[33] 그래서 슈니와인드는 칸트의 자율성이 자치력의 가능 근거가 된다고 보고 있다.

2 탈근대와 인정, 그리고 연대

그러나 오늘날 아리스토텔레스의 철학이나 헤겔의 철학을 수용하여 새로

---

31 볼프는 칸트의 자율성 개념을 무정부주의로까지 몰고 간다(Robert Paul Wolff, *In Defense of Anarchism*, N.Y.: Harper & Row. 1970, p. 18).
32 Richard Dien Winfield, *Autonomy and Normativity—Investigations of Truth, Right and Beauty*, Burlington: Ashgate, 2001, p. 18; Eric A. Nordlinger, *On the Autonomy of the Democratic State*, Harvard University Press, 1981, p. 1.
33 Flood, *op. cit.*, p. 12, p. 19.
34 Reath, *op. cit.*, p. 590; MacIntyre, *op. cit.*, p. 32, p. 45; Michael Sandel, *Liberalism and the Limits of Justice*, Cambridge: Cambridge University Press, 1982, p. 87; Charles Taylor, "Atomism", in his *Philosophy and the Human Sciences: Philosophical Papers 2*, Cambridge University Prss, 1985, pp. 187~188.

운 길을 모색하는 공동체주의자들이나 의사소통 이론가들은 자율적 주체가 고립된 자아나 독백적 자아에 머물러 있음을 비판하고 있다.[34] 자율은 한편에서는 국가 내에 거주하는 소수 집단의 권리를 보호해줄 수 있는 장점을 지니고 있지만, 다른 한편에서는 집단들, 인종들, 지역들 사이의 갈등을 증폭시키고 서로의 인권을 침해할 수도 있다.[35] 사실 법칙은 이미 일정 공동체를 구성하고 있는 구성원들 사이의 언어적 활동을 통해서 마련되는 것이지, 의식 내적 반성을 통해서 성립되는 것이 아니다. 그러므로 법칙의 수행을 통해서 자유를 마련하고자 하는 것도 언어적 공동체의 '대화'라는 장을 무시하고 성립될 수 없다. 대화를 가능하게 해주는 언어를 끊고 의식 밖으로 나가든, 아니면 의식 안으로 들어가든 거기에는 상호성이 결여될 위험을 안고 있다. 따라서 자치가 자유를 지향한다면, 언어적 전망을 무시하고 논의할 수 없을 것이다.

이와 같은 기본적인 문제의식 아래서, 필자는 칸트의 자율 개념을 비판하는 헤겔의 입장을 살펴보고, 또 아리스토텔레스와 헤겔의 입장을 수용하여 오늘날 자유주의를 비판하는 공동체주의의 입장을 분석해보고자 한다. 이미 앞서 어느 정도 언급하였듯이, 칸트에게 법칙은 특정한 시간과 공간에 의존되어 있는 상대적 차원을 넘어 보편성과 필연성을 지니고 있어야 한다. 그래서 칸트는 인간이 공동체 속에 살아가면서 지켜야 할 '규범'Sitten 역시 전통적 의미의 '관습'mores, sitte, ethos처럼 특정 역사적 공동체에 의존되어 있어서는 안 되며, 또 이것이 개인들이나 집단들의 욕구 체계에 의존되어 있어도 안 된다는 의미에서 선험적이어야 함을 강조하였다.[36] 칸트가

---

35 Heinze, op. cit., pp. 10~12.
36 Kant, Metaphysik der Sitten, p. 215; Friedrich Delekat, "Das Verhältnis von Sitten und Recht in Kants Grosser Metaphysik der Sitten", Erziehung zur Menschlichkeit, Festschrift für E. Spranger zum 70. Geburstag, Tübingen, 1957, p. 62.

한 인간이나 집단이 자치를 이루면서 사는 데 가장 중요한 개념으로 생각한 자율에 입각하면, 그들이 지켜야 할 규칙이 결코 경험으로부터 마련되어서는 안 된다. 그것은 경험에 앞서 있는 이성의 선험적 원리로부터 나와야 한다. 이 점에서 그의 자율 이론은 현실 역사적 공간을 벗어나 있다. 바로 이 점이 고대 그리스적 공동체를 일정 부분 수용해야 한다고 하는 입장을 지닌 헤겔주의자들과 아리스토텔레스주의자들로부터 공격을 받는 부분이다.[37]

헤겔은 칸트의 자율과 관련하여 그의 자율은 역사적인 구체적 공동체의 인륜과 완전히 분리된 채로 추상적 단계에 머물러 있음을 비판한다.[38] 그는 근대적인 칸트적 자율 개념이 들어서지 못한 고대의 자연적 인륜성으로서의 관습이나 풍습을 비판하며,[39] 동시에 칸트의 자율 개념 안에 고대적인 이런 인륜성이 포용되지 못한 추상성에 대해서도 비판한다. 그는 인간이 지켜야 할 법칙이 이성 안에만 있는 것도 아니고 현실 안에만 있는 것도 아니라고 보며, 이성이 현실이고 현실이 이성인 상태로서의 법을 주장한다.[40]

그러므로 헤겔이 보기에, 칸트처럼 법칙이 구체적인 역사적 공동체를 떠나 오로지 자기 자신에게만 관계하는 경우 거기에는 추상적 보편성만 존재할 뿐이지, 이로부터는 특정 상황에 관계하는 구체적인 보편성이 나올 수 없다.[41] 칸트가 외부로부터 어떤 제약도 받지 않고 스스로 자기를 규정

---

[37] 이런 맥락에서 자유주의의 자율성 개념에는 오직 개인의 자율성만 다루어지고, 자율성의 사회적 차원으로서의 자치가 제대로 마련되어 있지 못하다(이병수, 「삶의 진보와 자치」, 『민족문화논총』 제26집, 2002, 37~38쪽).

[38] Georg Wilhelm Friedrich Hegel, *Grundlinien der Philosophie des Rechts*, in Hegel Werke Bd. 7, Frankfurt a.M.: Suhrkamp, 1986, p. 88.

[39] Georg Wilhelm Friedrich Hegel, *System der Sittlichkeit*, herausgeben von Georg Lasson, Verlag von Felix Meiner Hamburg 1967, p. 9; Michael Inwood, *A Hegel Dictionary*, Oxford: Blackwell, 1992, p. 191 참조.

[40] Hegel, *Grundlinien der Philosophie des Rechts*, p. 46, p. 83.

[41] Hegel, *Ibid.*, p. 252.

하는 이 자율성을 통해 도달하는 의무의 보편성이라고 하는 것은 의무를 위해서 의무만을 내세우는 '공허한 형식주의'leerer Formalismus를 벗어날 수 없으며, 따라서 구체적이면서도 보편적인 의무에 관여하는 '인륜'Sittlichkeit 에 이르지 못한다.[42] 나 이외의 타자와의 갈등을 추상적이고 형식적인 보편성이 아니라 구체적이면서도 내용이 있는 보편성을 통해서 극복하려고 할 때 진정으로 나와 타자의 인정 관계가 제대로 정립되는 것이다. 칸트가 관여하는 양심의 법칙이 자기 안에서 자기 자신과 관계하는 한, 이 법칙은 객관적 내용에 관여하지 못하고 공허한 자기동일성에 머물 뿐이다.[43] 결국 칸트의 자율성은 현실적인 타자와의 인정 관계 속으로 나오지 못하고 자기 내면으로 도피하고 마는 결과를 초래한다.[44]

따라서 헤겔은 칸트의 자율성이 안고 있는 근본적 한계인 '자기 확신'의 단계로부터 나와서 타자와의 인정 관계를 역사성과 사회성을 지니고 있는 구체적 공동체 안에서 모색함으로써 추상적 자유를 구체적인 자유로 발전시키고자 한다.[45] 헤겔이 보기에, 칸트의 자율성의 경우, 자신이 세운 법칙이 현실 공동체의 내용으로부터 벗어나 추상적인 상태가 됨으로써, 그의 법칙은 추상법이 될 수밖에 없으며, 이러한 법을 통해서 스스로를 다스리는 자치에는 자기가 자기를 다스리기는 하지만, 타자의 욕망 구조와 대면하여 그로부터 비롯되는 구체적인 갈등을 인정의 과정을 통해 극복하는 '상호성'이 결여되어 있다는 것이다.[46]

헤겔은 바로 이와 같은 관점에서, 비록 칸트의 자율성이 근대 시민사회의 개인의 자유와 인권의 문제를 적극적으로 개진하고, 또 당대 부르주아

---

42 Hegel, Ibid., p. 252.
43 Hegel, Ibid., pp. 253~254.
44 Hegel, Ibid., p. 260.
45 Hegel, Ibid., p. 286.
46 Hegel, Ibid., p. 287, p. 291.

지의 문제점을 보완하는 작업을 보여주고는 있지만, 그의 이론은 시민사회 내부의 욕구 투쟁의 상황을 상호성에 입각한 인정 이론을 통해 극복하지 못하고 있음을 지적하고 있다. 칸트의 주장처럼 시민사회 내부에 자라나고 있는 불평등의 요소[47]를 도덕적 차원에서 평등의 길로 승화시키는 것은 중요하다. 그러나 헤겔이 보기에, 칸트의 '근원적 공유'는 현실의 구체적 공동체에서 작동하지 못하고 이념으로 저 멀리 머물러 있게 된다.[48] 칸트에게는 도덕성과 합법성이 지양Aufheben · 화해Versöhnung되지 못하고,[49] 이들이 서로 분리되어 추상법의 단계에 머물러 있어 개인과 국가가 서로 견제하면서 함께하는 구체적 보편으로서의 인륜성에 이르지 못한다.

헤겔은 가장 완전한 '이성적 자율'과 최대의 '표현적 통일'을 결합하려고 한다.[50] 그는 이를 위하여 칸트의 자율성에 생명을 길러내야 할 구체적 공동체를 고대의 아리스토텔레스로부터 구해 온다.[51] 그래서 그는 아리스토텔레스의 공동체와 칸트의 자율성을 새롭게 지양하고 화해시켜 인륜성에 충실한 국가를 마련하고자 하며, 그의 국가는 시민들을 위해서 존재하는 단순한 도구도 아니고, 그렇다고 시민의 개인적 자유와 권리를 일방적으로 지배하지도 않는다. 그의 국가는 "인륜적 생명"sittliche Lebendigkeit 그 자체이다.[52] 그는 이 '인륜적 생명을 통해 칸트의 근본적인 도덕적 자율과 그리스 도시국가의 표현적 통일을 지양시켜 종합하고자 한다.'[53] 테일러는 헤겔의 이와 같은 입장에 근거하여 근대의 자율성으로부터 자라난 절대적

---

47 Hegel, lbid., p. 389.
48 Charles Taylor, *Hegel and Modern Society*, Cambridge: Cambridge University Press, 1979, pp. 82~83.
49 Hegel, *Grundlinien der Philosophie des Rechts*, p. 365; Taylor, lbid., pp. 149~150.
50 Taylor, lbid., p. 12.
51 Taylor, lbid., p. 84.
52 Georg Wilhelm Friedrich Hegel, *Die Vernunft in der Geschichte*, in J. Hoffmeister(Hrsg.), Hamburg, 1955, p. 112.
53 Taylor, op. cit., p. 95.

자유가 오히려 소수자의 소외와 원한을 만들어내며, 작은 공동체들을 붕괴시킴을 지적하고 있다.⁵⁴

그래서 헤겔은 근대 자유주의 전통 아래서 자라난 시민사회와 국가 사이의 부조화 문제를 극복하기 위해서 경찰행정Polizei과 직업단체Korporation를 제시하고 있다. 그는 이를 통해서 공공의 이익도 보호하면서, 동시에 특수한 이익도 돌보는 길을 모색한다.⁵⁵ 특히 그의 직업단체는 오늘날 강조되는 지방자치단체⁵⁶라는 개념도 포함하고 있으며, 이것은 시민사회 내의 자발적인 결사체로서 시민들이 협동하고 연대하는 활동을 통해 시장 사회의 문제점을 극복하고자 한다.⁵⁷ 이렇게 함으로써 헤겔은 권리와 복지가 제대로 고민되지 못한 칸트의 자율성을 넘어 자유주의와 공동체주의를 결합하는 연대성으로 나아간다.⁵⁸

헤겔의 전통을 계승한 현대철학자들은 칸트의 자율성이 안고 있는 고립된 주체에서 벗어나, 주체와 주체의 상호 관계, 개인과 공동체의 상호 관계를 통해서, 이른바 상호 주관성의 기반 위에서 주관성을 논의하고자 한다.⁵⁹ 그러므로 타자는 이미 내 자유의 가능 근거이며, 공동체에 자리하고 있는 관습과 규범은 내 자유의 실현을 위한 토대가 된다. 따라서 자율은 연대를 통해서 참된 인륜성을 획득하게 된다. 즉 자신의 자율은 타자와 공동체에 대한 연대적 의무를 통해서 객관성을 확보하게 된다.⁶⁰ 결국 자율이 불행한 결과를 낳지 않기 위해서는 연대성 원리에 기반을 두지 않으면 안 된다. 각자의 자율성에 자리하고 있는 법칙에 대한 의무들 사이의 충돌이

---

54 Taylor, *Ibid.*, p. 115.
55 Hegel, *Grundlinien der Philosophie des Rechts*, p. 346.
56 Hegel, *Ibid.*, p. 457.
57 Hegel, *Ibid.*, p. 395.
58 나종석, 『차이와 연대』, 길출판사, 2007, 413~417쪽.
59 나종석, 같은 책, 270~271쪽.
60 나종석, 같은 책, 272쪽.

현실적으로 발생할 수 있는데,[61] 칸트는 이 부분을 충분히 숙지하지 못했다. 헤겔은 인정투쟁이라는 계기를 고려하지 않고는 이 부분에 대한 구체적인 해결책을 마련하기 어렵다고 보았다. 자율성은 전근대적인 삶을 지배했던 전통이나 관습 내지는 신적인 권위에 일방적으로 의존했던 인간의 무주체성을 구해낸다는 점에서 분명히 진일보한 것이다. 그렇지만, 이 자율성은 현실 역사적 공간에서 대면하는 타자와의 구체적인 연대적 관계를 고려하지 않고는 주관성과 추상성으로부터 벗어날 수 없다. 제대로 된 "자율성은 사회적 관계나 사회적 상호 작용 없이는 출현할 수 없다."[62]

오늘날 공동체주의자들과 페미니스트들도 바로 이와 같은 맥락에서 자율성 이론은 기본적으로 원자론적 개인주의와 남성주의에 바탕을 두고 있으며, 여기에는 배려와 보살핌의 관점이 배제되어 있음을 지적한다.[63] 이른바 자율성 이론은 사회적으로 구현된 정체성과 가치의 본성을 모호하게 만들어버리며, 기본적으로 반사회적이라는 것이다.[64] 심지어 알렌R. T. Allen은 합리적인 자율성을 교육시키는 것이 공동체를 파괴시킬 수도 있다고 지적한다.[65] 오늘날 다원화된 사회에서는 이런 자율성 개념은 가치 갈등

---

61 Kant, *Metaphysik der Sitten*, p. 224. 물론 레즈와 같은 사람은 '자율성'을 제대로 따르면 도덕적 다원주의와 조화되지 갈등을 일으킬 이유가 없다고 본다(Joseph Raz, *The Morality of Freedom*, Oxford: Oxford University Press, 1986, p. 381, p. 399). 따라서 그는 시민의 자율성과 국가의 법이 강제성을 띠는 것 사이에는 조화가 가능하다고 본다(Raz, *Ibid.*, p. 417). 심지어 킴리카는 개인의 자율성과 공동체의 결속력이 서로 대립하지 않으며, 문화적 다양성, 특히 소수문화를 배제하지 않는다고 주장한다(Will Kymlicka, *Liberalism, Community and Culture*, Oxford: Clarendon, 1989, pp. 1~5). 또 자율이 소수의 보호와 상관없이 탈중심화에 집중하기도 하지만, 소수집단을 보호할 목적을 지니고 있기도 하다고 주장한다(Markku Suksi, "Introduction", in Markku Suksi(ed.), *Autonomy: Applications and Implications*, Hague: Kluer Law International, 1998, p. 1).
62 Jack Crittenden, "The Social Nature of autonomy", *The Review of Politics*, 55, 1993, pp. 56~57.
63 Holm, *op. cit.*, pp. 271~272; John Christman & Joel Anderson, "Introduction", in John Christman & Joel Anderson(eds.), *Autonomy and the Challenges to Liberalism*, Cambridge: Cambridge University Press, 2005, p. 4; 김비환, 『포스트모던 시대의 정치와 문화』, 박영사, 2005, 318쪽.
64 Christman & Anderson, *Ibid.*, p. 8.
65 R. T. Allen, "Rational Autonomy: The destruction of Freedom", *Journal of Philosophy of Education*, Vol. 16, Issue 2, 1982. 12, pp. 203~204.

의 한 축을 이루며, 심지어 이런 갈등과 관련하여 무기력함을 보여주고 있다는 것이다.[66]

이런 맥락에서 하버마스는 스스로 입법하고 존중하여 지키게 되는 법칙의 존재를 '순수이성의 사실'Faktum der reinen Vernunft로 간주하는 칸트의 입장은 자기 독백적인 주관적 차원을 벗어나기 어렵다고 주장한다. 이것은 그의 철학이 기본적으로 의식 철학에 바탕을 두고 있기 때문이라는 것이다. 그러므로 이것을 벗어나기 위해서는 언어적 장 안에서 펼쳐지는 대화의 공간으로 나오지 않을 수 없다. 더군다나 주체 철학에 바탕을 둔 자율성이 폭력으로 전환되지 않기 위해서는 타자, 그중에서도 특히 소수자에 대한 인정에 기초하지 않으면 안 된다.[67]

이와 같은 상황을 좀더 깊이 분석하기 위해서는 현대 시민사회론에 대한 검토가 이루어져야 한다. 근대 부르주아 시민사회의 등장으로 개인의 권리와 자유를 신장시키는 권리ius의 정치가 확장되었지만, 반면에 부르주아 지배 체제의 확산으로 인해 제국주의가 초래되었다. 아렌트는 바로 이와 같은 부정적 현상이 연대성 없는 사회적 통합, 이른바 현대판 전체주의에서 기인한다고 보고 있다. 그녀에 의하면 근대 시민혁명은 사적 영역을 지독하게 경멸한 것에 대한 분노의 폭발이며, 사적 영역이 공적 영역을 침식하여 사회적 영역을 확장시킨 사건이다.[68] 그녀는 이와 같은 시각에서 근대 시민사회가 공적 영역의 침몰로 이어짐을 심각하게 바라보았다. 그러나 하버마스는 아렌트의 이런 부정적 관점에만 기울지 않고, 바로 이 부르주아지의 자율성 담론이 오히려 공론장의 활성화를 가능하게 해주었다고 보

---

66 임미원, 「자율성과 자유」, 한국법철학회 엮음, 『법철학연구』 제5권 제2호, 2002, 55~56쪽.
67 Heinze, *op. cit.*, p. 15, p. 19, p. 21; Christman & Anderson, *op. cit.*, pp. 10~13.
68 Hannah Arendt, *The Human Condition*, Chicago & London: The University of Chicago Press, 1973, p. 38, p. 46. 한나 아렌트, 『인간의 조건』, 이진우, 태정호 옮김, 한길사, 1996, 90쪽, 99쪽; Hannah Arendt, *The Origins of Totalitarianism*, New York: Harcourt Brace Yovanowitch, 1951, pp. 138~139.

고 있다.⁶⁹ 또 테일러는 매킨타이어와는 달리 근대성 안에 담겨 있는 자율성을 부정적으로만 볼 것이 아니라 진정성authenticity이 담겨 있다고 보며, 이것을 연대성에 입각하여 발전시켜야 함을 주장하고 있다.⁷⁰

현대 시민사회는 근대 시민사회가 창출한 부정적 요소를 견제하면서 이를 새롭게 발전시키고자 한다. 그것은 바로 시민사회를 가정과 국가, 시장과 국가 사이에 설정하여 서로 견제하게 함으로써 한쪽이 부당하게 우리의 생활세계를 식민화하는 것을 막는 것이다. 따라서 오늘날 시민사회는 더 이상 고대처럼 정치적 영역에 집중되어 있지도 않으며, 그렇다고 근대 부르주아 시민사회처럼 경제적 영역에 집중되어 있는 것도 아니다. 시민사회는 국가의 행정 체계와 기업의 경제 체계를 견제하는 역할을 한다.⁷¹ 그러므로 시민사회는 단순히 사적 영역에 속하는 것이 아니라 공공 영역에 관여한다. 오늘날 시민사회는 '비국가적이고 비경제적인 연결망으로서 자발적인 결사체'가 되며, "사회적 문제 상황이 사적 생활에서 불러일으킨 반향을 응집시켜 정치적 공론장으로 확대한다."⁷² 즉 시민사회는 공론장을 활성화시켜 이를 통하여 의사소통적 합리성을 마련함으로써, 인간의 경제적, 정치적, 문화적 삶을 제대로 세우고자 한다. 따라서 당연히 시민사회는 단순히 경제적 가치만을 추구하는 집단이 아니고, 기존의 노동운동 외에도 평화운동, 여성운동, 인종차별 철폐운동, 환경운동, 생명운동 등 다양한 운

---

69 Jürgen Habermas, *Strukturwandel der Öffentlichkeit*, Neuwied und Berlin: Hermann Lutherhand Verlag GmbH, 1971, p. 37, p. 42, pp. 94~95. 위르겐 하버마스, 『공론장의 구조변동』(1962), 한승완 옮김, 나남출판, 2001, 89쪽, 95쪽, 157쪽.
70 Charles Taylor, *The Malaise of Modernity*, Concord: Anansi, 1991, p. 23.
71 Andrew Arato, & Jean Cohen, "Civil Society and Social Theory", in Peter Beiharz, Gilliam Robinson & John Rundell(eds.), *Between Totalitarianism and Postmodernity*, Cambridge, Mass: The MIT Press, 1992, p. 131; Jürgen Habermas, *Theorie des kommunikativen Handelns*, Bd. 2, Zur Kritik der funktionalistischen Vernunft, Frankfurt a.M.: Suhrkamp, 1981, p. 473.
72 Jürgen Habermas, *Faktizität und Geltung*, Frankfurt a.M.: Suhrkamp, 1992, p. 443. 위르겐 하버마스, 『사실성과 타당성』, 한상진, 박영도 옮김, 나남출판, 2000, 440쪽.

동을 통하여 문화적 가치를 추구하는 집단이다.

이들의 이러한 운동 논리 저변에는 자율성보다 더 중요한 것으로 여기는 인정과 연대에 대한 고민이 담겨 있다. 실제로 이와 같은 시민사회론을 주장한 하버마스의 경우, 그는 자기 독백적인 칸트의 자율성을 의사소통 공동체에 참여하는 합의 절차로 전환하고자 한다.[73] 그는 기본적으로 개인의 자유와 권리를 존중하면서도, 동시에 그 개인이 속해 있는 사회와 관련하여 연대성 원리에 입각하여 호혜적으로 인정하는 상호 주관적 관계를 마련하고자 한다.[74] 이렇게 함으로써 그는 정의와 연대성을 담론윤리 안에서 조화시키고자 하며, 나아가 기존의 자율성 이론의 주관성을 벗어나고자 한다.

따라서 오늘날 우리의 자치를 위협하는 국가 행정 권력과 기업 경제 권력을 제대로 견제하기 위해서는 이런 담론윤리에 기반을 둔 시민 자치가 반드시 이루어져야 한다. 즉 "국가와 시장으로부터 상대적으로 자립한 시민들이 〈공적인 것〉의 창출과 결정 과정에 참가하고 책임을 지면서 열어가는 시민 자치는 새로운 사회시스템의 형성에 있어서 핵심적인 내용이라고 할 수 있다."[75] 이 시민 자치는 지방분권을 통해 중앙의 일방적 지배나 간섭으로부터 벗어나 지방을 스스로 다스리고자 하는 지방(단체) 자치나, 각 지역의 작은 단위체들이 자체 내의 정책 결정 과정에 직접 참여하여 스스로 다스리고자 하는 주민자치의 바탕이 되어야 한다.[76] 왜냐하면 각 단위체들의 자율권이 충돌하여 발생하는 갈등을 해결하기 위해서는 그들이 상호 인정의 과정을 거쳐 연대하는 방향으로 나아가지 않을 수 없을 것이며, 이를

---

73 Jürgen Habermas, *Erläuterungen zur Diskursethik*, Frankfurt a.M.: Suhrkamp, 1991, p. 20.
74 Habermas, *Ibid.*, p. 70.
75 김기성, 「시민자치와 정치적인 것의 변화: 일본 사회의 실험을 중심으로」, 한국정치학회 엮음, 『한국정치학회보』 33집 2호, 1999, 157쪽.
76 단체자치는 중앙정부에 대한 지방정부의 자율성에 중점을 두고 있다면, 주민자치는 지방정부의 정책 결정 과정에 주민이 참가하는 경우에 해당한다(김기성, 같은 글, 159쪽).

통해 자신들을 부당하게 지배하는 행정 권력과 경제 권력에 대해서 견제하고 감시하면서 때로는 저항해야 하기 때문이다.77 지방의 작은 정부든 중앙의 큰 정부든, 지방의 작은 기업이든 중앙의 큰 기업이든, 이들이 우리의 생활세계를 식민화하는 것에 시민이 맞서 저항하여 공론장을 활성화하는 길이 아니면, 그 어떤 자치도 온전하게 이루어질 수 없을 것이다. 단체자치나 주민자치는 시민 자치로 이어져야 한다.

이와 같은 방향은 일본의 공공公共철학에서도 제시되고 있다. 공공公共은 "사私의 존재를 희생시키고 부정하는 것이 아니라 사를 가치 있게 여기며 존엄하게 생각하고 존중하고 발전시킨다."78 그러니까 공공의 철학은 공과 사 사이를 매개하고 소통시키는 관점을 추구하며, 어느 쪽이 다른 한쪽을 지배하는 것을 허용하지 않는다. 그러므로 정치의 공적 영역과 시장의 사적 영역이 서로 배타적으로 관계하는 것이 아니라, 서로 매개하여 상화相和한다.79 공공의 철학은 멸사봉공滅私奉公보다는 활사개공活私開公을 추구하며, 국가의 공公과 개인의 사私 영역을 시민, 즉 공공민公共民을 통해 포용하고자 한다.80

마쓰시타 게이이치松下圭一는 일본이 근대화 과정에서 서구의 근대화에 선진적인 역할을 한 영국, 프랑스, 미국의 노선을 따르지 않고 후진적이었던 독일을 따름으로써 국가주의(국가자본주의, 국가사회주의)를 야기하고, 결국 '국가=공=관료', '개인=사=서민'이라는 등식을 성립시킴으로

---

77 김기성, 같은 글, 160쪽.
78 김태창, 「공공철학이란 무엇인가?」, 철학문화연구소 엮음, 『철학과현실』 제74호, 2007년 가을, 85쪽.
79 김태창, 같은 글, 95쪽, 98쪽; 정인재, 신학희, 「공공철학은 일본과 중국, 우리나라에서 어떻게 전개되고 있는가?」, 철학문화연구소 엮음, 『철학과현실』 제74호, 2007년 가을, 106쪽.
80 김봉진, 「공공철학의 지평」, 철학문화연구소 엮음, 『철학과현실』 제74호, 2007년 가을, 112쪽. 김봉진은 공공철학은 아렌트와 하버마스의 철학과 차별성을 지니고 있다고 본다. 그에 의하면 아렌트와 하버마스의 철학은 公共과 公을 이원적으로 대립시키고 있으며, 한쪽은 그리스 아고라에서, 다른 한쪽은 근대 시민사회에서 공공 영역을 구했다는 점에서 公共을 公과 私의 사이에 제대로 자리 매김 하지 못했다(김봉진, 같은 글, 116쪽).

써, '사'가 횡적으로 연대, 공생하여 '공'을 만드는 공화형 정치, 이른바 시민 자치를 마련하지 못했음을 비판한다.[81] 그에게서 자치는 "시민이 부富 내지는 가치를 가지고서 자조自助, 공조共助의 긴장 속에서 '공公'을 만"[82]드는 것이다. 그에 따르면, 일본은 그동안 전쟁 전에는 부국강병을 위해서, 전쟁 후에는 경제성장을 위해서 국가를 중시함으로써 시민 자치를 제대로 마련하지 못했다. 시민은 사私에 집착하는 차원을 넘어 횡적으로 연대하여 공생의 길을 추구해야 하며, 더 이상 공의 영역을 국가가 독점할 수 없고, 공공의 공간이 지역 규모, 국가 규모, 지구 규모로 중층화되고 있는 오늘날에는 이와 같은 작업이 반드시 이루어져야 한다고 그는 주장한다.[83]

다원주의 시대를 살고 있는 오늘날, 더군다나 근대 이전의 형이상학적인 보편적 기준이나 근대 이후의 주체에서 마련된 보편적 기준이 더 이상 설득력을 갖기 어려운 현실에서는, 자연이나 초자연으로부터 우리에게 부과되는 전통적인 자연법에 동참하여 자기통제를 하는 자치나, 아니면 자신의 내면에서 입법된 근대적인 이성법에 동참하여 자율성을 추구하는 자치는 호소력을 지니기 어렵다.[84] 사회성과 역사성을 초월하여 추상적인 보편성을 강하게 띠는 법칙이 수용되기 어려운 오늘의 현실에서는, 우리는 당연히 주체와 주체 사이의 대화의 장을 통해 마련되는 절차적이고 과정적인 보편성, 이른바 열린 보편성을 향해 나아가지 않을 수 없다. 이런 맥락에서 오늘날 자치는 강한 법칙에 복종하거나 참여하기보다는 공동체의 구성원들 사이에 서로 인정할 수 있는 모델을 개발하는 데 집중한다.[85]

---

81 마쓰시다 게이이치 지음, 『일본의 자치·분권』, 양기웅 옮김, 소화, 2006, 132쪽.
82 마쓰시타 게이이치, 같은 책, 141쪽.
83 마쓰시타 게이이치, 같은 책, 154~156쪽.
84 Joel Anderson & Axel Honneth, "Autonomy, Recognition, and Justice", in John Christman & Joel Anderson(eds.), *Autonomy and the Challenges to Liberalism*, Cambridge: Cambridge University Press, 2005, p. 130.

그래서 오늘날 논의는 특수성을 살리면서 보편성을 어떻게 마련할 것인가로 향하게 되며, 바로 여기에서 인정 이론이 중요한 관심사로 부각되고 있다. 각 단위체의 자치 역시 이런 인정 이론을 고민하지 않고는 더 이상 현실성과 정당성을 지니기 어렵게 되었다. 각 단위체는 한편에서는 자신이 속한 현실에서 어떻게 하면 그 현실로부터 인정받을 수 있는지를 정확하게 지각하고 또 거기에 동참해야 할 것이다. 그리고 다른 한편에서는 그 현실이 그들이 실현하고자 하는 것을 방해할 경우 그것에 대해서 어떻게 투쟁하여 자기 뜻을 펼치고 부여할 것인가를 고려해야 한다. 그리고 각 단위체가 성공적인 자치에 이르기 위해서는 이 양자를 잘 조율해야 한다.[86] 전자에 집중하면, 그 단위체가 그 현실로부터 인정을 받을지는 모르지만, 부당한 지배 원리를 묵인하는 결과를 낳으며, 동시에 다른 단위체가 그로 인해 배제될 수도 있다. 특히 소수자가 정체성에 위협을 받을 수도 있다. 반면에 후자에 집중하면, 스스로의 자유를 실현할지는 모르지만, 현존하는 지배질서를 무시하게 되어, 결국 타자의 무시와 불인정으로 스스로를 지탱할 수 없게 될 수 있다.[87] 그러므로 목적격으로서의 단위체와 주격으로서의 단위체가 연대성 원리에 입각하여 의사소통 과정 속에서 서로 조율하지 않으면 안 된다.[88] 단위체들의 자치는 각 단위체의 자율성과 이들 사이의 연대성에 기반들을 두지 않으면 안 된다.

---

85 이런 맥락에서 슈니와인드처럼 복종성을 넘어서 있는 칸트의 자율성에서 자치를 마련하려고 하거나, 아니면 플러드처럼 근대 이전의 형이상학적 법칙과 인간의 자율성을 조화시키는 것에서 자치를 마련하려는 입장(Flood, *op. cit.*, pp. 21~133)은 쉽게 수용되지 않는 것이 현실이다.
86 문성훈은 호네트의 이론을 따라 지각모델(Wahrnehmungsmodell)과 부여모델(Attributionsmodell)의 조화를 참된 인정의 길로 보고 있다(문성훈, 「인정개념의 네 가지 갈등구조와 역동적 사회발전」, 사회와 철학 연구회 엮음, 『사회와 철학』 제14호, 2005 참조).
87 이것은 조지 허버트 미드(George Herbert Mead)가 사회적 기대에 참여하는 '목적격 나'와 이 사회의 문제점에 대해서 저항하고 자신의 내적 자유를 실현하는 '주격 나'의 관계에 대비시킨 것이다(악셀 호네트, 『인정투쟁』, 문성훈, 이현재 옮김, 동녘, 1996, 131~163쪽).
88 악셀 호네트, 같은 책, 218~219쪽; 문성훈, 앞의 글, 163~165쪽.

결국 자치는 자율성, 연대성, 인정이라는 삼자 관계의 협조 속에서 이루어져야 한다. 이와 같은 맥락에서 볼 때 오늘날 자율주의 운동 역시 자치의 완성을 위해서는 문제점을 안고 있다. 기존의 마르크스주의를 포스트구조주의와 결합시켜 새롭게 등장한 오늘날의 자율주의(아우토노미아) 운동은 자율성에 더 치중함으로써, 사회적 인정 관계에 바탕을 둔 함께하는 사회를 위협할 수 있다. 즉 오늘날의 자율주의는 국가권력으로부터 독립된 '미시 코뮌'을 추구하면서 지나치게 소수자에 집중함으로써, 다수자가 중시되는 사회의 현실적 중요성을 가볍게 취급할 수 있다.[89]

물론 형식적 보편성에 참여하는 과거 칸트의 자율성과는 달리 특이성을 소중한 생명으로 길러내는, 그래서 소수자에 집중하는 오늘날의 자율주의는 나름대로 의의를 지니고 있다.[90] 오늘날 신자유주의의 위력이 세상을 뒤덮고 아메리카니즘이라는 새로운 지배 권력이 정보사회의 물결을 타고 급속도로 확산됨으로 인해, 언뜻 보기에는 중앙 권력이 해체되는 것 같지만, 오히려 더 강화되고 있기도 하다. 이런 제국의 현실 앞에서 우리의 일상 생활과 시민사회가 식민화되지 않는 자율적 공동체가 과연 어떻게 가능할까?[91] 바로 여기에 자율주의 운동이 자리하고 있다. 자율주의 운동은 기존처럼 국가권력을 장악하지도 않으며, 공권력이 애초부터 개입할 수 없는 바깥 영역에 머물고자 한다.[92] 네트워크 사회의 다중은 통합되고 단일화된 주체인 민중이나 비합리적이고 수동적인 주체인 대중과는 달리 자신들의 특이성을 중시하면서 공동의 연대를 모색하는 집단들이다.[93] 이들 다중은

---

[89] 문성훈, 「소수자 등장과 사회적 인정 질서의 이중성」, 사회와 철학 연구회 엮음, 『사회와 철학』 제9호, 2005, 131쪽.
[90] 조정환, 『아우또노미아』, 갈무리, 2003, 478쪽.
[91] 조지 카치아피카스, 『정치의 전복』, 윤수종 옮김, 이후, 1997, 331쪽, 459쪽.
[92] 조지 카치아피카스, 같은 책, 324쪽, 329쪽.
[93] 조정환, 앞의 책, 475~476쪽.

더 이상 추상적인 보편성이나 거대 보편성에 쉽게 동참하지 않으며, 또 그것을 쟁취하려고 하지도 않는다. 이들은 국가에 집중되어 있는 권력과 자원을 탈집중화하고, 지역 곳곳에서 자주 관리, 이른바 자치를 수행하고자 한다. 그러므로 네트워크 시대의 자율주의는 지역 집단들의 자율성을 지향한다.[94] 국가마저 자본에 포섭된 오늘날 국가를 장악한다고 자본에 구속되어 있는 인간이 해방되는 것은 아니다. 따라서 이들은 국가를 통하지 않고 인간 해방의 길을 모색하고자 한다.[95]

그러므로 자율주의 운동에 입각한 자치 마련의 길은 국가의 공公의 존재를 벗어나는 쪽으로 이어져 있다. 이 점에서 자율주의 운동의 주체인 다중은 국가의 공公과 개인의 사私를 매개하거나 국가와 시장을 감시하고 매개하는 시민사회의 길을 거부한다. 오히려 국가 바깥에 작은 코뮌을 형성하는 것이 이들의 목적이다.[96] 이들은 '제국주의' 시대의 종말과 '제국' 시대의 도래를 현실로 받아들이고, 이 전제 위에서 국민(민족) 국가의 붕괴를 인정하고 지구화를 현실적으로 허용하면서, 동시에 탈영토성과 탈중심성에 입각하여 자율 공동체를 마련하고자 한다.[97] 따라서 오늘날 자율주의는 "주권과 자본으로부터 독립적으로 삶을 운영하려는 다중의 자치적 노력 자체이다."[98] 세계시장이라는 회로를 타고 우리를 관리하고 있는 제국의 체제로부터 해방되는 길은 제국 바깥으로 나가는 것이 아니라 제국 안에서 시장의 지배를 약화시키는 것이다. 그것은 바로 주권이 지향하는 '권력'이

---

94 조정환, 같은 책, 26쪽, 32쪽.
95 조정환, 같은 책, 42쪽.
96 Antonio Negri, *Subversive Spinoza*, Timothy S. Murphy(ed.), Manchester University Press, 2004, p. 114.
97 안토니오 네그리, 마이클 하트, 『제국』, 윤수종 옮김, 이학사, 2002, 15쪽.
98 조정환, 앞의 책, 406쪽.
99 이 '권력'과 '활력'은 스피노자가 'potestas'(pouvoir)와 'potentia'(puissiance)로 구별한 것에 근거한다. 여기에 대한 자세한 논의는 앞의 2부 4장 참조.

아니라 다중이 지향하는 '활력'[99]을 살리는 길, 이른바 산 노동의 길이다.[100] 결론적으로 이 길은 자율성과 자주 관리 및 자기 조직화를 통하여 주변부의 소수자 운동에 주목한다. 특이성들의 자기 조직화를 통해서 '소수자 되기'를 지향하는 이들의 자율주의 운동은 오늘날 동성애자, 이주자, 빈민, 여성 등과 관련하여 다양한 운동의 형태로 등장하고 있다.[101]

그러나 과연 이와 같은 방향이 얼마나 오늘의 현실에 적실성을 지니고 있는가는 여전히 논란의 여지를 안고 있다. 앞서 언급하였듯이, 인정 이론에 입각해서 볼 때, 이 자율주의 운동은 비현실적이라고 볼 수 있다. 왜냐하면 여전히 국민(민족) 국가는 존재하고 있고, 국가권력과 자본이 건재하고 있으며, 미국이라는 거대 국가가 권력과 자본으로 세계를 지배하고 있기 때문이다. 노동자들의 이주도 자율적인 유목이 아니라 자본의 힘에 떠밀려 이동하는 수동적인 유목이 아닐 수 없다.[102] 이런 현실에서 국가 바깥, 자본 바깥의 소수자 공동체를 만들고자 하는 것은 지각 모델을 외면하고 부여 모델에 집중함으로써 오히려 고립된 공동체를 산출할 수 있다.[103]

삶의 자치의 형태를 제대로 마련하기 위해서는 상호 인정의 관계가 확립되어야 한다. 악셀 호네트Axel Honneth의 주장처럼 상호 인정은 '자기 존중'self-respect, Selbstachtung, '자기 신뢰'self-trust, Selbstvertraum, '자부심'self-esteem, Selbstschätzung을 통해서 가능하다. 개인들의 자율과 존엄성에 대한 보편적 존경이 법적으로 제도화되고, 사랑과 우정을 통해 욕망을 가진 신체적 존재들 사이의 밀접한 관계가 마련되고, 그리고 한 공동체의 구성원

---

100 안토니오 네그리, 마이클 하트, 앞의 책, 405~406쪽. 이것은 들뢰즈의 유목민이 지향하는 전쟁 기계의 길이기도 하다. 여기에 대한 자세한 논의는 앞의 2부 4장 참조.
101 윤수종, 「아우토노미아 조직론에 관한 연구」, 『현대사회과학연구』 제8권, 1997, 120쪽, 125쪽, 134쪽.
102 이정우, 「새로운 꼬뮤니즘의 윤리-정치적 비전」, 『시대와 철학』 제18권 2호, 2007, 341~349쪽.
103 문성훈, 「소수자 등장과 사회적 인정 질서의 이중성」, 앞의 책, 132~133쪽.

들이 지니고 있는 특정한 가치가 인정받을 수 있는 연대성과 공유된 가치들의 망이 마련되어야 한다.[104]

3 자율, 인정, 연대의 길로

각각의 단위체가 진정한 단위체가 된다는 것은 자율적 단위체가 됨과 동시에 서로로부터 인정받는 단위체가 되어야 한다. 그리고 이 인정은 연대적 삶에 기반을 두지 않으면 안 된다. 그렇지 않을 경우, 인정은 곧 투쟁의 상태가 되고 말며, 이것은 결국 서로를 공멸하는 길로 인도할 것이다. 역으로 연대적 삶 역시 자율과 인정의 원리에 기반을 두어야 한다. 그렇지 않을 경우, 각 단위체의 주관적 자율권과 단위체들 사이의 부당한 연대로 왜곡된 지배 구조를 낳게 될 것이다. 따라서 작은 단위체에서부터 큰 단위체에 이르기까지 제대로 된 자치가 이루어지기 위해서는, 각 단위체는 자율, 인정, 연대 사이의 상보성에 기반을 두지 않으면 안 될 것이다.

사실 우리의 현대사는 강한 국가주의가 지배해왔다고 해도 과언이 아니다. 조선 말기 이후 권력자들의 내부 갈등이 심화됨으로써 대한민국은 결국 자력自力을 상실한 무력한 국가가 될 수밖에 없었다. 한 국가가 자율적이면서 동시에 인정을 받는 국가가 되기 위해서는 자주自主적이고 자발自發적인 차원에서 연대성을 구축할 수 있어야 하는데, 우리의 현실은 그러하지 못했다. 해방 공간에서 성립된 국가 독립도 자력으로 이루어진 것이 아니었기 때문에, 우리의 현대사는 강자의 지배 논리에 예속될 수밖에 없었다.

사실 자력이 확립되지 않은 곳에서는 인정 이론에 적합한 자율성도 제

---

104 Anderson & Honneth, *op. cit.*, p. 131; 악셀 호네트, 앞의 책, 220쪽.

대로 마련할 수 없다. 이미 앞에서 보았듯이, 이승만 이후 우리 사회에는 일민주의一民主義라는 강한 민족주의에 기초한 우리식 민주주의가 강조되었다.[105] 그렇지만 여기에는 상호 인정에 입각한 자율성이 자리할 수 없었다. 오히려 우리의 정치권은 강대국에 편승하는 친일파, 친미파 등의 형태로 전락하여 반反자율적인 모습을 보여주었다. 분단의 현실에서도 남북이 각기 강한 민족주의를 바탕으로 우리식 민주주의, 우리식 사회주의를 표방하였지만, 그 저변에는 여전히 강대국에 편승하는 상황이 지속되었다.[106] 그러니까 '우리식'과 결합되어 있었던 당시의 자율성은 왜곡된 자율성이 아닐 수 없었다.

이와 같은 한반도의 현실은 남북 각 단위체 내에 존재하는 하위 단위체들의 자율성을 허용할 수 없었으며, 상위 단위체가 하위 단위체에게 명령하는 형태로, 이른바 타율적인 형태로 국가 운영이 주도되었다. 강한 국가, 강한 민족을 만들어야 한다는 목표 아래, 국가가 구성원들을 일방적으로 지배하는 것이 정당화되었다. 국가 그 자체가 상호 인정에 입각하여 자율성을 확보하고 있지 못했듯이, 국가 내부의 하위 단위체들 역시 중앙 권력에 예속되어 있어, 각 단위체들이 스스로 다스리는 자치는 불가능하였다. 기나긴 인정투쟁을 통한 자주권 확보는 1987년 6월 민주항쟁 이후에야 가능하였다. 그렇지만 이후에도 여전히 우리 사회의 상하 단위체들 사이에서나 동일 차원의 단위체들 사이에서 중앙주의와 지역주의를 넘어선 자율성은 제대로 마련되지 못했다. 큰 단위체와 작은 단위체 사이에는 종속의 관계가 남아 있으며, 각 단위체들 사이에는 이기주의가 잔존하고 있다. 그러므로 주관적 원칙인 준칙이 보편적 법칙이 되도록 하라는 칸트적 자율성도

---

105 安浩相, 『일민주의의 본바탕』, 서울 일민주의연구원, 단기4283(1950), 7쪽.
106 여기에 대한 자세한 논의는 김석수의 「근대적 국가이미지의 형성과 참여철학자들의 역할—해방 후에서 군사정권 시기까지」(한국영상문화학회 엮음, 『영상문화』 제8호, 2003), 1~16쪽 참조.

여전히 미흡하다. 뿐만 아니라 상호 인정을 받기 위한 의사소통 능력과 태도의 미비로 단위체들 사이의 갈등과 충돌 역시 계속되고 있다. 특히 문민정부, 국민의 정부, 참여정부로 이어지는 민주화 10년 이후에도, 더군다나 지방분권 정책의 추진에도 불구하고, 중앙 권력이 지방 권력을 지배하는 현상은 정치, 경제, 사회, 문화 전반에 잔존해 있다.

따라서 각 단위체들의 자치와 관련해서 볼 때, 우리 사회에서 우선적으로 추구되어야 할 부분은 지방자치이다. 왜냐하면 중앙에 모든 권력이 과도하게 집중되어 있는 현재의 일방적 지배 구조 아래서는 중앙 내부에서 자치 활동이 이루어진다고 하더라도, 중앙이 주변의 소수자에 대해서 보조하는 차원을 넘어설 수 없기 때문이다. 이렇게 될 경우, 우리는 상호 인정의 토대 위에서 자율성과 연대성의 길을 모색할 수 없다. 주변부의 소수자의 자율권을 인정하고, 서로 인정의 과정을 거쳐 연대하는 길을 마련하기 위해서는 우선 주변부 거주자의 상처와 그들의 소리가 중앙에 전달되어야 하고, 또 그것이 그들의 삶을 반성하도록 하지 못하면 현실 공동체의 자치는 제대로 마련될 수 없다. 이 점에서 우리 사회는 과도기적으로 자율주의 운동이 필요하다.

그러나 다른 한편 지방분권을 통한 지방자치 못지않게, 각 지역 단위체 내부의 투명성과 공정성을 높일 수 있는 공론장의 활성화를 위한 시민 자치도 중요하다. 여전히 각 지방 내부에 중심 권력이 작동하고 있고, 따라서 단위체 내부의 비민주성은 잔존하고 있다. 그러므로 우리 사회의 자치는 근대적인 자율 이론이나 현대적인 자율주의 이론에만 입각해서도 안 된다. 우리에게 필요한 자치의 단계는 각 단위체들이 자율성을 확립하고, 상호 인정의 토대 위에서 연대성을 확립하는 길로 나아가는 형태여야 할 것이다.

맺는 말

1

이제 이 책을 마무리하는 입장에서 앞서 논의한 내용을 다시 한 번 간추려보고자 한다. 이미 보았듯이, 1부 전체와 2부 1장까지는 주로 우리 철학자들이 서구 실천철학 이론을 수용하면서 우리의 현실 속에서 어떻게 역할을 했는가에 집중하였다면, 2부 2장부터 6장까지는 우리 현실의 문제를 서구의 실천철학 이론과 연관을 지어 다시 한 번 음미해보는 데 집중하였다. 그러니까 전자의 경우는 우리 학자들의 수용 양상에 대한 분석이었고, 후자의 경우는 서구 이론과 우리 현실의 상호 관계 속에서 우리 현실이 안고 있는 문제들을 검토해보는 것이었다.

앞서 누차 강조하였듯이, 한국의 근대화는 서구의 근대화와는 달리 아래로부터 시민들의 자발적인 저항으로 시작된 것이 아니라 위로부터 지시

• 이 글은 「한국 근대화와 철학계 지식인의 문제」(『사이』 2호, 지식산업사, 2003)로 발표된 글을 수정·보완하여 재수록한 것임.

와 명령으로 진행되었다고 해도 과언이 아니다. 일본 제국의 식민지가 되면서 이미 우리는 우리의 근대화를 자주적으로 수행할 수 있는 가능성을 원천적으로 박탈당했다. 더군다나 우리는 강대국들의 자국 이익주의와 국내의 반민족적 외세 의존주의로 인하여 국가의 존립 조건을 완전히 빼앗기게 된 참혹하기 짝이 없는 한국전쟁을 겪어야만 했다. 이처럼 한 번은 나라를 송두리째 잃어야만 했고, 다른 한 번은 나라를 반으로 가르는 아픔을 겪어야만 했다. 이 두 번의 상처는 우리로 하여금 강한 민족주의 이념 아래 일치단결하는 것을 가장 소중한 가치로 삼게 만들었다. 그래서 이승만 정권은 "뭉치면 살고 흩어지면 죽는다"라는 단결주의를 강조하였으며, 나아가 이런 그의 신념을 안호상은 '일민주의'라는 이념을 통해 철학적으로 뒷받침해주었다. 이처럼 힘 있는 나라를 만드는 것이 일차적인 목적이 되어버린 당시의 현실은 우리로 하여금 반공주의를 절대적인 진리로 수용하도록 만들었으며, 급기야는 친일주의자마저도 아무런 비판 없이 받아들이도록 만들었다.

당시 이승만 정권은 친일주의자들과 반동 지주들에 대해서 비판과 공격을 가했던 사회주의자들을 타도하고자 하였다. 이 시기의 사회주의자 박헌영은 8월테제(1945년 8월 20일과 9월 25일)에서 일본 제국주의와 협력한 변절자 일파를 숙청할 것을 선언하였으며, 또 인민공화국과 조선공산당은 일본 제국주의와 친일적 조선인 및 반동 지주의 소유지를 전부 몰수하여 국유로 하고 농민에게 무상으로 나누어 줄 것을 주장하기도 하였다. 그러자 이 당시 미군은 한민당과의 접촉을 통하여 과거 친일파 및 지주 세력인 보수주의자들에게 힘을 실어줌으로써 친일주의자들이 살아남을 수 있는 길을 마련해주었다. 이와 같은 현상은 5·16군사쿠데타를 통하여 성립된 박정희 군사정권에도 이어졌다. 당시의 군사정권도 자유당 정권 아래 자리하고 있었던 일본 자본 및 친일 세력을 이어받았던 것이다. 이처럼 우리의 현대사는 반민족주의자도 공산주의자가 아닌 이상 존재할 수 있는 터전을 마련해주었다.

나아가 이런 반공주의는 당시에 찌든 현실을 타개하는 데 절실히 요구된 산업화주의와 강하게 결합되어 있었다. 그래서 박정희 군사정권은 이승만으로부터 물려받은 반공주의 위에 경제제일주의를 더하여 강력한 힘의 국가를 구축하고자 하였다. 당시 정권은 유신 시대로 이어지면서 강한 국가 없이는 경제 건설이 불가능하고, 경제 건설 없이는 공산주의를 물리칠 수 없다는 입장에서 우리식 민주주의라는 이름 아래 국가주의, 산업주의, 반공주의를 유기적으로 결합시켜 독재를 정당화하고자 하였다. 심지어 박정희 정권은 "공산주의와 싸워 이기기 위해서는 〔……〕 누구하고라도 손을 잡아야 합니다"[1]라고 주장함으로써 이승만 정권이 범했던 오류를 똑같이 범하였다. 이처럼 그의 한국적 민주주의라는 이름 아래에는 여전히 친일파가 자리할 수 있는 배경 조건이 만들어져 있었으며, 파시즘적인 지배를 정당화할 수 있는 여건이 마련되어 있었다.[2] 익히 알다시피 박정희 시대의 조국 근대화 개발주의는 소수의 무사武士와 문사文士의 결합으로 다수의 국민을 이끌어가는 형태를 취하고 있었다. 우리는 이와 같은 근거를 당시에 유행했던 '국민교육헌장', '새마을운동', '인간개조론'과 같은 것들에서 발견할 수 있다. 당시 권력자들은 헌장을 만들어 국민들을 정신 무장시켜야 했고, 새로운 인간형으로 개조시켜야만 했다. 이처럼 우리는 엘리트주의에 입각하여 전근대적 방식으로 근대성을 기획하는 모순을 안고 있었다. 우리의 이와 같은 기획에는 '선경제 후민주'라는 형식이 자리하고 있었고, 이것

---

1 박정희, 「한일회담 타결에 즈음한 특별담화문」(1965. 6. 23), 대통령비서실, 『박정희대통령연설문집 2~6』, 1966, 208~209쪽.
2 이런 불행은 참여정부가 '과거사진상조사위원회'를 구성하고 이를 통해 과거사를 청산하고 정리하는 과정에 이르러서야 비로소 일정 부분 해소되기 시작하였다.

을 관철시키기 위해서 당시의 일부 지식인들은 유신 체제에 동참하였다.

그러나 한국의 이와 같은 근대화는 서구와는 또 다른 측면에서 대조를 이루고 있다. 서구의 근대화에는 경제적 활동과 정치적 활동이 대립되어 있지 않았다. 그들의 공리주의는 경제적으로는 자본주의, 정치적으로는 민주주의를 동시적으로 모색하는 과정이었다. 물론 서구의 근대화 역시 전자의 가치가 후자의 가치를 압도하고, 사적 영역(경제적 영역)이 공적 영역(정치적 영역)을 주도하고 있었다는 점에서 문제를 안고 있었다. 그러나 그들이 이러한 문제점을 안고 있었음에도 불구하고 시민의 자발적인 계약을 통하여 주체적으로 근대화 작업을 수행하였다면, 우리는 이와 같은 과정이 강제적으로 수행되었다.

이와 같은 상황은 남한에만 적용되는 것이 아니라 북한 역시 마찬가지였다. 그들 역시 김일성 일인 지배 체제의 구축과, 이를 위한 주체사상의 정립 및 다양한 인간 개조 운동을 전개하였다. 그러므로 그들이 표방한 조국 발전론 역시 아래로부터의 혁명을 통해 이루어진 것이 아니라 위로부터의 지시와 명령으로 이루어졌다. 1부 5장에서 다룬 황장엽의 사상을 통해서 볼 때 북한 역시 민중이 주인 되는 진정한 사회주의를 추구했다기보다는 민족주의와 반미주의로 무장된 일인 지배 체제로 향해 있었다. 우리의 자본주의와 민주주의가 봉건적 형태를 띠고 있었다면, 북한의 사회주의 역시 그러한 형태를 지니고 있었다.

이처럼 우리의 상황과 서양의 상황에는 분명한 차이가 있었다. 이로 인해 마르크스주의적 입장에서 저항하는 차원도 달리 나타났다. 서양에서 마르크스주의자들은 근대화의 주역인 부르주아계급의 부당한 지배에 대한 도전에 집중하였다면, 우리에게서 마르크스주의자들은 군사 계급의 부당한 지배에 대한 저항에 더 집중하였다. 따라서 우리의 갈등은 전근대적인 무사 계급과 민주화 세력의 싸움이었다면, 서양에서의 갈등은 근대적인 부르주아계급과 프롤레타리아계급 사이의 싸움이었다. 그러므로 우리의 갈등은 민족주의 틀 내에서 이루어졌고, 서양의 갈등은 시민사회의 모순에 더 집중되어 있었다. 우리에게는 마르크스주의자들이 반민족적인 불순분자로 단정된 데 반해서, 서양에서는 시민사회에 도전하는 자로 규정되었다. 이처럼 한국 사회의 마르크스주의자들은 시민사회의 왜곡된 구조를 문제 삼는 일보다 부당한 독재를 문제 삼는 일에 더 집중하였다. 따라서 당시의 정권은 조국 근대화라는 기치 아래 조국개발론과 총력안보 체제를 제일 가치로 설정하여 여기에 저항하는 세력들을 민족의 발전을 저해하는 이적 집단으로 규정하였다.

우리의 근대화는 자유롭고 평등한 시민에 바탕을 두지 않았으며, 우리의 진보 운동 역시 이들이 산출한 문제를 극복하는 데 있지 않았다. 우리 근대화 과정에서는 민족주의로 무장한 군사 계급 및 그에 결탁한 지식인들의 전체주의적인 억압과, 그에 맞서 싸우는 민중 계급 및 그에 연대한 진보적 지식인들의 민주화 운동이 주를 이루었다. 서양과 차이를 보이는 이런 양상은 프랑크푸르트학파의 네오마르크스주의를 수용하는 과정에서도 나타났다. 서양의 네오마르크스주의는 서구권 자본주의사회가 낳은 기술 관료 지배사회와 동구권 공산주의가 낳은 당 관료주의 사회의 문제점을 극복하기 위해서 출현하였지만, 우리 사회의 네오마르크스주의 수용 및 실천은 여전히 군사정권에 대한 저항의 일환이었다.

하지만 이 사조의 수용 역시 아카데미즘 공간 안에서 지식인들 사이의 논쟁으로 머물러버렸거나, 아니면 한국 사회의 모순을 은폐하는 부작용을 유발하였다. 심지어 이 사조는 특정 지식인들에 의해서 국민들에게 반공주의 이념을 무장시키고, 그들에게 정치교육과 윤리교육을 강화하는 장치로 이용되었다. 당혹스럽게도 당시의 관변 지식인들은 시대의 부조리를 비판하는 정신을 담고 있는 비판이론을 시대의 현실에 순응하는 국민윤리교육으로 둔갑시키는 어처구니없는 현실을 만들어내기도 하였다. 그래서 결국 당시의 비판이론은 군사정권으로부터는 좌경 사상으로 몰리고, 그 정권 아래서 억압을 당했던 민중으로부터는 무력한 부르주아 이론으로 배척당하기도 하였다. 이와 같은 야누스적인 면은 우리 사회에서 작동된 변증법 이론에도 그대로 자리하고 있었다. 헤겔의 변증법 이론에서 부정의 힘을 중시하는 저항 지식인들에게는 이 이론이 마르크스주의와 더불어 지배의 부당함을 비판하는 데 동원되었다면, 합(合)의 힘을 중시하는 지배 계층이나 참여 지식인들에게는 이 이론이 모든 대립과 갈등을 억누르고 지배를 정당화하는 데 동원되었다.

마침내 이와 같은 모순적 상황은 1980년 5월의 울분을 만들어냈다. 그리고 이 울분은 당시의 저항 세력으로 하여금 프티부르주아적 형태를 지니고 있는 지식인 중심의 비판이론보다는 민중의 저항 논리를 마련할 수 있는 마르크스-레닌주의에 더 몰입하도록 만들었다. 이처럼 우리 사회의 1980년대는 마르크스주의가 퇴조하고 있었던 서구 사회와는 반대로 오히려 그것이 더 심화·확장되기 시작하였다. 특히 이 당시 '사회구성체 논쟁'과 관련하여 마르크스-레닌주의의 보편성 및 한국 사회의 특수성과 관련된 심각한 논의들이 있었으며, 북한 주체철학에 대한 논의 또한 이루어졌다.

그러나 이와 같은 논의도 1985년 소련 고르바초프의 '페레스트로이카' 정책과 '글라스노스트' 선언이 이루어지면서 그동안 적국이었던 나라들과 외교 관계를 맺게 됨으로써, 또 국내적으로는 1987년 6월 민주항쟁이 승리를 얻어냄으로써 약화될 수밖에 없었다. 더 이상 민중혁명론은 힘을 발휘하기 어렵게 되었으며, 오히려 시민운동론이 활발하게 전개되기 시작하였다. 사실상 우리 사회의 갈등을 계급투쟁론적 관점이 아니라 합법적으로 해결하고자 하는 주체가 등장한 것도 바로 이 무렵이라고 보아야 할 것이다. 물론 이들은 당시 우리 사회의 많은 모순을 은폐하고 자신들의 기득권을 안정적으로 모색하고자 한 점에서 민중운동가들로부터 많은 비판을 받기도 하였다. 그러나 1987년 이후 새롭게 등장한 우리 사회의 도시 중산층은 더 이상 이데올로기 논쟁에 관심을 기울이지 않았으며, 오히려 사회복지에 더 많은 관심을 가지게 되었다. 따라서 당연히 당시 우리 사회철학계에도 1970년대 수입되기 시작한 하버마스의 의사소통적 합리성, 롤스의 절차적 합리성, 포퍼의 비판적 합리성 등이 본격적으로 가동되기 시작하였다.[3] 또 우리 사회철학계는 여기에 머물지 않고 구조주의, 포스트구조주의로 나아갔으며, 푸코나 리오타르와 같은 포스트모던적 계열의 사회철학으로 확장되어나갔다. 우리 사회에 이런 철학들이 활성화되기 시작한 데에는 나름의 이유가 있었다. 신합리주의 계열의 사회철학 이론이 우리에게 관심의 대상이 된 것은 그것이 도시 중산층의 이익 논리와 어느 정도 공유된 부분이 있었기 때문일 것이다. 그리고 포스터모던적인 사회철학 이론이 우리 사회에 활성화된 것도 그것이 근대화 이데올로기 속에 전개된 억압적 획일주의에 대한 강한 반발 의식과 자기의 가치를 극대화시키려는 개인주의자들의 해방 논리와 간섭배제주의에 일정 정도 기여할 수 있었기 때문일 것이다. 물론 우리는 이러한 이론들이 활성화되었던 사실을 단순히 이와 같은 부정적 측면에서만 바라볼 수는 없다. 여기에는 비합리성에서 합리성으로, 전체주의적 획일성에서 열려진 다원성으로 나아가고자 하는 긍정적인 요소들도 관련되어 있었을 것이다.

    그러나 신합리주의 계열의 철학이나 포스트모던적 계열의 철학을 우리가 수용하는 것이 1980년대 후반 우리의 현실에서 적합하였는지에 대해서는 많은 논란의 여지가 남아 있다. 왜냐하면 서구의 경우는 그동안 아래

---

[3] 한편 우리 사회의 마르크스주의자들은 자신들의 위기를 극복하기 위하여 분석마르크스주의자인 코헨이나 엘스터의 이론과 포스트마르크스주의자인 라클라우나 무페 및 알튀세의 이론을 수용하기 시작하였다.

로부터의 근대화가 이루어지고, 또 그 과정에서 발생한 많은 문제들이 마르크스주의나 네오마르크스주의 등 다양한 과정을 통하여 시정되어옴으로써 정당하고 합리적으로 의사를 결집하고 의견을 개진할 수 있는 성숙한 시민 주체가 어느 정도 확보되어 있었다. 그러나 우리의 경우는 여전히 전근대적인 비합리적 주체들이 잔존하고 있고 민중의 가치와 시민의 가치가 착종되어 있기 때문이다. 추상적인 동일성이나 차이성에 함부로 휘말려 들지 않는 주체가 확보되지 못한 우리 사회에 이들 이론이 수용된다면 특정 집단의 이익주의나 개인의 이기주의적 현상이 만연할 수밖에 없을 것이다.

그래서 앞서 2부 4장과 6장에서 언급하였듯이, 니체와 마르크스주의, 스피노자와 마르크스주의를 결합시킨 새로운 운동, 즉 다중적 주체에 입각한 자율주의(아우토노미아) 운동이 우리 사회의 진보적 지식인들 사이에서 적극적으로 수용되고 있다. 이들에 의하면 이 자율주의 운동은 포스트구조주의의 문제점도 극복하고, 동시에 기존의 거대 담론이었던 민중운동도 극복하는 새로운 길을 모색할 수 있다. 이들은 네트워크 사회의 도래와 더불어 국민국가, 민족국가를 넘어선 제국의 시대가 출현하면서, 더 이상 기존의 저항운동으로는 오늘의 신자유주의 아래 펼쳐지고 있는 자본과 시장의 지배를 벗어날 수 없다고 본다. 이들은 이를 벗어나기 위해서는 자본 바깥에서 저항하는 소수자 운동이 불가피함을 역설하고 있다. 그리고 우리 사회 역시 민중 담론에서 시민 담론으로 이행하면서 한동안 새로운 변화가 활발하게 전개되었지만, 현재는 시민운동마저도 변질되었거나 약화되었다. 그래서 이들은 우리 사회의 문제점을 돌파하고 세계 제국의 지배를 극복하는 새로운 방안으로 다중 담론에 희망을 걸고 있다.

그러나 다른 한편에서는 우리 사회가 다중 운동으로 이어지는 것에는 여전히 한계가 있으며, 민중운동, 시민운동이 더 충실하게 이루어져야 한다는 주장 역시 만만치 않게 펼쳐지고 있다. 하지만 여기에 대한 본격적인 논의는, 이 문제가 현재 진행 중인 논의이기도 하고, 또 필자에게 주어진 시간적 한계로 인해, 다음 기회에 더 심도 깊게 진행할 수밖에 없을 것 같다.

2

이상의 간략한 논의에서 보듯이 우리의 현실은 서구의 현실과 분명히 달랐다. 하나의 이론이 현실을 분석하고 비판하면서 그 현실을 넘어서는 새로운 전망을 제시해줄 수 있지만, 그렇다고 그 이론이 현실과 전혀 무관한 진공 속에 자리할 수는 없다. 이론은 현실과의 부단한 관계 속에서 작동하는 법이다. 그러나 근대화 이후 서구로부터 수입된 이론들 중 상당 부분은 그들의 현실과 우리의 현실에 대한 철저한 대비 속에서 고찰되지 못했다. 오히려 그들의 이론의 우월성에 편승하여 우리의 현실을 그들의 이론으로 바라보는 경향이 강하였다. 김혜숙의 주장처럼 "우리의 철학은 우리의 현실 속에도 없었고, 우리의 현실은 우리의 철학 속에도 없었다."[4]

이와 같은 현상은 서양철학 도입 이후 100여 년의 과정에서도 잘 나타나고 있다. 해방 이전의 일제강점기 시절에 활동한 신남철, 박치우, 안호상, 박종홍 등은 누구보다도 우리 현실과의 관계 속에서 철학을 하고 우리 철학을 모색하기 위해 몸부림쳤다. 이들은 하나같이 민족주의적 관점에서 서구의 이론을 활용하고자 하였다. 신남철과 박치우는 사회주의를 민족주의적 관점에서, 안호상과 박종홍은 독일 이상주의와 실존주의를 민족주의적 관점에서 활용하고자 하였다. 그럼에도 불구하고 전자는 기본적으로 서구의 마르크스 이론의 틀 속에서, 후자는 독일 이상주의의 틀 속에서 우리의 현실을 바라보는 면이 강하였다. 특히 후자의 철학은 당시의 국가절대주의

---

4 김혜숙, 「미국철학의 지적 기원」, 한국철학회 1998년 춘계발표 대회보, 『철학사의 철학』, 241쪽.

를 강화시키고, 부당한 지배를 심화시키는 데 적지 않게 기여하였다. 이들 후자에 속해 있는 철학자들은 1950년대에 지배적이었던 창백한 인텔리겐 치아론자들과는 달리 1960년대 이후 민족의 생존과 번영을 위하여 지식인의 건설적 참여를 강조한 근대화 인텔리겐치아론자들과 같은 배를 타고 있었다. 이들은 현실 참여에 비판적인 지식인들과는 달리 현실 참여에 긍정적인 인텔리겐치아론자들 편에 서 있었다. 임방현을 비롯한 인텔리겐치아론자들은 당시의 쿠데타와 군사정권의 대두를 정당하다고 보았으며, 군부세력과 인텔리겐치아의 결합이 불가피하다고 보았다.[5] 이 당시 지식인들은 일반적으로 엘리트주의적 태도로부터 벗어나지 못했으며, 특히 인텔리겐치아론자에 속하는 이들 지식인들은 안보와 경제성장에만 주목함으로써, 여기로부터 파급되는 당시 민중의 희생이나 빈부의 차를, 그리고 계급적 적대감을 문제로 다루지 못했다.

또 조국 근대화의 물결이 한창 진행되던 1970년대에 활동한 장일조, 신일철, 이규호, 차인석, 임석진, 정문길, 백승균 등은 비판이론을 수용하여 한국 사회의 문제점을 극복하고자 하였다. 그러나 이들 대부분은 비판이론이 작동했던 서구의 현실과 우리의 현실에 대한 철저한 비교 분석을 제대로 해내지 못했으며, 대부분은 서구의 이론을 소개하는 입장이었다. 앞서도 언급하였듯이 원래 비판이론은 서구에서는 1920년대 형성되기 시작하였다. 이 이론은 당시 독일 실존주의, 네오프로이트주의, 네오헤겔주의 및 코르슈, 루카치의 영향 아래서 이루어진 것으로서, 정치와 문화가 경제에 예속되는 문제점을 더 이상 마르크스주의로는 해결할 수 없다는 인식에서

---

[5] 이와 같은 태도는 오늘날 한국 지식인 사회의 보수주의를 대변하는 김용서의 글이나 조갑제의 글에도 나타난다. 김용서는 중국의 사대주의와 일본의 식민주의를 벗어나기 위해서는 오늘의 서양 문화를 가능하게 만들어주었던 군사 문화가 중시되어야 한다는 입장에서 박정희 정권의 성립은 정당하다고 보았으며, 조갑제는 박정희를 무덤으로부터 불러내어 함께 숨 쉬고 생동하는 한 인간으로 복원시켜야 한다고 보았다.

출발하였다. 이런 의미에서 비판이론은 경제혁명보다는 문화혁명에 더 많은 비중을 두었다.

그러나 우리에게 수용된 비판이론은 서구와는 다른 형태로 전개되었다. 당시 우리 사회는 비판이론 중 프롬의 소외론에 집중하는 경향이 강하였으며, 따라서 유행 풍조를 따라 움직이는 상업적인 면이 강하였다. 특히, 전두환 정권 아래서 문교부 장관을 지낸 이규호는 비판이론을 국민윤리교육에 잘못 적용하는 측면도 없지 않았다. 물론 그는 비판이론과 연계 지은 국민윤리교육과 관련하여, 이것이 정치적 공동체의 일정 체제에 적응할 수 있게 해주는 역할뿐만 아니라, 인간의 해방을 위해서 체제를 비판하는 기능도 담고 있다고 보았다. 그러나 그가 표방하고 실천하고자 한 정치교육에는 이런 양자의 기능이 고르게 반영되어 있지 못했다. 오히려 그가 내세운 정치교육에는 체제에 순응하는 반공교육, 승공교육, 통일교육, 보안교육이 중시되었다. 그가 내세운 정치교육은 새마을교육에까지 연계를 지음으로써 당시의 체제를 잘 따르게 하는 데 주목적을 두고 있었다. 유감스럽게도 그의 이런 주장은 당시의 신군부 정권의 부당한 지배에 궁극적으로 이바지하는 꼴이 되었다. 그는 교육 혁명을 이루어냄으로써 한국 사회의 문제점을 극복해야 한다고 보았다. 그래서 그는 이데올로기 비판 교육을 주도적으로 수행할 수 있는 국민윤리교육과를 대학에 만들었다. 하지만, 그의 이와 같은 태도는 오히려 당시의 군사정권에 기여하는 꼴이었을 뿐만 아니라, 오늘날에까지 철학과가 철학교육과 윤리교육의 주체가 되지 못하게 하는 상황을 만들어놓았다. 따라서 이 당시에 수용된 서구의 비판이론은 지식인 중심의 이론이었거나 운동이었지, 정치·경제적 모순을 안고 있는 현실과 그 현실에서 고통을 받고 있는 민중의 입장을 대변하기에는 역부족이었다.

한편 1980년대에는 이진경, 김창호, 유재건, 김광현, 이청산, 구승회,

이기홍 등에 의해서 '사회구성체 논쟁'이 전개되었으며, 이것은 우리의 현실에 적합한 사회 이론을 주체적으로 구축하기 위한 몸부림이었다. '한국철학사상연구회'도 이와 같은 움직임의 연장선상에서 결성되었으며, 이 연구회는 서구 마르크스주의의 한국화를 위하여 다각도로 모색하는 모습을 보여주었다. 이와 같은 모색은 최종욱, 김재기, 유초하 등에 의해서 북한의 주체철학을 우리 현실에 적용해보려는 노력으로도 이어졌다. 그러나 다른 한편에서는, 즉 신일철, 이훈 등은 북한의 주체철학은 결국 소련 철학을 직수입한 것에 불과하며 우리의 현실에 창조적으로 적용하는 데는 문제가 많다고 보았다. 이처럼 당시의 지식인은 서구의 사회주의 이론이든 북한의 사회주의 이론이든, 이들 사회주의 이론을 통하여 한국 사회의 모순을 주체적으로 극복하려는 몸부림을 보여주었다.

하지만 다른 한편에서는 이러한 움직임들이 약화될 수밖에 없는 상황들이 전개되고 있었다. 이미 국제적으로는 사회주의권이 무너지고, 국내적으로는 대통령직선제와 지방자치제가 허용되면서 모든 대립의 축이 약화됨으로써 마르크스주의 계열의 철학이 완전히 허탈감에 빠질 수밖에 없었다. 이에 '한국철학사상연구회'도 이와 같은 분위기 속에서 새로운 돌파구를 찾기 위하여 분석마르크스주의나 포스트마르크스주의로 옮겨 갈 수밖에 없었다. 그래서 이 당시 이러한 사조에 관심을 가지고 있었던 자들은 마르크스주의를 완전히 떠나지 않으면서 당시의 현실을 발전시킬 수 있는 마르크스주의, 이른바 변형된 마르크스주의 연구에 몰입하게 되었다. 그리고 또 다른 한편에서는, 하버마스와 포스트모더니즘의 입장에서 한국 사회의 문제를 극복해보려는 움직임도 등장하게 되었다. 그러나 이러한 움직임도, 당시 한국 현실에 잔존하고 있었던 전근대성을 충분히 고려하지 못한 채, 서구의 근대성 모델 안에서 출발된 이론을 우리 현실에 이식시키려는 면이 적지 않았다. 이와 같은 현상은 롤스나 포퍼를 통하여 한국 사회를 바라본

이론들에도 마찬가지로 나타났다. 즉 롤스나 포퍼의 이론을 수입하여 소개하는 쪽도 이들 이론이 발생한 현실과 우리 현실 사이의 차이에 대한 철저한 분석을 제시하지 못했으며, 나아가 이들의 이론이 우리의 현실에서 과연 어느 정도 생산적인 역할을 해낼 수 있는지에 대해서 심화된 논의를 충분히 제시하지 못했다. 이와 같은 양상은, 앞서 언급하였듯이, 포스트모더니즘, 스피노자-마르크스주의 등을 통하여 다각도로 모색되고 있는 입장에서도 일정 부분 나타나고 있다.

이상에서 보듯이 우리 철학자들은 우리의 현실에 대한 분석의 토대 위에서 서구의 이론을 반성적으로 수용하고 정초하는 것이 아니라, 서구의 이론을 먼저 분석하고 거기에 우리의 현실을 잡아 넣어보는 형식을 취하는 면이 강하였다. 왜 우리의 옷이 우리의 몸으로부터 나오지 않고 우리의 몸이 우리가 아닌 옷에 들어가야 하는가? 이것은 서구 이론 우월주의가 우리 철학자들의 뇌리에 자리하고 있기 때문이 아닌가? 물론 내 몸이 시원찮아 내 몸을 좀더 품위 있게 만들기 위해 더 맵시 있는 옷에 나의 몸을 맞추려고 노력할 수도 있을 것이다. 그러나 유감스럽게도 우리에게는 옷과 몸 사이에 상호성이 아니라 일방성이 중심을 이루어왔다는 것을 부인할 수 없다. 특히, 다른 학문도 아니고 우리의 삶의 조건을 고민하는 실천철학이라면, 그것은 그 사회를 구성하고 있는 인간과 삶의 내용을 철저하게 탐구·반성하고 비판하는 작업을 수행해야 할 것이다. 그러나 우리는 이 부분을 충분히 고뇌하지 못했다.

이와 같은 불행한 상황은 우리 사회의 지식인들이 미시 권력이든 거시 권력이든 이들 권력으로부터 결코 자유롭지 못했기 때문일 것이다. 자고로 참된 지식인이라면, 사실에 관한 정확한 인식에만 머물러 있는 것이 아니라, 이와 더불어 바람직하지 못한 현실을 교정하고 바로잡을 수 있는 전망을 제시할 수 있어야 할 것이다. 그러나 우리의 주요 철학자들 중 일부는 우리의 역사적, 사회적 현실에 관한 정확한 인식과 이를 통한 바람직한 전망을 제시하는 일에 성심성의를 다하지 못했다. 오히려 이들은 학문의 권력화에 기여한 바 적지 않았다. 민족이 억압당했던 일본 제국주의 시대에는 일본을 통해 들어온 독일철학이 주를 이루었으며, 이와 같은 현상은 오늘날에도 여전히 계속하여 이어지고 있다. 그리고 1970년대 조국 근대화 논리가 강화되고 실용주의가 부각되면서부터는 영미 철학이 활성화되기 시작하였으며, 1990년대에 이르러서는 프랑스 철학이 우리의 지성계를 누비고 있다.

어느 대학 철학과를 보더라도 우리의 전통과 현실을 계승하고 비판적으로 발전시키는 교수는 턱없이 적은 편이다. 우리의 철학자, 그가 옛 철학자이든 지금의 철학자이든, 그가 작업한 책이나 이론을 바탕으로 오늘의 우리 현실이나 세계 현실을 다루는 연구나 교육은 미약한 형편이다. 물론 이와 같이 비판한다면 많은 철학자들이 우리에게 서양의 위대한 철학자들의 이론에 버금하는 인물이나 텍스트가 도대체 존재하거나 하는 것이냐고 반문하기도 할 것이다. 설혹 이들의 비판처럼 우리의 현실이 그러하다고 하더라도, 우리가 서구의 이론을 그대로 따라갈 수는 없는 법이다. 그들의 텍스트와 이론을 우리의 현실과 견주어서 논의해야 할 것이다. 그들의 이론으로 우리의 현실을 재단하려고만 해서는 안 될 것이다.[6]

만약에 우리가 계속해서 그런 상황을 고집하게 된다면, 우리의 철학자들에게 배우는 학생들은 이미 우리의 현실을 우리의 것으로서 느끼지 못할 것이며, 이방인이 세워놓은 개념의 박물관에 갇히는 꼴이 될 것이다. 물론 이런 주장이 퇴계나 율곡을 공부하면 우리 철학이고 칸트나 헤겔을 공부하면 우리 철학이 아니라는 의미는 아니다. 다만 이 주장은 우리가 어떤 텍스

---

6 조혜정,「탈식민지 시대 지식인의 글 읽기와 삶 읽기 3」,『또 하나의 문화』, 1997, 30쪽.

트나 어떤 이론을 공부하든 그것을 우리가 탄생한 과거와 지금, 그리고 미래에 대한 고민 위에서 비판적으로 발전시켜야 한다는 점이다. 이를 위해서는 우리의 전통과 현대의 철학 역시 우리 철학의 필요충분조건은 되지 못한다고 할지라도 최소한 필요조건은 되어야 할 것이다. 이 필요조건마저 배제한 채 우리의 철학을 정립할 수는 없을 것이다. 그러나 유감스럽게도 우리에게는 이런 조건조차도 제대로 마련되어 있지 못하다.

오늘의 우리 한국 철학계가 안고 있는 이와 같은 문제점은 단순히 철학이나 철학자 자체에서 비롯된 것이 아니라 강대국에 가까이 다가가야만 살아남는다는 무주체성에서 비롯되고 있다. 학벌주의와 철학의 무주체성은 서로 결코 무관하지 않다. 국내에서 소위 일류 대학이라고 하는 대학을 나오지 못해 중심에 들어가지 못한 자들은 힘 있는 나라의 대학으로 가서 그들의 자격증을 받아 한국에 돌아와서는 또 하나의 일류 대학을 만들지 않으면 안 된다. 그러나 이와 같은 주장이 결코 국수주의를 찬양하자는 것도 아니며, 유학 반대론을 표명하자는 것도 아니다. 다만 우리가 국내의 좋은 대학에 들어가든, 외국의 유명 대학에 들어가든, 그곳에서 학문하는 우리의 정신이 어디로 향해 있느냐가 중요하다. 즉 우리에게 중요한 것은 학문을 자신의 권력 기반을 위한 무기로 삼느냐, 아니면 인간의 삶의 문제를 풀어가는 반성적 활동으로 삼느냐이다. 그러나 유감스럽게도 우리 지식인들 중에는 그들이 만들고 확보한 우월성을 유지하기 위해서 우리의 현실에 맞는 옷이 아니라 그들의 현실에 맞는 옷을 입도록 요구하는 면이 존재해왔고, 지금도 존재하고 있다.[7] 그래야만 자신이 애써 배운 이론이 힘을 발휘할 수 있는 것이다. 한마디로 이론의 계급주의가 현실을 속박하고 있다.

이처럼 우리의 강단 철학은 학문의 주체성을 충실히 반영하고 있지 못

---

7 조동일, 「국학이론의 발전과 세계학문」, 『인문학의 사명』, 서울대학교출판부, 1997, 35쪽.

하다. 이로 인해 우리의 철학과 현실은 서로 겉돌게 되는 불행을 겪지 않을 수 없었다. 텍스트에 몰입하여 현실을 떠나버리거나 현실에 분노하여 텍스트를 멀리하는 이중적 태도가 우리 철학자들 사이에 상존하고 있었다. 이와 같은 현상은 오늘날 우리 철학계에 여전히 남아 있는 현상이기도 하다. 한 철학자가 우리의 현실을 고민하고 그 내용을 철학적 담론으로 형성해보려고 하면, 텍스트에 몰입하여 전문적으로 주석하고 분석하는 사람들은 그가 공부하지 않는다고 나무라기 십상이다. 또 누군가가 텍스트에 몰입하여 현실과 무관하게 순수 작업을 하고 있으면, 현실과 관련하여 실천적인 작업을 하는 철학자들은 그에 대해서 부르주아적인 죽은 철학을 하고 있다고 비난하기도 한다. 한마디로 우리 철학계에는 텍스트와 현실, 철학자와 생활인 사이에 추상적 분열의 악순환이 지속되어왔다.

3

누구나 참다운 지식인라면, 그는 일차적으로 현실에 대한 정확한 인식을 얻어내는 데 심혈을 기울여야 할 것이며, 이차적으로는 자신이 확보한 인식을 토대로 인간의 사회적·역사적 삶의 바람직한 지평을 제시하도록 노력하고, 그것을 현실 속에서 실현하도록 노력해야 할 것이다. 근대화 이후 우리 사회에 자리하고 있었던 강단 철학자로서의 지식인은 우리의 현실과 분열된 상태에서 자신을 상부구조에 안착시켜주는 강자의 학문에 의존해 있었던 면이 적지 않았다. 그리고 그 학문의 우위성을 근거로 우리의 현실에 우위를 점하고자 했던 측면도 적지 않게 존재하였다. 그러나 우리의 철학자가 이 사회에 참된 지식인으로서의 역할을 하기 위해서는 이제 이와 같은 차원을 넘어서서 다음과 같은 조건을 갖추어나가야 할 것이다.

첫째로, 우리의 철학자는 이론과 실천, 해석과 변혁이 상호 긴장 속에서 조화를 이루도록 노력해야 할 것이다. 이론이 없는 실천, 해석이 없는 변혁은 무모할 수밖에 없을 것이며, 실천이 없는 이론, 변혁이 없는 해석은 나약할 수밖에 없을 것이다. 진정한 철학자는 실천을 고뇌하지 않는 이론주의자나 바람직한 변혁을 지향하지 않는 해석주의자를 수용할 수 없으며, 역으로 이론의 엄정함을 고뇌하지 않는 실천주의자나 해석의 역정을 겪지 않는 변혁주의자를 수용할 수 없다. 이런 의미에서 우리의 철학자는 현실 읽기와 텍스트 읽기의 균형을 도모해야 할 것이다. 우리의 철학자는 현실 읽기에만 몰입하여 단순한 실천가에 머물러서도 안 될 것이며, 그렇다고 텍스트에 갇혀서 현실을 상실한 공허한 연구자가 되어서도 안 될 것이다. 더군다나 이론계급주의에 빠져 그것으로 인해 현실계급주의가 산출되도록 해서는 안 될 것이다. 다시 말하면, 이론의 우위성을 근거로 현실을 거기에 종속시켜서는 안 될 것이다. 이제 우리도 우리의 철학자가 쓴 책이 미흡하다고 하더라도, 이를 소재로 삼아 철학의 근본 문제에서부터 현실의 다양한 문제에 이르기까지 이들을 연구하고 교육해야 할 것이다. 이렇게 함으로써 우리는 '서로주체성'의 입장에서 우리의 텍스트와 세계의 텍스트, 우리의 현실과 세계의 현실을 소통시키는 철학을 전개해야 할 것이다.

둘째로, 우리의 철학자는 전통과 현대, 안의 것과 바깥의 것의 대화를 추구해야 할 것이다. 전통과 안의 것에 얽매인 보수주의자나 국수주의자는 거부되어야 하며, 또 현대와 바깥의 것에 얽매인 단절주의자나 수입주의자도 거부되어야 한다. 조동일의 주장처럼 우리의 철학자는 남의 철학을 가져와서 자랑하거나 나무라기만 하는 수입 철학자나 시비 철학자로 머물러서도 안 될 것이며, 그렇다고 남의 철학을 막아내기만 하는 수구 철학자로 머물러만 있어도 안 될 것이다.[8] 우리의 철학자는 수입 철학이 가지고 있는

---

8 조동일, 같은 글, 35~36쪽.

세계성, 시비 철학이 가지고 있는 비판성, 자립 철학이 가지고 있는 전통성 모두를 종합하여 보편성과 개별성의 상보적 관계를 도모해야 할 것이다.[9]

마지막으로, 말이나 글로만 우리 철학의 마련을 주장할 것이 아니라, 우리의 철학사를 우리 스스로가 주체적으로 정립해야 할 것이다. 이렇게 함으로써 우리는 식민지 시대 이후 단절된 우리의 철학사를 재구성하고, 나아가 근대화 프로그램 이후 기형적으로 작동한 우리의 왜곡된 철학의 역사를 바로잡을 수 있을 것이다. 또 이렇게 함으로써 서구 추수적인 학문의 역사를 바로잡고, 나아가 우리의 현실과 세계의 현실을 함께 고민하는 철학을 만들어낼 수 있을 것이다. 그러므로 우리 철학사의 작업은 우리의 철학에 대한 반성이자, 우리 철학의 주체적 창조 과정이기도 하다. 또 이것은 철학자들의 공론장 활성화를 통한 철학 본래의 사명을 수행하는 것이기도 하다.

4

이상에서 1부 전체와 2부 1장을 기반으로 우리의 현대 실천철학의 전개 양상을 재검토해보았다. 그러나 2부 2장부터 6장까지는 이와 같은 철학사적 고찰보다는 한국 현대 실천철학의 주요 과제라고 여겨지는 다원주의, 시민사회론, 다중론, 지방의 문제, 자치의 문제 등을 집중적으로 분석해보았다. 여기서는 포스트모더니즘과 더불어 우리 사회에 확산되고 있는 차이에 대한 목마름과 이것이 안고 있는 장단점을 고찰해보고, 나아가 단점을 극복하고자 하는 시민사회론자의 이론을 집중적으로 분석해보았다. 그리고 민

---

[9] 조동일, 『우리학문의 길』, 지식산업사, 1996, 204쪽; 조동일, 같은 글, 26~27쪽; 조동일, 「인문학문의 길」, 『한국의 문학사와 철학사』, 지식산업사, 1996, 26~56쪽.

중과 오랜 세월을 함께하면서 우리 사회의 부당한 지배 권력에 저항해왔던 진보 진영이 시민 담론의 확산과 신자유주의의 확산으로 한계에 부딪히면서, 이를 새롭게 모색하기 위해서 우리 사회에 도입한 스피노자-마르크스주의의 다중 담론을 살펴보았다. 또 근대화 과정에서 우리 사회에 심각한 문제로 던져진 지방의 문제, 자치의 문제를 집중적으로 분석해보았다.

필자는 이 모든 논의의 결과로부터 우리 사회가 여전히 전근대성과 근대성, 그리고 탈근대성이 혼란스럽게 얽혀 있음을 발견할 수 있었다. 한편에서는 강한 보편주의가 도사리고 있는가 하면, 다른 한편에서는 차이와 충돌이 과다할 정도로 폭발하고 있다. 전근대적인 농경 사회의 정착민의 삶에서부터 탈근대적인 가상 사회의 유목민의 삶에 이르기까지 이루 말할 수 없는 스펙트럼이 작동하고 있다. 한쪽에서는 포스트모던적인 다원주의를 추구하는가 하면, 다른 한쪽에서는 여전히 민족과 국가를 근간으로 하는 보편주의를 고수하고 있다. 한쪽에서는 압축 근대화에 상처 입은 민중들이 계급과 투쟁의 개념을 놓지 않고 있는가 하면, 다른 한쪽에서는 사회의 안정과 발전을 점진적으로 기대하는 도시 중산층 중심의 시민들이 자리하고 있다. 그런가 하면 더 과격한 변혁과 혁신을 도모하는 신자유주의자들도 존재하고 있다. 우리는 지금 과연 누가 이 사회를 바르게 이끌어가야 하며, 어디로 나아가야 할지에 대해서 매우 혼란스러운 상황에 처해 있다.

이와 같은 상황은 중앙과 지방의 관계에서도 마찬가지로 나타나고 있다. 한편에서는 세계 경쟁에서 살아남기 위해서 경쟁력 있는 기존 집단에 더 힘을 실어주어야 한다고 주장하는가 하면, 다른 한편에서는 이대로 가면 지역은 압사하며, 결국 지역의 특수성을 세계화로 이어가지 못하면, 우리가 위기에 처하게 될 것임을 경고한다. 즉 지방분권과 자치를 강조하는 입장에서는 기존의 서울 중심으로 집중화된 구조와 시스템은 한계에 직면해 있다고 비판한다. 그동안 참여정부는 이 문제를 풀기 위해서 부단히 노력하여왔지만, 유감스럽게도 소기의 성과를 얻지 못했으며, 실용정부 역시 이 문제에 대한 적극적인 해결책을 마련하고 있지 못하다. 실체와 양태, 중앙과 주변의 관계가 바람직한 형태로 재편되기 위해서는 지방을 서울에 종속시키는 기존의 방식은 분명 극복되어야 할 것이다. 또 지방 역시 기존의 반봉건적 지배 권력을 해체하고 민주적으로 재편해야 할 것이다. 그것은 다름 아니라 자율성의 토대 위에서 상호 인정의 과정을 거쳐 연대하는 형태로 나아가야 할 것이다. 우리는 기존의 의리주의로 인해 왜곡된 연대를 탈피해야 할 것이며, 기존의 소모적 투쟁주의로 인해 왜곡된 인정의 논리를 벗어나야 할 것이다. 그래서 '서로주체'가 되는 새로운 길을 찾아내야 할 것이다.

그러나 문제는 자율성의 원리, 연대성의 원리, 인정의 원리, 이들 모두를 어떻게 조화시켜야 우리의 현실 삶이 참으로 발전된 형태가 될 것인지에 대해서는 계속 더 논의해보아야 할 문제이다. 앞으로 한국의 실천철학은 이 문제에 대해서 좀더 근본적으로 고찰함으로써 가진 자와 못 가진 자, 중심과 주변, 남과 북, 동과 서, 토착민과 이주자의 갈등을 풀어가야 할 것이며, 또 세계 속의 한국의 위치를 제대로 정립해나가야 할 것이다.

참고 문헌

국내 문헌

「'분권 로드맵' 내용·의미/지방에 권한·재정 대폭 이양」, 『경향신문』, 2003년 7월 5일자.
「우리 당의 주체사상에 대하여」, 『철학연구』 2호, 1965.
『동아일보』, 1968년 8월 1일자.
『원색세계대백과사전』, 한국교육문화사, 1994.
『조선일보』, 1972년 12월 6일자.
강문구, 「민주적 변혁운동 지반의 심화, 확장을 위하여」, 유팔무, 김호기 엮음, 『시민사회와 시민운동』, 한울, 1995.
강영안, 「한국철학과 언어의 문제」, 한국철학회 1999년 춘계학술대회보, 『한국 현대철학 100년의 쟁점과 과제』, 1999년 6월.
_____, 『주체는 죽었는가』, 문예출판사, 1996.
강형기, 「21세기, 왜 지방분권이며 향부론인가」, 참여사회연구소 엮음, 『시민과 세계』 24호, 당대출판사, 2003.
G. W. F. 헤겔, 『대논리학』 III권, 임석진 옮김, 지학사, 1983.
桂園生, 「唯物論에 對하여」, 『朝鮮之光』 6월호, 1927.
_____, 「唯物論에 대한 一考察」, 『朝鮮之光』 10월호, 1927.
고림, 『주체철학 원론』, 평양, 1989.
高範瑞, 「實存의 倫理」, 『思想界』 8월호, 1953.
高英煥, 「資本論解說」, 『批判』 제3권 1호, 1933년 1월.
구승회, 「역사법칙논쟁 비판: 김광현, 이청산씨의 글을 중심으로」, 『창작과 비평』, 17권 3호, 1989년 가을.
국가균형발전위원회, 『국가균형발전의 비전과 과제』, 2003.
권용혁, 「역사적 현실과 사회철학 – 신남철을 중심으로」, 연세대학교 국학연구원 엮음, 『東方學志』, 2001.
_____, 「하버마스와 한국」, 이진우 엮음, 『하버마스의 비판적 사회이론』, 문예출판사, 1996.
_____, 『이성과 사회 – 실천철학』, 철학과현실사, 1998.
권태준, 「국가목표와 지역환경운동」, 이한구 외 지음, 『사회변혁과 철학』, 철학과현실사, 1999.

권혁범, 「반공주의 회로판 읽기-한국 반공주의의 의미 체계와 정치 사회적 기능」, 『당대비평』 제8호, 삼인, 1999.

길희성, 「종교다원주의: 역사적 배경, 이론, 실천」, 韓國哲學會 2002년 춘계학술대회보 (2002. 6. 15), 『다원주의, 축복인가 재앙인가』.

_____, 「종교다원주의: 역사적 배경, 이론, 실천」, 한국철학회 엮음, 『다원주의, 축복인가 재앙인가』, 철학과현실사, 2003.

金桂淑, 「思索方法에 對한 序論」, 『新興』 第二號, 1929.

_____, 「哲學과 自然性과의 關係」, 『新興』 第四號, 1931.

_____, 「헤-겔思想의 前史-헤겔 百年祭를 당하야」, 『新興』 第五號, 1931.

김광현, 「역사법칙과 자유주의, 유재건씨의 역사법칙론과 역사학을 읽고」, 『창작과 비평』, 16권 2호, 1988년 여름.

金基錫, 『동아일보』, 1958년 12월 24일자 기사.

김기성, 「시민자치와 정치적인 것의 변화: 일본 사회의 실험을 중심으로」, 한국정치학회 엮음, 『한국정치학회보』 33집 2호, 1999.

金達仁, 「헤-겔과 팟씨講」, 『批判』 제3권 1호, 1933년 1월.

김동춘, 「레닌주의와 '80년대 한국의 변혁운동」, 『역사비평』 11호, 1990년 겨울.

김만흠, 「지방자치와 참여민주주의」, 참여사회연구소 엮음, 『참여민주주의와 한국사회』, 창작과 비평사, 1997.

김범춘, 「분석마르크스주의의 인간관 비판-개인의 합리성을 중심으로」, 한국철학사상연구회 엮음, 『시대와 철학』 제7호, 동녘, 1993.

김봉진, 「공공철학의 지평」, 철학문화연구소 엮음, 『철학과현실』 제74호, 2007년 가을.

金鵬九, 「맑스主義敎理와 實存의 휴머니즘-싸르트르의 『唯物論과 革命』을 中心으로」, 『사상계』 10월호 제10권, 1960.

김비환, 『포스트모던 시대의 정치와 문화』, 박영사, 2005.

김석수, 「근대적 국가이미지의 형성과 참여철학자들의 역할-해방 후에서 군사정권 시기까지」, 한국영상문화학회 엮음, 『영상문화』 제8호, 2003.

_____, 「네오마르크스주의, 마르크스-레닌주의, 주체사상을 통해서 본 한국의 사회철학」, 서강대학교 동아연구소 엮음, 『東亞硏究』 제41집, 2001년 8월.

_____, 「맑시즘-실존주의 수용에서 본 한국 현대(1920~60년대)정신의 갈등 구조-한국 현대철학의 위상에 대한 반성적 고찰」, 서강대학교 동아연구소 엮음, 『東亞硏究』 제37집, 1999.

_____, 「목적」, 우리사상연구소 엮음, 『우리말 철학사전』 3권, 지식산업사, 2003.

_____, 「박종홍과 황장엽의 마르크시즘 이해를 통해 본 남북철학의 비극」, 통일정책연구

소 엮음, 『주체사상과 인간중심철학』, 예문서원, 2003.
_____, 「법철학에서 칸트의 위치 - 토미즘, 헤겔, 법실증주의와의 비교를 통하여」, 한국헤겔학회 엮음, 『헤겔연구』 8, 한길사, 1999.
_____, 「이성, 자연 그리고 역사 - 칸트의 자연의 계획과 헤겔의 이성의 교지를 중심으로」, 김형석 외 지음, 『역사와 이성』, 철학과현실사, 2000.
_____, 「칸트 철학에 대한 해체주의적 비판에 대한 반비판」, 한국칸트학회 엮음, 『칸트연구』 19집, 2007.
_____, 「통일시대 한국 사회철학의 과제와 전망 - 포스트마르크스주의, 신합리주의, 포스트모더니즘을 중심으로」, 서강대학교 인문과학연구원, 『현대 한국철학의 형성과 미래의 한국철학』, 2002.
_____, 「통일시대 한국 사회철학의 과제와 전망 - 포스트마르크스주의, 신합리주의, 포스트모더니즘을 중심으로」, 철학아카데미 엮음, 『철학의 21세기』, 소명출판, 2002.
_____, 「'포스트' 시대의 바깥과 가난의 길」, 사회와 철학 연구회 엮음, 『사회와 철학』 제12호, 2006년 10월.
_____, 「한국 근대화와 철학계 지식인의 문제」, 우리말로 학문하기 엮음, 『사이』 2호, 지식산업사, 2003년 봄.
_____, 「한국현대철학사에 등장하는 기형적 보수주의 측면에 대한 반성적 고찰 - 1945년 해방 이후부터 1980년대 초반까지」, 사회와 철학 연구회 엮음, 『진보와 보수』, 이학사, 2002.
_____, 「휴머니즘과 냉소주의, 그리고 새로운 인간의 탄생 - 슬로트다이크(Peter Sloterdijk)의 이론을 중심으로」, 새한철학회 엮음, 『철학논총』 제46집, 2006.
_____, 『현실 속의 철학 철학 속의 현실』, 책세상, 2001.
김석진 외 엮음, 『세계화와 신자유주의 비판을 위하여』, 도서출판 공감, 1997.
김선욱, 「다원주의의 논점들과 정치 - 윤리적 관점」, 사회와 철학 연구회 2003년 하계 심포지엄 발표집(2003. 7. 26), 『한국사회와 다원주의』.
_____, 「다원주의의 논점들과 정치 - 윤리적 관점」, 사회와 철학 연구회 엮음, 『한국사회와 다원주의』, 이학사, 2002.
_____, 「한나 아렌트의 판단이론과 의사소통적 합리성」, 사회와 철학 연구회 엮음, 『한국사회와 모더니티』, 이학사, 2001.
김성국, 「한국 시민사회의 구조적 불안정성과 시민권력 형성의 과제」, 김일철 외 지음, 『한국사회의 구조론적 이해』, 아르케, 1999.
_____, 「한국보수세력의 사회계층 배경 연구」, 경향신문사 엮음, 『계간 경향 사상과 정책』, 1986년 여름.

_____,「한국자본주의 발전과 시민사회의 성격」, 한국사회학회·한국정치학회 공동학술대회(1999. 4. 23~24) 발표 논문.

김세균,「그람시를 넘어서 나아가야 한다」, 유팔무, 김호기 엮음,『시민사회와 시민운동』, 한울, 1995.

_____,「시민사회론의 이데올로기적 함의 비판」, 유팔무, 김호기 엮음,『시민사회와 시민운동』, 한울, 1995.

김수길,「사회민주주의의 재평가와 민주적 대안」,『사상문예운동 4호』, 1990년 여름.

김수중, 남경희,「대동 사회와 유토피아」, 哲學硏究會 엮음,『윤리질서의 융합』, 철학과현실사, 1996.

김여수,『언어와 문화』, 철학과현실사, 1997.

金永義,「思想的 懷疑와 混沌에서(一)」,『靑年』12월호, 1935.

_____,「思想的 懷疑와 混沌에서(二)」,『靑年』1월호, 1936.

김용민,「국가와 시민」, 이한구 외 지음,『사회변혁과 철학』, 철학과현실사, 1999.

김용서,『한국형 보수주의와 리더십』, 을지서적, 1992.

김용환,「통일로 가는 다섯 가지 길」, 大韓哲學會 엮음,『哲學硏究』第60輯, 1997.

김은실,「한국 근대화 프로젝트의 문화 논리와 가부장성」,『당대비평』제8호, 삼인, 1999.

김일성,『김일성 저작집 5』, 조선로동당출판사, 1980.

_____,「사상 사업에서 교조주의와 형식주의를 퇴치하고 주체를 확립할 데 대하여」,『김일성 저작집 9』, 조선로동당출판사, 1980.

_____,「우리 당의 주체사상과 공화국 정부의 대내외 정책의 몇 가지 문제에 대하여」,『김일성 저작집』27권, 1984.

김재기,「80년대 사회변혁운동과 주체사상」, 哲學硏究會 엮음,『哲學硏究』제25집, 1989.

金在俊,「共産主義論」,『思想界』8월호, 1953.

김재현,「남북한에서 서양철학의 수용의 역사」, 大韓哲學會 엮음,『哲學硏究』제60집, 1997.

_____,「월북철학자들」, 한국철학사상연구회 엮음,『시대와 철학』제1호, 동녘, 1990년 6월.

_____,「일제하, 해방 직후의 맑시즘의 수용 — 신남철을 중심으로」, 哲學硏究會 엮음,『哲學硏究』, 1988.

_____,「정보사회론과 하버마스의 공론영역」, 김영정 외 지음,『사회철학대계 4 — 기술시대와 사회철학』, 민음사, 1998.

_____,『한국사회철학의 수용과 전개』, 동녘, 2002.

김정일,「당 사업을 더욱 강화하여 사회주의 건설을 힘있게 다그치자」(1991. 1. 5),『김정일 선집 11』, 평양조선로동당출판사, 1997.

_____, 「주체사상 교양에서 제기되는 몇 가지 문제에 대하여」, 『주체사상에 대하여』, 조선로동당출판사, 1991.
_____, 「주체철학은 독창적인 혁명철학이다」, 조선로동당 중앙위원회 리론잡지 『근로자』에 준 담화(1996. 7. 26), 조선로동당출판사, 1996.
_____, 「주체철학의 리해에서 제기되는 몇 가지 문제에 대하여」, 『친애하는 지도자 김정일동지의 문헌집』, 조선로동당출판사, 1992.
김종명, 「한국 역사에 나타난 대표적인 논쟁 학설들의 철학적 분석」, 한민족철학자대회보(1999. 8. 17~19), 『한민족과 2000년대의 철학』.
김종민 엮고지음, 『다원주의와 정치이론』, 분도출판사, 1986.
金淙鎬, 「實存主義以後의 西歐哲學(上)」, 『思想界』 8월호, 1961.
金俊星, 「唯物論의 根本的 缺陷」, 『青年』 12월호, 1930.
김진균, 「현행 〈국민교육헌장〉의 정치적·교육적 문제」, 서울대학교 사범대학 부설 교육연구소 엮음, 『國民敎育憲章에 관한 綜合研究』, 1994년 5월.
김창호, 「사회과학 이론의 방법론 비판」, 『산업사회연구』 2집, 한울, 1987.
_____, 「주체사상 논쟁」, 『80년대 한국사회 대논쟁집』(『월간중앙』, 1990년 신년호 별책부록), 한신대 제3세계 문화연구소, 『한국민중론과 주체사상과의 대화』, 풀빛, 1989.
_____, 「한국사회철학의 쟁점에 대한 사적 개관」, 사회와 철학 연구회 대회보(1997. 2. 22), 『한국사회철학의 현황과 전망』.
김창호 엮음, 『한국사회변혁과 철학논쟁』, 사계절, 1989.
김철희, 「남조선에 류포되고 있는 현대 부르조아 철학의 류파들과 그 반동적 본질」, 『철학론 문집』, 과학원 출판사, 1960.
金泰吉, 「大學國民倫理의 現況과 問題點」, 國民倫理敎育研究會 엮음, 『國民倫理研究』 창간호, 1973.
_____, 「大學國民倫理의 現況과 問題點」, 國民倫理敎育研究會 엮음, 『國民倫理研究』 10호, 1980년 11월.
김태길, 「한국의 장래와 한국인의 선택」, 이한구 외 지음, 『사회변혁과 철학』, 철학과현실사, 1999.
金泰吉, 『변혁시대의 사회철학』, 철학과현실사, 1990.
김태창, 「공공철학이란 무엇인가?」, 철학문화연구소 엮음, 『철학과현실』 제74호, 2007년 가을.
김형기 엮음, 『지방분권과 정책대안』, 한울아카데미, 2002.
김형일, 「논리학을 왜곡한 실증주의 견해에 대한 비판」, 『철학연구』, 사회과학원 출판부, 1966.

김형찬,「김일성 주체사상 교육비판」,『통일문제연구』제1권 3호, 국토통일원, 1989.
김형효,「21세기의 철학적 세상보기-동서사상의 理通事局論」, 경북대학교 동서사상연구소 엮음,『동서사상』1집, 2006.
_____,「구조언어학이 철학사상에 끼친 영향」, 한국기호학회 엮음,『기호학연구』, 2007.
金炯孝,「國民倫理教育의 強化 理由」, 國民倫理教育研究會 엮음,『國民倫理研究』10호, 1980년 11월.
_____,「南北韓 統一理念과 目標 比較」, 社團法人平和統一研究所 엮음,『統一政策』4권 2호, 1978년 7월.
_____,「한국 哲學思想의 새로운 운동과 主體性의 探究」, 아한학회 엮음,『문화비평』4권 3호, 1972년 겨울.
_____,「韓國人의 不幸한 意識」, 아한학회 엮음,『문화비평』3권 1호, 1971년 봄.
_____,「韓國現代社會思想에 대한 反省-충효정신에 대한 사회철학적 정립」, 國民倫理教育研究會 엮음,『國民倫理研究』6호, 1977년 10월.
김형효,『데리다의 해체철학』, 민음사, 1993.
김혜숙,「미국철학의 지적 기원」, 한국철학회 1998년 춘계발표 대회보,『철학사의 철학』.
김호균,「사적 유물론은 폐기되어야 하는가」,『사회평론』, 1992년 1월.
김호기,「그람시적 시민사회론과 비판이론의 시민사회론-한국적 수용을 위한 비판적 탐색」, 유팔무, 김호기 엮음,『시민사회와 시민운동』, 한울, 1995.
김화중, 김덕유,『사람중심의 철학』, 사회과학출판사, 평양, 1992.
나종석,「헤겔 시민사회론의 현재적 의의에 대한 고찰」, 사회와 철학 연구회 엮음,『한국사회와 모더니티』, 이학사, 2001.
_____,『차이와 연대』, 길출판사, 2007.
남명진,「남과 북, 그 우리나라 철학사상사 인식의 차이에 관한 연구」, 大韓哲學會 엮음,『哲學研究』第60輯, 1997.
대한기독교서회 좌담,「국민교육헌장 초안 시비」, 大韓基督教書會,『基督教思想』9월호, 1968.
大韓民國國會事務處,『第67回國會 文教公報委員會議錄 第10號 第67回-文公제10次』, 회의록, 1968년 11월 13일.
東亞出版社 編輯局 엮음,『동아 새漢韓辭典』, 東亞出版社, 1991.
루이 알뛰세르,『맑스를 위하여』, 이종영 옮김, 백의, 1997.
루이 알튀세르,『마키아벨리의 고독』, 김석민 옮김, 새길, 1992.
류병덕,「남과 북의 철학관」, 大韓哲學會 엮음,『哲學研究』第60輯, 1997.
리인간,「인간에 관한 브르죠아 철학 사상의 역사적 변천과 그 반동성」,『철학연구』35호,

사회과학원 출판사, 1988.
리지호, 「남조선에 류포되고 있는 실존철학의 반동적 본질」, 『철학연구』 1호, 1964.
마쓰시다 게이이치 지음, 『일본의 자치·분권』, 양기웅 옮김, 소화, 2006.
마틴제이, 『변증법적 상상력』, 황지우 옮김, 돌베개, 1979.
문교부 엮음, 『국민학교 국민 교육 헌장 풀이』(5·6), 1978.
_____, 『중학교 국민 교육 헌장 풀이』, 1975.
_____, 『초등학교 국민 교육 헌장 풀이(5·6학년)』, 1970.
文東漢, 「形而上學序說」, 『롬비니』 3월호 제4집, 1940.
문성원, 「당파성과 철학」, 한국철학사상연구회 엮음, 『시대와 철학』 제1호, 동녘, 1990년 6월.
_____, 「주체도 목적도 없는 과정」, 한국철학사상연구회 엮음, 『현대 사회와 마르크스주의 철학』, 동녘, 1992.
문성훈, 「소수자 등장과 사회적 인정 질서의 이중성」, 사회와 철학 연구회 엮음, 『사회와 철학』 제9호, 2005.
_____, 「인정개념의 네 가지 갈등구조와 역동적 사회발전」, 사회와 철학 연구회 엮음, 『사회와 철학』 제14호, 2005.
문현병, 「비판이론」, 한국철학사상연구회 엮음, 『현대 사회와 마르크스주의 철학』, 동녘, 1992.
_____, 「쁘띠 부르조아 이데올로기로서의 비판이론의 한국적 수용」, 哲學硏究會 엮음, 『哲學硏究』 제24집, 천지, 1988년 겨울.
미셸 푸코, 『광기의 역사』, 이규현 옮김, 나남출판, 2004.
_____, 『말과 사물 — 인문과학과 고고학』, 이광래 옮김, 민음사, 1987.
_____, 『지식의 고고학』, 이정우 옮김, 민음사, 2002.
미야카와 토루, 아라카와 이쿠오 엮음, 『일본근대철학사』, 이수정 옮김, 생각의 나무, 2001.
민병태, 「現代 社會科學 方法論에 끼친 影響(프로이드 20주년 기념기획 논문)」, 『思想界』 9월호, 1959.
박거용, 「군사 파시즘의 잔재와 교육」, 『당대비평』 제8호, 삼인, 1999.
박구용, 「다원주의와 담론윤리학」, 사회와 철학 연구회 제1회 정기학술발표회 발표문, 2003년 6월 21일.
_____, 『우리 안의 타자』, 철학과현실사, 2003.
朴達成, 「東西文化思想에 現하는 古今의 思想을 一瞥하고」, 『開闢』 제9호, 1921년 3월.
朴文秉, 「俗流的 唯物史觀의 克服」, 『朝鮮之光』 9월호, 1927.
朴相鉉, 「實存과 哲學」, 『思想界』 10월호, 1952.

박성수, 「마르크스의 역사철학은 폐기될 수 있는가 - 이병천의 포스트마르크스주의 입장을 비판한다」, 『사회평론』, 1992년 2월.
_____, 「포스트마르크스주의」, 한국철학사상연구회 엮음, 『현대 사회와 마르크스주의 철학』, 동녘, 1992.
朴性卓, 『國民敎育憲章의 思想的 背景과 그 實踐』(上권), 敎育出版社, 1971.
朴淳英, 「國民倫理敎育의 世界的인 趨勢와 課題 - 특히 동·서독을 중심으로」, 國民倫理敎育硏究會 엮음, 『國民倫理硏究』 10호, 1980년 11월.
_____, 「國民倫理學의 綜合性과 獨自性 - 學的 對象의 確立을 위한 시론」, 韓國國民倫理學會 엮음, 『國民倫理硏究』 23호, 1986년 12월.
_____, 「現代社會의 極端的 이데올로기와 그 克服」, 國土統一院 엮음, 『統一論叢』 4권 1호, 1984.
박승덕, 「주체적 견지에 본 민족통일의 철학」, 남북학술교류발표논문집, 통일원, 1994.
박영욱, 「분석 마르크스주의 - 마르크스주의의 왜곡된 현재화」, 한국철학사상연구회 엮음, 『시대와 철학』 제5호, 동녘, 1993.
朴英熙, 「觀念形態의 現實的 土臺」, 『朝鮮之光』 11월호, 1929.
박정순, 「자유주의 대 공동체주의 논쟁의 방법론의 쟁점」, 哲學硏究會 엮음, 『哲學硏究』 제33집, 1993.
_____, 「현대 윤리학의 사회계약론적 전환」, 한국사회·윤리학회 엮음, 『사회계약론연구』, 철학과현실사, 1993.
박정하, 「〈문현병 지음, 『프랑크푸르트학파의 사회비판이론』, 동녘, 1993년〉에 관한 서평」, 한국철학사상연구회 엮음, 『시대와 철학』 제6호, 동녘, 1993.
박정호, 「사물화와 계급의식」, 한국철학사상연구회 엮음, 『현대 사회와 마르크스주의 철학』, 동녘, 1992.
박정희, 「반공 학생의 날 기념사」(1962. 11. 13), 대통령비서실, 『박정희 대통령 연설문집 5(상): 제8대편』, 1976.
_____, 「반공학생의 날」(1962. 11. 23), 대통령비서실, 『박정희 대통령 연설문집 1: 군정편』, 〔1973〕, 1976.
_____, 「전국 새마을 지도자 대회 치사」(1973. 11. 22), 대통령비서실, 『박정희 대통령 연설문집 5〔상〕: 제8대편』, 1976.
_____, 「한일회담 타결에 즈음한 특별담화문」(1965. 6. 23), 대통령비서실, 『박정희대통령 연설문집 2~6』, 〔1966〕, 1976.
朴正熙, 『國家와 革命과 나』, 向文社(지문각, 지구촌), 1963(1969, 1977).
박종대, 김석수, 「생명과 사회정의 - 차별, 관용, 정의를 중심으로」, 서강대학교 생명문화연구원 엮음, 생명문화연구총서 제1권, 『생명의 길을 찾아서』, 민지사, 2001.
박종민, 이종원 엮음, 『한국지방민주주의의 위기』, 나남출판, 2002.
朴鍾鴻, 「共産主義 哲學 批判(I) - 辨證法的 唯物論 批判」(1965. 11. 30), 『공산주의 문제 연구』 제1권 제2호, 亞細亞反共聯盟 自由센터 硏究院 刊, 열암기념사업회 엮음, 『朴鍾鴻全集』 II권, 민음사, 1998.
_____, 「共産主義 哲學 批判(II) - 史的 唯物論 批判」(1966. 11. 1), 『공산주의 문제 연구』 제3권, 亞細亞反共聯盟 自由센터 硏究院 刊, 열암기념사업회 엮음, 『朴鍾鴻全集』 II권, 민음사, 1998.
_____, 「歐美에서 본 것 느낀 것」(1956. 12), 열암기념사업회 엮음, 『朴鍾鴻全集』 III권, 민음사, 1998.
_____, 「企業精神의 바탕」(1972), 열암기념사업회 엮음, 『朴鍾鴻全集』 VI권, 민음사, 1998.
_____, 「〈나〉를 잊은 우리」(1962. 8. 29), 열암기념사업회 엮음, 『朴鍾鴻全集』 VI권, 민음사, 1998.
_____, 「나에게 맡겨진 일」(1972. 12), 열암기념사업회 엮음, 『朴鍾鴻全集』 VI권, 민음사, 1998.
_____, 「나와 우리」, 열암기념사업회 엮음, 『朴鍾鴻全集』 VI권, 민음사, 1998.
_____, 「눈물바가지」(1961), 열암기념사업회 엮음, 『朴鍾鴻全集』 VI권, 민음사, 1998.
_____, 「마음의 姿勢」(1963. 5. 31), 열암기념사업회 엮음, 『朴鍾鴻全集』 VI권, 민음사, 1998.
_____, 「矛盾과 實踐」(1933. 10. 26~28), 열암기념사업회 엮음, 『朴鍾鴻全集』 I권, 민음사, 1998.
_____, 「民族改造論」(1972. 12), 열암기념사업회 엮음, 『朴鍾鴻全集』 VI권, 민음사, 1998.
_____, 「民族文化와 主體的 敎育」(1972. 12. 1), 열암기념사업회 엮음, 『朴鍾鴻全集』 VI권, 민음사, 1998.
_____, 「民族文化의 意義」(1970), 열암기념사업회 엮음, 『朴鍾鴻全集』 V권, 민음사, 1998.
_____, 「民族的 主體性 - 그것은 살아서 움직이는 혼이요 힘이다」(1962. 10. 1), 열암기념사업회 엮음, 『朴鍾鴻全集』 VI권, 민음사, 1998.
_____, 「否定에 관한 硏究」(1959. 6. 10), 열암기념사업회 엮음, 『朴鍾鴻全集』 VII권, 민음사, 1998.
_____, 「새 歷史의 創造」(1972. 12), 열암기념사업회 엮음, 『朴鍾鴻全集』 VI권, 민음사, 1998.
_____, 「새 歷史의 創造 - 維新時代의 基調哲學」(1973. 9), 열암기념사업회 엮음, 『朴鍾鴻全集』 VI권, 민음사, 1998.

_____, 「새날의 知性」(1961), 열암기념사업회 엮음, 『朴鍾鴻全集』 VII권, 민음사, 1998.

_____, 「實存主義와 現代哲學의 課題」(1952. 3), 열암기념사업회 엮음, 『朴鍾鴻全集』 II권, 민음사, 1998.

_____, 「實存哲學과 東洋思想-특히 儒學思想과의 比較」(1958. 8. 1), 열암기념사업회 엮음, 『朴鍾鴻全集』 II권, 민음사, 1998.

_____, 「우리가 要求하는 〈理論과 實踐〉」(1945년 이전), 열암기념사업회 엮음, 『朴鍾鴻全集』 I권, 민음사, 1998.

_____, 「〈우리〉와 우리 哲學 建設의 길」(1935. 7. 9), 열암기념사업회 엮음, 『朴鍾鴻全集』 I권, 민음사, 1998.

_____, 「우리의 現實과 哲學-歷史的인 이때의 限界狀況」(1935. 8. 7), 열암기념사업회 엮음, 『朴鍾鴻全集』 I권, 민음사, 1998.

_____, 「二十世紀의 東洋思想」(1963. 6. 24), 열암기념사업회 엮음, 『朴鍾鴻全集』 II권, 민음사, 1998.

_____, 「理解와 思惟」(1942. 9), 열암기념사업회 엮음, 『朴鍾鴻全集』 I권, 민음사, 1998.

_____, 「一般論理學」(1948. 8), 열암기념사업회 엮음, 『朴鍾鴻全集』 III권, 민음사, 1998.

_____, 「自由의 意義」(1962. 12. 1), 열암기념사업회 엮음, 『朴鍾鴻全集』 VI권, 민음사, 1998.

_____, 「轉換의 摸索」(1961. 3. 30), 열암기념사업회 엮음, 『朴鍾鴻全集』 II권, 민음사, 1998.

_____, 「轉換하는 現代哲學」(1961. 3. 30), 열암기념사업회 엮음, 『朴鍾鴻全集』 II권, 민음사, 1998.

_____, 「祖國의 젊은이여」(1972. 6. 4), 열암기념사업회 엮음, 『朴鍾鴻全集』 VI권, 민음사, 1998.

_____, 「朝鮮의 文化遺産과 그 傳承의 方法」(1935. 1. 1), 열암기념사업회 엮음, 『朴鍾鴻全集』 I권, 민음사, 1998.

_____, 「主體性의 問題」(1967), 열암기념사업회 엮음, 『朴鍾鴻全集』 VI권, 민음사, 1998.

_____, 「指導者論」(1962), 열암기념사업회 엮음, 『朴鍾鴻全集』 VI권, 민음사, 1998.

_____, 「知識人의 任務」(1957. 6), 열암기념사업회 엮음, 『朴鍾鴻全集』 VI권, 민음사, 1998.

_____, 「創意와 誠意」(1972. 12), 열암기념사업회 엮음, 『朴鍾鴻全集』 VI권, 민음사, 1998.

_____, 「天道敎의 現代的 意義」(1958. 7. 1), 열암기념사업회 엮음, 『朴鍾鴻全集』 VI권, 민음사, 1998.

_____, 「哲學의 必要性」(1972. 12), 열암기념사업회 엮음, 『朴鍾鴻全集』 VI권, 민음사,

_____, 「哲學者의 課題」(1965. 3. 25), 열암기념사업회 엮음, 『朴鍾鴻全集』 VI권, 민음사, 1998.

_____, 「哲學하는 것의 實踐的 地盤」(1934. 4), 열암기념사업회 엮음, 『朴鍾鴻全集』 I권, 민음사, 1998.

_____, 「〈哲學하는 것〉의 出發點에 관한 一問題」(1926. 3), 열암기념사업회 엮음, 『朴鍾鴻全集』 I권, 민음사, 1998.

_____, 「哲學하는 것의 出發點에 關한 一疑問」(1933. 6. 11), 열암기념사업회 엮음, 『朴鍾鴻全集』 I권, 민음사, 1998.

_____, 「統一과 民族史의 傳統性」(『國民倫理研究』 창간호, 1973. 7. 15), 열암기념사업회 엮음, 『朴鍾鴻全集』 VI권, 민음사, 1998.

_____, 「平凡한 生活 속의 哲學을」(1976. 7), 열암기념사업회 엮음, 『朴鍾鴻全集』 VI권, 민음사, 1998.

_____, 「하이데거에 있어서의 Sorge에 關하여」, 경성제대 철학과 졸업논문(1933. 1. 7), 열암기념사업회 엮음, 『朴鍾鴻全集』 I권, 민음사, 1998.

_____, 「學問과 人間形成」(1962. 8. 15), 열암기념사업회 엮음, 『朴鍾鴻全集』 VI권, 민음사, 1998.

_____, 『『韓國敎育理念의 探究』의 序文」(1973. 7), 열암기념사업회 엮음, 『朴鍾鴻全集』 VI권, 민음사, 1998.

_____, 「韓國思想, 오늘의 課題 - 民族精神, 〈敬虔의 思想〉을 통한 새 進路」(1975. 11. 1), 열암기념사업회 엮음, 『朴鍾鴻全集』 V권, 민음사, 1998.

_____, 「韓國思想의 方向」(1966. 9. 22), 열암기념사업회 엮음, 『朴鍾鴻全集』 VI권, 민음사, 1998.

_____, 「韓國에 있어서의 價値觀의 推移」(1964. 11. 6), 열암기념사업회 엮음, 『朴鍾鴻全集』 V권, 민음사, 1998.

_____, 「憲章의 참뜻은 實踐함에 있다 - 國民敎育憲章의 實踐課題」(1969. 5. 1), 열암기념사업회 엮음, 『朴鍾鴻全集』 VI권, 민음사, 1998.

_____, 「現代哲學의 動向」(1933. 12. 24), 열암기념사업회 엮음, 『朴鍾鴻全集』 I권, 민음사, 1998.

_____, 「現代哲學의 諸問題」(1938. 4. 15), 열암기념사업회 엮음, 『朴鍾鴻全集』 I권, 민음사, 1998.

_____, 「現實의 構造」, 『思想界』 1월호, 8권 10호(1960. 1. 1), 열암기념사업회 엮음, 『朴鍾鴻全集』 II권, 민음사, 1998.

_____, 「現實把握」(1939. 12. 1), 열암기념사업회 엮음, 『朴鍾鴻全集』 I권, 민음사, 1998.

_____, 『哲學槪論講義』(1953. 12. 8), 열암기념사업회 엮음, 『朴鍾鴻全集』 II권, 민음사, 1998.

_____, 『哲學槪說』(1954, 1961, 1964), 열암기념사업회 엮음, 『朴鍾鴻全集』 II권, 민음사, 1998.

박종홍, 이인기, 유형진, 『국민교육헌장독본』, 문교부, 1969년 1월 15일.

박찬구, 「칸트 윤리학에서의 자율성 개념 형성 고정 - 루소 사상과의 관련성을 중심으로」, 한국국민윤리학회 엮음, 『국민윤리연구』 34호, 1995.

朴致祐, 「民主主義의 哲學的 解明」, 『學術』 8월호(제1집), 1946.

_____, 「世代史觀批判(基一)」, 『新興』 第九號, 1937.

_____, 「〈危機〉의 哲學」, 『哲學』 第一卷 第二號, 1934년 4월 1일.

_____, 『思想과 現實』, 白楊堂, 1946.

朴海楨, 「社會主義의 새로운 理念과 낡은 理念」, 『自由世界』 10월호, 1956.

朴衡秉, 「社會進化의 必然性을 論함」, 『朝鮮之光』 3월호, 1927.

박호성, 양기호, 이동선, 『한국정치와 지방자치』, 인간사랑, 2002.

반다이크(Jan van Dijk), 『네트워크 사회』, 배현석 옮김, 커뮤니케이션북스, 2002.

裵相河, 「차라투스트라(拔抄)」, 『新興』 第一號, 1929.

배석원, 「한국 도덕 윤리 교육의 형성과 구조」, 한국철학교육연대회의 엮음, 『한국「도덕·윤리」교육 백서』, 2001.

白南雲, 「科學發展의 歷史的 必然性」, 『東方評論 2』, 1932년 5월.

_____, 「부정원리에 대한 고찰」, 『연희』 5, 1925년 10월.

_____, 「社會學의 成立 由來와 任務」 2, 『조선일보』, 1930년 8월 21일자.

_____, 「朝鮮社會力의 動的 考察」, 『조선일보』, 1926년 1월 3일자 부록.

白南薰, 「韓國民主黨 創黨秘話」, 『眞相』 4월호, 1960.

백욱인, 「시민운동이냐, 민중운동(론)이냐 - 김세균, 강문구 토론에 대한 비평」, 유팔무, 김호기 엮음, 『시민사회와 시민운동』, 한울, 1995.

백종현, 「근대 독일철학 수용과 한국의 철학 전개」, 哲學硏究會 엮음, 『현대철학의 정체성과 한국철학의 정립』, 2002.

_____, 「독일철학의 유입과 그 평가」, 서울대학교 철학사상연구소 엮음, 『철학사상』 제6호, 1996.

_____, 「현대 한국에서 자유의 사회철학적 문제」, 대동철학회 엮음, 『대동철학』 제24집, 2004년 2월.

북한 사회과학원 철학연구소, 『철학사전』, 평양, 1985.

_____, 『철학사전: 북한의 주체철학』, 도서출판 힘, 1988.
사회과학출판사 엮음, 『주체사상의 철학적 원리』, 『위대한 주체사상 총서』 제1권, 백산서당, 1989.
서규환, 「시민사회와 민주주의에 관한 최근 논쟁」, 『이론』, 1993년 여름.
서보혁, 『북한 정체성의 두 얼굴』, 책세상, 2003.
서유석, 「개체론적 마르크스주의의 방법적 한계에 대하여」, 한국철학사상연구회 엮음, 『시대와 철학』 제7호, 동녘, 1993.
鮮于學源, 「辨證法的 唯物論과 그 批判」, 『思想界』 11월호, 1961.
선우현, 「다원주의는 사회적 진보의 징표인가? - 오늘의 다원주의적 한국현실과 관련하여」, 사회와 철학 연구회 2003년도 하계 심포지엄 발표집(2003. 7. 26), 『한국사회와 다원주의』.
_____, 「주체철학과 인간중심철학: 차이성과 대립성」, 제13회 한국철학자연합대회보 (2000. 11. 24~25), 『21세기를 향한 철학의 화두』.
_____, 『우리 시대의 북한철학』, 책세상, 2000.
설헌영, 「역사변증법과 비판이론」, 한국철학사상연구회 엮음, 『시대와 철학』 제6호, 동녘, 1993.
_____, 「현실변혁과 변증법 - 루카치 수용의 의미에 대한 검토」, 哲學硏究會 엮음, 『哲學硏究』 제24집, 천지, 1988년 겨울.
성경륭, 박양호 외, 『지방분권형 국가만들기』, 나남출판, 2003.
蘇哲仁, 「〈포이엘빠흐〉哲學 - 헤겔을 紀念하는 意味에서」, 『新興』 第六號, 1932.
小春, 「力萬能主義의 急先鋒 - 푸리드리히, 니체先生을 紹介함」, 『開闢』 창간호, 1920년 6월.
소흥렬, 「이런 시대, 이런 철학」, 한국철학사상연구회 엮음, 『시대와 철학』 제7호, 동녘, 1993.
손호철, 「한국의 국가목표: 반성적 회고」, 이한구 외 지음, 『사회변혁과 철학』, 철학과현실사, 1999.
宋在國, 「主體思想의 哲學的 評價」, 大韓哲學會 엮음, 『哲學硏究』 第60輯, 1997.
宋在洪, 「唯物論과 觀念論에 對하야 - 金太秀氏에게」, 『朝鮮之光』 新年號, 1928.
송호근, 「하버마스: 이성적 사회의 기획, 그 논리와 윤리」, 『사회비평』 제15호, 나남출판, 1996.
송호근, 김재현, 박영도, 윤평중, 장춘익, 「하버마스: 비판적 독해」, 『사회비평』 제15호, 나남출판, 1996.
신광영, 「시민사회 개념과 시민사회 형성」, 유팔무, 김호기 엮음, 『시민사회와 시민운동』,

한울, 1995.
申南澈,「民族理論의 三形態」,『新興』第七號, 1932.
_____,「民主主義와 휴머니즘 – 朝鮮思想文化의 當面 政勢와 그것의 今後의 方向에 對하야」,『제1회 朝鮮文學者大會會議錄 建設期의 朝鮮文學』, 1946년 6월.
_____,「新헤-겔주의와 其批判」,『新興』第六號, 1932년 1월.
_____,「歷史의 發展과 個人의 實踐 – 헤겔哲學에 대한 한 개의 試論」,『學術』第一輯, 1946.
_____,「認識·身體 및 歷史 – 文化의 論理學의 基礎論 1」,『新興』第九號, 1937.
_____,「朝鮮研究의 方法論」,『青年朝鮮』1권 1호, 1934년 10월.
_____,「指導者論」,『新世代』1권 2호, 1946년 5월.
_____,「헤-겔 百年祭와 헤-겔復興 – 獨逸哲學에 있어서 헤-겔情神의 復興과 그 行方에 對한 한 개의 詩論」,『新興』第五號, 1931년 7월.
_____,「『헤라클레이토스』의 斷片語」,『哲學』第一卷 第一號, 1933.
_____,「現代哲學의 Existenz에의 轉向과 그것에서 生하는 當面의 課題」,『哲學』第二卷 第二號, 1934.
_____,『歷史哲學』, 서울출판사, 1948.
_____,『轉換期 理論』, 白楊堂, 1948.
申一澈,「마르크시즘과 韓國」, 동국대 60주년 기념논문집, 1967.
_____,「맑스의 史眼을 벗어라, 唯物史觀 公式은 허물어졌다」,『思想界』9월호, 1963.
_____,「맑스의 歷史觀」,『思想界』4월호 부록, 1966.
_____,「모택동의 辨證法的 唯物論 批判」,『思想界』7~8월호, 1963.
_____,「辨證法的 論理, 矛盾이라는 幻覺에 빠진 思考方式」,『思想界』8월호, 1962.
_____,「社會的 實存과 루카치,〈社會主義에의 길〉을 모색한 修正主義者」,『思想界』1월호, 1963.
신일철,「한국통일문제에 대한 철학적 "探撿"」, 한민족철학자대회보(1999. 8. 17~19),『한민족과 2000년대의 철학』.
_____,『북한 '주체철학'의 비판적 분석』, 사회발전연구소, 1987.
신평길,「黃長燁은 무엇을 고뇌했는가?」,『北韓』8월호, 1997.
악셀 호네트,『인정투쟁』, 문성훈, 이현재 옮김, 동녘, 1996.
安國善,「레닌주의는 합리한가」,『開闢』제5호, 1920년 11월.
안규남,「분석 마르크스주의」, 한국철학사상연구회 엮음,『현대 사회와 마르크스주의 철학』, 동녘, 1992.
安秉煜,「生의 哲學」,『思想界』12월호, 1955.

_____, 「實存主義」, 『思想界』 3~4월호, 1956.

_____, 「實存主義의 系譜」, 『思想界』 4월호, 1955.

_____, 「實存主義의 思想的 系譜」, 『思想界』 8월호, 1958.

안또니오 네그리, 「가치와 정동」, 서창현 외 옮김, 『비물질노동과 다중』, 갈무리, 2005.

_____, 『혁명의 시간: 나 자신에게 주는 아홉 개의 교훈』, 정남영 옮김, 갈무리, 2004.

안토니오 네그리, 『전복적 스피노자』, 이기웅 옮김, 그린비, 2005.

안토니오 네그리, 마이클 하트, 『제국』, 윤수종 옮김, 이학사, 2002.

安浩相, 「客觀的 論理學과 主觀的 論理學」, 『哲學』 第一卷 第一號, 1933년 7월 17일.

_____, 「勞動의 本質과 槪念」, 『매일신보』, 1942년 1월 26일~28일자.

_____, 「民族主義의 종류와 본바탕」, 『亞細亞學報』 제1집, 1965.

_____, 「理論哲學과 實踐哲學에 對하야(知와 行에 對한 一考察)」, 『哲學』 第一卷 第二號, 1934년 4월 1일.

_____, 「理論哲學이란 무엇인가」, 『哲學』 第一卷 第二號, 1934년 4월 1일.

_____, 「헤겔에서 判斷의 문제」, 『哲學硏究』, 1941.

_____, 「헤겔의 哲學의 始初와 論理學의 始初」, 『普專學會論集』 1, 1934.

_____, 『민족의 주체성과 화랑얼』, 서울 배달문화연구원, 1967.

_____, 『일민주의의 본바탕』, 서울 일민주의연구원, 단기4283(1950).

_____, 『哲學講論』, 大同出版社, 1942년 2월.

_____, 『哲學講論』, 동광당서점, 1942.

_____, 『哲學論叢』, 乙酉文化史, 1948.

_____, 『청년과 민족통일』, 培英出版社, 1975.

안호상, 『한뫼 안호상 20세기 회고록』, 민족문화출판사, 1995.

安浩相, 金鍾玉, 『國民倫理學』, 培英出版社, 1975.

安孝駒, 「헤-겔 辨證法과 實在」, 『朝鮮之光』 5월호, 1927.

알래스데어 매킨타이어 지음, 『덕의 상실』, 문예출판사, 1997.

梁明, 「近世歐美文化의 根本態度」, 『開闢』 제6권 11호, 1925.

양운덕, 「총체적 역사이성에 대한 부정-카스토리아디스의 마르크스주의 비판」, 한국철학사상연구회 엮음, 『시대와 철학』 제8호, 동녘, 1994.

_____, 「탈구조주의 사회이론의 기초」, 한국철학사상연구회 엮음, 『시대와 철학』 제3호, 동녘, 1991.

_____, 「포스트마르크스주의의 사회논리-마르크스주의 해체와 민주주의 전략」, 한국철학사상연구회 엮음, 『시대와 철학』 제5호, 동녘, 1993.

梁好民,「맑스와 맑스主義」,『思想界』11월호, 1956.
_____,「社會主義理論의 世代的 考察-맑스主義, 修正主義, 英國社會主義, 民主社會主義」,『思想界』2월호, 1960.
嚴堯燮,「階級과 社會」,『思想界』5월호, 1953.
_____,「社會學的으로 본 唯物史觀」,『思想界』11월호, 1952.
에리히 프롬,『希望의 革命』, 李克燦 譯, 現代思想史, 1972.
에마누엘 레비나스,『존재에서 존재자로』, 서동욱 옮김, 민음사, 2003.
에티엔 발리바르,「스피노자, 루소, 마르크스: 정치적인 것의 자율성에서 정치의 타율성으로」(La Politique: De Rousseau à Marx, de Marx à Spinoza),『스피노자와 정치』, 진태원 옮김, 이제이북스, 2005.
_____,「역사변증법에 대하여」,『역사유물론 연구』, 이해민 옮김, 푸른산, 1989.
_____,「정동이란 무엇인가?」, 서창현 외 옮김,『비물질노동과 다중』, 갈무리, 2005.
_____,『스피노자와 정치』, 진태원 옮김, 이제이북스, 2005.
오세철,「변혁주체의 구성과 그 실천」,『문화과학』6권, 1994년 여름.
玉川生,「近世社會思想史」,『開闢』제14권 9월호, 1924.
요셉 헤프너 추기경,『가톨릭 사회론』, 윤여덕 옮김, 서강대학교출판부, 2000.
요하네스 메쓰너 지음,『사회윤리의 기초』, 강두호 옮김, 인간사랑, 1997.
우기동,「과연 삶과 사회의 철학이었나」, 학술단체협의회 엮음,『한국인문사회과학의 현재와 미래』, 푸른숲, 1998.
_____,「변증법적 결정론과 역사법칙」, 한국철학사상연구회 엮음,『시대와 철학』제1호, 동녘, 1990년 6월.
_____,「한국에서 마르크스주의 사회철학의 수용과 반성」,『사회철학』2호, 사회철학사, 1994.
위르겐 하버마스,「인식과 관심」, 장일조 옮김,『현존』1월호, 1970.
_____,「현대: 미완성의 기획」, 이진우 엮음,『포스트모더니즘의 철학적 이해』, 서광사, 1993.
_____,『공론장의 구조변동』(1962), 한승완 옮김, 나남출판, 2001.
_____,『사실성과 타당성』, 한상진, 박영도 옮김, 나남출판, 2000.
_____,『이질성의 포용』, 황태연 옮김, 나남출판, 2000.
_____,『현대성의 철학적 담론』, 이진우 옮김, 문예출판사, 1996.
유승삼,「철학이 신음하고 있다」, 전국철학교육자연대회의 펴냄,『한국 도덕·윤리 교육백서』, 한울, 2001.

유재건, 「역사법칙 재론: '역사법칙과 자유주의'에 대한 답변」, 『창작과 비평』 16권 3호, 1988년 9월.
_____, 「역사법칙론과 역사학: 최근 소개된 역사적 유물론에 관한 논의」, 『창작과 비평』 16권 1호, 1988년 3월.
유초하, 「원리체계에서 본 주체사상의 철학적·정치적 문제」, 哲學硏究會 엮음, 『哲學硏究』 제25집, 1989.
유팔무, 「시민사회의 성정과 시민운동」, 유팔무, 김호기 엮음, 『시민사회와 시민운동』, 한울, 1995.
_____, 「한국의 시민사회론과 시민사회 분석을 위한 개념틀의 모색」, 유팔무, 김호기 엮음, 『시민사회와 시민운동』, 한울, 1995.
윤건차, 『현대 한국의 사상흐름 - 지식인과 그 사상 1980~90년대』, 당대, 2000.
윤소영, 「스피노자-마르크스주의와 포스트구조주의 비판」, 한신대학교 출판부, 『한신논문집』 특별호, 1997.
윤수종, 「아우토노미아 조직론에 관한 연구」, 『현대사회과학연구』 제8권, 1997.
윤철호, 「한 '마르크스-레닌주의자'의 수상」, 한국철학사상연구회 엮음, 『시대와 철학』 제3호, 동녘, 1991.
윤평중, 「왜 지금 여기서 포스트모던 논쟁인가?」, 哲學硏究會 엮음, 『哲學硏究』 제33집, 1993.
_____, 『푸코와 하버마스를 넘어서 - 합리성과 사회비판』, 교보문고, 1997.
윤형식, 「맑스-레닌주의, '정통주의' 시대」, 김수행 외 지음, 『1980년대 이후 한국의 연구』, 과학과사상, 1995.
_____, 「토의민주주의와 시민사회 - 참여민주주의와 논의이론적 정초」, 사회와 철학 연구회 엮음, 『진보와 보수』, 이학사, 2002.
이국배, 「하버마스에게 마르크스주의는 무엇인가?」, 한국철학사상연구회 엮음, 『시대와 철학』, 제3호, 동녘, 1991.
이규성, 「열암의 사상과 생의 문제」, 열암기념사업회 엮음, 『현실과 창조』, 천지, 1998.
_____, 「유기(劉基)의 세계관과 대중성」, 한국철학사상연구회 엮음, 『시대와 철학』 제1호, 동녘, 1990년 6월.
李奎浩, 「국민윤리교육의 내용: 무엇을 가르칠 것인가?」, 한국국민윤리학회 엮음, 『국민윤리연구』 제1호, 1973.
_____, 「國民政治敎育」, 社團法人 平和統一硏究所 엮음, 『統一政策』 6권 1호, 1980.
이규호, 「정치교육의 과제와 이념」, 연세대학교 교육대학원 엮음, 『연세교육과학』 제11집, 1977.

_____, 「제3세계의 신민족주의의 의의(1)」, 국민윤리교육연구회 엮음, 『국민윤리연구』 제9호, 1980년 2월.

이규호(문교부 장관) 외 10명, 「반공교육의 개선을 위한 세미나(발표와 토론): 반공교육의 기본방향과 문제점」, 한국국민윤리학회 엮음, 『국민윤리연구』 제11호, 1981년 8월.

李奎浩, 『이데올로기 批判敎育原論』, 文佑社, 1984.

이규호, 『정치교육과 통일교육』, 문우사, 1997.

李奎浩, 『現代哲學의 理解』, 진영사, 1977.

이기상, 「한국의 해석학적 상황과 초월적 자아 – 현상학·실존철학의 수용과 한국철학의 정립」, 哲學硏究會 엮음, 1997년 춘계발표회보, 『동서철학의 수용과 한국철학의 정립』.

이기현, 「하버마스와 프랑스 후기 구조주의」, 『사회비평』 제15호, 나남출판, 1996.

이기홍, 「과학적인 역사인식을 위하여: 역사법칙논쟁의 반성」, 『창작과 비평』 17권 4호, 1989년 겨울.

_____, 「철학의 빈곤, 과학의 빈곤」, 『경제와 사회』, 까치, 1988년 가을.

李大偉, 「니체의 哲學과 現代文明」, 『靑年』 제2권 10호, 1922.

_____, 「社會主義와 基督敎의 歸着点이 엇더한가?」, 『靑年』 제3권 5호, 1923.

李東谷, 「思想의 革命」, 『開闢』 통권 52호, 1924년 10월.

李東植, 「實存主義와 精神分析學」, 『思想界』 5월호, 1960.

李東旭, 「苦悶하는 資本主義 – 資本主義圈의 經濟動向」, 『思想界』 1월호, 1959.

이만근, 「사회 발전의 변증법 – 생산력과 생산관계를 중심으로」, 한국철학사상연구회 엮음, 『시대와 철학』 제7호, 동녘, 1993.

李命英, 「공산주의 사상의 전파과정」, 세계평화교수협의회 엮음, 아카데미논총 제10집, 『東西思想의 만남과 韓國』, 一念出版社, 1983.

이명현, 「신문명(新文明)과 신문법(新文法)」, 이한구 외 지음, 『사회변혁과 철학』, 철학과현실사, 1999.

이병수, 「1930년대 서양철학 수용에 나타난 철학1세대의 철학함의 특징과 이론적 영향」, 한국철학사상연구회 엮음, 『시대와 철학』 17권 2호, 2006.

_____, 「마르크스주의와 인간론」, 한국철학사상연구회 엮음, 『시대와 철학』 제1호, 동녘, 1990년 6월.

_____, 「삶의 진보와 자치」, 『민족문화논총』 제26집, 2002.

이병창, 「80년대 한국사회와 철학운동」, 한국철학사상연구회 엮음, 『시대와 철학』 제1호, 동녘, 1990년 6월.

_____, 「해방 이후 북한철학사」, 『시대와 철학』 제9호, 동녘, 1994.
이병천, 「맑스 역사관의 재검토」, 한국사회경제학회 엮음, 『사회경제평론』 4집, 한울, 1991.
_____, 「민주주의론의 새로운 발전을 위하여: 프롤레타리아 독재론을 비판한다」, 『창작과 비평』, 1992년 봄.
_____, 「현존사회주의와의 종언 – 정치적 실천의 새출발을 위하여」, 『전망』, 1991년 10월.
이삼열, 「민주화와 사회발전의 방향」, 이한구 외 지음, 『사회변혁과 철학』, 철학과현실사, 1999.
_____, 「分斷時代 東獨과 北韓의 哲學」, 한민족철학자대회보(1999. 8. 17~19), 『한민족과 2000년대의 철학』.
李三悅, 「政治的 統一의 原則과 政治的 談論」, 大韓哲學會 엮음, 『哲學研究』 第60輯, 1997년 5월.
이상호, 「현대신유학(現代新儒學)이란 무엇인가」, 한국철학사상연구회 엮음, 『시대와 철학』 제7호, 동녘, 1993.
이상화, 「네오마르크스주의와 포스트마르크스주의」, 철학문화연구소 엮음, 『철학과 현실』, 1992년 겨울.
_____, 「세계화와 다원주의 – 실천을 통한 타자의 인정과 공통가치 모색」, 한국철학회 엮음, 『다원주의, 축복인가 재앙인가』, 철학과현실사, 2003.
이상훈, 「북한에서의 서양철학」, 『시대와 철학』 제9호, 동녘, 1994.
이성백, 「스탈린주의의 기원 – 현존 사회주의의 붕괴는 공산주의의 몰락인가?」, 한국철학사상연구회 엮음, 『시대와 철학』 제3호, 동녘, 1991.
이승환, 「우리는 이런 지도자를 원한다」, 이한구 외 지음, 『사회변혁과 철학』, 철학과현실사, 1999.
_____, 「한국 사회의 규범 문화: 위기, 진단 그리고 처방 – '혁신 자유주의적 공동체주의'를 지향하며」, 우리사상연구소 엮음, 『이 땅에서 철학하기』, 솔, 1999.
_____, 「한국에서 자유주의 – 공동체주의 논의는 적실한가?」, 哲學研究會 '99춘계학술대회보, 『자유주의와 공동체주의』, 1999.
이승환, 김형철, 「의리와 정의」, 哲學研究會 엮음, 『윤리질서의 융합』, 철학과현실사, 1996.
이영철, 「북한의 주체철학」, 한국철학사상연구회 엮음, 『시대와 철학』 제1호, 동녘, 1990년 6월.
李永春, 「共産主義의 理論과 實際의 批判」, 哲學研究會 엮음, 『哲學研究』 제7집, 1968년 12월.
_____, 「하이데거에 있어서의 存在와 詩와 神」, 哲學研究會 엮음, 『哲學研究』 제1집, 1966.
이용필 외 9명, 「제3부: 반공교육의 개선을 위한 세미나 – 과거의 반공교육의 결함 시정책」,

한국국민윤리학회 엮음, 『국민윤리연구』 제11호, 1981.
李友狄, 「所謂 永久的 眞理에 對하야」, 『朝鮮之光』 8월호, 1927.
李載薰, 「具體的 存在의 構造」, 『哲學』 창간호, 1933년 4월 1일.
이정규, 「주체철학의 사회역사관에 대한 유물사관적 고찰」, 한민족철학자대회보(1999. 8. 17~19), 『한민족과 2000년대의 철학』.
이정우, 「새로운 꼬뮤니즘의 윤리-정치적 비전」, 『시대와 철학』 제18권 2호, 2007.
이정전, 「시장의 원리가 세상을 지배하는 시대」, 한민족철학자대회보(1999. 8. 17~19) 『한민족과 2000년대의 철학』.
이정호, 「흔들리지 말고 바닥부터 다시」, 한국철학사상연구회 엮음, 『시대와 철학』 제7호, 동녘, 1993.
李鐘雨, 「生의 構造에 對하여」, 『哲學』 第一卷 第二號, 1934년 4월 1일.
_____, 「實存主義哲學과 科學哲學」, 『思潮』 6월호, 1958.
이주향, 「자연사적 과정으로서의 역사와 인간의 주체성」, 한국철학사상연구회 엮음, 『시대와 철학』 제1호, 동녘, 1990년 6월.
이진경, 『미-래의 맑스주의』, 그린비, 2006.
_____, 『사회구성체론과 사회과학방법론』, 아침, 1987.
이진경 엮음, 『주체사상 비판 I, II』, 벼리, 1989.
이진우, 「'민주적 자본주의'와 탈 현대적 국가이념」, 이한구 외 지음, 『사회변혁과 철학』, 철학과현실사, 1999.
_____, 「사회-자유의 토대인가 아니면 구속의 거물인가」, 우리사상연구소 엮음, 『우리말 철학사전 1』, 지식산업사, 2001.
_____, 『이성정의와 문화민주주의』, 한길사, 2000.
_____, 『탈이데올로기 시대의 정치철학』, 문예출판사, 1994.
_____, 『한국 인문학의 서양 콤플렉스』, 민음사, 1999.
이진우 엮음, 『포스트모더니즘의 철학적 이해』, 서광사, 1993.
이청산, 「사회구성체논쟁과 사적 유물론: 도대체 사적 유물론은 무엇을 할 수 있는가」, 『현실과 과학』 1, 샛길, 1988.
이초식, 「도덕·윤리 교원 양성을 위한 교육부 정책의 난맥상에 대하여」, 전국철학교육자연대회의 펴냄, 『한국 도덕·윤리 교육백서』, 한울, 2001.
이한구, 「열린 사회의 철학」, 이한구 외 지음, 『사회변혁과 철학』, 철학과현실사, 1999.
_____, 「열린 사회의 철학」, 철학문화연구소 엮음, 『철학과 현실』, 1995년 봄.
이홍균, 「하버마스의 이론적 전략-의사소통이론으로의 패러다임 전환에 대하여」, 『사회비평』 제15호, 나남출판, 1996.

이훈,「맑스주의 수용 50년사」, 한국철학회 엮음,『해방의 철학』, 철학과현실사, 1996.
____,「서구 철학사상의 유입과 그 평가(1) - 연구를 위한 자료의 통계적 분석」, 서울대학교 철학사상연구소 엮음,『철학사상』제4호, 1994.
____,「소련 철학과 한국 철학」, 哲學硏究會 엮음,『哲學硏究』제24집, 천지, 1988년 겨울.
이희승,『民衆엣센스國語辭典』, 民衆書林, 1994.
임마누엘 칸트,『실용적 관점에서 본 인간학』, 이남원 옮김, UUP, 1998.
임미원,「자율성과 자유」, 한국법철학회 엮음,『법철학연구』제5권 제2호, 2002.
임방현,「발전국가에 있어서 지식인」,『정경연구』, 1969.
_____,「혁명과 지식인」,『정경연구』, 1968.
_____,『근대화와 지식인』, 지식산업사, 1973.
林元澤,「唯物史觀의 問題點 - 唯物史觀을 理解하는 것은 唯物史觀을 修正하고 補完하는 것이다」,『思想界』4월호, 1961.
임지현,「일상적 파시즘의 코드 읽기」,『당대비평』제8호, 삼인, 1999.
임현진, 공석기,「지구시민사회와 초국적사회운동: 한국의 국제연대와 관련하여」, 대동철학회 엮음,『대동철학』제24집, 2004년 2월.
자크 데리다,『그라마톨로지에 대하여』, 김웅권 옮김, 동문선, 2004.
_____,『해체』, 김보현 엮고옮김, 문예출판사, 1996.
자크 라캉,「무의식에 있어 문자가 갖는 권위(주장) 또는 프로이트 이후의 이성」, 권택영 엮음,『자크 라캉 욕망 이론』, 문예출판사, 2003.
장 보드리야르,『소비의 사회』(La societe de consommation ses mythes ses structures), 이상률 옮김, 문예출판사, 2002.
_____,『시뮬라시옹』(Simulacres et Simulation), 하태완 옮김, 민음사, 2004.
장은주,「문화다원주의와 보편주의」, 한국철학회 엮음,『다원주의, 축복인가 재앙인가』, 철학과현실사, 2003.
장춘익,「계몽의 옹호: 하버마스의 근대문화론」, 철학문화연구소 엮음,『철학과 현실』, 2000년 봄.
_____,「하버마스의 근대문화론」, 이한구 외 지음,『사회변혁과 철학』, 철학과현실사, 1999.
장춘익 외,『하버마스사상 - 주요 주제와 쟁점들』, 나남출판, 1996.
장-프랑수아 리오타르,『지식인의 종언』, 이현복 엮고옮김, 문예출판사, 1993.
쟝·뽈 사르트르,「實存主義는 휴머니즘이다」, 林甲 譯,『思想界』8월호, 1954.
金斗河,「Heidegger의 後期의 存在와 栗谷의 宇宙論에 있어서의 理氣와의 比較」, 哲學硏究會 엮음,『哲學硏究』제2집, 1967.

전성국, 「수령에 의한 로동계급의 혁명 사상 창시의 합법칙성」, 『사회과학』 1호, 1985.
田元培, 「맑스哲學 批判」, 『現代思想講座 1 - 現代人의 世界觀』, 동양출판사, 1960.
_____, 「歷史的 世界의 構造」, 『원광문화』 8호, 1971.
전재호, 「박정희 체제의 민족주의 연구 - 담론과 정책을 중심으로」, 서강대학교 박사학위논문, 1997.
정문길, 『疏外論 硏究』, 문학과지성사, 1978.
정성철, 『조선철학사』(2), 평양: 과학백과사전 출판사, 1987.
정수복, 「현실 정치와 시민운동: 지방화 시대의 민주주의」, 크리스챤 아카데미 엮음, 『주민자치, 삶의 정치』, 대화출판사, 1995.
정운찬, 「경제적 자유의 신장을 위하여」, 이한구 외 지음, 『사회변혁과 철학』, 철학과현실사, 1999.
정인재, 신학희, 「공공철학은 일본과 중국, 우리나라에서 어떻게 전개되고 있는가?」, 철학문화연구소 엮음, 『철학과현실』 제74호, 2007년 가을.
정인홍 외 엮음, 『政治學大辭典』, 박영사, 1994.
정치학대사전 편찬위원회 엮음, 『21세기 정치학대사전』상권, Academy-Research, 2002.
정태석, 김호기, 유팔무, 「한국의 시민사회와 민주주의의 전망」, 유팔무, 김호기 엮음, 『시민사회와 시민운동』, 한울, 1995.
정호근, 「의사소통과 합리성」, 철학문화연구소 엮음, 『철학과 현실』, 2000년 봄.
_____, 「현실과 매체현실: 대중매체의 사회구성」, 김영정 외 지음, 『사회철학대계 4 - 기술시대와 사회철학』, 민음사, 1998.
J. 디쫑(J. Dietzjen) 原著, 「푸로레타리아哲學 - 안톤 판에콕에 의한 序論」, 崔火雲 譯, 『開闢』 통권 65호, 1925년 11월.
_____, 「칸트哲學과 불조아思想 - 푸로레타리아哲學(其二)」, 崔火雲 譯, 『開闢』 통권67호, 1926년 3월.
_____, 「헤 - 겔哲學과 데이켄 - 푸로레타리아哲學(其三)」, 崔火雲 譯, 『開闢』 통권68호, 1926년 4월.
조가경, 「나의 학문 편력기」, 한국현상학회 엮음, 『자연의 현상학』, 철학과현실사, 1998.
曹街京, 「맑시스트의 實存主義觀」, 『思想界』 6월호, 1961.
_____, 「하이덱가의 人間과 思想」, 『思想界』 6월호, 1958.
조가경, 『實存哲學』, 박영사, 1961(1985).
조동일, 「국학이론의 발전과 세계학문」, 『인문학의 사명』, 서울대학교출판부, 1997.
_____, 「우리말로 철학하기의 역사적 과업」, 『21세기 문학』 창간호, 이수, 1997.
_____, 「인문학문의 길」, 『한국의 문학사와 철학사』, 지식산업사, 1996.

_____, 『우리학문의 길』, 지식산업사, 1996.
조성희, 「군사독재잔재, 국민교육헌장은 이제 없어져야 한다」, 우리교육(중등), 『월간중등 우리교육』, 1993년 8월.
趙淳昇, 「니이체의 政治思想」, 『思潮』 6월호, 1958.
趙要翰, 「韓國에 있어서 西洋哲學의 硏究의 어제와 오늘」, 『思索』 제3집, 숭전대학교 철학회, 1972.
조원희, 「맑스-레닌주의 철학 비판을 위하여」, 『사회경제평론』 제4집, 한울.
조정환, 『아우또노미아』, 갈무리, 2003.
조지 카치아피카스, 『정치의 전복』, 윤수종 옮김, 이후, 1997.
조형제, 「참여정부 지역균형발전 정책의 방향과 과제」, 참여사회연구소 엮음, 『시민과 세계』 24호, 당대출판사, 2003.
조혜정, 「탈식민지 시대 지식인의 글 읽기와 삶 읽기 3」, 『또 하나의 문화』, 1997.
조희연, 「민중운동과 '시민사회', '시민운동'」, 유팔무, 김호기 엮음, 『시민사회와 시민운동』, 한울, 1995.
趙熙榮, 「西歐思潮의 導入과 展開-哲學思潮를 中心으로」, 한국정신문화연구원, 『한국사상사 대계』 제6권, 1993.
_____, 「現代 韓·日 哲學思想의 比較硏究-1930年代의 朴鍾鴻과 三木淸의 哲學思想을 中心으로」, 전남대학교 인문과학연구소 엮음, 『용봉논총』 제12집, 1982.
_____, 「現代 韓國의 前期 哲學思想 硏究-日帝下의 哲學思想을 中心으로」, 전남대학교 인문과학연구소 엮음, 『용봉논총』 제4집, 1975.
陣伍, 「抽象과 唯物辨證法」, 『新興』 第六號, 1932년 1월.
진태원, 「대중들의 역량이란 무엇인가?-스피노자 정치학에서 사회계약론의 해체 2」, 『트랜스토리아』 제5호, 2005.
질 들뢰즈, 『스피노자와 표현의 문제』, 이진경, 권순모 옮김, 인간사랑, 2004.
_____, 『의미의 논리』, 한길사, 이정우 옮김, 2003.
_____, 『차이와 반복』, 김상환 옮김, 민음사, 2004.
_____, 『푸코』, 허경 옮김, 동문선, 2003.
질 들뢰즈, 펠릭스 가타리, 『앙띠 오이디푸스』, 최명관 옮김, 민음사, 2002.
_____, 『천개의 고원』, 김재인 옮김, 새물결, 2001.
차인석, 『현대의 철학 1』, 서울대학교 출판부, 1980.
滄海居士, 「外來思想의 吸收와 消化力의 如何」, 『開闢』 제5호, 1920년 11월.
蔡龍煥, 「共産主義의 祖-칼맑스의 生涯와 그의 科學思想」, 『무궁화』 2월호, 제1권 2호.
철학연구소, 『남조선에 대한 미제의 사상적 침투의 반동적 본질』, 사회과학출판사, 1975.

최동희,「쏘련哲學界의 動向」,『思想界』8월호, 1961.
_____,「쏘련哲學의 斷面, 그 神學的 性格」,『思想界』3월호, 1963.
崔文煥,「맑스主義 民族理論批判」,『思想界』10월호, 1961.
최봉익,『조선 철학사 개요』, 평양: 사회과학 출판사, 1986.
崔鳳則,「現下 朝鮮의 救濟策은 物質이냐? 精神이냐?」,『靑年』제7권 6집, 7~8월 합호, 1927.
최완규,「사회주의 건설과 주체사상」,『북한사회주의 건설의 정치경제』, 경남대학교 극동문제연구소, 1993.
최종덕,「조동일:『우리 학문의 길』, 지식산업사, 1993」, 한국철학사상연구회 엮음,『시대와 철학』제7호, 동녘, 1993.
최종욱,「그래, 아직도 마르크스냐?」, 한국철학사상연구회 엮음,『시대와 철학』제3호, 동녘, 1991.
_____,「북한의 사회주의 건설과 주체사상의 이해(1): 주체사상의 형성 과정에 관한 시론」, 哲學硏究會 엮음,『哲學硏究』제25집, 1989.
칼 야스퍼어스,「『니이체』와 現代 – 파아티잔 리뷰지에서」, 朴俊華 譯,『思想界』1월호, 1954.
콜린 고든 엮음,『권력과 지식 – 미셸 푸코와의 대담』, 홍성민 옮김, 나남출판, 1995.
토크빌(Alexis de Tocqueville),『미국의 민주주의』(Democracy in America), 박지동 옮김, 한길사, 1983.
티 와이 생(Ty 生),「社會運動團體의 現況」,『開闢』통권 67호, 1926년 3월.
페르디낭 드 소쉬르,『일반언어학강의』, 최승언 옮김, 민음사, 1990.
페터 파울 뮐러-슈미트,『정치윤리의 합리적 모색』, 박종대, 김석수 옮김, 민지사, 2000.
편집부 엮음,『북한의 사상』, 태백, 1988.
평화교수협의회 엮음, 아카데미논총 제10집,『동서사상의 만남과 한국』, 一念出版社, 1983.
피에르 마슈레,『헤겔 또는 스피노자』, 진태원 옮김, 이제이북스, 2004.
河敬德,「現代思潮問題와 우리의 態度」,『靑年』10월호, 1930.
하기락,「세계평화국제회의보고서」, 한국자유인연맹, 1988.
河岐洛,「實存의 不安의 克服」,『思想界』5월호, 1960.
하기락,『자기를 해방하려는 백성들의 의지』, 신명, 1993.
_____,『탈환 – 백성의 자기해방의지』, 신명, 1993.
하승수,「시민자치 역량강화를 위한 과제」, 참여사회연구소 엮음,『시민과 세계』24호, 당대출판사, 2003.
한 발레리 씨르게이비치,「재외 한인 동포들의 다양성 및 일치성에 관한 문제」, 한민족철학자대회보(1999. 8. 17~19), 『한민족과 2000년대의 철학』.
한국기독교협의회 인권위원회 엮음, 『1970년 민주화운동(II)』, 한국기독교협의회, 1987.
한국철학사상연구회 엮음, 『현대 사회와 마르크스주의 철학』, 동녘, 1992.
_____, 『시대와 철학』 제1호, 동녘, 1990년 6월.
한나 아렌트, 『인간의 조건』, 이진우, 태정호 옮김, 한길사, 1996.
韓秉道, 「力不滅設과 機械學 - 韓稚振군의 「機械學과 生存競爭」을 읽고」, 『朝鮮之光』 9월호, 1927.
한상진, 「언술 검증과 비판이론」, 『사회비평』 제15호, 나남출판, 1996.
한승완, 「나와 사회철학」, 사회와 철학 연구회 대회보(1997. 2. 22), 『한국 사회철학의 현황과 전망』.
_____, 「다원주의와 '논의합리성'의 보편주의」, 한국철학회 엮음, 『다원주의, 축복인가 재앙인가』, 철학과현실사, 2003.
_____, 「통일 민족국가 형성을 위한 시론」, 제13회 한국철학자연합대회보(2000. 11. 24~25), 『21세기를 향한 철학의 화두』.
한승조, 「〈국민교육헌장〉의 국민교육적 의의」, 서울대학교 사범대학 부설 교육연구소 엮음, 『國民敎育憲章에 관한 綜合硏究』, 1994년 5월.
한정수, 「96 가을, 비트(bit)로 문학하기」, 『버전업』, 1996년 가을.
韓稚振, 「機械學과 生存競爭」, 『朝鮮之光』 8월호, 1927.
_____, 「動的 生活主義로 본 道德問題」, 『朝鮮之光』 3월호, 1927.
_____, 「民主社會의 構成과 自由」, 『民聲』 4월호, 제5권, 1949.
_____, 「小數人의 眞理」, 『靑年』 3월호, 1930.
_____, 「人格的 唯物論 - 人格과 物質의 構造(一)」, 『靑年』 10월호(15권 7호), 1935.
_____, 「人格的 唯物論 - 人格과 物質의 構造(二)」, 『靑年』 11월호(15권 8호), 1935.
_____, 「自我改革論」, 『靑年』 1월호, 1931.
_____, 「哲學的 直覺論」, 『靑年』 1월호, 1931.
韓太壽, 「共産政治思想」, 『思潮』 6월호, 1958.
허라금, 「다원주의 윤리와 윤리 다원주의의 경계에서」, 한국철학회 엮음, 『다원주의, 축복인가 재앙인가』, 철학과현실사, 2003.
허버트 마르쿠제, 『에로스와 문명』, 金琮鎬 옮김, 博英社, 1975.
_____, 『일차원적 인간』, 차인석 옮김, 진영사, 1974.
홍세화, 『나는 빠리의 택시운전사』, 창작과비평사, 1995.
홍원식, 「유교문화권과 자본주의의 발달 - 현대신유학의 현단계 전개」, 한국철학사상연구회 엮음, 『시대와 철학』 제7호, 동녘, 1993.

홍윤기, 「하버마스의 법철학」, 철학문화연구소 엮음, 『철학과 현실』, 2000년 봄.
_____, 「한국 도덕·윤리 교육의 이념적 혼돈과 정체성 위기-퇴행적 윤리 의식의 국민교육적 원천」, 전국철학교육자연대회의 펴냄, 『한국 도덕·윤리 교육백서』, 한울, 2001.
황경식, 「사회개혁과 시민의식」, 이한구 외 지음, 『사회변혁과 철학』, 철학과현실사, 1999.
_____, 「한국 윤리학계의 회고와 전망」, 哲學硏究會 춘계발표회보, 『동서철학의 수용과 한국철학의 정립』, 1997.
황경식, 정인재, 「군자와 시민」, 哲學硏究會 엮음, 『윤리질서의 융합』, 철학과현실사, 1996.
黃山德, 「實存主義와 正義의 問題」, 『思想界』 2월호, 1957.
_____, 「實存哲學과 社會科學」, 『思想界』 特輯 제7권, 1958.
황성만, 「전통, 계승과 창조의 두 길-현대신유학의 성립과정을 중심으로」, 한국철학사상연구회 엮음, 『시대와 철학』 제7호, 동녘, 1993.
황장엽, 「국민에게 드리는 말씀」, 황장엽 비서 기자회견 기조연설문, 1997년 7월 10일.
_____, 「부정의 부정의 법칙」, 김일성종합대 개교 10주년 기념논문집, 1956년 9월 29일.
_____, 「북한 주체사상의 실체」, 『민주이념』 2호, 1998.
_____, 「북한을 알고 민족통일 이룩하자」, 미발표원고.
_____, 「생산력과 생산 관계의 모순에 관한 몇 가지 문제」, 『력사과학』 제3호, 1957.
_____, 「개인의 생명보다 귀중한 민족의 생명」, 시대정신, 1999.
_____, 『나는 역사의 진리를 보았다』, 한울, 1999.
_____, 『세계관』, 시대정신, 2001.
_____, 『어둠의 편이 된 햇볕은 어둠을 밝힐 수 없다』, 월간조선사, 2001.
_____, 『인간중심철학의 몇 가지 문제』, 시대정신, 2000.
_____, 『인류사회는 어떻게 발생하였으며 발전해왔는가?』, 나라사랑, 1989.
_____, 『황장엽의 대전략-김정일과 전쟁하지 않고 이기는 방법』, 월간조선사, 2003.
황태연, 「하버마스의 소통적 주권론과 雙線的 토론 정치 이념」, 『사회비평』 제15호, 나남출판, 1996.

외국 문헌

Allen, R. T., "Rational Autonomy: The destruction of Freedom", *Journal of Philosophy of Education*, Vol. 16, Issue 2, 1982. 12.

Althusser, Louis, "Marxism today", *Philosophy and the Spontaneous Philosophy of the Scientist and Other Essays*, Verso, 1990.

_____, "Reply to John Lewis", *Essays in Self-Criticism*, NLB, 1976.

_____, "The Crisis of Marxism", *Power and Opposition in Post-revolutionary Societies*, Ink Links, 1979.

_____, *Essays in Self-Criticism*, NLB, 1976.

Anderson, Joel & Honneth, Axel, "Autonomy, Recognition, and Justice", in John Christman & Joel Anderson(eds.), *Autonomy and the Challenges to Liberalism*, Cambridge: Cambridge University Press, 2005.

Arato, Andrew, "A Reconstruction of Hegel's Theory of Civil Society", in Drucilla Cornell, Michel Rosenfeld & David Gray Carlson(eds.), *Hegel and Legal Theory*, New York·London: Routledge, 1991.

Arato, Andrew & Cohen, Jean, "Civil Society and Social Theory", in Peter Beiharz, Gilliam Robinson & John Rundell(eds.), *Between Totalitarianism and Postmodernity*, Cambridge, Mass: The MIT Press, 1992.

Arendt, Hannah, *Lectures on Kant's Political Philosophy*, edited with an interpretative essay by Ronald Beiner, Chicago: Chicago University Press, 1982.

_____, *The Human Condition*, Chicago & London: The University of Chicago Press, 1973.

_____, *The Life of the Mind*, Vol. 1, Thinking, New York: Harcourt Brace Yovanovich, 1978.

_____, *The Origins of Totalitarianism*, New York: Harcourt Brace Yovanowitch, 1951.

Aristoteles, *Politica* I, in J. A. Smith & W. D. Ross(eds.), *The Works of Aristotle*, Vol. X, Oxford: Clarendon Press, 1966.

Aristotle, *The Policitics*, S. Everson(ed.), Cambridge University Press, 1984.

Balibar, Étienne, "Ambiguous University", *differences: A Journal of Feminist Cultural Studies*, No. 1, 1995.

Beck, Ulrich, "The Reinvention of Politics: Towards a Theory of Reflexive Modernization", Anthony Giddens, Ulrich Beck & Scott Lash, *Reflexive Modernization: Politics, Tradition and Aesthetics in the Modern Social Order*, Cambridge: Polity, 1994.

Beck, Ulrich & Beck-Gernheim, Elizabeth, "Individualization and Precarious Freedoms", Paul Heelas, S. Lash & P. Moris(eds.), *Detraditionalization*, Oxford: Blackwell, 1996.

Benson, G. C. S., *The New Centralization*, New York: Reinhart & Co., 1941.

Brunkhorst, Hauke, "Ist die Solidarität der Bürgergesellschaft globalisierbar?", in Hauke Brunkhorst und Matthias Kettner, *Globalisierung und Demokratie*, Frankfurt a.M.: Suhrkamp, 2000.

Brunner, Otto, Conze, Werner, Koselleck, Reinhart, *Geschichtliche Grundbegriffe*, Bd. 1, Bd. 2, Bd. 5, Stuttgart: Klett-Cotta, 1992.

Bryce, James, *Modern Democracy*, New York: The Macmillian Co., 1921.

Caygill, Howard, *A Kant Dictionary*, Oxford: Blackwell, 1995.

Cho, Kah Kyung, *Einheit von Natur und Geist*, Ph. D. Dissertation, Heidelberg, 1956.

Christman, John & Anderson, Joel, "Introduction", in John Christman & Joel Anderson(eds.), *Autonomy and the Challenges to Liberalism*, Cambridge: Cambridge University Press, 2005.

Cohen, Jean L., "Civil Society", in Edward Craig(ed.), *Encyclopedia of Philosophy*, Vol. 8, New York: Routledge, 1998.

Craig, Edward(ed.), *Encyclopedia of Philosophy*, Vol. 7, New York: Routledge, 1998.

Crittenden, Jack, "The Social Nature of autonomy", *The Review of Politics*, 55, 1993.

Delekat, Friedrich, "Das Verhältnis von Sitten und Recht in Kants Grosser Metaphysik der Sitten", *Erziehung zur Menschlichkeit, Festschrift für E. Spranger zum 70. Geburstag*, Tübingen, 1957.

Deleuze, Gilles, *Foucault*, Paris: Minuit, 1980.

_____, *Francis Bacon: Logique de la sensation*, Tome I, Paris: Éd, de la differance, 1981.

_____, *Nietzsche et la philosophie*, Paris: P. U. F., 1962.

_____, *Proust et les signes*, Paris: P. U. F., 1964.

_____, *Spinoza et le problème de l'expression*, Paris: Minuit, 1968.

_____, Parnet, C., *Dialogues*, Paris: Flammarion, 1997.

Derrida, Jacques, *De la grammatologie*, Paris: Minuit, 1967.

_____, *L'Ecriture de la différance*, Paris: Seuil, 1967.

_____, *La Dissémination*, Paris: Seuil, 1972.

Dworkin, Gerald, *The Theory and Practice of Autonomy*, Cambridge: Cambridge University Press, 1988.

Engels, F., *The Origin of the Family, Private Property and the State*, New York: International Publishers, 1968.

Flood, A. T., *Self-Governance in Aquinas and Pre-Modern Moral Philosophy*, University of Oklahoma Graduate College, 2003.

Foucault, Michel, *Les mots et les choses: une archéologie des sciences humanies*, Paris: Gallimard, 1966.

_____, *Politics, Philosophy, Culture: Interviews and Other Writings, 1977~1984*, L. D. Kritzman(ed.), New York: Routledge, 1988.

_____, *Power/Knowledge: Selected Interviews and other Writings, 1972~1977*, C. Gordon(ed.), New York: Pantheon.

Gadamer, Hans-Georg, *Wahrheit und Methode*, Tübingen, 1972.

Giddens, Ahthony, *Beyond Left and Right*, Polity Press, 1994.

Görres-Gesellschaft(Hrsg.), *Staatslexikon*, Bd. 1, Freiburg: Herder, 1957~1963.

Gramsci, Antonio, *Selections from the Prison Notebooks*, New York: International Publishers, 1971.

Habermas, Jürgen, "Vom pragmatischen, ethischen und moralischen Gebrauch der praktischen Vernunft", *Erläuterungen zur Diskursethik*, Frankfurt a.M.: Suhrkamp, 1991.

_____, *Erläuterungen zur Diskursethik*, Frankfurt a.M.: Suhrkamp, 1991.

_____, *Faktizität und Geltung*, Frankfurt a.M.: Suhrkamp, 1992.

_____, *Nachmetaphysisches Denken*, Frankfurt a.M.: Suhrkamp, 1989.

_____, *Strukturwandel der Öffentlichkeit*, Neuwied und Berlin: Hermann Lutherhand Verlag GmbH, 1971.

_____, *Theorie des kommunikativen Handelns*, Bd. 2, Zur Kritik der funktionalistischen Vernunft, Frankfurt a.M.: Suhrkamp, 1981.

Hardt, Michael & Negri, Antonio, *Multitude: War and Demcracy in the age of Empire*, New York: The Penguin Press, 2004.

_____, *Empire*, Harvard University Press, 2000.

Hegel, Georg Wilhelm Friedrich, *Die Vernunft in der Geschichte*, in J. Hoffmeister

(Hrsg.), Hamburg, 1955.

_____, *Grundlinien der Philosophie des Rechts*, in Hegel Werke Bd. 7, Frankfurt a.M.: Suhrkamp, 1986.

_____, *Phänomenologie des Geistes*, Frankfurt a.M.: Suhrkamp, 1986.

_____, *System der Sittlichkeit*, herausgeben von Georg Lasson, Verlag von Felix Meiner Hamburg 1967.

_____, *Wissenschaft der Logik*, in Hegel Werke, Bd. 6, Frankfurt a.M.: Suhrkamp, 1970.

Heinze, Hans-Joachim, "On the Regal Understanding of Autonomy", in Markku Suksi(ed.), *Autonomy: Applications and Implications*, Hague: Kluer Law International, 1998.

Hobbes, Thomas, *Leviathan*, in Sir William Moleworth(ed.), Thomas Hobbes Vol. III, Scietia Verlag Allen, 1966.

_____, *Philosophical Rudiments Concerning Government and Society*, in William Molesworth(ed.), The English Works of Thomas Hobbes, Vol. 2, Cambridge: Harvard University Press, 1995.

Höffe, Ottfried, *Ethik und Politik*, Frankfurt a.M.: Suhrkamp, 1979.

_____, *Sittliche-politische Diskurse*, Frankfurt a.M.: Suhrkamp, 1981.

Holm, Søren, "Autonomy", in Ruth Chadwick(ed.), *Encyclopedia of applied Ethics*, Vol. 1, San Diego: Academic Press, 1998.

Inwood, Michael, *A Hegel Dictionary*, Oxford: Blackwell, 1992.

Jaspers, Karl, *Existenzphilosophie*, Berlin: de Gruyter, 1938.

Kant, Immanuel, *Die Religion innerhalb der Grenzen der bloßen Vernunft*, in W. Weischedel(Hrsg.), Kant Werke Bd. 7, Darmstadt: Wissenschatliche Buchgesellschaft, 1983.

_____, *Grundlegung zur Metaphysik der Sitten*, Kant's gesammelte Schriften herausgeben von der Königlich Preußischen Akademie der Wissenscfaften, Bd. IV, Berlin, 1911.

_____, *Idee zu einer allgemeinen Geschichte in weltbürglicher Absicht*, in W. Weischedel(Hrsg.), Kant Werke Bd. 9, Darmstadt: Wissenschatliche Buchgesellschaft, 1983.

_____, *Kritik der praktischen Vernunft*, Kant's gesammelte Schriften herausgeben von der Königlich Preußischen Akademie der Wissenscfaften, Bd. V, Berlin, 1911.

_____, *Kritik der reinen Vernunft*, in W. Weischedel(Hrsg.), Kant Werke Bd. 3~4, Darmstadt: Wissenschatliche Buchgesellschaft, 1983.

_____, *Kritik der Urteilskraft*, in W. Weischedel(Hrsg.), Kant Werke Bd. 8, Darmstadt: Wissenschatliche Buchgesellschaft, 1983.

_____, *Metaphysik der Sitten*, in W. Weischedel(Hrsg.), Kant Werke Bd. 7, Darmstadt: Wissenschatliche Buchgesellschaft, 1983.

_____, *Metaphysik der Sitten*, Kant's gesammelte Schriften herausgeben von der Königlich Preußischen Akademie der Wissenscfaften, Bd. VI, Berlin, 1911.

Keane, John, "Despotism and Democracy", in John Keane(ed.), *Civil Society and State: New European Perspectives*, London: Verso, 1988a.

Kelsen, Hans, *Vom Wesen und Wert der Demokratie*, Tübingen: J. C. B. Mohr, 1929.

Kumar, Krishan, "Civil Soiciety: An Inquiry into the Usefulness of Hitorical Term", *British Journal of Sociology*, 44: 3, 1993.

Kymlicka, Will, Liberalism, *Community and Culture*, Oxford: Clarendon, 1989.

Labica, Georges, *Der Marxismus-Leninismus. Elemente einer Kritik*, Berlin: Argument-Verlag, 1986.

Langrod, G., "Local Goverment and Democracy", *Public Administration*, Vol. 31, Spring 1953.

Loos, Fritz, Schreiber, Hans-Ludwig, "Recht, Gerechtigkeit", in Otto Brunner, Werner Conze und Reinhart Koselleck(Hrsg.), *Geschichtliche Grundbegriffe*, Bd. 5, Stuttgart: Klett-Cotta, 1992.

Lorenz, Ottokar, *Lehrbuch der Gesammtenwissenschaftlichen Genealogie*, Berlin: Verlag von Wihelm Hertz, 1898.

Lyon, David, *The Information Society: Issues and Illusions*, Polity Press, 1988.

Lyotard, Jean-François, *Dérive à partir de Marx et Freud*, Paris: Union Générale d'Editions, 1973.

_____, *Libidinal Economy*, trans. Iain Hamilton Grant, London: Anthlone, 1993.

_____, *The Differene: Phrases in Dispute*, trans. G. Van den Abbleele, Minneapolis: University of Minnesota Press, 1st edn. 1983.

MacIntyre, Alasdair, *After Virtue－A Study of Moral Theory*, Notre Dame: University of Notre Dame Press, 1981.

Marx, Karl, *The Early Texts*, D. McLellan(ed.), Oxford, 1971.

Marx, Karl, Engels, Friedrich, "Die Deutsche Ideologie", in Vladmir Adoradskij(ed.), *Karl Marx und Friedrich Engels-Historische-Kritische Gesammtausgabe*, Bd. 1, Berlin, 1932.

McCathy, T., "Legitmacy and Diversity: Dialectical Reflections on Analytical Distinctions", *Proto Soziallogie*, Heft 6, 1994.

Means, Richard L., *The Ethical Imperative*, Anchor Books, Garden City, New York: Doubleday & Co., 1970.

Miller, Fred D., "Aristotelian Autonomy", in Aristide Tessitore(ed.), *Aristotle and Modern Politics: The Persistence of Political Philosophy*, Noter Dame/London: University of Notre Dame Press, 2002.

Mressner, D., "Gesellschaftliche Determinanten wirtschaftlicher Entwicklung in der Weltmarktwirtschaft", in H. Brunkhorst, M. Kettner(Hrsg.), *Globalisierung und Demokratie*, Frankfurt a.M.: Suhrkamp, 2000.

Naisbiit, John & Aburden, Patricia, *Megatrends 2000*, New York: William Morrow and Co., 1990.

Negri, Antonio, *Marx beyond Marx*, Massachusetts: Bergin & Garvey Publishers, 1984.

_____, *Subversive Spinoza*, Timonthy S. Murphy(ed.), Manchester University Press, 2004.

Nordlinger, Eric A., *On the Autonomy of the Democratic State*, Harvard University Press, 1981.

O'Neill, Onora, "Autonomy, Plurality and Public Reason", in Natalie Brender & Larry Krasnoff(eds.), *New Essays on the History of Autonomy－A Collection Honoring J. B. Schneewind*, Cambridge: Cambridge University Press, 2004.

Panter-Brick, K., "Local Goverment and Democracy", *Public Administration*, Vol. 31, Winter 1953.

Pohlmann, R., "Autonomie", in J. Ritter(Hrsg.), *Historisches Wörtebuch der Philosophie*, Bd. 1, Basel/Stuttgart, Schwabe & Co. AG·Verlag, 1971.

Rawls, John, *Political Liberalism*, New York: Columbia University Press, 1996.

Raz, Joseph, *The Morality of Freedom*, Oxford: Oxford University Press, 1986.

Reath, Andrews, "Ethical Autonomy", in Edward Craig(ed.), *Encyclopedia of Philosophy*, New York: Routledge, 1998.

Riedel, Manfred, "Gesellschaft bürgerliche", in J. Ritter(Hrsg.), *Historisches Wörterbuch der Philosophie*, Bd. 3, Basel/Stuttgart: Schwabe & Co., 1974.

_____, "Gesellschaft, bürgerliche", Otto Brunner, Werner Conze, Rxeinhart Koselleck, *Geschichtliche Grundbegriffe*, Bd. 2, Stuttgart: Klett-Cotta, 1992.

Ross, Angus, "The Concept of Society", in Edward Craig(ed.), *Encyclopedia of Philosophy*, Vol. 8, New York: Routledge, 1998.

Runciman, W. G., *Social Science and Political Theory*, Cambridge: Cambridge University Press, 1965.

Sabine, George H., *A History of Political Theory*, New York: Henry Holt, 1956.

Sandel, Michael, *Liberalism and the Limits of Justice*, Cambridge: Cambridge University Press, 1982.

Santoro, Emilio, *Autonomy, Freedom and Rights - A Critical of Liberal Subjectivity*, Dordrecht: Kluwer Academic Publishers, 2003.

Scheler, Max, *Ressentiment*, trans. W. W. Holdheim and ed. with introd. by L. A. Coser, New York: Free Press, 1961.

Schneewind, Jerome B., *The Invention of Autonomy*, Cambridge University Press, 1998.

Schwan, Alexander, *Warheit-Pluralität-Freiheit*, Hamburg, 1974.

Shell, Susan Meld, *The Right of Reason: A Study of Kant's Political Philosophy and Politics*, University of Toronto Press, 1980.

Spinoza, Baruch de, *Die Ethik*, in Günter Gawlick(Hrsg.), Baruch de Spinoza · Sämtliche Werke Bd. 2, Hamburg: Felix Meiner Verlag, 1984.

_____, *Tathandlung vom Staat*, in Günter Gawlick(Hrsg.), Baruch de Spinoza · Sämtliche Werke Bd. 5, Hamburg: Felix Meiner Verlag, 1984.

Steffani, Winfried & Nuscheler, Franz(Hrsg.), *Pluralismus, Konzeptionen und Kontroversen*, Münschen, 1972.

Suksi, Markku, "Introduction", in Markku Suksi(ed.), *Autonomy: Applications and Implications*, Hague: Kluer Law International, 1998.

Taylor, Charles, "Atomism", in his *Philosophy and the Human Sciences: Philosophical Papers 2*, Cambridge University Prss, 1985.

_____, *Hegel and Modern Society*, Cambridge: Cambridge University Press,

1979.

_____, *Philosophical Arguments*, Cambridge: Harvard University Press, 1995.

_____, *The Ethics of Authenticity*, Harvard, 1992.

_____, *The Malaise of Modernity*, Concord: Anansi, 1991.

Tocqueville, Alexis de, *Democracy in America*, Vol. 1, Phillips Bradley(ed.), New York: Knopt, 1961.

_____, *Democracy in America*, New York: Freedom Watch, 1981.

_____, *De La Democrate en Amerique*, Vol. 1, Paris: Gallimand, 1961.

Tönies, Ferdinand, *Community and Association*, trans. C. P. Loomis, London: Routledge, 1955.

Walzer, Michael, *Sphers of Justice: A Defence of Pluralism and Equality*, New York: Basic Books, 1983.

_____, *Thick and Thin: Moral Argument at Home and Abroad*, Notre Dame: University of Notre Dame Press, 1994.

Widdicombe, David, "Report of the Committee of Inquiry into the Conduct of Local Authority Business", *Buiness Research*, Vol. 3, The Local Government, London: HMSO, 1986.

Winfield, Richard Dien, *Autonomy and Normativity−Investigations of Truth, Right and Beauty*, Burlington: Ashgate, 2001.

Wolff, Robert Paul, *In Defense of Anarchism*, N.Y.: Harper & Row. 1970.

찾아보기

ㄱ

가상공간 307, 315, 316
가정 294, 401
개념의 박물관 112, 253, 334, 438
개체성 93, 326, 350, 352
객체적 논리학 53
건설민족주의 93, 116, 125
경성특별위원회 29
경제결정론 85, 170, 187, 198, 224, 355, 358
경찰행정 298, 411
경험과 더불어 73
경험에서 73
계보학 46, 329
고려공산당 24, 191
공동체감 317, 365, 393
공동체주의 243, 272, 274, 275, 278, 287, 338, 371, 407, 411, 412
공론장 256, 257, 276, 279, 280, 282, 288, 299, 300, 304, 305, 308~310, 315~317, 402, 413, 414, 416, 424, 442
공명 350, 365
공시 328 cf) 통시
공적 영역 272, 278, 279, 294, 296, 303, 304, 308, 401, 413, 416, 428
공통감 306, 317, 364, 393, 394
과다실재 112
관개체성 357, 358
관용 285, 317, 378, 379, 391, 393, 394
광기 329, 331, 345, 347
광장 309, 317
교섭적 관계 41, 52
교섭적 만남 83
교섭적 파악 41
교육 칙어 145
구성설 252
구체철학 141
국가보안법 96, 97, 195
국가주의 12, 76, 91, 93~96, 99~101, 104~106, 108~112, 118, 122~124, 130, 144, 149, 195, 197, 199, 305, 311, 313, 315, 372~374, 380, 389, 416, 422, 427
국민교육헌장 94, 95, 97, 101, 104, 105, 110~112, 114~125, 129, 130, 133, 135, 136, 142, 144~147, 170, 189, 196, 226, 427
국민윤리 99, 106~109, 115, 116, 129, 132, 133, 135~140, 143~147, 155, 170, 189, 264, 399, 429, 435
국민의 정부 110, 267, 275, 278, 283, 384, 424
국민정신문화연구원 139
근로인민민주주의 46, 83, 193
근심 56
근원적 공유 405, 410
글라스노스트 242, 374, 430
금주주의 46
기술창조 126, 127
기의 328~330 cf) 기표
기표 328~331 cf) 기의

ㄴ

네오마르크스주의 12, 87, 148, 151, 183, 186,

241, 248, 429, 432
네트워크 사회 14, 306~309, 315, 316, 359, 364, 369, 370, 397, 419, 432
노동경제학 343, 346, 348, 355
노동소외론 200
노동하는 인간 296, 299
노마드 327, 345
노미아 400

ㄷ

다원주의 12, 14, 93, 234, 249, 252, 259, 288, 306, 312, 364, 368, 370~372, 375~383, 386, 388~394, 402, 412, 417, 442, 443
다중 351, 357, 359, 363, 367, 369, 397
당 관료주의 228, 345, 356, 429
대륙 이성론 323
대한철학회 176
대한청년단 97, 132, 195
데보린 일파 164, 165
도덕성 29, 82, 267, 270, 273, 275, 277, 296, 399, 410
도덕적 정치가 112
도둑자본주의 309
독특성 350, 351, 359~361, 363
동일성 112, 166, 250, 281, 320, 330, 332~338, 344, 350, 371, 378, 381, 432
동일성의 테러 112, 335, 336
동일자의 경제 330
동화작용 92
드러난 돈주의자 99 cf) 숨은 돈주의자
디지털 319, 331

ㄹ

레고 331
로고스적 만남 41, 83
로마의 평화 237
리비도 경제학 345~347
리좀 364

ㅁ

마르크스-레닌주의 148, 174, 177, 200, 209, 242, 245
마르크스주의 12, 14, 19~23, 25~32, 35, 40, 44, 46~49, 52, 54, 55, 57, 70, 74, 77~87, 90, 91, 96, 101, 125, 127, 148, 149, 151, 152, 157, 159, 160, 162, 163, 165, 166, 168, 170~177, 179~182, 185~187, 189~195, 197~201, 205~207, 215, 216, 222~224, 226, 227, 236, 237, 241, 244~251, 258, 259, 261, 263~265, 271, 286, 301, 302, 304, 311~313, 329, 340, 343~345, 347~349, 351~356, 358, 360, 364, 366, 374, 419, 428~432, 434, 436
마르크스주의-주사 논쟁 169
마지막 인간 347, 350
만듦작용 92
모더니즘 252, 253, 262, 321, 324~326, 336, 338, 344, 371, 375
모사론 197
모순적 파악 41, 193
무력 건설 99, 133
무의식 111, 115, 327, 328, 334, 341, 343, 345, 351~353
무인정신 106
무지의 베일 267, 268

문민의 정부 110, 278
물주주의 46
미국의 평화 237, 309
미메시스 322
민족문화연구소 29, 30, 96
민족적 주체 103, 104, 128, 222, 226
민족적 지성 103, 125
민족주의 12, 21, 23, 24, 29, 66, 70, 84, 86, 91, 94, 96, 97, 99~101, 104~110, 112, 116, 118, 119, 122~125, 130~134, 137, 138, 140, 144, 145, 148, 170, 171, 178, 188, 190~192, 196, 221, 223~230, 235, 236, 272, 288, 423, 426~429, 433
민주주의 14, 29, 45~47, 95, 98, 99, 101, 106, 117, 119, 121, 122, 124, 125, 131~134, 137, 145~147, 181, 192, 193, 204, 214, 219, 220, 226, 230~233, 235, 242, 247, 249, 256, 274, 275, 280, 301, 302, 310, 312, 364, 382, 384, 385, 388, 423, 427, 428
민중 36, 43, 96, 100, 111, 116, 154, 156~158, 160~162, 184, 185, 195, 202, 242, 245, 251, 263, 265, 266, 272, 282, 311~316, 367, 368, 374, 419, 428~432, 434, 435, 443

ㅂ

반공주의 77, 94, 96~101, 104, 109, 110, 112, 118, 119, 122~124, 127, 130, 132, 138, 140, 144, 149, 170, 190, 195~197, 200, 224, 226, 235, 372, 426, 427, 429
반목적론 246, 354, 358
반변증법 351
반복 352
반영론 62, 162, 166, 197
반이성주의 49, 349

반토대주의 349, 358
변증법적 모사 37
보조성의 원리 283, 284, 392~394
복수성 306, 315, 354, 376, 378, 383, 387, 390
복합성 354, 359
부여모델 418
부하린 일파 164
북한식 사회주의 133, 202, 220
분석마르크스주의 168, 244, 246, 247, 374, 431, 436
불가공약성 330, 375, 393
비동일성 281, 333~335, 381
비사회적 사회성 92
비판이론 151~162, 175, 176, 183~185, 237, 252, 258, 303, 429, 430, 434, 435

ㅅ

사건의 철학 348, 361
사상 건설 133
사색적 삶 73, 401
사유하는 인간 39
사적 영역 272, 278, 279, 294, 296, 299, 303, 304, 308, 401, 413, 414, 416, 428
사회개조 180
사회계약론 146, 269, 322, 357, 406
사회구성체론 165, 357
사회적 동물 290, 309
산 노동 360, 362, 363, 421
산업 건설 133
산업주의 94, 100, 110, 112, 427
산종 331
상응혁명 107, 142, 143
상응혁명론 95, 112
새마을운동 94, 101, 104, 105, 107, 124, 125,

127, 129, 138, 141~144, 202, 226, 427
생명 정치 362, 363
생산의 시대 341
생성의 무죄 253, 344, 361
생활세계 234, 251, 256, 257, 280, 304, 309, 310, 315~317, 324, 326, 384, 396, 414, 416
성실의 실 102, 128, 225
세계시민사회 234, 292, 307, 309, 316, 405
세계화 12, 93, 236, 272, 285, 306, 309, 316, 358, 370, 371, 381~387, 389, 391, 392, 396, 443
소비의 시대 341
소외론 153, 154, 156, 200, 435
수령론 134, 174, 185, 203, 285
수용 23
수입학 11, 286
순수이성의 사실 413
숨은 돈주의자 99 cf) 드러난 돈주의자
스탈린주의 162~165, 167, 174, 201, 219, 228, 244, 274, 355, 356
스피노자-마르크스주의 12, 340, 343, 352, 366, 437, 443
시뮬라시옹 331
시뮬라크르 349, 350
시민사회 86, 93, 110, 123, 124, 242, 257, 262, 266, 267, 270, 278, 282, 289~292, 294, 295, 297~306, 308~317, 374, 385, 397, 401, 402, 405, 409~411, 413, 414, 416, 419, 420, 429
시민자치 388, 395, 415
시비학 11, 286
시빌리테 정치 359
10월유신 101, 107, 124, 125, 129, 143, 144
시장 317
신간회 25, 27, 28, 191
신민주주의 29, 192, 193

신사회운동 305
신자유주의 93, 275~277, 284, 285, 306, 309, 316, 338, 359, 360, 367, 369, 370, 381~384, 396, 419, 432, 443
신체의 변증법 38
신체적 노작 59, 83, 125, 194, 223
신체적 인식론 23, 30, 59, 77, 79, 193
신체적 주체 36, 103
신합리주의 12, 241, 243, 250, 263, 270, 271, 275, 289, 312, 326, 334, 338, 375, 376, 431
신헤겔주의 30, 31, 33, 82
실용의 실 102, 129, 225
실용정부 274, 276, 277, 279, 385, 387, 394, 444
실용주의 60, 78, 100~102, 125, 149~151, 166, 174, 175, 197, 199, 200, 222, 224~226, 234, 236, 274, 277, 438
실재 31, 45, 53, 254, 319, 320, 325, 327, 329~331, 341, 343, 344, 353, 354, 356
실존주의 12, 19~23, 26, 40, 45, 48~52, 54~56, 60, 61, 64, 67, 69~71, 74, 76~87, 90, 91, 95, 96, 102, 148~150, 152, 160, 175, 192~194, 198~200, 236, 241, 254, 433, 434
실천적 파악 41, 193
실천지 378
싸우는 교섭 42

ㅇ

아날로그 319, 331
아바타 307
아우토노미아 400, 419, 421, 432 cf) 자율주의
안보주의 94, 112, 149, 200, 224
알게니 319

알케미 319
압축 근대화 311, 313, 316, 372, 380, 443
에고이즘 379, 388, 393
역능 360, 361, 366
역사 이후 365
연대성의 원리 283, 284, 391, 392, 394, 444
오성 국가 297
「우리의 교육지표」 145
우연성 248, 329, 330, 346, 352
원초적 입장 267
위기의 철학 33, 40
유목과학 350
유물론 22, 24~28, 30, 32, 35~37, 44, 52~54, 57, 62, 63, 68~70, 82, 83, 95, 162, 163, 166, 167, 173, 175~178, 197, 198, 204, 212, 214, 224, 246, 247, 249, 285, 286, 334, 351, 352, 361, 362, 364, 366
유신체제 150
유신헌법 105, 226
의사소통적 합리성 243, 252, 253, 255, 261, 264, 270, 277, 305, 306, 308, 310, 315, 317, 326, 414, 431
이동 346, 347
이미지 91, 94, 95, 100, 145, 319, 331, 337, 341, 343, 352, 353
이성의 간지 332
이성적 자율 410
이익사회 299
이즘 23, 42, 43, 46, 79, 83, 194
인간개조 101, 104, 118, 124, 180, 197, 373, 427
인간의 죽음 329, 347
인간중심철학 134, 179~182, 186, 188, 191, 204~206, 209, 211~213, 215, 217, 222, 228, 231, 238
인륜성 93, 408, 410, 411

인륜적 생명 410
인민민주주의 47, 210
인정투쟁 35, 36, 38, 40, 45, 46, 311, 333, 396, 412, 418, 423
인텔리겐치아 117, 372, 373, 434
일민주의 95, 97~99, 101, 112, 130, 131, 133, 196, 423, 426

ㅈ

자연개조 180
자연변증법 59, 85, 95, 161, 175, 194, 223
자연의 의도 332
자유주의 28, 43, 109, 136, 137, 167, 197, 224, 243, 264, 266, 267, 272, 274, 276, 278, 287, 301, 312, 370, 371, 373, 383, 384, 407, 408, 411
자율주의 419~421, 424, 432 cf) 아우토노미아
저항민족주의 93, 116, 125
적대의 정치학 351, 366
전쟁 기계 350, 421
전체성 88, 329, 354
전체주의 45, 46, 50, 57, 86, 95, 112, 122, 124, 145, 153, 184, 185, 193, 217, 260, 261, 264, 278, 282, 300, 305, 306, 308, 309, 323, 327, 330, 334, 338, 345, 352, 364, 375, 377, 378, 383, 394, 413, 429, 431
정동 357, 359, 361, 362, 366
정책창조 126, 127
정치교육론 95, 108, 112
정치적 공동체 140, 294, 295, 295, 401, 435
정치적 도덕가 112
정치적 동물 293
제국의 시대 367, 396, 432
제국주의 23, 24, 28, 31, 51, 77, 93, 95, 96,

116, 125, 133, 148, 151, 195, 207, 208, 210,
236, 287, 300, 370, 383, 396, 402, 413, 420,
426, 438
조선민족청년단 97, 196
조합 298
주체사상 12, 94, 99, 101, 127, 133, 134, 148,
151, 159, 166, 168~177, 179, 181, 182,
185, 188, 189, 191, 196, 200~205, 209,
218, 219, 222, 226~228, 230, 234, 235,
237, 241, 242, 244, 245, 263, 272, 285, 286,
428
주체적 논리학 53
주체적 파악 42, 58, 77
주체철학 172~180, 182, 185, 186, 203, 204,
245, 285, 430, 436
지각모델 418
지방분권 13, 14, 283, 371, 381, 382, 385, 386,
388~391, 415, 424, 443
지방자치 13, 96, 284, 369, 374, 382, 384, 385,
388, 389, 392, 394, 424, 436
지주주의 46
직업단체 298, 411

철학연구실 174
청산리방법 133, 202
추상설 252
추상의 정신 142
추상적 개체성 93
추상적 보편성 92, 408

ㅋ

카이로스 361, 362
코뮌주의 366

ㅌ

탈근대 255, 262, 272, 406, 443 cf) 포스트모더
니즘
탐문작용 92
태도적 관계 41, 83
테오리아 23, 42, 43, 46, 79, 83, 194
텍스트 144, 146, 147, 187, 259, 327, 438, 440,
441
통시 328 cf) 공시

ㅊ

차연 328
차이의 정치학 281, 351, 366
참여민주주의 305~307, 316, 385, 388
참여정부 274~277, 279, 283, 315, 384~388,
394, 424, 427, 444
창조의 논리 105, 112, 125, 126, 129, 223, 225,
226, 234, 236
창조적 지성 103, 125
창조학 11, 286
천리마운동 94, 133, 202, 222, 223

ㅍ

페레스트로이카 187, 242, 245, 374, 430
포스트 인간 365
포스트구조주의 12, 331, 326, 328~330, 340,
342~344, 351, 359, 365, 366, 419, 431, 432
포스트마르크스주의 12, 156, 168, 241, 244,
246~249, 261, 289, 312, 374, 431, 436
포스트모더니즘 12, 241, 243, 250, 252, 253,
255, 256, 258~263, 269, 281, 289, 312, 318

~321, 324~326, 330~332, 335~338, 340, 344, 371, 375, 436, 437, 442
폴리스 293, 294, 298
표류 341, 345~347
프랑크푸르트학파 150, 151, 156, 158, 176, 183, 374, 429
필연성 355, 362, 407

ㅎ

학도호국단 97, 131, 195, 196
한국철학사상연구회 168, 244, 436
한백성주의 132, 133
합법성 410

해체주의 243, 326, 328, 329, 334
향내성, 향내적 태도 60~62, 64~66, 70, 73, 75, 79, 84, 102, 129, 149, 194, 197~200, 225, 234, 237, 238
향부론 385, 386
향외성, 향외적 태도 60, 62, 64, 65~67, 70, 75, 78, 79, 83, 84, 102, 129, 194, 197, 199, 200, 225, 237, 238
헤게모니론 302
헤겔학회 168, 399
화해하는 교섭 42
활동적 삶 73
활력 420, 421
히브리스 348
힘 있는 철학 57, 104, 194

인명 찾아보기

가다머, 게오르크 271, 342
가타리, 펠릭스 350, 351, 364
고범서 54
고티에, 데이비드 269
고형곤 75
구승회 167, 435
권오병 124, 135
권용혁 29, 251, 256, 257, 307, 309, 312
그람시, 안토니오 242, 301~303, 310, 312~314
김계숙 26, 28, 52
김광현 167, 435
김영주 181, 205
김옥선 122
김재기 172, 436
김재준 47, 122
김종호 55, 153
김창호 161, 165, 166, 169, 171, 248, 249, 262, 263, 435
김태길 101, 109, 144, 197, 266~268, 275
김팔봉 118
김형효 12, 95, 106~108, 112, 140~144, 327, 328, 334
네그리, 안토니오 353, 359~365, 367, 368, 420, 421
니체, 프리드리히 25, 32, 45, 50, 51, 55, 64, 253, 336, 340, 344, 347~349, 351, 359, 361, 362, 364, 366, 367, 381, 432
데리다, 자크 248, 250, 326~328, 375
데카르트, 르네 52, 199, 321, 327, 344, 347, 360
듀이, 존 199

들뢰즈, 질 250, 327, 345, 347~351, 353, 354, 356, 359, 360, 365, 368, 421
라캉, 자크 175, 327, 328
라클라우, 에르네스트 248, 374, 431
레비나스, 에마뉘엘 330
롤스, 존 151, 183, 243, 244, 251, 252, 263, 264, 266~272, 281, 375, 376, 431, 436, 437
루카치, 게오르크 48, 152, 161, 162, 176, 237, 434
리오타르, 장프랑수아 243, 250, 252~254, 324, 325, 330, 345~349, 364, 375, 431
마르쿠제, 허버트 152, 153, 253
매킨타이어, 알래스데어 244, 379, 404, 414
무페, 샹탈 248, 374, 431
문현병 152, 154~159
박극채 196
박상시 153
박성탁 117, 119, 121, 123
박완서 111
박정순 266, 268, 269, 278
박정희 50, 94, 95, 97, 99, 100, 101, 104, 105, 108, 117, 122, 124, 129, 132, 133, 135, 143, 149, 158, 189, 191, 196, 197, 199, 204, 221, 224~226, 228, 274, 311, 372, 373, 426, 427, 434
박종홍 12, 21, 26, 28, 29, 47~49, 51, 54, 56~73, 75, 78~81, 83~85, 88, 95, 96, 100~105, 108, 112, 119~124, 126~131, 133~135, 149, 188~191, 193~195, 197~199, 220~228, 233~238, 372, 373, 433
박치우 12, 21~23, 26, 28, 40, 42~47, 57~59, 66, 77, 79~81, 83~85, 88, 95, 148, 191

～194, 223, 433
발리바르, 에티엔 353, 354, 357～360, 367
백남운 12, 21, 22, 26～30, 47, 79～82, 88, 96, 148, 192, 193
백승균 153, 156, 434
벡, 울리히 308
보드리야르, 장 331, 337
부르디외, 피에르 370
비트겐슈타인, 루트비히 248, 330
사르트르, 장폴 55, 61, 64, 65, 74, 193～195
성갑식 118
소쉬르, 페르디낭드 248, 327～330
송호근 257, 258, 263
슈패만, 로베르트 271
스피노자, 바루흐드 12, 340, 343, 349, 351～354, 356～360, 362～367, 420, 432, 437, 443
슬로터다이크, 페터 365
신남철 12, 21～23, 26, 28～32, 34～40, 46, 47, 57～60, 66, 77, 79～85, 88, 95, 96, 148, 191～194, 223, 433
신일철 153, 172, 173, 267, 268, 434, 436
아도르노, 테오도어 153, 253, 323, 342
아렌트, 한나 73, 297～300, 306, 317, 323, 364, 365, 394, 413, 416
안병욱 55
안호상 12, 21, 26, 53, 54, 95, 97～101, 112, 124, 130, 132～134, 149, 195, 196, 220, 372, 426, 433
알튀세, 루이 175, 249, 250, 329, 353～360, 374, 431
양형섭 181, 205
우기동 151, 153, 154, 160, 245, 249
요나스, 한스 271
유재건 166, 167, 435
유준수 153

유초하 172, 436
유형진 119～122, 124, 135
윤평중 253, 258～261, 263, 325, 326, 375
윤형식 164～167, 171, 305
이규호 12, 95, 107～109, 112, 135～139, 153～155, 184, 372, 434, 435
이기홍 166, 167, 436
이동식 55
이리가라이, 뤼스 359
이병도 28
이병천 247～249, 306
이삼열 170, 174, 176, 178, 179, 187
이승만 78, 94～101, 130, 133, 149, 195, 196, 204, 210, 224, 372, 423, 426, 427
이영춘 75
이인기 119～122
이정원 159
이종우 52, 55
이진경 165, 166, 171, 349, 352, 368, 435
이진우 250, 251, 253, 258～260, 275, 297, 301, 312, 324, 337, 375, 381, 413
이철범 118
이청산 167, 435
이한구 150, 187, 256, 264, 265, 267, 274, 275, 279, 281, 306
이홍균 261, 262
이훈 50, 151, 152, 173, 174, 436
임석진 153, 354, 434
장일조 153, 434
장춘익 251, 255, 256, 258, 262, 263
전두하 75
정문길 153, 156, 180, 434
정보경 118
정상구 122
정호근 251, 257, 307
조가경 12, 21, 49, 55, 56, 71～75, 78～81, 83

인명 찾아보기　487

~85, 88
차인석 153, 155, 156, 184, 434
최용달 196
최종욱 168, 172, 245, 436
칸트, 이마누엘 25~27, 34, 36, 37, 42, 52, 60, 66, 73, 92, 254, 262, 270, 300, 304, 317, 326, 333, 334, 329, 330, 332, 344, 364, 377, 379, 393, 399, 400, 402~413, 415, 418, 419, 423, 438
켈젠, 한스 388
코르슈, 카를 152, 434
코지크, 카렐 161, 162, 237
코헨, 제럴드 246, 374, 431
테일러, 찰스 244, 308, 383, 410, 414
토크빌, 알렉시스 301, 302, 388
포이어바흐, 루트비히 27, 354
포퍼, 칼 151, 183, 243, 251, 252, 263~266, 269~271, 279, 281, 375, 431, 436, 437
푸코, 미셸 175, 250, 253, 261, 264, 325~329, 345, 347~349, 365, 375, 431
프로이트, 지그문트 253, 328, 345
프롬, 에리히 152~154, 156, 435

하기락 55, 100, 106, 109, 112, 113
하버마스, 위르겐 153, 242, 243, 249~258, 261~266, 269~271, 277, 280, 281, 299~306, 308~310, 312~314, 317, 324~326, 330, 334, 335, 364~376, 379, 394, 413~416, 431, 436
하이데거, 마르틴 31, 33, 49, 51, 56~60, 64, 65, 71, 72, 74~77, 193~195, 330
한치진 21, 26, 52
헤겔, 게오르크 23, 25, 27, 30~36, 39, 40, 52 ~54, 57, 60, 81, 82, 84, 92, 93, 95, 106, 124, 160~162, 168, 185, 192, 199, 216, 217, 246, 249, 281, 297~299, 302, 306, 310, 311, 332~334, 344, 345, 348, 353~356, 359~361, 364, 366, 399, 402, 406~412, 430, 438
호네트, 악셀 418, 421, 422
호르크하이머, 막스 153, 253
홍윤기 105, 123, 124, 159, 251, 257
황경식 263, 264, 266, 267, 275, 277
황산덕 55
황태연 251, 262, 376